法学精品教科书译丛

民法讲义 I
总　则（第 3 版）

〔日〕山本敬三　著

解　亘　译

北京大学出版社
PEKING UNIVERSITY PRESS

北京市版权局著作权合同登记号：图字 01-2011-8065
图书在版编目(CIP)数据

民法讲义Ⅰ.总则/(日)山本敬三著；解亘译.—3版.—北京：北京大学出版社，2012.6
(法学精品教科书译丛)
ISBN 978-7-301-20618-8

Ⅰ.①民… Ⅱ.①山…②解… Ⅲ.①民法-总则-研究 Ⅳ.①D913.04

中国版本图书馆CIP数据核字(2012)第091927号

版权声明

民法讲义Ⅰ 总则(第三版) 山本敬三 著
有斐阁2011出版 中文简体字版根据合同由甲方授权出版
MINPOU KOUGI 1 SOUSOKU DAI 3 PAN
Written by KEIZOU YAMAMOTO Copyright © KEIZOU YAMAMOTO 2011
Simplified Chinese translation copyright © Peking University Press. 2012
All rights reserved
Original Japanese language edition published by YUHIKAKU PUBLISHING CO., LTD.
Simplified Chinese translation rights arranged with Peking University Press.
and YUHIKAKU PUBLISHING CO., LTD. through NISHIKAWA COMMUNICATIONS CO., LTD.

书　　　　名：	民法讲义Ⅰ　总则(第三版)
著作责任者：	〔日〕山本敬三　著　解亘　译
责 任 编 辑：	王晶
标 准 书 号：	ISBN 978-7-301-20618-8/D·3117
出 版 发 行：	北京大学出版社
地　　　　址：	北京市海淀区成府路205号　100871
网　　　　址：	http://www.pup.cn
电 子 邮 箱：	编辑部 law@pup.cn　总编室 zpup@pup.cn
电　　　　话：	邮购部 62752015　发行部 62750672　编辑部 62752027　出版部 62754962
印 刷 者：	北京虎彩文化传播有限公司
经 销 者：	新华书店
	730毫米×980毫米　16开本　35印张　657千字
	2004年6月第1版
	2012年6月第3版　2024年1月第7次印刷
定　　　　价：	89.00元

未经许可，不得以任何方式复制或抄袭本书之部分或全部内容。
版权所有，侵权必究
举报电话：010-62752024　电子邮箱：fd@pup.cn

第三版中文版序言

自本书初版在日本刊行以来,已经经过了11年的时光。如本书第2版序言和第3版序言所述,其间日本围绕本书的状况发生了很大的变化。

首先,2004年在法学部(4年制本科)之外,新增了法科大学院制度(2—3年制)。以往的本科教育,可以说是将培养法曹(法官、检察官和律师)的教育与培养拥有法律素养之一般性人才的教育融合在一起开展的。而法科大学院是以培养法曹为目的的制度。在法科大学院所开展的教育,较之于以往的法学部培养法曹的教育,无论在理论上还是在实践上都有了更高的要求。这种制度的导入,导致法学教育的重新编成,用于法学教育的教科书也受到影响。在本书第3版中,"以阐明民法规范的涵义和构造这样的观念为基轴,从这种观点重组了说明的方法和顺序",试图与所谓的要件事实论——在确定发生一定法律效果之法律要件的基础上,旨在阐明有关构成该事实之主张、举证责任的所在以及应当由当事人提出之攻击防御方法的配置(请求原因、抗辩、再抗辩等)的理论——对接,便是缘于这样的背景。

其次,日本民法典发生了很大的变化。2004年日本民法典被白话文化,但仅仅是将用语、记述置换成平易的白话文,内容并没有大的变化。然而,大致从那个时期开始,针对民法典的一些具体制度被大幅修改。例如,2003年的担保法修改,2004年的保证法修改,2006年的法人法修改。再者,自2006年起以债权法为中心开始了从根本上修改民法的作业。至2009年,以民法学者为核心的民法(债权法)改正检讨委员会发表了《债权法改正的基本方针》。其后,法务省于2009年11月在法制审议会内设置了民法(债权关系)分会,此项工作正朝着修改民法的方向推进。虽然修改的时期尚未确定,但现阶段的目标是2014年向国会提交修正案。此次修改的对象是债权法(无因管理、不当得利和侵权行为除外)为中心的部分,但本书讲述的对象法律行为和时效也包含在内。为此,为了阐明日本民法现在所处的状况,本书第3版尽可能地触及此次民法修改的动向。

本书的中文版得到了不少读者的好评,这实在令人荣幸。我本人在遇到中国的学者和学生时,常常切身感受到大家是通过本书知道我的名字的。想到书籍以该国的语言刊行将蕴含怎样巨大的含义和力量,再想起其内容可能会影响到很多人,就经不住再次正襟危坐。祈愿本书第3版能够经得起中国读者严谨的挑剔。

较之于本书的初版,第3版在多处作了大幅度的修改,几近新作。而且分量也大幅增加,还使用了很多复杂的图表。虽说是改订版,但多数地方都不得不重新翻译。不难想象,本书第3版的翻译需要怎样的辛劳。对初版以来持续承受翻译之劳苦的解亘氏的感谢无以言表!此外,也向承接这样的特点突出、违反常态之书籍的改订版出版的北京大学出版社表达深深的谢意!

山本敬三

2012年4月2日于京都

第3版序言

本书第2版刊行至今已经过了六年。其间，特别是《2006年法人法》修改，之前《民法总则》中设置的法人规定多被删除，新制定了一般社团法人法和一般财团法人法。本来，有必要立即改订本书的，一直拖延到今天的最大原因，如第2版序言中也曾预告的，笔者感到有必要根据其间围绕法学教育之状况的变化修正本书的基本构想。2005年秋，作为"试验作品"出版了本书的姊妹篇《民法讲义IV-1 契约》，尝试着呼应要件事实论。但在该书中是否充分实现了分析作为目标之"民法规范的构造"（同书序言ii页）这个目标呢？笔者一直没有确信。而且，其间面向民法（债权关系）修改的动向急剧加速，我本人也为此项准备工作花费了大量的时间和精力。此项工作的收获大得难以计算，到开始着手改订本书为止，其间花费的时间超出预料。然而，这些负担对于许多同辈的同仁来说完全相同，因此只能说这完全是因为自己的怠惰和优柔寡断。在此，对期待本书的各位读者表示诚挚的歉意。

除了应对其间以法人法的修改为代表的诸多法律的制定或者修改外，本书还着力于跟踪新出现的最高法院判例。此外，关于民法修改的动向，虽然其方向尚未确定，本书以我本人参与的立法提案为线索，只要是与本书的内容相关的都尽可能地指出存在的问题。然而，此次的修订，不仅是像这样更新本书的内容，另外还尝试在内容和形式两个层面都修正本书的思想。

首先，关于内容层面，以阐明民法规范的涵义和构造这样的观念为基轴，并以此观念重组了说明的方法和顺序。具体来说，就民法上的各项制度，尽可能明确地分析为制度预定的权利构建基础的规范是什么，构成排斥这种权利之依据的规范是什么，并尝试揭示各个规范的要件内容。如上所述，即使在《民法讲义IV-1 契约》中也已经意识到如此分析的必要性，但在结果上该书却将重点放在了要件事实上。可是，详细内容如[《要件事实、规范构造分析的意义及本书中表格的读法》]（本书xix页以下）所述，要件事实不过是通过阐明这种民法规范的涵义和构造而派生地推导出来的产物。既然核心是民法规范的涵义和构造，那么作者认为将其推置前台才有助于理解其中真正的问题。本书以上述观念作为基轴，正是出于这样的考虑。

此外，在内容层面的修正，还包括对Comment的扩充。如本书初版序言中也曾提到的，之前本书"在多数场合不发表自己的见解，而只限于客观整理研究状况"。这是因为，"对于实际的问题，本书试图提供给每个人作出判断、展开研讨的线索"。虽然并未觉得有必要大幅度地变更这一观念，但有很多针对本书的意见都认为，给出我本人的意见可以提供"用以展开研讨的线索"。笔者认为该意见非常中肯，为此在本次改订之际在 Comment 中揭示问题之所在的同时，留意在可能的范围内参与其中，给出我个人的观点。

其次，在形式层面也颇下工夫，为的是让本书的内容作为文章易于阅读。本书的特征在于，为将关于某事项的信息分段，并明确各个信息相互间的关系，作了彻底的构造化改造。不过，针对这样的尝试，也出现了这样的反馈，即作为总括到一起的文章阅读起来费劲。虽然我个人毫不动摇地认为，像本书这样对信息作构造化的处理有利于正确的理解，但若因为表述方式上的不协调感而不能触及核心内容，却非本意。为此，为了多少能消除这种不协调感，在维持信息构造化这个观念的基础上，留意在被分段的正文之后附加过渡词，以在文章中也阐明各项目之间的关系，使得总括到一起的文章易于阅读。

另外，在形式层面上适当修改了版面设计。为了将信息的构造化做到极致，使其可视化，本书曾大量采用缩进排版的格式。这是旧版的一大特征。可是，随着阶层构造的深化，空白部分越来越多，反而变得不易阅读。为此，在改订之际在保证信息的构造化易懂的同时，放弃了过度的缩进排版。另外，为了增加一点易读性，给 Comment 添加了标题。

作以上修改的结果，此次的修改涉及本书整个的细节，多处几乎需要重写。为了尽可能地做到准确，在对本书作校正时，得到了京都大学法学部的我的 seminar 毕业生、毕业于京都大学法科大学院的中村瑞穗和中村美穗，以及毕业于同志社大学法科大学院的下田香织和宫本敬昌的帮助。得益于他（她）们周到和敏锐的指正而纠正的谬误究竟有多少，我已记不清楚。由衷地表示感谢！

最后，在改订本书之际，得到了有斐阁京都支店的一村大辅先生的关照。尽管工作一拖再拖，而且改动巨大，一村先生却总是向我伸出温暖的手，忘我地帮助我战胜困难。借此表达深厚的谢意！

山本敬三
2011 年 4 月

第 2 版序言

　　本书刊行以来已经过了四年。其间,有关民法的状况发生了很大的变化。最大的变化,是2004年所作的旨在实现民法白话文化的修改(2005年4月1日施行)。此次修改,除了将民法的用语、记述置换成平易的白话文,还将部分判例、学说上确立的解释明文化,删除、整理了现在已经失去意义的规定和表述。一般认为,这些并未在实质上改变现行法的内容。但在法律的解释和适用上,法律条文变化的意义绝不可小觑。为此,本书也与此次修改相对应,作了全面的改订。

　　不过,其间的变化并不限于民法的白话文化。仅在民法总则领域就出现了大量的裁判例。更为重要的是制定或者修改了有关民法的诸多法律。例如,《2001年的中间法人法》、《电子消费者契约以及电子承诺通知法》、《2002年的区分所有法》、《2003年的担保法》、《2004年的不动产登记法》、《动产债权转让特例法》。此外在程序法领域,《公司更生法》、《破产法》被全面修改,《民事执行法》、《民事保全法》正在修改。在其他的领域,除了《特定商交易法》、《分期付款销售法》有重要的修改外,从《证券交易法》到《律师法》、《司法书士法》等,即使限于与本书的讲述相关的领域,被修改的法律就不胜枚举。为此,本次改订将本书中提及的诸多法律一一作了检查,并在必要的范围内修正了说明。此外,还尽可能地跟踪其间出现的最高法院判例,努力在整体上保持内容的最新。

　　荣幸的是,本书的初版得到了很多读者的好评,并传来了很多希望刊行新版的呼声。还未来得及能回应这样的期待,四年的岁月就已经流逝。对此只能诚挚地表达歉意。不过,其间法科大学院制度开始运转,围绕法学教育的状况也发生了很大的变化。笔者也感到有必要顺应这种状况,稍稍修正本《民法讲义》系列的基本构想。在这个意义上,本书本应按照新的基本构想作全面的改订,但此次只限于上述的改定,根本性的修改只能期待他日了。

　　此次改订得到了有斐阁京都编辑室奥村邦男先生和一村大辅先生的鼎力相助,由衷地表示感谢!

山本敬三
2005年3月

中文版序

　　本书是有关日本民法总则的教科书。所谓教科书，是指以学习法律的人为对象，就各个领域里必要且充分的知识，作系统整理、解说的书籍。本书当然也具有这样的特点。然而，在此基础上，本书还特别重视这样一点，即，究竟是"为了什么"才学习法律。学习法律的第一目的，是要实际解决涉及法律的诸多问题。欲完成这样的作业，就必须能够从复杂的事实中抽出有可能在法律上成为问题的事项，并通过恰当的论据为自己就此的判断提供理论基础。从而，预先掌握什么才是有可能在法律上成为问题的事项、就此存在怎样的主张、各种主张的背后有什么样的理论基础，便成为其前提。当然，完全掌握这些知识是不可能的。可是，如果没有正确理解基本的问题以及相应的主张和论据，绝对无法运用法律。基于这样一种想法，本书尝试着用大量的设例来阐明成为问题的事项，并尽可能明确地整理相关判例和学说的主张、论据。凭此，读者大概可以将日本民法中的现实问题与解决问题的探讨状况联系在一起了吧。

　　日本自古以来就受到中国文化的巨大影响，就法律制度而言，也是从继受中国开始的。本书能够在这样的国度被翻译、出版，对笔者来说，实在是莫大的荣誉和无上的喜悦。没有中日两国的无数先知的积累，就不可能有本书的问世。一想到此，除了无以言表的感激之情外，便是难以抑制的、诚惶诚恐的心境。殷切期待着本书能够为中国的同仁们深化对日本法的理解和关心作出哪怕是一点点的贡献。

　　为本书的翻译付出辛劳的解亘氏，曾长期在我所工作的京都大学大学院法学研究科学习民法和知识财产法。当初他提出翻译此书的想法时，笔者当即便应允了。这，首先是因为笔者熟知他真挚的研究态度和对日本法学的深厚造诣。可以想象，翻译像本书这样篇幅的著作，是件多么浩繁的工作。衷心地感谢他。此外，对接纳本书出版的北京大学出版社和有斐阁，也表示深深的谢意。

山本敬三
2004年1月于京都

初版序言

法律不只是学习的对象,它首先是供人们运用的。人世间存在各种各样的纷争,就这些纷争而言,究竟什么才是问题的关键? 又该如何解决? 法律知识,是用来解决上述问题的知识。无论怎么强调自己已经学习了法律,如果在实际的场合不能运用的话,就没有意义。法律的学习,需要树立一个目标,即至少最终要会运用。

本书,是用于掌握民法中有关民法总则的基础知识的教科书。可是,这里所说的民法总则的基础知识,说到底必须是供人们运用的基础知识,即在具体的事例中,构成准确把握成为焦点之事项、并恰当地予以解决之根基的知识。本书的目的,便是传授这种知识。

基于这样的目的,本书在执笔之时始终留意以下诸点。

第一,注意在开头描绘出相关整体的鸟瞰图,在讲述各部分知识的同时,始终在鸟瞰图中为其定位。因为笔者以为,如果能够理解全貌,也就能更好地理解各部分知识,这些知识会沉淀下来,供后面学习时运用。在作具体论述时,着意作彻底的结构化处理,以阐明各个单元之间的关系。在通读一遍后,只要重新翻看单元的标题,就一定能唤回学过的知识。

第二,对于各个具体的问题,尽量做到通过列举具体的事例来说明。如果明白了抽象的知识在什么样的场合成为问题,以及理论探讨是为了什么,那么抽象的知识就会一下子变得非常容易理解。而且,对于各种各样的问题,如果知道了其典型性的事例,它就会成为在实际的案件中发现问题的线索。本书努力列举了尽可能地单纯化了的、但又是现实生活中可能发生的逼真事例,希望同学们能够灵活利用。

第三,尽量以命题的形式介绍判断基准,在介绍判例和学说时,着意将论据简化为一定的样式。这么做,是出于如下的考虑:对于实际的问题,本书试图提供给每个人作出判断、展开研讨的线索。为此,本书在多数场合不发表自己的见解,而只限于客观整理研究状况。对于这样做仍然不能传递出问题之症结,特别是初学者应当注意的事项,在 Comment 中补充说明,希望能供参考。

本书的雏形是笔者于 1996 年度和 1997 年度在京都大学法学部所作之讲义。全部内容分为 25 章,基本上与各次的讲义对应。如果没有每一次热心听讲的各位学生的支持,讲义的内容恐怕不能统括成这样的形态。另外,听过该课程的田冈直博同学(第 55 期司法研修生)和吉政知广同学(京都大学大学院法学研究科研究生)参与了本书的校正。因为他们二位准确且锐利的意见,本书中改写之处难以数计。衷心感谢他们。

　　除了上述基本构想外,包括版面的设计在内,本书在风格上也不同于以往的教科书。有斐阁编辑部的奥村邦男先生、田颜繁实先生,是笔者这番用意的知音,他们克服了许许多多的障碍,推动了这本书的问世。我真不知道,两位忘我的帮助曾给我带来过多大的鼓励?借此表达深深的谢意。

山本敬三
2001 年 3 月

目　　录

要件事实、规范构造分析的意义及本书中表格的读法

凡例

1　法律学的学习意味着什么 ………………………………………………（1）
　Ⅰ　序 ………………………………………………………………………（1）
　Ⅱ　学习法律学是背诵六法全书吗 ………………………………………（1）
　　　1　一般人对法律的印象（1）　2　为什么仅仅熟记六法全书成不了法律家（1）
　Ⅲ　判例和学说的作用 ……………………………………………………（3）
　　　1　判例的作用（3）　2　学说的作用（3）
　Ⅳ　结语——法律学的学习意味着什么 …………………………………（5）

2　民法的全貌 ………………………………………………………………（6）
　Ⅰ　序 ………………………………………………………………………（6）
　Ⅱ　民法在法律体系中的位置 ……………………………………………（7）
　　　1　公法与私法（7）　2　作为私法基本法的民法（8）
　Ⅲ　民法的对象——财产法与家族法 ……………………………………（8）
　　　1　家族法（9）　2　财产法（10）
　Ⅳ　财产法的基本构造 ……………………………………………………（10）
　　　1　所有与契约（10）　2　财产法的基本构造——物权与债权（11）
　Ⅴ　民法典的构成 …………………………………………………………（14）
　　　1　潘德克吞模式的采用（14）　2　构成的概要（14）
　Ⅵ　民法总则的涵义和构造 ………………………………………………（15）
　　　1　何谓民法总则（15）　2　民法总则的基本构造（17）　3　本书的构成（18）
　Ⅶ　日本民法的历史 ………………………………………………………（18）

① 民法典的成立史 (19)　② 民法学史 (20)　③ 民事立法的展开 (20)

3 权利能力、意思能力、行为能力 ……………………………… (25)
　Ⅰ 序 ……………………………………………………………… (25)
　Ⅱ 权利能力 ……………………………………………………… (25)
　　① 何谓权利能力 (25)　② 权利能力的始期 (26)　③ 权利能力的终期 (29)
　Ⅲ 意思能力 ……………………………………………………… (30)
　　① 何谓意思能力 (30)　② 无意思能力的效果——无效 (30)
　Ⅳ 行为能力 ……………………………………………………… (32)
　　① 何谓行为能力 (32)　② 行为能力制度的修改——成年监护制度的创设 (33)
　Ⅴ 意思能力与行为能力的关系 ………………………………… (36)
　　① 效果的异同 (37)　② 竞合问题——无效与撤销的二重效果 (38)

4 行为能力各论 Ⅰ ……………………………………………… (40)
　Ⅰ 序 ……………………………………………………………… (40)
　Ⅱ 成年监护的问题构造 ………………………………………… (40)
　　① 制度整体的构造 (40)　② 法定监护的问题构造 (41)
　Ⅲ 法定监护 Ⅰ——监护 ………………………………………… (42)
　　① 监护的开始 (42)　② 监护开始的效果 (45)　③ 监护的终止 (48)
　Ⅳ 法定监护 Ⅱ——保佐 ………………………………………… (48)
　　① 保佐的开始 (48)　② 保佐开始的效果 (49)　③ 保佐的终止 (52)
　Ⅴ 法定监护 Ⅲ——辅助 ………………………………………… (52)
　　① 辅助的开始 (52)　② 辅助开始的效果 (53)　③ 辅助的终止 (56)
　Ⅵ 任意监护 ……………………………………………………… (58)
　　① 任意监护的必要性 (58)　② 任意监护契约的成立 (58)　③ 任意监护契约的效力 (61)　④ 任意监护契约的终止 (62)

5 行为能力各论 Ⅱ·失踪 ……………………………………… (65)
　Ⅰ 序 ……………………………………………………………… (65)

Ⅱ　未成年人……………………………………………………（65）
　　① 未成年人与保护人（65）　② 未成年人所为之法律行为的效力（66）
　　③ 撤销之情形的效果（68）
Ⅲ　对限制行为能力人的相对人的保护………………………（70）
　　① 相对人的催告权（71）　② 限制行为能力人的诈术（71）
Ⅳ　失踪……………………………………………………………（74）
　　① 住所（74）　② 不在人的财产管理（74）　③ 失踪宣告（75）

6　法律行为总论……………………………………………………（82）
　Ⅰ　序………………………………………………………………（82）
　Ⅱ　法律行为概念的涵义…………………………………………（82）
　　① 法律行为（82）　② 准法律行为（83）
　Ⅲ　法律行为制度的基本原理……………………………………（85）
　　① 私域自治和契约自由（85）　② 私域自治、契约自由存在的问题（88）
　　③ 对私域自治、契约自由的介入（90）
　Ⅳ　法律行为法的问题构造………………………………………（92）
　　① 法律行为的效力——基本型（92）　② 法律行为的效力——代理（93）

7　法律行为的成立、解释………………………………………（94）
　Ⅰ　序………………………………………………………………（94）
　Ⅱ　总论——法律行为和意思表示………………………………（94）
　　① 法律行为的成立要件（94）　② 意思表示的涵义和构造（95）　③ 意思表示的基本原理（96）
　Ⅲ　意思表示的成立………………………………………………（98）
　　① 表示行为是否需要（99）　② 效果意思是否需要（99）　③ 表示意识是否需要（99）
　Ⅳ　意思表示的生效………………………………………………（101）
　　① 意思表示的生效时期（101）　② 表意人死亡和丧失行为能力所产生的影响（106）　③ 基于公示的意思表示（106）
　Ⅴ　法律行为的解释………………………………………………（106）
　　① 何谓法律行为的解释（106）　② 契约的解释（107）

8 心里保留和虚伪表示……………………………………………（116）
Ⅰ 序……………………………………………………………（116）
Ⅱ 心里保留…………………………………………………（117）
1 何谓心里保留（117） 2 基于心里保留之意思表示的效力（117）
3 意思的存在与否和心里保留——以借用名义的事件为素材（119）
Ⅲ 虚伪表示……………………………………………………（120）
1 何谓虚伪表示（120） 2 虚伪表示的效力（121）
Ⅳ 94条2款的类推适用……………………………………（133）
1 问题之所在（133） 2 作出外观型（135） 3 承认外观型（135）
4 外观与因型（138）

9 错误Ⅰ——总论………………………………………………（142）
Ⅰ 序……………………………………………………………（142）
Ⅱ 问题之所在…………………………………………………（142）
1 错误的种类（142） 2 错误论的争点（145）
Ⅲ 二元论——传统错误理论………………………………（145）
1 对错误的理解——二元论（146） 2 表示错误（146） 3 动机错误（147）
Ⅳ 一元论——信赖主义的错误理论………………………（149）
1 对错误的理解——一元论（149） 2 错误无效的统一要件（151）
Ⅴ 基于合意主义的重构……………………………………（152）
1 新二元论——错误外构成说（152） 2 新一元论——合意主义的错误理论（160）

10 错误Ⅱ——各论……………………………………………（164）
Ⅰ 序……………………………………………………………（164）
Ⅱ 错误与没有合意……………………………………………（164）
1 错误与没有合意的涵义（164） 2 两者的区别（165）
Ⅲ 要素的错误——错误无效的成立要件…………………（165）
1 何谓要素的错误（165） 2 要素错误的具体内容（168）
Ⅳ 表意人的重过失——错误无效的阻却要件……………（173）
1 宗旨（173） 2 重过失的判定基准（174） 3 表意人的重过失与相

　　　　　对人的恶意 （175）　　④ 电子消费者契约的特别规则 （175）
　Ⅴ　效果···（177）
　　　　① 意思表示的效力 （177）　　② 错误人的损害赔偿义务 （179）
　Ⅵ　与其他制度的关系——与瑕疵担保制度的关系······································（179）
　　　　① 何谓瑕疵担保 （179）　　② 错误与瑕疵担保的关系 （180）

11　欺诈、胁迫···（181）
　Ⅰ　序···（181）
　Ⅱ　欺诈的成立与否···（181）
　　　　① 何谓欺诈 （181）　　② 默示欺诈 （183）　　③ 欺诈与其他制度的关系 （186）
　Ⅲ　胁迫的成立与否···（187）
　　　　① 何谓胁迫 （187）　　② 撤销原因——胁迫的成立要件 （187）
　Ⅳ　第三人欺诈、胁迫···（189）
　　　　① 第三人欺诈 （189）　　② 第三人胁迫 （190）
　Ⅴ　基于欺诈、胁迫的撤销与第三人···（190）
　　　　① 对第三人之返还请求的法律构成 （191）　　② 保护第三人的规定——96条3款的意义和要件 （191）　　③ 不适用保护第三人规定之情形的第三人保护 （196）

12　法律行为的内容规制···（200）
　Ⅰ　序···（200）
　Ⅱ　法律行为的内容规制——总论···（200）
　　　　① 内容的确定性 （200）　　② 内容的实现可能性 （201）　　③ 基于内容不当性的规制 （201）
　Ⅲ　法令对内容的规制···（203）
　　　　① 私法法令对内容的规制 （203）　　② 公法法令对内容的规制——取缔法规 （206）　　③ 补论——法律规避行为 （210）
　Ⅳ　公序良俗对内容的规制···（211）
　　　　① 作为一般条款的公序良俗 （211）　　② 有关公序良俗的研究状况 （211）　　③ 公序良俗论的重构 （213）　　④ 违反公序良俗的基准时 （220）

13 消费者契约法 ……………………………………………………（222）
  Ⅰ 序 ……………………………………………………………………（222）
  Ⅱ 何谓消费者契约法 …………………………………………………（222）
    1 意义（222） 2 适用范围（223）
  Ⅲ 对缔结过程的规范 …………………………………………………（226）
    1 当事人的努力义务（226） 2 基于不当劝诱的撤销（227） 3 契约内容的确定（237）
  Ⅳ 不当条款的规制 ……………………………………………………（239）
    1 个别条款规制（239） 2 一般条款（246） 3 不当条款规制的构造与射程（248）
  Ⅴ 消费者契约法与其他法律的关系 …………………………………（249）
  Ⅵ 消费者团体诉讼制度 ………………………………………………（250）
    1 意义（250） 2 停止请求（251）

14 无效与撤销、条件与期限 ………………………………（253）
  Ⅰ 序 ……………………………………………………………………（253）
  Ⅱ 无效与撤销——总论 ………………………………………………（253）
    1 何谓无效（253） 2 何谓撤销（254） 3 无效与撤销的双重效果（256）
  Ⅲ 无效各论 ……………………………………………………………（256）
    1 无效的主张者（256） 2 无效的范围（256） 3 无效行为的转换（260） 4 无效行为的追认（261）
  Ⅳ 撤销各论 ……………………………………………………………（261）
    1 撤销权的行使（261） 2 可撤销行为的有效确定（262）
  Ⅴ 法律行为的生效——条件和期限 …………………………………（266）
    1 条件和期限——总论（266） 2 条件各论（269） 3 期限各论——期限利益（272）
  Ⅵ 补论——期间 ………………………………………………………（273）
    1 民法规定的射程（273） 2 期间的计算方法（274）

15 代理总论、基本要件 ……………………………………（275）
  Ⅰ 序 ……………………………………………………………………（275）
  Ⅱ 代理总论 ……………………………………………………………（275）

① 何谓代理 (275)　② 代理的基本构造以及与代理类似的制度 (277)
　　③ 代理的要件构成 (280)
Ⅲ 代理行为 ··· (281)
　　① 代理行为的成立要件 (281)　② 代理行为的效力否定要件 (284)
Ⅳ 代理权 ·· (288)
　　① 代理权的发生原因 (288)　② 代理权的范围 (291)　③ 再代理 (295)　④ 代理权的消灭 (298)

16　无权代理 ·· (299)
Ⅰ 序 ··· (299)
Ⅱ 无权代理行为的效果——本人与相对人的关系 ·· (299)
　　① 原则——效果不归属 (299)　② 本人和相对人可以采取的手段——契约无权代理的情形 (300)　③ 本人、相对人可以采取的手段——单方行为无权代理的情形 (302)
Ⅲ 无权代理人的责任——无权代理人与相对人的关系 ····································· (303)
　　① 无权代理人责任的要件 (303)　② 无权代理人之责任的内容 (308)
Ⅳ 无权代理与继承 ··· (309)
　　① 问题之所在 (309)　② 无权代理人继承型 (310)　③ 本人继承型 (315)　④ 双方继承型 (317)　⑤ 无权代理人就任监护人型 (318)

17　表见代理Ⅰ ·· (321)
Ⅰ 序 ··· (321)
Ⅱ 何谓表见代理 ·· (321)
　　① 无权代理与表见代理 (322)　② 表见代理制度的基本原理 (322)
　　③ 民法关于表见代理的规定 (322)
Ⅲ 基于授予代理权之表示的表见代理 ·· (323)
　　① 涵义 (323)　② 要件 (323)　③ 空白委托书的滥用 (327)
Ⅳ 逾越代理权的表见代理 ··· (332)
　　① 所谓逾越代理权的表见代理 (332)　② 要件——基本权限 (333)
　　③ 要件——第三人的正当信赖 (336)　④ 110条之表见代理的射程——110条之"第三人" (339)
Ⅴ 代理权消灭后的表见代理 ·· (342)

1 何谓代理权消灭后的表见代理（342）　2 要件（343）

18　表见代理 Ⅱ ······(346)
　Ⅰ　序 ······(346)
　Ⅱ　表见代理的射程 ······(346)
　　1 与表见传达人的关系（346）　2 与代理权滥用的关系（348）　3 适用于法定代理的可能性（352）
　Ⅲ　表见代理的效果 ······(356)
　　1 表见代理的效果（356）　2 无权代理与表见代理的关系（356）

19　法人总论、法人制度 Ⅰ——设立、组织·运营管理、变动·再编 ······(358)
　Ⅰ　序 ······(358)
　Ⅱ　总论——何谓法人 ······(358)
　　1 法人与法人格（358）　2 法人的种类（360）　3 法人法制的变迁（360）　4 本书讲授的事项（364）
　Ⅲ　法人的设立 ······(364)
　　1 有关法人设立的立法主义（364）　2 一般社团法人的设立（365）　3 一般财团法人的设立（366）　4 补论（367）
　Ⅳ　法人的组织、管理运营 ······(369)
　　1 社员（369）　2 组织——一般社团法人的情形（370）　3 组织——一般财团法人的情形（376）　4 法人的公示和信息披露（377）　5 补论——一般社团法人的基金制度（378）
　Ⅴ　法人的变动和再编 ······(379)
　　1 法人的变动（379）　2 法人的再编（382）

20　法人制度 Ⅱ——法人的外部关系 ······(383)
　Ⅰ　序 ······(383)
　Ⅱ　总论——法人权利义务归属的问题构造 ······(383)
　　1 权利义务的归属可能性——法人权利能力的范围（383）　2 权利义务的现实归属（384）
　Ⅲ　基于法人目的的限制 ······(385)
　　1 基于目的之限制的定位（386）　2 目的范围的判断基准（389）
　Ⅳ　代表人所为之交易行为与法人的责任 ······(393)

①　代理权的范围（394）　②　章程等对代理权的限制（394）　③　基于法令的限制（397）
　Ⅴ　法人的侵权行为··（402）
　　　①　法人的侵权行为责任总论（402）　②　基于代表人行为的法人侵权行为责任（403）　③　役员等个人的侵权行为责任（406）

21　法人以外的团体··（408）
　Ⅰ　序···（408）
　Ⅱ　总　　论···（408）
　　　①　问题之所在（408）　②　传统理论（410）　③　类型论（411）
　Ⅲ　团体的财产关系···（414）
　　　①　问题之所在（414）　②　合伙（414）　③　无权利能力社团（416）
　Ⅳ　团体的外部关系···（417）
　　　①　问题之所在（417）　②　对外行为的效果归属——代理（418）　③　成员的债务与团体的关系（420）　④　团体的债务与成员的关系（424）

22　时效总论、时效的完成　Ⅰ·······································（429）
　Ⅰ　序···（429）
　　　①　时效的涵义（429）　②　时效制度的构造（430）
　Ⅱ　时效制度的存在理由···（430）
　　　①　保护非权利人・实体法说（431）　②　保护权利人・诉讼法说（432）　③　多元说（434）
　Ⅲ　时效的完成——取得时效的要件·····································（434）
　　　①　序——前提问题和要件的概要（434）　②　事实状态（439）　③　时效期间（443）　④　事实状态的持续（445）

23　时效的完成　Ⅱ··（447）
　Ⅰ　序···（447）
　Ⅱ　时效的完成——消灭时效的要件·····································（447）
　　　①　时效期间的长度（447）　②　时效期间的起算点（449）　③　形成权的时效（456）
　Ⅲ　时效的中断···（457）
　　　①　何谓时效的中断（457）　②　相对人合作情形的中断手段——承认（460）　③　相对人不合作情形的中断手段——请求（461）　④　相对人不合作情形的中

　　　　断手段——扣押、临时扣押、临时处分（464）　⑤　时效中断的效果（466）
　　Ⅳ　时效的停止……………………………………………………（472）
　　　　① 涵义（472）　② 时效的停止事由（472）

24　时效的援用、放弃………………………………………………（475）
　　Ⅰ　序……………………………………………………………（475）
　　Ⅱ　时效的援用…………………………………………………（475）
　　　　① 何谓时效的援用（475）　② 援用权人的范围（478）　③ 援用的场所（484）　④ 援用效果所及之人的范围——援用的相对效力（484）
　　Ⅲ　时效利益的放弃……………………………………………（484）
　　　　① 何谓时效利益的放弃（484）　② 时效完成后的自认行为（485）
　　Ⅳ　时效的效力——溯及力……………………………………（486）
　　　　① 取得时效（487）　② 消灭时效（487）
　　Ⅴ　补论——消灭时效的射程及其周边………………………（487）
　　　　① 消灭时效的射程——不因时效而消灭的权利（487）　② 与消灭时效类似的制度（488）

25　民法的基本原则…………………………………………………（495）
　　Ⅰ　序……………………………………………………………（495）
　　Ⅱ　法解释的方法与一般条款的作用…………………………（496）
　　　　① 法解释的基本框架（496）　② 一般条款的作用和问题（497）
　　Ⅲ　依制定法裁判与一般条款的作用…………………………（499）
　　　　① 一般条款对制定法的具体化（500）　② 一般条款对制定法不完备的补充（500）　③ 一般条款对制定法的修正（504）

判例索引………………………………………………………………（509）

事项索引………………………………………………………………（515）

译后记…………………………………………………………………（529）

要件事实、规范构造分析的意义及
本书中表格的读法

1 要件事实与规范构造分析的意义

本书的特点之一,是在吸收与要件事实论相当之理论的同时,并不将其作为要件事实论原封不动地和盘托出,而是试图解释位于其基础之规范的构造。① 首先,就其意义和理由作一番说明。

1 要件事实的意义　　首先,对于初学者来说,听到"要件事实"估计不知所云。② 于是,尝试翻阅法律用语词典的人,例如会看到如下的说明:"【要件事实】民事诉讼上的概念,是直接构成——规定了权利发生、变更、消灭之法律效果的法规为该效果之发生而当作必要的——要件的事实。也称为主要事实或者直接事实。"③ 看到这里,或许疑问非但不能消解,反而更加不知所措了。

(1) 规范与事实的区别　　上述说明以法规范与事实的区别为前提。法规范,规定"应当如此这般"的当为,而事实则意味着"曾经是这样的"现实。所谓"要件",是在前者的法规范世界中"应当如此这般"的前提条件——"在 T(通常由 T_1、T_2、T_3……这样的要素构成)的情形"应当如此这般。所谓"事实",是指在后者的世界中现实发生的被认为与要件 T 契合的事实 t(t_1、t_2、t_3……)。因此,所谓"要件事实"也就意味着,以这样的法规范为前提,现实发生的与该法规范所规定之要件契合的事实。例如,"因故意或者过失侵害他人的权利或者法律上受保护之利益的人,负担赔偿由此所生之损害的责任"(民 709)这样的规范,就属于法规范。其中,某人"因故意或者过失侵害他人的权利或者法律上受保护之利益"属于要件。此外,例如某日在某地一个叫 Y 的人故意殴打 X 致其受伤,就属于与该"要件"契合的现实发生的"事实"。

(2) 主张责任、举证责任　　按照先前的法律用语词典的说明,这个"要件事

---
① 如本书序言所述,笔者在拙著《民法讲义 Ⅳ$_{-1}$ 契约》(有斐阁,2005 年)中以民法规范的构造分析为基础,将叙述的重点置于要件事实的提示及其说明上。而本书的特色在于,将进一步发展上述想法,将民法规范的构造分析置于前台,将构成要件事实的内容定位为从中派生出来的。

② 关于要件事实论的概括性意义及笔者自身的理解,山本Ⅳ$_{-1 xiii}$ 页也作了叙述。以下的说明是面向初学者的,简明易懂。

③ 法令用语研究会编《法律用语辞典》(有斐阁,第 3 版,2006 年)1378 页以下。

实"是"民事诉讼上的概念"。的确,在诉讼中,实际的纷争通过对法规范的适用来解决。为此,就需要确定什么是应当适用的法规范,特定其"要件",并判断与其契合的"事实"是否存在。在这个意义上,毫无疑问它是在进行民事诉讼时不可或缺的概念。

可是,之所以说要件事实是"民事诉讼上的概念",理由并不止于此。特意打上"要件事实论"的铭牌,究竟其中探讨了什么问题呢？它探讨的是在诉讼中由哪一方的当事人负担主张、举证,以及主张、举证什么样的事实的责任。依据民事诉讼法的原则——辩论主义,法院不得基于在当事人的辩论中没有出现的事实作判决。所谓主张责任,是这样一种不利益:以该原则为前提,因为某项事实在辩论中没有出现,因此,不认可——若该事实存在则一定会认可之——法律效果。所谓举证责任,是这样一种不利益:虽然事实在辩论中出现——,但当根据证据不能确定其有无——称为真伪不明时,不认可——若该事实存在则一定会认可之——法律效果。

(3) 攻击防御方法的配置　　所谓要件事实论,正是以阐明上述主张、举证责任之所在,相应地确定在诉讼现场各当事人应当提出之攻击防御方法的配置——原告为了为自己的请求提供基础应当就怎样的事实主张、举证(请求原因);原告获得成功时,被告要驳斥原告应当就怎样的事实主张、举证(抗辩);被告获得成功时,原告要驳斥被告应当就怎样的事实主张、举证(再抗辩)等——为目的的探讨。

2　规范构造分析的意义　　不过,听了这样的说明后,或许会认为这样的要件事实论是诉讼特有的技术性话语,即便在"实务"中重要,但与民法本身以及民法的理解和学习没有直接的关系。实际上,在学者中也有不少人认为,对于民法的理解和学习来说,"理论"比什么都重要,要件事实论这样的涉及诉讼技术的"实务"性事项,可以在"认真学习了民法"之后——在法科大学院的某个阶段或者在司法研修的阶段另行——学习。④

(1) 要件事实的理论依存性　　然而,如此将要件事实论与民法的"理论"对立起来把握是不正确的。这是因为,有关要件事实论的通说性的见解——法律要件分类说认为,主张、举证责任的所在以及攻击防御方法的配置,终归要通过对民法的解释才能推导出来。作为请求原因原告应当主张、举证的事实,要经对原告请求的阐明,即明确构成权利基础的民法规范——称为权利根据规范或者据权规范——是什么,并根据该规范的宗旨确定该规范的要件——称为成立要件,才得以确定。作为抗辩被告应当主张、举证的事实,也要经对构成反驳原告权利之根据的民法规范——称为权利阻却规范或者阻却规范——为何的阐明,并根据该规范的宗旨确定该规范的要件——称为阻却要件,才得以确定。而作

---

④　民法学界也有各种各样的意见。关于这一点,参照 2005 年召开的日本私法学会的研讨会"要件事实论与民法学的对话"中的讨论【私法 68 号 5 页以下(2006 年)】。

为再抗辩原告应当主张、举证的事实,也要经对构成反驳被告主张之民法规范——称为再阻却规范——为何的阐明,并根据该规范的宗旨确定该规范的要件——称为再阻却要件,才得以确定。主张、举证责任之所在以及攻击防御方法的配置,像这样从为权利的发生和阻却提供基础这种观点出发,经过对民法规范的涵义和构造的阐明,才能被推导出来。这个意义上确定民法规范之涵义和构造的作业,就是民法解释本身,而阐明规范的涵义和构造恰恰是"理论"的作用。因此,对要件事实的理解,取决于依据何种理论,这里存在应称为"理论依存性"的特点。⑤

　　(2) 以规范构造分析为中心的必要性　　当然,民法的解释可以从各种观点展开,要件事实论终究只是从一种观点——为权利的发生和阻却提供基础这种观点——出发所作的展开。可是,一旦意识到这样的观点自己就会明白,为成为问题之法律效果提供基础的法规范是什么样的规范,不管愿意不愿意都会认识到这些法规范相互间的关系。这恰好与深化对民法规范进而对位于其根基之"理论"的理解相关联。有必要深刻领会到,学习要件事实论实际上有这样一层含义。

　　不过,仅仅揭示构成请求原因、抗辩、再抗辩之事实,难以让人切实感受到与民法规范的联系。特别对于初学者来说,有可能会误以为这些要件事实是某种所与,或者产生结论是从事实中自动推导出来的错觉。这就本末倒置了。为此,本书将焦点对准位于要件事实基础位置的民法规范,重点阐明其涵义和构造,将要件事实定位为由前者所派生之物。由此,期待学员能够更好地理解作为规范之学问的民法学的涵义。

② 本书中表格的读法

　　1　规范构造表　　本书在正文部分除了分析如上之民法规范的涵义和构造外,对于特别重要的问题,会在末尾列出规范构造表。列出这样的规范构造表的目的,在于整理在正文部分分析、说明的民法规范的涵义和构造,使得读者更容易理解其全貌。

　　规范构造表根据成为问题之请求的次序,按照请求、即为权利提供基础的规范——简称为据权规范,构成反驳该权利之根据的规范——简称为阻却规范,构成反驳阻却规范之根据的规范——简称为再阻却规范——的排列,作规范的整理。这样的据权规范、阻却规范、再阻却规范有时分别由一个规范构成,但更多的情形由多个规范构成。

　　在揭示这些规范之际,如果存在构成线索的条文,则予以标示——例如民94Ⅱ。虽不存在这样的条文,但可以通过类推既有条文所规定之规范来提供基础时,标示为该条文的类推——例如民94Ⅱ的类推。当可以作为类推线索的条文也不存在,但可以以一般承认的规范或者应当承认的规范作为依据时,标示为

---

⑤　关于这一点,山本Ⅳ-1 xⅵ页以下也有相同的论述。

"不成文法"。按章在各项规范上作记号——据权规范用 $\boxed{1}$ $\boxed{2}$……阻却规范用 $\boxed{a}$ $\boxed{b}$……再阻却规范用 $\boxed{甲}$ $\boxed{乙}$……再再阻却规范用 $\boxed{\alpha}$ $\boxed{\beta}$……重复标示同一规范时,仅标示记号,并标示初次出现的页码。

如上所述,构成——这样确定下来的规范的——要件的具体事实,属于要件事实。在本书中,基于上述考虑,不直接明示构成这种要件事实的内容,取而代之,用加黑字体标示构成——与要件事实相对应之规范的——要件的内容。如此一来,应该可以获得用以确定要件事实的线索。当然,要严密确定要件事实,需要进一步地切分事实、附加时间性要素的情形不在少数。可是,不必在一开始就被那样的技术因素所困扰,更为重要的是理解基本的想法。本书所提示的规范构造表,正好能为深化这种理解提供线索。

2 要件事实 在本书中,在若干处例外地将要件事实表合在一处列出。特别像代理那样的,要件事实在技术上稍显复杂,从规范构造表中难以读取,有误解之虞的情形,作了这样的处理。

在要件事实表中,依成为问题之诉讼标的,作了请求原因、抗辩、再抗辩的配置,为了与规范构造表对比,不列举严格意义上的要件事实——构成规范之要件的具体事实、准确地说主要事实。为了使读者能理解要件构成的宗旨,以构成法律要件要素——构成法规范之要件的要素,即区别于与其契合之具体事实的规范的构成要素——的内容为中心作了整理。

因为篇幅的限制,在要件事实表中大量使用了省略记述。涵义特别不明时请参照正文的说明。主要记号的涵义如下。其中 $\boxed{I}$ 和【 】在规范构造表中也使用。此外,$\boxed{1}$ $\boxed{a}$ $\boxed{甲}$ 虽与规范构造表中使用的记号重复,但请注意两者完全不是一回事。

《 》	表示诉讼标的
$\boxed{I}$	在请求原因、抗辩、再抗辩等选择性多个并存的情形使用(在规范构造表中也使用)
$\boxed{1}$ $\boxed{a}$ $\boxed{甲}$	在构成请求原因、抗辩、再抗辩等的要件——是法律要件要素或者要件事实,未必总与主要事实对应——多个存在的情形使用
A	表示是选择性要件——法律要件要素或者要件事实($\boxed{A}$ 或者 $\boxed{B}$ 的涵义)
※	表示预备性主张(预备性请求原因、预备性抗辩等)⑥
【 】	存在见解对立的情形,表示该见解(在规范构造表中也使用)
X→Y	从 X 向 Y

---

⑥ 以预备性抗辩为例,针对某项请求原因,作为为同一法律效果提供基础的攻击防御方法,除了抗辩$\boxed{I}$外,在存在包含$\boxed{I}$之要件事实(例如$\boxed{1}$$\boxed{2}$)的抗辩$\boxed{II}$(例如由要件事实$\boxed{1}$$\boxed{2}$$\boxed{3}$构成)的情形,该抗辩$\boxed{II}$称为预备性抗辩。在此情形,原本作为攻击防御方法仅抗辩$\boxed{I}$(要件事实$\boxed{1}$$\boxed{2}$的主张、举证)便足够,不需要抗辩$\boxed{II}$——这种关系称为"a+b",但针对抗辩$\boxed{I}$对方主张、举证再抗辩的情形,抗辩$\boxed{II}$便有了意义。详见司研II181页以下。具体的例子,为样本所列的第 1 张表(法定效果说的部分)。

规范构造表·要件事实表的样本和基本说明事项

	X的物权返还请求的依据规范(请求原因)	阻却规范(抗辩)	再阻却规范(再抗辩)	再再阻却规范(再再抗辩)
无效主张否认说	③ 不成文法 就标的物拥有所有权者,可以对正在占有该标的物之人请求标的物的返还 ④ 不成文法 权利发生(存在为权利发生提供基础的事实)时,只要没有特别的事情,该权利现存⑦	权利丧失的抗辩 c 民176 物权的设定及移转,仅依当事人的意思表示而生效⑧	虚伪表示的抗辩 b 民94I 同上(153页)	善意第三人 a 民94II 基于民94II的意思表示无效,不能对抗善意第三人
法定效果说	③ 不成文法 同上 ④ 不成文法	Ⅰ 因意思表示而丧失权利的抗辩 c 民176 同上 Ⅱ 因民94II而丧失权利的抗辩※ d 民94II 即使与相对人通谋作出虚伪的意思表示,如同该虚伪表示有效一样善意第三人取得权利	虚伪表示的抗辩※ b 民94I 同上	

(摘自本书155*页)

---

⑦ 一般认为,这样的权利不变更原则作为整个法体系得以成立的根本原则之一被认可。因为有这个原则,如果主张、举证在过去某一时点曾有取得权利的原因存在(这便是"原来所有"这个缩略语的涵义),那么该权利现在也存在一事便获得基础。依此,原告(X)过去取得标的物所有权一事获得了基础,那么现在也将拥有所有权,对现在占有标的物之人(Z)可以行使基于所有权之物权请求权。被告=占有人(Z)要排斥这个请求权,例如就需要主张原告(X)丧失了所有权。为其构建基础的,是右栏的权利丧失的抗辩。因此,例如原告(X)因买卖契约等向其他人(Y)转让标的物的所有权时,原告(X)丧失其所有权,因此,以原告(X)现在拥有所有权为理由的物权请求权将被阻却。

⑧ 176条一般被理解为这样的规定:要发生物权的设定以及移转的效力,仅仅意思表示便足够,即采用了意思主义而非形式主义的立场,也就是说不需要具备一定的形式——登记的齐备、标的物的交付等。依此理解,可以将其看做"如果有为物权变动构建基础的意思表示,则发生物权变动的效力"的规范。但是,该规范为了表明采用了意思主义的立场而使用了"当事人的意思表示"这样的表述,严格来讲,为物权变动的效力构建基础的,是由这种意思表示为构成要素的法律行为【关于法律行为的涵义,参照第6章(102页)】。例如,除买卖契约、赠与契约——准确地说是这些契约中所包含的内容为物权变动的合意(详见物权法的解说)、遗赠等外,还有地上权设定契约、抵押权设定契约等,都属此。因此,作为抗辩需要主张、举证的是这些法律行为的存在。

* 此为原书页码,即本书边码,下同。——译者注

基于表见代理之履行请求的根据规范	阻却规范
① 民99Ⅰ 代理人表明为本人而为后所作的意思表示,在代理人拥有为此意思表示的权限时,直接对本人生效	ⓐ 民109但 即使在左列情形,当相对人知道或者因过失不知道并未赋予该他人代理权时,表示授予代理权之人不负担责任
② 民109正 对相对人表示授予他人以代理权意旨者(表示授予代理权之人),于代理权范围内,就该他人与相对人间实施之行为,负担责任	

Y的请求原因	X的抗辩
① 代理行为人A实施代理行为　　ⓐ 代理行为人A实施法律行为　　ⓑ 代理行为人A→相对人Y显名② 先于①本人X→相对人Y表示授予代理权　（授予作①之行为的代理权的表示）	Ⓐ 相对人Y的恶意 orⒷ 相对人Y的过失⑨

（摘自本书409页）

物权性请求的根据规范	阻却规范
④ 不成文法 就标的物拥有所有权者,可以对正在占有该标的物之人请求标的物的返还	Ⅰ 基于表见代理丧失所有权的抗辩【相对人限定说】
	① 民99Ⅰ 同上（409页）
	③′民110 代理人实施其权限外的行为的情形,当相对人相信代理人有权限,且信赖有正当理由时,本人就该行为负担责任
⑤ 不成文法 权利发生（存在为权利发生提供基础的事实）时,只要没有特别的事情,该权利现存	Ⅱ 基于类推94Ⅱ丧失所有权的抗辩
	ⓑ 类推民94Ⅱ 在存在虚伪外观的情形,当真正的权利人就该外观的作出或者存续有归责性时,(无过失地)相信该外观的第三人,依该外观取得权利

⑨ 作为法律效果的发生要件,将规范性的评价纳入一般性的、抽象概念中后,就称为规范性要件。过失、重大过失、正当理由等都属于此。关于规范性要件的主张、举证,一般由主张基于该要件之效果的一方就构成规范性评价之基础的事实（评价的依据事实）负担主张、举证的责任,其相对人就妨碍规范性评价的事实（评价的障碍事实）负担主张、举证的责任（参照司研Ⅰ30页以下）。因此,严格来讲,作为抗辩被告（X）就过失这个评价构建基础的事实负担主张、举证责任;作为再抗辩原告（Y）就妨碍过失这个评价的事实负担主张、举证责任。在本书中,由于将重点放在描述规范构造上,对于规范性要件原则上——关于要件事实特别有必要唤起注意的情形【第17章Ⅳ①3的表（417页）】除外——不区分评价依据事实和评价障碍事实,但请注意关于要件事实一般是作这样的区分的。

(续表)

物权性请求的根据规范	阻却规范
① X 甲的原所有⑩ （所有权取得原因） ② Z 甲的现占有	**Ⅰ 基于表见代理丧失所有权的抗辩**
	① 代理行为人 A 实施代理行为 　ⓐ 代理行为人 A 实施法律行为 　ⓑ 代理行为人 A→相对人 Y 显名 ② ⓐ 相对人 Y 的善意（相信代理行为人 A 拥有实施 ① 之行为的权限） 　ⓑ 就 ⓐ 之正当理由的评价依据事实⑪ ③ 代理行为人 A 就 ① 之行为以外的特定事项有构成代理权发生原因的事实
	Ⅱ 基于类推 94 Ⅱ 丧失所有权的抗辩
	① 外观的存在（X→Y 甲的移转登记） ② 就外观的作出或者存续 X 有归责性 ③ Z 善意（相信 Y 有甲的所有权）（无过失）

（摘自本书 427 页）

---

⑩　引注⑦。
⑪　引注⑨。

凡　例

【法　律】

一　般	关于一般社团法人以及一般财团法人的法律
医　疗	医疗法
NPO	特定非营利活动促进法
会	公司法
会　更	公司更新法
家　审	家事审判法
家审规	家事审判规则
割　贩	分期付款销售法
金　取	金融商品交易法
区　分	关于建筑物区分所有等的法律（区分所有法）
刑	刑法
宪	日本国宪法
健　保	健康保险法
公益法人	关于公益社团法人以及公益财团法人认定等的法律
后见登记	关于监护登记等的法律
公　证	公证人法
国　大	国立大学法人法
户　籍	户籍法
私　学	私立学校法
社　福	社会福祉法
宗　法	宗教法人法
商	商法
商　旧	商法（2005年修改前）
消　契	消费者契约法
整备法	伴随关于一般社团法人以及一般财团法人的法律以及关于公益社团法人以及公益财团法人认定等的法律的施行而整备相关法律等的法律
宅　建	住宅用地、建筑物交易业法（宅建业法）
地　自	地方自治法
电　子	关于电子消费者契约以及电子承诺通知的民法特例法
特　商	关于特定商交易的法律（特定商交易法）
独法通则	独立行政法人通则法
独　禁	关于禁止私人独占与确保公正交易的法律（独占禁止法）
日　银	日本银行法

任　后	有关任意监护契约的法律
农　协	农业协同合伙法
破	破产法
辩　护	律师法
民	民法
民　再	民事再生法
民　执	民事执行法
民　前	民法（2006年修改前）
民　诉	民事诉讼法
民　保	民事保全法
有　组	关于有限责任事业合伙契约的法律（有限责任事业合伙契约法）
利　息	利息限制法
劳　金	劳动金库法
劳　组	工会法

＊ 仅仅用数字引用条文的情形，指民法的条文。
＊ 引用中的"→"，指准用条文。

【判例集】

金　判	金融・商事判例
金　法	金融法务事情
裁　时	裁判所时报
裁判集民	最高裁判所裁判集民事
裁判例	大审院裁判例
诉　月	诉讼月报
新　闻	法律新闻
判决全集	大审院判决全集
判　时	判例时报
判　夕	判例タイムズ
民　集	大审院民事判例集
	最高裁判所民事判例集
民　録	大审院民事判决録
劳　判	劳动判例

【体系书、教科书、参考书】

几　代	几代通《民法总则》（青林书院，第2版，1984年）
石　田	石田穰《民法总则》（悠悠社，1992年）
石田编	石田喜久夫编《现代民法讲义1》（法律文化社，1985年）
石田等编	石田喜久夫、乾昭三、甲斐道太郎、中井美雄、中川淳编《民法总则》（青

		林书院,1993年)
内　田		内田贵《民法Ⅰ 总则·物权总论》(东京大学出版会,第4版,2008年)
梅		梅谦次郎《民法要义 卷之一》(明法堂,1896年)
近　江		近江幸治《民法讲义Ⅰ 民法总则》(成文堂,第6版,2008年)
大　村		大村敦志《基本民法Ⅰ 总则·物权总论》(有斐阁,第3版,2007年)
大村读解		大村敦志《民法读解总则编》(有斐阁,2009年)
加藤雅		加藤雅信《新民法大系Ⅰ 民法总则》(有斐阁,第2版,2005年)
川　井		川井健《民法概论1(民法总则)》(有斐阁,第4版,2008年)
河　上		河上正二《民法总则讲义》(日本评论社,2007年)
川　岛		川岛武宜《民法总则》(有斐阁,1965年)
北　川		北川善太郎《民法总则(民法讲要Ⅰ)》(有斐阁,第2版,2001年)
基本方针		民法(债权法)改正检讨委员会《债权法改正の基本方针〔别册NBL126号〕》(商事法务,2009年)
佐久间		佐久间毅《民法的基础1 总则》(有斐阁,第3版,2008年)
潮　见		潮见佳男《民法总则讲义》(有斐阁,2005年)
司研Ⅰ		司法研修所编《增补民事诉讼における要件事实 第一卷》(法曹会,1998年)
司研Ⅱ		司法研修所编《民事诉讼における要件事实 第二卷》(法曹会,1992年)
四　宫		四宫和夫《民法总则》(弘文堂,第4版,1986年)
四宫、能见		四宫和夫、能见善久《民法总则》(弘文堂,第8版,2010年)
详解Ⅰ		民法(债权法)改正检讨委员会《详解债权法改正の基本方针Ⅰ 序论·总则》(商事法务,2009年)
详解Ⅱ		民法(债权法)改正检讨委员会《详解债权法改正の基本方针Ⅱ 契约および债权一般(1)》(商事法务,2009年)
详解Ⅲ		民法(债权法)改正检讨委员会《详解债权法改正の基本方针Ⅲ 契约および债权一般(3)》(商事法务,2009年)
消费者厅编		消费者厅企划课编《逐条解说消费者契约法》(有斐阁,第2版,2010年)
新版注民(1)		谷口知平、石田喜久夫编《新版注释民法(1)》(有斐阁,改订版,2002年)
新版注民(2)		林良平、前田达明编《新版注释民法(2)》(有斐阁,1991年)
新版注民(3)		川岛武宜、平井宜雄编《新版注释民法(3)》(有斐阁,2003年)
铃　木		铃木禄弥《民法总则讲义》(创文社,2订版,2003年)
须　永		须永醇《新订民法总则要论》(劲草书房,第2版,2005年)
争　点		内田贵、大村敦志《民法の争点》(有斐阁,2007年)
争点Ⅰ		加藤一郎、米仓明编《民法の争点Ⅰ》(有斐阁,1985年)
注解判例		林良平编《注解判例民法 民法总则》(青林书院,1994年)
注民(3)		川岛武宜编《注释民法(3)》(有斐阁,1973年)
注民(4)		于保不二雄编《注释民法(4)》(有斐阁,1967年)
注民(5)		川岛武宜编《注释民法(5)》(有斐阁,1967年)

辻	辻正美《民法总则》(成文堂,1999年)
椿	椿寿夫《民法总则》(有斐阁,第2版,2007年)
富井	富井政章《民法原论 第1卷上・下》(有斐阁,1903—04年)
野村	野村丰弘《民法Ⅰ序论・民法总则》(有斐阁,第2版补正版,2009年)
平野	平野裕之《民法总则》(日本评论社,第2版,2006年)
广中	广中俊雄《新版民法纲要 第1卷》(创文社,2006年)
星野	星野英一《民法概论Ⅰ(序论・总则)》(良书普及会,1971年)
百选Ⅰ	中田裕康、潮见佳男、道垣内弘人编《民法判例百选Ⅰ 总则・物权》(有斐阁,第6版,2009年)
百年Ⅱ	广中俊雄、星野英一编《民法典の百年Ⅱ》(有斐阁,1998年)
民法讲座Ⅰ	星野英一主编《民法讲座・第1卷》(有斐阁,1984年)
民法注解Ⅰ	远藤浩、水本浩、北川善太郎、伊藤滋夫编《民法注解 财产法 第1卷 民法总则》(青林书院,1989年)
山本Ⅳ-1	山本敬三《民法讲义Ⅳ-1 契约》(有斐阁,2005年)
吉田、筒井编	吉田彻\筒井健夫编著《改正民法の解说〔保证制度・现代语化〕》(商事法务,2005年)
米仓	米仓明《民法讲义总则(1)》(有斐阁,1984年)
我妻	我妻荣《新订民法总则》(岩波书店,1965年)

法律学的学习意味着什么

Ⅰ 序

作为入门的入门,本章简单说明法律学的学习是怎么一回事。本章的宗旨是回答初学者朴素的疑问,使同学们掌握今后要学习知识的轮廓,哪怕是一点点。

Ⅱ 学习法律学是背诵六法全书吗

1 一般人对法律的印象

首先,看一看一般人对法律的印象。

> **事例 1**
>
> Q:我有妻室,却与经常光顾的酒吧的女招待关系密切。大约半年前,经不住该女子的百般央求,最终向她许诺说:"给你买套公寓房。"可后来与其关系日渐疏远,最近已经尽量不再和她见面了。可是,该女打电话到我的工作单位,责问我买房子的约定怎么样了。到底该怎么办呢?
> A:民法*550条规定:"非依书面的赠与,各当事人可以撤销。"因此,如果你仅仅口头答应"给你买套公寓房",就可以撤销该约定。在法律上,没有必要答应她的要求。

像这样,"发生纠纷的时候,看一下法律条文,那里就会有答案。所谓六法全书,是囊括这种问题答案的一大本规则书。将其全部刻入头脑中,就是所谓法律学的学习"。这恐怕就是一般人的印象吧?

2 为什么仅仅熟记六法全书成不了法律家

可是,不知道是幸还是不幸,即使将六法全书全部熟记于心,也绝不可能成为法律家。理由至少有如下两点:

---

* 考虑到版面的整洁和统一,对法律的援引皆遵照原书的格式,法律法规不加书名号。——编者注

1．解释的不可避免　　第一条理由，要解决实际的问题，仅仅知道法律条文是不够的，或多或少需要对其作解释。

（1）**原因**　　设想出所有的情形并预备好条文是根本不可能的。因此，在制定法律时，只好在一定程度上将问题抽象化，用一个条文来解决相类似的多个事件。然而，这样一来就必须判定：如此制定出来的抽象规定，是否涵盖了需要解决的事件。这正是法律的解释。

（2）**具体例子**　　就具体的事例来看一下。

> **事例 2**
>
> 　　在地区的足球对抗赛中，守门员 X 正要扑救漏球，正好对方球队的 Y 抬腿上踢，结果 Y 的脚踢在了 X 的脸上。当时 X 戴着眼镜，眼镜破损，导致左眼重伤，虽经治疗不愈失明。结果，X 不得不辞去工作，忧郁症加重。1 年后，自杀身亡。

　　（A）**解释民法 709 条的必要性**　　与该事例有关的条文，是民法 709 条。该条规定："因故意或过失侵害他人权利或者法律上受保护之利益者，负赔偿由此所造成损害之责任。"这里的问题首先是，足球比赛中于守门员扑球之际抬腿踢球并踢中脸部一事，是否属于"因过失侵害他人的权利或者法律上受保护之利益"？此外，X 的失明、辞职甚至自杀，是否也能算作"由此所造成损害"，也是问题。仅仅盯着条文，答案是绝对不会自动冒出来的。

　　（B）**解释民法 722 条 2 款的必要性**　　另外，这里也涉及民法 722 条 2 款。该条规定："被害人有过失的，法院在确定损害赔偿额时可以予以斟酌。"关于这一点，问题同样很多。例如，X 戴着眼镜一事是否构成过失？患忧郁症自杀一事又如何？最终如何确定损害赔偿的数额等？很显然，在此仅仅知道条文同样解决不了具体案件。

2．欠缺的不可避免　　第二个理由是，法律中存在缺漏。

（1）**原因**　　究其原因，例如可以想到如下几点：

　　（A）因立法的失误导致规定缺漏的情形

　　（B）理所当然的东西，没有特意规定的情形

　　（C）尚未成熟为规定，有待将来判例、学说发展的情形

　　（D）立法当初没有预想到的事态发生的情形

（2）**具体例子**　　这里，举一个有关（B）的例子。

> **事例 3**
>
> 　　80 岁的 X 数年前老年痴呆病症加重，如今日常生活已有障碍。可是 X 却受不时来造访的福利团体 Y 的访谈员的劝诱，在赠与契约上签了字，将自己的全部财产捐赠给 Y。其后察觉此事的 X 的子女 A，可以采取什么样的法律手段？

　　民法典中，不存在规定此种情形 X 所订立之契约无效的条文。可是，契约

之所以作为契约得到承认，是因为有订立契约的意思存在。于是，判例、学说一致认为，被判定为不具有这种意思的人所订立的契约无效。①

像这样，尽管条文中没有规定但终归也算民法之一部分的规范，决不在少数。在这个意义上，仅仅知道条文也是不够的。

Ⅲ 判例和学说的作用

如上所述，即使有法律也需要解释，没有法律规定的地方，需要作补充。判例和学说在法律的解释和补充上发挥着重要的作用。

1 判例的作用

1. 判例的重要性

（1）在法律家集团中通用的解释的必要性 关于法律的解释持何种意见是个人的自由。可是，无论怎样强调自由，若周围的人完全不认可，也没有意义。尤其是法律，既然存在着法律家这样的专家集团，在该集团内部是否通用便绝对重要。

（2）〈法院的解释＝判例〉的重要性 在法律家集团中通用的解释中，占据特别位置的，是法院所作的解释，即判例。无论多优秀的意见，如果不能在法院得到认可，那在实际的案件中就不能胜诉。在这个意义上，判例的立场如何对当事人来说意义极大。既然是法律家，就必须要掌握法院是如何解释的。

2. 判例的涵义 不过，虽说都用"判例"这个表述，其涵义为何却是一个问题。实际的裁判中，法官经过证据调查确定事实，以此为前提，在回应当事人主张的同时作出具体的判断。可是，并非所有的案例都是判例。所谓判例，具有规范的性质特征：如果今后同样的案件发生，将依照它来处理。从各个裁判中抽取拘束未来裁判的部分，将其用规范的形式定式而成的，才是判例。

2 学说的作用

判例是法院这种国家机关所作的解释，而学说却不过是学者这样的个人所作的解释。可是，学说对于整个法体系的形成、发展也发挥着非常重要的作用。这种学说所发挥的作用，至少可以列出以下三种：

1. 判例的分析和整理 首先，具有抽取、确定判例、并加以整理的作用。如上所述，从各个裁判例中抽取判例这项作业本身，是需要判断的工作。加之还

---

① 大判明治38年5月11日民录11辑706页。详细内容将在第3章Ⅲ（38页以下）讲述。（这里的页码指原书页码，本书边码，以下无特殊说明，皆为此种情况。——译者注）

需要说明相互关联的各种裁判例,使之不至相互矛盾。为此,也要通过区分适用情形的方法,调整乍看起来相互矛盾的裁判例,使其作为判例具备整合性。这些工作主要由学说来完成。认为没有这种学说的贡献判例根本就不能成立,也不为过。②

2. 解释、补充的建议 当然,追随判例不是学说的作用。批判判例、作应然解释和补充的建议,也属于学说的重要作用。发现判例中没有显现的问题,提出一定的解决方案,也非得依靠学说。虽然不过是建议,但以此为基础展开讨论,有时也会在法律家集团形成一定的共识。这种共识,恰恰是法律发展的重要进程之一。

Comment 学习学说的意义

不过,实际上学说有多种多样。翻开教科书也会看到,对于多数问题,都指出存在各种各样的学说。仅仅一个问题就有这么多见解,可能会让人感到不安:到底哪一个才是"正确答案"? 或者,根本就没有什么"正确答案"? 这样的不安,在上大学前所接受的教育中恐怕未曾经历过。

可是细想一下,世上有唯一的、绝对正确解的东西很少。尤其是在人与人的利益相互冲突的情形,永远有正确的解反而不可思议。问题不在于在老天爷的眼中是否"正确",而是能否使更多人信服,能否得到更多人的赞同。多数的学说都是冲着这个目标提出的。

没有必要认为需要全部记住这一个一个的学说。重要的是,在这些学说的攻防论战中,到底哪里是问题之所在,什么样的理由可以让人信服,什么样的理由不能让人信服。自己考虑该问题时,只需要从学说中学习应当注意哪一点、应当赋予什么样的理由就可以了。

不过,有一点最好能加以注意:反对判例的立场时需要考虑后果。如上文所述,一旦到了法院,法院就会遵照判例判断。因此,有必要出具为什么不能赞同判例的理由,并且使任何人都信服。判例是会变化的。正因为如此,就需要有令法院认为不得不变更判例的理由。可以说,能够做到这一点的人才是优秀的法律家。

3. 基本思想、原理的确定及其体系化 在解释法律条文或者补充缺漏时,位于法律根基的基本思想、基本原理具有非常重要的意义。所谓令多数法律家不得不信服的说理,便依据了这样的基本思想、基本原理。因此,就有必要抽取、确定作为前提的、位于民法根基的基本思想、基本原理。另外,这些基本思想、基本原理相互之间关系如何,具体条文与这些基本思想、基本原理有怎样的瓜葛,也必须阐明。为此,还需要调查民法的历史、与外国法作比较。

---

② 有关学说研究判例的方法及意义,详见大村敦志、道垣内弘人、森田宏树、山本敬三《民法研究ハンドブック》(有斐阁,2000年)305页以下。

通过这样的作业,将位于民法根基的基本思想、基本原理体系化,并按照该体系整理各个条文和判例,同时根据需要提出新的解决方法,是学说最重要的作用。

Ⅳ 结语——法律学的学习意味着什么

从以上的论述可以明白,所谓法律学的学习,不是记忆六法全书,也不是将判例一个不漏地烂熟于心。需要的是,学习位于各种法律根基的基本思想、原理,学习其相互关系以及各个条文、判例如何从中获得基础支撑;此外更重要的,能够动员所有这些知识来解决具体的问题。这才是学习法律学的涵义。让我们今后一起学习吧!

民法的全貌

I 序

本章概观民法的全貌。所谓民法,究竟是什么?是如何规定的?又规定了什么事项?一开始,先勾勒出整个民法的基本框架。①

Comment　　　　　　　　　　　　　　　　　　民法的图式(schema)

理解事物时,其整体的鸟瞰图非常重要。在认知科学领域,最近也陡然开始强调这一点。虽然与正文无关,但它也是本书的基本动机之一,因此简单地作一下说明。首先,请阅读下列这段文字。②

"操作顺序非常简单。首先,将事物分为几个部分。当然,也可以作为一个整体来把握。关键看全体的总量有多大。如果因为没有设备而必须去其他地方,那就进入下一个阶段了。若非如此,那么基本上就准备就绪了。重要的是,不要一次做得太多。比起一次过量,一次过少要好。可能不能马上明白其重要性,但不这样做就容易带来麻烦。加之,失败的代价也高。最初,可能会认为这样的作业顺序比较复杂。可是,它很快就会成为生活的一部分。至少在眼下,虽然我不认为该项作业的必要性会丧失,但到底会怎样我无法预料。以上的程序结束后,还要再次将事物分为几个部分加以整理。然后,将其存放于适当的场所。因为这些将会再次被使用,或者整个循环会反复发生。总而言之,它是生活的一部分。"

说的是什么呀?大概完全看不懂吧。即使在一定程度上明白各个单词、句子的涵义,整个文章的涵义还模模糊糊弄不明白。可是,如果给你"衣物的洗涤"这样的视角,会怎么样呢?刚才还不明白的各个语句的涵义,是不是一下子完全明白了?

理解事物,有两种方法。一种是从各个部分出发,将其一一积累来理解整体的方法。这叫自下而上式的信息处理。另一种,是首先把握整体的框架,根据这个框架,来理解各个部分的方法。这称为自上而下式的信息处理。

---

① 关于如何理解整个民法的基本框架,内田13页以下有出色的说明。本章的叙述,多来于此。另外,也可参照大村敦志《民法总论》(岩波书店,2001年)41页以下,道垣内弘人"民法のシステム(1)—(4)"法学教室175号36页、176号44页、177号36页、178号50页(1995年)。

② 这是Bransford, J. D. & Johnson, M. K., Considerations of some problems of comprehension, in W. G. Chase(ed.), Visual Information processing (Academic Press, 1973) pp.383, 483 中的实验例。详细内容,参照池田谦一、村田光二《こころと社会》(东京大学出版会,1991年)37页以下,户田正直等《认知科学入门》(サイエンス社,1986年)134页以下。

刚才的例子所描述的,是自上而下式的信息处理的重要性。按这种方法,首先需要理解整体的框架。构成该前提的框架称为图式。这里出现的是应当称为洗涤图式的东西,相同的图式在法律领域也存在。正确掌握这种法的图式,对于理解各个问题具有非常重要的意义。本书强调整体的鸟瞰图的重要性,正是出于这个原因。③

Ⅱ 民法在法律体系中的位置

首先,确认一下民法在法律体系中位于什么样的位置。

1 公法与私法

1. 引言——以交通事故为着手的线索 整个法律体系,可以粗分为公法和私法。不过,仅仅抽象地谈论恐怕难以把握其轮廓。不妨用下面的例子来思考。

```
事例 1
    X 醉酒开车,将行人 Y 撞死。
```

在该事例中,X 应当承担以下三种责任:

(1) **刑事责任** 首先,"因酒精或者药物的影响在难以正常驾驶的状态驾驶汽车"致人死亡者,依刑法 208 条之 2 第 1 款处 1 年以上有期徒刑。④

(2) **行政责任** 其次,按照道路交通法 65 条 1 款的规定,禁止饮酒驾驶。该法 103 条 2 款规定:违反该法律者,依规定的基准,公安委员会可以吊销驾驶执照或者停止驾驶执照的效力。

(3) **民事责任** 再者,依民法 709 条,因故意或过失侵害他人权利或者法律上保护的利益者,必须赔偿由此所发生的损害。不过,在因汽车的运行侵害他人的生命或健康的情形,汽车损害保障法 3 条有特别规定。

2. 公法与私法的区别

(1) **何谓公法** 其中,刑事责任和行政责任有共通之处。因为尽管刑事责任是由法院判处的,而行政责任则是由行政机关课以的,在这一点上存在差

---

③ 有关法律思考中图式的重要性,参照山本敬三"民法における法的思考"田中成明编《现代理论法学入门》(法律文化社,1993 年)224 页,同("同",是指与前一文献为同一作者。在这里,即指山本敬三。在本书中,翻译尽量按照原书的引用方式——译者注)"法的思考的构造与特质——自己理解的现状与课题"《岩波讲座现代の法 15》(岩波书店,1997 年)231 页。

④ 此外,依道路交通法 117 条之 2 第 1 项以及 117 条之 2 之 2 第 1 项,驾驶者违反该法 65 条 1 款饮酒驾车的情形,处有期徒刑或者罚金。这属于刑事责任。

异，但两者都是由国家的机关令 X 这个个人承担刑罚或行政上的不利益。像这样调整国家与个人关系的法，称为公法。⑤

(2) 何谓私法　而民事责任，关注的是 X 与 Y 这种个人与个人之间的关系。像这样，调整个人与个人之间关系的法，称为私法。

3. 区别公法与私法的理由　区别公法与私法，是因为两者在问题的基本性质上不同。

(1) 公法的情形　对于公法来说，一方面的问题是确保公益，另一方面的问题是，恰当控制国家权力，使其不至于不当地侵害个人权利。

(2) 私法的情形　对于私法来说，如何调整处于个人与个人这种权且对等之关系中的人之间的利害关系，才是核心的问题。

2　作为私法基本法的民法

属于私法的，除民法外，还有消费者契约法、借地借家法、产品责任法等民事特别法，另外还有属于商法、劳动法等领域的诸多法律。

其中，规定与有关私法之最基本事项的法律，便是民法。民法中规定的，有用以构成私法关系的基本框架，和用以解决那般构成之问题的基本观点。在这个意义上，民法具有私法基本法的性质。

> **Comment**　　　　　　　　　　　　　　　　　　　　一般法与基本法的区别
>
> 一般来说，所谓民法，在形式上是指民法典，在实质上是指私法的一般法。这里所说的一般法，其涵义是：就有关私法的问题，只要没有特别法，民法便具有正当性。可是，仅仅从一般法与特别法的关系来理解民法，恐怕不能恰当地把握民法的涵义。这是因为，民法不仅是在没有特别法之处具有正当性的法，而且还具有另外一个侧面，即构成这些特别法的基础，为特别法的内容指明方向。本书将民法称为私法的基本法，就是出于这个原因。⑥

Ⅲ　民法的对象——财产法与家族法

民法规定的对象，是财产关系和家族关系。其中，规定财产关系的部分称为财产法；规定家族关系的部分称为家族法。

---

⑤　不过，即使在刑法中，像杀人、盗窃等那样的、个人法益的保护成为问题的情形，也不是不能说是个人与个人的关系成为问题。可是在私法的情形，即便同样是与个人的关系成为问题，个人对其他的个人在什么样的情形，可以要求什么才是问题的关键。在这一点上，刑法与私法之间存在着决定性的差异。

⑥　详细内容，参照山本敬三"基本法としての民法"ジュリスト1126号261页(1998年)。

1 家族法

首先,从家族法看起。它又可以分为亲属法和继承法。

1. 亲属法 所谓亲属法,是规定家族身份的法。它主要由三部分构成。

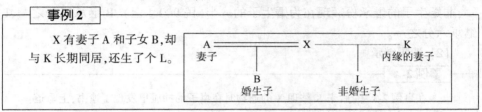

事例2　X有妻子A和子女B,却与K长期同居,还生了个L。

（1）**婚姻法** 第一,是夫妇的关系,即有关婚姻关系的部分。这里规定的主要事项有:在什么情形婚姻关系成立、婚姻关系成立后会怎样、如何才能解消婚姻关系——离婚等。

（a）婚姻关系　就事例2而言,X与A的关系,构成婚姻关系。

（b）内缘　而X与K的关系,由于没有成立正式的婚姻关系,所以民法中没有规定。不过,判例将K作为内缘的妻子,给予一定的保护。

（2）**亲子法** 第二,是有关亲子关系的部分。这里规定的是,在什么情形亲子关系成立,亲子关系成立后会怎样等事项。

（a）婚生子　就事例2而言,有婚姻关系的X与A之间所生的孩子B,与X、A是亲子关系。这种情形的B,称为婚生子。

（b）非婚生子　没有婚姻关系的X与K之间所生的孩子L,要与其父亲X成立法律上的亲子关系,需要认领(民779)。这种情形的L,称为非婚生子。

（3）**监护法**

事例2-2　在事例2中,X因脑溢血摔倒,丧失了日常生活所必要的判断能力。

第三,是有关保护限制行为能力人的部分。这里规定的是,对于没有亲权人的未成年人以及没有足够的判断能力的人,谁、按照什么样的程序成为保护人,成为保护人的人拥有什么样的权限、承担什么样的义务等事项。

2. 继承法 所谓继承法,是规定在人死亡的情形,其财产归属于谁的法。继承的形态分为以下两种:

（1）**法定继承**

事例2-3　在事例2-2中,后来X死亡了。

在死亡之人——在被继承之人这个意义上称为被继承人——没有就遗产的去向留下任何决定的情形,由谁继承、如何继承遗产就成了问题。民法除了规定可以成为继承人的人以及继承的比例外,还规定了依此分割遗产的方法等。

在该事例中,成为继承人的限于配偶和子女(民 887 I、890),A 继承二分之一,非婚生子的继承份额现在为婚生子的一半(民 900④但),B 继承三分之一,L 继承六分之一。

（2）遗嘱继承

事例 2-4

在事例 2-3 中,后来 K 整理 X 的遗物时在桌子的抽屉里发现了遗书,上写道:"将自己所有的财产都给 K。"

决定自己死后将财产给谁一事,称为遗嘱。关于遗嘱的规定包括:要被认定为遗嘱需要遵守怎样的形式,如果被认定为遗嘱会发生怎样的效力,执行遗嘱必须遵循怎样的程序等。

依这些规定,如果被认定为适法的遗嘱,原则上发生与其内容一致的效力,但是对一定的法定继承人承认其有遗留份。就该事例而言,遗产的一半将留给 A、B 和 L(民 1028②)。

2　财产法

而财产法,则是规范财产问题的法。

1. 广义的财产法　　不过,规范财产问题的法,并不限于民法。可以说,除了商法,还有以独占禁止法为代表的经济法,另外国土利用计划法、建筑基准法、噪音规制法、水质污染防止法等的公法,也是广义的规范财产问题的法。

2. 民法规定的财产法的涵义——经济关系的基本法　　其中,民法规定的财产法确立了有关财产的归属及其移转的基本框架和规则。这恰好是规定经济关系最基本部分的法。在这个意义上可以说,这里所说的财产法是经济关系的基本法。

IV　财产法的基本构造

1　所有与契约

经济关系的根本,是所有和契约。各人各自拥有物、金钱以及自己的身体——劳动力。这就是所有。此外,以此为前提,各人交换各自的物、金钱或者劳动力。这就是契约。所谓财产法,就是以这样的经济关系的基本模式,即所有和契约为基础而搭建起来的。

1．所有的保障

> **事例 3**
>
> X 在六甲有一座别墅甲。终于获得了休假,于是来到阔别的甲,却发现不知为何 Y 从半年前就住了进去。由于 Y 粗暴使用甲,致使窗玻璃、门破损,地板、墙壁上污迹斑斑。

（1）**何谓所有权**　第一,财产法将所有作为权利予以保障。就物而言,承认自由使用、收益、处分物的权利。这便是所有权。X"拥有别墅甲",意味着享有甲的所有权。

（2）**从所有权中派生出的权利**　所有权受到侵害的情形,法律承认如下的权利:

（A）**妨害排除请求权**　要求妨碍所有物的使用、收益、处分的人排除妨碍的权利,例如,要求 Y 搬出去。

（B）**不当得利返还请求权**　要求擅自从所有物获得利益的人返还该利益的权利。例如,要求 Y 支付使用别墅期间的、与使用费相当的利益。

（C）**损害赔偿请求权**　要求侵害所有物的人赔偿由此造成之损害的权利,例如要求 Y 赔偿窗户、门的破损。

2．契约的保障

> **事例 4**
>
> X 将自己在六甲的别墅甲出租给 Y,租期 4 周,租金为 20 万日元。Y 在那里滞留了 1 周后因公司的事务不得不返回。Y 说只住了 1 周,所以只支付 5 万日元。

第二,以上述保障各人的所有为前提,财产法将所有的交换作为契约制度予以保障。严格来讲,它具有如下两层涵义:

（1）**基于契约的正当化**　其一,通过订立契约,各当事人的权利获得基础。例如,Y 通过该契约取得了使用 X 的所有物甲 4 周的权利。由此,即使其间 Y 使用甲,X 也不能要求排除妨害、返还不当得利、损害赔偿。

（2）**契约的拘束力**　其二,通过订立契约,订立契约者受其拘束,被强制实现契约内容。例如,X 因该契约在 4 周内不再能要求 Y 返还甲,Y 也必须支付约定的 20 万日元,哪怕只使用了 1 周。

② 财产法的基本构造——物权与债权

欧洲大陆的民法以及继受了它的日本民法,将所有和契约进一步抽象,构成物权和债权,以其作为体系的基础。

1．物权　　首先，所有被抽象，从中抽取人支配物的权利。这便是物权。关于物权，日本民法典规定了以下几种：

　　（1）所有权　　所谓所有权，是关于物的、原则上可以做任何事的、完全的物权。其中包括以下两个价值的支配：

　　　　（A）对利用价值的支配　　首先，如果有所有权，就可以自由地使用、收益该物。在这个意义上，所有权中包括对物的利用价值的支配。

　　　　（B）对交换价值的支配　　其次，如果有所有权，就可以自由地处分该物，与金钱进行交换。在这个意义上，所有权中包括对物的交换价值的支配。

（2）限制物权

　　　　（A）涵义　　将所有权本身留在身边，仅仅把该物中所包含的利用价值或交换价值中的一项割离，将该部分转让给他人也是可能的。像这样，被转让的权利——在所有权的一部分权能受到限制的物权这个意义上——称为限制物权。

　　　　（B）种类　　根据这般转让的价值的不同，限制物权可以分为以下两类：

　　　　（a）用益物权　　第一，是仅仅支配物的利用价值的权利，即利用物的物权。日本民法中规定的这种用益物权有地上权、永佃权、地役权和入会权。

　　　　（b）担保物权　　第二，是仅仅支配物的交换价值的权利。日本民法中规定的这种担保物权有先取特权、质权和抵押权（此外，作为利用了对物之占有的担保物权，还规定有留置权）。

> **事例5**
>
> 　　X 想购买价值 5000 万日元的公寓房甲，可自有资金只有 2000 万日元。于是，X 决定将甲抵押，从银行 Y 处借 3000 万日元。可是后来，在 X 偿还了 1000 万日元后，因所在公司倒产而失业，无法作进一步的偿还。

　　在借钱给他人时，始终存在对方不能偿还的危险。为了防患这种危险而事先确保债权回收的手段，称为担保。这里，在甲上设定的抵押权便属于此。依抵押权的规定，Y 在 X 无法偿还所借贷的金钱时，可以拍卖甲，从价金中回收未清偿的 2000 万元。像这样，担保物权中所涉物之价值，是出售后能得多少这个意义上的价值，即交换价值。

　　（3）占有权　　与以上的物权不同，作为算不上支配物之价值的物权，民法另外还规定有占有权。

> **事例3-2**
>
> 　　在事例3中，Y 住在别墅期间，暴力团打扮的 A 闯进来，要用武力把 Y 赶出去。

　　既然该事例中的 Y 没有别墅的所有权，那么好像可以认为，被撵出去也没有办法。可是，如果允许行使这样的武力，法治国家的原则便名存实亡。为了维持社会秩序，就需要将 Y 现在住在甲的状态、即现实管领物这样的事实状态，作为一种价值予以保护。日本民法典把这种事实状态、即占有作为权利予以保障。这便是占有权。

2. 债权 其次,将契约抽象,从中抽取某人要求特定的他人为一定行为之权利。这便是债权。而且作这样的抽象后,基于契约以外的原因也可以发生同样的权利。

(1)**契约** 首先,从契约的情形看起。

> **事例 4-2**
> 在事例 4 中,下列情形将如何?
> ① 虽然与 Y 订立了以 20 万日元出租甲 4 周的契约,但 X 却不想把钥匙交给 Y。
> ② Y 在别墅住了 4 周,却找碴不支付 20 万日元的租金。

(A)承租人的债权(①)该情形的 Y 有权根据与 X 订立的契约要求 X 让其住 4 周别墅。Y 这个人有权要求 X 这个人让其住 4 周别墅,在这个意义上它正是债权。

(B)出租人的权利(②)该情形的 X 有权根据其与 Y 订立的契约,作为让 Y 使用 4 周别墅的交换,要求 Y 支付 20 万日元。这也正是债权。

(2)**法定债权关系** 此外,即使当事人之间没有契约,有时会基于法律发生债权。无因管理、不当得利和侵权行为便属于此。

(A)不当得利 其中关于不当得利,如事例 3 中所述。Y 擅自使用 X 的别墅的情形,不当地获得了别墅的利用利益。因此,X 对 Y 拥有其要求支付与其间使用费相当之利益的权利,即债权。

(B)侵权行为 至于侵权行为,如事例 3-2 中所述。Y 给 X 别墅造成了损害的情形,X 对 Y 拥有要求其赔偿损害的权利,即债权。

(3)无因管理

> **事例 6**
> Y 一家到海外旅行。没人在家期间,Y 家的窗户被疾风刮破。Y 的隔壁碰巧住着经营土木工程店的 X。X 心想,这样置之不管的话,台风来了房间就会进水,于是修理了窗户。
> ① X 能否要求旅行归来的 Y 支付修理所花费的 5 万日元?
> ② X 修理窗户的次日,因为台风窗户又破了。此情形将如何?

在①中,因 X 的修理 Y 获得了窗户被修好的利益。在这个意义上,也可以理解为不当得利。不过,在②的情形,由于最终 Y 没有得利,因此无法想象 X 要求 Y 返还利益。可是即使在这种情形,X 出于善意,为了 Y 的利益花费一定的费用修理了窗户这一事实仍然存在。为此,民法即使在这种情形,也承认要求偿还所花费费用的权利,即债权。这称为无因管理。

V　民法典的构成

1　潘德克吞模式的采用

日本民法典以上述的框架为前提,又进一步采用了非常彻底的体系化的手法。这种手法,称为潘德克吞(Pandekten)模式。

1.潘德克吞模式的由来　所谓潘德克吞,是指罗马法大全中被称为学说编纂的部分。后来从中世纪到近代的过程中被德国继受,19世纪的德国法学以其为蓝本构筑了宏大的体系。1900年施行的德国民法典,可以说是潘德克吞法学的集大成。日本民法典的体系,是参考它做成的。

2.潘德克吞模式的思路　潘德克吞模式的特色在于,把个别事项所共通的部分拿出来放到前头这样一种抽象化的手法。在这种模式中,将分则中共通的部分作为总则抽取,将此做到了极致。例如,契约的情形,如果赠与、买卖、租赁、承揽等有共通的事项,就把它抽出来放到前头。这便是契约总则。再进一步,将同样是债权制度的契约、无因管理、不当得利、侵权行为并列,将共通的部分抽取作为债权总则。相同的作业,在物权编、亲属编和继承编也进行。最后,抽取所有这些共通的部分放在民法典的开头。这便是民法总则。

2　构成的概要

按照上述的模式,整个民法典大致上如下构成：

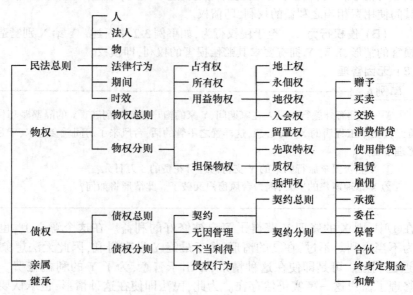

Comment 理解潘德克吞模式的必要性

如上图所示,民法典的体系本身非常好地保持了一贯性。不过,将个别的东西不断抽象,把共通的部分逐级推向总则,会导致这样的结果:例如即便同属于买卖的问题,规定却不限于"买卖"一节。因为契约总则、债权总则以及民法总则中也有。因此,对于不懂民法的外行来说,就会发生这样的事态:不知道到底看哪一部分才好。

不过,尽管有这样的弊端,现在的民法典以这样的体系为蓝本而建立却是一个雷打不动的事实。既然想成为一名法律家,就需要好好理解民法典所采用的体系,做到能够当即可以判断出某一问题在该体系中所处的位置。希望今后能掌握这一点。

VI 民法总则的涵义和构造

本书的对象是其中的民法总则。以下,看一看民法总则的涵义和构造。民法总则在整个民法中占据什么样的地位呢?此外,民法总则如何规定、规定了什么样的事项呢?掌握了这样的整个民法总则的鸟瞰图,理解下一章以下的具体问题就肯定会容易许多。

1 何谓民法总则

1. 作为整个民法的总则的民法总则　　所谓民法总则,是整个民法的总则。这不是规定民法基本原则的部分。按照潘德克吞模式,将整个民法共通的事项抽出来规定的,才是民法总则。

2. 民法总则的形成——以胁迫为例　　不过,尽管知道是抽出整个民法共通的事项加以规定,但恐怕还是想象不出个具体的样子来。这里以胁迫为例,试着模拟一下民法总则的制定过程。

> **事例7**
> ① X 长期居住在位于都市中心的住宅甲。一日,不动产商 Y 来访,希望 X 把甲卖给他,遭到 X 的拒绝。于是 Y 带了几个暴力团模样的人来威胁 X,感到害怕的 X 没办法,决定把甲卖给 Y。
> ② X 经营一家铁器加工厂。一日,Y 来访,希望 X 高薪雇用自己,遭到 X 的拒绝。于是 Y 以 X 侵吞公司钱财的事情相威胁 X,感到害怕的 X 没办法,决定雇用 Y。
> ③ X 曾经借给 Y 100 万日元。可是,一日 Y 来访,说还不了 100 万日元,希望 X 能免除这笔债务,遭到了 X 的拒绝。于是 Y 挥刀威胁 X,感到害怕的 X 没办法,决定免除 Y 的债务。
> ④ 给 X 的弟弟 A 借贷了一大笔钱的 Y 来到 X 处,正好 X 和 A 的父亲死亡,发生了继承的问题。Y 希望 X 放弃继承,遭到 X 的拒绝。于是 Y 以 X 的绯闻相威胁,感到害怕的 X 没办法,决定办理放弃继承的手续。

(1) 整个民法共通事项的抽取　　首先作为前提,需要抽取整个民法共通的、成为问题的事项。

　　(A) 基于胁迫缔结买卖契约　　在①中,受 Y 的威胁,X 被迫订立了不动产买卖契约。

　　(B) 基于胁迫缔结雇佣契约　　在②中,受 Y 的威胁,X 被迫订立了雇佣契约。在受胁迫被迫订立契约这一点上,与①相同。在这个意义上,对于所有的契约来说,胁迫成为问题。

　　(C) 基于胁迫而免除债务　　在③中,受 Y 的威胁,X 被迫免除了 Y 的债务。债务的免除不是契约,是免除债务这种 X 单方的宣言行为。由于这对于所有债务来说都是问题,因此规定在债权总则中。

　　(D) 基于胁迫而放弃继承　　在④中,受 Y 的威胁,X 被迫放弃了继承。继承的放弃也是继承人 X 单方的宣言行为。它规定在民法的继承法中。

　　(2) 整个民法共通事项的规定方法　　像这样,胁迫不仅在契约中会成为问题,而且还会在所有的债权,甚至家族法中成为问题。在这个意义上,可以说胁迫是整个民法中共通的、可以成为问题的事项。因此有必要在民法总则中规定胁迫。这样一来,接下来的问题便是,如何在民法总则中规定。

　　(A) 保护受胁迫人的方法　　为了保护各个事例中受到胁迫的 X,可以想到如下的方法。

　　(a) 契约的情形　　在①和②中,如果令契约有效,那么 X 就必须将甲卖给 Y,必须高薪雇佣 Y。因此,要保护 X,只有否定这种契约的效力。

　　(b) 单方的宣言行为　　在③和④中,如果令免除债务、放弃继承这种 X 单方的宣言行为有效,那么就不能受偿借贷的金钱、不能继承。因此,要保护 X,只有否定这种单方的宣言行为的效力。

　　(B) 通过抽取共通要素形成一般概念　　如果仅仅就各个问题罗列这些保护方法的话,只要在民法分则中规定就足够了。要规定在民法总则里,必须采用具备可以涵盖所有这些的一般性的规定方法。为此,需要抽取这些问题中共通的性质,从中制造一般性的概念。

　　(a) 意思表示概念的形成　　这里成为问题的契约,以及债务免除、继承放弃等单方的宣言行为所共通的,是当事人表示了自己的意思。着眼于这种意思的表示,便形成了"意思表示"这个概念。

　　(b) 构成——基于胁迫之意思表示的撤销　　为了保护受胁迫之人,只要事后否定因胁迫所作的意思表示的效力即可。像这样,如果将事后否定意思表示的效力理解为"撤销"这种概念,便可以将其规定为"因胁迫的意思表示可以撤销"。这样设计完成的便是 96 条 1 款。

3. 民法总则的特征　　从该例可以看出,民法总则具有以下的特征:

(1) 抽象性　　由于民法总则从问题中仅仅抽取共通的事项,设置一般规

定,因此其内容是抽象的。这种抽象性具有以下的长处和短处:

　　(A) 长处——立法经济　　由于将规定的内容抽象化可以广泛涵盖同种事例,因此就没有必要分别就个别问题重复相同的规定。其结果,有可能用必要的、最少限度的规定解决问题,防止不小心的规定缺漏。

　　(B) 短处——具体轮廓难以浮现　　由于规定是抽象制定的,因此仅仅看规定,往往难以理解它具体适用于什么场合。

(2) **体系性**　　民法总则通过共通事项的抽取和对它的综合,反复完成一般概念的形成,其结果,就具备了经过透彻的逻辑思考的、保持首尾一贯的体系。如果能理解这个体系,民法总则的全貌一下子就容易理解了。

2　民法总则的基本构造

以下,确认一下整个民法总则的基本构造。

1. 权利的体系

(1) **民法**　　首先作为前提,整个民法作为权利的体系构想如下:

　　(A) 财产法　　财产法由物权法和债权法构成。物权法是规定人支配物的权利的法。债权法是规定人要求他人为一定行为的权利的法。两者都是就权利作出规定的法,这一点是相同的。

　　(B) 家族法　　家族法由亲属法和继承法构成。亲属法,是规定家族中具有某种身份的人拥有什么样的权利的法。继承法,是规定在人死亡的情形谁拥有继承其财产的权利的法。两者都是就权利作出规定的法,这一点是相同的。

(2) **民法总则**　　从上文可以看出,正是权利,才是整个民法共通的、最基本的事项。从整个民法中抽取这个共通的部分,规定权利的一般事项的,正是民法总则。

2. 权利图式

民法总则规定权利的一般事项时,作为构成整体的框架,采用了权利图式。

(1) **权利图式的构成要素**　　权利图式由以下的构成要素构成。

　　(A) 权利主体…………**谁**拥有、并可以行使权利?

　　(B) 权利内容…………有了权利,可以干**什么**?

　　　(a) 权利客体…………有了权利,可以干**什么**、如何干?

　　　(b) 权利的效力…………有了权利,可以干什么、**如何干**?

　　(C) 权利变动…………权利因为什么原因**发生**、**变更**、**消灭**,又如何**发生**、**变更**、**消灭**?

(2) **民法总则所采用的权利图式**　　按照这种权利图式,民法总则规定了如下的制度。

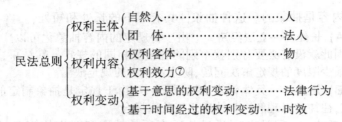

Comment　何谓权利图式

权利图式这种见解，依据了本章开头所论述的图式理论。在开头所列举的事例中，洗涤图式成了问题。按照该事例的论述，关于洗涤，"何时"、"在何处"、"由谁"、"以什么为对象"、"如何"一定成为问题。当然，实际上"何时"、"在何处"、"由谁"、"以什么为对象"、"如何"洗涤，有多种多样的版本。可是，无论是哪种模式，只要是洗涤，其中一定存在"何时"、"在何处"、"由谁"、"以什么为对象"、"如何"这样的要素。就是说，这些要素，构成了洗涤图式。如果与之相同地来尝试着考虑权利，得到的便是权利图式。一般的教科书没有这么写，但如果使用了这个概念，那民法总则的能见度就会好很多。

3　本书的构成

从下一章开始，将依次讲述上面所列民法总则的诸项制度。不过，本书的说明将对民法总则的顺序稍作变动。具体地，首先在讲述完人后，跳过法人，先进入法律行为部分。法人在其后介绍，最后讲述时效。本书采用这样的构成，有以下三个理由：

第一，人的问题与法律行为的问题密切相关，连续讲述这两者容易理解。

第二，法律行为的问题，是民法总则的核心问题，我想最好尽可能早地讲述。虽然法律行为很难，但却是非常有意思的问题。我以为提前讲述可以增加对民法总则、进而增加对民法的兴趣。

第三，没有法律行为中有关代理的知识，法人问题难以理解。与其从法人开始讲述，其中适当地说明有关代理的问题，不如在彻底讲述完代理后再介绍法人。这样既可以防止篇幅的浪费，而且更重要的是容易理解。

VII　日本民法的历史

最后，非常简单地介绍一下日本民法的历史。了解了这段历史，围绕各个问

---

⑦ 在权利图式中，惟有权利的效力难以一般化。因为即使试图就"可以干什么"这一点抽出共通的东西，它也几乎没有任何意义，不过是理所当然的东西。为此，在民法总则中，对于权利的效力没有作规定。它规定在分则中。

题的争论也应该容易理解吧⑧。

1 民法典的成立史

现行民法典，施行于1898(明31)年。其诞生的经过如下：

1. 从明治维新到旧民法为止 民法典的制定作业，始于明治维新后不久。其背景是条约的修改问题。这是因为，修改条约的前提，是在日本也要制定与欧美相当的交易规则，推行正规、严格的裁判。为此，当初也曾考虑翻译法国民法典，以此作为草案。可是后来，邀请了时任巴黎大学教授的Gustave Boissonade，委托他来起草民法典草案(不过仅限于财产法部分)。Boissonade以法国民法典为蓝本，开展起草工作。完成的民法典于1890(明23)年公布，史称旧民法。

2. 从旧民法到明治民法为止

(1) 法典论战 旧民法预定于1893(明26)年施行，但反对的呼声强烈，结果在坚决(施行)派和延期(施行)派之间引发一场大规模的论战。史称法典论战。其背景是，以法国法学派与英国法学派的对立、自然法学派与历史法学派的对立为首的，各种思想的、政治的以及派系的对立交织在一起。不管怎么说，延期派取得了这场论战的胜利，旧民法最终一直没有得到施行就寿终正寝了。⑨

Comment　　　　　　　　　　　　　　　　　　　　法典论战的思想背景

其中，法国法学派和英国法学派的对立，与自然法学派和历史法学派的对立有着密切的关系。

首先，法国法学派所依据的是自然法思想。这种思想认为，法这种东西超越时间和空间，无论在哪个国家、哪个时代，都可以编纂建立在同一个根本原理上的法典。法国民法典正好体现了这种自然法，我国也可以依据它来编纂法典。所以，应当坚决实施民法典。

而英国法学派，依据历史法思想分庭抗礼。按照这种思想，法这种东西因各个国家、各个时代的不同而不同，需要重视当时当地的习惯。日本自古以来重视"家"制度，而国家也是以天皇为家长的"家"。支撑前者的是孝，支撑后者的是忠。然而，要实施的民法典，建立在神的面前人人平等这种基督教的个人主义之上。它与忠孝的思想无法相容。"民法出忠孝亡"(穗积八束)，正是该学派的口号。

(2) 明治民法的制定 于是，1893(明26)年重新设置法典调查会，任命穗积陈重、富井政章、梅谦次郎为起草委员。起草作业一方面以旧民法为基础，另

---

⑧ 详细内容，参照星野英一"日本民法典(1)"法学教室4号21页(1981年)，同"日本民法学史(1)—(4)"法学教室8号37页、9号14页、10号15页、11号16页(1981年)，加藤雅信"日本民法百年史"加藤雅信主编《民法学说百年史》(三省堂，1999年)1页，大村・前注①15页以下。

⑨ Boissonade登场后的那段时间的状况，参照大久保泰甫《日本近代法的父Boissonade》(岩波书店，1977年)。

一方面将体例改为潘德克吞模式,开始朝着积极吸收德国法的成果的方向迈进。如此起草的结果,于1896(明29)年首先公布了总则、物权、债权编,接着在1898(明31)年公布了亲属和继承编,两者都于1898(明31)年7月16日付诸施行。

② 民法学史

1. 民法学的建设与学说继受 像这样,在民法典制定后,学者展开了阐明其内容、将其体系化的作业。线索是德国法。这种倾向,尤其在从明治时代末期到大正时代的过渡阶段,被推向了极致。在这个时期,较之于民法的条文、起草者的见解,人们更热衷于调查某个问题在德国法中如何,就好像日本民法典也与德国法有相同的规定似地作重新解释。这种法学的压倒性影响,称为学说继受。⑩

2. 其后的展开 进入昭和时期后,人们强有力地批判当时德国法学一边倒之立场。不过,重视德国法学的倾向,基本上一直持续到战后不久。

可是,进入20世纪60年代后,日本民法受到法国法的强烈影响,是通过对旧民法的修正而产生的这一事实,得到再一次确认,人们清醒地意识到用德国法来解释法国法的规定、制度存在问题。⑪ 结果,现在普遍的方向是,在慎重洞察民法的各项制度是来源于哪个国家的基础上,在与其他国家比较的同时,作适合日本社会的解释。

③ 民事立法的展开

1. 民事特别法对民法的补充、修正 民法典在制定后,除了战后家族法的大规模修正外,一直到不久前也没有过大的修正。当然,其间社会发生很大的变化,出现民法典未必预想到的种种问题。尽管如此,民法典也没有经过大的修正。这是因为,除了判例法在可能范围内作出了应对外,另外还制定了许多补充、修正民法典的民事特别法。⑫

2. 民事立法的现状 从30页以下的表格中可以看出,进入90年代后,民事立法变得非常活跃。可以说,这是社会、经济形势的变化急剧加速,通过立法来应对已不可避免的一个表征。而且,逼迫改变以往的基本见解的立法不断出现,这是一个明显的特征。例如,民法典本身也通过创设成年监护制度、修改担保法,无论在形式上还是在内容上都接受了大规模的修正。说消费者契约法的

---

⑩ 关于这个过程和意义,参照北川善太郎《日本法学の歴史と理論》(日本评论社,1968年,初出1966—68年)。

⑪ 成为开端的,是星野英一"日本民法典に与えたフランス民法の影响"同《民法论集·第1卷》(有斐阁,1970年,初出1965年)69页。

⑫ 包括特别法在内的民法修正史,参照加藤主编·前注⑧《民法学说百年史》768页以下。

制定在实质上就是民法本身的修正,并不为过。此外,借地借家法的制定及其后来的修正,也有修正以往借地借家法制之性质特征的侧面。特定债权法、动产·债权转让特例法的制定外,担保法的修改、保证法的修改等,显示民法也不可能与经济体制的改革无关。民事法制现在正处于激荡的变革时期。学习民法时,希望也能将这一点牢记在心中。⑬

3. 民法的白话文化

(1) 宗旨　　民法典的第 1 编(总则)至第 3 编(债权)自 1896(明 29)年制定以来,一直维持着片假名、文言文的记述形式,保留了大量的现在几乎不用的用语。从"法律应当易于一般国民理解"的观点看,是个大问题。尤其是民法是关乎人们的日常生活、经济活动的所有领域之私法的基本法,更需要易于理解。为此,2004 年从这种观点对整个民法典作了修改,采用了白话文。⑭

(2) 基本方针　　目的不是对现行法内容作实质性的变更,仅仅是谋求条文的白话文化。其基本方针如下:

　　(A) 平假名、口语化　　第一,将民法第 1 编至第 3 编的片假名文言文的记述改为平假名、口语体。

　　(B) 用语的白话文化　　第二,将现代一般不用的用语置换为平易的用语。⑮

　　(C) 采用已经确立的解释　　第三,将已经确立的判例、通说的解释中尚未被条文的表述明示的解释纳入规定。主要内容如下:

108 条	明示:在有本人预先许诺的情形,就同一法律行为可以成为相对人的代理人(自己契约)和当事人双方的代理人(双方代理)。
109 条	明示:表示已将代理权授予他人者,不仅在就该他人无代理权第三人为恶意时,而且在因过失而不知道时,均不负担表见代理的责任。
151 条	明示:对于向法院作出的调解申请,同和解的申请一样,在相对人不出庭或者调解不成的情形,如果在 1 个月内提起诉讼则时效中断。
153 条	明示:催告后 6 个月以内申请支付督促令,向法院申请调解的情形,同作裁判上之请求等一样,也发生时效中断的效力。
162 条	明示:占有人为善意无过失的情形成立的 10 年短期取得时效,不仅适用于不动产,也适用于动产。
192 条	明示:对动产善意取得的承认,限于因交易行为开始占有的情形。

---

⑬ 参照星野英一《民法のすすめ》(岩波书店,1998 年)211 页以下。

⑭ 加上有关保证契约的实质性修改,制定了"部分修改民法的法律"。关于修改的经过、宗旨及其意义,除吉田、筒井编 81 页以下外,还可参照中田裕康"民法の現代語化"ジュリスト1283 号 86 页(2005 年)等。

⑮ 例如,"疆界"改为"境界"(民 209),"围绕地"改为"包围该土地的其他土地"(民 210),"沟渠"改为"沟、渠"(民 219),"仆婢"改为"家事使用人"(民 310),"薪炭油"改为"燃料及电力"(民 310)。

478条	明示：对债权准占有人的清偿，限于清偿人善意且无过失的情形有效。
513条	由于发行汇票以替代债务之履行被解释为代物清偿，因此删除了将其作为更改的第2款后段的规定。
660条	明示：不仅在主张权利的第三人扣押寄存物之时，即使作临时扣押或临时处分时，保管人都应当毫不迟延地将其通知给寄存人。
709条	明示：不止是因故意或过失侵害他人的权利者，因故意或过失侵害他人在法律上受保护之利益者，也要负担基于侵权行为的损害赔偿责任。
720条	明示：针对他人的侵权行为，不得已实施加害行为的情形，成立正当防卫从而不负担损害赔偿责任的，不仅是为了防卫自己或者第三人的权利的情形，还包括在为了防卫其在法律上受保护的利益的情形。

（D）对已丧失实效性的规定、表述的删除　　第四，对现在已经失去存在意义（丧失了实效性）的规定、表述作了删除、整理。

（a）旧35条　　删除了以营利为目的之社团可以遵从商事公司的设立条件成为法人的规定，以及就此情形之社团法人准用商事公司之相关规定的规定。因为考虑到这与当时的商法旧52条⑯重叠，不再必要。

（b）旧97条之2（现98条）2款　　作为相对人或者其所在不明之情形用公示作意思表示的方法，从规定在法院的布告栏张贴至少在官报以及报纸上将有张贴之事刊登1次以上的规定中，将在报纸的刊载从公告方法中剔除。理由是，依战时民事特别法3条、战时民事特别法废止法律附则2款，长期以来只在官报刊载，并未因此产生什么问题，再者最近的立法也未要求在报纸刊载（民再10Ⅰ、会更10Ⅰ、破10Ⅰ）。

（c）旧311条4项、320条　　删除了有关因地方公务员职务上的过失所生之债权在地方公务员保证金上有先取特权的规定。理由是，因战后国家赔偿法的制定，人们认为，国家、公共团体等开始负担赔偿责任，公务员个人不直接负担责任，其结果被害人就保证金行使先取特权的事态实际上已不会发生。

（E）条文的标记、形式的完善　　第五，对整个法典，按照最近的法制工作对条文的标记、行使作了完善。

（F）第4编、第5编的标记、形式的完善　　第六，对于已经平假名化、口语化的第4编（亲属）、第5编（继承），与第1编至第3编一道，添加了题标、款项号码，以图标记的统一。

---

⑯ 在现行的公司法2条1项，"公司"是指"股份有限公司、合名公司、合资公司或者合同公司"，未像商法旧52条2款那样规定"以营利为目的之社团"。可是，这是基于如下的观点：公司法上，公司明确承认公司的股东、社员拥有利益分配请求权、剩余财产分配请求权，没有必要使用——公司向社员分配通过对外活动所获取的利益这个意义上的——"以营利为目的"这样的用语【参照相泽哲编著《一问一答·会社法》（商事法务，改订版，2009年）23页】。

4. 民法的现代化　　如上之2004年的修改,目的仅限于条文的白话文化。然而,民法典从制定时起已经经过了110年,对于其内容也根据现代的状况最修正——民法的现代化——已成为燃眉的课题。

(1) 背景　　其背后尤其存在如下的情况:

(A) 内外情势的变化　　首先,构成前提的社会、经济状况发生了很大的变化,大大超越了民法典制定当时的预想。此外,随着市场的全球化进展,特别是在交易法领域追求国际协调的动向日趋活跃,这也成为不能无视的状况。

(B) 民法典透明性的低下　　此外,民法典中未写入的规范透过判例、学说的发展已经有了庞大的积累,仅仅翻看法典已经不能掌握当下具有妥当性的民法内容。

(2) 修改民法的动向　　基于这样的背景,现在以债权法为核心,为民法的根本修改所作的作业正在推进。2009年,以民法学者为中心的民法(债权法)改正检讨委员会发表了"债权法改正的基本方针"。[17] 此外,还有几个研究小组也发表了修改试案。[18] 在把握这种动向的基础上,2009年11月在法制审议会设置了民法(债权关系)分会,正在以修改为目标推进审议。[19]

(3) 其意义及展望　　民法是规定社会、经济框架的基本法,其修改具有可与宪法修改匹敌的意味。仅仅这一点,就需要实际修改民法时,充分地把握过去的积累,准确地分析现状,看准未来应有的方向,广泛积累研究成果。

主要的民法修正史和民事特别法制定史

1877(明10)年	利息限制法
1896(明29)年	**民法总则·物权·债权编**
1898(明31)年	**民法亲属·继承编**、户籍法
1899(明32)年	提存法、不动产登记法、遗失物法、失火责任法
1909(明42)年	建筑物保护法、立木法
1921(大10)年	借地法、借家法

---

[17] 民法(债权法)改正检讨委员会编《债权法改正の基本方针〔别册NBL126号〕》(商事法务,2009年),同编《详解债权法改正の基本方针Ⅰ~Ⅴ》(商事法务,2009~10年)。对概要的总结,除同编《シンポジウム「债权法改正の基本方针」〔别册NBL127号〕》(商事法务,2009年)外,还可参照内田贵《债权法の新时代——「债权法改正の基本方针」の概要》(商事法务,2009年)等。

[18] 参照民法改正研究会(代表·加藤雅信)编《民法改正国民·法曹·学界有志案——假案の提示〔法律时报增刊〕》(日本评论社,2009年),椿寿夫、新美育文、平野裕之、河野玄逸编《民法改正を考える〔法律时报增刊〕》(日本评论社,2008年),圆谷峻著《社会の変容と民法典》(成文堂,2010年),金山直树编《消灭时效の现状と改正提言〔别册NBL122号〕》(商事法务,2008年)等。

[19] 关于法制审议会的审议,除http://www.moj.go.jp/shingi1/shingikai_saiken.html外,作为审议资料的总结材料,还可参照民事法研究会编集部编《民法(债权关系)の改正に关する检讨事项》(民事法研究会,2011年)。2011年4月,在把握之前审议的基础上,分会通过了"有关民法(债权关系)修改的中间性的论点整理"。

(续表)

31	1922(大11)年	信托法
	1933(昭8)年	身元保证法
	1946(昭21)年	罹灾都市借地借家临时处理法
	1947(昭22)年	**总则(私权的基本原则)的修改、亲属·继承编的修改**、户籍法(修改)
	1954(昭29)年	利息限制法(修改)
	1955(昭30)年	汽车损害赔偿保障法
	1961(昭36)年	分期付款销售法
	1962(昭37)年	**同时死亡的推定等、代位继承等的修改**、区分所有法
	1971(昭46)年	**最高额抵押的新设**
	1976(昭51)年	访问销售法
	1978(昭53)年	预登记担保法
	1980(昭55)年	**继承人·法定继承份额等的修改·贡献份额等**
	1987(昭62)年	**特别养子制度的新设等**
	1991(平3)年	借地借家法
	1992(平4)年	特定债权法
	1994(平6)年	产品责任法
	1998(平10)年	特定非营利活动促进法、债权转让特例法
	1999(平11)年	确保住宅品质促进法、**成年监护制度的创设**、任意监护法
	2000(平12)年	消费者契约法、金融商品销售法、特定商交易法(访问销售法修改)
	2001(平13)年	中间法人法、电子消费者契约及电子承诺通知法
	2002(平14)年	区分所有法(修改)
	2003(平15)年	**担保法修改**
	2004(平16)年	不动产登记法(全面修改)、**民法白话文化·保证法修改**、动产·债权转让特例法
	2005(平17)年	有限责任事业合伙契约法、公司法
	2006(平18)年	**法人法修改**、一般社团·一般财团法、信托法(全面修改)、消费者契约法(修改)、遗失物法(全面修改)、利息限制法(修改)
	2007(平19)年	电子记录债权法、劳动契约法
	2008(平20)年	消费者契约法(修改)、特定商交易法(修改)、分期付款销售法(修改)
	2009(平21)年	有关国际货物销售契约的联合国公约(对日本生效)

权利能力、意思能力、行为能力

I 序

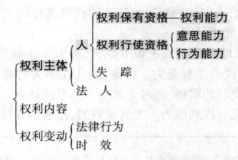

从本章起,讲述民法总则的本论。首先,是民法总则的第二章"人"。本章涉及的对象是其中的权利能力、意思能力、行为能力的总论。具体说来,就是确认各项制度的基本涵义及其宗旨,然后简要介绍意思能力与行为能力的关系。

II 权利能力

1 何谓权利能力

1. 权利能力的涵义 权利能力是指成为权利义务主体的资格。有了权利能力,才有可能享有权利,负担义务。

2. 权利能力平等的原则 关于权利能力,有"所有的人平等地拥有权利能力"的原则。这是近代市民法的根本原则。

(1) **涵义** 该原则有以下两重涵义:

(A) **作为人固有之能力的权利能力** 第一,"只有人才有权利能力"。包括法人在内的人以外的主体,不能成为权利的主体,只能成为权利的客体。

(B) **权利能力的平等性** 第二,"所有的人平等地拥有"权利能力。只要是人,谁都拥有相同的权利能力。

(2) 根据规定 　　3 条 1 款规定:"私权的享有始于出生。"① 这是直接规定权利能力始期的规定。不过,这里"出生"的是人,既然人都是平等出生的,因而可以把这一条理解为规定权利能力平等原则的条文。

2 权利能力的始期

1. 权利能力的始期——出生

(1) 因出生而取得权利能力 　　依 3 条 1 款,人从"出生"的时刻起取得权利能力,成为权利义务的主体。

(2) 出生的时刻 　　所谓出生的时刻,民法上一般指活体从母胎中全部露出的时刻。② 这是因为,人们认为要成为独立的权利义务的主体,需要达到这样的程度,而且这样的程度便足够。

2. 胎儿的法律地位
依 3 条 1 款,既然未出生就不承认其拥有权利能力,那么原则上胎儿没有权利能力。可是,胎儿在不久的将来要出生,贯彻这个原则就否定了其对权利的取得,有时会产生不公平的结果。为此,民法在一定的情形例外地承认胎儿的权利能力。尤其重要的,是继承和侵权行为的情形。③

事例 1

X 有身怀 A 的妻子 W 和父亲 F。一天,X 正坐在车上,Y 驾驶的卡车越过中间线,发生撞车,导致 X 死亡。

---

(1) 胎儿与继承 　　这里首要的问题是,胎儿 A 能否继承 X 的财产?这个问题因胎儿能否活体出生而有不同的结果。

(A) 胎儿活体出生的情形 　　886 条 1 款规定:"就继承而言,视胎儿为已经出生。"依此规定,就继承而言,胎儿被当作已经拥有权利能力的主体来看待。其结果,因 X 的死亡,妻子 W 和 A 按各自 1/2 的比例继承 X 的财产(民 900①)。

(B) 胎儿死体出生的情形 　　886 条 2 款规定:"前款规定不适用于胎儿死体出生的情形。"依此规定,A 就没有存在过,因此妻子 W 和父亲 F 分别继承 X 财产的 2/3 和 1/3(民 900②)。

(2) 胎儿与侵权行为 　　此外,如果 Y 的侵权行为导致 X 死亡,其"子女"可以对 Y 请求精神损害赔偿(民 711)。由此引发进一步的问题:胎儿 A 能否对 Y

---

① "私权"一般被理解为私法上的权利。依此理解,权利能力意味着成为私法上权利义务主体的资格。与此相反,也有见解认为,"私权"的涵义不仅指私法上的权利,还包括身体的自由、宗教自由、言论自由等自由权。依此立场,权利能力的涵义便相应地扩张(参照大村读解 36 页)。
② 参见我妻 51 页以下,石田 77 页以下,川井 23 页。
③ 此外,胎儿还可以接受遗赠(民 965);如果有母亲的同意,可以接受认领(民 783Ⅰ)。

请求精神损害赔偿？

（A）就损害赔偿请求权承认胎儿的权利能力　　关于这一点，721 条规定："就损害赔偿请求权而言，视胎儿为已经出生。"依此规定，就损害赔偿而言，胎儿被当作拥有权利能力的主体来看待。④

（B）胎儿的损害赔偿请求权的行使　　即使承认胎儿拥有损害赔偿请求权，因为胎儿尚在母体内，自己无法行使。所以应该由谁来代替胎儿行使胎儿的权利，就成为问题。关于这个问题的争论，按以下的逻辑展开：

（a）解除条件说　　第一，将 721 条理解为："在胎儿的阶段拥有权利能力。不过，在没有活体出生的情形，权利能力视为自始没有存在过"⑤。依此见解，由于在胎儿阶段已经拥有权利能力了，所以可以承认胎儿的保护人能够代理胎儿。之所以称之为解除条件说，是因为如果没能活体出生，权利能力发生的效果将被"解除"。

（b）停止条件说（判例⑥）　　第二，将 721 条理解为："在胎儿阶段没有权利能力。不过，在胎儿活体出生的情形，视为权利能力自始存在。"依此见解，由于在胎儿阶段没有权利能力，所以不承认胎儿的保护人能够代理胎儿。之所以被称为停止条件说，是因为到活体出生时为止，权利能力发生的效果一直处于"停止"状态。

Comment　　所谓法律论——讨论是解除条件还是停止条件的意义

721 条规定的是有关权利能力发生的解除条件，还是停止条件？过去，认为这种逻辑运用就是法律论的人比较多。但实际上重要的并不是这种形式上的法律构成。例如，是否应当承认胎儿的保护人代理胎儿的可能性这样的问题，才是重要的。那么，为什么应该承认这种可能性？或者不应该承认？应该以谁都能接受的形式直截了当地探讨这个问题。如果从这种观点来重新审视这个问题，其结果如下：

---

④　关于自家用汽车综合保险契约的记名被保险人的子女尚为胎儿时因交通事故于出生后发生伤害，遗留后遗症的情形，最判平成 18 年 3 月 28 日民集 60 卷 3 号 875 页，认为准同于契约中所包含的无保险车伤害条款（记载如下内容的条款：相对方的汽车属于无保险车的情形，如果存在赔偿义务人，针对被保险人或者其父母、配偶、子女对所遭受之损害支付保险金）作为被保险人规定："与记名被保险人同居的亲属"所生伤害以及后遗症所造成的损害，从而认可保险金的请求。只要将无保险车伤害保险金解释为具有替代赔偿义务人填补损害的性质，赔偿义务人负担赔偿义务的损害全部构成填补对象，那么在作为胎儿期间因侵权行为于出生后发生损害，留下后遗症时，承认依 721 条胎儿也对加害人拥有损害赔偿请求权，所以认为该损害也属于填补的对象。

⑤　我妻 52 页、几代 28 页、近江 37 页、川井 24 页、加藤雅 60 页以下、平野 24 页等。

⑥　大判昭和 7 年 10 月 6 日民集 11 卷 2023 页（阪神电铁事件）。在该事件中，在 A 还是胎儿的时候，母亲 W 和亲属 F 把与加害人 Y 私了谈判的权限授予了第三人 K，K 与 Y 私下达成了如下协议：以慰问金的名义接受 1000 日元（但由 F 作为亲属的代表受领）以外，放弃一切赔偿请求。判决不认可对胎儿 A 的代理，从而否定了私了的效力。

（C）承认代理胎儿的可能性

（a）**代理可能性否定说** 首先能够想到的,是不应该承认胎儿保护人代理胎儿的可能性。[7] 理由可归结为以下两点：

1）**规定不存在** 因为关于胎儿的代理民法没有规定,所以不能承认。

2）**发生不利法律行为的危险** 承认胎儿的代理,就有可能发生不利于胎儿的法律行为。为了保护胎儿的权利,不应该承认这种危险的可能性。

（b）**代理可能性肯定说** 其次,也有见解认为,应该承认胎儿的保护人代理胎儿的可能性。

1）**理由** 理由可以归结为以下两点：

a）721条的宗旨 721条规定将胎儿视为已经出生之人,把它理解为将胎儿与已经出生之人同等对待才更加自然。因此,关于胎儿,应该认为与已经出生之人相同,原则上亲权人可以行使代理权。

b）发生不利法律行为可能性的一般性 保护人作不利法律行为的可能性,在胎儿出生以后同样存在。没有理由仅仅因为是胎儿就区别对待。

2）**代理权的范围** 即使承认胎儿保护人的代理权,围绕应该在多大范围承认,还存在争议。

a）限定于保存行为说 有力的见解认为,既然关于胎儿的代理民法没有规定,就应该只承认为保存胎儿的权利所必要的行为（参照民103①）。[8]

b）无限定说 如果将把胎儿视为已经出生之人这一规定理解为与已经出生之人同等对待的话,就没有必要特意限定代理权的范围。

Comment 胎儿的代理

关于胎儿,虽说是限定性的但却承认其具有权利能力——死体出生的情形除外,是为了在此限度内承认其对权利的取得。尽管如此,民法典却未规定为维持、活用如此取得之权利本不应缺失的手段——代理制度,不得不说是重大的欠缺。为了实现承认权利能力之规定的目的,有必要通过认可对胎儿的代理来填补欠缺。[9]

---

[7] 参照佐久间20页。
[8] 四宫40页,米仓64页以下,石田80页等。
[9] 潮见41页,将以胎儿为当事人的民事诉讼也纳入视野,以等待胎儿出生恐难以实现对胎儿的权利保护为由,得出了同样的结论。

3 权利能力的终期

> **事例 2**
>
> X 与妻子 W 有一个未成年的子女 A。在与父亲 F 共同生活期间,因地震房屋完全毁坏。W 和 F 被救了出来,但睡在一层的 X 和 A 均死亡。X 的财产由谁继承?又如何继承?

1. 死亡

（1）**权利能力因死亡而终止**　　虽然没有明文规定,但是"人的权利能力因死亡而消灭",作为理所当然的命题而得到承认。

（2）**死亡导致继承的开始**　　依 882 条,继承因死亡而开始。在此情形,继承开始后继承人从继承开始之时起承继从属于被继承人财产的一切权利义务（民 896 正）。问题是,被继承人 X 的财产由谁继承?如何继承?这一点,因谁、以怎样的顺序死亡而有所不同。

　　（A）**X 先于 A 死亡的情形**　　在此情形,妻子 W 最终继承 X 的全部财产。

　　　（a）**X 死亡的效果**　　首先,因 X 的死亡,妻子 W（民 890）与子女 A（民 887 Ⅰ）继承 X 的财产。继承份额是:W 与 A 各 1/2（民 900①）。

　　　（b）**A 死亡的效果**　　其次,因 A 的死亡,A 的财产由其母亲 W 继承（民 889 Ⅰ①）。

　　（B）**A 先于 X 死亡的情形**　　在此情形,由于 A 不能继承 X,所以由妻子 W（民 890）和父亲 F（民 889 Ⅰ①）继承 X 的财产。继承份额是:W 继承 2/3,F 继承 1/3（民 900②）。

2. 难以证明死亡的情形的处理　　有时,会出现不能确实证明死亡顺序甚至死亡事实的情形。针对这种情形,民法设置了以下的制度:

（1）**同时死亡的推定**　　针对不能确定死亡顺序的情形,32 条之 2 规定了同时死亡的推定。依此规定,在数人死亡的情形,当无法断定其中一人在其他人死亡后是否生存过时,推定这些人同时死亡。[⑩]

　　（A）**归结**　　同时死亡意味着 X 死亡时 A 也死亡,因此 A 不能继承 X。[⑪]所以,此情形与 A 先于 X 死亡的情形同样处理。

[⑩] 最判平成 21 年 6 月 2 日民集 63 卷 5 号 953 页,即使在生命保险的指定领取人（B）在先死亡则应当成为其继承人之人（A）同时死亡的情形,也适用 32 条之 2,认为该人（A）或其继承人不属于商法旧 676 条 2 款所谓之"应当领取保险金之人的继承人"。最判平成 21 年 6 月 2 日判时 2050 号 151 页在解释与商法旧 676 条 2 款相同宗旨之格式条款时,也采用了同样的观点。

[⑪] 887 条 2 款规定:当被继承人的子女"在继承开始以前死亡时",子女不能继承被继承人,而由该子女的子女（孙子女）代位继承。由于"以前"包含同时,因此,其前提是:同时死亡的情形不发生继承。参见四宫、能见 28 页。

(B) 推定的涵义　　但推定不同于"视为",允许反证。因此,如果能够证明实际上 X 先于 A 死亡,那么则按实际情况处理。

　　(2) 认定死亡　　在尽管确实已经死亡但不能确认的情形,允许负责调查的政府机关认定死亡(户籍89)。死亡认定报告给死亡所在地的市町村长,并记载于户籍簿上。由此,在户籍上按已经死亡对待。但这是户籍法上的一种简便制度,以后如果生存得到确认,仅凭此便当然丧失效力。

　　(3) 失踪宣告　　在失踪状态持续一定期间后,可以向家庭法院请求失踪宣告。有了这个宣告,在以原来的住所为中心的范围内,失踪者视为已经死亡(民30以下)。详细内容参见第5章Ⅳ③(94页以下)。

Ⅲ　意思能力

① 何谓意思能力

> **事例3**
> 　　80岁的 X 自几年前起出现老年性痴呆的症状,并且日益加重,现在日常生活也出现了障碍。可是,X 受不时来访的福利团体 Y 的咨询员的引诱,在将 X 的全部财产捐献给 Y 的契约上签了字。事后察觉此事的 X 的子女 A,能够采取什么法律手段?

　　1. 意思能力的涵义　　该事例中的 X 看似订立了赠与契约,但是他并不明白其行为的涵义——实施了这样的行为,自己的全部财产将一去不复回。这种理解自己行为的法律涵义——实施了这样的行为将会有什么样的后果——的能力,称为意思能力。

　　2. 意思能力的判断基准　　关于意思能力的有无,一般以7岁程度的智力判断能力作为大致的标准。不过,理解行为之法律涵义的能力,应当说因所实施行为的种类——尤其是行为的复杂性、重大性——的不同而不同。[12]

② 无意思能力的效果——无效

　　如果发生法律行为[13],原则上生效。然而,当实施法律行为之人欠缺上述意思能力时——由无意思能力人一方主张、举证该事实,该法律行为无效。虽然民

---

　　[12] 有关判例的情况,参见前田泰"財産取引における意思能力の判断基準"同《民事精神鑑定と成年後見法》,(日本評論社,2000年)115页,熊谷士郎《意思無能力法理の再検討》(有信堂高文社,2003年)285页以下,澤井知子"意思能力の欠缺をめぐる裁判例と問題点"判夕1146号87页(2004年)。
　　[13] 例如,契约、遗嘱等行为。详见第6章Ⅱ(103页以下)。

法中没有明文规定,但是这个法理很早以来就得到了判例⑭和学说毫无保留的承认。

1. 无效原则的基础构建　　无意思能力法理的基础是怎样构建的呢?关于这一点,以往与现在略有差异⑮。

(1) 基于意思教义(dogma)的基础构建　　以往,意思能力被理解为用以推断意思存在的逻辑前提。它是基于如下的考虑:

(A) 意思教义　　首先,所谓法律行为,是用于尊重当事人的意思、承认与意思内容一致之效果的制度。因此,为了能够说法律行为已经发生,需要有意思的存在。

(B) 无意思能力的情形　　如果没有意思能力,本来就不能认为有意思存在。因此,法律行为也归于无效。

(2) 基于保护弱者思想的基础构建　　与此相对,最近出现了另一种有力的见解:将意思能力制度理解为建立在保护欠缺意思能力人即弱者这种政策上的制度。

Comment　　　　　　　　　　基于意思无能力之基础构建与意思能力的涵义

　　既然自己实施了法律行为,就要受到该法律行为的拘束。在契约的情形,契约就应当信守。这才是大原则。可是,认可这样的自己责任,终归是因为"自己实施了那个行为"。无意思能力人所实施的法律行为之所以无效,是考虑到不能认为无意思能力人"自己实施了那个行为"。在这个意义上,用单纯的"弱者"保护的思想是无法彻底说明这一点的。⑯

　　当然,问题是"自己实施了那个行为"意味着什么? 不应当作为这样的问题来理解:先设想人的"行为"这样的一般性的观念,再问自己实施了那种"行为"是何意。⑰ 这里的问题是,以由契约——它又可以细分为各种类型的契约——为代表的,构成各种法律行为的法律制度为前提,依这些制度的宗旨看能否称得上是"自己实施了那个行为"——从而被课以自己责任。所谓意思能力,被定位为:分别就各种法律行为制度而言,要称得上自己实施了该种法律行为——从而被课以自己责

---

⑭ 例如,大判明治38年5月11日民录11辑706页。

⑮ 参照中舍宽树"意思能力、行为能力、责任能力、事理辨识能力"矶村保等《民法トライアル教室》(有斐阁,1999年)3页以下。详见熊谷·前注⑫15页以下、45页以下(区分为"意思主义进路"——严格来讲又分为"意思欠缺构成"和"意思无能力构成"——和"保护主义进路")。

⑯ 关于有别于弱者保护的"针对自己责任的保护"的涵义,参照山本敬三"契约关系における基本权の侵害と民事救济の可能性",田中成明编《现代法の展望》(有斐阁,2004年)30页以下,同"基本权の保护と契约规制の法理"先物取引被害研究29号19页以下(2007年)。

⑰ 在涉及后述之行为能力制度的规定中,与意思能力相当的能力,是用"辨识事理的能力"这样的言语来表述的(民7、11正、15Ⅰ正)。可是,这恰好是先设想人的行为这样的一般性的观念,在将其与能称得上是"自己实施了"的能力相对应。因此,以此作为意思能力的定义不妥。

任——所必要的一种资格。⑱

"基本方针"【1.5.09】〈1〉基于这样的考虑,提案规定:"欠缺辨识实施法律行为涵义的能力(以下称为'意思能力')"状态下所为之意思表示可以撤销。⑲

2. 无效的涵义——谁能够主张无效? 构建基础方法的不同,又牵扯如何理解缘于无意思能力的无效这个问题。特别是谁能够主张无效这个问题。

事例 3-2

处于事例 3 状态的 X 与 Z 订立契约,以 200 万日元购买 Z 所有的绘画甲。可是后来,有人愿意以 300 万日元购买甲,于是 Z 找 X 协商。其间判明 X 当时处于无意思能力的状态。于是,Z 以无意思能力人订立的契约无效为由,要求 X 返还甲。

(1) **绝对无效说** 传统的通说认为,谁都可以主张无效,不限于无意思能力人一方。这种见解可以由上文的意思教义说明。即,如果没有意思能力,法律行为本来就不存在。因此,对于不存在的东西,谁都可以主张"不存在",即无效。

(2) **相对无效说** 而现在的通说却认为,只有无意思能力人一方才能主张无效。⑳ 这种见解可以由上述保护弱者的思想说明。即,之所以要认定无意思能力人所为的法律行为无效,是为了保护无意思能力人。因此,只有受保护者即无意思能力人一方才能够主张保护的效果,即无效。

Comment 　　　　　　　　　　　　　　无意思能力的效果

如上所述,之所以令无意思能力人所为之法律行为无效,不是基于单纯的保护弱者的思想,而是为了将算不得"自己实施了那个行为"之人从自己责任下解放出来。即使如此思考,实际上是否追求这种解放,还是需要由无意思能力人一方来决定。在这个意义上,在结论上应当支持相对无效说。

Ⅳ 行 为 能 力

1 何谓行为能力

1. 行为能力制度的宗旨 作为行使权利的资格,民法规定了有关行为

---

⑱ 熊谷·前注⑫345 页以下,从①行为的不存在(达到行为不存在程度的能力低下情形)、②用以维持私域自治机能的排除法理(为维持交易规则而排除判断能力拙劣者的情形)、③判断能力低下者的保护(综合考虑相对人的恶性、契约内容的不当性等的基础上,应当保护判断能力低下者的情形)处探寻无意思能力法理的根据,试图依分别不同的根据阐明意思无能力的判断框架。可是,如本书所述,没有必要也没有理由特别考虑①。②与本书所述结论相同,但熊谷强调从交易社会"排除",而本书至多作为从自己责任的"解放"来理解(也参照须永 38 页)。此外,如熊谷自身所暗示的那样,③倒是应当作为合意瑕疵的问题来定位。

⑲ 参照基本方针 24 页以下,详解 I 81 页以下。

⑳ 几代 59 页,四宫、能见 31 页,须永 41 页以下,近江 43 页,石田 101 页以下,内田 103 页,加藤雅 77 页、河上 41 页等。

能力的制度。问题是,为什么仅有上述有关无意思能力的原则还不够,还需要行为能力制度。该制度的宗旨可以概括为以下两点:

(1) **缘于难以判定意思能力的需要**　第一,判断有无意思能力实际上比较困难,因此就有了如下两项需要:

(A) **无意思能力人一方的需要——对证明困难的救济**　对于无意思能力人来说,事后证明当时没有意思能力实际上比较困难。其结果,虽然确实当时没有意思能力,但由于不能证明,就有可能承担不利益。于是,为了保护这种人就要求实现这样一种状态:即使不逐一证明无意思能力,但只要满足一定的形式要件就可以受到保护。

(B) **保护相对人的需要**　由于是否为无意思能力人从外表难以判断,因而相对人有可能会蒙受意想不到的不利益。为了保护相对人,就需要至少能使得是否为能力人一事能够一目了然。

(2) **保护没有独立交易能力人的必要性**　第二,所谓意思能力只是理解自己所为行为之法律涵义的能力。可是,仅仅具有这种能力,难以在复杂的交易社会生存。于是,就要求在意思能力制度之外,还要建立一种制度,以保护没有单独进行交易所需判断能力的人。

2. 行为能力的涵义　为了实现上述宗旨,有必要限制这种人能够单独实施法律行为的情形。具体而言,就一定的情形,使得本人没有保护人的支持就不能进行法律行为;如果擅自作出法律行为,那么事后可以撤销。在这个意义上可以说,行为能力是"单独实施确实有效之法律行为的能力"。

② 行为能力制度的修改——成年监护制度的创设

1999 年,民法规定的行为能力制度被大幅度修改,创设了成年监护制度。在这里,让我们通过对比以往的行为能力制度,来确认制度的理念及其基本特征是如何演变的。

1. 以往的行为能力制度

(1) **制度的特征**　以往的行为能力制度的特征,可以概括为如下:

(A) **无能力人的定型保护**　以往的行为能力制度具有这样的特征:将没有充分的判断能力的人定型化,通过一律剥夺或限制这些人的行为能力来给予保护。

(a) **定型性**　首先,以往欠缺行为能力的人——被称为行为无能力人或无能力人——限于未成年人、禁治产人、准禁治产人三种。具体地,满足以下要件者,不论其实际的判断能力如何,规定一律剥夺或限制其行为能力。

1) 未成年人　未满 20 岁之人

2) 禁治产人　"心神丧失为常态的人",并受到家庭法院禁治产宣告

3）准禁治产人　　"心神耗弱及浪费人",并受到家庭法院准禁治产宣告

（b）基于剥夺或限制行为能力的保护　　其次,为了保护这些人,采用了剥夺或限制行为能力的方法。让判断能力不充分的人作交易,蒙受不利益的可能性较大。因此就想到:要防止这样的事态发生,如果使这样的人不能够单独作确实有效的交易不就可以了么。

（c）保护要件的严格性　　像这样,成了行为无能力人后,交易的自由将受到很大地限制。因而以往认为,要认可这样的限制,必须判断能力严重欠缺。禁治产人和准禁治产人尤其如此。

（B）利用户籍公示　　此外,是否为行为无能力人,在多数情况下仅从外表无法判断。为此,为确保交易安全,通过户籍公示是否被剥夺或限制了行为能力。

(2) 存在的问题　　针对以往的这种制度,人们指出了以下的问题:

（A）有关行为无能力人定型保护存在的问题　　同样是不具备判断能力,其程度可能多种多样。如果无视这种多样性,将行为无能力人限定于极少数的类型,一律剥夺或限制属于这些类型的人的行为能力,就有可能出现这样的可能:一方面交易的自由受到过度的限制;另一方面,却不能给予必要的保护。

（a）过剩介入的侧面　　首先,即使就某种行为类型具有充分的判断能力,但由于行为能力被一律剥夺或限制,导致不能单独地确实有效地实施该行为。其结果,不必要地制约了交易自由。

（b）过少保护的侧面　　其次,由于严格设定了保护条件,不属于规定类型的人即使不具备足够的判断能力,也得不到必要的保护。特别是判断能力逐渐衰退的老龄人和轻度的精神病患者,尤其如此。

（B）通过户籍公示存在的问题　　用户籍公示行为无能力人,有可能与个人的隐私相抵触。尤其是禁治产和准禁治产的情形,因为担心被世人知道后会受到歧视而不想让人知道,所以不申请。像这样陷入恶性循环的情况不在少数。

2．成年监护制度的创设　　尽管有程度的差异,以上的问题中,多数对于未成年人也成立。可是,1999 年的修改只涉及属于以往的禁治产和准禁治产制度的部分,创设了成年监护制度。[21]

(1) 修改的背景　　修改的背景如下:

---

[21] 1999 年 12 月有关该修改的法律——"部分修改民法的法律"、"有关任意监护契约的法律"、"有关伴随部分修改民法的法律的施行完善相关法律等的法律"、"有关监护登记等的法律"——成立,于 2000 年 4 月施行。

（A）应对老龄人问题的必要性　　第一，随着高龄化的日益严重，有关老龄人的财产管理需要他人帮助的情形激增，因此需要应对该问题的新制度。

（a）老龄人的特征　　老龄人的特征是，随着年龄的增大，其判断能力逐渐衰退。因此，以往那种定型的、一刀切式的行为能力制度无法完全应对，人们强烈地呼吁有必要设立柔韧有弹性的制度。

（b）护理保险制度的导入　　由于护理保险制度的导入，需要护理的人要利用护理服务就必须申请需要护理的认定，并根据需要订立护理服务契约。在这种制度下，对于判断能力不足的人来说，帮助作这种申请和缔结契约的制度就必不可缺了。

（B）对精神病人政策的变化　　对于一般的精神病人，认为不应该隔离他们，而是应该创造一个使精神病人能够在家庭、地方过通常生活的社会见解——正常化，日益受到重视。依此观点，以往的行为能力制度试图把精神病人排除在交易之外，需要反省。

（2）新制度的理念　　这样创设的成年监护制度的基本理念是：尽可能尊重个人的自己决定，同时又给予必要而且充分的保护。[22]

（A）对自己决定的尊重　　首先，为了实现正常化的理念，就需要尽可能尊重个人的自己决定。严格来讲，它又可以进一步分为以下两个需要：

（a）自己决定的实现　　第一个需要：对于个人自己决定的事项，应当尽可能使其实现。即使判断能力不足，也有可能存在自己能够判断的事项。所以认为，关于这样的事项应该尽可能地确保实现自我决定的可能性。

（b）对自己决定的支援　　第二个需要：为了实现个人自己期望的决定，应当积极地进行支援。虽然说有自己能够判断的事项，但由于精神、身体的制约，有可能不能实现自己期望的决定。所以认为，在这种情形，为了能够进行实现自己希望的生活，需要支援自己决定的制度。

（B）充分并且必要的保护　　即使如上所述应该尊重自己决定，但由于判断能力不足，仍然存在需要保护的情形，这一点是不变的。在这种情形，需要在不过剩介入的限度内给予充分并且必要的保护。

（3）成年监护制度的概要　　基于这种理念创设的成年监护制度，由以下两个制度构成：

（A）法定监护制度　　第一，是法定监护制度。这是对现在处于判断能力不足状态的人，在一定的要件下限制其行为能力，而让特别选任的保护人补

---

[22] 有关成年监护制度的基本想法，参照岩井伸晃"成年后见制度の改正及び公正证书遗言等の方式の改正に関する平成11年改正民法及び関系法律の概要"金法1565号6页（1999年）；小林昭彦、大鹰一郎、大门匡编《一问一答新しい成年后见制度》（商事法务，新版，2006年）3页以下；小林昭彦、大门匡编《新成年后见制度の解说》（金融财政事情研究会，2000年）2页；安永正昭"成年后见制度（1）"法学教室236号42页（2000年）等。

充其能力的制度。像这样的制度，以往规定了禁治产和准禁治产两种类型，新制度规定了以下三种类型：

（a）监护　　对于"因精神上的障碍丧失辨认、识别事理能力且为常态的人"，根据本人、亲属等的请求，由家庭法院选任成年监护人（民7以下）。这与以往的禁治产制度基本对应。

（b）保佐　　对于"因精神上的障碍辨认、识别事理能力严重不足的人"，根据本人、亲属等的请求，由家庭法院选任保佐人（民11以下）。这与以往的准禁治产制度基本对应。

（c）辅助　　对于"因精神上的障碍辨认、识别事理能力不足的人"，根据本人、亲属等的请求，由家庭法院选任辅助人（民15以下）。这是以往的制度所未包含的，是为了认可必要的保护和支援而新设立的类型。

（B）任意监护制度　　第二，是任意监护制度。这是使下面这种做法成为可能的一种制度：现在有足够判断能力的人，为了有备于将来判断能力低下，预先由自己决定补足这种情形下之能力的方法。这是以往从未有过的崭新制度。

（4）成年监护制度的特征　　这样新创立的成年监护制度的基本特征，可以概括如下：

（A）对本人决定、参与的重视　　第一，任意监护制度自不用说，即使是法定监护制度，也扩大本人能够决定或者参与的可能。

（B）向行为能力制度的纯化　　第二，即使是法定监护制度，也不承认对行为能力的全面剥夺，而是统一在只限制行为能力的方向上。因此，在用语上，也取代"无能力人"，而使用"限制行为能力人"这样的表述。

（C）制度的柔韧化　　第三，法定监护制度的内容也不是整齐划一的，而是承认可根据需要灵活变通。保佐和辅助类型尤其如此。

（D）公示制度的新设　　第四，此次修改不只是法定监护制度，还包括任意监护制度在内，新创设了成年监护登记制度，废止了在户籍上的登记。这个登记制度是为了协调成年监护制度与交易安全而特别设立的公示制度，对隐私的保护也有所考虑。

V　意思能力与行为能力的关系

行为能力制度的详细内容将在下一章讲述。在本章的最后，简单地看一下上述意思能力与行为能力的关系。

V 意思能力与行为能力的关系

> **事例 4**
>
> X 的老年痴呆症日益恶化，奇怪的举止惹人关注。为此，根据妻子 A 请求，X 在家庭法院接受了以 A 为成年监护人的监护开始的审判*。可是后来，X 瞒着 A 走访了古董店 Y，以 300 万日元购得一只有年头的壶。

要接受监护开始的审判，必须是"因精神上的障碍丧失辨认、识别事理能力且为常态"。通常，这意味着处于无意思能力的状态，所以这个情形的 X 是无意思能力人，也可以看做是限制行为能力人。两者是一种怎样的关系呢？

1 效果的异同

首先，先确认一下两者在效果上有什么样的差异。

1. 主张无效、撤销的主体

（1）限制行为能力　首先，在限制行为能力的情形，作为限制行为能力人的本人 X 与其代理人 A 可以撤销（民 120 Ⅰ）。

（2）无意思能力　而在无意思能力的情形，如前文所述，存在绝对无效说与相对无效说之争【参照Ⅲ ② 2（41 页以下）】。

2. 主张无效、撤销的期间

（1）限制行为能力　此外，在限制行为能力的情形，自可以追认之时起经过 5 年，或者自订约时起经过 20 年，便不能撤销（民 126）。

（2）无意思能力　至于基于无意思能力的无效，没有期间的限定。因此，原则上任何时候都可以主张无效。

3. 被主张无效、撤销行为的清算　问题是，在被判定无效的契约已经履行的情形，如何处理履行的给付？在此，不当得利的返还请求成为问题。

> **事例 4-2**
>
> 在事例 4 中，X 买回来的壶被供在神龛上。刚好发生地震，壶掉下来摔破了。

（1）限制行为能力

（A）不当得利的特别规则　依 121 条但书，限制行为能力人在因其行为"现受利益限度内"负返还义务——若所受利益消灭，则在该限度内免除返还义务。这与不当得利的一般原则不同，意味着不论限制能力人善意与否，其偿还义务也被限定于现存得利的返还。

（B）宗旨　若是"如果要撤销，那就返还原物。如果不能，那就用金钱

---

* 日本法中的审判和裁判是两种完全不同的制度。审判是由家庭法院就家事事件或者少年事件所开展之程序的一种，不采用对抗构造，也不公开进行。而裁判，简单地说，相当于我国的审判。——译者注

返还",那么撤销不撤销契约结局都一样,就失去了为保护限制行为人而允许撤销的意义。

(2) 无意思能力　　而关于无意思能力的情形,存在争议。

　　(A) 适用一般原则说　　传统的通说认为,既然关于无意思能力没有特别规定,不当得利的问题也就应该根据一般原则来处理。具体的处理如下：

　　(a) 原则　　首先,既然契约无效,原则上 X 应当返还受取之物,不能返还时应当用金钱偿还。

　　(b) 例外　　可是,X 为善意的情形——不知道契约无效的情形,X 只需在"该利益现存限度内"返还——如果所受取之利益已经消灭,则在该限度内免于返还(民 703)。

　　(B) 类推 121 条但书说　　最近有力的见解认为,即使对于无意思能力的情形,也应当类推 121 条但书。㉓ 121 条但书是为保护限制行为能力人而限定返还义务范围的规定。这种保护的必要性对无意思能力的人来说更加强烈。因此在无意思能力的情形也应该类推 121 条但书。

2　竞合问题——无效与撤销的二重效果

　　按照以上的介绍,尽管各种见解之间尚存在些微差别,但都认为,无意思能力与限制行为能力在效果上出现了差异。如此一来,像事例 4 那样两者发生竞合的情形,该依照哪一个来解决才好呢？是否应该认定"无效和撤销的二重效果"这样的问题,为学者们所热衷探讨。㉔

　　1. 否定二重效果说　　有见解认为只应该认可以限制行为能力为理由的主张。因为如果不顾民法典特意规定行为能力制度而认可无意思能力的话,就弄不明白为什么就限制行为能力设置特别规定了。㉕

　　2. 肯定二重效果说　　可是,通说既认可限制行为能力的主张也认可基于无意思能力的主张,认为应该允许当事人作选择。㉖ 这种见解出于如下的考虑：

　　(1) 要件充足的归结　　首先,既然两种要件都充足,允许当事人对效果作选择并无大碍。

　　(2) 不使接受监护开始之审判的人处于不利地位的必要性　　其次,比较无意思能力和限制行为能力的效果就会发现,在期间限制的有无等问题上限制行为能力较无意思行为能力更为不利。但是,特意请求法院作监护开始的审判,反

　　㉓　几代 60 页、四宫 46 页、211 页、铃木 60 页以下、须永 260 页、石田 102 页等。仙台地判平成 5 年 12 月 16 日判夕 864 号 225 页也承认这一点。

　　㉔　参照中舍·前注⑮7 页以下。

　　㉕　除舟桥谆一《民法总则》(弘文堂,1954 年)44 页以下外,还可参照须永 43 页。

　　㉖　参照几代 59 页以下、四宫、能见 31 页、内田 126 页以下、河上 42 页以下等。

而比不接受审判更加不利,这有违公平。

Comment　　　　　　　　　　　　　　　　　无意思能力之效果的撤销化

如上所述,意思能力被定位为一种资格要件:分别就各种法律行为制度,能够称得上自己实施了该法律行为——从而承担自己责任——所必要的一种资格要件。毫无疑问,行为能力制度中也包含这种性质。两者的差异在于,行为能力制度定型化地规定了这种资格要件——虽说较之于旧法有所软化;而无意思能力法理则是根据成为争议对象的法律行为的种类——在这个意义上个别地——确定资格要件。

如上,如果两者的性质、进而宗旨发生重叠,那么在效果上差异过大便不正当。主张将无意思能力的效果作为相对无效来构成,类推 121 条但书的见解,正是出于此种考虑。同样,关于主张无效的期间——只要认为就撤销权规定期间限制是正当的,应当也可以类推 126 条。㉗

《基本方针》【1.5.09】〈1〉依据上述观点,提案直接将无意思能力的效果规定为撤销。迄今为止有关无效和撤销的二重效力争论,在此限度内就有可能得以消解。㉘

㉗ 参照铃木 60 页、须永 42 页以下、254 页以下、石田 101 页以下、近江 44 页、佐久间 106 页。而四宫、能见 31 页却"重视对无意思能力人的保护",否定对 126 条的类推。

㉘ 参照基本方针 24 页以下、详解 I 84 页。

行为能力各论 I

I 序

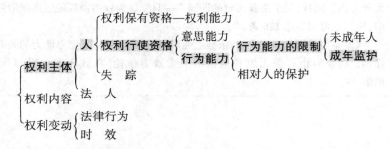

从本章开始讲述行为能力各论。关于行为能力,存在两个问题。一是有关行为能力之限制的问题,另一个是有关与行为能力受到限制者其交易之相对人的保护的问题。

其中,前者的行为能力受到限制的情形,分为未成年人与成年监护。本章不同于民法典的顺序,首先讲述有关成年监护的问题。由于成年监护制度的创立,对行为能力制度的理解发生了变化,因此,有必要首先了解这种变化。①

II 成年监护的问题构造

1 制度整体的构造

成年监护分为法定监护和任意监护。

1. 法定监护　所谓法定监护,是指对于现在处于判断能力不充分状态的人,基于法律规定,由家庭法院选任保护人,赋予保护人法定权限的制度。具

---

① 有关成年监护制度,参照岩井伸晃"成年后见制度の改正及ひ"公正証書遺言等の方式の改正に関すゐ平成11年改正民法及ひ"関系法律の概要"金法1565号6页(1999年)、小林昭彦、大鹰一郎、大门匡编《一问一答新しい成年后见制度》(商事法务,新版,2006年)、小林昭彦、大门匡编《新成年后见制度の解说》(金融财政事情研究会,2000年)、安永正昭"成年后见制度(1)—(4)"法学教室236号42页、237号53页、238号46页、239号54页(2000年)、新井诚编《成年后见——法律の解说と活用の方法》(有斐阁,2000年)、新井诚、赤沼康弘、大贯正男编《成年后见制度——法の理论と实务》(有斐阁,2006年)等。

体地,可以分为监护、保佐、辅助三种类型。

2. 任意监护 所谓任意监护,是这样一种制度:对于现在有充分判断能力的人,为了对将来判断能力的低下有所准备,使其能够通过契约自我决定补足该情形之能力的制度。

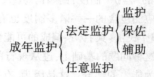

2 法定监护的问题构造

在法定监护,以下各点几乎是三种类型共同的问题。

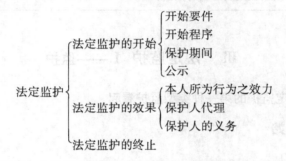

Comment 成年监护制度的创设与民法典的体系

成年监护中,法定监护是取代旧有之禁治产、准禁治产的制度,而任意监护则是全新的制度。为此,对于法定监护,采取了修改民法典的形式;而对于任意监护,则是新制定了特别法——"关于任意监护契约的法律"。

其中,前者的法定监护,分为涉及行为能力的部分和涉及监护的部分。民法典把前者规定在第一编"总则"的第二章(当时为第一章)"人"中,而把后者规定在第四编"亲属"的第五章"监护"中。1999 年的修改仍然维持了这种编排体例,但大幅度地修改了各自的内容,而且在第四编"亲属"中新设了第六章(当时为第五章之二)"保佐及辅助"。

不过,对于维持这样的编排体例是否妥当有人提出了质疑。其想法源于修改前后"监护"制度与"亲属"法关系发生变化的认识。修改前,战后家制度废止后也仅规定:仅"配偶"为法定监护人、保佐人,不能确定时由家庭法院选任监护人、保佐人(修改前民 840、841、847)。而修改后,成年监护人、保佐人、辅助人从开始就由家庭法院在考虑一切事情的基础上选任(民 843Ⅳ、876 之 2Ⅱ、876 之 7Ⅱ)。其结果,尽管成年监护制度不再是亲属法上的制度,却仍然被规定在亲属编,其中隐含了体系上难以忽视的问题。②

该问题提起,其内涵超越了成年监护制度的定位。这是因为,一旦不再将"监护"制度作为"亲属"法上的制度,就会引发一个问题:"亲属"法这个框架,进而"财产"法与以"亲属法"为主轴的"家族"法的二分框架还能否维持？实际上,要统合旧有的"家族"法与新近的"监护"制度,例如构想"人"法的话,那么民法总则中"人"章所包含的——进而应当包含的——诸多制度也有可能被吸纳进去。③ 在此意义上,其中隐藏了重组整个民法(典)体系编成的可能性。

本章在确认存在这种问题的基础上,遵从现行的民法典编排体例,重点解说其中涉及民法总则中行为能力的部分。这是因为,有关"人"的行为能力的规范对于整个民法而言,仍具有通则——如第 2 章 Ⅵ 2（22 页以下）所述,作为权利体系而构成之民法的通则——的意义。但是,对于亲属编中有关监护、保佐、辅助之规范,介绍只限于理解制度所必要的范围。

Ⅲ 法定监护 Ⅰ ——监护

首先,从法定监护的第一种类型监护看起。

1 监护的开始

> **事例 1**
>
> 80 岁的 X 患有老年痴呆症,忘性大,奇怪的举止惹人注目。X 有妻子 W 以及子女 A、B。由于与 A、B 不在一起生活,所以 X 定期接受家政服务人 K 的服务。后来,W 调查发现,X 按照 K 的要求送给 K 高额的金银首饰。

由于 X 是成年人,所以原则上具有行为能力。因此,只要不能证明当时没有意思能力,就能够有效地实施法律行为。可如此一来,X 的财产就有可能丧失。能够想到的对策,便是利用监护制度。

1. 监护开始的要件　在满足规定要件的情形,监护因家庭法院作监护开始之审判而成立（民 838②）。

(1) 实体要件　对于"因精神上的障碍而欠缺辨识事理的能力,并处于常态者",允许对其实行监护（民 7）。

(A) 判断标准　所谓"因精神上的障碍而欠缺辨识事理的能力,并处于

---

② 参照广中俊雄"成年监护制度的改革与民法的体系——旧民法人事编＝『人の法』の解体から1世纪余を经て（上）（下）"ジュリスト1184 号 94 页、1185 号 92 页（2000 年）,广中 110 页以下。

③ 广中 116 页将"人法"与"财产法"对置,主张如下的体系:将"人格权"、"夫妇/亲子·未成年监护"、"扶养/继承/成年监护·保佐·辅助制度及其他补充性的制度"、"生活利益法"定位于"人法"。

常态",是指缺乏理解自己行为的法律意义的能力,即欠缺意思能力的状况基本处于持续状态。

(B) 判定方法　　判定方法如下(家审规24)。④

(a) 原则　　本人的精神状况,原则上需要由医师或其他适当的人鉴定。

(b) 例外　　不过,如果认为显然没有鉴定必要时,可以省略。

(2) 程序

(A) 请求的必要性　　监护开始的审判需要有对家庭法院的请求才能作出(民7)。家庭法院不得依照职权进行审判。

(B) 请求权人　　能够请求监护开始审判的人如下：

(a) 民法7条所规定的人　　本人、配偶、4亲等内的亲属、未成年人的监护人、未成年人的监护监督人、保佐人、保佐监督人、辅助人、辅助监督人、检察官。

(b) 任意监护的受托人、任意监护人、任意监护监督人　　在任意监护契约登记后,这些人也可以请求监护开始的审判(任后10Ⅱ)。

(c) 市町村长　　对于65岁以上的人、智力障碍患者、精神病人,在认为于谋求其福祉特别必要时,市町村长也可以请求监护开始的审判。⑤

2．保护机关

(1) 保护人——成年监护人　　家庭法院在作监护开始的审判时,必须依职权选任作为保护人的成年监护人(民8、843Ⅰ)。由此接受监护的本人,称为成年被监护人。

(A) 能够成为保护人之人　　1999年修改时,对于能够成为保护人之人作了如下的修改：

(a) 配偶法定监护人制度的废止　　第一,配偶当然成为监护人的制度(修改前民840)被废止。这是考虑到,配偶也步入高龄等不适合担任监护人的情形,将会造成麻烦。由此,家庭法院就可以剔除具备欠格事由之人(民847),根据个案的具体情况选任适合的人担任成年监护人。

(b) 多名成年监护人的可能性　　第二,修改后可以选任多名成年监护人。⑥ 其结果,例如就有可能就财产管理事务选任法律专家,就身心监护

---

④　关于与成年监护相关之民事鉴定的基准、方法以及问题,参照前田泰《民事精神鉴定と成年后见法》(日本评论社,2000年),新井诚·西山诠编《成年后见と意思能力——法学と医学のインターフェース》(日本评论社,2002年)所收入诸多论稿。

⑤　对于65岁以上的老人依老人福祉法32条,对于智力障碍者依智力障害者福祉法28条,对于精神障碍者依精神保健以及精神病人福祉法51条之11之2。

⑥　从限定于未成年人监护人(民842),以及从成年监护人有数人存在时的权限调整规定(民859之2)的设立可以推断出,按照旧规定(改正前民843)监护人只能有1名。

事务选任福祉专家。

(c) 法人成年监护人的可能性　　第三,修改后明确了法人也可以被选任为成年监护人(民843Ⅳ以此为前提)。例如,除社会福祉协议会等社会福祉法人、与福祉相关的公益法人等外,NPO、信托银行等营利法人可以作为候补。

(B) 选任时的考虑事由　　在选任成年监护人时,家庭法院必须考虑以下的情事(民843Ⅳ)。

(a) 成年被监护人的身心状况以及生活和财产状况

(b) 担任成年监护人之人的职业、经历(在法人的情形,则为事业的种类、内容)

(c) 担任成年监护人的人(在法人的情形,则为法人、法人代表)与成年被监护人有无利害关系

(d) 成年被监护人的意见

(e) 其他一切事情

(2) 监督人——成年监护监督人　　家庭法院在认为必要时,可以应成年被监护人、其亲属或成年监护人的请求或者依职权,选任成年监护监督人(民849之2)。

(A) 成年监护监督人的选任　　在选任成年监护监督人的情形,剔除具备欠格事由之人(民850、民852→847),在考虑与选任成年监护人时考虑的同样事由的基础上,选任适合之人(民852→843Ⅳ)。

(B) 成年监护监督人的职务　　成年监护监督人的职务内容如下(民851)。

(a) 监督监护人的事务

(b) 在没有监护人的情形,毫不迟延地请求家庭法院选任

(c) 存在紧迫事由的情形,作必要的处分

(d) 对于监护人或其代表人与被监护人利益相反行为,代表被监护人

3. 公示　　家庭法院进行监护开始的审判后,法务局将基于家庭法院书记官的嘱托,在监护登记文档中进行登记(家审15之2)。

(1) 登记事项　　登记中,记载以下事项(后见登记4Ⅰ)。

(A) 进行监护开始审判的法院、审判文号、确定日期

(B) 成年被监护人的姓名、出生日期、住所、原籍

(C) 成年监护人的姓名、住所、有多名监护人存在时有关权限行使的约定

(D) 成年监护监督人的姓名、住所

(2) 登记事项证明书的交付

(A) 登记事项的证明　　在需要证明登记事项情形,可以请求登记官交付

登记事项证明书(后见登记10)。不过为了保护隐私,能够请求交付的,仅限于登记记录中所记载的人等一定范围内之人。因此,交易的相对人可以要求这些人接受证明书,然后再向其出示。

（B）不存在登记的证明　　在需要证明本人没有接受监护的情形,可以请求交付证明将自己作为被监护人的登记记录不存在的证明书(后见登记10 I)。

② 监护开始的效果

1. 成年监护人所为之行为的效力

事例1-2

在事例1中,基于A的请求,家庭法院就X作了以A为成年监护人的监护开始审判。可是后来,X擅自造访古董店Y,用300万日元购买了一只有年头的壶甲。

即使监护开始后,成年被监护人(X)所为之法律行为(与Y的买卖契约)原则上仍有效。

（1）撤销的可能性　　可是,像这样监护开始后,成年被监护人所为之法律行为可以撤销(民9正)。依此规定,在此限度内成年被监护人不能作确定有效的行为,行为能力受到限制。

　　（A）撤销原因　　要认可撤销,需要在监护开始的审判后成年被监护人实施了法律行为。

　　（B）撤销权人的撤销　　撤销的效果——被撤销的行为视为自始无效(民121正)——是,于能够撤销之人(撤销权人)向相对人作撤销该法律行为之意思表示之时发生(民123)。在此情形,能够撤销者限于成年被监护人("限制行为能力人")和成年监护人("其代理人")、成年被监护人的承继人(继承人等)(民120 I)。

（2）不允许撤销的情形

　　（A）涉及日常生活的行为　　但是"日用品的购买以及其他涉及日常生活的行为"不得撤销(民9但)。即,承认成年被监护人能够单独有效地实施这样的行为。

　　　　（a）宗旨　　这是基于如下的宗旨[7]：

---

[7] 参照安永·前注①法学教室237号55页以下。与此相反,佐久间92页以下主张,监护"以连日常购物都做不好的人为对象,就成年被监护人能否谈论自我决定存在疑问",认为9条但书是以"如果不设置这样的例外,成年被监护人交易日用品都有可能被拒"为基础的规定。可是,成年监护制度的问题在于,虽说是为了保护被监护人,却不论被监护人的现实能力如何,定型化地否定被保护人所为之自我决定。规定第9条但书,可以认为是处于如下的目的:若就"涉及日常生活的行为"也定型化地剥夺行为能力,那就是对成年被监护人自我决定的过剩介人。至少就法定监护而言,佐久间的理解仅仅从家父主义中探求立法宗旨,作为对成年监护制度的理解,在本书看来是有问题的。

1) 正常化　　根据正常化的理念,为了尽可能使成年被监护人过上通常的生活,就要求尊重其就涉及日常生活的行为所作的决定。

　　2) 通过保护相对人来确保过日常生活的可能性　　如果涉及日常生活的行为没有被撤销的危险,那么相对人就可以安心地与成年被监护人订立契约。其结果,成年被监护人自己就能够容易地过日常生活了。

　　(b) 涉及日常生活的行为的涵义　　问题是,什么才是"涉及日常生活的行为"? 关于这一点,存在争议。

事例 1-3

在事例 1-2 中,X 在接受了监护开始的审判后实施了如下行为的情形,将如何?
① 打电话给酒铺 Y,订购了 1 箱啤酒。
② 按电话公司 Y 的请求,支付了电话费。
③ 在电器店 Y 购买了电视机。

---

　　1) 准据日常家事说　　依立法责任人的理解与 761 条的"日常的家事"相同,"涉及日常生活的行为"指本人生活通常所必要的行为。[⑧] 具体地,包括日用品的购买,电、煤气、自来水等费用的支付,以及为支付这些费用而在必要的范围内提取存款等行为。因此,①②理所当然,③也包含在内。

　　2) 必要行为限定说　　学界有力的见解则认为,"涉及日常生活的行为"应当限定于购买日常生活用品那样的、日常生活所必不可少的行为。[⑨] 因此,①②包含在内,但③不包含在内。其理由是:761 条与 9 条但书的宗旨不同。

　　a) 761 条的宗旨　　761 条有保护相对人的信赖——就日常家事而言,夫妇承担连带责任——的侧面。

　　b) 9 条但书的宗旨　　9 条但书的目的却是,保护成年被监护人能够过最低限度的日常生活。

　　(c) 与意思能力的关系　　一般地,即使成年被监护人实施了"涉及日常生活的行为",如果能够证明当时没有意思能力,则可以认为该行为无效。不过,连"涉及日常生活的行为"的涵义都不能理解的情形,实际上很有限。[⑩]

　　(B) 追认

　　(a) 成年监护人追认　　依据上述内容,即便在允许撤销的情形,成年监护人追认后不得撤销(民 122)。

[⑧] 参照岩井·前注①15 页,小林、大鹰、大门编·前注①99 页,小林、大门编·前注①100 页等。

[⑨] 矶村保"成年后见的多元化"民商法杂志 122 卷 4＝5 号 21 页以下(2000 年),河上 83 页。安永·前注①法学教室 237 号 56 页,佐久间 93 页也有此倾向。潮见 125 页主张,应当看做"刚上小学的学童独自都能完成的行为"。

[⑩] 也可参照矶村·前注⑨20 页以下,安永·前注①法学教室 237 号 56 页。

（b）成年被监护人追认　　此外,监护终止成为行为能力人后,成年被监护人在了解自己所为之行为的基础上作追认后,不得撤销（民124Ⅱ、122）。⑪

2. 由成年监护人所为之代理

（1）概括性代理权的承认　　成年监护人管理成年被监护人的财产,就涉及其财产的法律行为代表成年被监护人（民859Ⅰ）。因此,成年监护人（A）可以代替成年被监护人（X）实施事例1-2、1-3中所列举的所有行为。在此情形,如果成年监护人（A）表明是为成年被监护人（X）而与相对人实施这些行为,那么该行为的效果将归属于成年被监护人（X）（民99）。⑫

（2）代理权的限制　　成年监护人的代理权,存在如下的限制：

> **事例1-4**
>
> 在事例1-2中,X接受监护开始的审判后,A代理X实施了以下的行为。
> ① 由于X住进老年中心一事已经确定,所以将X一直居住的房屋甲卖给了Y。
> ② 在从Y处借款300万日元之际,A与Y订立了由X担任保证人的契约。

（A）居住用不动产的处分　　首先,成年监护人不能代替成年被监护人,就其居住用的房屋以及住宅用地作出售、租赁、租赁的解除、抵押权的设定,以及其他与之相当的处分。成年监护人作上述处分——其效果有效地归属于成年被监护人,必须得到家庭法院的许可（民859之3）。⑬因为考虑到对于高龄人和精神病人来说,居住环境的变化对身心和生活的影响很大。

（B）利益相反行为　　其次,成年监护人不得实施与成年被监护人利益相反的行为。成年监护人要实施这样的行为——效果有效地归属于成年被监护人,需要满足下列要件之一：

（a）有监护监督人的情形　　首先,有监护监督人的情形,由监护监督人代表成年被监护人与成年监护人实施该行为（民851④）。

（b）无监护监督人的情形　　而在无监护监督人的情形,成年监护人必须向家庭法院请求为成年被监护人选任特别代理人（民860→826）。在此情形,由如此被选任的特别代理人代表成年被监护人与相对人实施该行为。

（C）选任了多名成年监护人的情形　　第三,在有多名成年监护人的情形,家庭法院可以依职权决定多名成年监护人应当共同或者分别掌管的事务,以及应当行使的权限（民859之2Ⅰ）。在此情形,成年监护人即使实施代理行为,若未依家庭法院的规定,在此限度内该行为的效果将不归属于成年被监护人。

---

⑪ 详细内容,在有关撤销的第14章Ⅳ②1（328页以下）讲述。
⑫ 有关基于代理之效果归属的要件构成,参照第15章（345页以下）。
⑬ 小林、大鹰、大门编·前注①123页,小林＝大门编·前注①150页认为,未经许可实施的处分行为"无效"。

3. 成年监护人的义务

(1) 成年监护人的事务　　成年监护人所为之事务分为以下两类(民858)。

　　(A) 财产管理事务　　第一是有关财产管理的事务(也可参照民859 I)。

　　(B) 有关身心监护的事务　　第二是有关成年被监护人的生活、疗养看护的事务。这种支援成年被监护人的生活、身体和健康等的活动,称为身心监护。不过,实际的护理劳动并不包括在成年监护人的职务内。成年监护人所处理的是身心监护事务,即法律行为(以及当然与之相伴随的事实行为)[14]。需要注意的是,在这个意义上成年监护制度终归是广义的财产管理制度。

(2) 身心关怀义务　　成年监护人在处理这些事务时,有义务尊重成年被监护人的意思,关怀其身心状态和生活状况(民858)。例如,在选择护理服务的种类、服务企业的基础上订立护理服务契约之时自不待言,在监视履行(处置)和支付费用之际,也应该尊重成年被监护人的意思,关怀其身心和生活。

3 监护的终止

　　7条所规定的原因消灭——"因精神上的障碍而欠缺辨识事理能力"而不再处于"常态"——时,家庭法院根据本人、配偶、4亲等内的亲属、监护人、监护监督人或者检察官的请求,应当撤销监护开始的审判(民10)。由此产生的问题规定在870条以下。

IV　法定监护 II——保佐

　　法定监护的第二种类型是保佐。

1 保佐的开始

1. 保佐开始的要件　　在满足规定要件之情形,保佐因家庭法院作保佐开始之审判而成立(民11正、876)。

　　(1) 实体要件　　对于"因精神上的障碍辨识事理的能力显著不足者",允许对其实行保佐(民11正)。

　　(A) 判定基准　　所谓"因精神上的障碍辨识事理的能力显著不足",是指尽管有意思能力,但是缺乏足够的、判断自己交易行为之利害的能力。[15] 简单的交易可以自己完成,但重要的财产行为自己不能妥帖完成的情形,便属于此。[16]

---

[14] 小林、大鹰、大门编,前注①122页,小林、大门编·前注①141页以下等。
[15] 参照安永·前注①法学教室237号56页。
[16] 参照小林、大鹰、大门编·前注①31页。

（B）判定方法　　判定方法准照监护的情形（家审规 30 之 2→24）。
　　（C）与监护的关系　　在判明满足监护开始的要件的情形,不能作保佐开始的审判（民 11 但）。在此情形,按监护处理。
（2）程序
　　（A）请求的必要性　　需要请求这一点,与监护的情形相同。
　　（B）请求权人　　能够请求保佐开始的审判的人包括：
　　　（a）11 条规定的人　　本人、配偶、4 亲等内的亲属、监护人、监护监督人、辅助人、辅助监督人、检察官
　　　（b）任意监护受托人、任意监护人、任意监护监督人　　与监护的情形相同。
　　　（C）市町村长　　与监护的情形相同。
2．保护机关
（1）保护人——保佐人　　家庭法院在作保佐开始的审判时,应当依职权选任作为保护人的保佐人（民 12、876 之 2 Ⅰ）。由此而接受保佐的人称为被保佐人。保佐人的选任方法准照监护的情形（民 876 之 2 Ⅱ→843 Ⅱ～Ⅳ、844～847）。
（2）监督人——保佐监督人　　家庭法院在认为必要时可以根据被保佐人、其亲属或保佐人的请求,或者依照职权选任保佐监督人（民 876 之 3 Ⅰ）。保佐监督人的选任、职务等,基本上准照监护监督人的情形（民 876 之 3 Ⅱ）。
3．公示　　家庭法院作保佐开始的审判后,法务局将根据法院书记官的嘱托,在监护登记文档中作登记（家审 15 之 2）。其程序和内容等准照监护的情形。

② 保佐开始的效果

1．被保佐人所为行为的效力

> **事例 2**
>
> 患有中度精神障碍的 X,基于其子女 A 的请求,在家庭法院接受了以 A 为保佐人的保佐开始的审判。其后,X 瞒着 A,擅自实施了如下的行为：
> ① 取出了储蓄在 Y 银行的存款。
> ② 与疗养设施 Y 订立了入住契约。
> ③ 与 Y 驾驶的汽车发生碰撞,受了重伤,却与 Y 订立私了协议,除了 10 万日元慰问金外放弃一切请求权。
> ④ 与汽车租赁商 Y 订立了租赁汽车 1 个月的契约。

即使保佐已经开始,被保佐人（X）所为之法律行为原则上有效。
（1）撤销的可能性　　随着保佐的开始,除了涉及日常生活的行为外,被保

佐人在实施以下行为时,必须征得保佐人的同意(民13 I Ⅱ)。未经同意实施的行为,可以撤销(民13 Ⅳ)。

(A) 需要保佐人同意的行为　　需要保佐人同意的行为,分为以下两种:

(a) 法定的行为　　作为需要保佐人同意的行为,13条1款列举了以下几种。其目的在于:就重要财产上的行为,限制被保佐人的行为能力。

1) 本金的领受或利用　　①属于本金的领受。

2) 借财或保证

3) 以不动产及其他重要财产权利的得丧为目的的行为　　至于像②那样的、有偿服务的提供契约是否属于重要的财产行为,存在争议。

a) 重要财产行为说　　立法责任人认为,只要是涉及相当数量对价的有偿契约就属于重要的财产行为。⑰ 依此见解,②也属于此类行为。旧法规定为"不动产或重要的动产",之所以改为"不动产及其他重要的财产",是试图将适用范围扩展到整个涉及重要财产的行为。这是该见解对修改的理解。

b) 权利得丧行为限定说　　学界有力的见解认为,不是整个涉及重要财产的行为,而应按法律原文,限定为以重要财产权利的得丧为目的的行为。⑱ 依此见解,②便不属于此类行为。之所以改为"不动产及其他重要的财产",是要明确也适用于专利权、著作权、金钱的移转(消费借贷、消费保管)。这是该见解对修改的理解。

4) 诉讼行为

5) 赠与、和解或者仲裁合意　　③私了属于和解契约。

6) 继承的承认、放弃或者遗产的分割

7) 赠与要约的拒绝、遗赠的放弃或者附负担赠与要约的承诺、附负担遗赠的承诺

8) 新建、改建、扩建或者大规模修缮

9) 超过602条所规定期间的租赁　　依602条4项,动产的租赁为6个月,因此④不属于此。

(b) 家庭法院指定的行为　　即使是上述以外的行为(但涉及日常生活的行为除外),家庭法院可以根据11条正文所规定之人、保佐人、保佐监督人的请求,作出以要求获得保佐人同意为内容的审判(民13 Ⅱ)。

(B) 撤销的要件

(a) 撤销原因　　如上,要认可撤销,需要在保佐开始的审判后被保佐人实施了上述任一行为。

(b) 撤销权人的撤销　　在此基础上,要认可撤销的效果,需要撤销权

---

⑰ 小林、大鹰、大门编·前注①79页以下,小林、大门编·前注①83页以下等。
⑱ 矶村·前注⑨24页。

人作出撤销的意思表示,这一点与监护的情形相同(民123)。能够撤销的人,是被保佐人("限制行为能力人")、保佐人("能够表示同意的人")以及被保佐人的承继人(继承人等)(民120Ⅰ)。

(2)不允许撤销的情形

(A)保佐人的同意

(a)事前同意　　即便在以上情形,就被保佐人实施该行为,保佐人事前表示同意时,不得撤销。

(b)事后追认　　此外,即便在以上情形,其后保佐人追认后不得撤销(民122)。

(B)替代保佐人同意的许可　　对于(1)(A)所列行为,在对被保佐人的利益没有危害而保佐人却不同意的情形,被保佐人可以请求家庭法院作出代替保佐人同意的许可(民13Ⅲ)。获得许可后不得撤销。

(C)被保佐人的追认　　保佐终止后,当被保佐人追认后,也不得撤销(民124Ⅰ、122)。

2. 由保佐人所为之代理

(1)原则　　不同于成年监护人,保佐人并不当然拥有代理权。这是因为,既然被保佐人基本上有意思能力,那么一般地赋予保佐人替代被保佐人实施法律行为的权限,就违反了尊重被保佐人自我决定的理念。

(2)赋予代理权的审判　　家庭法院根据11条正文规定之人或保佐人、保佐监督人的请求,为了被保佐人可以进行审判,就"特定的法律行为"赋予保佐人代理权(民876之4Ⅰ)。如果保佐人表明为了被保佐人而与相对人实施"特定的法律行为",那么仅限于作出该审判的情形,效果归属于被保佐人(民99)。

(A)代理权的范围　　在此情形,保佐人的代理权的赋予,在申请人请求的范围内,限于特定的法律行为。因此作为前提,申请人必须具体特定必要的代理权的范围。在此限度内,当事人可以根据需要选择保护的范围。

(B)本人同意的必要性　　因本人以外之人的请求而作审判时,必须有本人的同意(民876之4Ⅱ)。这是为了在此范围内尊重被保佐人的自我决定。

(3)代理权的限制　　即便像这样作了赋予代理权的审判,保佐人的代理权同成年监护人的情形同样,受到如下限制:

(A)居住用不动产的处分(民876之3Ⅱ→民859之3)

(B)利益相反行为(民876之2Ⅲ)

(C)选任出多名保佐人的情形(民876之3Ⅱ→民859之2Ⅰ)

3. 保佐人的义务——身心关怀义务　　保佐人在处理以上的保佐事务时,必须尊重被保佐人的意思,关怀其身心状态和生活状况(民876之5Ⅰ)。其宗旨与成年监护人的情形相同。

③ 保佐的终止

1. 终止的要件 11条正文所规定的原因消灭——"因精神上的障碍而欠缺辨识事理的能力"不再"显著不足"——时，家庭法院根据本人、配偶、4亲等内的亲属、未成年监护人、未成年监护监督人、保佐人、保佐监督人或者检察官的请求，应撤销保佐开始的审判（民14Ⅰ）。

2. 转换成监护的情形 被保佐人的能力进一步低下，"欠缺辨识事理的能力成为常态"时，可以进行监护开始的审判。在此情形，保佐开始的审判将被撤销（民19Ⅰ）。

Ⅴ 法定监护 Ⅲ——辅助

法定监护的第三种类型是辅助。这是1999年修改时新设的制度。其特征在于：能够在必要的范围内为以往制度下难以被涵盖的人提供灵活的保护。

① 辅助的开始

1. 辅助开始的要件 在满足所定要件之情形，辅助由家庭法院作辅助开始之审判而成立（民15Ⅰ正、876之6）。

（1）**实体要件** 首先，对于"因精神上的障碍导致辨识事理的能力不足者"，允许对其实行辅助（民15Ⅰ正）。

（A）**判定基准** 所谓"因精神上的障碍辨识事理的能力不足"，是指虽然不到接受保佐的程度，但由于存在轻度的精神障碍，处于判断能力不充分的状态。具体来说，对于13条1款规定的重要法律行为，也许自己可以做，但对能否得当心存畏惧——最好有人能够为了本人利益替代自己做——的情形，便属于此。[19]

（B）**判定方法** 至于判定，不同于监护、保佐，不需要鉴定。医师的诊断结果或者征询其他合适之人的意见便可（家审规30之9）。

（C）**与监护、保佐的关系** 在判明监护开始或者保佐开始的要件齐备的情形，不能作辅助开始的审判（民15Ⅰ但）。在此情形，分别依照监护或者保佐来处理。

（2）**程序** 在上述实体要件齐备的情形，要作辅助开始的审判需要以下的程序：

（A）**请求的必要性** 在需要请求这一点上，与监护、保佐的情形相同。

---

[19] 参照小林、大鹰、大门编·前注①40页以下。

（B）请求权人　　能够请求辅助开始审判的人包括：

（a）15条规定之人　　本人、配偶、4亲等内的亲属、监护人、监护监督人、保佐人、保佐监督人、检察官

（b）任意监护受托人、任意监护人、任意监护监督人　　与监护的情形相同。

（c）市町村长　　与监护的情形相同。

（C）本人同意的必要性　　因本人以外之人的请求而作辅助开始的审判时,需要本人的同意(民15Ⅱ)。这是因为,较之于监护、保佐的情形,由于本人具有相当程度的判断能力,因此需要尽可能尊重其自我决定。

2. 保护机关

(1) 保护人——辅助人　　家庭法院在作辅助开始的审判时,必须依职权选任作为保护人的辅助人(民16、876之7Ⅰ)。由此接受辅助的人称为被辅助人。辅助人的选任方法准照监护的情形(民876之7Ⅱ→843Ⅱ～Ⅳ、844～847)。

(2) 监督人——辅助监督人　　家庭法院在认为必要时可以根据被辅助人、其亲属或辅助人的请求,或者依职权选任辅助监督人(民876之8Ⅰ)。辅助监督人的选任、职务等,基本上准照监护监督人的情形(民876之8Ⅱ)。

3. 公示

家庭法院作辅助开始的审判后,法务局将根据法院书记官的嘱托,在监护登记文档中进行登记(家审15之2)。其程序和内容等准照监护的情形。

②　辅助开始的效果

即便作出辅助开始的审判,具体的效果并非就整齐划一地确定了。与审判同时或者其后发生的具体效果,因审判的不同而各异。

1. 有关辅助人权限的审判

(1) 审判的种类　　有关辅助人权限的审判,包括以下几种：

（A）赋予同意权的审判　　第一种,是被辅助人实施特定的法律行为需要辅助人同意的审判(民17Ⅰ)。

（a）程序

1) 请求权人　　能够请求这种审判的,是15条1款正文所规定之人以及辅助人、辅助监督人。

2) 本人的同意　　因本人以外之人的请求而作这种审判时,必须要有本人的同意(民17Ⅱ)。因为这样本人的自我决定就能得到尊重。

（b）同意权的范围

1) 限定于13条1款所规定行为的一部分　　能够成为同意权对象的,限于13条1款所列举行为的一部分(民17Ⅰ但)。不能以全部的行为作为

对象。因为前提是,被辅助人的判断能力高于被保佐人。

2)限定于特定的行为　　同意权的对象限于特定的法律行为(民17Ⅰ正)。实际上,请求权人根据被辅助人的状况特定必要的行为,再请求审判。家庭法院在此基础上判断其适当与否,再作出审判。

（B）赋予代理权的审判　　第二种,是为了被辅助人的利益,就特定的法律行为赋予辅助人代理权的审判(民876之9Ⅰ)。

（a）程序

1)请求权人　　能够请求这种审判的,是15条1款正文所规定之人以及辅助人、辅助监督人。

2)本人的同意　　因本人以外之人的请求而作这种审判时,必须要有本人的同意(民876之9Ⅱ→876之4Ⅱ)。

（b）代理权的范围　　此情形不同于同意权,代理权并不限于13条1款所规定行为,根据需要予以认可。但是,在限于特定的法律行为这一点是相同的(民876之9Ⅰ)。可以想到的例如有,就提取存款、申请登记、为利用护理保险制度而申请需要护理之认定、订立护理契约,授予代理权。[20]

（c）代理权的限制　　即便依上作出了赋予代理权的审判,与成年监护人的情形同样,辅助人的代理权受到如下限制:

1)居住用不动产的处分(民876之10Ⅰ→民859之3)

2)利益相反行为(民876之7Ⅲ)

3)选任出多名保佐人的情形(民876之10Ⅰ→民859之2Ⅰ)

(2)与辅助开始审判的关系　　上述有关辅助人权限的审判与辅助开始审判的关系如下:

（A）作辅助开始审判的阶段　　在作辅助开始审判的情形,需要同时作赋予同意权的审判或者赋予代理权的审判中的一种或两者(民15Ⅲ)。就是说,不能仅作辅助开始的审判,还必须与①同意权+代理权、②仅同意权、③仅代理权这三种审判中的一种一同作出。

（B）辅助开始后的阶段　　无论是哪一种情形,辅助开始后,可以根据请求权人的请求,就特定的法律行为作追加赋予同意权代理权中的一种或者两者的审判。

2. 被辅助人所为之行为的效力　　在有赋予同意权审判存在的情形,其后被辅助人实施了需要同意的行为,其是否有效就成了问题。

---

[20] 参照小林、大鹰、大门编·前注①47页以下。

> **事例 3**
>
> 　　70 岁的 X 一直一个人生活,渐渐地出现了轻度的痴呆症状。于是,根据其子 A 的请求,X 接受了家庭法院以 A 为辅助人的辅助开始的审判。当时就存款提取和不动产处分 X 接受了以需要 A 同意的审判。可是后来,X 瞒着 A 实施了以下的行为:
> 　　① X 解除了与 Y 银行的 100 万日元定期储蓄的契约。
> 　　② X 与 Y 订立了出售自己所有的土地甲的契约。

　　首先,前提是:即使辅助已经开始,被辅助人(X)所为之法律行为原则上有效。

　　(1) 撤销的可能性与要件　　尽管就特定的行为已经作出赋予辅助人同意权的审判,但被辅助人实施了构成此特定行为的法律行为时,该行为可以撤销(民 17 Ⅳ)。

　　　　(A) 撤销原因　　撤销要得到认可,需要在辅助开始的审判以及赋予同意权的审判作出后,被辅助人实施了被当作赋予同意权对象的法律行为。

　　　　(B) 撤销权人撤销　　在此基础上,要认可撤销的效果,需要撤销权人作出撤销的意思表示。这一点与监护的情形相同(民 123)。在此情形,能够撤销的人,是被辅助人("限制行为能力人")、辅助人("可以表示同意的人")以及被辅助人的承继人(继承人等)(民 120 Ⅰ)。

　　(2) 不得撤销的情形

　　　　(A) 辅助人的同意

　　　　　　(a) 事前同意　　即便在以上情形,就被辅助人实施该行为,辅助人事前表示同意后不得撤销。

　　　　　　(b) 事后追认　　此外,即便在以上情形,其后辅助人追认后不得撤销(民 122)。

　　　　(B) 替代辅助人同意的许可　　在对被辅助人的利益没有危害而辅助人却不同意的情形,被辅助人可以请求家庭法院作出代替辅助人同意的许可(民 17 Ⅲ)。获得许可后不得撤销。

　　　　(C) 被辅助人的追认　　辅助终止后,当被辅助人追认时,也不得撤销(民 124Ⅰ、122)。

　　3. 辅助人的义务——身心关怀义务　　辅助人在处理以上事务时,必须尊重被辅助人的意思,关怀其身心状态和生活状况(民 876 之 10 Ⅰ→876 之 5 Ⅰ)。其宗旨与成年监护人的情形相同。

3 辅助的终止

1. 终止的要件

（1）**辅助开始审判的撤销**　15 条 1 款正文所规定的原因消灭——"因精神上的障碍而欠缺辨识事理的能力"而不再"不足"——时，家庭法院根据本人、配偶、4 亲等内的亲属、未成年监护人、未成年监护监督人、辅助人、辅助监督人或者检察官的请求，应撤销辅助开始的审判（民 18 Ⅰ）。

（2）**因赋予同意权、代理权之审判的全部撤销而终止**

　　（A）**赋予同意权、代理权之审判的撤销**　家庭法院可以根据本人、配偶、4 亲等内的亲属、未成年监护人、未成年监护监督人、辅助人、辅助监督人的请求，撤销同意权、代理权赋予审判的全部或者一部分（民 18 Ⅱ、民 876 之 9 Ⅱ→876 之 4 Ⅲ）。

　　（B）**赋予同意权、代理权之审判被全部撤销的情形**　在同意权、代理权赋予审判被全部撤销的情形，家庭法院应当撤销辅助开始的审判（民 18 Ⅲ）。

2. 转换为监护、保佐的情形

（1）**转换为监护的情形**　被辅助人的能力进一步低下，"欠缺辨识事理的能力成为常态"时，可以进行监护开始的审判。在此情形，辅助开始的审判将被撤销（民 19 Ⅰ）。

（2）**转换为保佐的情形**　被辅助人的能力进一步低下，"辨识事理的能力显著不足"时，可以作保佐开始的审判。在此情形，辅助开始的审判将被撤销（民 19 Ⅱ）。

Comment　　　　　　　　　　　　　　　　　　　　　　　　　辅助制度的特征

与以往的行为能力制度相比较，辅助制度的特征可以归纳为以下两点。

第一点，不是整齐划一地决定保护的内容和范围，而是根据当事人的选择灵活地认定。具体体现为：在辅助开始的审判之外，另根据当事人的请求赋予同意权、代理权中的一种或两者，并且必要的同意权、代理权的范围也根据当事人的请求决定。

第二点，即使作出辅助开始的审判，被辅助人的行为能力也未必就受到限制。在仅有赋予辅助人代理权的审判的情形，被辅助人无须辅助人的同意，可以自由地实施法律行为。像这样，由于民法承认行为能力不受限制的被辅助人，因此与以往不同，成年监护制度不再是单纯的行为能力限制制度。

法定监护制度的概要[21]

		监护	保佐	辅助
要件	对象	因精神上的障碍而欠缺辨识事理的能力，并处于常态者（民7）	因精神上的障碍，辨识事理的能力显著不足者（民11）	因精神上的障碍，辨识事理的能力不足者（民14Ⅰ）
启动程序	请求权人	本人、配偶、4亲等内的亲属、检察官（民7、11、14Ⅰ） 任意监护的受托人、任意监护人、任意监护监督人（任后10Ⅱ） 市町村长（老福32等）		
		本人、配偶、4亲等内的亲属、未成年人的监护人、未成年人的监护监督人、保佐人、保佐监督人、辅助人、辅助监督人（民7）	监护人、监护监督人、辅助人、辅助监督人（民11）	监护人、监护监督人、保佐人、保佐监督人（民14Ⅰ）
	本人的同意	不要	不要	必要（民14Ⅱ）
关系人	本人	成年被监护人	被保佐人	被辅助人
	保护人	成年监护人	保佐人	辅助人
	监督人	成年监护监督人	保佐监督人	辅助监督人
同意权、撤销权	赋予的对象	涉及日常生活的行为以外的行为（民9）	12条1款规定的行为依据12条2款的审判的行为（民12Ⅳ）	12条1款规定的行为中，请求范围内由家庭法院决定的、特定的法律行为（民6Ⅰ）
	赋予的程序	监护开始的审判（民7、838②）	保佐开始的审判（民11、876） 12条2款的审判	辅助开始的审判（民14Ⅰ、876之6）+赋予同意权的审判（民16Ⅰ）
	本人的同意	不要	不要	必要（民16Ⅱ）
	撤销权人	本人、成年监护人（民120Ⅰ）	本人、保佐人（民120Ⅰ）	本人、辅助人（民120Ⅰ）
代理权	赋予的对象	一切有关财产的法律行为（民859）	请求范围内由家庭法院决定的、特定的法律行为（民876之4Ⅰ）	请求范围内由家庭法院决定的、特定的法律行为（民876之9Ⅰ）
	赋予的程序	监护开始的审判	保佐开始的审判+赋予代理权的审判（民876之4Ⅰ）	辅助开始的审判+赋予代理权的审判（民876之9Ⅰ）
	本人的同意	不要	必要（民876之4Ⅱ）	必要（民876之9Ⅱ）
保护人的义务	身心关怀义务	在处理有关成年被监护人的生活、疗养护理、财产管理的事务时（民858）	在处理保佐事务时（民876之5Ⅰ）	在处理辅助事务时（民876之10Ⅰ）
		关怀本人之身心状态和生活状况的义务		

[21] 此表参考了新井·前注①401页，前田达明"出生と民法——权利能力、成年后见"同《民法の"なぜ"がわかる》（有斐阁，2005年，初出2000年）23页。

VI 任意监护

与以上的法定监护相对,作为成年监护的另一支柱而新设立的,是任意监护。

1 任意监护的必要性

> **事例 4**
>
> 70 岁的 X 一直一个人生活。自从摔倒骨折以来,由于需要护理,便接受了护理员 A 的援助。其后,X 担心这样下去会出现痴呆等症状,加之 A 在照顾自己,所以决定在存款的提取、公共费用的支付之外,还打算把护理服务的利用契约和财产管理也托付给 A。

1. 对本人自我决定的尊重 实际的判断能力处于不足状态时,有法定监护。可是,在发展到这一步之前,如果能有备于日后判断能力的不足,将自己的有关生活、疗养护理、财产管理的事务托付给特定的人,那么本人的自我决定就能更好地得以实现。

2. 通常的委任契约存在的问题 在以往的法律制度下,要实现这样的目的,本人(X)可以与特定的人(A)订立委任契约,赋予该人(A)必要的代理权。可是,这样一来,就会在日后本人(X)发展到意思能力丧失状态之时产生问题。

(1) 代理权的存续 一旦通过委任契约授予代理权,其后即使本人的意思能力丧失,一般都认为所授予的代理权将存续。之所以不存在以意思能力的丧失作为代理权消灭事由的规定,其理由便在于此(参照民 111)。

(2) 监督制度的不存在 可是,在本人丧失意思能力后,不存在监督代理人之人。其结果,如果代理人想滥用代理权,为自己或第三人的利益而使用本人的财产,就能轻易地达到目的。

3. 任意监护制度的目的 通过完善监督制度等,使得本人能够为了日后而安心地将自己的监护事务托付给特定的人,授予其必要的代理权的制度,便是任意监护制度。

2 任意监护契约的成立

1. 任意监护契约 要利用任意监护制度,首先必须订立任意监护契约。这种契约的内容是:托付监护事务的处理,并为此授予他人必要的代理权。它属于委任契约。委任人称为本人,接受委任的人称为任意监护受托人(任后 2②③)。

（1）**内容和方式上的制约**　　任意监护契约在内容和方式上存在一定的制约。

（A）**内容的定型性**　　首先,关于内容,存在以下两种限定(任后2①)。

（a）**监护事务的托付和代理权的赋予**　　第一,必须以因精神障碍而处于辨识事理能力不足状态的本人的生活、疗养护理、财产管理事务,即监护事务的全部或者一部分的托付以及有关托付事务的代理权的赋予作为内容。

（b）**任意监护监督人选任时生效的特约**　　第二,必须附有任意监护监督人被选任之时才生效的约定。

（B）**要式性**　　任意监护契约的订立需要公证(任后3)。这是为了确认本人的意思,通过公证人的参与来担保契约的恰当订立。

（1）**本人的能力与代理的可能性**

> **事例5**
>
> X 生来就有障碍,一直依靠父母 P_1、P_2 的护理。P_1、P_2 担心自己老后甚至死后的事情,就 X 的生活、疗养看护、财产管理,与律师 A 订立了以其为受托人的任意监护契约。

（A）**本人自己订立契约的情形**　　只要本人(X)有意思能力,就可以自己订立任意监护契约。即使是接受了保佐、辅助开始的审判,也一样。

（B）**本人的法定代理人订立契约的情形——"父母死后"的问题**　　在本人未成年或者虽然成年但接受了监护开始、保佐、辅助开始的审判,因而有法定代理人存在的情形,法定代理人能否代理本人订立任意监护契约,是一个问题。

（a）**代理可能性肯定说**　　通说认为,法定代理人可以代理本人订立任意监护契约。② 这是基于如下的考虑：

1）**未成年、监护的情形**　　首先,在本人为未成年人的情形,或者接受了监护开始的审判的情形,其亲权人、监护人拥有——实施涉及本人的法律行为的——概括性的代理权(民824正、859Ⅰ)。因此,当然可以进行任意监护契约的代理。

2）**保佐、辅助的情形**　　其次,在本人接受了保佐开始的审判或者辅助开始的审判的情形,在家庭法院就任意监护契约的订立而特别作出赋予其保佐人、辅助人代理权之审判的情形,既然本人同意(民876之4、876之9),保佐人、辅助人当然可以代理本人订立任意监护契约。

（b）**代理可能性否定说**　　也有见解认为,法定代理人不能代理本人

---

② 参照岩井,前注①21 页以下,小林、大鹰、大门编·前注①172 页,小林、大门编·前注①227、240 页等(但仅仅谈及未成年的情形)。

订立任意监护契约。在此情形,说到底应该通过法定监护来应对。[23] 这是基于如下的考虑:

　　1) 任意监护制度的宗旨　　任意代理是尊重——由自己来决定自己的监护形态这样一种——自我决定的制度。对于本人来说,法定代理人也是他人,所以允许法定代理人代理本人订立任意监护契约,违反了制度的宗旨。

　　2) 保佐、辅助的情形　　在保佐、辅助的情形,虽然法律规定需要本人的同意,但是不能将它与本人积极的自己决定等同看待。如果本人有足够的判断能力,应该由本人亲自订立任意监护契约。

　　(c) 区别未成年与成年监护的见解　　此外,也有见解主张,可以允许未成年人的亲权人、未成年人之监护人代理本人缔结任意监护契约,但本人成年且接受了监护、保佐、辅助开始审判的情形,法定代理人不能代理本人缔结任意监护契约。[24] 这是基于如下的考虑:

　　1) 未成年　　首先,实际上有必要回应这样一种需求:对于未成年人特别是智障儿的亲权人,就父母死后子女的生活、疗养监护、财产管理等感到不安,想要缔结任意监护契约以可以信赖之人作为受托人。

　　2) 成年监护

　　a) 监护　　而在监护的情形,已经就任的成年监护人自己缔结任意监护契约,意味着消灭自己的职务,转换到任意监护制度的路径。无论从保护本人的观点来看,还是从制度原本的宗旨看,都不大妥当。

　　b) 保佐、辅助　　此外,与监护的情形同样,在保佐、辅助的情形,保佐人、辅助人自己缔结任意监护契约,也意味着否定自己的代理权基础,等于借助本人的名义抛弃自己作为法定代理人的义务。

2. 登记

(1) 由公证人完成的嘱托登记　　依上缔结任意监护契约后,公证人基于任意监护契约制作公证书后,法务局将根据公证人的嘱托在监护登记文档中登记任意监护契约(公证 57 之 3、后见登记 5)。

(2) 登记事项　　登记要记载以下的事项等(后见登记 5)。

　　(A) 制作任意监护契约公证书的公证人的姓名、所属以及该证书的号码、制作日期

　　(B) 本人的姓名、出生日期、住所、原籍

　　(C) 任意监护受托人或任意监护人的姓名、住所

　　(D) 任意监护受托人或任意监护人的代理权的范围、有多名存在时其权

---

　　[23] 参照佐久间毅"代理法からみた法定后见・任意后见"民商法杂志 122 卷 4 = 5 号 41 页以下(2000 年)。依此观点,对于保佐、辅助的情形,本来就不应该允许以任意监护契约的订立为目的的代理权授予的审判。

　　[24] 河上 99 页以下。

限行使的约定

（E）任意监护监督人的姓名、住所、选任审判的确定日期、有多名存在时其权限行使的约定。

③ 任意监护契约的效力

1. 任意监护契约的生效要件　在如上缔结任意监护契约并作登记的情形，其后当本人因精神上的障碍而达到辨识事理能力不足的状态时，家庭法院应法律规定之人的请求，选任任意监护监督人（任后4Ⅰ）。任意监护契约由此生效（任后2①）。之后，任意监护受托人就称为任意监护人（任后2④）。

（1）宗旨　如果在本人的判断能力不足时就立刻开始任意监护的话，那么由于本人已经不能监督任意监护人，任意监护人就有可能滥用其权限。于是，如果作为检查任意监护人行动的机关，必须选任任意监护监督人，由此开始任意监护的话，就有可能确保本人的利益。

（2）任意监护监督人的选任程序

（A）请求权人　能够请求选任任意监护监督人的，有本人、配偶、4亲等内的亲属、任意监护受托人。

（B）本人的同意　在应本人以外之人的请求选任任意监护监督人时，必须事先取得本人的同意。不过，本人不能作这样的意思表示时，不在此限（任后4Ⅲ）。

（C）任意监护监督人的欠格事由　任意监护受托人或任意监护人的配偶、直系血亲、兄弟姊妹不能担任任意监护监督人（任后5）。

（D）不能选任任意监护监督人的情形　在以下情形，作为例外不能选任任意监护监督人，任意监护不开始（任后4Ⅰ但）：

（a）本人未成年的情形　第一，是本人未成年的情形。由于有法定代理人（亲权人或未成年人的监护人）存在，允许任意监护有可能造成混乱。

（b）法定监护的持续对于维护本人利益特别必要时　第二，是认为维持现在已经开始的法定监护对维护本人的利益特别必要的情形。只要认为不存在这样的必要性，那么即使法定监护已经开始，原则上也令任意监护优先。这是基于尽可能尊重本人的自己决定的宗旨。由此，在任意监护开始的情形，必须撤销法定监护开始的审判（任后4Ⅱ）。

（c）任意监护受托人不称职的情形　第三，是任意监护受托人不称职的情形。不称职的事由是法定的（任后4Ⅰ但③甲~丙）。

2. 任意监护契约效力的内容

（1）本人的行为能力　即使任意监护契约生效，本人的行为能力也不受限制。只要有意思能力，本人仍可以单独实施有效的法律行为。

(2) 任意监护人的权限、义务

(A) 代理权　　因任意监护契约的生效,任意监护人取得任意监护契约所定的代理权。

(B) 身心关怀义务　　任意监护人在处理事务时,必须尊重本人的意思,关怀其身心状态和生活状况(任后6)。这是基于与法定监护相同的宗旨。这是对任意监护人课加的强行义务,不能通过任意监护契约减免。

(3) 监护事务的监督　　监护事务的监督,如下开展。

(A) 任意监护监督人的监督　　第一,监督由任意监护监督人实施。

(a) 任意监护监督人的职务　　任意监护监督人的职务如下:

1) 对任意监护人事务的监督(任后7Ⅰ①)

2) 向家庭法院报告(任后7Ⅰ②)

3) 紧迫情形的必要处分(任后7Ⅰ③)

4) 利益相反行为的代表(任后7Ⅰ④)。

(b) 任意监护监督人的权限　　任意监护监督人对任意监护人拥有报告请求权和调查权限(任后7Ⅱ)。

(B) 家庭法院的监督　　作为对任意监护监督人监督的补充,家庭法院进行监督。

(a) 对任意监护监督人的监督　　家庭法院在认为必要时,可以向任意监护监督人要求有关任意监护人事务的报告,命令其对任意监护人的事务或本人的财产状况进行调查,还可以就任意监护监督人的其他职务,命令必要的处分(任后7Ⅲ)。

(b) 任意监护人的解任　　此外,当任意监护人有不当行为、严重的不轨以及不适合完成其任务的事由时,家庭法院可以根据任意监护监督人、本人、其亲属或检察官的请求,解除任意监护人的职务(任后8)。

4　任意监护契约的终止

1. 终止事由　　任意监护契约在下列情形终止:

(1) 任意监护契约的解除　　第一,如果任意监护契约被解除,则任意监护契约终止。但关于这一点,存在如下限制:

(A) 任意监护监督人被选任前　　首先,任意监护监督人被选任前,本人或任意监护受托人随时可以解除任意监护契约。此种情形的解除需要通过公证人认证的文书来实现(任后9Ⅰ)。这是为了担保解除是基于当事人的真实意思。

(B) 任意监护监督人被选任后　　而任意监护监督人被选任后,本人或任意监护人只有在有正当事由时,才可以在征得家庭法院许可的前提下,解除

任意监护契约(任后9Ⅱ)。这是出于如下的考虑:㉕

　　(a)由任意监护人解除　　如果允许任意监护人自由地解除,就有可能纵容不负责任的辞职。

　　(b)由本人解除　　如果允许判断能力不足的本人自由地解除,那么就有可能带来这样一个后果,即因本人的判断失误而招致对本人保护的欠缺。

(2)**任意监护人的解任**　　如果任意监护人被解任(任后8),那么,既然不能履行任意监护契约的委托事务,任意监护契约也终止。

(3)**法定监护的开始**　　在任意监护人被选任后如果作出法定监护开始的审判,此时任意监护契约终止(任后10Ⅲ)。

　　(A)法定监护开始的审判被认可的情形　　任意监护契约登记后,家庭法院只有在认为为本人的利益特别必要时,才可以作法定监护开始的审判(任后10Ⅰ)。之所以加上这样的限定,是考虑到要尽可能让任意监护优先。

　　(B)请求权人　　法定监护开始之审判的请求,也可以由任意监护受托人、任意监护人、任意监护监督人提起(任后10Ⅱ)。

(4)**一般委任的消灭事由**　　既然任意监护契约也是委任契约的一种,那么当事人的死亡、破产程序开始的决定、任意监护人接受监护开始的审判,都导致其消灭(民653)。

2. 代理权消灭的对抗　　以上任意监护人代理权的消灭,非经登记不能对抗善意第三人(任后11)。依照登记的有无来处理,是为了确保交易的安全。

Comment 成年监护制度与日常生活自立支援事业、成年监护制度利用支援事业的联手

　　伴随着护理保险制度的引入,以各种福祉服务的利用程序的援助、代办以及与之相伴的日常金钱管理等的援助为产业,各地开展了地方的权利福祉维护事业。现在(自2007年4月起)它被称作日常生活自立支援事业,都道府县的社会福祉协议会成为实施主体,目的在于支援因精神上的理由日常生活存在障碍者,使其能够自立地生活。

　　该事业以事业实施主体与本人订立契约为基础,以本人具有必要的判断能力作为前提。本人没有必要的判断能力时,立法者设想是利用成年监护制度。另外,如果必要援助的内容超出了日常的事务,那也只能利用成年监护制度。像这样,预定

㉕　小林、大鹰、大门编・前注①203页以下。

两者之间存在大致的机能分工。[26]

问题是，必要的情形能否顺利地转换到成年监护制度？作为用以支援成年监护制度利用的事业，正在实施作为基于护理保险制度的地方支援事业以及基于障碍者自立支援法的地方生活支援事业。[27] 成年监护申请所必要的经费、成年监护人等的全部或者部分报酬由此得到资助。特别针对低收入人群，除了扩充该制度外，建立和完善从申请到选定保护人整个过程的人力支援体系是燃眉之课题。[28]

---

[26] 关于两者的关系，可参照野田爱子、道垣内弘人编《成年监护制度と地域福祉权利拥护事业〔判例临时增刊〕》判タ1030号(2000年)，小林雅彦"地域福祉权利拥护事业と成年后见制度"新井编・前注①227页，日本辩护士连合会高龄者・障碍者の权利に关する委员会编"契约型福祉社会と权利拥护のあり方を考える"(あけび书房，2002年)157页以下。此外，有关日常生活自立之支援事业的现状与课题，参照江野尻正明"地域生活を支える权利拥护システムの课题と展望——地域サービス利用者の权利を守るために"地域福祉研究所104号2页(2009年)。

[27] 参照小林、大鹰、大门编・前注①339页以下。

[28] 也参照新井、赤沼、大贯・前注①19页以下[新井诚]。

5 行为能力各论 Ⅱ·失踪

Ⅰ 序

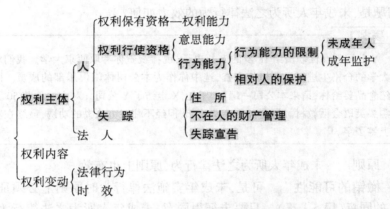

本章首先讲述行为能力的遗留问题,即有关未成年人的问题以及有关相对人保护的问题。然后,讲述有关"人"的最后一个问题——失踪。具体来说,作为前提先简单讲述住所,之后讲述不在人的财产管理和失踪宣告问题。

Ⅱ 未成年人

1 未成年人与保护人

首先,就未成年人的涵义及其保护人作简单的说明。

1. 未成年人

(1) 成年年龄　　满20岁成年(民4)。不满20岁者,是未成年人。

(2) 基于婚姻的成年拟制　　但未成年人结婚时视为已经成年(民753)。若非如此难以维持独立的家庭。

2. 保护人

(1) 能成为保护人的人　　未成年人有如下的保护人:

　　(A) 亲权人　　父母健在时,未成年人服从父母的亲权(民818Ⅰ)。在父母婚姻期间，原则上由父母共同行使亲权（民818Ⅲ正）。

(B) 未成年人的监护人　　未成年人的父母死亡或亲权人无管理权时，选任未成年人的监护人（民838①、840）。未成年人的监护人只能是一人（民842）。

(2) **法定代理人**　　未成年人的法定代理人有管理未成年人的财产、就涉及其财产的法律行为代表未成年人的权限（民824正、859Ⅰ）。在此意义上，未成年人的保护人成为法定代理人。

2 未成年人所为之法律行为的效力

问题是，未成年人所为之法律行为的效力如何？

事例1

Y公司的女性职员给18岁的X打电话，说："祝贺你考取西京大学。我们对西京大学的合格生进行了严格的审查，选中你作为本公司休闲俱乐部的成员。因为有纪念品要给你，请来本公司一趟"。于是，X走访了Y公司。对方劝他花50万日元购买英语会话教材。尽管X根本买不起，但经不住对方执拗的劝诱，最终在契约书上签了字。①

1. **原则**　　未成年人所为之法律行为，原则上也有效。

2. **撤销的可能性**　　可是，未成年实施法律行为时原则上必须征得法定代理人的同意（民5Ⅰ正）。只要未征得同意，未成年人所为之法律行为就可以撤销（民5Ⅱ）。

(1) **撤销原因**　　依此规定，要撤销必须是未成年人实施了法律行为。

(2) **由撤销权人撤销**　　撤销的效果经能够撤销者（撤销权人）向相对人作撤销该法律行为的意思表示而发生（民123）。在此情形，能够撤销的，是未成年人自身（"限制行为能力人"）及其法定代理人、承继人（民120Ⅰ）。

3. **不允许撤销的情形**

(1) **同意与追认**

(A) 法定代理人的同意

(a) **事前同意**　　即便在上述情形，就未成年人实施该行为法定代理人事前表示同意的，不得撤销。

(b) **事后追认**　　此外，即便在上述情形，其后法定代理人追认的，不得撤销（122）。

---

① 该事例属于约会销售，按照特定商业交易法的规定，自法定的文书收到之日起8日以内，允许冷却（colling off，要约的撤回或契约的解除）（特商9）。此外，尽管X表明了从该场所撤离的意思，对方却不让撤离的情形，根据消费者契约法的规定，可以撤销契约（消契4Ⅲ②）。

（B）未成年人的追认　　此外，未成年人成年后，当未成年人追认时，也不得撤销（民124Ⅰ、122）。

（2）不需要同意的情形　　与上述原则相反，下列三种情形未成年人可以例外地单独实施法律行为：

（A）单纯取得权利、免除义务　　第一，未成年人单纯取得权利或者被免除义务的行为，未成年人可以单独为之（民5Ⅰ但），例如接受赠与的情形等。因为这样的行为不会给未成年人带来不利益，就不需要法定代理人的检查。

（B）允许处分之财产的处分

> **事例2**
>
> 18岁的X上大学，离开父母开始寄宿生活。
> ① X用父母P_1、P_2寄来的、用于交纳学费的30万日元从Y处购买了越野摩托。
> ② X用父母P_1、P_2祝贺其考取大学的10万日元购买了个人电脑。

（a）规定用途而允许处分的财产　　法定代理人规定用途而允许处分的财产，在目的范围内未成年人可以自由处分（民5Ⅲ前）。这是因为，只要在该范围内，就可以认为有法定代理人的同意存在。依此，像①那样，处于目的范围外的行为，依原则可以撤销。

（b）未规定用途而允许处分的财产　　此外，像②那样，法定代理人未规定用途而允许处分的财产，未成年人可以自由处分（民5Ⅲ后）。因为可以认为仅就该财产法定代理人已经作出概括性的同意。

（C）营业的许可　　第三，在未成年人被许可从事一种或者数种营业的情形，就该营业而言，规定其与成年人具有相同的行为能力（民6Ⅰ）。这是因为，如果不能单独实施与营业有关的行为，那么许可营业便没有了意义。

（a）营业的涵义　　这里所说的营业，指以营利为目的的独立事业。受雇于他人的工作，不属于营业。

（b）撤销、限制许可的可能性　　即使在此情形，当未成年人尚有其事业不能承受的事由时，法定代理人可以撤销或者限制许可（民6Ⅱ、823Ⅱ、857）。即使一度给予许可，在该许可被撤销、限制后，未成年实施了出轨行为，原则上可以撤销。

履行请求的根据规范(请求原因)	阻却规范(抗辩)	再阻却规范(再抗辩)
1 民555 买卖因当事人一方约定将其财产权移转于相对人,相对人约定对此支付价金而生效	a 民4 满20岁成年	Ⅰ 法定代理人的同意
	b 民5ⅠⅡ 未成年人所为之法律行为可以撤销	甲 民5Ⅲ 即便是未成年人所为之法律行为,如果得到法定代理人的同意,则不能撤销
		Ⅱ 取得权利、免除义务的行为
	c 民123 在可撤销之法律行为的相对人确定的情形,撤销通过对相对人的意思表示为之	乙 民5Ⅰ但 即便是未成年人所为之法律行为,如果是单纯取得权利或者被免除义务的法律行为,则不能撤销
		Ⅲ 允许处分的财产
	d 民121正 被撤销的行为视为自始无效	丙 民5Ⅲ 就法定代理人规定目的而允许处分的财产,当未成年人在该目的范围内处分了该财产时,或者就法定代理人未规定用途而允许处分的财产,当未成年人处分了该财产时,该法律行为不能撤销

3 撤销之情形的效果

如上,未成年人一方真的撤销了法律行为,将会怎样呢?这个问题在成年监护情形同样存在,在此一并讲述。

> **事例3**
>
> 18岁的X瞒着父母P_1、P_2擅自花20万日元从Y处购买了减肥饮料甲。其后,得知此事的P_1、P_2撤销了该契约。
> ① X尚未向Y支付20万日元价金的情形
> ② X已向Y支付了20万日元价金的情形

法律行为被撤销后,该法律行为视为自始无效(民121正)。其效果,因被撤销的法律行为是否已经履行而不同。

1. 尚未履行的阶段——履行请求的拒绝　　首先,像①那样,仅仅订立了契约尚未履行的情形,相对人(Y)可能会基于契约请求履行——支付20万日元的价金。在此情形,如果未成年人(X)一方撤销契约,契约便自始无效,因此可以拒绝履行请求。

2. 已经履行的阶段——不当得利返还请求　　其次,像②那样,契约已经履行的情形,未成年人(X)一方能否向相对人(Y)请求所履行之物即不当得利的返还,便成为问题。

（1）不当得利的一般规定　　关于不当得利的返还请求,703条以下有一般规定。② 适用的结果如下：

（A）原则　　首先,即便契约已经履行,由于契约经撤销自始无效,因此接受履行的受益人继续保持被履行之利益——称为给付——在法律上的原因丧失。所以,该利益必须返还给原来的给付人。

（B）受益人善意的情形　　但即便在此情形,当受益人不知道没有法律上的原因时③,受领人"在其利益现存的限度内"——称为现存利益——返还即可（民703）。依此规定,如果受益人在这个意义上是善意的,且接受的利益已经消灭,那么在此限度内可以免于返还。

（2）有关限制行为能力人的特别规定　　相对于以上的一般规定,在限制行为能力人的情形,民法规定在因其行为而"现受利益的限度"内负担返还义务（民121但）。立法者认为,为了保护限制行为能力人,无论善意恶意,只需在"现受利益的限度"内返还利益。

> **事例3-2**
> 在事例3中,在撤销时,X已经喝掉了一半的减肥饮料,所以Y要求X除了返还剩下的一半外,还要返还相当于喝掉部分的价金10万日元。

（A）原则　　在此情形,即便限制行为能力人（X）一方撤销了契约,从而可以向相对人（Y）要求返还自己所为之给付（已支付的价金20万日元）,也必须将所接受的给付（减肥饮料甲）返还给相对人（Y）。这是原则。

（B）基于特别规定免责　　可是依121条但书,如果限制行为能力人（X）一方所受利益已经消灭,那么就能在该限度内免于返还。

（a）原物的消灭　　依此规定,在事例3-2中,X因消费了所接受的减肥饮料,因此可以免于返还已消费的部分。只需要返还现存利益——尚未消费的部分。

（b）价值的消灭　　但是,即便原物消灭但其价值仍残存的情形,仍免不了要返还与该价值相应的金钱。例如,消费了日常消费品时,可以认为本来应支出的金钱由此被免,该部分的利益残存了下来。可是,由于减肥饮料不算是日常饮用的饮料,因此即便饮用掉也不能说日常支出被免掉。所以,X就没有必要返还Y所饮用之饮料的价值10万日元。

---

② 围绕在契约的清算成为问题的情形,适用703条以下的规定是否妥当,存在争议。详见不当得利法的解说。

③ 鉴于704条就"恶意受益人"作了规定,一般认为,703条以受益人"善意"为前提。依通说,此703条被定位为为保护善意受益人而减轻返还义务范围的规定,因而属于原则的例外【参照我妻荣《债权各论下卷一（民法讲义 V_4）》（岩波书店,1972年）1056页以下等】。

不当得利返还的根据规范(请求原因)	阻却规范(抗辩)
【公平论】 ② 民 703、704　针对**无法律上的原因因损失者的财产或者劳务而受得利益**,为此给损失人带来损失者,损失人可以请求所获利益的返还	Ⅰ 得利消灭的抗辩 【公平论】 ⓔ 民 703　即便在左列情形,当**受益人于受益时不知道受益无法律上的原因**时,受益人只需在该利益的现存限度内返还(所受利益消灭的情形,在此限度内可以拒绝返还)
【类型论】 ②′ **不成文法**　**无法律上的原因给付人向受益人作出给付时**,给付人可以向受益人请求所给付之物的返还④	【类型论】 ⓔ′ 民 703　即便在左列情形,**在单方作出给付的情形,当受益人于受领给付时不知道给付无法律上的原因时**,受益人只需在该利益的现存限度内返还(所受利益消灭的情形,在此限度内可以拒绝返还)⑥
ⓐ 民 4　同上(84 页)⑤ ⓑ 民 5 Ⅰ Ⅱ ⓒ 民 123d 民 121 正	Ⅱ 限制行为能力人之得利消灭的抗辩 ⓕ 民 121 但　法律行为因限制行为能力的理由被撤销时,限制行为能力人于**因其行为现受利益的限度内**,负担返还义务(所受"给付"消灭的情形,在此限度内可以拒绝返还)

Comment　　　　　　　　　　　　　　　　　　　　　　对限制行为能力人的保护优先

结果,在该事例中,X 只要撤销了契约就没有必要向 Y 支付一分钱,作为返还手头所剩减肥饮料的交换,已经支付的价金可以作为不当得利请求返还。的确,这难免让人觉得对 X 的保护有些过头。可是,如此程度地保护限制行为能力人,是民法的立场。交易的相对人只能在行动时始终意识到这种风险的存在。尤其是在作一定金额之交易的情形,相对人像未成年人时,一定要征得其父母的同意。如果不这样做,那么日后承受不利益也没有办法。总之,需要知道的是,现状就是这样一种体制。

Ⅲ　对限制行为能力人的相对人的保护

如上所述,限制行为能力人受到相当优厚的保护。可是,反过来也就意味着

---

④ 依不当得利的类型论,如果给付得利的返还请求适用 703 条、704 条,它将限于给付由单方作出的情形。关于此点,也交由不当得利法的解说。
⑤ ⓐ~ⓓ为②②′中的"无法律上的原因"这个要件提供基础。
⑥ 依不当得利的类型论,给付得利的返还请求可以以这样的规范作为基础。详见不当得利法的解说。

相对人有可能遭受意想不到的不利益。为了在一定限度内保护相对人，民法中设置了如下两条规定：

1 相对人的催告权

第一，是关于相对人催告权的 20 条。

1. 宗旨 依该条规定，相对人给限制行为能力人 1 个月以上的期间，催告其是否追认，如果在该期间内没有确切的答复，视为追认或者撤销。其目的在于，防止不知限制行为能力人一方是否撤销的状态一直持续，使相对人陷入不安定的境地。

2. 基准 到底是视为追认还是视为撤销，依如下基准。基本的想法是，能够单独追认者不给予确切的答复，则视为追认；不能单独追认者不给予确切的答复，则视为撤销。

	催告的相对人	催告的可否、无确切答复情形的效果	
限制行为能力人成为行为能力人后	本人	追认的拟制	民 20 I
一直是限制行为能力人的情形	保护人（法定代理人、保佐人、辅助人）	追认的拟制	民 20 II
		在需要特别方式的行为的情形，撤销的拟制	民 20 III
	本人（未成年人、成年被监护人）	不得催告	
	本人（被保佐人、接受了赋予同意权之审判的被辅助人）	撤销的拟制	民 20 IV

2 限制行为能力人的诈术

第二，是关于限制行为能力人使用诈术的 21 条。依该条规定，"限制行为能力人为使相对人相信其为行为能力人而使用诈术时，该行为不得撤销"。即便是限制行为能力人主张撤销效果的情形，下列要件齐备时，依该规定也不得撤销：

1. 诈术 第一，限制行为能力人使用了"诈术"。围绕"诈术"的涵义，存在争议。

> **事例 4**
>
> 由于 60 岁的 X 出现轻度的痴呆症状，家庭法院根据其子 A 的请求，进行了以 A 为辅助人的辅助开始的审判。同时，X 还接受了就不动产的处分需要 A 同意的审判。其后，X 瞒着 A 擅自与 Y 订立契约，以 3000 万日元出售自己所有的土地甲。
>
> ① 由于在订立契约之际，X 伪造并出示了没有接受过辅助开始审判和赋予同意权审判的登记事项证明书，Y 对 X 的能力没有产生疑问，就与其订立了契约。此情形该如何？
>
> ② 在订立契约之际，X 在向 Y 出示了印有 K 公司副董事长头衔的名片后，说自己开展新的事业需要融资，要出售不再需要的土地甲。Y 信以为真，与其订立了契约。此情形该如何？
>
> ③ 在订立契约之际，X 没有出示身份证明，却出示了驾驶执照，并且带去了自己为名义人的土地甲的权利证和用于证明身份的印鉴。Y 没有怀疑，就与其订立了契约。此情形该如何？

（1）积极策略说　以往的判例认为，只有在限制行为能力人积极地采取了使相对人相信其为能力人的策略时，才认定诈术。⑦

（A）观点　这是出于如下的考虑：

（a）保护限制行为能力人的原则　即使对相对人来说看上去像行为能力人，既然是限制行为能力人，原则上就允许撤销，这是限制行为能力制度的宗旨。因此，仅仅相对人误信，不能就此保护相对人。

（b）加害他人的禁止　不过，在限制行为能力人采取了积极策略时还允许撤销，就等于允许其骗取他人财产。因此，在此情形不应当允许撤销。

（B）归结　依此观点，事例 4 的各种情形就会有如下的结局：

（a）肯定例　①正是为了使相对人相信其为行为能力人，而实施了积极的欺骗行为，因此属于诈术。

（b）否定例　在②中，X 间接地说自己是行为能力人，并没有实施积极的欺骗行为。在③中也仅仅对自己是限制行为能力人一事保持沉默而已。因此，②和③不属于诈术。

（2）误信行为说　现行判例则认为，在限制行为能力人实施使相对人误信其为能力人的行为的情形，不妨广泛地认定诈术。⑧

---

⑦ 参照大判大正 5 年 12 月 6 日民录 22 辑 2358 页，大判大正 6 年 9 月 26 日民录 23 辑 1495 页等。

⑧ 最判昭和 44 年 2 月 13 日民集 23 卷 2 号 291 页（不过判定不属于诈术）。也可参照我妻 91 页以下等。

(A) 判断基准　　依此观点,按以下基准判断是否构成诈术。

　　（a）积极的误信行为（①）　　首先,限制行为能力人用通常足以骗人的言行引起相对人的误信,或者加深了误信的情形,属于诈术。

　　（b）消极的误信行为（②）　　此外,即使对自己是限制行为能力人一事保持沉默,但与其他的言行共同使相对人产生误信,或者加深了误信的情形,也属于诈术。⑨

　　（c）单纯的沉默（③）　　单纯的沉默,不属于诈术。⑩

　(B) 观点　　这是出于如下的考虑:

　　（a）相对人的信赖保护　　首先,限制行为能力人实施了使相对人误信其为行为能力人的行为时,相对人只能相信他。在这种情形也允许限制行为能力人撤销的话,会严重危害交易的安全。

　　（b）限制行为能力人的要保护性　　其次,既然限制行为能力人自己制造了使相对人误信的基础,那么不能再作为限制行为能力人受保护也是不得已的。不过,如果将单纯的沉默也作为诈术的话,那么限制行为能力人就有可能得不到保护,这是不能允许的。

2. 相对人误信的引发　　即便有属于诈术的行为存在,如果相对人没有产生误信,那么就没有必要保护相对人。因此,在相对人因诈术而相信限制行为能力人为行为能力人⑪,或者相信有同意权人的同意的情形,限制行为能力人才丧失撤销权⑫。

履行请求权的根据规范 （请求原因）	阻却规范 （抗辩）	再阻却规范 （再抗辩）
① 民555　同上（84页）	ⓐ 民4　同上（84页） ⓑ 民5ⅠⅡ ⓒ 民123 ⓓ 民121正	ⓕ 民21　限制行为能力人使用令人误信其为行为能力人的诈术,相对人因此产生误信时,该行为不得撤销

---

⑨　参照东京地判昭和58年7月19日判时1100号87页。
⑩　参照名古屋高判昭和61年1月30日判时1191号90页。
⑪　茨木简判昭和60年12月20日判时1198号143页判定:化妆品的捕获式销售中,未成年人按照劝诱员的指示,在契约书的出生日期栏内填写虚伪的出生日期的情形,不算使用了诈术。
⑫　严格来讲,这个要件由(1)相对人相信限制行为能力人未行为能力人、(2)误信由限制行为能力人的诈术引起(两者间有因果关系)构成。可是,由于(2)理所当然,(1)也是有关相对人内心的事实,直接的举证很困难。实际上,不得不通过可以推认这些事实的具体事实来举证(佐久间109页认为,如果举证了有足以产生误信的诈术存在,以及其后法律行为的缔结,就可以推认事实上(2)因果关系的存在)。

Ⅳ 失　　踪

接下来,讲述有关人失踪情形的问题。这里的问题是:如何管理失踪人的财产？长期失踪时如何处理权利关系？

1　住所

首先,作为前提问题,先确认一下住所的涵义。[13]

1. 住所的涵义　　所谓住所是指个人的生活根据地——与其生活最密切相关的一般性的生活、全部生活的中心(民22),某个场所是否为某人的住所,依据是否客观具备作为生活根据地的实体来判断。[14]

2. 居所

(1) **居所的涵义**　　虽算不上是生活的根据地,但在一定期间内持续居住的场所,称为居所。

(2) **住所的拟制**　　在以下情形,视居所为住所。

(A) 不能知晓住所的情形(民23Ⅰ)

(B) 在日本没有住所的情形(民23Ⅱ)

3. 临时住所

(1) **临时住所的涵义**　　就某一行为当事人替代住所选定的场所,称为临时住所。

(2) **住所的拟制**　　选定临时住所后,仅就该行为视临时住所为住所(民24)。

2　不在人的财产管理

关于如何管理离开以往之住所或居所之人、即不在人的财产,法律规定了如下的制度[15]:

---

[13] 大村读解86页以下,就住所制度的意义,主张再评价法国法的观点:"拥有一个法人格,一处住所,一件财产"。

[14] 参照最判昭和29年10月20日民集8卷10号1907页(因为学生选举权的问题而争执住所所在地的事件),最判平成23年2月18日判时1526号2页(争执赠与税课税要件之住所所在地的事件)。最判平成20年10月3日判时2026号11页在不受理居民票移居备案的纠纷中,针对违反都市公园法在都市公园内违法搭建露营帐篷作为起居场所,并利用公共设施——自来水设备供其日常生活的情形,判定在社会通常观念上不能认为帐篷所在地在客观上具备了作为生活根据地之实体,因此不受理之处分适法。

[15] 关于不在人之财产管理制度的意义,参照大村读解92页以下。

不在人无财产管理人的情形	财产管理的开始	应利害关系人或者检察官的请求,家庭法院对不在人的财产管理命令必要的处分(管理人的选任等)	民25Ⅰ前
	财产管理的终了	在以下情形,应本人、(本人后来设置的)财产管理人、利害关系人或者检察官的请求,家庭法院应当撤销上述命令 ① 本人后来指定了财产管理人时 ② 本人自己能够管理财产时 ③ 本人的死亡成为显然的事实的情形 ④ 本人被宣告失踪时	民25Ⅱ 家审规37
	选任管理人的权限	原则上是103条规定的管理行为 实施超越其范围的行为,需要家庭法院的许可	民28前
	选任管理人的职务等	① 财产目录的制作 ② 保存财产所必要的行为 ③ 担保的提供 ④ 报酬	民27Ⅰ 民27Ⅲ 民29Ⅰ 民29Ⅱ
不在人有财产管理人的情形	不在期间财产管理人的权限消灭的情形	与不在人无财产管理人的情形同样处理	民25Ⅰ后
	不在人生死不明的情形	财产管理人的改任	应利害关系人或检察官的请求,家庭法院可以改任财产管理人	民26
		财产管理人的权限	不在人指定的行为 实施超越其范围的行为,需要家庭法院的许可	民28后
		财产管理人的职务等	与选任管理人的情形相同	民27Ⅱ Ⅲ 民29

3 失踪宣告

不在人的生死不明状态长期化后,由于不能确定此人的法律关系,对有可能会给留下来的人带来不便。为应对这种情形而设立的,便是失踪宣告制度。

1. 何谓失踪宣告　不在人生死不明的状态持续一定期间后,家庭法院可以应利害关系人的请求,宣告其失踪(民30)。由此,被失踪宣告的人在以原来的住所为中心的范围内将被视为已经死亡(民31)。

	要件		死亡拟制时刻	
普通失踪	不在人的生死 7 年不明时	民 30 Ⅰ	自生存得到证明的最后之时起满 7 年时	民 31
特别失踪	遭遇了战争、沉船等理应成为死亡原因的危难的人,自危难结束后 1 年生死不明时	民 30 Ⅱ	危难结束时	民 31

2. 失踪宣告的撤销

(1) 撤销的要件 即使在法院宣告了某人失踪的情形,以下任一事实得到证明时,应本人或者利害关系人的请求,家庭法院必须撤销失踪宣告(民 32 Ⅰ 前)。就是说,并非存在以下任一事实时失踪宣告就当即失去效力,民法规定需要由家庭法院撤销。

　　(A) **失踪人生存** 第一,失踪者依然生存。

　　(B) **不同于死亡拟制时刻死亡** 第二,失踪人在不同于因宣告而被视为死亡的时刻死亡。一般的理解是,包括在因宣告而被视为死亡的时刻之前或之后的某一时刻生存过这一事实得到证明的情形。⑯ 因为在此情形,失踪期间的起算点发生变化,有必要修正视为死亡的时刻。

(2) 撤销的效果

> **事例 5**
>
> 　　X 抛下妻子 W 和公寓房甲行踪不明,其生死 7 年不明,因此被宣告失踪。于是,W 将甲的登记名义人改为自己,并与期间亲密地倾听其吐露心声的 K 同居于甲。可是 3 年后,被认为已经死亡的 X 活着返回。应 X 的请求,失踪宣告被撤销。

由于因失踪宣告 X 被视为已经死亡,因此妻子 W 因继承取得了甲的所有权(民 890、896),X 与 W 间的婚姻终止。问题是,因失踪宣告而生之效果,随着失踪宣告被撤销将会如何?

　　(A) **溯及原则** 首先,失踪宣告被撤销的情形,按自始就没有过失踪宣告对待。其结果,以失踪宣告为原因而产生的权利义务变动,也就如同没有发生过。因此,W 没有因继承取得过甲的所有权,X 与 W 之间的婚姻仍存续。

　　(B) **对溯及力的限制** 如果贯彻溯及力的原则,那么信赖失踪宣告者的利益就有可能受到严重的危害。为此,民法承认如下两个例外:

　　　　(a) **善意行为效力** 第一,失踪宣告之后撤销前善意实施的行为,失踪宣告撤销后该行为的效力不受影响(民 32 Ⅰ 后)。这是为了保护不知道失

---

⑯ 我妻 110 页,几代 40 页,四宫、能见 72 页以下等。

踪宣告与事实不符之人。

1）财产上的行为

事例 5-2

在事例 5 中,失踪宣告后 X 返回前,W 将甲卖给了 Y 的情形,将会如何？
① W 和 Y 均不知道 X 还活着
② W 知道 X 还活着,但 Y 不知道
③ W 不知道 X 还活着,但 Y 知道

32 条 1 款后段适用于财产上的行为——例如 W 将甲的所有权转让给 Y 的行为,这一点不存争议。问题是,像这种契约那样有双方当事人的情形,要求谁为善意？

a）相对人善意说　　学说中主张仅交易相对人善意即可的见解很有说服力[17]。这是因为考虑到,既然 32 条 1 款后段的宗旨是为了谋求交易安全,那么即便处分行为人为恶意,也需要保护信赖失踪宣告的相对人。因此,相对人（Y）不知道失踪宣告违背事实的情形（①②）,可以拒绝失踪人（X）基于失踪宣告之撤销的请求——公寓房甲的返还请求。

b）双方善意说　　判例却认为,需双方当事人都为善意[18]。因此,只有在不仅相对人（Y）,而且实施了处分行为的人（W）也不知道失踪宣告违背事实的情形（①）,才可以拒绝失踪人（X）基于失踪宣告之撤销的请求——公寓房甲的返还请求。这是出于如下的考虑：

甲）相对人非善意的情形（③）　　首先,如果相对人（Y）明知失踪宣告违反事实,则不存在值得保护的信赖。

乙）处分行为人非善意的情形（②）　　其次,如果处分行为人（W）明知失踪宣告违反事实,将失踪人的失踪作为有利的机会利用,那么被指责为擅自处分失踪人（X）的财产也没有办法。如果连这种情形失踪者也会失去自己的财产,那么就是在容忍对失踪人（X）财产的侵夺行为。

Comment　　　　　　　　　　　　　　　　失踪宣告的撤销与善意人的保护

32 条 1 款后段是专门保护不知道失踪宣告违背事实者的规定。为了保护那样的善意人,失踪人丧失本来的权利也是没有办法。若依此宗旨,要求善意应当限于交易的相对人。

的确,在处分行为人非为善意的情形,从失踪人的角度看,等于自己的财产被侵夺。可是,在此情形,能称得上"侵夺"的是处分行为人,而不是该处分的相对人。

---

[17] 星野 96 页,四宫、能见 74 页,石田 89 页以下,近江 86 页、川井 63 页、加藤雅 104 页等。
[18] 大判昭和 13 年 2 月 7 日民集 17 卷 59 页（继承人和受让人的转受让人为恶意的事件）。也可参照我妻 111 页,米仓 200 页以下等。

因此，限于相对人善意的情形，失踪人不能要求财产的返还，至多只能向处分行为人请求不当得利的返还和损害赔偿。

97

物权性返还请求的根据规范(请求原因)	阻却规范(抗辩)		再阻却抗辩(再抗辩)	
③ 不成文法 就标的物拥有所有权者，可以对现在占有该标的物之人请求标的物的返还	Ⅰ	基于失踪宣告的权利抗辩	戊	民 32 Ⅰ 前 失踪者生存或于不同于民 31 条所规定的时刻死亡得到证明时，家庭法院应当依本人或者利害关系人的请求撤销失踪宣告
	g	民 30 Ⅰ 不在人生死 7 年不明时，家庭法院可以根据利害关系人的请求作失踪宣告		
④ 不成文法 权利发生时(存在为权利的发生提供基础的事实)时，除非有特别事情，该权利现在也存在⑲	h	民 31 依民 30 Ⅰ 被宣告失踪者，视于同款期间届满时死亡	己	民 32 失踪宣告被撤销时，被宣告失踪者不被视为于民 31 条所规定的时刻死亡
	Ⅱ	就失踪宣告的撤销为善意		
	i	民 882 继承因死亡而开始		
	j	民 890 正 被继承人的配偶始终为继承人		
	k	民 896 正 继承人于继承开始时起承继属于被继承人财产的一切权利义务		
	l	民 32 Ⅱ 正 因失踪宣告取得财产者，因其撤销丧失权利⑳		
	m	民 32 Ⅰ 后 在失踪宣告被撤销的情形，撤销在失踪宣告后撤销前【相对人善意说】不影响相对人善意所为之行为的效力【双方善意说】不影响双方当事人善意所为之行为的效力		
	n	民 176 物权的设定及移转仅依当事人的意思表示而生效		

---

⑲ 参照本书 xxv 页注⑦。

⑳ i ~ k 为 l "因失踪宣告取得财产" 这个要件提供基础。

2）身份行为　　围绕32条1款后段是否也适用于身份行为,存在争议[21]。

> **事例 5-3**
> 在事例5中,失踪宣告后X返回前,W与K再婚的情形,将会如何?

　　a）32条1款后段适用肯定说　　以往的通说认为,既然32条1款后段中只写了"行为"二字,那么身份行为也包含其中。[22]

　　甲）当事人善意的情形　　依此观点,在当事人善意的情形,后婚的效力将被维持,前婚不复活。这是出于这样的考虑:既然为了保护信赖失踪宣告而再婚的人而使后婚有效,那么,就不应当认可与之相矛盾的前婚复活。

　　乙）当事人非为善意的情形　　在此情形,前婚复活;但后婚一直存续到被撤销为止。其结果,这个情形构成重婚。要么选择前婚离婚,要么选择撤销后婚。

　　b）32条1款后段适用否定说　　现在占据支配地位的观点则认为,对于身份行为不应当适用32条1款后段。它又分为两种见解。

　　甲）重婚说　　首先,有见解主张,既然失踪宣告被撤销,那么前婚复活,后婚构成重婚。[23]依此观点,两者的处理交由当事人协议,特别是交由基于失踪人配偶之意思的选择。

　　乙）仅后婚有效说　　对于身份关系,需要尊重本人的意思,同时作为事实现在存续的状态具有决定性的重要意义,因此如今的通说认为,在此情形始终是仅后婚有效存续[24],至于前婚的对方配偶的救济,应当作为精神抚慰金以及财产分与的问题来处理。

Comment　　　　　　　　　　　　　　　　失踪宣告的撤销与身份行为的效力

　　身份行为,尤其是婚姻,涉及自己的人生方式,不是仅考虑是否应当保护相对人的信赖就能顺畅解决的问题。就这个问题而言,应当说适用32条1款后段的前提原本就缺失。实际上,如果凭相对人是否善意来决定前婚是否复活,至少就完全无视了再婚配偶的意思——自己决定婚姻伴侣的权利。

　　如此一来带来的问题是:是因失踪宣告的撤销,依原则——因为失踪人没有死亡——总是恢复前婚?还是当有建立在失踪宣告基础上之新的身份行为时,认为失

---

[21] 详细内容参照河上正二"「イノック・アーデン」考——失踪宣告の取消と婚姻"星野英一先生古稀祝贺《日本民法学の形成と课题・上》(有斐阁,1996年)81页河上124页以下。

[22] 我妻111页,川井65页以下等。

[23] 参照北川64页、近江88页等。

[24] 我妻荣、立石芳枝、呗孝一《判例コンメンタールⅦ》(日本评论社,1970年)24页,米仓209页,内田99页,四宫、能见74页以下,河上前注[21]118页以下,加藤雅108页,潮见48页,河上128页以下等。法制审议会民法分会在1996年2月向法务大臣建议的、关于民法部分修改的纲要中,也采用了前婚不复活的建议案。

踪宣告的撤销不能推翻因失踪宣告所生之身份关系的变动,从而总是不恢复前婚?

如上所述,从婚姻涉及自己的人生方式这一点来看,就要求尽可能地尊重当事人当下的意思。至少,如果总是恢复前婚,就会完全无视正在过婚姻生活之后婚当事人的意思。因此,就这种行为而言,即使失踪宣告被撤销,也不应当承认溯及力——前婚的复活。

在此基础上学界提倡,在失踪宣告被撤销的情形,后婚当事人不希望后婚继续时,作为"婚姻难以为继的事情"(民770⑤)可以允许解消后婚(离婚)⑳。至少后婚当事人不知道失踪宣告违背事实时,如果失踪宣告被撤销,自己决定进入后一婚姻的基础就丧失了。在此情形,如果当下后婚当事人不希望后婚继续时,为尊重其意思,应当允许后婚的解消(离婚)。

(b) 返还义务的范围　　第二,因失踪宣告而获得财产者,即使因失踪宣告的撤销而丧失权利,也只需在"现受利益的限度内"返还财产(民32Ⅱ)。

> **事例5-4**
>
> 在事例5中,失踪宣告后X返回前,W将甲出售给Y,用价金2000万日元充当生活费。由于没有其他收入最后只剩下1200万日元。

1) 原则　　在此情形,如果失踪宣告被撤销,受益人(W)也将失去保持因失踪宣告所受利益的法律上的原因。因此,失踪人(X)可以对受益人(W)要求所受利益的返还,这是原则。

2) 基于特别规定的免责　　可是依32条2款但书,如果所受利益消灭,受益人(W)在此限度内免于返还,只需要返还现存利益。

a) 是否需要善意　　在此情形,受益人(W)只需返还现存利益——在消灭的限度内免于利益的返还——的,是否仅限于善意的情形?关于此点,存在争议。

甲) 不论善意、恶意说　　无论受益人(W)善意还是恶意,都只需要返还现存利益。㉖理由是,既然民法在区分两者的703条、704条之外规定了32条2款但书,为承认其独自性就没有必要专门区分两者。

乙) 善意必要说　　通说却认为,受益人(W)只需返还现存利益的,仅限于善意的情形㉗理由是,既然32条2款但书是特别保护受益人的规定,只有受益人(W)为善意时才值得保护。依此观点,32条2款但书的宗旨与703条相同。

㉕ 河上·前注㉑120页、河上129页以下。四宫·能见74页以下、佐久间31页似乎设想的仅仅是失踪人的配偶(W)选择后婚离婚的情形。

㉖ 参照四宫72页等。

㉗ 我妻112页、几代41页、近江84页、内田98页以下、川井66页、四宫·能见75页、河上124页等。

b）利益消灭的涵义　　在此情形,即便取得的原物(公寓房甲)消灭,如果其价值(作为出售甲的价金取得的 2000 万日元)残存,就不能说利益已消灭。

甲）残存部分　　依此,作为价金取得的金钱中残存于手头的部分(1200 万日元),受益人(W)不能免于返还。

乙）消费部分　　此外,作为价金取得的金钱被作为生活费消费掉的情形(800 万日元就属于此),受益人(W)仅仅免于支出本应支出的金钱,可以认为所受利益全都残存了下来——利益没有消灭㉘。

不当得利返还的根据规范 （请求原因）	阻却规范(抗辩)
② 民 703、704 or ②′不成文法　同上(87 页)	得利消灭的抗辩
⑨ 民 30 Ⅰ　　同上	ⓞ 民 32 Ⅱ 但
ⓗ 民 31　　(97 页)㉙	【不论善意、恶意说】 即便在左列情形,因失踪宣告取得财产者(受益人),只需在**现受利益的限度内返还**(**所受利益消灭**的情形,在此限度内可以拒绝返还)
戊 民 32 Ⅰ 前	
① 民 32 Ⅱ 正	【善意必要说】 即便在左列情形,**因失踪宣告取得财产者(受益人)于取得时不知道失踪人仍生存或者不知其于不同于民 31 规定的时刻死亡时**,只需**在现受利益的限度内返还**(**所受利益消灭**的情形,在此限度内可以拒绝返还)

㉘ 不过,夫妇应当同居相互协力、扶助(民 752)。因此也可以说,妻子消费的生活费作为婚姻费用本来丈夫就应该分担、支出(民 760)。如此一来,有可能通过与对丈夫的婚姻费用分担请求权抵销,在相应的限度内免于返还不当得利。此外,像这样的情形如果认为,处分丈夫名义的财产作为生活费在法律上就是允许的,丈夫没有损失的话,那么在这个限度内将不承认不当得利的返还请求。

㉙ ⑨～①为②②′"无法律上的原因"这个要件提供基础。

法律行为总论

I 序

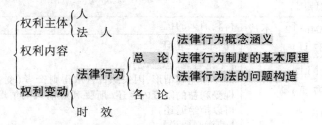

从本章起讲述民法总则中占据中心位置的"法律行为"。作为总论,本章讲述以下三个问题:

第一,法律行为概念的涵义。在这里,首先确认法律行为这个抽象概念具有什么涵义。

第二,法律行为制度的基本原理。掌握支撑法律行为制度的基本原理,是理解有关具体问题的争论必不可缺的前提。在这里,将把焦点对准私域自治和契约自由,探讨其涵义和局限性。

第三,法律行为法的问题构造。在这里,作为在下一章以后思考具体问题的前提,确认在法律行为法中究竟是什么成为问题,又如何成为问题。

II 法律行为概念的涵义

1 法律行为

1. 法律行为的涵义 法律行为是指,以意思表示为必不可缺的要素,原则上发生与意思表示之内容一致的效果的行为。

2. 法律行为的种类 法律行为包括以下几种类型:

> **事例 1**
>
> ① X 在遗书中写到：将自己所有的土地甲送给 Y。
> ② X 与 Y 订立契约，将自己所有的土地甲以 5000 万日元卖给 Y。
> ③ 由于共同制作的计算机软件受到了好评，程序员合作伙伴 X 与 A、B、C 从大的计算机公司获得了 1000 万日元的资金援助，设立了股份有限公司 K 软件屋。

（1）**单方行为**　　仅凭一方当事人的单方意思表示就可以成立的法律行为，称为单方行为。除了①中的遗嘱外，还有撤销、解除等。

（2）**契约**　　由两个当事人的意思表示，即要约和承诺合致而成立的法律行为，称为契约，例如②。

（3）**合同（tóng）行为**

　　（A）**涵义**　　由多个当事人所作的、内容和方向都相同的多个意思表示合致而成立的法律行为，称为合同行为，例如③那样的设立公司等社团法人的行为。

　　（B）**与契约的区别**　　契约与合同行为的区别，在构成它们的意思表示中有一个出现问题时，就显现出来了。

> **事例 1-2**
>
> 在事例 1 中的②与③中，X 为未成年人的情形，由于没有得到其父母 P 的同意，所以 P 撤销了 X 的行为。此情形将如何？

　　（a）**契约（②）**　　在契约的情形，如果一个意思表示被撤销，整个契约将归于无效。

　　（b）**合同行为（③）**　　在合同行为的情形，即使一个意思表示被撤销，如果剩下的当事人能够使团体存续下去的话，合同行为本身不会立刻归于无效。①

2 准法律行为

1. 何谓准法律行为　　与法律行为相近似的，有准法律行为。准法律行为包括以下两种类型：

（1）**意思的通知**　　第一，是由通知意思而发生法律规定的效果的行为。这称为意思的通知。例如，催告（民 20、114、153、412 Ⅲ、452、493、541 等）、清偿受领的拒绝（民 493、494）等。

---

① 我妻 147 页、四宫、能见 179 页、内田 342 页、川井 81 页等。但是，川岛 108 页、几代 187 页以下、北川 108 页等，对于把合同行为作为一个独立的分类持否定的态度。而加藤雅 191 页以下则认为，合同行为论是以为谋求社团法人设立的安定及保护交易安全这种实践性目的为基础的，具有一定的合理性，表示支持。

> **事例 2**
>
> 　　二手车销售商 X,将价值 50 万日元的二手车甲以价金后付的形式卖给了 Y。可是,由于到了支付期后 Y 不支付价金,X 通知 Y:"约定 6 月 1 日支付的价金 50 万日元,到 6 月 5 日仍然没有拿到。因此在恳请迅速支付的同时,声明:万一到了 6 月 20 日还不能得到清偿,将有可能采取法律手段,敬请了解。"

　　（A）与法律行为的区别　　在该事例中 X 所作的是"希望在 6 月 20 日之前支付价金"这种意思的通知。这不是法律行为。因为不会因为作了这样的意思的通知,就发生与通知的内容一致的效果,即"让对方在 6 月 20 日以前支付价金"。

　　（B）对意思通知所承认的效果　　依 541 条,一方契约当事人不履行债务时,相对人可以规定相当的期间催告其履行;如果在该期间内仍没有履行,相对人可以解除契约。X 所作的意思的通知,属于"催告"。因此,如果在所定的期间内 Y 不履行债务,X 就可以解除与 Y 的契约。但是,该效果不是基于所表示的意思,是基于 541 条这样的法律规定。

　　（2）观念的通知　　第二,是通过认识事实并通知该事实,由此发生法律所规定的效果的行为。这称为观念的通知。例如,债务的承认(民 147 ③)、债权转让的通知(民 467)。

> **事例 3**
>
> 　　有一段时期 X 经常到 Y 酒吧尽情玩乐,酒水钱都赊账。其后便疏远了。时隔近 1 年后,X 再次到 Y 时,Y 的老板娘 M 要求 X 支付近一年前赊下的 100 万日元的账。由于是很久以前的事情,所以 X 就想赖账。于是为了首先混过眼前这一关,就说:"现在手头没有现钱,可否下次来的时候再还。"其后,X 音信全无。于是 M 就向 X 提出偿还请求,X 却突然正色说到:"已经过了 1 年,时效过了"。

　　（A）与法律行为的区别　　"现在手头没有现钱,可否下次再还",意味着"我知道赊下的 100 万日元账必须偿还"。与其把它看做意思的表示,倒不如看做对存在要支付 100 万日元之债务的认识并通知了相对人,更为准确。在这个意义上,它不同于法律行为。

　　（B）观念的通知的效果　　该事例的前提是,"饭店"请求支付"饮食费、座位费"的权利的消灭时效为 1 年(民 174 ④)。但是,依 147 条 3 项,当债务人承认自己的债务存在时,时效中断,结果,即使经过了 1 年,债务也不消灭(也参照民 157 Ⅰ)。X 所作的观念的通知,属于"承认"。从而,X 支付所赊价金的债务不因时效消灭。这个效果正是基于 147 条 3 项这个法律规定②。

2. 法律行为与准法律行为的异同　　法律行为与准法律行为的异同可以

---

② 关于时效的中断,详见第 23 章 Ⅲ(572 页以下)。

概括如下：

(1) **共同点**　　无论是哪一种行为,都存在当事人的意思和认识这种精神作用,并且向外部表示了出来。

(2) **不同点**　　两者的差异源于效果的发生根据。

　　(A) 法律行为　　在法律行为的情形,基于"法律行为作出后,原则上发生与其内容一致的效果"这样的规范,承认效果的发生。

　　(B) 准法律行为　　在准法律行为的情形,基于"如果存在法律规定的意思或者观念的表示,发生该法律所规定的效果"这样的规范,承认效果的发生。

3. 将有关法律行为的规定类推于准法律行为的可能性　　如上所述,准法律行为中也有与法律行为共通的性质,因此就会产生这样一个问题,即能否将有关法律行为的规定——特别是有关行为能力、意思表示和代理的规定等——类推于准法律行为? 然而,这个问题因准法律行为和成为问题之规定的不同势必答案各异。在此,仅列出作这种判断时一般会成为问题的要点。

(1) 有关法律行为规定的宗旨　　第一个要点是,所关注的法律行为的规定的宗旨是否适合于准法律行为。

　　(A) 有关行为能力的规定　　至于有关行为能力的规定,其宗旨——根据各自判断能力的程度保护限制行为能力人——也适合于准法律行为时,允许类推。

　　(B) 有关意思欠缺、意思表示瑕疵的规定　　至于有关意思欠缺、意思表示瑕疵的规定③,当其宗旨——保护没有与表示对应的意思的人以及在形成意思的过程中受到他人不当干涉的人——也适合于准法律行为时,允许类推。

(2) 准法律行为的根据规定的宗旨　　第二个要点是,按照各准法律行为的根据规定的宗旨,看是否允许对于该准法律行为类推使用法律行为的规定。

　　(A) 有关行为能力的规定　　对于准法律行为,当认为宗旨是不论当事人的能力如何,都承认所规定的效果时,不允许类推有关行为能力的规定。

　　(B) 有关意思欠缺、意思表示的瑕疵的规定　　对于准法律行为,当认为宗旨是把交易安全放置于优先地位,无论当事人的主观如何都认可所规定的效果时,不允许类推有关意思欠缺、意思表示的瑕疵的规定。

Ⅲ　法律行为制度的基本原理

1　私域自治和契约自由

个人的法律关系可以通过各自的意思自由地形成。从制度上承认这种自由

---

③ 指有关心里保留(民93)、虚伪表示(民94)、错误(民95)、欺诈与胁迫(民96)的规定。详见第8章(146页)以下。

的,正是法律行为制度。

1. 有关法律行为制度基本原理的一般理解 作为法律行为制度的基本原理,一般都列举如下的诸项原则:

(1) 私域自治的原则和意思自治的原则 第一,是私域自治的原则和意思自治的原则。

(A) **私域自治的原则** 个人可以通过自己的意思自由地形成法律关系的原则。

(B) **意思自治的原则** 其中特别强调"通过意思"的侧面的情形,也称为意思自治的原则。

(2) 法律行为自由的原则 第二,个人可以通过法律行为自由地形成法律关系的原则。具体地,又可以分为以下的下位原则:

(A) **契约自由的原则** 个人可以通过契约自由地形成法律关系的原则。

(B) **遗嘱自由的原则** 个人可以通过遗嘱自由地形成死后的法律关系的原则。

(C) **设立社团自由的原则** 个人可以通过与他人的合意自由地设立社团的原则。

Comment 法律行为制度的基本原理——以往的理解存在的问题

以上的诸项原则之间不存在多大的差异。基本上只是侧重点的不同,或者关注的场景不同。说到底,只是强调了法律行为自由是原则。可是,虽然认为自由如此重要,但最关键的、自由的内涵却并不明确。而且,这些原则在我国的法律体系中到底在多大程度上得到了保障?这一点几乎没有涉及。最多也只是说,这些是近代私法的基本原则这样的程度而已。下文的尝试,就是试图更加严密地思考这些问题。

2. 私域自治和契约自由的再构成 按照自由的涵义重新分析、思考私域自治、契约自由的话,就会得出如下结论④:

(1) 何谓自由

(A) **自由的涵义** 所谓自由,就是不受他人的强制。要言之,既不存在做某事的命令,也不存在不许做的禁止,这才是自由本来的涵义。

(B) **自由的种类** 如果着眼于这个"某事",即自由的对象,那么自由可以区分为以下两种类型:

(a) **自然性自由** 第一是与法律制度无关的,为一定行为的自由,例

---

④ 请留意,以下的说明仅仅是我个人的原创。详见山本敬三"現代社会におけるリベラリズムと私的自治——私法関係における憲法原理の衝突(2)"法学論叢 133 巻 5 号 2 頁以下(1993 年),同"公序良俗論の再構成"同《公序良俗論の再構成》(有斐閣,2000 年,初出 1995 年)18 頁以下。

如，信仰宗教的自由、表明意见的自由、举行集会的自由、选择职业的自由等。

（b）**制度性自由** 第二是以法律制度的存在为前提，决定是否利用该制度的自由，例如，利用裁判的自由、变更国籍的自由、收养子女的自由、设立股份有限公司的自由等。

(2) 私域自治

（A）**作为自然性自由的私域自治** 私域自治的出发点，是"自己的事情自己决定"。私域自治不限于关于契约、法律行为等法律制度的事项。例如，是否吸烟、是否与邻居来往、是否继续现在的工作、是否生孩子、是否接受延长寿命的治疗等从生活方式到生死的问题，在日常生活的所有场景"自己的生活自己决定"都成为问题。如果把这些都包括进去，可以说所谓私域自治，就是"自主形成自己的生活空间的自由"。它与法律制度的有无无关，属于自然性自由。

（B）**自我决定权** 即使有这样的私域自治，在他人妨碍时如果不能对抗的话，便没有意义。因此，为了补充、加强私域自治，必须承认对他人宣称"自己的事情自己决定。因此，不许妨碍"这样的权利。这便是自我决定权。

（C）**基于宪法13条的保障** 依宪法13条，所有的国民"作为个人受到尊重"，其"生命、自由以及追求幸福"的权利得到保障。在此，什么是幸福由自己决定；而自己对其实现的追求，作为基本权利得到保障。私域自治、自我决定权正是幸福追求权的体现。

(3) 契约自由

（A）**作为制度性自由的契约自由** 如果规定任何人都不得侵犯他人的私域自治和自我决定权，那么也就不能够做有可能影响他人的事情了。可是在社会上，是不可能无视他人的存在而形成自己的生活空间的。于是，就有需要这样一种制度——通过获得他人的同意，使得相互的生活空间的形成成为可能的制度。这便是契约制度。契约自由是指利用契约制度的自由，即制度性自由。

（B）**契约自由的两个侧面** 契约自由包含有两个侧面。

契约自由的消极侧面	有关是否缔结契约不存在禁止或命令这个意义上的自由
缔结契约的自由	可以缔结也可以不缔结契约的自由
选择相对人的自由	跟谁缔结契约都可以的自由
形成内容的自由	缔结什么内容的契约都可以的自由
方式的自由	用什么方式缔结契约都可以的自由
契约自由的积极侧面	通过国家力量强制实现契约的权利
契约的承认请求权	要求国家承认契约的有效性的权利
契约的实现请求权	通过法院请求契约的强制实现的权利

（C）**作为宪法上之自由的契约自由** 以上的契约自由与私域自治一

样,被理解为宪法上的自由。

（a）契约自由的消极侧面　　决定是否订立契约的自由,正是通过契约自主形成自己的生活空间的自由,即宪法上的自由——私域自治——的具体化。

（b）契约自由的积极侧面　　即使为了自主形成自己的生活空间而订立契约,但如果相对人可以不遵守该契约的话,也就没有了意义。因此,为了保障宪法上的自由——私域自治,就必然需要承认对相对人实行强制以实现契约的权利,即契约自由的积极侧面。

② 私域自治、契约自由存在的问题

如果不加限制地承认私域自治、契约自由,反过来也会出问题。特别是在当事人之间存在信息、交涉力不均衡的情形。因为在此情形,强者有可能会利用这种不均衡将有利于自己的契约强加给弱者。

1. 交涉力的不均衡　　首先,具体看一下源于交涉力不均衡的问题。
（1）高利贷契约

> **事例4**
>
> X 经营了一家印刷厂。时逢经济不景气,订单锐减,结果连承兑第二天到期的 200 万日元汇票的资金都没有了。这样下去必然倒产,于是 X 打电话给金融业商人 Y,希望融资,却被告知如果愿意接受年利 70% 的条件则可以贷款。病急乱投医的 X,当即允诺,按 Y 指定的条件借贷了 200 万日元。

如果原封不动地贯彻契约自由的原则,则不论内容如何,契约都有效。可是,只有当事人真正自己决定那样内容的契约的情形,才没有问题。如果当事人的一方被逼到不得不接受对自己不利的契约的境地,那么就很难说该契约是"自己决定的"了。

（2）利用格式条款的交易

> **事例5**
>
> X 花 50 万日元从二手车商人 Y 处购买了一辆二手车甲。买后不久就发现油压系统存在故障。于是,X 向 Y 要求相应的损害赔偿。Y 以订立契约时交付的格式条款中有"标的物以现有状态为限,卖主不承担任何瑕疵担保责任"这样的条款为由,不理会 X 的请求。

（A）瑕疵担保责任的性质特征

（a）何谓瑕疵担保责任　　依 570 条,买卖标的物存在隐蔽瑕疵(缺陷)时,买主可以向卖主要求损害赔偿。另外,瑕疵重大到不能实现订立契约的目的时,也可以解除契约。这称为瑕疵担保责任。

（b）作为任意法规的 570 条　　一般把 570 条理解为任意法规。就是说，在契约中约定与之不同的内容，也有效。

（B）格式条款存在的问题　　像这样，之所以认为与任意法规不同的约定有效，是因为这是当事人自己决定的。可是，在契约中使用格式条款的情形这一点就成了问题。所谓格式条款，是指为统一处理大量的契约，预先将契约条件定型化，总结成文书形式的东西。即便利用这种格式条款，在多数情况下，通常的顾客也不会去阅读，即使阅读也不能充分理解其涵义。此外，即使顾客要求修正个别条款，经营者通常也不会理睬。因此，在这种交易中最多能达到的程度只是，愿意利用格式条款这种概括性的同意而已；很难说顾客"自己决定了"各项内容。这便是问题之所在。

2. 信息搜集力的不均衡　　其次，具体看一下源于信息搜集力不均衡的问题。

（1）以资格为诱饵的商业方法与不实告知

> **事例 6**
>
> 企业经营协会 Y 打电话到 X 的工作单位，劝诱说："如果参加本协会举办的讲座，就可以取得企业经营顾问的资格。这个资格是支撑企业经营的专家资格，很受青睐，预计不久就会升格为国家资格。如果凭此资格开业的话，有望获得高额的收入。所以本协会极力向您建议，现在就把该资格拿到手。"正好 X 在考虑退职后的去向，他想：仅仅听讲座就能拿到资格不妨去参加。于是，汇去了 40 万日元，与 Y 订立了契约。可是后来才明白，所谓该资格将升格为国家资格的说法子虚乌有。

经营者与消费者之间存在很大的信息搜集力差距，因此消费者有时会相信经营者错误提供的信息，对若知道真相便不可能订立的契约作出允诺。在此情形，与其说消费者"自己决定了"，不如说"是被诱导决定的"更为准确。

（2）公寓房的买卖与重要事项的不告知

> **事例 7**
>
> X 看到不动产开发商 Y 在京都东山建设 5 层公寓甲的广告后，造访了现场。在听到 Y 的销售人员"从甲眺望风景十分优美，在东面的阳台上可以看到大文字山"的说明后，决定购买，于是与 Y 订立契约，花 4000 万日元购买甲最高层的一套公寓。可是入住后不久，X 发现在甲东侧的相邻土地上要建一栋 7 层的公寓楼。

（A）关于信息搜集的自己责任原则　　在实际的交易中，交易人往往尽可能地不暴露于己不利的事项，而只强调好的一面。为了唤起相对人订立契约的兴趣，这样的手段多少还是需要的。如果一律禁止这种行为，估计交易就无法成立了。其实，为了不蒙受意想不到的不利益，各人以自己的责任搜集必要的信息，这才是原则。

（B）存在信息搜集力不均衡时的问题　可是如前文所述，在经营者和消费者之间存在很大的信息搜集力差距。如果坐视这种差距而不问，原封不动地贯彻以上的原则，那么消费者就有可能相信经营者的沉默，订立若知道真相根本就不会订立的契约。在此情形，消费者认为"是自己决定的"，但实际上与"是被诱导决定的"没什么两样。

③ 对私域自治、契约自由的介入

如上所述，无限制地承认私域自治、契约自由，结果就有可能使在信息搜集力、交涉力处于优势地位的人，能够将于己有利的契约强加给相对人。为此，在此情形法律承认介入私域自治、契约自由的可能性。⑤

1. 以往的状况

（1）民法　　民法的立场是，尽可能尊重私域自治、契约自由。因此，允许对私域自治、契约自由的介入，仅限于以下的例外情形：

（A）公序良俗　　仅仅契约的内容不利还不够，构成违反公序良俗时契约才无效（民90）。例如，事例4中的高利贷契约，在后述利息限制法修改以前，仅在显著利用借方的急迫、轻率、无经验而约定高利率的情形，才作为违反公序良俗认定为无效。

（B）欺诈、胁迫　　在因受欺诈、胁迫而作订立契约的情形，允许撤销该意思表示（民96Ⅰ）。例如，事例6的以资格为诱饵的商业方法等提供不正确的信息进行劝诱，如果算得上是故意的违法欺骗行为，就认可基于欺诈的撤销。

（2）民法以外的法律的规制　　由于仅仅凭借民法的这些规定无法充分地应对在②（109页以下）所介绍的问题，因此，迄今为止还通过大量的特别法作了进一步的规制。

（A）民事规制　　其中，规定伴随如私法上之效果——契约的无效、撤销等——的规制，例如有以下的法律：

（a）利息限制法　　首先，如事例4那样的，为了保护被强加了不当的高利贷契约的人，制定了利息限制法。依该法的规定，在借贷100万日元以上的情形，年利以15%为上限；超过该上限的利息约定无效（利息1③）。与先前的公序良俗相比，其特征在于：不涉及主观的事情，超过一定利率的部分一律无效。

（b）特定商交易法　　其次，针对访问销售、事例6那样的电话劝诱的情形等，制定了特定商交易法。依该法的规定，在受到电话劝诱从而订立购买规定商品或接受规定服务契约的情形，自受领规定文书之日起8日以内允

---

⑤ 关于契约自由及其规制，也可参照山本Ⅳ₋₁17页以下。

许冷却——要约的撤回或契约的解除（特商 24）。

（B）行政规制　　除了这些民事规制外，以往更受重视的，其实是行政规制。行政规制的主要内容是：对各种经营者规定种种行为规范，由行政机关监督其遵守，若违反则科以刑罚或者行政上的不利益。

（a）特定商交易法　　例如，在上述特定商交易法中，这个意义上的行政规制其实占据着中心地位（特商 3～8、11～15、16～23、33 之 2～39、42～47、51 之 2～57、60～75）。

（b）行业法　　此外，作为对特定的事业实行开业规制、业务规制等行政规制的特别法，制定了大量的行业法。例如，银行法、保险业法、电气通讯事业法、货物汽车运输事业法、旅行业法等，不胜枚举。作为规制的一环，有时对经营者制作的格式条款采取认可制，通过该制度对不当条款作事前控制。

2. 消费者契约法的制定　　如上所述，无限制地承认私域自治、契约自由，尤其是在当事人之间的信息搜集力、交涉力不均衡的情形，会产生问题。这种不均衡，如事例 4 那样，虽然在经营者之间也能见到，在经营者和消费者之间属于结构性的问题。为此，对于在这样的经营者与消费者之间订立的消费者契约，作为规定契约缔结过程和契约内容的民事规制的法律，2000 年制定了消费者契约法。依该法，例如在事例 5 中，排除瑕疵担保责任的条款无效（消契 8 Ⅰ ⑤）；在事例 6、7 中，受到不实告知、没有被告知不利益的事实的 X，可以撤销契约（消契 4 Ⅰ、Ⅱ）。考虑到消费者契约的射程的广泛性，说在此限度内在实质上修改了民法也不为过【参照第 13 章（278 页）】。

Comment　　　　　　　　　　　　　　　　　　　　　介入契约的正当化理论

所谓私域自治、契约自由，是在当事人对等的情况下才成立的原理。如果这个前提崩溃了，自由便转化为单纯的强者的自由。从上文可以看出，之所以现在广泛认可对私域自治、契约自由的介入，正是因为当事人间力量不均衡的情形日渐增多。

面对这样的事态，围绕如何说明介入契约的根据与私域自治、契约自由的关系，存在如下相互对立的观点⑥：

首先是这样一种观点：既然现在私域自治、契约自由的前提已经大范围地丧失，那么，就应当否定其原则性，将对应这种状况的基本原理置于中心位置。这种观点又可以分为以下两种。

第一，是主张用契约正义替代私域自治、契约自由的立场——契约正义论。⑦这种立场，以人类社会存在任何人都不能否定的、普遍的价值这样的自然法论的观

---

⑥ 为了突出观点的差异，这里对各种观点都进行了非常极端的定式化。实际上并非这么单纯，各种观点都附有各种保留和修正。关于这一点，请翻看原作确认。

⑦ 除星野英一"契约思想、契约法の歴史と比較法"同《民法論集・第 6 巻》（有斐閣，1986 年，初出 1983 年）201 页，特别是 266 页以下外，还可参照大村敦志《公序良俗と契約正義》（有斐閣，1995 年，初出 1987 年）。

点为其前提。私域自治、契约自由也必须遵从体现这种客观的"正确性"的价值,即契约正义。因此认为,违反契约正义的契约的效力应当予以否定,应当以实现契约正义为目标进行介入。

第二,是主张应当以人们生存的共同体的内在规范作为基本原理的立场——共同体主义。⑧ 按照这种见解,离开了人们生存的一个个场所,是不存在什么"正确"的东西的。存在的只是我们生存于其中的共同体的规范。发生问题时起决定作用的,是在共同体内部生存的人们根据共同体的规范是否认为不当。依这种观点的理解,法官在判断是否介入契约时所依据的,也正是该共同体内的人们的确信。

与以上的诸观点相对立,还存在一种观点:在当今仍然肯定私域自治、契约自由的原则性,并以此为出发点寻求对契约进行介入的理论基础。⑨ 按照这种观点,如 III ① 2(107 页以下)所述,"自己的事情自己决定"这样的权利与私域自治、契约自由联系在一起。当事人的对等性崩溃、强者将不利的契约强加给弱者的状况,正意味着可以追溯至宪法的自我决定权受到了侵害。无论强者一方有多少契约自由,也不允许其侵害他人的自我决定权。因此在此情形,即使限制前者的自由也有必要保护后者的权利,使其能够自己决定自己的事情。像这样,这种观点认为,对私域自治、契约自由的介入是确保自己决定存立基盘的需要。前文的消费者契约法的背后存在的思想,可以说与这种观点接近。

IV 法律行为法的问题构造

最后,阐明法律行为的问题构造——究竟是什么成为问题,又如何成为问题? 如果从法律行为的效力——进而还包括基于该法律行为的权利发生、变更、消灭——由怎样的规范为其提供基础的观点来看,可以归纳如下:

① 法律行为的效力——基本型

1. 法律行为效力的基础构建 首先,关于法律行为的根本原则是:"当事人作法律行为时,承认与其内容一致的效果"这个规范。依此规范,要构建法律行为效力的基础,需要如下两点:

(1) **法律行为的成立** 第一,需要"当事人实施了法律行为"。一般称为法律行为的成立。由此引发的问题是,何种情形才算是法律行为成立?

---

⑧ 参照内田贵《契约的再生》(弘文堂,1990 年),同《契约的时代——日本社会与契约法》(岩波书店,2000 年)。不过,内田的观点有变化,参照山本敬三"书评:内田贵『契约的时代——日本社会与契约法』法律时报 74 卷 11 号 90 页(2002 年)。

⑨ 除前注④所列论稿外,还可以参照山本敬三"民法における『合意の瑕疵』论の展开とその检讨"棚濑孝雄编《契约法理と契约惯行》(弘文堂,1999 年)149 页,特别是 181 页以下,同"契约关系における基本权の侵害与民事救济の可能性"田中成明编《现代法的展望——自己决定的诸相》(有斐阁,2004 年)3 页。

(2) 法律行为的解释　　第二,需要法律行为的"内容"明确。即便法律行为成立,要承认"与其内容一致的效果",必须确定该法律行为的内容。这项作业称为法律行为的解释。

2. 法律行为效力的阻却　　与上述原则相反,也存在即便当事人实施了法律行为其效力却不被承认的情形。这一点通过下列两种类型的规范提供基础:

(1) 对法律行为效力的否定　　第一种类型的规范,是"即便当事人实施了法律行为,在满足一定要件的情形否定其效力"。"否定其效力"一般称为法律行为归于"无效"。这种效果在法律行为被撤销的情形也同样存在。由此引发的问题是,为法律行为无效、撤销提供基础的要件是什么?一旦承认法律行为的无效、撤销,将会发生怎样的效果?

(2) 法律行为的生效——条件、期限　　第二种类型的规范,是"即便当事人实施了法律行为,满足一定要件时不承认其生效"。这在法律行为附条件、期限的情形成为问题。例如,即便实施了法律行为,如果显示达成的合意以 A 事实为条件或者以两个月后为期限,那么就不会立即生效。只有当 A 事实发生或者两个月届满后才生效。在这个意义上,称为生效要件。

② 法律行为的效力——代理

以上是以当事人亲自实施法律行为的情形为前提的。但不仅仅是当事人,有时替代当事人实施法律行为的人——代理人也会登场,这称为"代理"。

1. 基本要件　　之所以认可代理,是因为"即便是代理人实施了法律行为,只要满足一定的要件就承认对本人发生与内容一致的效果"(民 99 以下)。由此引发的问题是,要承认像这样因代理而对本人产生效果的要件是什么?以及,实际上是否满足?

2. 无权代理　　如果自称是代理人之人并无实施该行为之代理权,对本人不发生效果。这一般称为无权代理。对此民法设置了如下的规范:即便是无权代理,"只要满足一定的要件,本人对该行为负担责任"(民 109 以下),"实施无权代理行为者,在满足一定要件的情形对相对人负担责任"(民 117)。这里的问题是:这些规范所规定的要件是什么?效果如何?特别是"责任"的内容为何?

```
              ┌ 人
    权利主体 ┤
              └ 法人
                                            ┌ 成立
                           ┌ 效力的基础构建 ┤
                           │                └ 解释
              ┌ 基本型 ┤
              │            │                ┌ 效力否定
    权利内容 ┤            └ 效力的阻却 ┤
              │                             └ 效力发生
    ┤ 法律行为┤
              │            ┌ 有权代理
              └ 代理 ┤
                           └ 无权代理
    权利变动
    时效
```

法律行为的成立、解释

I 序

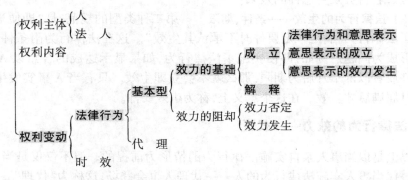

从本章开始,讲述法律行为的各论。法律行为的各论,首先分为法律行为之效力的基本型和代理。其次,前者法律行为之效力的基本型,又分为效力的基础构建和效力的阻却。其中,作为有关法律行为效力的基础构建的问题,本章讲述有关法律行为的成立和解释的问题。

在第一项——法律行为的成立,问题是何种情形法律行为才成立。这里,首先作为总论,在介绍法律行为与意思表示的关系后,讲述有关意思表示的成立的问题。另外,对于意思表示的生效问题,也作简单的介绍。

在第二项——法律行为的解释,问题是如何确定如上成立之法律行为的内容。这里,在介绍法律行为的解释的涵义之后,集中讲述契约解释的具体方法和基准。

II 总论——法律行为和意思表示

1 法律行为的成立要件

1. 基本要件——意思表示 法律行为以意思表示作为不可或缺的构成要素。也就是说,如果意思表示不存在,法律行为也不可能存在。在这个意义

上,意思表示构成法律行为的成立要件。不过,有必要区别下列两种情形:

（1）**单方行为** 第一,是仅凭单方的意思表示,法律行为就有可能成立的情形。这称为单方行为。

> **事例 1**
>
> X 写下遗书,要将自己所有的土地甲,留给在其长期卧床期间照顾自己的护理员 Y。

通过遗嘱无偿转让自己的财产的行为,称为遗赠。遗赠仅仅依赠与人（遗赠人 X）的意思表示成立,不需要接受遗赠者（受遗赠人 Y）的意思表示①。

（2）**契约** 第二,是依双方意思表示的一致,法律行为有可能成立的情形。这称为契约。

> **事例 2**
>
> X 打算邀请女友暑假去信州。查阅指南得知,Y 旅馆的双人间 1 宿 5000 日元。于是,X 打电话给 Y,按照该条件预约 8 月 1 日至 5 日 5 天的住宿,得到了 Y 的承诺。

这里订立的,是旅馆的住宿契约。这种契约,在双方当事人的要约和承诺两个意思表示合致时才成立。

2. 特别成立要件 因法律行为的不同,有时还需要特别的要件。特别重要的,有以下两种情形:

（1）**要式行为** 第一,是遵照法令规定的一定方式行事,法律行为的成立才得到承认的情形。这称为要式行为。例如,保证契约（民 446Ⅱ）、婚姻（民 739Ⅰ）、遗嘱（民 960）等。

（2）**要物契约** 第二,是将标的物移交,契约的效力才得到承认的情形。这称为要物契约。例如,消费借贷（民 587）、使用借贷（民 593）、保管契约（民 657）。

② **意思表示的涵义和构造**

如上所述,所有的法律行为共通的成立要件,是意思表示的存在。接下来简单地看一下意思表示的含义和构造。

1. 意思表示的涵义 所谓意思表示,是表示——令一定的私法上之法律效果发生的——意思的行为。例如,表示如果自己死亡则将自己所有的土地甲转让给 Y 之意思的行为,表示以 1 宿 5000 日元的价格预约 Y 旅馆的双人客

---

① 但受遗赠人可以放弃遗赠（民 986Ⅰ）。

房5天(8月1日至5日)之意思的行为。

2. 意思表示的构造　　关于意思表示,传统上从表意人心理过程的角度进行意思表示的构造分析。按照这种分析,意思表示具有这样的构造:由"动机"引发,形成一定的"效果意思",以想把该效果意思表示出来的"表示意思"为媒介,实施"表示行为"。要点可以概括为以下三点:

　　(1) **意思与表示的区别**　　第一点,是区别内心的主观意思与显现于外部之客观的表示行为。

　　(2) **效果意思与动机的区别**　　第二点,是在内心的主观意思中,区别效果意思与动机。

　　　(A) **效果意思**　　所谓效果意思——有时干脆称为意思,是与因该意思表示而最终获得认可的法律效果相对应的意思。

　　　(B) **动机**　　不属于以上效果意思的,便是动机。

　　(3) **表示意思的承认**　　第三点,是在效果意思之外考虑表示意思。所谓表示意思,是想将效果意思对外部表示出来的意思。在意识到想要作意思表示这个意义上,称为表示意识才准确。

Comment　　　　　　　　　　　　　　　　　　　　动机与效果意思的差异

　　对于初学者来说,好像不容易区分动机和效果意思。尤其是从动机出发依次观察意思表示的过程,往往会产生混乱。例如,就事例2而言,会出现如下的情况。

　　"暑假想邀请女友去信州。"

　　"Y寄宿旅馆1宿5000日元,便宜。"

　　"如果能在Y寄宿旅馆住上5宿该多好。"

　　"想在Y寄宿旅馆住上5宿。"

　　像这样排列后,到哪儿是动机,从哪儿开始是效果意思,渐渐就搞不清了。这种情况好像不在少数。

　　每当此时,请回忆一下效果意思的定义。所谓效果意思,是与因该意思表示而最终获得认可的法律效果相对应的意思。就该事例而言,最终获得认可的法律效果,是能够以1宿5000日元的价格在Y寄宿旅馆的双人客房住上5宿(8月1日至5日)。因此,效果意思也就是"以1宿5000日元的价格在Y寄宿旅馆的双人客房住上5宿(8月1日至5日)"的意思。除此以外的意思,都属于动机。这样考虑,就可以多少减少一些混乱吧。

　　当然,尽管如此,如果不知道什么才有可能成为法律效果,实际上还是于事无补。初学者困惑的原因,大概在这里。不过遗憾的是,要想掌握这一点,只有积累分论的学习。希望能作好思想准备,继续学习下去。

3 意思表示的基本原理

　　1. 意思主义与表示主义　　有关意思表示的基本原理,存在着意思主义和表示主义的对立。其内容如下。

	意思主义	表示主义
意思表示的成立	仅在有意思的情形意思表示才成立	如果有表示,即使没有意思,意思表示也成立
意思表示的解释	意思表示的内容,依意思来确定	意思表示的内容,依表示来确定
意思表示的效力否定	如果没有与表示相对应的意思,则意思表示的效力将被否定	即使没有与表示相对应的意思,意思表示的效力也不会被否定

2. 意思主义背后的基本原理 其中,意思主义的背后可以看到如下的基本原理:

(1) **意思原理** 首先,意思主义可以由意思原理构成其基础,即"人只根据自己的意思取得权利,负担义务","如果没有意思,就不会有权利的丧失和义务的负担"。

(2) **自我决定原理** 意思原理可以改换为另一种说法:"是否作意思表示,作什么样内容的意思表示,由自己的意思决定。"在这个意义上,意思主义与自我决定原理乃至私域自治的原则相连。

3. 表示主义背后的基本原理 而表示主义的背后可以看到如下的基本原理:

(1) **信赖原理与交易安全**

(A) **信赖原理** 首先,表示主义可以用"必须保护相对人对表示的信赖"这样的原理构成其基础。这是因为,如果这样的信赖被破坏,相对人将会蒙受意想不到的不利益。

(B) **交易安全** 表示主义还可以由交易安全的原理构成其基础。因为为了使得交易活动迅速、顺利地开展,人们认为"当表示作出后,只需要按照交易社会的规则来理解该表示就可以了"。

(C) **信赖原理与交易安全的区别** 信赖原理与交易安全虽然有重叠之处,但二者并不是完全相同的。

> **事例3**
>
> X 与 Y 交涉的结果,要把自己所有的 110 号的土地以 3000 万日元卖给 Y。可是,在书写契约书时,X 误写成"111 号"。111 号土地也是 X 所有的土地,面积大,价值 5000 万日元。后来,Y 在将买得土地转卖给 Z 时,发现买的是 111 号土地。心想占了便宜,便以 5000 万日元的价格将 111 号土地卖给了 Z。

(a) **交易安全** 出售"111 号"土地的表示,在交易社会被理解为出售 111 号的土地。因此,从交易安全的角度出发,不论 X、Y 的意图如何,结果是就 111 号土地订立了契约。

(b)信赖原理　　在该事例中,相对人Y并没有全盘信赖出售"111号"土地的表示。因此,既然没有值得保护的信赖,依信赖原理,没有理由照原样承认以3000万日元出售111号土地的意思表示。

Comment　　　　　　　　　　　　　　　　　　　　　　　交易安全与信赖原理

一般说来,人们并未严格区分信赖原理与交易安全。然而,前者是保护交易相对人的工具,而后者则是维持交易社会秩序的工具。两者在性质上有很大的不同。

两者当中,曾经比较有影响的是重视交易安全的观点。而最近倒是交易相对人的保护,即信赖原理更受重视。最大的理由在于,若重视交易安全,就会保护到没必要保护的人。另外,在强调交易安全的情形,不仅仅是当事人,有时也会重视第三人的安全。然而对于真正值得保护的第三人,由于可以另外考虑对他的保护,所以现在认为,没有必要为了第三人的安全一律使意思表示有效。

(2) 归责原理

事例4

A自称自己是X,在比萨饼屋Y订购了比萨饼的外卖。Y把所订的比萨饼送到X家时,X以没有订购过这样的东西为由拒绝接受。Y能否向X请求比萨饼的价金5000日元呢?

表示主义的背后,有这样一种想法:"如果自己没有作表示,则不负担义务"、"如果自己作了表示,令其负担与表示内容一致的义务是不得已的"。这是基于"只在有不得已的理由的情形才可以令其承担责任"这样的归责原理。在该事例中,因为X本人什么表示都没有作,所以不能归责于他。

Comment　　　　　　　　　　　　　　　　　　意思表示法之基本原理的多元性

以上所列举的意思原理、自我决定原理、信赖原理、交易安全、归责原理,并不具有某一个始终绝对优先或者反过来可以完全无视其存在的性质。它们之间的关系是:无论哪一个原理都有其妥当性,只是对应于具体的问题场景,某一原理优先,某一原理劣后。关于意思表示的具体规则,按各自的问题类型,从这些原理的衡量中获得基础。在这个意义上应当说,有必要多元地理解意思表示法的基本原理。

Ⅲ　意思表示的成立

如上所述,法律行为要成立,必须有意思表示的存在。问题是,要判定这样的意思表示存在,需要什么? 具体来说,如果表示行为、表示意识或效果意思不存在,意思表示是否成立?

1 表示行为是否需要

首先,如果不存在表示行为,那么意思表示根本就不成立。就是说,表示行为的存在,构成意思表示的成立要件。关于此点,没有争议。

> **事例 5**
>
> 某日,X 收到了印刷公司 Y 寄来的往返明信片,上面说正在为整理、发行西京大学的同窗会花名册作调查,希望予以协助。X 在回信用的明信片上填写了姓名、年龄、现住所、工作单位、毕业时期等必要事项后寄出。半年后,制作完成的花名册寄来了,信封中还有要求支付 3 万日元价金的账单。

该事例中的 X,根本没有作订购花名册的意思表示。所以,既然 X 的意思表示不存在,花名册的买卖契约也就不成立,因此 Y 就不能要求 X 支付 3 万日元价金。

2 效果意思是否需要

与此相对,即使效果意思不存在,也可以认定意思表示的成立。这一点,可以从规定意思表示的效力否定要件的规定中看出。例如,依 95 条,在与表示相对应的效果意思不存在的情形,即基于错误的意思表示,原则上无效。这里的"无效"是指,虽然成立但其效力被否定。因此,可以理解为间接地规定:即使没有效果意思,意思表示也成立,也就是说,效果意思的存在不是意思表示的成立要件。

3 表示意识是否需要

最后,对于意思表示的成立是否需要表示意识,存在争议。

> **事例 5-2**
>
> 在事例 5 中,X 对 Y 表示不满,Y 便出示 X 填写的明信片,指出在明信片最下边印有"申请购买西京大学同窗会花名册(预定价 3 万日元)1 册",既然作了要约,所以 Y 要求 X 支付价金。

该事例中的 X,即使可以被评价为作了购买花名册的表示行为,但至少他自己并没有意识到自己正在作那样的意思表示。在这种情形,是否可以说要约的意思表示、进而购买花名册的契约已经成立?

1. 表示意识不要说 通说认为,意思表示的成立只要有表示行为就足够了,没有表示意识也可以。② 由于在没有表示意识的情形,效果意思也不存在,所以作为错误的问题来处理即可。

2. 表示意识必要说　在学界,主张没有表示意识意思表示便不成立的观点也颇有说服力。③ 这种主张基于如下的观点:

(1) 自我决定原理　首先,如果自己都没有意识到自己在作意思表示,那么就根本不能说自己决定了什么。若连这样的情形也要课以与表示相对应的义务,便与自我决定的原理不相容了。

(2) 归责原理　在错误的情形,由于可以责难表意人,所以可以认定意思表示的成立。但由于在表示意识欠缺的情形不能责难表意人,所以不能认定意思表示的成立。

（A）错误　首先,在错误的情形,虽然决定了要作某种意思表示,但是在表示该决定时,选择了不正确的表示手段。这一点是可以责难的。

（B）表示意识的缺失　可是,在欠缺表示意识的情形,一般连要作意思表示的意思都不存在,所以无法责难他在表示该决定时选择了不正确的表示手段。

Comment　　　　　　　　　　　　　　　　表示意识不要说与必要说的差异

依表示意识不要说,要成立意思表示,有表示行为存在便足够——"表示行为存在则意思表示成立"。在此基础上,由于认为在没有表示意识的情形与表示行为对应的效果意思不存在——存在错误,所以主张:通过"法律行为的要素存在错误时意思表示无效"的规范(民95正)来否定已经成立之意思表示的效力;不过即便在此情形,"当表意人有重大过失时,表意人自己不能主张无效"(民95但)。

而依表示意识必要说,只要不折不扣地理解其主张,那么,由于表示意识存在为意思表示的成立要件,意思表示要成立不仅需要表示行为,一定还需要有表示意识。④ 可是,支持表示意识必要说的论者认为,主张意思表示成立之人只要主张、举证有表示行为即可,无表示意识这一点应当由争执意思表示成立的相对人主张、举证。⑤ 这等于是在认为"如果有表示行为则意思表示成立"的基础上,认为"如果没有表示意识则不承认意思表示的效力"——表示意识的不存在属于效力否定要件。在此限度内与表示意识不要说没有实质差异。

差异残留在下面:依表示意识必要说,不认可"表意人有重大过失时表意人自己不能主张无效"这个规范(民95但)的适用。对于原本就不能算是自己决定作意

---

② 我妻241页以下,几代237页,四宫·能见197页,北川143页,川井150页以下,加藤雅242页以下等。

③ 石田编120页以下[矶村保],佐久间毅"意思表示の存在と表示意识"冈山大学法学会杂志46卷3＝4号263页,特别是321页以下(1997年),平野262页以下。还可参照佐久间58页以下。

④ 实际上,潮见64页似乎是这样理解的。

⑤ 佐久间60页的理由是:"在有表示行为外观之事实的情形,通常表意人有作意思表示的意识。"其前提是,主张、举证受事实的盖然性左右。

思表示的人而言,即便其有重过失,至少对其课以与表示对应的义务是不能被正当化的。如果保留赔偿相对人所生损害的可能性,那么从法律行为制度的基本原理出发也能充分理解这种思考。

	履行请求的根据规范 (请求原因)	阻却规范(抗辩)	再阻却规范(再抗辩)
表示意识不要说	① 民555 买卖因当事人一方约定将其财产权移转于相对人,相对人约定对此支付价金而生效 ② 不成文法如果有表示行为,则意思表示成立⑥	错误的抗辩 a 民95 正 作意思表示之际,在存在错误的情形,当该错误属于法律行为的要素时,该意思表示无效	甲 民95 但 即使在左列情形,表意人有重大过失时,表意人自己不能主张无效
表示意识必要说	① 民555 同上 ② 不成文法	Ⅰ 表示意识不存在的抗辩 b 不成文法如果没有表示意识,不承认意思表示的效力 Ⅱ 错误的抗辩 a 民95 正 同上	甲 民95 正 同上

Ⅳ 意思表示的生效

如上所述,如果表意人作出意思表示则意思表示成立,但并不当即发生意思表示的效力。接下来的问题是,这样成立的意思表示何时生效?对于对话人之间的意思表示——传递不存在时间间隔的情形,基本上不存在问题。问题发生与隔地人之间的意思表示——传递有时间间隔的情形。

1 意思表示的生效时期

意思表示经历①表白→②发信→③到达→④了解这样一个过程。通过①表白,意思表示成立。问题是意思表示什么时点生效?

1. 能想到的可能性——发信主义与到达主义　首先,如果在①表白时承认生效,就有可能助长表意人的发信懈怠。另外,如果在④了解时承认生效,相对人拒绝了解就总可以阻止意思表示的生效。因此,值得考虑的只有②发信时和③到达时。其中,主张意思表示于发信时生效的见解称为发信主义,而主张

---

⑥ 依此,只要主张、举证双方当事人作出订立555条所规定之买卖契约的表示行为,并且两者合致即可。

意思表示于到达时生效的见解称为到达主义。两者有如下两点差异：

（1）不到达、延迟到达的风险　第一，意思表示没有到达的情形或者迟到的情形，由谁负担由此产生的风险？

> **事例 6**
>
> 承租人 Y 找茬半年都未交房租，房东 X 再三要求其支付，Y 就是不交。X 于 8 月 1 日写了一封信寄给 Y，内容是："因解除本租赁契约，请在 2 周内搬出。"可是，因为邮局的疏忽，这封信送到了 Y 的邻居 A 那里，而且 A 到海外出差不在家，结果 Y 就没有收到这封信。

　　（A）发信主义　依发信主义，意思表示于发信时生效，不问意思表示是否到达。因此，相对人（Y）必须忍受由此产生之不利益（发生契约解除效果、契约已经终止的不利益）。

　　（B）到达主义　依到达主义，意思表示于到达时生效。如果没有到达则意思表示不生效。因此，表意人（X）必须忍受由此产生之不利益（契约解除的效果不发生、契约未终止的不利益）。

（2）撤回可能性　第二，涉及表意人到什么时候为止可以撤回意思表示。

> **事例 6-2**
>
> 在事例 6 中，X 于 8 月 1 日给 Y 发出信件，内容为："您已有半年没有交纳房租，不过如果交纳 3 个月的房租就可以了。恳请今后不要再迟延了。"可是后来，X 认为这样让步太傻，于是在第二天打电话给 Y，希望就当前一天寄信之事没有发生过。

　　（A）发信主义　依发信主义，意思表示在发信时生效，其后不能撤回。

　　（B）到达主义　而依到达主义，意思表示在到达时生效，到达前可以撤回。

2．民法的立场

（1）原则——到达主义　97 条 1 款规定，对隔地人的意思表示，自该通知到达相对人之时起生效。依此规定，仅作出意思表示还不够，当意思表示到达相对人——能够成功主张、举证这一点——时，才承认基于该意思表示的效果。

　　（A）宗旨　民法采用到达主义，是出于如下的考虑：

　　（a）不到达、迟延到达的风险　首先，如果仅因为发信就认定生效，相对人就有可能遭受凭自己的努力无法回避的不利益。

　　（b）撤回可能性　此外，只要是在到达以前，即便允许撤回相对人也不会遭受不利益。

　　（B）到达的涵义　依到达主义，何时算作意思表示到达便成为具有决定性意义的问题。

> **事例 6-3**
>
> 在事例 6 中，X 写的信于 8 月 2 日送到 Y 家，碰巧 Y 一家回了乡下，Y 实际看到这封信是 8 月 30 日以后的事了。

（a）**进入相对人的支配圈**　　所谓"到达"，一般指意思表示进入相对人的支配圈。⑦ 这是出于如下的考虑："进入了相对人的支配圈后，相对人就可以了解意思表示。既然已经赋予了了解可能性，就不允许主张不知道。"

（b）**是否需要本人受领**　　既然不需要相对人实际了解，只要给予了解可能性即可，所以意思表示进入相对人的支配圈便足够，实际受领的没有必要是本人。⑧

（c）**对拒绝受领的处理**　　依到达主义，相对人拒绝受领的情形是否可以算作已经到达成为问题。

> **事例 6-4**
>
> 在事例 6 中，X 写的信于 8 月 2 日送到了 Y 家，可是与 Y 同居的情人 A 以 Y 不在为由拒绝收取。
> ① 由于 A 说 Y 当天出差在外，因此邮差 8 月 3 日再次送去。
> ② 由于 A 谎称 Y 一直不在家，结果信没有送到。

（a）**受领的必要性**　　首先，如果意思表示没有被受领，就不能说进入了相对人的支配圈。因此，要达到意思表示到达的结果，就需要被投递的信件被受领。⑨ 因此，在①中，意思表示于 8 月 3 日到达、生效。

（b）**拒绝受领的不当性**　　可是，无正当理由而拒绝受领时，即使没有受领，也视为这样就已经到达。⑩ 这是因为，获得了受领了解意思表示的机会，却无正当理由拒绝受领的，不应该允许其主张没有了解意思表示的可能性。因此，在②中意思表示于 8 月 2 日到达、生效。

（2）**例外——发信主义**　　与以上的原则相反，在下列情形意思表示于发信时刻生效。

---

⑦　最判昭和 36 年 4 月 20 日民集 15 卷 4 号 774 页。

⑧　例如，同居的人受领也可以（大判明治 45 年 3 月 13 日录 18 辑 193 页、大判昭和 17 年 11 月 28 日新闻 4819 号 7 页），另外偶尔来公司玩耍的董事长的女儿受领后放进抽屉的情形也可以（前注⑦最判昭和 36 年 4 月 20 日）。

⑨　大判昭和 9 年 10 月 24 日新闻 3773 号 17 页。

⑩　大判昭和 11 年 2 月 14 日民集 15 卷 158 页。此外，最判平成 10 年 6 月 11 日民集 52 卷 4 号 1034 页，针对内容包含减少遗留份请求之意思表示的内容证明挂号信（挂号信的一种，可以证明信件的内容——译者注），因为收信人不在而一定期间存放在邮局后返回到寄信人处的事件中判定：当从收信人不在的递送通知书中获悉寄信人是谁，从之前的经过可以充分推断邮件内容时，由于相对人可以通过指定邮件的受领方法并不花费多少劳力就可以轻松地受领，那么可以认定，最迟在存放期间届满时刻邮件到达。

（A）契约的承诺

（a）民法的原则　　首先，隔地者间契约的情形，承诺的意思表示于发信时生效，契约在该时刻成立（民526Ⅰ）。⑪

（b）电子承诺通知的特别规定

1）采用到达主义　　依2001年制定的《有关电子消费者契约以及电子承诺通知的民法特例法》，关于电子承诺通知，不适用民法526条1款、527条（电子4）。⑫即在此情形依照原则采取到达主义。

2）何谓电子承诺通知　　所谓电子承诺通知，是指针对契约要约的承诺通知中，采用电磁方法中通过互联电子计算机等的电子通信线路传输信息的方法的通知（电子2Ⅳ）。

a）电磁方法　　所谓"电磁方法"，是指使用电子信息处理组织的方法以及利用其他信息通信技术的方法（电子2Ⅲ）。

b）通过互联电子计算机等的电子通信线路传输信息的方法　　所谓"电子计算机等"，是指电子计算机、传真机、电传机、电话机（电子2Ⅳ）。

（B）对限制行为能力人之催告的确切答复

此外，如果限制行为能力人在规定期间内发出追认或撤销的意思表示，则意思表示生效，20条所规定的追认或撤销的拟制不予认可。

（C）冷却（cooling off）

再者，分期付款销售法、特定商交易法等认可的冷却，在发信之时生效（割贩35之3之10Ⅱ、35之3之11Ⅳ，特商9Ⅱ、24Ⅱ、40Ⅱ等。也可参照特商48Ⅲ、58Ⅱ）。

Comment　　到达的判断基准

意思表示何时才算"到达"这个问题，在实践中也极其重要。最好能尽可能明示其判断基准。

《基本方针》【1.5.20】〈2〉遵从以往的见解——"相对人了解意思表示，或者获得了能够了解之可能性后，就不能说不了解"，提案以意思表示的了解或者了解可能性作为"到达"判断基准。具体而言，在"相对人或者拥有为相对人受领意思表示权限者了解意思表示的情形"，以及"处于能够了解意思表示之状态的情形"，作为已经"到达"。

由此进而引发的问题是，"处于能够了解意思表示之状态"是怎样的情形？《基本方针》列举的主要典型事例是："意思表示抵达相对人或者拥有为相对人受领意思表示权限者设置或者指定的信号接收设备。"所谓由相对人等设置或者指定的信号接收设备，在邮递的情形指在相对人等的住所设置的邮箱等以及相对人预先指

---

⑪ 参照山本Ⅳ₋₁ 28页以下。

⑫ 参照河野太志"电子消费者契约及び电子承诺通知に关する民法の特例に关する法律の概要"NBL718号28页（2001年），山本丰"电子契约的法的诸问题——消费者契约を中心に"ジュリスト1215号75页（2002年）。

定的投递地址的邮箱等。⑬ 估计这一点上不存异议。

问题是通过电子邮件的信息传递等电子方法作意思表示的情形。

对于这种情形,有力的见解主张,①在信息接受方指定属于信息接受设备的信息通信机器的情形,以及在有合理地相信有关此种交易通常作为信息接受地址使用的信息通信机器存在的情形,意思表示记录于该信息通信机器时即为到达;②上述以外的情形,于接受信息方从其信息通信机器中取出信息时构成到达。在用电子邮件的情形,上述信息通信机器是指邮件服务器中的邮箱。⑭

而 UNCITRAL(联合国使用电子通信公约)(10 条 2 款)则规定,①于能够从接受信息者所指定的电子地址取出信息时到达;②在其他的电子地址接受了信息的情形,于接受信息者能够从该电子地址取出信息且接受信息者知晓信息已经送到该电子地址时到达。在②的情形,之所以需要知晓信息的送到——通常意味着打开电子邮件,是考虑到如今多数的企业、个人拥有多个电子地址,不能期待其经常去检查不再使用的邮件地址;另外企业多以个人为单位分配邮件地址,只要该人不打开电子邮件同事就不可能察觉其存在。⑮

像这样,关于依电子方法作意思表示的情形,很难说观点已经确立。此外,是否包含消费者交易的情形,以及是否需要区别于以往通过纸质媒介作意思表示的情形,还需要慎重的探讨。为此,《基本方针》仅仅列出了上述概括性的基准,细节留待今后的研讨。⑯

---

3. 意思表示的受领能力

(1) 宗旨 之所以采到达主义令意思表示到达才生效,其理由在于,到达后相对人才有可能了解意思表示。如此一来,如果相对人连了解意思表示的能力——称为意思表示的受领能力——都没有,那么即便意思表示到达相对人也没有了解它的可能。因此,在此情形有必要令意思表示不生效。

(2) 受领能力的不存在

(A) 被规定为无受领能力之人 被规定为这个意义上之无受领能力之人,是未成年人、成年被监护人(民 98 之 2 正)。被保佐人、被辅助人则不属于。

(B) 无受领能力之情形的归结 依此规定,即便表意人一方以意思表示到达、被相对人受领从而依此作出主张,如果受领该意思表示的相对人为未成年人或者成年被监护人,则表意人的主张不被认可。

(3) 法定代理人的知晓 即便在此情形,法定代理人知道该意思表示后,则视为意思表示到达,承认由此所生之效力(民 98 之 2 但)。

---

⑬ 参照详解 I166 页以下。
⑭ 参照松本恒雄编《平成 20 年版电子商取引及び情报财取引等に关する准则と解说【别册 NBL124 号】》(商事法务,2008 年)9 页以下。
⑮ 参照山本丰"电子契约と民法法理"法学教室 341 号 95 页(2009 年),特别是 98 页以下。
⑯ 参照详解 I167 页以下。

2 表意人死亡和丧失行为能力所产生的影响

表意人发出意思表示后于到达相对人之前死亡、或者丧失行为能力的情形，按如下的方法处理：

1. 原则　在此情形，原则上所作的意思表示不丧失效力（民97Ⅱ）。

2. 例外——契约的要约　但是有关契约的要约，存在下列事由之一时，要约的意思表示丧失效力（民525）。⑰ 因为在此情形，即使否定要约的效力，谁也不会蒙受不利益。

(1) 要约人表示相反的意思时

(2) 相对人知道要约人死亡或者丧失能力的事实时

3 基于公示的意思表示

表意人无法知道相对人或其所在的情形，作为使意思表示生效的方法，民法允许用公示作意思表示（民98Ⅰ）。

134

方法	原则	依有关公示送达之民事诉讼法的规定，在法院的公告场所揭示业已揭示的事实至少要在官报或报纸上登载一次	民98Ⅱ正
	例外	法院在认为适当时，可以命令在市政府、町政府、村政府或与其相当机关之公告场所揭示，以替代在官报或报纸上的登载	民98Ⅱ但
管辖	相对人不明的情形	表意人住所地的简易法院	民98Ⅳ
	相对人之所在不明的情形	相对人最后的住所地的简易法院	
效力	原则	自官报或报纸上最后一次登载之日起，或自替代该揭示之揭示登载第一天起经过2周时，视为到达相对人处	民98Ⅲ正
	例外	表意人不知相对人或就不知相对人之所在有过失的情形，不发生到达的效力	民98Ⅲ但

V　法律行为的解释

1 何谓法律行为的解释

接下来的问题是，如何确定如上成立的法律行为的内容？像这样确定法律行为内容的作业，称为法律行为的解释。

1. 解释的多元性　不过，一般说法律行为的解释时，其中包含了性质不同的作业。

(1) 狭义的解释、补充、修正　首先，从对当事人所为法律行为干什么的观

---

⑰　详见山本Ⅳ-135页以下。

点出发，可以区分以下三种作业：

（A）狭义的解释　　第一，是确定当事人所为法律行为涵义的作业，称为狭义的解释。

（B）补充　　第二，是对法律行为中当事人没有专门规定的部分作补充的作业，称为法律行为的补充。

（C）修正　　第三，是修正当事人所为法律行为涵义的作业，称为法律行为的修正。

（2）**事实的确定和法律评价**　　另外，在法律行为的解释中，除了确定事实的作业外，还包括作法律评价的作业。这一点，不仅在法律行为的补充、修正中存在，也存在于狭义的解释。因为即使在狭义的解释中，除了确定当事人所使用的表述、实施法律行为时的客观情事等事实，还会运用各种各样的解释准则对这些事实作法律评价。

2．**基于法律行为种类的区分**　　作上述解释的方法和基准，因法律行为种类的不同而有可能不同。以下，权且聚焦于契约解释，确认其解释方法和基准。

2　契约的解释

1．**狭义的契约解释**　　首先，契约解释中，重要的是在狭义的解释中确定当事人所订立契约的涵义。

（1）**契约解释的涵义**　　问题是，什么是"当事人所订立契约的涵义"？关于这一点，存在争议。[18] 不过，由于这个问题与错误密切相关，详细内容将在第9章讲述，这里只极简单地介绍一下研究状况。

（A）一元说——客观解释说　　依传统的通说，所谓契约的解释，就是阐明当事人达成合意之表示的客观内容，而不是探究当事人的内心意思。[19] 因为若依内心的意思来决定契约的涵义，对表示的信赖就会受到危害，他人就有可能蒙受意想不到的不利益。

（B）二元说　　对于这种将契约的解释一律理解为客观解释的见解，存在猛烈的批判。现在，至少考虑时区别以下两种情形才是一般的立场：

（a）当事人的意思一致的情形——共通意思优先说　　首先，在当事人的意思一致的情形，不论表示的客观涵义如何，主张应当依其一致的意思解释契约，是现在的通说。[20]

---

[18] 有关研究的状况，参照矶村保"法律行为の解释方法"争点Ⅰ30页。
[19] 我妻249页以下等。也可参照川岛195页以下、几代223页以下。
[20] 星野175页以下，四宫、能见186页，矶村·前注[18]争点Ⅰ31页，内田270页，加藤雅204页，潮见90页，河上250页以下等。

（b）当事人的意思不一致的情形　　至于当事人的意思不一致的情形,存在争议。

1）客观解释说　　学说的多数认为,在此情形,应当以表示行为的客观涵义为基准。[21]

2）赋予涵义比较说　　另有有力的见解认为,在此情形,应当在契约当事人各自赋予的涵义中,根据某个正当的涵义来确定契约的涵义。[22] 它是出于这样的考虑:在客观解释的名目下,以两个当事人都完全没有想到的、第三种涵义来确定契约内容是不恰当的。

(2) 确定涵义的方法和基准　　无论当事人一致的意思,还是表示的客观涵义或者当事人赋予的涵义中具有正当性的涵义,在能够明确确定其涵义的情形不会有问题。问题是,在其涵义未必明确的情形,该如何确定?

> **事例 7**
>
> 　　X 与 Y 缔结契约,以月租 10 万日元租赁 Y 所有的房屋甲。当时,在契约书中约定甲的"通常的修理费"由承租人负担。1 年后,设置在甲的浴室中的热水器出了故障,需要专业人员来修理。

像这样,表示——"通常的修理费"——的涵义不明确的情形,只有按照言语的用法来解释。这,又可以分为以下两种。

（A）一般解释——通常的用法　　首先成为基准的,是通常的用法,即有关该言语通常如何使用的社会规则。因为一般认为,当事人通常也是依据的该规则;既然用言语与他人交涉,就应当依据该规则。具体如下:

（a）一般用法　　首先,关于该言语的使用方法社会上存在一般用法的情形,原则上依该用法。例如,说到"通常的修理费",如果一般的理解是"达不到涉及房屋构造之大规模修理程度的修理",则按照这种理解确定契约的涵义。在此情形,热水器的修理费由承租人 X 负担。

（b）特别习惯　　当事人所属的地域或集团中,就该言语的用法存在特别的习惯时,只要没有别的意思表示,就依该习惯。[23] 例如,在 X、Y 所属的地域,如果习惯是"通常的修理费"中不包括热水器的修理费,那么依该习惯来确定契约的涵义,热水器的修理费由出租人 Y 承担。

---

[21] 星野 177 页、内田 272 页以下等。

[22] 矶村·前注[13]争点 I 32 页,佐久间 71 页以下,河上 251 页以下等。四宫、能见 187 页认为,在此情形"即使从客观解释出发也会例外地认可"。

[23] 例如,大判大正 10 年 6 月 2 日民录 27 辑 1038 页:在盐釜的 X 与新潟的 Y 订立从 Y 处购买肥料用大豆渣的契约的事件中,在解释应当在"盐釜铁道入口"交付的约定时判定,在有作为意思表示解释的资料＝事实上的习惯——在该事件中,习惯是卖主负担首先将标的物送到盐釜车站的义务,在标的物到达盐釜车站前不能请求价金——存在的情形,当事人明知该习惯的存在而没有作相反的意思表示时,推定为有依从该习惯的意思。

（B）个别解释——个别用法　　不过，当事人没有必要总去遵循上述通常的用法。哪怕是仅限于当事人的特殊用法，只要当事人了解，就成为基准。

（a）有明示了解的情形　　有关言语的用法，在当事人之间有明示的了解时，一般没有问题。

（b）从契约的宗旨中可以读出了解的情形　　此外，有关言语的用法，有时尽管在当事人之间没有明示的了解，但可以从契约的宗旨中读出了解。

事例7-2

在事例7中，甲的月租金通常不低于30万日元，但Y一家到海外出差2年，出于好意，以月租金10万日元将甲租赁给了X。在此情形，如何？

假设租金是按照市场价格设定的。可以认为，作为对价出租人Y负担使X按照通常的用法使用、收益甲的债务。而在租金被压低的情形，可以认为出租人Y不负担这么多的债务，倒是X要负担按照通常的用法使甲处于可以使用、收益状态的债务。这样一来，"通常的修理费"就解释为也包括热水器的修理费。

2．契约的补充　　接下来的问题是，契约中当事人没有特别约定的部分如何进行补充？[24]

事例7-3

在事例7中，关于甲的修理费，在X、Y之间没有特别约定的情形，如何处理？

（1）一般性补充——依法补充　　首先，对于当事人没有专门约定的事项，如果存在一般的法律规范，则依该规范补充。这样的法律规范中，重要的有以下两种：

（A）任意法规　　第一，是为筹谋当事人没有特别合意的情形事先在法律中规定的情形。这称为任意法规。在该事例中，606条1款便是。该款规定：出租人负担为承租人使用、收益所必要之修缮的义务。这是出于这样的考虑：既然出租人负担令承租人使用、收益的债务（601），那么负担所必要的修缮义务便理所当然。于是，出租人Y负担履行修缮义务所需的费用——修理费。

（B）习惯　　第二，是习惯。对于当事人没有专门规定的事项，如果有特别的习惯，那么只要当事人没有表示相反的意思，就优先于任意法规，依习惯补

---

[24] 详细内容，参照山本敬三"补充的契约解释——契约解释的法的适用との关系に关する一考察（1）—（5）"法学论丛119卷2号1页、4号1页、120卷1号1页、2号1页、3号1页（1986年）。四宫、能见188页以下，佐久间72页以下，潮见97页以下，河上255页以下也与以下所列之笔者的见解相同。

充（民92）。㉕

(C) 补论——通则法3条与民法92条的关系

(a) 问题之所在　　有关习惯的效力，存在着如何理解通则法3条（旧法例2条）与民法92条关系的问题。之所以会发生这种问题，是因为如下所述，两者的规定看似矛盾。

1) 通则法3条　　首先，通则法3条规定："不违反公共秩序或善良风俗的习惯，仅限于依据法令的规定而被承认的以及涉及的事项没有法令规定的，与法律具有同等的效力"，从行文上看习惯劣后于任意法规。

2) 民法92条　　而民法92条规定："对于与法令中不涉及公共秩序的规定不同的习惯，如果可以认定法律行为当事人有依该习惯之意思的情形，从其习惯"，从行文上看，习惯优先于任意法规。

(b) 研究状况　　为了体系化地理解两者的关系，迄今为止有过如下主张㉖：

1) 并立说　　第一种见解主张，通则法3条和民法92条的适用情形不同，两者间不发生抵触。

a) "习惯"二分说

甲) 主张的内容　　以往的通说认为，根据是否具有法的确信，习惯分为习惯法和事实上的习惯。规定前者的效力的是通则法3条，而规定后者的效力的是民法92条㉗。

乙) 存在的问题　　可是，依此种理解会产生这样的问题，即规范性强的习惯法劣后于任意法规，而规范性弱的、事实上习惯却优先于任意法规。

b) "法令"存在与否说

甲) 主张的内容　　此外，也有见解区分"法令"中没有规定的情形与有规定的情形，认为就"法令"中没有规定的情形规定习惯效力的是通则法3条，而就有规定的情形规定习惯效力的——当事人有依习惯之意思时承认习惯的效力的，是民法92条㉘。

乙) 存在的问题　　可是，一般认为通则法3条是基于成文法优先于习惯这种观点而制定的，因此认为通则法3条只不过就"法令"没有规定的情

㉕　92条规定：在应当认定当事人"有依其（习惯）之意思时"，遵从习惯。关于这一点一般认为，不需要当事人表示依照习惯的积极意思，只要没有专门表示相反的意思，就可以认为有依习惯的意思存在（参照大判大正3年10月27日民録20辑818页等）。因为如果有积极的意思，当然应依从积极的意思，没有必要专门规定92条。

㉖　对研究状况的分析，参照儿玉宽"惯习论"争点63页以下。

㉗　我妻18页以下，252页等。

㉘　来栖三郎"法の解釈における慣習の意義——法例2条の慣習と民法92条の慣習の関係を中心として"同《来栖三郎著作集Ⅰ》（信山社，2004年，初出1970年）182页以下，新注民（3）263页以下［淡路刚久］，加藤雅223页等。

2）抵触说——一般法、特别法说　　第二种见解在认为通则法 3 条与民法 92 条相抵触的基础上，主张通过"特别法优先于一般法"的原则来调整这种抵触。依此观点，通则法 3 条规定了一般的制定法优先于习惯，而民法 92 条则规定了习惯优先于任意法规成为补充法律行为之基准。在此限度内两者发生抵触，但限于承认私域自治的领域民法 92 条被定为用以排除通则法 3 条适用的特别法㉙。

3）整合说　　第三种见解认为，通则法 3 条与民法 92 条整合地规定了任意法规与惯习的优先关系。

a）"法令"＝民法 92 条说　　首先，有见解认为，民法 92 条属于承认通则法 3 条所言之惯习的效力的"法令的规定"。㉚ 依此观点，依民法 92 条优先于任意法规的习惯，依通则法 3 条具有与法律同等的效力，通则法 3 条与民法 92 条之间不存在龃龉。

b）"法令"＝强行法规说　　此外，还有见解认为，通则法 3 条所说的"法令"只包括强行法规，不包括任意法规。㉛ 依此观点，对于强行法规未规定的事项，即使有任意法规，还是习惯优先，通则法 3 条与民法 92 条之间不存在龃龉。

Comment　　有关习惯效力的法律修改的必要性

民法 92 条，是任意法规优先于习惯之立场——任意法规优先说（富井政章），与习惯优先于任意法规之立场——习惯优先说（穗积陈重、梅谦次郎）——正面对立后，作为妥协的产物。㉜

在任意法规优先说看来，法典编纂的目的在于"明文规定形形色色暧昧的习惯以直接担保人民的权利"。㉝ 另一个理由是，在有任意法规存在的情形，若当事人沉默就依习惯的话，就意味着将违背当事人意思的习惯特别是不明晰的习惯正当化，当事人有可能因此遭受意想不到的损害，等等。

可是，从上述其后的学说议论状况可知，可以说至少现在在民法学界如下观点被广为接受：即便在有任意法规存在的情形，当确定有习惯的存在时，应当依习惯。这也与私域自治的思想合致。这是因为，如果认为"涉及自身的事项由自己决定"，

㉙　四宫、能见 190 页以下，几代 231 页，河上 256 页。也可参照奥田昌道"事实たる惯习と法例 2 条"争点 I 39 页以下。

㉚　参照桥本文雄"惯习法の法源性"同《社会法と市民法》(1957 年，初出 1933 年)353 页以下，星野 34 页，几代 231 页，广中 54 页以下，内田 274 页，大村 114 页等。

㉛　星野英一"编纂过程から见た民法拾遗——民法 92 条、法例 2 条论；民法 97 条、526 条、521 条论"同《民法论集·第 1 卷》(有斐阁，1970 年，初出 1966 年)181 页，米仓明"民法讲义总则(63)"法学教室 76 号 36 页以下(1987 年)等。还可参照儿玉·前注㉖争点 64 页。

㉜　这段经过详见星野·前注㉛162 页以下。

㉝　参照《法典调查会民法整理会议事速记录·第 2 卷》(日本学术振兴会版)101 页[富井政章的发言]。

那么在较小的社会单位反复出现这样的决定，累积的结果形成了习惯时，就需要尊重习惯。㉞ 实际上，任意法规允许个人的意思违背它，而习惯明明符合多数人的意思却不允许其违背任意法规，欠缺整合性。或许应该这样思考：包含强行法规在内，即使不承认违反公序良俗之习惯的效力，但只要不属于这种情形，若有习惯存在，原则上法律行为的当事人就应受其拘束。

我们看不到在通则法 3 条的原型——法例 2 条立法时细致探讨其与民法 92 条关系的形迹。要清算围绕两者关系的议论，应当以上述思考为基础，考虑作修改。《基本方针》基于这样的考虑，提案将通则法 3 条修正为："除非违反公序或者良俗的情形外（包含违反有关公序或者良俗之法令的规定的情形），习惯与法律有同等的效力"（【1.5.05】），将民法 92 条修正为："就法律行为存在习惯时，遵从习惯。但习惯违反公序或者良俗时（包含违反有关公序或者良俗之法令的规定的情形），或者认定当事人作了不同于该习惯之意思表示时，不在此限"（【1.5.04】）。依此，即使在与法律行为的关系上，与民法 92 条相当的规定也确认了通则法的原则具有妥当性，当认定当事人有不同的意思表示时排除习惯的适用这一规范，则被定位为特别规则。㉟

（2）个别补充——契约的补充解释　与以上的一般性补充相对，在从当事人实际订立的契约中可以读取另外宗旨的情形，需要依该宗旨作补充。从尽量尊重当事人所订立之契约的观点出发，需要这样的补充方法。与其说是依法补充，不如说是依契约的宗旨补充解释契约。在这个意义上，称为契约的补充解释。

> **事例 7-4**
>
> 在事例 7-3 中，尽管甲的月租金通常不低于 30 万日元，但 Y 一家到海外出差 2 年，出于好意，以月租金 10 万日元将甲租赁给了 X。在此情形，将如何？

一般认为，在这种情形出租人 Y 的本意依然是：不负担到使承租人 X 依通常的用法使用、收益甲的债务，而是由承租人 X 来负担使甲处于能够依通常方法被使用、收益状态的义务。依这样的契约宗旨，热水器的修理费应当解释为由承租人 X 负担。

㉞ 这与在 EU 特别受到重视作为补充性原则（principle of subsidiarity，Subsidiaritätsprinzip）的观点相对应。

㉟ 参照基本方针 21 页以下、详解 I66 页以下、70 页以下。像这样，如果将立场转换为习惯优先于法令的规定，那么就商事而言该宗旨更具妥当性。为此，《基本方针》【1.5.06】提案：就商法 1 条 2 款（"关于商事本法没有规定的事项遵从商习惯，没有商习惯时依民法……的规定"）而言，至少也要删除有关商习惯的部分；就商事而言，与习惯的关系也交由通则法处理（参照基本方针 22 页、详解 I71 页以下）。

Comment 契约内容确定中的自律与他律——二元论与融合论㊱

关于契约内容的确定，迄今为止一般的理解是，它由对当事人自律性合意的确定和基于他律性规范的补充这两项作业构成。权且称之为二元论。不过，虽说统称为二元论，但因是否严格理解合意的内容，将导致在其中哪一种作业具有涵义，又具有多大程度的涵义的问题上，会出现不同的结果。

以往，由于按照定型化的给付来严格理解合意的内容，使得基于他律性规范作补充的场面相对宽广。例如在买卖契约，买主向卖主支付价金被理解为合意的内容，如果另有特约就将此纳入合意内容，仅此而已。依此立场，关于履行的方法、履行时应当付出的注意，进而对相对人生命、身体、财产的关怀等，只要实际上没有特约，就通过源于诚信原则等他律性规范来调整。

与此相对，在二元论中最近也出现了主张更灵活地理解合意内容的观点。㊲ 例如，家具店与顾客为了家具买卖而缔结契约，达成了"以10万日元买卖柜子。送货则在下周日送到买方家中"之合意的情形，在形式上显现在契约文书上的不过是买卖和送货。可是，在这些表述的背后双方当事人一定达成了一定的合意，例如，家具店在预定送货的下周日以前保管柜子；此外一定还达成了一定的"合理送货"的合意；在送家具时不损坏地板、地毯。像这样，承认在位于"表层合意"背后的"深层意思"的层面有可能也达成了合意，认为应当将这种合意——"前提性的合意"——也作为法律应当尊重的合意拾取起来。在此限度内这正意味着合意内容的柔软化。㊳ 不过该见解认为，能够承认这样柔软化合意的，仅限于当事人实际上作出这种合意的情形，这以外的情形仍由诚信原则作补充。在此意义上这还是以二元论为前提的。

与上述立场相对，还有一种见解，不是将当事人的自律性合意的确定与基于他律性规范的补充对立起来，而是融合地把握。权且称之为融合论。其核心思想是，契约这种行为原本是以契约制度作为前提才能被思考的行为——制度性行为。

例如，要将二人的行为理解为契约的缔结，就需要以构成法律制度的规则作为前提，有了这个法律制度——契约制度，才能够使所观察到的自然行为第一次成为具有法律意义的行为。㊴ 如果没有这样的规则，契约这种行为就是无法设想的。这种构成契约制度的规则中，不仅仅有单纯地规定契约作为标的之定型化给付的内容，而且包含了相关联地就成为问题之事项由缔结这种契约所派生之需求形成的诸多规则。㊵ 缔结作为制度性行为的契约，正是实施由构成这种契约制度的诸多规则规定了内容的行为。在此意义上，就有可能将当事人自律性合意的确定与构成契约

㊱ 以下的论述，源于山本敬三"契約の拘束力と契約責任論の展開"ジュリスト1318号99页以下（2006年）。关于笔者的理解，也可参照2006年召开的日本私法学会研讨会"契约责任论的重构"中的论述【私法69号5页以下（2007年）】。
㊲ 参照加藤雅信《新民法大系Ⅲ 债权总论》（有斐阁，2005年）62页以下，加藤雅261页以下。
㊳ 加藤雅264页以下按三层构造来思考自家学说，即①表示行为、②内心的效果意思、③深层意思。表层合意定位为①②的层面，前提性的合意定位为③的层面。在此意义上称为"三层的法律行为论"。
㊴ 除前注㊱私法69号15页[山本敬三发言]外，还可参照第6章Ⅲ1 [2] (3)（109页）。
㊵ 具体示例参照前注㊱私法69号15页以下[山本敬三发言]。

制度之他律性规范的适用,可以说作为一个整体融合地把握。㊶

当然,依此观点在结果上将适用他律性的规范。如果着眼于这一点,那么可以说与先前的二元论没有差异。可是,即便制度性行为的涵义内容不得不通过构成制度之规则来规定,既然当事人自己选择、决定了作那种行为这一点是不变的,那么从中也可以看到当事人的"自律"。这样思考的话,作如下的理解也并非不可能:它也构成了契约的内容——即使基于契约拘束力的效果,而不是基于其他根据之法定效果。

不过,构成这个意义上之契约制度的规则,设想的必然是典型的情形,并不总能契合实际的契约。再者,虽称为融合论,但并不是认为实际上所承认的他律性规范——属于任意规范的规范等——的全部都纳入以构成上述契约制度的规则。他律性的规范中除了上述规范外,周边还有各种各样的规范存在,甚至包括在特定情形可有可无的规范。并非所有这些规范的适用都与对当事人自律性合意的确定构成一体。在此意义上,即便依融合论,适用不能被合意吸收的纯粹他律性规范的可能性当然存留。㊷ 但是,这种规范也还是预设了典型场景的规则,并不能总与实际的契约契合。这一点是一样的。

契约制度本是为使各当事人之自律性的活动成为可能而预备的制度。因此,各当事人通过契约实际所作的决定还是应当予以尊重。这一点,在当事人明示地作决定的情形自不待言,对于实际所订契约中无直接规定的情形也同样成立。即便在这种情形,如果能从当事人通过契约实际所作之决定中提取一定的指针,就需要按照该指针去补充欠缺。这便是契约的补充解释。要在契约制度之下尽可能地尊重当事人的自律,对这种可能性的承认应当说是不可或缺的。基于这样的考虑,《基本方针》【3.1.1.42】提案,将补充解释的准则——"依【3.1.1.40】〔基本解释〕及【3.1.1.41】〔规范性解释〕,残存无法确定契约内容的事项的情形,当事人若知道该事项便能够确定会达成合意的内容时,应当依其解释"——明文化。㊸

3. 契约的修正 此外,在判定契约的内容不当或者不合适的情形,有时也通过解释对契约的内容作实质上的修正。不过,关于这一点,严格地说需要区别以下两种情形:

(1) 契约表述的修正——限制、扩张解释 第一,是即便离开当事人所用表述的通常涵义,终归还是依契约宗旨确定契约内容的情形。例如,当事人所用表述具有较广的涵义,但根据契约的宗旨解释为其只具有限定涵义的情形。这

㊶ 石川博康《典型契约冒头规定と要件事实论》大塚直等编《要件事实论と民法学との対话》(商事法务,2005年)126页以下、128页以下、137页以下、143页、146页以下。也可参照同《典型契约と契约内容の确定》争点236页以下,同《"契约の本性"の法理论》(有斐阁,2010年,初出2005~07年)499页以下。儿玉·前注㉖争点64页也指向同样的方向。

㊷ 参照前注㊱私法69号16页以下[山本敬三发言]。

㊸ 参照基本方针123页,详解Ⅱ154页以下。

是通常的狭义解释，不属于契约的修正。㊹

（2）契约内容的修正——契约的部分无效　第二，是尽管原封不动地作狭义解释确定了一定的契约内容，但对其进行修正的情形。这才是本来意义上的契约修正。在此情形，在实质上就与承认契约的部分无效——使契约内容中认为不当的部分归于无效，仅就剩余部分维持契约，对于被判定无效的部分用恰当的基准作补充㊺——一样了。

Comment　　　　　　　　　　　　　　　　　从契约修正迈向契约的部分无效

要认定契约的部分无效，需要使——契约内容中被认为不当之部分——无效得以正当化的理由。在有规定该内容之个别规定、即强行法规存在的情形，问题很简单；而在其他情形，迄今为止一直只有属于违反 90 条公序良俗一种途径。可是，按照以往一般的理解，算得上违反公序良俗的仅仅限于非常例外的情形（参照第 12 章 Ⅳ①（265 页以下））。为此，实务中往往避免作这种部分无效的判断，通过对契约的解释在实质上修正契约的内容。㊻ 因为如果依据契约的解释，只需要经修正的内容符合契约的宗旨即可，没有必要明示不当部分无效的客观理由。

这种手法，在判定契约无效的法律手段不十分完备时，可以在这样的制约下给予必要的救济，值得肯定。然而，本来的问题却是，如果规制不当契约的手段不完备，就需要改善，使得应当无效的能够归于无效。朝着这个方向重新解释 90 条是可能的，而且就消费者契约已经设置了有关内容规制的规定。至少在有这种线索存在的情形，判断不当契约无效时不应当犹豫吧。㊼

㊹　例如，可参照最判平成 15 年 7 月 18 日民集 57 卷 7 号 838 页（关于税理士职业赔偿保险判定；规定当出现过少申告时不用保险填补的特约条款，不适用于因税理士在税制选择上的失误造成过少申告的情形）等。

㊺　有关部分无效的内容，参照第 14 章 Ⅲ②（321 页以下）。

㊻　例如，可参照最判昭和 46 年 6 月 10 日民集 25 卷 4 号 492 页（关于往来账目交易契约中印鉴对照的免责条款的事件）、最判昭和 62 年 2 月 20 日民集 41 卷 1 号 159 页（关于怠于履行保险事故发生后之通知义务时的免责条款的事件）、最判平成 15 年 2 月 28 日判时 1829 号 151 页（有关旅馆住宿契约中未明确告知高价品之情形的责任限制条款的事件）等。

㊼　参照山本敬三"不当条项に对する内容规制とその效果"民事研修 507 号 20 页（1999 年）。

心里保留和虚伪表示

I 序

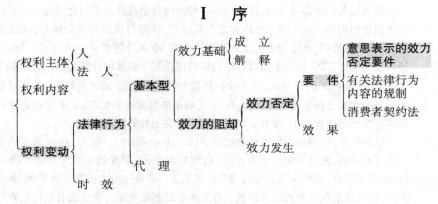

从本章开始讲述法律行为效力的否定要件。如果法律行为成立原则上发生与其内容一致的效力。这里的问题是：其效力在何种情形会被否定？其要件可以粗分为二：一个是有关意思表示的效力否定要件，另一个是有关法律行为的效力否定要件。后者具有限制法律行为内容的涵义。此外，消费者契约法针对消费者契约扩充了这些效力否定要件。自本章起将用4章的篇幅讲述有关前者意思表示的效力否定要件。

有关意思表示的效力否定要件，其分类如下图所示。其中，本章将介绍的是意思（效果意思）与表示不一致的情形——称为意思的不存在（意思欠缺）——中，表意人自身明知意思与表示不一致的情形，即心里保留和虚伪表示。

```
                   意思不存在 = 意思与表示不一致的情形
                   ① 表意人自身明知不一致的情形
有关意思表示的        ⓐ 相对人未与表意人通谋的情形……………心里保留
效力否定要件         ⓑ 相对人与表意人通谋的情形……………虚伪表示
                   ② 表意人自身不知道不一致的情形……………错误
                   有瑕疵的意思表示 = 意思与表示一致，但意思表示的
                                    形成过程中受到不当干涉的情形
                   ① 因欺骗行为而陷入错误状态的情形……………欺诈
                   ② 因胁迫行为自由的意思决定受到妨碍的情形……胁迫
```

Ⅱ 心里保留

1 何谓心里保留

所谓心里保留,是指表意人明知没有与表示行为对应的意思(意思与表示不一致),在不告诉对方的情况下所实施的意思表示。它包括以下两种情形:

事例 1

① X 是 Y 大学的副教授,他在讲课中批判了大学的运营。这件事传到了 Y 大学的独裁理事长 A 的耳里。A 狂怒,说要让 X 辞职。没有办法的 X 找副校长 B 商量。副校长 B 告诉他,以往发生类似问题时,出问题的一方以询问去留的语气提交辞呈,Y 作出让步原谅了对方;这一回如果采用这种办法,会闯过难关的。尽管 X 完全没有辞职的打算,但他想这样做也许会奏效,就向 A 递交了辞呈。当时,A 询问 X:"是真的要辞职呢?还是作出反省,打算今后继续干下去呢"?X 回答说:"今后一定洗心革面,请给我工作的机会。"A 说"好",点头同意,并且表示辞呈先由他保管。可是,后来 A 的怒气没有化解,正式受理了所保管的辞呈,来劝告 X 退职。

② X 得知 Y 所有的日本文化遗产甲将被拍卖,为了阻碍其被外国人拍得而流失海外,实际上完全没有购买甲的打算却以 3 亿日元竞买,由于无人给出更高的价格,X 拍得了甲。

---

1. 非真意表示 第一种,是期待相对人察觉表意人的真意(意思)而为之心里保留,称为非真意表示。除了开玩笑的情形外,例如还有像①那样,本无辞职的意思,却期待对方能够察觉自己反省且有今后继续工作之意思而提出辞呈的情形。①

2. 狭义的心里保留 第二种,是表意人隐匿真意(意思),怀有使对方误信的意图而为之心里保留,称为狭义的心里保留。例如像②那样,明明没有以 3 亿日元购买甲的意思,却有意地让相对人误信自己有那样的意思,而作出以 3 亿日元购买甲的表示。

2 基于心里保留之意思表示的效力

有关此种情形意思表示的效力,民法规定如下:

1. 原则 原则上,即使存在心里保留,也不妨碍意思表示的效力(民93正)。这是基于如下的考虑:

---
① 东京地决平成 4 年 2 月 6 日劳判 610 号 72 页,东京地判平成 4 年 12 月 21 日劳判 623 号 36 页。

（1）信赖原理　　首先，因为对方除了信赖意思表示外别无他法，所以有必要保护这种信赖。

（2）归责原理　　其次，既然表意人特意作了与真意不相同的表示，那么承受不利益也没有办法。

2. 例外　　但是，当相对人知道（恶意）或者能够知道（善意有过失）表意人的真意时，该意思表示无效（民93但）。这是因为，此种情形相对人没有值得保护的正当信赖。

Comment　　　　　　　　　　　　　心里保留的类型与相对人的主观要件

93条是源自德国法的规定。可是，德国民法区分狭义的心里保留与非真意表示，分别作规定。前者的情形，限于相对人为恶意的情形意思表示无效（德国民法116条）；而后者的情形意思表示总是无效（德国民法118条）。

即使在93条的起草过程中②，当初的原案设想的是狭义的心里保留，规定限于相对人知道表意人真意的情形意思表示无效。而在开整理会的阶段，设想的是非真意表示，规定相对人能够知道真意的情形意思表示也无效。可是，如此形成的93条由于不区分狭义的心里保留和非真意保留，结果导致在怀有使相对人误信意图而为之狭义的心里保留的情形，如果相对人存在过失意思表示也归于无效。

从立法经过可知，对适用93条但书原封不动的认可，仅限于非真意表示的情形。而在狭义的心里保留的情形，表意人为了使相对人产生误信而有意地隐匿了真意。若允许这种表意人以相对人明明能够知道其非真意而怠于了解为由否定意思表示的效力，是不合适的。在此情形，能够否定意思表示效力的，应当限于相对人知道表意人非真意的情形。③

而在非真意表示的情形，由于表意人没有隐匿真意让相对人产生误信的意图，所以这种思考并不契合。人们经常列举的非真意表示的例子，是开玩笑。实际上，没有让相对人产生误信的意图，期待相对人察觉其真意而作意思表示的，如事例1①，通常是因为存在不得已而为之的事情。此种情形的表意人虽说明知非真意，但至少当相对人的信赖算不上正当时，即相对人能够知道表意人非真意时，可以允许表意人从自己不存意图之意思表示的拘束中解脱。

基于上述考虑，《基本方针》【1.5.11】提案，将非真意表示定位为心里保留的基本形态，将现行93条作为在这个意义上之心里保留的原则予以维持；就狭义的心里保留，能够否定表意人意思表示效力的，限定为相对人知道表意人非真意的情形。④

---

②　参照村田彰"心里保留无效"椿寿夫编《法律行为无效的研究》（日本评论社，2001年）336页以下。

③　参照须永194页以下，河上323页以下。无论基于何种理由，毕竟心里保留的表意人特意在说谎，其归责性非常大，因此佐久间115页对93条要求相对人无过失表示质疑。可是，这种指摘能否也能针对非真意表示是有疑问的。

④　参照基本方针26页以下，详解193页以下。

	履行请求的依据规范(请求原因)	阻却规范(抗辩)	再阻却规范(再抗辩)
现行法	1 不成文法 法律行为于作出时生效	心里保留的抗辩——恶意 or 过失⑤	
		a 民93 在知道作意思表示之际表意人无真意的情形,相对人知道或者能够知道表意人的真意时,该意思表示无效	
基本方针	【1.5.11】法律行为依本法及其他法令的规定,基于意思表示而生效	Ⅰ 心里保留的抗辩——恶意	
		【1.5.11】〈1〉〈甲〉在知道作意思表示之际表意人无真意的情形,相对人知道其非为真意时,该意思表示无效	
		Ⅱ 心里保留的抗辩——过失	狭义的心里保留
		【1.5.11】〈1〉〈乙〉在知道作意思表示之际表意人无真意的情形,相对人能够知道其非为真意时,该意思表示无效	【1.5.11】〈1〉〈乙〉但即便在左列情形,表意人为使相对人误信其有真意而隐匿其非为真意时,该意思表示不归于无效

3 **意思的存在与否和心里保留——以借用名义的事件为素材**

在实际的纷争中,对究竟有无意思的确定本身就非常困难。为此,这种真实意思存在与否、与心里保留的关系如何常常为难点。教科书类的文献中所列举的事例比较少,以下简单看一下此问题。⑥

1. 借用名义中效果意思的存否

> **事例2**
>
> X 的朋友 A 求 X 帮忙:"我想给女儿买和服,可是我的信用卡没法用,想借用一下你的名义。价金保证自己支付,绝对不会给你添麻烦的。"由于曾经受过 A 的恩惠,X 没法拒绝,就同意将名义借给 A。可是后来,垫付了和服的价金 50 万日元的 Y 信用销售公司请求 X 支付。大吃一惊的 X 找 A 询问事情的经过,可 A 已经不知去向。

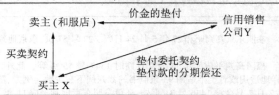

---

⑤ 参照本书 xxvi 页注⑨。
⑥ 此外,93 条在代理法中也会成为问题,详见第 18 章 Ⅱ ② 2(438 页以下)。

在该事例中,A 冒充 X,以 X 的名义购买了和服,并向 Y 申请了垫付。多数的判例都认为,既然在此情形的 X 出借了名义,那么他至少有这样一种意思,即自己作垫付契约的当事人也不要紧。因为法院认为,出借名义的涵义不过令 A 负担实际的经济效果——应当向 Y 返还垫付金。依此理解,既然具有订立垫付契约的意思,意思与表示之间就不存在不一致。也就是说,不构成心里保留,契约有效。[7]

2. 信用销售公司知道真情的情形

> **事例 2-2**
>
> 在事例 2 中,A 之所以请 X 出借名义,是因为最初用自己的名义申请信用时,Y 信用销售公司的职员告诉 A,其名义不行,并指示她找一个能借给她名义的人来。此情形如何?

像这样,在 Y 知道 X 仅仅出借名义并不负担垫付价金支付的情形,便没有必要保护 Y 的信赖。在此情形,即使不能适用心里保留本身,也可以类推适用 93 条但书,判定垫付契约无效。[8]

III 虚伪表示

1 何谓虚伪表示

所谓虚伪表示,是指与相对人通谋实施的、没有真实意思的意思表示。在表意人明知没有与表示相对应的意思(意思与表示不一致)这一点上,与心里保留相同。与心里保留不同的是,该表示是与相对人通谋完成的。

> **事例 3**
>
> X 向 A 借了 1000 万日元。正好赶上经济不景气,何时返还看不到希望。X 心想:这样下去的话,自己所有的土地甲将会被 A 扣押*,于是找认识的不动产商人 Y 商谈。Y 说:"如果至少能在形式上制造出 X 已将甲卖给了 Y 的假象,就可以免遭 A 扣押了。等事情稳定下来后再还给你。"X 听从了 Y 的建议,订立契约把甲卖给了 Y,登记也转移到了 Y 名下。

---

[7] 参照东京高判昭和 27 年 5 月 24 日判夕 27 号 57 页,东京地判昭和 57 年 3 月 16 日判时 1061 号 53 页等。

[8] 福冈高判平成元年 11 月 9 日判时 1347 号 55 页等。此外,最近在有关融资的出借名义的案件中,同样地适用或者类推适用 93 条但书的裁判例不在少数。例如,除支持相同趣旨之原审判决的最判平成 7 年 7 月 7 日金法 1436 号 31 页外,还可参照东京地判平成 11 年 1 月 14 日金判 1085 号 31 页,广岛高冈山支判平成 12 年 9 月 14 日判 1113 号 26 页,东京地判平成 17 年 3 月 25 日金判 1223 号 29 页等。

* 日语的原文叫"差押",其实不是我国民事诉讼法上的扣押,其含义更广,是指在民事程序中,就金钱债权的强制执行,在最初的阶段,执行机关首先禁止在事实上或法律上处分债务人的财产(物或权利),以确保该财产的强制行为。由于在我国找不到相对应的制度和术语,在本书中译者权且使用"扣押"这个容易产生歧义的词语。——译者注该事例中的 X 与 Y 通谋,明明没有将甲卖给 Y 的意思,却作出将甲卖给 Y 的意思表示。这是虚伪表示的典型事例。

2 虚伪表示的效力

1. 当事人之间的关系

事例 3-2

在事例 3 中,其后 X 要求 Y 返还甲,Y 出示其与 X 的契约书,以 X 已将甲卖给了 Y,甲已属于 Y 为由,不予理睬。

依 94 条 1 款,像这样与相对人通谋所为之意思表示无效。既然双方当事人都没有使与表示相同之效果发生的意思,那么至少在当事人之间没有理由使其有效。

履行请求的根据规范(请求原因)	阻却规范(抗辩)
② 民 555　买卖因当事人一方约定将其财产权移转于相对人,相对人约定对此支付价金而生效	ⓑ 民 94 I　作意思表示之际,若与相对人通谋作虚伪之意思表示,该意思表示无效

2. 与第三人的关系——94 条 2 款的涵义　　依 94 条 2 款,这种虚伪表示的无效不能对抗善意第三人。

(1) 宗旨　　94 条 2 款的基础是信赖原理和归责原理。

　　(A) 信赖原理　　首先,存在虚伪表示的情形,有必要保护信赖该虚伪外观的第三人。94 条 2 款要求第三人的善意,正是缘于此。

　　(B) 归责原理　　从表意人的角度看,既然自己作了虚伪表示,作出与真实不同的外观,承受不利益也没有办法。

Comment　　　　　　　　　　　　　　　　　　　　　　　　　　　表见法理

像这样,以归责性为前提保护对外观之信赖的观点,称为表见法理。这种观点主张:"对于似乎他人才是权利人这样的外观的存在,真正的权利人具有归责性时,有正当理由信赖该外观的第三人应当受到保护。"构成要素是:①外观的存在,②就外观的存在具有归责性,③对外观的信赖。

表见法理有时也称为权利外观法理。不过准确地说,称之为权利外观法理的情形,所设想的与其说是信赖原理,不如说是交易安全。就是说,重视的与其说是特定的相对人该如何理解外观,不如说是交易社会是如何理解该外观的。另外,由于外观的存在具有决定性的意义,所以有时归责原理不大受重视。当然,在多数情况下,权利外观法理是作为与表见法理完全相同的涵义来使用的,所以并不总是如此。但是在本书中,想明示是以信赖原理和归责原理为前提,所以使用表见法理这样的名称。

154　**（2）意思表示效力的构成要件**

> **事例 3-3**
>
> 在事例 3 中，其后 X 要求 Y 返还甲时，Y 已经将甲作为自己的东西卖给了 Z，并将甲交付给了 Z。在此情形，X 能够要求 Z 返还甲吗？
>
> X ──────→ Y ──────→ Z
> 　虚伪表示　　　　　转卖　　　第三人

　　（A）意思表示的成立与无效

　　（a）意思表示的成立　　在此情形，如果存在意思表示，法律行为成立，那么原则上也发生与内容一致的效力。因此，既然甲的所有权从 X 处移转至 Y 处，X 没有甲的所有权，X 就不能请求 Z 返还甲。

　　（b）意思表示的无效　　这里，两当事人明明没有意思却通谋作那样的意思表示时——由 X 主张、举证该事实，依 94 条 1 款该意思表示无效。在此情形，由于 X 并未将甲的所有权移转给 Y，因此，X 将可以基于对甲的所有权请求 Z 返还甲。

　　（B）不能对抗的涵义　　即使在此情形，当 Z 属于"善意第三人"时，依 94 条 2 款 X "不能"以虚伪表示的无效"对抗"。问题是，该如何理解"不能"以无效"对抗"？

　　（a）无效主张否认说　　通说认为，当 Z 属于"善意第三人"时——由 Z 主张、举证该事实⑨，在同 Z 的关系上，不能主张虚伪表示的无效。因此，由于在同 Z 的关系上不承认甲的所有权没有从 X 处移转到 Y 处——所有权在 X 手中，因此 X 不能请求 Z 返还甲。在此情形，结果相当于 X 与 Y、Y 与 Z 之间存在有效的意思表示，按照甲的所有权由 X→Y→Z 移转来对待。

155　　（b）法定效果说　　也有见解在将虚伪表示归为无效的基础上，主张是法另外给予了"善意第三人"特别的保护。⑩ 依此观点，既然 X 与 Y 的意思表示无效，X 就一直拥有甲的所有权。可是，当 Z 属于"善意第三人"时，作为基于 94 条 2 款的法定效果，Z 取得甲的所有权——X 丧失对甲的所有权。

---

　　⑨　最判昭和 35 年 2 月 2 日民集 14 卷 1 号 36 页、最判昭和 41 年 12 月 22 日民集 20 卷 10 号 2168 页、最判昭和 42 年 6 月 29 日判时 491 号 52 页判定，第三人要受 94 条 2 款的保护，必须举证自己为善意。
　　⑩　贺集唱"要件事实の机能"司法研修所论集 90 号 53 页以下（1993 年）。

	X 的物权返还请求的依据规范(请求原因)	阻却规范(抗辩)	再阻却规范(再抗辩)	再再阻却规范(再再抗辩)
无效主张否认说	③ 不成文法 就标的物拥有所有权者,可以对正在占有该标的物之人请求标的物的返还 ④ 不成文法权利发生(存在为权利发生提供基础的事实)时,只要没有特别的事情,该权利现存⑪	权利丧失的抗辩 c 民176 物权的设定及移转,仅依当事人的意思表示而生效⑫	虚伪表示的抗辩 b 民94I 同上(153 页)	善意第三人 a 民94II 基于民94II 的意思表示无效,不能对抗善意第三人
法定效果说	③ 不成文法 同上 ④ 不成文法	Ⅰ 因意思表示而丧失权利的抗辩 c 民176 同上 Ⅱ 因民94II 而丧失权利的抗辩※ d 民94II 即使与相对人通谋作出虚伪的意思表示,如同该虚伪表示有效一样善意第三人取得权利	虚伪表示的抗辩※ b 民94I 同上	

Comment   94 条 2 款之不能对抗的涵义   156

现行民法 94 条 2 款以旧民法证据编 50 条为蓝本,并对其作了修正。⑬

旧民法将其作为证书效力的问题来规定:"应秘密存放之相反证书"仅对"署名人及其继承人"有效,但可以对抗恶意的"当事人的债权人及特定的承继人"。其背后的观点是,区分外观性行为与隐匿行为,外观性行为与隐匿行为分别有效,在此基

---

⑪ 参照本书 xxv 页注⑦。

⑫ 参照本书 xxvi 页注⑧。根据 X、Y 之间的买卖契约,即使之前 X 拥有所有权,由于 X 丧失了所有权,因此 X 以现在拥有所有权为依据的物权请求权被阻却。

⑬ 有关 94 条的立法过程,参照武川幸嗣"虚伪表示における对第三者效の法构造序说——そのフランス法の意义をめぐって"庆应义塾大学法学政治学论究 12 号 143 页(1992 年),鹿野菜穗子"虚伪表示无效"椿寿夫编《法律行为无效の研究》(日本评论社,2001 年,初出 1997 年) 355 页以下,新注民(3) 320 页以下[稻本洋之助],大村读解 306 页以下。

础上主张，推翻外观性行为效力的隐匿行为仅能对抗恶意之人。

而现行民法的起草者将其作为意思表示效力的问题来规定，在宣布虚伪表示因无意思所以无效这一原则的基础上，认为特别有必要保护"善意第三人"，规定不能以无效对抗。问题是这种修正该如何理解？

从交易安全的观点来看，区分外观性行为与隐匿行为，分别考虑各自效力的二元构成，与没有公示的行为不能对外主张的立场根植于相同的构思。采取若知道则可以对抗的排除恶意之人的见解，也是出于同样的原因。⑭ 可是，现行民法94条有意识地排斥了这种构成，采用了不问内部的意思是否对外显示虚伪表示都无效的原则。其结果，在对外关系上，就形成了例外地保护善意人这样一种体裁。据此，94条2款的宗旨就可以看做是，从以交易安全为原则之排除恶意人，转换为基于表见法理之保护善意人。下面将要看到的类推适用94条2款法理的头绪，由此开端。⑮

将94条2款看做规定法定效果的见解，正是根据这样的理解，试图将94条2款作为基于表见法理之保护善意人规定予以纯化后把握。不过，94条2款为了保护善意第三人采用了不能以虚伪表示的无效"对抗"这样的构成。规定内部行为的效果可以"对抗"恶意人的旧民法的构成，在这个限度内被继受。其结果，无效能否对外主张这个维度，被引入到意思表示的效力原本只能有效或无效的单维度世界。无效主张否认说其实就是将94条2款定位为同是基于表见法理之保护善意人规定的同时，试图沿着94条2款所采用的"对抗"构成来把握规定宗旨和构造的见解。应当说，至少作为94条2款本身的解释这种理解是正当的。⑯

3. 与第三人的关系——保护第三人的要件　依94条2款，第三人一方要驳回基于虚伪表示无效之主张，需要满足如下要件——构成这些要件之事实的主张、举证：

（1）第三人　　第一个要件，是自己属于94条2款之"第三人"。

（A）涵义　　这里的"第三人"，指虚伪表示当事人以外的人当中，基于虚伪表示而产生的虚假法律关系新近取得独立的、法律上之利害关系的人。⑰ 作这样的限定，是因为要让没有意思的表意人承担责任，就要求第三人一方也要有足以使其正当化的、值得保护的独立利益。

（B）当事人　　依上述理解，首先，虚伪表示的当事人不属于94条2款之"第三人"。除了作虚伪表示的当事人外，还包括概括性承继其地位之人。⑱

---

⑭ 武川幸嗣"民法94条2项の『对抗不能』の法构造"庆应义塾大学法学政治学论究17号230页（1993年）认为，现行民法94条2款基本维持了这种旧民法——来自法国法——的立场。

⑮ 也参照中舍宽树"民法94条の机能"争点65页。

⑯ 也参照详解198页以下。

⑰ 参照大判大正5年11月17日民录22辑2089页，最判昭和45年7月24日民集24卷7号1116页（类推适用94条2款的事件）。

⑱ 大判大正3年3月16日民录20辑210页判定，由代理人实施虚伪表示之情形的本人不属于94条2款之第三人。

（C）法律上的利害关系　　其次,当事人以外之人还要有与虚伪表示的效果——基于虚伪表示作出的虚假法律关系——相关的、法律上的利害关系。

　　（a）物权取得人　　首先,取得虚伪表示之标的物物权者属于第三人。关于这一点,没有争议。例如,取得标的物所有权之人、接受抵押权设定之人。[19]

　　（b）债权人　　问题是对虚伪表示当事人拥有债权之人。

事例 3-4

　　在事例 3 中,其后 X 要求 Y 返还甲。而刚好在此之前,把 1000 万日元借贷给 Y 的 G,因 Y 没有偿还而扣押了甲。

　　1）单纯的债权人　　一般认为,仅仅对虚伪表示的当事人（Y）拥有债权算不上是就虚伪表示的效果具备了利害关系,因此不属于第三人。

　　2）实施扣押的债权人　　虽然是债权人,但当扣押了虚伪表示的标的物时,可以说就虚伪表示的效果具备了利害关系,因此一般认为属于第三人。[20]

　　（c）虚伪表示之标的物（土地）上之建筑物的承租人　　而在因虚伪表示而导致土地被出售的情形,围绕土地上建筑物的承租人是否属于第三人,存在争议。

事例 3-5

　　在事例 3 中,其后 X 要求 Y 返还甲。而刚好在此之前,Y 将在甲上盖的建筑物乙以 20 万日元的月租金租给了 M。此情形将如何？

　　1）第三人否定说　　判例认为,像这样的建筑物（乙）的承租人（M）不属于第三人。[21] 理由是:虚伪表示的标的物终究是土地（甲）,承租另外的财产——建筑物（乙）不能算是就虚伪表示的效果具备了利害关系。

　　2）第三人肯定说　　也有见解认为,像这样的建筑物（乙）的承租人（M）也属于第三人。[22] 建筑物的承租人（M）要利用建筑物（乙）,就必须利用房屋用地（甲）。出租人（Y）如果没有土地甲的所有权,建筑物的承租人（M）就不能利用建筑物（乙）。因此,建筑物的承租人（M）也就有关土地（甲）之虚伪表示的效果,具备了利害关系。

---

[19] 参照最判昭和 28 年 10 月 1 日民集 7 卷 10 号 1019 页,大判昭和 6 年 10 月 24 日新闻 3334 号 4 页等。

[20] 大判昭和 12 年 2 月 9 日判决全集 4 辑 4 号 4 页,最判昭和 48 年 6 月 28 日民集 27 卷 6 号 724 页（是类推适用 94 条 2 款的事件）。

[21] 最判昭和 57 年 6 月 8 日判时 1049 号 36 页。

[22] 四宫、能见 204 页,石田 318 页以下,河上 331 页等。

（2）善意 　　第二个要件，是该第三人"善意"。

　　（A）善意的涵义　　所谓善意，是指不知道是虚伪表示。

　　（B）善意的时点　　要求在第三人具备利害关系之时为善意。㉓ 其后，即使得知存在虚伪表示，仍然属于94条2款的善意。

　　（C）是否需要无过失　　至于要想获得94条2款的保护是否要求第三人无过失，存在争议。

> **事例 3-6**
> 　　在事例3-3中，Z自Y处购买甲的时点，甲的登记名义人仍然为X。此情形如何？

　　尽管登记名义人仍然为X，Z却漫不经心地相信Y是所有人。可以认为这种情形的Z存在过失。问题是，这样的Z是否也可作为94条2款的第三人受到保护？

　　（a）无过失不要说　　判例和以往的通说认为，94条2款保护的第三人只需善意，不需要无过失。㉔ 这是出于以下两点考虑：

　　1）94条2款的表述　　首先，既然94条2款只写了"善意"，只要没有特别的理由，就没有必要要求无过失。

　　2）表意人的归责性　　其次，在虚伪表示的情形，因为作虚伪外观之表意人的归责性强，所以第三人的过失不应该作为问题。

　　（b）无过失必要说　　而学界主张94条2款保护的第三人必须善意无过失的见解也颇有说服力。㉕ 这是出于以下两点考虑：

　　1）表见法理　　首先，依位于94条2款根基之表见法理，对外观的信赖要得到保护，就要求该信赖具有正当性——不存在过失。

　　2）作为衡量之场所的过失要件　　此外，既然表意人的归责性存在各种程度，就不能一概而论。只有在衡量了表意人的归责性和第三人的信赖正当性后，才能决定应该保护谁。作为进行这种衡量的场所，应该将第三人的过失作为要件。

Comment　　保护94条2款之第三人的要件——是否需要无过失

　　表见法理之所以要求第三人的信赖正当，是因为对第三人信赖的保护将会剥夺真正权利人的权利。可是，在虚伪表示的情形，属于真正权利人的虚伪表示表意人自己与他人通谋作了虚伪的表示。故意作这种行为之人却能够要求第三人注意不

㉓ 参照最判昭和55年9月11日民集34卷5号683页。
㉔ 大判昭和12年8月10日判决全集4辑16号9页。也可参照我妻292页，近江200页，川井162页，佐久间124页以下等。
㉕ 几代257页，四宫163页，石田编134页以下[矶村保]，内田54页以下等。

要相信自己所为之虚伪表示,即能够主张;既然怠于注意信赖得不到保护也没有办法？在此情形,表意人不得已丧失权利,是因为自己有意识地作了虚伪表示。同是表见法理,当这种应当称为故意责任原理——故意作出谬误表示者应当负担基于该表示的责任——的原理称为归责原理的情形,仅凭这一点就可以使得对第三人之信赖的保护得以正当化。在这个意义上,即使将表见法理置于 94 条 2 款的基础位置,由于 94 条 2 款将故意责任原理作为归责原理,因此很难说是表见法理所设想的典型事例。在解释 94 条 2 款时需要留意这一点。㉖

4. 与第三人的关系——是否需要登记

(1) 虚伪表示表意人与善意第三人的关系　接下来的问题是,要保护善意第三人,是否需要完成登记？这可以分为以下两个问题：

　　(A) 可否适用 177 条　第一个问题是,虚伪表示的表意人与善意第三人的关系是否属于 177 条预定的对抗关系？关于这一点,一般认为,94 条 2 款与 177 条是不同性质的规定,善意第三人没有必要完成作为对抗要件的登记。㉗

　　(a) 177 条　依 177 条,有关不动产的物权变动,非经登记不能对抗第三人。它意味着：即使取得物权,只要没有登记,在与第三人的关系上就不能主张已经取得了物权。因此,这里所说的第三人,需要拥有足以使权利人丧失物权的权利,即拥有物权或者相当于物权的权利。在这个意义上,177 条是在相互争执——同一不动产的物权或者相当于物权的权利——的人之间适用的规定。其典型事例便是同一不动产的二重转让。

　　(b) 94 条 2 款　而依 94 条 2 款,虚伪表示的表意人(X)不能用虚伪表示(不动产从 X 处转让到 Y 处)的无效对抗善意的第三人(Z)。其结果,在表意人(X)与善意第三人(Z)之间,善意的第三人(Z)取得物权,表意人(X)则被当作丧失物权的人对待。就是说,只要两者的关系不是相互争执同一不动产的物权,就不适用 177 条。因此,作为对抗要件的登记的有无,就不成为问题。

　　(B) 是否需要作为权利保护资格要件的登记　第二个问题是,要获得 94 条 2 款的保护,善意第三人是否需要完成登记？可是,在虚伪表示的情形,表意人自己作出虚伪的外观。对于这样归责性强的表意人,不应当允许其主张第三人没有完成登记,没有做完为保护自己的权利该做的一切事项。因此,在此意义上的登记也不需要。

(2) 表意人的受让人与善意第三人的关系　在与虚伪表示表意人之受让人的关系上,善意第三人要得到保护是否必须完成登记？关于这一点,存在争议。

㉖　也可参照详解 I102 页。
㉗　大判昭和 10 年 5 月 31 民集 14 卷 1220 页、最判昭和 44 年 5 月 27 日民集 23 卷 6 号 998 页(不过,是类推适用 94 条 2 款的事件)。关于 177 条的涵义,详见物权法的解说。

事例 3-7

在事例 3 中,X 仅仅将登记移转给 Y,并没有移交甲,而是一直自己在使用。在此情形,X 将其与 Y 间的买卖契约源于虚伪表示之事告诉了 A,将甲卖给 A 并完成了移交。于是,A 以对甲的登记为基础要求 Y 返还,Y 却将甲出售给不知情的 Z,Z 要求 A 移交甲。

① 甲的登记已经由 Y 处移转到 Z 处的情形

② 甲的登记还停留在 Y 处的情形

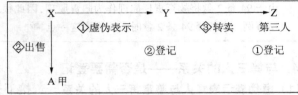

（A）针对第三人之物权变动的对抗　　首先需要关注的是,此情形之善意第三人(Z)与表意人(X)的受让人(A)的关系上,是否适用 177 条——即使物权发生变动,非经登记也不能对抗第三人?

（a）**适用 177 条说**　　通说认为,即使在虚伪表示的情形,当第三人善意时,适用 177 条,善意第三人(Z)非经登记不能以物权的取得对抗表意人(X)的受让人(A)。㉘ 它是基于如下的考虑:

1) X→Y→Z 的物权变动　　依有关 94 条 2 款之不能对抗的涵义的无效主张否认说,当 Z 为善意第三人时,依 94 条 2 款,在与 Z 的关系上,不允许主张 X、Y 间的契约为虚伪表示从而无效。因此,在与 Z 的关系上,标的不动产甲的所有权的移转为 X→Y→Z。这属于 177 条所称之"物权的得丧或变更"。

2) X→A 的物权变动　　此情形的 A 是从与 Z 共同的前手 X 处受让不动产之人,一般认为属于 177 条所称之"第三人"。

（b）**94 条 2 款优先说**　　也有见解主张,依 94 条 2 款的宗旨,此种情形排除 177 条的适用,善意第三人无论有无登记都能够确定地取得物权。㉙

1) **理由**　　这是基于如下的考虑:

a) 对善意第三人的保护　　首先,作为前提,94 条 2 款是用以保护信赖虚伪表示外观的第三人(Z)的规定。

b) 保护 A 的必要性　　A 只不过是从没有登记的 X 处受让的人而已。对于这样的 A,没有必要保护到无视 94 条 2 款的宗旨——保护善意的第三人——的程度。

㉘ 几代 261 页,石田编 137 页[矶村],近江 200 页以下,川井 165 页以下,四宫、能见 206 页等。一般认为最判昭和 42 年 10 月 31 日民集 21 卷 8 号 2232 页也是以这种观点为前提的(A 在 Z 登记前作了禁止处分的临时处分登记的事件)。

㉙ 四宫 167 页。

2）存在的问题　　可是，该见解并未得到多数的支持。因为若贯彻这种观点，那么第三人（Z）为善意时，无论对谁就总能主张物权的取得，严重危害到交易的安全。94条2款仅仅为善意第三人取得权利的可能性提供基础，能否对抗虚伪表示当事人以外的人，应当依据一般原则——177条。

	Z的物权返还请求的根据规范（请求原因）	阻却规范（抗辩）	再阻却规范（再抗辩）
无效主张否认说㉚	③ 不成文法　同上（155 页） ④ 不成文法 c 民 176㉛	虚伪表示的抗辩 b 民 94Ⅰ　同上（153 页）	善意第三人 a 民 94Ⅱ　同上（155 页）

	再再阻却规范（再再抗辩）	再再再阻却规范（再再再抗辩）
	对抗要件的抗辩㉜	对抗要件的具备
177条适用说	e 民 177　即使就不动产发生了物权的设定或者移转，第三人也可以主张在登记完成前不能对抗该物权的设定或者移转	甲 民 177　就不动产设定或者移转物权的情形，当完成登记时，该物权的设定或者移转也可以对抗第三人
	f 民 177　就不动产实施了从同一前手处获得物权设定或者移转之法律行为者及其承继人，属于177条之第三人	
94Ⅱ优先说	g 94Ⅱ、民 177　第三人依民 94Ⅱ就不动产取得物权时，不适用民 177㉝	

　　（B）因登记的先行取得而导致的物权确定移转　　依177条，如果物权变动完成了登记，对外也确定地取得物权，第三人丧失权利。问题是，即使承认177条的适用，能否以虚伪表示的相对人（Y）完成了登记为由，原封不动地适用该规则？

　　（a）适用肯定说　　学说中也有见解主张，可以原封不动地适用该规则。㉞ 该见解作如下说明：

　　1）X、Y间契约的效力　　首先，依94条2款，在与善意第三人Z的关

㉚　这里仅列示基于无效主张否认说的情形。
㉛　参照本书 xxvi 页⑧。为了在与 A 的关系上自己拥有所有权提供基础，Z 必须揭示自己是从共同的前手 X——以对于 A 来说也曾是标的物之所有人这一点作为前提之人——那里取得所有权的。176条被定位为为此提供基础的规范。即，X、Y 间以及 Y、Z 间缔结了旨在移转所有权的契约，所有权从 X 到 Y、从 Y 到 Z 的移转由此获得基础。
㉜　围绕如何解释177条的涵义，诸说对立。详见物权法的解说。在此，仅指出将在实务中占支配地位的见解——将对抗要件的抗辩作为权利抗辩来把握的见解——作为前提的规范。
㉝　因此，根本就不认可对抗要件的抗辩。
㉞　高森八四郎"判批：最判昭和 44 年 5 月 27 日"法律时报 42 卷 6 号 125 页以下（1970 年）。

系上,从 X 到 Y 的转让按有效对待。

2) Y 确定地取得所有权　　而且在此情形,由于 Y 先取得登记,依 177 条 Y 确定地取得物权,A 无论怎样也不能取得物权。因此,从 Y 处取得物权的 Z,无论有无登记都可以向无权利人 A 请求返还。

(b) 适用否定说　　而通说却认为,在虚伪表示的情形,原封不动地适用 177 条很难说是妥当的。这是因为,虚伪表示的相对人 Y 即使完成了登记,在与从虚伪表示之表意人 X 那里受让的 A 的关系上,不能否认 X、Y 间的契约因虚伪表示而无效。既然此情形的 Y,在与 A 的关系上不能说确定地取得了物权——A 才是无权利人,善意第三人 Z 只要自己没有完成登记,依 177 条就不能以物权的取得对抗第三人 A。

Comment　　　　　　　　　　　　　　　　　　177 条所包含的两条规则

177 条规定:"关于不动产物权的取得、丧失和变更,非依不动产登记法及其他关于登记的法律规定登记,不能对抗第三人。"如上所述,一般认为它不仅包含①"不动产的物权变动非经登记不能对抗第三人"这样的规则,而且还包含②"不动产的物权变动经过登记可以对抗第三人"——从而对外也确定地取得物权——这样的规则。不过,这涉及对 177 条制度宗旨的理解,详细内容参见物权法的解说。

无论怎样,由于以往的研究未区分这两条规则来阐述,难免给人错综的印象。可是,如果要区分这两条规则并作整理的话,在结论上不妨像通说那样去思考。

5. 与第三人的关系——转受让人的问题

当从直接的第三人处受让标的物之人——称为转受让人——出现时,存在两个问题。⑤

事例 3-8

在事例 3-3 中,其后当 X 要求 Y 返还甲时,不仅 Y 已经将甲作为自己的东西卖给了 Z,而且 Z 又将甲卖给了 T,并完成了移交。在此情形,X 能否要求 T 返还甲?

① Z 知道 X、Y 间的契约源于虚伪表示,而 T 不知道的情形
② T 知道 X、Y 间的契约源于虚伪表示,而 Z 不知道的情形

(1) 是否限于直接的第三人?　　第一个问题是,94 条 2 款的"第三人"限

---

⑤ 详细内容,参照几代通"善意转得者保护制度における绝对的构成と相对的构成"同《民法研究ノート》(有斐阁,1986 年,初出 1984 年)1 页,辻正美"转得者の地位——いわゆる绝对的构成と相对的构成"争点Ⅰ46 页。

于直接的第三人（Z），抑或还包含转受让人（T）？像①那样，直接的第三人（Z）为恶意，而转受让人（T）为善意的情形，就成为问题。

（A）限于直接第三人说　　首先能够想到的见解会认为，94条2款中的"第三人"限于直接的第三人（Z）。依此观点，限于直接的第三人（Z）善意的情形——由转受让人（T）主张、举证，表意人（X）不能以虚伪表示的无效对抗。因此，在①的情形，由于直接的第三人Z非善意，X可以虚伪表示的无效对抗T，其返还甲的请求将被认可。

（B）不限于直接第三人说　　而判例则认为，94条2款中的"第三人"不限于直接的第三人（Z），还包括转受让人（T）。㊱ 依此观点，与直接第三人（Z）无关，只要转受让人（T）善意——由转受让人（T）主张、举证，表意人（X）就不能以虚伪表示的无效对抗。因此，在①的情形，既然转受让人T善意，X就不能以虚伪表示的无效对抗T，其返还甲的请求不被认可。这种立场，如下所述，由位于94条2款背后的表见法理提供基础。

（a）信赖原理　　既然转受让人（T）也信赖了虚伪表示的外观，那么该信赖也应当受到保护。

（b）归责原理　　既然表意人（X）自己作了虚伪表示，那么在与信赖该外观的T的关系上，丧失权利也是不得已的。

（2）**是否限于主张不能对抗者善意的情形**　　第二个问题是，作为94条2款中的"第三人"能够主张不能以虚伪表示对抗的，是否限于主张不能对抗者善意的情形？像②那样，在转受让人（T）为恶意而直接的第三人Z为善意的情形，成为问题。

（A）主张不能对抗者限定说——相对构成　　学界有见解主张，主张不能对抗者必须为善意。它将每个主张不能对抗的第三人是否为善意作为问题，称为相对构成。㊲ 它基于这样的考虑：依信赖原理，没有必要保护未信赖外观者。依此观点，转受让人（T）受到返还请求的情形，只当转受让人（T）自身善意时——由转受让人（T）主张、举证，表意人（X）不能以虚伪表示的无效对抗。因此，在②的情形，由于转受让人T非为善意，因此X可以虚伪表示的无效对抗T，其返还甲的请求将被认可。

（B）主张不能对抗者不限定说——绝对构成　　通说却认为，不限于主张不能对抗者，如果之前介入的第三人善意，可以援用。㊳ 这就意味着，一旦有

㊱　页注⑰最判昭和45年7月24日（不过，是类推适用94条2款的事件）。也可参照四宫、能见204页，石田编135页［矶村］等。

㊲　近江197页以下。也可参照川岛281页，星野96页以下（关于32条1款但书），以及加藤雅105页、247页。

㊳　参照我妻292页，几代·前注㉟17页，辻·前注㉟争点Ⅰ47页以下，石田编135页以下［矶村］，内田56页以下，川井164页，佐久间130页以下，河上331页以下等。不过，转受让人（T）以规避94条2款的意图将善意第三人（Z）作为傀儡利用的情形，允许真正的权利人（X）对转受让人（T）行使权利（标的物的返还请求）的见解具有说服力。

第三人介入，法律关系就此绝对地确定，之后的转受让人即使非为善意也将受到保护。在这个意义上，被称为绝对构成。依此观点，当直接的第三人（Z）善意时——由转受让人（T）主张、举证，表意人（X）不能以虚伪表示的无效对抗。它是出于如下的考虑：

（a）对保护善意第三人的贯彻　　首先，如果在此情形否定对转受让人（T）的保护，那么，由于转受让人（T）无法从买主（Z）处取得标的物的所有权，除了可以解除与卖主（Z）的契约不再需要向卖主（Z）支付价金外，如果支付了价金，还可以请求返还（民561）。㊴可是，如果认可这种追夺担保责任，那么，即便直接的第三人（Z）为善意，最终也得不到保护。这就违反了规定要保护善意第三人的94条2款的宗旨。

（b）归责原理　　此外，表意人（X）自己作出虚伪的外观，因此只要出现了信赖该外观的第三人（Z），丧失权利也没有办法。

	X的物权返还请求的根据规范（请求原因）	阻却规范（抗辩）	再阻却规范（再抗辩）
无效主张否认说㊵	3　不成文法　同上 4　不成文法　（155页）	权利丧失的抗辩 c　民176条　同上（155页）	虚伪表示的抗辩 b　民94I　同上（153页）

再再阻却规范（再再抗辩）	
善意第三人【限定说】	
α	民94II　同上（155页）
β	民94II　民94II中的"第三人"，限于从虚伪表示的相对人处接受标的物处分者及其他直接的第三人
善意第三人【非限定说、相对构成】	
γ	民94II　民94II中的"第三人"，不限于直接的第三人，指从直接的第三人处受让的转受让人及其他就虚伪表示的效果有法律上利害关系之人
δ	民94II　基于民94I之意思表示的无效，在从直接的第三人受让的转受让人为民94II中的"第三人"的情形，限于该转受让人为善意时，不能对抗
善意第三人【非限定说、绝对构成】	
γ	民94II　同上
η	民94II　基于民94I之意思表示的无效，当直接的第三人为善意时；或者在从直接的第三人受让的转受让人为民94II中的"第三人"的情形，当该转受让人为善意时，不能对抗

㊴　不过，佐久间130页认为，如果以相对构成为前提，由于卖主（Z）并非出卖了"他人的权利"，因此不负担561条的担保责任（也可参照近江199页）。佐久间本人认为，如果转受让人作调查，其对存在虚伪表示一事很可能就成为恶意；采用相对构成的话，善意第三人明明是正当的所有人，转卖可能性却在很大程度上被剥夺，这有问题。可是，依相对构成，善意第三人即使其后得知虚伪表示的存在，要转卖标的物，就不得不向转受让人隐匿虚伪表示的存在——被迫采取不诚实的态度。这才是问题。

㊵　这里仅列示基于无效主张否认说的情形。

Ⅳ 94条2款的类推适用

1 问题之所在

除了以上情形,在一些严格说来还算不上发生虚伪表示的情形,判例、学说也广泛承认类推94条2款的可能性。㊶

> **事例4**
>
> X从A处购得房屋甲,出于减免税赋的考虑,与儿子Y协商,在形式上采取由Y直接从A处买得的形态,并以Y名义完成了登记。可是后来Y为借债所困,于是利用自己偶然成为甲的名义人的机会,将甲卖给了Z,并将登记也移转给了Z。在此情形,X能够要求Z恢复登记吗?
>
>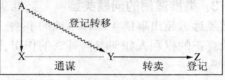

1. 可否直接适用 在该事例中,X与Y通谋作出虚伪的外观,但X、Y之间并没有意思表示。此外,在登记簿上显示的是在A、Y之间缔结了买卖契约,但并非A与Y通谋作意思表示。由于不满足94条2款的要件,因此不能直接适用该规则。

2. 类推适用的基础构建 可是,即使在这种情形,基于如下考虑,也需要类推适用94条2款,保护善意第三人。㊷

(1) **与虚伪表示的类似性** 首先,在此事例中,本来X在从A处登记过户后要将登记转移给Y的,只不过省略了这道程序而已。在这个意义上,X所做的,与虚伪表示没有区别。

(2) **依表见法理同等对待的需要** 而且,在该事例中,从位于94条2款根基的表见法理来看,也有必要与虚伪表示的情形作同样的处理。

(A) **信赖原理** 第一,在登记簿上,存在"Y从A处受让甲"的外观。第三人Z对该外观的信赖,如同第三人对虚伪表示的信赖,需要保护。

(B) **归责原理** 第二,作出Y从A处受让甲这个虚伪外观的,是真正的权利人X。这样的X,同自己作虚伪表示的表意人一样,由此而丧失权利也没有办法。

㊶ 详见中舍宽树"日本民法的展开(3)判例的法形成——无权利者から不動産の取得",广中俊雄、星野英一编《民法典の百年Ⅰ》(有斐阁,1998年)397页,中舍·前注⑮争点65页以下。

㊷ 参照最判昭和29年8月20日民集8卷8号1505页。

Comment 类推

类推不能随意地进行。关于这一点，为不致使初学者产生误解，特此强调。要将原来预定事态 T_1 的规定类推于事态 T_2，必须论证 T_1 与 T_2 相类似。所谓类推，是基于这种类似性的、正当化方法。

问题是，在什么涵义上、具有什么程度的类似，才可以类推？为了说明 T_1 与 T_2 类似，不能没有比较的基准。在类推的情形，其基准存在于支撑着成为问题之规定的原理之中。虽然 T_1 与 T_2 并非完全相同，但是就原理的要点而言具有相同的要素。如果能这样论证成功，就需要同等地对待 T_1 和 T_2。就是说，该规定也类推于 T_2 的判断获得正当化。具体到94条2款，表见法理便是这里的原理。

3. 类推适用的问题类型 类推94条2款的观点自确立以来，其应用范围已经远远超出事例4那样单纯的事例。94条2款的类推成为问题的类型，如果从真正的权利人如何参与外观的作出、存续的观点作整理，可以分为以下几种类型[43]：

（1）**作出外观型** 第一种情形，外观由真正的权利人作出。

（2）**承认外观型** 第二种情形，外观并非真正的权利人所作，但他承认了外观的作出或者存续。它又可以分为如下两种情形：

　　（A）**承认存续型** 一种情形是，对他人所作外观的存续，真正的权利人予以承认。

　　（B）**承认作出型——部分承认型** 另一种情形是，对他人作出外观一事，真正的权利人予以承认。这里特别容易成为问题的是这样一种情形：真正的权利人对一定外观的作出予以了承认，但他人作出外观时超越了范围。

（3）**外观与因型** 第三种情形是，真正的权利人既没有自己作出外观，也没有承认外观的作出或者存续，但使外观的作出或者存续成为可能的原因，在真正的权利人处。

---

[43] 关于类推适用94条2款的类型化，以往多是依照四宫170页以下的叙述，分为意思与外观对应型——又分为自己作出外观型和他人作出外观型，以及意思与外观不对应型（本书的旧版亦如此）。学界以当时的判例法为前提，所设想的是有真正权利人的意思性参与的情形，这一点在意思与外观对应型自不待言，即使是不对应型也不例外。最近的判例中，出现了属于外观与因型（该表述来自中舍·前注⑮争点67页）的情形。这个类型，在意思与外观完全不对应这个意义上属于意思与外观不对应型，在外观由他人作出这个意义上又属于他人作出外观型。为此，以往的分类无法对其作恰当定位，需要新的类型化。本书的类型化是一种尝试。

2 作出外观型

> **事例 4-2**
>
> 在事例4中，X未与Y协商就擅自将不动产的登记名义移转给Y。这时将会如何？

1. 真正的权利人的归责性——外观的作出　真正的权利人X自己作出虚伪外观的情形，依位于94条2款根基的表见法理，即使X、Y之间没有通谋，也要类推适用94条2款。[44] 依表见法理，需要第三人Z信赖外观，真正的权利人X具有归责性，这中间是否有Y的参与不重要。

2. 第三人的主观要件　作为在此情形类推适用94条2款保护第三人的要件，需要第三人的善意——不知道外观与真实不同。此外，是否还需要无过失——由于外观的作出与虚伪表示对应——可与本来适用94条2款之情形作同样的考虑[45]。

3 承认外观型

1. 承认存续型　而在作虚伪外观的不是真正的权利人而是他人的情形，如果从位于94条2款根基的归责原理看，没有类推的基础。可是，即使在此情形，真正的权利人明知存在虚伪的外观，却明示或者默示地承认其存续时，这种承认与事前承认的虚伪表示没有区别。因此，在此情形允许类推94条2款。[46]

（1）真正的权利人的归责性——对外观存续的承认　首先，在何种情形才算得上真正的权利人承认了外观的存续？

　　（A）对不实登记的利用行为

> **事例 5**
>
> X拥有房屋甲的所有权。X的情人Y瞒着X擅自将甲转到自己名下。后来X察觉，要求Y恢复原状，Y也答应了，但却筹措不到登记费用。其间X与Y的孩子出生，二人正式结婚。因此，甲的名义人一直就是Y。不仅如此，X向银行贷款时，也原封不动地以Y的名义在甲上设定抵押权等。可是后来，X与Y的关系破裂，Y为了筹措生活费，把甲卖给Z，并移转了登记。

---

[44]　前注[17]最判昭和45年7月24日。
[45]　参照 III [2] 3(2)(C)(159页)。判例认为，对于外观作出型，与本来适用94条2款的情形一样，不需要无过失。
[46]　最判昭和45年9月22日民集24卷10号1424页。

该事例中的 X 明知不真实的登记留在 Y 的名义下却不加改正,在向银行贷款时,还原封不动地利用了该登记。在这个意义上可以评价为事后承认了外观的存续,因此,在此情形将类推 94 条 2 款。

（B）固定资产税的交纳

> **事例 6**
>
> X 新建了房屋甲,在登记前,根据行政机关不正确的调查,以 X 的丈夫 Y 的名义在固定资产课税底账上作了登记。可是,X 明知此事却一直按 Y 的名义交纳固定资产税。8 年后,向 Y 借贷了 1000 万日元的 Z,因为 Y 没有偿还,扣押了底账上属于 Y 名义的甲。

（a）外观的存在　　首要,固定资产课税底账是否算得上是构成类推 94 条 2 款基础的外观?

1）外观否定说　　学界有力的见解认为,固定资产课税底账不算是足以保护第三人信赖的权利外观。[47] 固定资产课税底账,作为课税前提,是为了搞清固定资产的状况和价格而制作的,不是用来公示不动产的权利关系的。

2）外观肯定说　　而判例出于如下的考虑认为,即使是固定资产课税底账,也有可能成为外观——其名义人就是所有人。[48]

a）公簿性　　首先,对于未登记房屋,这几乎是唯一的公簿。

b）所有人的盖然性　　其次,该底账上的名义人将负担固定资产税的交纳义务,一般难以想象仅由所有人以外的人交纳税负。

（b）真正权利人的归责性　　依上述观点,即使认为它属于构成类推 94 条 2 款基础之外观的情形,在该事例中,在底账上作不实记载的是行政机关,不是真正的权利人 X。问题是,可否根据后来 X 一直交纳固定资产税的行为就认为 X 丧失权利是不得已的?

1）归责性肯定说　　判例认为,明知底账存在不实记载,却长年持续交纳固定资产税,就可以评价为 X 承认了不实记载。[49]

2）归责性否定说　　也有见解认为,作为夫妻,X 与 Y 共同生活收支,即使订正底账的记载结果还是要交纳同样的税金。在此情形,即使将底账的记载放置不管而持续交纳税金,也不能说 X 丧失权利是不得已的。[50]

（2）第三人的主观要件——是否需要无过失　　对于以上的情形,作为通过

---

[47] 四宫 170 页。还可参照石田编 140 页[矶村]。
[48] 前注⑳最判昭和 48 年 6 月 28 日。
[49] 参照前注⑳最判昭和 48 年 6 月 28 日。
[50] 藤原弘道"判批:最判昭和 48 年 6 月 28 日"民商法杂志 70 卷 3 号 129 页以下（1974 年）,石田编 140 页[矶村]等。

类推 94 条 2 款保护第三人的要件,是否还应当要求无过失,而不是限于善意? 围绕这一点,存在争议。

（A）无过失不要说　　判例认为,要保护第三人,不需要要求到无过失的程度。这是因为,在承认真正的权利人所作外观之存续的情形,真正的权利人与作虚伪表示者同样,丧失权利也没有办法。

（B）无过失必要说　　就 94 条 2 款的本来适用要求无过失的见解自不待言[51],即使是就 94 条 2 款的本来适用不要求无过失的见解,对于 94 条 2 款的类推适用也要求无过失,具有相当的说服力。[52] 这是因为,既然连在他人作出外观的情形下也认定真正的权利人具有归责性,从而认可类推适用 94 条 2 款的可能性,那么由此要保护第三人就更应当要求到无过失的程度。

2. 承认作出型——部分承认型

事例 7

X 的朋友 Y 因没有个人名义的财产所以得不到交易对方的信用,于是希望 X 能仅仅将其所有的一块土地甲的名义借给他。由于曾经受过 Y 的恩惠,X 无法拒绝。于是,就制造了就甲已经订立了买卖预约的假象,并进行了预告登记,以保全基于该预约之所有权移转请求权。可是,Y 伪造了 X 的委托书,将预告登记变更成本登记,然后将甲卖给 Z 并移转了登记。在此情形,X 能否要求 Z 恢复登记?

```
买卖预约·预登记的通谋
X ——————————→ Y ——————————→ Z
      Y 实施登记              转卖        登记
```

（1）**真正的权利人的归责性——部分承认**　　在该事例中,真正的权利人 X 并未承认因 Y 的背信行为而作出的外观——本登记。可是,即便在此情形,出于以下的考虑,判例仍然认为存在令真正的权利人 X 不得不丧失权利的事由[53]:

（A）有对作出外观的承认　　首先,尽管没有认可本登记,但真正的权利人 X 承认了 Y 作出基于买卖预约之预告登记这种虚伪外观。

（B）部分承认的重要性　　而且,基于买卖预约之预告登记具有完成本登记的可能性,只要实施预约完结。既然承认了具有这种可能性之外观的作出,真正的权利人 X 丧失权利也没有办法。

（2）**第三人的主观要件——无过失的必要性**　　像这样仅有部分承认的情形,作为保护第三人的要件,一般不仅要求善意而且还要求无过失。既然此情形之真正权利人并未全部承认他人所作之外观,就不能完全将其等同于作虚伪表示之人来对待。由于此种情形类似于有代理权限之代理人实施越权行为的情

---

[51] 四宫 171 页,石田编 140 页[矶村]等。
[52] 除四宫、见前 212 页,近江 200 页、209 页外,还可参照加藤雅 250 页。
[53] 最判昭和 43 年 10 月 17 日民集 22 卷 10 号 2188 页,对在这样的事例中类推适用 94 条 2 款表示肯定。此外,最判昭和 45 年 11 月 19 日民集 24 卷 12 号 1916 页也属于这种类型。

形,依照在此情形承认本人有责任之"民法110条的法意",第三人的信赖必须正当——无过失。[54]

④ 外观与因型

接下来的问题是,在真正的权利人既没有自己作出外观,也没有承认外观的作出或者存续,但外观的作出或者存续成为可能的原因在真正的权利人处的情形,能否类推适用94条2款?

1. 是否存在积极的参与

事例 8

> X与不动产商Y缔结契约,以8000万日元的价格出售自己所有的土地甲。双方合意,所有权的移转以及所有权移转登记手续与买卖价金的支付互换履行。可是,在价金完全支付完毕前,Y告诉X,作为办理移转登记的准备工作需要变更地号。X依照Y所言将甲的权利证、空白委托书、印鉴登记证明书等交给了Y。其后,感到一丝不安的X多次向Y询问事情的进展,Y都以花言巧语搪塞,并擅自将甲过户到自己名下。10天后,Y将甲卖给了不知情的Z,并完成了登记过户。

在该事例中,作出虚伪外观——从X到Y的登记移转——的是Y,不是真正的权利人X。此外,也看不出X承认了虚伪外观的情况。

(1) 对外观作出的与因　　不过,在该事例中,如果X不向Y交付权利证等的话,这样的虚伪外观一定不会产生。在此限度内,X有可能致使虚伪外观产生的原因。

(2) 归外观作出的归责性——是否存在积极的参与　　可是,不能说此情形的X积极参与了虚伪外观的作出,因为不能说其具有足以为类推94条2款提供基础的归责性[55]。这是基于如下的考虑:

　　(A) 不存在作出外观的意图　　首先,X交付权利证等,是因为不动产商Y告知变更地号需要,X完全没有作出虚伪外观的意图。

　　(B) 难以防止外观的作出　　此外,权利证等交付后,针对X的询问Y用花言巧语搪塞。在这种状况下,X难以防止虚伪外观的作出。

　　(3) 对外观存续的归责性　　再者,在从X到Y的虚伪移转登记完成后,紧接着Y就将甲出售给了Z,不能说X就外观的存续有归责性。

---

[54] 参照前注[53]最判昭和43年10月17日,最判昭和45年11月19日。对判例的说明,也可参照佐久间137页以下。

[55] 参照最判平成15年6月13日判时1831号99页。

2．不注意的重大性

> **事例 9**
>
> X 将出租自己所有的土地甲的事务以及其他的土地登记手续等都托付给了 Y。Y 说,处理这些事务除了甲的权利证外,还需要 X 的印鉴登录证明书。于是 X 将这些都交给了 Y。再者,X 未作确认就依 Y 所言在向 Y 出售甲的契约书上署名盖章。3 个月后 Y 告诉 X 办理甲的登记手续需要用以证明身份的印鉴,于是 X 交付了用以证明身份的印鉴,漫不经心地看着 Y 当面在甲的移转登记申请书上盖章。其后,Y 立即将甲的登记移转给自己,并在 2 个月后卖给不知情的 Z,并将登记也移转给了 Z。

在该事例中,作出虚伪外观——从 X 到 Y 的登记移转——的是 Y。而且,不能说真正的权利人 X 承认了虚伪的外观。

（1）外观作出的与因　在该事例中,如果 X 不向 Y 交付权利证等,不在契约书上署名盖章,这样的虚伪外观一定也不会产生。因此,X 具有致使虚伪外观产生的原因,这一点没有变化。

（2）对外观作出的归责性——重大的不注意　不过,也不能说此情形的 X 积极参与了虚伪外观的作出。可是判例认为,Y 能作出虚伪的外观是因为 X"过分不注意的行为",其"归责性的程度,如同自己积极参与外观的作出的情形以及明知其存在却硬是放置不管的情形一般重大",因此通过"类推 94 条 2 款、110 条"判定,不能对善意无过失的第三人 Z 主张 Y 没有取得甲的所有权。[56] 此时被特别考虑的是如下的情节：

（A）重大危险的作出　首先,X 没有合理的理由将权利证交给 Y 并放置了数个月,同时还交付了印鉴证明书,依 Y 所言在契约书上署名盖章等,造成了 Y 可以随心所欲处分标的不动产的状况。

（B）注意的显著欠缺　此外,X 依 Y 所言交付用以证明身份的印鉴,Y 当着 X 的面将其盖在登记申请书上,既不确认申请书的内容也不问用途,只是漫不经心地看着。

Comment　　　　　　　　　　　　　　　归责原理与类推适用的射程

如上所述,即使在表见法理中,94 条 2 款也是将故意责任原理作为归责原理。如果以这样的原理作为基础,那么 94 条 2 款的类推适用,将限于就外观的作出或者存续真正的权利人有意思参与的情形。实际上,到目前为止判例允许类推适用的,也是真正权利人自己作出外观以及事前或事后承认的情形。在如事例 8 那样的情形,以不能算真正的权利人积极地参与了外观的作出为由从而否定类推适用,与这种理解具有整合性。

---

[56] 最判平成 18 年 2 月 23 日民集 60 卷 2 号 546 页。

当然，仅仅部分承认外观的作出的情形，仅凭故意责任原理不能正当化。于是，判例在类推适用 94 条 2 款时追加了对"110 条的法意"的援用。在 110 条的根基，有将应称之为授权责任原理的规范作为归责原理的表见法理——将权限授予他人者，应当对正当地信赖权限行使之人负担与信赖相对应的责任——存在。当真正的权利人承认——虽说只是部分承认——外观的作出时，从授权责任原理来看，要求作同样的处理。对"110 条的法意"的援用可以如此说明。

与此相对，就事例 9 那样的情形，判例以真正的权利人有重大的不注意为由允许类推适用 94 条 2 款。该如何理解这种立场？

判例强调的，不是单纯的 X 不注意程度重大，而是：其归责性的程度"如同自己积极参与外观的作出的情形以及明知其存在却硬是放置不管的情形一般重大"。"积极参与"的情形自不待言，之所以列举"明知其存在却硬是"放置不管的情形——它本身暗示判例追加承认了应当称为故意放置型的类型，据说是因为在故意责任原理中寻求类推适用的基础。⑤⑦ 依此观点，判例允许类推适用，是存在可与故意匹敌程度的重大不注意的情形，限于这个程度。这种观点遵从人们就一定的"重过失"所接受的理解方法，是一种完全可以理解的观点。

不过，判例同时援用了"110 条的类推适用"。这该如何理解呢？

如果将 110 条理解为基于以授权责任原理为归责原理之表见法理的规定，那么就有作这样思考的可能，即在此情形类推适用 110 条，是因为真正的权利人实施了与授权相当的行为。实际上，在事例 9 的情形，存在这样一个情节：X 将自己的财产管理托付给了 Y。⑤⑧ 可是，很难说在判例的说理中这个情节被赋予了决定性的涵义。

在本书看来，其实，判例援用"110 条的类推适用"，是为了给将第三人的主观要件解释为善意无过失提供基础。110 条表明，即使同是表见法理，在基于不同于故意责任原理的归责原理的情形，第三人的信赖具有正当性时将受到保护。这里，重大的不注意——即使认为需要达到与故意匹敌的程度——并不是故意。在此情形，要保护第三人的信赖，需要该信赖正当，即需要无过失，可以从"110 条的类推适用"获得基础。判例的想法应该如此理解。

---

⑤⑦ 佐久间毅"判批：最判平成 18 年 2 月 23 日"NBL834 号 24 页（2006 年）认为，将"承认"置换为"硬是放置不管"违反了"类推适用民法 94 条 2 款之法理的根本思想"。佐久间思考的"根本思想"，似乎不是故意责任原理，而与意思责任原理相当。

⑤⑧ 除吉田克己"判批：最判平成 18 年 2 月 23 日"判夕 1234 号 53 页（2007 年）外，还可参照佐久间 138 页以下。

X 的物权返还请求的根据规范（请求原因）	阻却规范（抗辩）因类推适用 94 条 2 款而丧失所有权的抗辩
③ 不成文法　同上 ④ 不成文法　（155页）	Ⅰ　外观作出型
	h　类推民 94Ⅱ　在**存在虚伪外观**的情形，当外观是由真正的权利人作出时，**相信该外观的第三人**取得依从该外观之权利
	Ⅱ　外观承认型①——承认存续型
	i　类推民 94Ⅱ　在**存在虚伪外观**的情形，当真正的权利人明示或者默示地**承认该外观**时，**相信该外观的第三人**取得依从该外观之权利
	Ⅲ　外观承认型②——部分承认型
	j　类推民 94Ⅱ、民 110 法意　在**真正的权利人承认由他人作出虚伪外观**的情形，当该他人作出与真正的权利人所承认的外观不同的外观时，**相信该外观且就相信无过失的第三人**取得依从该外观之权利
	Ⅳ　外观放置型——故意放置型
	k　类推民 94Ⅱ　在**存在虚伪外观**的情形，当真正的权利人**特意放置该外观不管**时，**相信该外观的第三人**取得依从该外观之权利
	Ⅴ　外观与因型①——积极参与型
	l　类推民 94Ⅱ　在**存在虚伪外观**的情形，当真正的权利人**积极参与该外观的作出**时，**相信该外观的第三人**取得依从该外观之权利
	Ⅵ　外观与因型②——重过失型
	m　类推民 94Ⅱ　在**存在虚伪外观**的情形，当真正的权利人**有同其积极参与该外观的作出或者特意放置该外观不管之情形同等程度的重大不注意**时，**相信该外观且就相信无过失的第三人**取得依从该外观之权利

错误 I ——总论

I 序

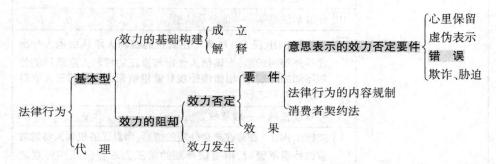

本章和下一章讲述意思表示否定要件中的错误。在本章,作为总论首先概观一下有关错误的理解与错误无效要件的基本立场的对立——所谓的错误论。

II 问题之所在

首先,让我们确认一下在错误论中问题是什么。要理解这一点,作为前提,需要看一下错误有哪几种类型。

1 错误的种类

错误一般被区分为表示错误和动机错误。

1. 表示错误 所谓表示错误,指因误会没有作出与意思相同的表示。表示错误又可以分为以下两种:

(1) **表示上的错误** 第一种,是表意人使用了没有打算使用的表示手段的情形。这称为表示上的错误。典型的例子是说错、写错。①

---

① 写错一个零的事例不在少数。例如,参照东京地判昭和50年10月31日判夕335号279页、东京高决昭和60年10月25日判时1181号104页等。

> **事例 1**
>
> X 在投标竞买国家 Y 拍卖的国有土地时，想以 3 亿日元竞标，但是在填写投标书时，将投标价格错写成 30 亿日元（3,000,000,000 日元）。由于 X 的投标价格最高，所以 Y 决定让 X 中标。

该事例中的 X，有用 3 亿日元购买的意思，却使用了"用 30 亿日元购买"这样的本来没有打算使用的表示手段。

（2）表示行为涵义的错误 第二种，是表意人虽然使用了预想的表示手段，但却误解了其表示的涵义内容的情形。这称为表示行为涵义的错误或者内容的错误。

> **事例 2**
>
> X 为家用向 Y 订购了 10 罗的卫生纸。10 罗是 12×12×10＝1440 个。X 误以为 6 个 1 包装的 1 打为 1 罗。

该事例中的 X 使用了"购买 10 罗"的表示手段，但将其内容误解为购买 6 个 1 包装的 10 打。

Comment　　　　　　　　　　　　　　　　表示错误与动机错误的区别

把 1 罗的涵义理解为 6 个装的 1 打，这是动机，因此这岂不是动机错误吗？初学者中很多人可能会这么想。可这是误解。表示错误与动机错误的分水岭在于意思与表示是否一致。在这个事例中，表示为 10 罗＝12×12×10＝1440 个，而意思为 10 罗＝6×10＝60 个。意思与表示不一致，因此，这属于表示错误。正如第七章 Ⅱ ②（120 页以下）所述，如果从内心的动机出发来眺望事态的话，容易犯这样的错。如果从表示行为出发，在确定其内容的基础上判断与之相对应的意思是否存在，谬误就会减少，哪怕只有一点点。

---

2. 动机错误 所谓动机错误，是指虽然所作表示与意思一致，但在意思的形成过程中有误会，意思表示是基于这样的误会而作的情形。它又可以分为以下两种：

（1）理由的错误 第一，是有关作意思表示之间接理由的错误。这称为理由的错误或者狭义的动机错误。

> **事例 3**
>
> X 打算购买山林，经营木材加工业。于是，与山林甲的所有人 Y 交涉。Y 极力劝说，说最近在甲的北侧将要开辟道路，对于经营木材加工业来说时机再好不过。于是 X 把原先希望的价格又加高了 1 亿日元，与 Y 订立了以 5 亿日元购买甲的契约。可是后来发现，在甲的附近开辟道路的消息不过是谣传而已。

（A）意思与表示的一致　　该事例中的 X,有用 5 亿日元购买甲的意思,并且作出"用 5 亿日元购买甲"的表示。就是说,意思与表示一致。

（B）动机错误的存在　　可是,X 之所以作用 5 亿日元购买甲的意思表示,是因为他"以为最近在甲的北侧将要开辟道路,对于经营木材加工业来说时机再好不过"。既然没有包含在效果意思中,就属于动机。因此,这种有关作意思表示之间接理由的错误,属于动机错误。②

（2）**性质的错误**　　第二,是有关意思表示对象的人、物的性质的错误。这称为性质错误或者属性错误。

事例 4

X 花 200 万日元从 Y 处购买了有毕加索本人签名的某原作版画甲。可是后来调查发现,甲是赝品。

（A）意思与表示一致　　该事例中的 X,有花 200 万日元购买版画甲的意思,并且作出"花 200 万日元购买甲"的表示。就是说,意思与表示一致。

（B）动机错误的存在　　可是,X 之所以作花 200 万日元购买甲的意思表示,是因为他"以为版画甲是毕加索的原作版画"。像这样关于物的性质的观念,由于不包含在效果意思中,所以属于动机。因此,有关性质的错误属于动机错误。③

Comment　　　　　　　　　　　　　性质错误为什么被理解为动机错误

无论翻看哪一本教科书,都会看到写着性质错误是动机错误,但至于为什么却都没怎么写。实际上,它源于被称为特定物教义的见解。详细内容参见契约法中瑕疵担保责任的章节。在这里仅作简单的说明。④

所谓效果意思,是指希望实现法律效果,即权利义务变动的"意思"。因此,该"意思"中必须含有成为权利义务变动对象的标的物是哪一个这一点。标的物的特定,究其要点,指能够明白是世上的什么东西即可。因此在特定物的情形,只需要指出"此物"即可。所谓性质,是指如此特定的"此物"所具备的属性。可是,不可能对性质拥有"意思"。对"此物"而言,性质作为事实已经确定了。因为以为"此物"具有这样那样的性质,并不能改变事实。因此,性质不可能成为"意思"的内容。就是说,性质错误只不过是动机错误。

这便是特定物教义的观点。不用说,认为标的物的性质也可以成为"意思"的内容也并非不可能。实际上,这样思考的见解现在更有说服力。所谓特定物教义,只不过是就特定物而言有关什么成为"意思"内容的、单纯的约定而已。不过,即使从国际视角来看,这种观点其实也非常特别,其老祖宗德国法最近也放弃了这个理论。应当说在日本重新审视这种观点的时刻已经到来。

---

② 参见最判昭和 37 年 11 月 27 日判时 321 号 17 页。
③ 参见名古屋地判平成元年 12 月 21 日判夕 726 号 188 页。
④ 关于瑕疵担保责任,详见山本 IV$_{-1}$262 页以下。

② 错误论的争点

关于错误,民法 95 条规定:"法律行为的要素有错误时,意思表示无效。但表意人有重大过失时,表意人自己不得主张其无效。"错误论,主要是围绕着正文部分展开的。其要点有以下两个:

1. 错误的理解——二元论与一元论 第一点,95 条所说的"错误"乃至要素的错误中,是否不仅包括表示错误,而且还包括动机错误。相应的,有关错误论的见解分为二元论和一元论。

(1) **二元论** 二元论认为,95 条所说的错误以及要素的错误,原则上只限于表示错误。

(A) **错误的定义** 其结果,95 条所说的错误被定义为:表意人不知道意思与表示不一致而作意思表示的情形——意思欠缺。

(B) **动机错误的另外处理** 依此,由于 95 条所说的错误以及要素的错误中原则上不包括动机错误,所以是否考虑动机错误要另当别论。

(2) **一元论** 一元论认为,95 条所说的错误以及要素的错误,不仅有表示错误,还包括动机错误。

(A) **错误的定义** 其结果,95 条所说的错误被定义为:在意思表示的生成过程或者意思表示本身中,有与事实不一致的认识或判断,并且基于这种认识或判断作意思表示的情形。

(B) **表示错误与动机错误的统一对待** 按照一元论,并不专门区分表示错误和动机错误,都作为 95 条所说的错误,在统一的要件下处理。

2. 考虑错误的要件设定——信赖主义和合意主义 第二点,要考虑错误——以错误为理由认定意思表示无效,应该设定什么样的要件?如果仅仅因为有错误存在就予以考虑,那么相对人将有可能蒙受意想不到的不利益,交易社会有可能崩溃。为此,即使要考虑错误,也有必要加以一定的限制。问题是,基于什么样的观点来设定要件?关于这一点,有以下两种观点:

(1) **信赖主义** 第一种,是保护相对人正当的信赖的观点。依此观点,可以考虑错误的,仅限于相对人没有正当的信赖的情形。

(2) **合意主义** 第二种,是尊重双方当事人所做的合意的观点。依此观点,即使考虑有关合意的错误,也不考虑与合意无关的错误。

Ⅲ 二元论——传统错误理论

下面,以上述内容为前提,浏览迄今为止有关错误论的研究状况。⑤ 首先是

---

⑤ 关于错误论的学说状况,详见中松缨子"错误"民法讲座 Ⅰ 387 页。

以往的通说⑥和判例所坚持的传统错误理论。

1 对错误的理解——二元论

传统错误理论采用表示错误和动机错误的二元论,主张 95 条的错误仅限于表示错误。依此见解,即使存在动机错误,也不适用 95 条,意思表示有效。其背后存在着如下的观点:

1. 意思原理 首先,意思表示作出后,之所以承认与其内容一致的法律效果,是因为有与该法律效果相对应的意思存在。从这种意思原理的观点来看,对于表示错误和动机错误,需要区别对待。

(1) 表示错误 首先,在表示错误的情形,既然没有与表示相对应的意思,因此应当认定意思表示无效。

(2) 动机错误 而在动机错误的情形,既然有与表示相对应的意思,就不存在应当认定意思表示无效的理由。

2. 信赖原理、交易安全 此外,意思形成的过程,也就是说动机,通常难以从外部窥视。如果连这样的动机也加以考虑的话,相对人的信赖将遭破坏,进而危害交易安全。因此,从信赖原理和交易安全的观点来看,即使存在动机错误,也有必要认定意思表示的效力。

2 表示错误

依传统的错误理论,表示错误一般按如下的手法处理。

> **事例 5**
>
> X 想把自己拥有的、大津乡村俱乐部的高尔夫会员权甲卖掉,在专业杂志乙的广告栏发布了以 500 万日元出售的广告。然而,这时由于印刷厂的失误,却发布成了出售草津乡村俱乐部会员权的广告。其后,看到该广告的 Y,向 X 发出了用 500 万日元购买乙杂志刊载之会员权的电子邮件。X 回复予以承诺。在此情形,Y 能否请求 X 移交草津乡村俱乐部的会员权?

所谓表示错误,是指表意人没有与表示相对应的意思。因此,要判断有无表示错误,首先必须确定表示的涵义。也就是说,作为判断错误的前半阶段,必须对表示作解释。

1. 意思表示的解释——客观解释说 关于意思表示的解释,传统的通说采取客观解释说。⑦

(1) 何谓客观解释说 依客观解释说,所谓意思表示的解释,是指阐明表

---

⑥ 参见我妻 295 页以下、我妻荣《新版民法案内 II》(一粒社,1967 年)135 页以下。
⑦ 我妻 249 页以下等。

示行为的客观涵义,而不是探究表意人的内心意思。依此观点,乙杂志刊载的以 500 万日元出售会员权的表示,客观上将被解释为以 500 万日元出售草津的会员权。

（2）理由——信赖原理、交易安全　　如果按照内心的意思来决定意思表示的涵义,那么,对表示的信赖就有可能受到危害,他人有可能蒙受意想不到的不利益。因此,从信赖原理和交易安全的立场出发,需要以表示的客观涵义为基准。

2. 对错误的判断
（1）错误无效的成立要件

（A）表示错误的存在　　按照以上的见解,X 的表示被解释为出售草津的会员权,而 X 的意思却是出售大津的会员权。因此,该事例中的 X 存在表示错误。

（B）要素的错误　　依 95 条,法律行为的要素存在错误时意思表示无效。在该事例的会员权买卖中,以什么价格出售、出售哪一个会员权是契约中的要点。因此,无论怎么理解要素的错误的涵义,有关是草津还是大津的错误,都属于要素的错误。因此,X 可以主张无效,从而拒绝移交草津的会员权。

（2）错误无效的阻却要件——表意人的重过失　　依 95 条,如果表意人有重过失,则不允许其主张错误无效。可是,像该事例那样,X 所作的出售草津的会员权的表示,是由印刷厂的失误引起的情形,通常很难说 X 有重过失。

③ 动机错误

其次,按照传统的错误理论,动机错误按以下的手法处理。

事例 6

X 与 Y 订立了以 4000 万日元购买新建住宅甲的买卖契约,并向 Y 支付了 400 万日元的定金。由于 X 手头的自有资金只有 1000 万日元,决定利用财形融资*借贷 500 万日元,剩下的 2500 万日元利用银行的住房贷款。可是后来发现甲不满足财形融资的融资条件,因此 X 就不能利用财形融资。于是,X 向银行借 3000 万日元,但银行根据 X 的年收入判断不能贷这么多,就拒绝了。处于困境的 X 便与 Y 协商。Y 的回答是,如果 X 愿意放弃 400 万日元的定金以解除契约的话,可以;要是要求返还 400 万日元,则不能答应。

该事例中的 X,有用 4000 万日元购买甲的意思,并且作出与之相对应的意思表示。可是,X 之所以作那样的意思表示,是因为他认为自己能够利用财形融资。该事例中,在作那样的意思表示的间接理由中存在错误。就是说,X 的错误

---

* 国家对劳动者置房产的优惠融资制度。——译者注

构成动机错误。

1. 原则　　按照传统的错误理论，原则上动机错误不适用 95 条，意思表示有效。

2. 例外

(1) 动机表示构成　　可是，作为例外，当动机被表示出来并成为法律行为的内容时，适用 95 条，意思表示无效。

事例 6-2

在事例 6 中，当初，Y 希望以 4200 万日元的价格出售，X 恳求道："自有资金只有 1000 万日元，除了财形融资的 500 万日元外，银行的住宅贷款最多只能借到 2500 万日元，所以请把价格降到 4000 万日元"。结果价格商定为 4000 万日元。这种情形会怎样？

在该事例中，借到财形融资才能够凑齐 4000 万日元的情况被明示。由此，就可以认为 X 的动机——"因为想着能获得财形融资，所以用 4000 万日元购买甲"——被表示了出来。

(2) 动机表示构成的涵义　　至于如何理解上述动机表示构成的涵义，严格来讲存在两种观点。

(A) 重视动机表示说　　第一种观点重视动机是否被表示出来⑧。

(a) 信赖主义　　位于其根基的，是信赖主义的观点。如果动机被表示出来，即使考虑这样的动机错误，对相对人的信赖的危害程度也比较低。

(b) 判断基准　　依此观点，这里的问题是：X 的动机——"因为想着能获得财形融资，所以用 4000 万日元购买甲"，是否通过 X 的表示让 Y 也认识到？⑨ 如果答案是肯定的，则允许适用 95 条。X 可以通过主张错误无效，作为不当得利请求 400 万日元定金的返还。

(B) 重视内容化说　　第二种观点重视动机被表示出来后是否"构成意思表示的内容"。

(a) 合意主义　　位于其根基的，是合意主义的观点。在这里，所谓"构成意思表示的内容"，是指在契约的情形构成合意的内容。属于动机的部分如果被纳入合意的内容，那么有关这一点的错误就成为有关合意内容的错误。因此，在这种情形允许适用 95 条。

---

⑧　参照我妻 297 页以下。

⑨　如果重视相对人能否知晓动机，那么表示就没有必要明示，默示便足够。例如，最判平成元年 9 月 14 日判时 1336 号 93 页是这样的事件：在因协议离婚的财产分与而转让不动产之际，分与人以为转让所得税由相对人负担，但后来才明白实际上是由分与人负担。由于分与人因担心会对相对人课税而说过关怀的话，另外，可以判定相对人当时以为自己也要交税，所以法院认定，分与人的——不会对其课税的——动机被默示地表示了出来。

（b）判断基准　　按照这种观点，X 的动机——"因为想着能获得财形融资，所以用 4000 万日元购买甲"——不仅被表示出来，问题更在于能否评价为 Y 也知道了这个动机。只有在答案是肯定的时候，才允许适用 95 条，X 可以通过主张错误无效，作为不当得利请求 400 万日元定金的返还。⑩

Comment　　　　　　　　　　　　　　　　　　　　　判例的理解

　　判例也遵循传统的错误理论，采用动机表示构成。可是，在此基础上，是采取重视动机表示说还是重视内容化说，评价不一致。⑪ 第二次世界大战前的判例，无论是定式化还是实际的判断，大多重视意思表示的内容化。⑫ 而战后的判例，部分受到学说的影响，大多重视动机表示的有无。⑬ 然而在另一方面，尽管动机被表示出来，有的判例却以没有构成法律行为的内容为理由，否定错误无效的主张。⑭ 判例的立场难以作统一的理解。⑮

　　形成这种状况的原因在于：同样是动机表示构成，存在这样两种理解；而这一点迄今为止未必被明确地认识到。即使是同样的定式，依据信赖主义还是依据合意主义，观点会相当不同。首先有必要明白这一点。

　　对于以上的动机构成，后来学界出现了各种各样的见解。如果从信赖主义和合意主义的观点来看，就可以很好地理解这些学说。如果用图式来总结理论的变迁，可以说，最初是从信赖主义的观点再构成错误法的立场有说服力；但最近出现了从合意主义的观点再构成错误法的立场。其概要如下：

Ⅳ　一元论——信赖主义的错误理论

最初主张的，是试图从信赖主义的观点重构错误法的见解。

1 对错误的理解——一元论

此见解对错误的理解采取一元论，不区分动机错误和表示错误，认为两者都

---

　　⑩ 东京高判平成 2 年 3 月 27 日判时 1345 号 78 页认为：在这样的事例中，Y 也听说了 X 的资金计划，如果财形融资和银行的住宅贷款不能按预定实现，X 将陷入不能支付价金或支付严重困难的境地，对此 Y 充分理解。因此判定构成 95 条要素的错误。
　　⑪ 对判例的分析，参照森田弘树《民法 95 条（动机の錯誤を中心として）》百年 Ⅱ 141 页。此外，还可参照小林一俊《错误的判例综合解说》（信山社，2005 年）。
　　⑫ 参照大判大正 3 年 12 月 15 日民录 20 辑 1101 页、大判大正 6 年 2 月 24 日民录 23 辑 284 页等。
　　⑬ 参照最判昭和 38 年 3 月 26 日判时 331 号 21 页、前注⑨最判平成元年 9 月 14 日等。
　　⑭ 参照最判昭和 37 年 12 月 25 日讼月 9 卷 1 号 38 页等。
　　⑮ 此外，最判平成 16 年 7 月 8 日判时 1873 号 131 页，就出售股份时对公司的资产（股份的价值）存在错误的事件，重视如下的情节：表意人陷入错误的原因在相对人一方，应当认为相对人一方当然知道表意人的错误。

包含在 95 条所说的错误中。⑯ 其理由有以下两点：

1. 区分表示错误与动机错误的困难　第一条理由，是难以区分表示错误与动机错误。在区分同一性错误与性质错误时尤其如此。

（1）同一性错误

> **事例 7**
>
> X 用 800 万日元从 Y 处购买了有毕加索本人署名的原作版画"两个丑角"。可是后来才发现，X 想买的版画，实际上是旁边那幅"丑角"，拿错了。

这是同一性错误的例子。在此，X 的表示是"用 800 万日元购买'两个丑角'"，而 X 的意思却是"用 800 万日元购买'丑角'"。像这样拿错了标的物的情形，既然表示与意思不一致，就属于表示错误。

（2）性质错误

> **事例 8**
>
> X 认为 Y 店中的版画便是毕加索的"丑角"，于是求 Y："希望你能以 800 万日元的价格把这幅版画卖给我。"Y 表示同意。可是后来才发现，那幅版画是"两个丑角"。

这是性质错误的事例。在此，X 的表示是"用 800 万日元购买这幅版画"，而且 X 有"用 800 万日元购买这幅版画"的意思，表示与意思一致。只不过，这幅版画明明是"两个丑角"，却以为是"丑角"。在意思形成过程中，在这一点上存在错误。这是关于"这幅版画"所具备性质的错误，属于动机错误。

（3）区分的妥当性　虽然如上所述，可以区分同一性错误和性质错误，但两者的差异是微妙的。至少有一点是相同的，即都是打算买"丑角"，结果却买了"两个丑角"。尽管如此，如果像二元论那样一个适用 95 条而另一个不适用，就不公平了。

2. 来自于相对人的信赖、交易安全观点的同一性　第二条理由，不仅在动机错误的情形，即使在表示错误的情形，只要令意思表示无效，那么相对人对表示的信赖便被破坏，交易安全将受到危害。因此从这个观点来看，没有理由区别对待动机错误和表示错误。

---

⑯ 虽然在理由上存在微妙的差异，不妨参照舟桥淳一"意思表示的错误——民法第 95 条的理论と判例"九州帝国大学法文学部《十周年纪念法学论文集》（岩波书店，1937 年）627 页以下，川岛武宜"意思欠缺と动机错误"同《民法解释学的诸问题》（弘文堂，1949 年，初出 1938 年）200 页以下、218 页以下，野村丰弘"意思表示的错误——フランス法を参考にした要件论（6）"，法学协会杂志 93 卷 5 号 74 页以下（1976 年），几代 268 页，星野 200 页，四宫 175 页以下，近江 215 页，平野 266 页以下等。不过，四宫 175 页将理由的错误（狭义的动机错误）与性质错误加以区别，主张前者不属于 95 条的对象。

2 错误无效的统一要件

如果像这样站在一元论的立场上,就会对表示错误和动机错误两者统一设定——用以认定错误无效的——要件。

1. 设定要件的基本原理——信赖主义 该见解重视的,是保护相对人正当的信赖这种观点。依此观点,判定错误无效,限于相对人无正当信赖的情形。

2. 具体的要件——认识可能性的对象 问题是,在怎样的情形才能说相对人没有正当的信赖?关于这一点,学者提出了以下两种观点:

(1) 错误的认识可能性说 第一种观点认为,相对人知道或者能够知道表意人陷入错误状态时,不能说相对人具有正当的信赖,可以认定错误无效。此观点将错误之认识可能性的存在作为错误无效的要件。⑰ 如果就有关财形融资的事例 6 来展开这种见解的话,会是这样:

(A) 不存在认识错误之可能的情形　　事例 6 中的 X 陷入了"实际上不能获得财形融资却以为可以获得"的错误状态,作用用 4000 万日元购买甲的意思表示。可是,像这样 X 陷入错误状态的事实,通常相对人 Y 是认识不到的。即便如此还要判定错误无效的话,那么 Y 对 X 的意思表示的正当信赖就会受到危害。

(B) 存在认识错误之可能的情形

事例 6-3

在事例 6 中,Y 是不动产商,从银行的担当职员那里得知,X 打算从财形融资借贷 500 万日元。Y 知道甲不满足财形融资的融资条件。此情形将如何?

像这样,在 Y 认识到 X 的错误的情形,由于 Y 没有正当的信赖,因此可以判定错误无效。

(2) 有关错误事项重要性的认识可能性说 第二种观点认为,相对人知道或者能够知道表意人重视陷入错误状态的事项时,相对人算不上有正当的信赖,可以判定错误无效。此观点将对表意人陷入错误状态的事项重要一事的认识可能性作为错误无效的要件。⑱

(A) 观点　　它出于如下的考虑:

(a) 错误事项的重要性　　首先作为前提,表意人就其所重视的事项陷入错误状态,若意思表示有效,表意人将承担出乎自己意料的责任。因此,

---

⑰ 参照川岛 289 页以下,几代 273 页等。
⑱ 除野村丰弘"意思表示の错误——フランス法を参考にした要件论(7)"法学协会杂志 93 卷 6 号 77 页以下(1976 年)、野村 155 页外,还可参照近江 217 页以下。

从意思原理的观点看,这种情形需要承认判定意思表示无效的可能性。

(b) 认识可能性的必要性　可是,由于重视什么因人而异,一律判定错误无效的话,相对人的信赖将受到危害。因此,要判定错误无效,就要求相对人知道或者能够知道表意人重视什么。

(B) 错误的认识可能性说与有关错误事项重要性的认识可能性说的差异

令两种学说产生差异的,是如事例6-2那样的情形,即尽管相对人Y能够知道X重视什么,但没有可能知道X陷入错误状态。这种差异,尤其在双方当事人陷入同样的错误的情形,即在共通错误的情形,表现得格外鲜明。

事例6-4

在事例6-2中,Y也知道X的资金计划——除了自有资金1000万日元外,借贷财形融资500万日元和银行的住宅贷款2500万日元,勉强可以支付4000万日元的价金——的情形,将如何?

(a) 错误的认识可能性说　在该事例中,只要Y不知道甲不满足财形融资的融资条件,那么Y也陷入错误状态。这样的Y是不可能认识到X也陷入错误状态的。像这样,在共通错误的情形,由于双方当事人都没有认识到错误的可能性,若贯彻错误的认识可能性说,则不认可错误无效的主张。⑲

(b) 有关错误事项重要性的认识可能性说　可是,在双方当事人都陷入同样的错误的情形,没有理由维持意思表示的效力。有关错误事项重要性的认识可能性说,正是为了在这种情形也判定错误无效,才主张:若相对人知道表意人重视什么便足够。

V　基于合意主义的重构

与以上的立场相对,近来出现了试图从合意主义的观点对错误法进行重构成的有力见解。根据是否在错误法的框架内处理问题,这种立场又可以分为以下两种。

1 新二元论——错误外构成说

第一种见解与传统的错误理论相同,在区分表示错误和动机错误的基础上,

---

⑲　为此,也有这样的主张:在一方错误的情形,依据错误的认识可能性说;在共通错误的情形,不把错误的认识可能性作为问题。例如,参照小林一俊《错误法の研究》(酒井书店,增补版,1997年)415页以下、436页以下,须田晟雄"要素の错误——判例の分析を中心にして(8)"北海学园大学法学研究13卷2号147页、153页以下(1977年)。此外还可参照平野277页以下。

主张应当将动机错误的问题放在错误法之外处理。[20]

1. 对错误的理解——二元论　　这种见解区分表示错误和动机错误,主张95条的错误仅限于表示错误。它基于以下两条理由:

(1) 意思原理　　第一,因为表示错误与动机错误在与意思原理的抵触程度上存在差异。

(A) 表示错误　　在表示错误的情形,如果令意思表示有效,那么表意人尽管没有意思却会被要求承担责任。

(B) 动机错误　　在动机错误的情形,由于与表示相对应的意思存在,所以,即使令意思表示有效,也不会出现完全没有意思却要承担责任的结果。

(2) 归责原理　　第二,因为表示错误与动机错误在表意人的归责性程度上存在差异。

(A) 表示错误——使用语言的失败　　所谓表示错误,是指在使用语言向外部表示意思时出现失败的情形。这种使用语言的失败,谁都有可能发生。而且,没有预先应对的方法,所以只有用95条来保护。

(B) 动机错误——收集信息的失败　　而动机错误,是指没有能正确地收集信息而不正确地形成意思的情形。对于这种收集信息的失败,有可能通过合意事先将风险转嫁给相对人。表意人不这么做,蒙受这种不利益也没有办法。

2. 表示错误　　依此种观点,存在表示错误的情形属于95条的错误,如果满足其他要件,意思表示无效。在此限度内,它与传统的错误理论相同。可是作为前提,在怎样的情形才认为存在表示错误这一点上,该见解认为以往的见解有问题,尤其在以下两种情形[21]:

(1) 双方共通的错误　　第一,是双方当事人就表示的意思陷入同样错误的情形。

> **事例 5-2**
> 在事例 5 中,Y 也将乙杂志刊载的广告误读为大津乡村俱乐部,发送了购买的电子邮件。此种情形将如何?

(A) 以往的见解　　依以往的见解,对该事例的处理如下:
(a) 意思表示的解释——客观解释　　首先,无论是传统的错误理论

---

[20] 高森八四郎"错误无效の意义"同《法律行为论の研究》(关西大学出版部,1991年,初出1974年)191页,石田编153页以下[矶村],矶村保"错误の问题"林良平、安永正昭编《ハンドブック民法Ⅰ》(有信堂高文社,1987年)41页以下等。

[21] 以下内容中有关意思表示之解释的研究状况,已在第7章Ⅴ②(135页以下)概览。这里以与错误相关的部分为核心重新整理。

还是信赖主义的错误理论，就意思表示的解释都以客观解释说为前提。依客观解释说，由于表示是"草津"，因此不论 X、Y 的内心意思如何，意思表示的内容将被解释为草津的会员权的买卖。

（b）表示错误的处理　　与以上相对，由于 X 的意思、Y 的意思都是大津，因此 X、Y 都陷入了表示错误。

1）传统的错误理论　　依传统的错误理论，既然满足了 95 条的要件，那么 X 可以主张错误无效。此外，若认定 Y 将"草津"这个表示误读为大津存在重过失，Y 便不能主张错误无效。[22]

2）信赖主义的错误理论　　若依信赖主义的错误理论，结果如下：

a）错误的认识可能性说　　在此情形，既然 X 和 Y 都产生了错误，就都不可能认识到相对人陷入了错误状态。因此，如果贯彻错误的认识可能性说，两者都不能主张错误无效。其结果，X 和 Y 都受到用 500 万日元买卖草津会员权这个契约的拘束。

b）有关错误事项重要性的认识可能性说　　在此情形，可以认为买卖哪里的会员权对双方当事人来说都很重要。因此，按照有关错误事项重要性的认识可能性说，X 和 Y 都可以主张错误无效。

（B）共通意思优先说　　最近，另一种见解逐渐成为通说。即，在当事人的意思一致的情形，不论表示的客观涵义如何，都应当遵从一致的意思来解释意思表示。[23] 依此种学说，在该事例中，既然 X 与 Y 的意思在大津这一点上是一致的，那么 X 与 Y 的契约在以 500 万日元出售大津的会员权这个意义上有效。这是出于如下的考虑：

（a）意思原理　　首先，若置当事人的意思一致于不顾，依与之不同的表示的客观涵义来解释，那么，无论哪一方当事人都没有意思存在却要承担责任。这就违背了意思原理。特别是像错误的认识可能性说那样，错误无效的主张也得不到认可时，问题更加深刻。

（b）信赖原理　　此外，在此情形，信赖表示的客观涵义之人就不存在。也就是说，既然基于信赖原理的观点应当保护的利益不存在，那么，倒是需要尊重当事人达成一致的意思。

（2）双方非共通的错误　　第二，是虽然双方当事人都产生了错误，但各自的错误内容不同的情形。

---

[22] 这一点，依信赖主义的错误理论结论也是一样的。但是，在共通错误的情形，既然相对人也发生了错误，有见解以不存在维持法律行为效力的利益为由，主张应当认可无效主张（参照四宫 179 页、181 页，内田 76 页以下等）。

[23] 星野 175 页以下，四宫、能见 186 页，矶村保"法律行为の解釈方法"争点 I 30 页以下，石田编 145 页［矶村］。

> **事例 5-3**
>
> 在事例 5 中，Y 将乙杂志刊载的广告误读为宫津乡村俱乐部，发送了购买的电子邮件。此种情形将如何？

（A）**以往的见解** 依以往的见解，该事例将被作如下处理：

（a）意思表示的解释——客观解释 在此若也依客观解释说，由于表示是"草津"，不论 X、Y 的内心意思如何，意思表示的内容将被解释为草津的会员权的买卖。

（b）表示错误的处理 而由于 X 的意思是大津，Y 的意思是宫津，因此 X 和 Y 都陷入了表示错误。

1）传统的错误理论 按照传统的错误理论，既然满足 95 条的要件，X 一方可以主张错误无效。此外，如果认定 Y 将"草津"这个表示误读为宫津存在重过失，则 Y 一方不能主张错误无效。

2）信赖主义的错误理论 而依信赖主义的错误理论，结果如下：

a）错误的认识可能性说 在此情形，对于 X 来说，不存在认识到 Y 将"草津"这个表示理解为宫津的线索。此外，对于 Y 来说，也不存在认识到 X 想的是大津的线索。因此，如果贯彻错误的认识可能性说，两者都不能主张错误无效。其结果，X 和 Y 都受以 500 万日元买卖草津会员权之契约的拘束。

b）有关错误事项重要性的认识可能性说 在此情形，可以认为买卖哪里的会员权对双方当事人来说都很重要。因此，按照有关错误事项重要性的认识可能性说，X 和 Y 都可以主张错误无效。

（c）存在的问题 根据以上的见解，在双方非共通错误的情形，就有可能出现意思表示以无论哪一方的当事人都未曾预料的第三种涵义有效的可能。可是，这在以下两种意义上是不恰当的：

1）意思原理 首先，法律行为本是用以实现当事人私域自治的手段。因此，意思表示的内容也应当根据各个当事人的意思来决定。以双方当事人都未曾预料的内容作为基准，违背意思原理。

2）信赖原理 此外，在双方非共通错误的情形，无论哪一方当事人都没有信赖表示的客观意思。也就是说，在此，从信赖原理的观点来看，应予保护的信赖根本就不存在。

（B）**比较所赋予之涵义说** 为了克服这种问题，有见解主张：应当确定表意人与相对人各自实际赋予表示的涵义；两者不一致时，根据正当的一方所赋予的涵义来决定意思表示的内容。㉔ 这正是从合意过程的观点重新审视意思表示之解释的见解。

（a）单方错误　　按照这种学说，对仅仅表意人存在错误的事例的处理如下：

1）相对人赋予的涵义正当的情形　　像事例 5 那样，在 X 和 Y 分别对"草津"这个表示赋予大津和草津的涵义的情形，通常 Y 赋予的涵义正当。因此，在此情形，意思表示的内容被解释为草津会员权的买卖。这样一来，由于 X 一方存在表示错误，所以 X 可以主张错误无效。

2）双方赋予的涵义都不具有正当性的情形

> **事例 5-4**
>
> 在事例 5 中，草津乡村俱乐部的市场价格 3000 万日元左右，大津乡村俱乐部的市场价格为 500 万日元左右。此情形如何？

如下所述，在该事例中，由于双方所赋予的涵义都没有正当性，因此用不着作为错误的问题对待，既然意思表示的内容不能确定，根本就不生效。

a）Y 赋予的涵义　　首先，在该事例中，Y 表示的是将 3000 万日元的东西以 500 万日元购入。像 Y 这样赋予的涵义不具有正当性。㉕ 因此，不能将该表示解释为以 500 万日元出卖草津的会员权。

b）X 赋予的涵义　　此外，赋予"草津"这个表示以大津之涵义的 X，也不具有正当性。

（b）双方非共通错误　　而像事例 5-3 那样，在 X 和 Y 分别对"草津"这个表示赋予大津和宫津的涵义的情形，通常，双方的涵义赋予都不具有正当性。因此，在此情形，用不着作为错误的问题对待，既然意思表示的内容不能确定，根本就不生效。

Comment　　　　　　　　　　　　　　　　　　　　　　　客观解释的涵义

所谓意思表示的解释，如果理解为阐明表示的客观涵义，而不是探究表意人的内心意思，那么意思表示就有可能以双方当事人都未曾预料到的第三涵义获得效力。比较所赋予之涵义说之所以批判以往的见解，是考虑到依客观解释说会引发这样的问题。

不过，有关该批判在多大程度上命中靶心，需要作保留。这是因为，虽说都是客观解释，因对其涵义的理解不同会产生差异。

㉔ 矶村保"ドイツにおける法律行为解释论について——信赖责任论への序章的考察(4)"神户法学杂志 30 卷 4 号 707 页以下、728 页以下(1981 年)，同・前注㉓争点 I 31 页以下，石田编 147 页以下[矶村]。

㉕ 出于同样的考虑，在该事例中，可以认为有可能认识到 X 的错误。因此，依错误的认识可能性说此情形将判定为错误无效。而比较赋予涵义说却认为，意思表示的内容都无法确定所以不生效。

首先能够想到的是以表示手段（言语、记号）在社会中所具有的一般涵义——涵义论层面的辞典上的涵义——作为基准的可能性。例如，将"1 罗"这个表示理解为"12 打 = 144 包"，就是一例。因此，比较所赋予之涵义说的批判似乎确实成立。

　　可是，传统的通说并未将这种一般性的涵义照搬过来作为解释的基准。反而强调考虑当事人运用表示手段时的诸般事情的必要性，以在情境中该表示手段具有怎样的涵义作为基准。㉖

　　即使如此考虑，在确定诸般事情中表示手段具有的涵义时，应当以"由谁"来理解、当"怎样"理解之涵义作为基准，成为下一个问题。此前采用基准一直是：若是"普通人"、"通常人"，会如何理解该表示。之所以认为这样确定表示的客观涵义切断了与当事人意图的联系，便是处于这个原因。可是，即使同样是客观解释，也可以有这样的思考，即站在当事人的立场上，以若这样的当事人合理思考的话会怎样理解作为基准。㉗若从阐明在实际的情境中该表示手段所具有的涵义这种观点来看，后一种立场更合适。

　　既然法律行为是用以形成当事人自己的法律关系的制度，那么采用当事人作何理解或者应当作何理解这样的基准，也与法律行为制度的宗旨吻合。基于这样的考虑，《基本方针》【3.1.1.41】就法律行为的解释，提案规定"当当事人的意思不同时，应当按照当事人所处的该情节中合理思考所理解的涵义来解释契约"。㉘

　　不过，如果像这样理解客观解释的涵义，按照若当事人在该情节下合理思考的话将会理解的涵义来解释，那么就与比较所赋予之涵义说差别不大了。这是因为，在现实的场景中，各当事人一定是按照自己的理解行动，综合考虑诸般事情，如果当事人合理思考的话不能算是按照表示手段的一般涵义——12 打 = 144 包——理解的情形不在少数。实际产生差异之处，仅限于如下的情形：像部分电子交易等那样，以舍去情境的形式、单发性地作意思表示时，发生双方非共通错误的情形。

3. 动机错误　　与此相对，对动机错误的处理如下。

（1）不适用 95 条　　首先，基于①1（192 页）所述理由，95 条的错误仅限于表示错误，动机错误不适用 95 条。因此，意思表示不会无效，陷入动机错误的表意人负担由此产生的风险。

（2）依据合意的应对　　表意人要将这种动机错误、即收集信息失败的风险转嫁给相对人，就需要事先就这一点取得相对人的同意。当事人之间风险分配的合意成为基准。在这个意义上，它与合意主义的见解相连。这种转嫁风险的合意，可以有以下几种：

㉖ 我妻 250 页认为，"将导致作意思表示的该情节"，"看做组成表示行为本身的要素最为恰当。这是因为，尽管有程度的差异，我们的言语、举动总是仅与导致作出当时的情节相关时，才有意义"。

㉗ 参照川岛 196 页。

㉘ 基本方针 122 页以下，详解Ⅱ151 页以下。

	利用的情形	具体的例子	效果
条件	将来的事实不确定的情形	以获得财形融资为条件,用400万日元购买甲	不生效
前提	现在或过去的事实不确定的情形	以这幅版画是毕加索的"丑角"为前提,用800万日元购买	不生效
保证	性质的有无、结果的实现不确定的情形	保证这幅版画是毕加索的"丑角"	契约不履行的责任

(3) 与其他见解的差异　　依上述见解,例如在有关财形融资的事例 6 中,只有在"以获得财形融资为条件,用 400 万日元购买甲"这样的合意存在的情形,意思表示的效力才被否定。与其他见解相比存在如下的差异:

(A) 与信赖主义的错误理论的差异

(a) 与错误的认识可能性说的差异　　首先,像事例 6-3 那样,当 Y 认识到 X 就获得财形融资一事产生错误时,依错误的认识可能性说,X 可以主张错误无效。而依错误外构成说,即使在此情形,既然没有形成以其为条件的合意,那么意思表示就不丧失效力。不过在此情形,对于明知 X 的错误而订立契约的 Y 来说,有可能被认定为不作为的欺诈。㉙

(b) 与有关错误事项的重要性认识可能性说的差异　　此外,像事例 6-2、6-4 那样,当 Y 能够认识到 X 重视获得财形融资时,依有关错误事项的重要性认识可能性说,X 可以主张错误无效。而依错误外构成说,只要没有超过此限度,形成以其为条件的合意,那么意思表示就不丧失效力。

(B) 与动机表示构成的差异

(a) 与重视动机表示说的差异　　像事例 6-2 那样,当 X 以为能够获得财形融资的动机被表示出来时,依重视动机表示说,X 可以主张错误无效。而依错误外构成说,即使在此情形,只要算不上有以其为条件的合意存在,那么意思表示的效力不丧失。

(b) 与重视内容化说的差异　　此外,依重视内容化说,在事例 6-2 中,当 Y 也了解 X 的动机——以为能够获得财形融资才要花 4000 万日元购买甲——时,允许适用 95 条,X 可以主张错误无效。依错误外构成说,Y 的了解被解释为以能够获得财形融资为条件之合意,作为合意的效果,否定意思表示的效力。

Comment　　　　　　　　　　　　　　　信赖主义的问题与基于合意主义的构成

从上文可知,立场的分水岭在于,依信赖主义还是依合意主义。而且,从上述分析可知,信赖主义存在很大的问题,应当依合意主义。关于这一点,以下以性质错

㉙ 石田编 157 页[矶村]。

误——在特定物买卖中明明是赝品却误以为是真品而购买的情形——为例详细阐释。

在此情形,买主误认了现实——"此赝品",以为是"此真品"。依信赖主义,当相对人——卖主能够认识到此错误或者事项的重要性时,可以认可错误无效的主张。即使采取动机表示构成,依重视动机表示说,只要对卖主表示该不正确的认识便足够。

可是,在将法律行为即买卖契约的内容解释为买卖"此物"的情形,"此物"是否为"真品"属于各当事人自己应当负担的风险。仅仅买主有不正确的认识,或者卖主能够认识到该事项对买主来说很重要,仅凭此没有理由令卖主负担契约无效的风险。尤其在买卖契约中当"此物"的价金远低于真品的价金时更是如此。既然缔结了这样的契约,那么"此物"不是真品,这个风险也应当由买主负担。可是,如果贯彻信赖主义的逻辑,即使在此情形,如果卖主存在认识的可能性,就允许买主主张错误无效。

像这样,有关现实风险的转嫁,如合意主义所言,通过这样的方式得以正当化:将有关现实的认识纳入合意内容当中。㉚ 错误外构成说自不待言,即使在动机表示构成中,重视内容化说采取的也是这种观点。㉛ 依此观点,仅在法律行为的内容即买卖契约的内容被解释为买卖"此真品"的情形㉜,因此物为赝品所产生的风险才转嫁给卖主。

在此情形,如上述右图所示,不仅①表意人——买主的认识与现实之间发生了

㉚ 依此观点,在怎样的情形应当解释为有关这种现实的认识被纳入了合意的内容,就成为关键。关于此点,例如需要建立、完善"有关标的物的性质,即使没有明示,从价金的合意判定标的物具有与价金相对应的性质"这样的解释准则(也可参照佐久间 162 页)。

㉛ 不过,四宫、能见 218 页以下指出,关于动机表示构成,像这样,①在动机被纳入合意即契约内容的情形,除了判定错误无效的可能外,②还有动机仅仅被纳入一方当事人的意思表示内容中,而未能成为契约内容的可能。在后一种情形,一方当事人的意思表示与契约内容发生龃龉,在意思表示的层面发生错误。的确,像②那样思考并非不可能,但准确地说,由于这种情形一方的意思表示与另一方的意思表示不合致,将被定位为没有合意的问题,而不是错误【关于没有合意,参照第 10 章 Ⅱ(207 页以下)】。可是,以往的判例将其定位为 95 条错误的问题,很难说它严格地像这样区分了构成意思表示的内容的情形与构成法律行为内容的情形。

㉜ 严格来说,重视内容化说为了承认这种可能性,已经与特定物教条诀别。若坚持特定物教条,即便采取动机表示构成,也将不得不依据重视动机表示说。

龃龉,而且②法律行为(的内容)也与现实之间发生了龃龉。㉝

　　错误外构成说认为,95条的"错误"限于法律行为与意思的龃龉,①的龃龉原本就无需考虑,只有②的龃龉才有意义。依此观点,明明合意的是买卖"此真品",现实交付的却是"此赝品",成立契约不履行责任——其特别规则瑕疵担保责任。或者,如果能解释为存在"保证此物是真品"的合意,那么将成立基于该保证合意的责任。

　　而重视内容化说不仅承认②的龃龉有意义㉞,而且也承认①的龃龉有意义。㉟该学说认为,即使95条的"错误"原本意味着法律行为与意思之间的龃龉,当动机成为法律行为的内容时,①的认识与现实之间的龃龉——现实中是赝品但却信以为真品——也与"错误"相当,可以予以认可。㊱ 特别是性质错误,无论从历史的角度看,还是从比较法的角度看,多是在错误的范畴内处置的。即使从这样的观点看,应当说重视内容化说的观点作为一种可能的法续造,值得充分肯定。

　　基于这样的考虑,《基本方针》【1.5.13】提案在〈1〉规定"因错误就法律行为的当事人或者内容作出不同于真意的意思表示时,如果不存在错误表意人就不会作意思表示,且这样判断具有合理性时,该意思表示可以撤销"的基础上,在〈2〉规定:"在作意思表示之际,对人或者物的性质及其他与该意思表示相关联的事实发生错误认识时,只要该认识成为法律行为的内容,就认为作出了〈1〉所规定的基于错误的意思表示。"㊲

---

② 新一元论——合意主义的错误理论

　　第二种,是不区分表示错误和动机错误,试图从合意主义的观点一元地重新把握错误法的观点。㊳

㉝ 如上述左图所示,在法律行为即契约的内容被解释为"此物"的情形,严格来说,②法律行为(的内容)与现实之间不存在龃龉。可是,尤其当"此物"的价金与真品的价格相当时等,传统的通说认为,即使不存在契约不履行,也将作为依570条之法定责任认定瑕疵担保责任(参照山本Ⅳ $_{-1}$264页以下)。而若站在依排斥特定物教义的立场上,在此情形,由于通过价金的合意可以解释为买卖的是"此真品",②法律行为(的内容)与现实之间将产生龃龉——契约没有得到履行。

㉞ 即使依重视内容化说,也不会否定瑕疵担保责任、保证等的可能性。在此限度内,与错误外构成说不发生对立。

㉟ 参照四宫,能见220页以下。

㊱ 加藤雅261页以下认为,有关意思表示、法律行为的构造,在以往那种"表示行为"与"内心的效果意思"的层面——"表层合意"之外,还有"深层合意"的层面——"前提性的合意",在"表层合意"与"前提性合意"之间发生龃龉的情形,契约无效。这里,加藤本人认为"表层合意"与"前提性合意"会发生龃龉,实际上并非在"表层合意"——例如绘画甲的买卖契约——与"前提性合意"——绘画甲乃藤岛武二之真迹的合意——之间发生了龃龉,而仅仅是"前提性合意"与现实——绘画甲是伪作——之间发生了龃龉。因此,这种观点可以定位为这样的见解:将"前提性合意"也作为法律上受尊重的合意予以承认,当它造成与现实之间的龃龉时否定契约的效力。不过,加藤也认可如下的可能性:即使在"前提性合意"未成立的情形,当主张其不成立违反禁反言原则等时,基于"表层合意"的主张因违反诚信原则而不被认可。这是基于与合意主义不同的考虑,倒是具有与信赖主义的错误理论相连的侧面。

㊲ 参照基本方针28页以下,详解Ⅰ103页以下,尤其是112页以下。

㊳ 森田宏树"『合意の瑕疵』の构造とその扩张理论(1)"NBL482号24页以下(1991年),同·前注⑪百年Ⅱ190页以下。四宫,能见216页以下也属于这个方向。

1．对错误的理解——要素的错误一元论　　首先,该见解认为,表示错误和动机错误的区分对于 95 条来说没有意义。这是因为,95 条采取了这样一种立场:以法律行为的要素为基准,根据错误存在于法律行为部位的不同,确定要考虑的错误的范围。依此理解,不论表示错误还是动机错误,如果法律行为的要素存在错误,就判定错误无效。

2．要素错误之要件的宗旨　　问题是,在怎样的情形才算法律行为的要素存在错误？详细内容将在下一章讲述,在此仅描述一下像这样将要素的错误作为错误无效要件的宗旨。如下所述,构成该宗旨基础的是合意的拘束力的观点。[39]

（1）**合意的拘束力的根据——合意原因**　　原本承认合意的拘束力,仅限于有能够使由此负担债务一事得以正当化的理由存在的情形。当这样的理由、即合意的原因不存在时,必须否定合意的拘束力。

（2）**要素的错误——合意原因的错误**　　基于 95 条判定错误无效,是因为使合意得以正当化的理由因错误而丧失了。因此,所谓要素的错误,就是使这种合意的拘束力得以正当化的理由,即合意原因的错误。

Comment　　　　　　　　　　　　　　　　　　　错误论与法律行为制度的基本原理

如上所述,最近试图从合意主义的观点对错误法进行再构成的见解有力登场。不过,虽说同样都是合意主义,在①的错误外构成说与②的合意主义的错误理论之下,其涵义并不相同。

首先,错误外构成说在主张动机错误不属于 95 条的错误的基础上,认为只有在有特别合意存在的情形,才可以将有关这种动机的风险转嫁给相对人。这在尊重合意的见解中,属于以"合意到什么程度"——合意的范围——作为决定性因素的见解。

而合意主义的错误理论却认为,基于 95 条判定错误无效,是因为使合意得以正当化的理由因错误而丧失了。这在尊重合意的见解中,属于以"为什么合意"——合意的理由——作为决定性因素的见解。

从这种观点来看,就明白了在动机表示构成中重视内容化说也与前者的观点相连。这是因为,当动机也被表示出来成为法律行为的内容时,依 95 条可以认定错误无效的观点,正是以合意的范围作为问题的。

合意的范围与合意的理由中究竟以哪一个作为决定性的因素这个问题,可以追溯到如何思考法律行为制度的基本原理这样的本源性观点的对立。

以合意的范围作为决定性因素的观点,其前提是这样一种观点:在当事人基于意思达成自由的合意时尊重该合意。即,尊重以意思原理、自我决定原理为基础的契约自由这样一种观点。

而以合意的理由作为决定性因素的观点,其前提是,仅限于有正当化理由存在

---

[39]　其根基是法国法有关 cause 的理论。关于这一点,除了森田・前注③825 页以下、同・前注⑪百年Ⅱ 195 页以下外,还可参照小粥太郎"フランス契約法におけるコーズの理論"早稲田法学 70 卷 3 号 1 页（1995 年）。

的情形才承认合意的拘束力。只要不存在这种客观的支撑就否定契约的拘束力,因此与其说与尊重契约自由相连,毋宁说与重视契约正义的观点相连。

如上所述⑩,只要将法律行为、契约制度理解为为保障私域自治——主体性地形成自己的生活空间的自由——而需要的制度,就难以接受这样的立场:不是向合意本身而是向客观性的支撑寻求合意拘束力的根据。因此,在大方向上应当坚持以合意的范围作为决定性因素的观点。

不管怎样,如果追根溯源,像这样错误论可以追溯到围绕法律行为制度基本原理之观点的对立。⑪ 希望读者不要被表面上的见解对立所障眼,而是回到根本,去理解观点的道理。

履行请求的根据规范(请求原因)	阻却规范(抗辩)	再阻却规范(再抗辩)
① 民555 买卖因当事人一方约定将其财产权移转于相对人,相对人约定对此支付价金而生效	【动机表示构成】——【重视内容化说】(判例)	
	Ⅰ 表示错误的抗辩	重过失的抗辩
	ⓐ 民95正 作意思表示之际,在**存在错误(不正确地作出与意思不同的意思表示)**的情形,当该错误属于法律行为的要素时,意思表示无效	甲 民95但 即使在左列情形,**当表意人有重大过失**时,表意人自己不能主张无效⑫
	Ⅱ 动机错误的抗辩	重过失的抗辩
	ⓑ 民95正 作意思表示之际,在**不正确地认识与意思表示有关的事实**的情形,限于**该认识成为法律行为的内容**时,当作发生民95正之错误的情形	甲 民95但 同上
	【信赖主义的错误理论】——【错误的认识可能性说】	重过失的抗辩
	ⓒ 民95正 作意思表示之际,在**存在错误(不正确地作出与真意不同的意思表示)**的情形,当相对人知道或者能够知道该错误,且该错误属于法律行为的要素时,意思表示无效	甲 民95但 同上
	【信赖主义的错误理论】——【有关错误事项重要性的认识可能性说】	重过失的抗辩
	ⓓ 民95正 作意思表示之际,在**存在错误(不正确地作出与真意不同的意思表示)**的情形,当相对人知道或者能够知道陷入错误的事项对表意人来说重要,且该错误属于法律行为的要素时,意思表示无效	甲 民95但 同上

⑩ 第6章Ⅲ①2(107页)。

⑪ 此外,内田72页以下认为,在思考错误时不仅需要考虑表意人意思表示的过程和相对人的主观,而且还应当考虑围绕该交易的过程及其背后的习惯、社会关系。这正是试图从共同体主义的观点重新理解错误法的观点。

⑫ 判例认为,法律行为的要素存在错误的证明责任在主张错误无效的一方,而表意人有重过失的证明责任,在相对人一方(大判大正7年12月3日民録24辑2284页)。此外,还可参照本书xxvi页注⑨。

（续表）

履行请求的依据规范(请求原因)	阻却规范(抗辩)	再阻却规范(再抗辩)
	【错误外构成说】	
	Ⅰ 错误无效的抗辩	重过失的抗辩
	a 民95正 同上	甲 民95但 同上
	Ⅱ 解除条件的抗辩	
	e 民127Ⅱ 附解除条件之法律行为，于解除条件成就时失效	
	【合意主义的错误理论】	重过失的抗辩
	f 民95正 作意思表示之际，在**存在错误**（**不正确地作出与真意不同的意思表示**）的情形，当该错误属于法律行为的要素时，意思表示无效	甲 民95但 同上

错误 Ⅱ——各论

Ⅰ 序

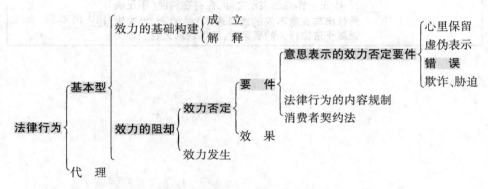

本章为错误的各论,介绍有关错误的要件、效果的具体问题。

依95条,错误无效的成立要件是"法律行为的要素存在错误","表意人有重大过失"被定位为其阻却要件。这些要件中,关于"存在错误",除了表示错误外,其中是否包含动机错误这个问题,已在前一章讲述。对于"存在错误"这个要件,本章仅讲述它与没有合意的差异,而重点介绍其他的要件和效果。最后,就错误与其他制度的关系,专门谈谈其与瑕疵担保制度的关系。

Ⅱ 错误与没有合意

1 错误与没有合意的涵义

容易与错误相混淆的,包括没有合意。两者的差异可以概括如下:

1. 没有合意 所谓没有合意,是指双方的意思表示根本就不一致的情形。

2. 错误 所谓错误,是指尽管双方的意思表示一致,但表意人本来没有打算作这样的意思表示的情形。就是说,要认定错误,前提是双方的意思表示一致。

2 两者的区别

事例 1

X 想把自己拥有的草津乡村俱乐部的高尔夫会员权甲卖掉，于是在专业杂志乙的广告栏发布了出售甲的广告，并接到了 Y 发来的咨询电子邮件。于是，X 回邮件告知，准备以 500 万日元出售甲。对此，在 Y 作如下意思表示的情形将会如何？

① Y 发送了愿意以 400 万日元购买甲的电子邮件；

② Y 把 X 的表示错看成大津乡村俱乐部，发送了愿意以 500 万日元购买的电子邮件；

③ X 想的是位于滋贺县的草津乡村俱乐部，而 Y 却以为是位于群马县的草津乡村俱乐部，并发送了愿意以 500 万日元购买的电子邮件。

1．表示的用语不一致的情形 双方的意思表示不一致，属于没有合意，而不是错误。像①那样，在表示的用语完全不一致——X 的表示是以"500 万日元"出售，而 Y 的表示却是用"400 万日元"购买——的情形，很明显合意不存在。

2．表示的用语一致的情形 而在②和③中，表示的用语为"用 500 万日元买卖草津的会员权"，两者一致。但问题在于，意思表示的内容是否一致，而不是表示的用语是否一致。要对此作判断，就需要对意思表示作解释。

(1) **意思表示的内容一致的情形——错误** 在②中，X 和 Y 的意思表示的内容，通常会被解释为以 500 万日元买卖草津的会员权甲。因此，在此情形，具有购买大津会员权的意思的 Y，存在表示错误。

(2) **意思表示的内容不一致的情形——没有合意** 在③中，既然现实中有两个草津，只要没有其他的线索，仅仅凭"草津的会员权甲"这样的表示无法确定是哪一个。所以在此情形，无法确定意思表示的内容，不能认为 X 与 Y 之间存在合意。

III 要素的错误——错误无效的成立要件

1 何谓要素的错误

依 95 条，即使表意人存在"错误"，只有当该"错误"是有关"法律行为的要素"的错误时，意思表示才归无效。至于如何理解要素的错误的涵义，存在争议。

1. 因果关系说　　判例①以及通说②以——若没有错误则不会作出那样的意思表示这种——因果关系作为基准。

(1) 要素的错误的判断基准　　依此见解,要素的错误需要满足以下两个要件才会被认定：

　　(A) 主观的因果性　　第一,可以推断：如果没有错误,表意人就不会作那样的意思表示。

　　(B) 客观的重要性　　第二,可以推断：如果没有错误,通常的人也不会作那样的意思表示。这就意味着,按照通常的交易观念,不作那样的意思表示是正当的。

(2) 观点　　这是基于如下的观点：

　　(A) 对表意人的保护　　错误制度本来是为了保护原本没有作那种意思表示的打算却作出那种意思表示的人。因此,在认为表意人明知错误却作同样意思表示的情形,没有理由判定错误无效。

　　(B) 交易安全　　可是,若以表意人知道错误后是否还会作那样的意思表示为基准,那么只要表意人认为该错误重要,就会判定错误无效。这样会严重危害交易安全。因此,有必要将判定错误无效的情形限定于这样的情形：按照通常的交易观念,知道错误就不会作那样的意思表示一事是正当的。

2. 合意原因说　　也有见解以当事人所为之合意的原因有无错误作为判断的基准。③

(1) 观点　　它以在前一章最后介绍的合意主义的错误理论为前提。这个观点再次概括如下：

　　(A) 合意的拘束力的根据——合意原因　　对合意拘束力的承认仅限于这样的情形：有可以使由此负担债务一事得以正当化的理由存在。当这样的理由、即合意的原因不存在时,必须否定合意的拘束力。

　　(B) 要素的错误——合意原因的错误　　之所以依 95 条判定错误无效,是因为使这种合意的拘束力得以正当化的理由因错误而丧失。因此可以认为,所谓要素的错误,是使合意的拘束力得以正当化的理由、即合意原因的错误。

(2) 何谓合意原因的错误　　问题是,这里所说的合意原因的错误是什么？其内容在有偿契约和无偿契约有所不同。

　　(A) 有偿契约　　在有偿契约的情形,当事人通过合意负担债务,是因为

---

① 大判大正 3 年 12 月 15 日民录 20 辑 1101 页,大判大正 7 年 10 月 3 日民录 24 辑 1852 页等。
② 富井 363 页以下,我妻 299 页以下,四宫、能见 222 页以下等。至于对该见解的理解,参照海老原明夫"本质的错误と要素の错误(3)"ジュリスト943 号 12 页(1989 年)（指出富井与我妻的见解存在差异）。
③ 森田弘树"『合意の瑕疵』の构造とその扩张理论(1)"NBI482 号 24 页以下(1991 年),同"民法 95 条（动机の错误を中心として）"百年Ⅱ193 页以下。

可以获得自认为与之具有相同价值的对待给付。当不能获得这样的对待给付时,合意的原因丧失。因此,错误的结果,当不能获得自认为与自己的给付相称的对待给付的情形,即主观的等价性遭到破坏时,发生合意原因的错误。④

（B）无偿契约　　而在无偿契约的情形,债务人之所以无偿地负担债务,是因为有自认为可以让相对人获得利益的理由存在。如果没有这样的理由,则合意的原因丧失。因此,错误的结果,当自认为可以让相对人获得利益的理由丧失时,发生合意原因的错误。

Comment　　　　　　　　　　　　　　　　因果关系说与合意原因说的异同

如上所述,依合意原因说,有偿契约与无偿契约的区别具有决定性的意义。可是,即使依因果关系说,这种区别也具有同样的意义。例如,在有偿契约的情形,当有破坏主观等价性的错误存在时,大概可以说:如果知道错误,表意人自不待言,就是通常的人也不会作那样的意思表示。此外,在无偿契约的情形,当由于错误导致自认为可以让相对人获得利益的理由丧失时,同样地大概可以说:表意人自不待言,就是通常的人也不会作那样的意思表示。这样来看,可以预料两学说的具体结论没有什么不同。

然而,位于两学说根基的观点却大不相同。

如在前一章末尾所述,合意原因说立足于重视契约正义、而不是契约自由的立场。无论如何强调当事人之间存在合意,只要支撑该合意的原因不存在,合意的拘束力就会被否定。归根结底,这可以归结为这样一种观点,即只尊重符合客观正义的合意。

而因果关系说的前提是重视意思原理的观点。这是因为,该学说试图在可以推断如果表意人知道错误就不会作那样的意思表示的情形,判定错误无效。当然,从交易安全的观点来看,那里有客观的框架嵌套。但是,仍然属于以表意人没有作那样的意思表示的意思为理由判定错误无效的见解,这一点没有变。

像这样,对"要素"的错误的把握——如整个错误论都是这样——也取决于就法律行为、契约制度的基本原理以怎样的立场为前提。如果考虑对其他诸多关联问题的影响,我们不得不说,即使具体的归结会有相当多的重合,但站在何种立场上具有重大的涵义。如在前一章所述⑤,只要将法律行为、契约制度理解为保障私域自治——主体性地形成自己的生活空间的自由——所需的制度,那么就难以接受合意原因引以为前提的立场。基本上应当在因果关系说的方向上思考。

《基本方针》【1.5.13】遵从以往的判例以及通说,即因果关系说,提案将"法律行为的要素"规定为"可以认为如果没有错误表意人将不会作该意思表示,且这样

---

④ 作为要素错误之判断基准的一个指标,重视等价性的观点在注民（3）［川井健］203页以下等文献中就已经出现。与此相对,除森田前注③外,大中有信"动机错误と等价性（1）（2）"法学论丛139卷5号49页（1996年）、141卷5号100页（1997年）仅限于有偿契约,从正面主张:等价性的观点才是判断要素错误的基准。

⑤ 第9章Ⅴ②（202页以下）。

考虑合理时"。⑥

② 要素错误的具体内容

问题是,具体在什么样的情形判定存在要素的错误?以下,简单整理一下涉及该问题的主要判例。⑦

1．有偿契约　　在有偿契约中特别成为问题的是买卖、租赁以及消费借贷。

（1）买卖、租赁　　关于买卖、租赁,尤其突出的是主体错误和标的物错误。

（A）主体错误

> **事例 2**
> 　　A 希望 X 将其所有的土地甲卖给自己。交涉的结果,X 以 5000 万日元的价格出售了甲。
> ① 其后确认契约书时才发现,买主不是作为自然人的 A,而是 A 经营的股份有限公司 Y。
> ② A 对 X 作出承诺:在甲的所有权移转登记的同时全额支付 5000 万日元价金。可是,契约订立后,就在接受甲的移转登记的当天,资金调配困难的 Y 公司随即在甲上为 G 设定了抵押权,只向 X 支付了 500 万日元,剩余的 4500 万日元一直支付不了。

（a）有关债权人的错误　　在①中,有关甲之交付债权的债权人(买主)的同一性存在错误。可是,即使关于债权人存在错误,债务人只要履行约定的债务便可,并不会蒙受不利益。因此,像这样有关债权人的错误,原则上不属于要素的错误。⑧

（b）有关债务人的错误　　对于有关债务人的错误,需要区别以下两点:

1）有关金钱债权的债务人的错误　　第一,是有关金钱债权的债务人,即买主、承租人的错误。像②那样,发生错误的结果,当履行债务的确实性、信用低下的人成为债务人时,导致发生错误的债权人蒙受不利益的危险增

---

⑥ 参照基本方针 28 页以下,详解 I 103 页以下,特别是 115 页以下。
⑦ 有关要素错误的判例的状况,参照新注民(3)426 页以下［川井健］、小林一俊《错误的判例综合解说》(信山社,2005 年)。
⑧ 大判明治 40 年 2 月 25 日民录 13 辑 167 页等。作为例外,认为有关买主同一性的错误也属于要素错误的,有最判昭和 29 年 2 月 12 日民集 8 卷 2 号 465 页(战争期间保安林、防风林的买卖中,卖主以为买主是国家(军部)才不得已与其订立了契约,实际上买主却是军队的外围团体)等。而石田编 160 页［矶村保］却认为:对于像日常的买卖那样对谁都提供给付的交易,同一性的错误不属于要素的错误;但是对于像重要财产的买卖那样个别地选择相对人进行交易的情形,则属于要素的错误。

大。因此,在这种情形一般认为,原则上构成要素的错误。⑨

2) 有关物的交付债权之债务人的错误　　第二,是有关物的交付债权之债务人,即卖主、出租人的错误。

> **事例3**
>
> X 与 Y 订立契约,以 30 万日元的月租金租借 Y 的土地甲,用作材料堆放的场地。可是半年后才发现,甲的所有人不是 Y,而是国家 S。

a) 原则　　像这样,有关物的交付债权的债务人,即卖主、出租人是否是标的物的所有人的错误,原则上不属于要素的错误。⑩ 这是出于如下的考虑:

甲) 他主物买卖、租赁的有效性　　民法规定,他主物的买卖、租赁也有效(民560、559)。因此,即使就卖主、出租人是否是标的物的所有人存在错误,仅凭此不能判定契约无效。

乙) 担保责任的可能性　　卖主、出租人不能履行债务时,买主、承租人除了可以解除契约外,如果在订立契约时不知道卖主、出租人不是所有人,也可以请求损害赔偿(民561、559)。对买主、承租人的保护这样就足够了。

b) 例外　　但是,在将卖主、出租人拥有标的物的所有权作为契约内容的情形,关于这一点的错误,判例认为属于要素的错误。⑪

(B) 标的物错误　　其次,关于标的物错误,有以下三种情形:

> **事例4**
>
> ① X 与 Y 订立契约,以 5000 万日元购买 Y 所有的土地甲。X 以为是土地甲,后来发现实际上却是其南面的土地乙,而土地甲是北面日照不好的土地。
>
> ② X 与 Y 订立契约,以 5000 万日元购买 Y 所有的土地甲。X 以为除了建筑物的住宅用地外,甲中还包含家庭菜园部分,后来发现家庭菜园部分属于与甲相邻的土地乙。
>
> ③ X 与 Y 订立了契约,用 300 万日元从 Y 处购买阿尔盖玛伊奈公司制造的、据说有 130 马力的二手电动机甲。可是后来 X 经检查发现,甲只有 30 至 70 马力左右的功率。

(a) 有关标的物同一性的错误　　第一,是因错误而弄错标的物的情

---

⑨ 最判昭和 40 年 10 月 8 日民集 19 卷 7 号 1731 页(打算与债务抵销才以该债权人为买主,可实际上买主不是债权人)等也是出于同样的考虑。

⑩ 大判昭和 3 年 7 月 11 日民集 7 卷 559 页,大判昭和 10 年 12 月 11 日新闻 3928 号 10 页,大判昭和 13 年 11 月 7 日判决全集 5 辑 22 号 4 页等。

⑪ 大判大正 7 年 3 月 27 日民録 24 辑 599 页,大判昭和 13 年 3 月 18 日判决全集 5 辑 7 号 13 页等。

形,例如①的情形。在此情形,判例认为,原则上构成要素的错误。⑫

(b) 有关标的物范围、数量的错误　　第二,是判断标的物的范围、数量时所发生的错误,例如②的情形。

1) 原则　　在此情形,判例认为:原则上当差距程度较大时,构成要素的错误。⑬

2) 例外　　但订立契约时当事人没有特别重视标的物的范围、数量的情形,即使在这一点上存在错误,也不构成要素的错误。⑭

(c) 有关标的物性质的错误　　第三,是就标的物的性质存在错误的情形,例如③的情形。在此情形,也只有在具备一定的性质这一点已成为契约内容的情形,当现实的标的物不充分具备这样的性质时,才构成要素的错误。⑮

1) 基于因果关系说的说明　　依因果关系说,在以一定性质的具备作为契约内容时,如果知道现实的标的物不充分具备这样的性质,一般认为,通常就不会买卖该标的物,所以属于要素的错误。

2) 基于合意原因说的说明　　依合意原因说,尽管以一定性质的具备作为契约内容,但如果现实的标的物不充分具备这样的性质,则给付的等价性将遭到破坏,所以属于要素的错误。

(2) 消费借贷　　其次,在消费借贷契约⑯中经常受争议的,是主体的错误和前提事实——尤其是担保的存在、内容——的错误。

---

⑫ 大阪高判昭和44年11月25日判时597号97页等。与此相对,大判昭和2年3月15日新闻2688号9页认为:即使是不动产(田地)的买卖,在属于不特定物买卖的情形,即便就最终指定的标的物存在错误,也不构成要素的错误。

⑬ 大判大正11年7月13日新闻2032号19页,大判昭和9年12月26日判决全集13卷3号(裁判例8卷民322页)等。

⑭ 大判昭和13年4月7日判决全集5辑9号26页(在1年的采掘期间内买卖1万立方坪的海面沙砾,但实际被许可的采掘量只有300立方坪的事件)等。

⑮ 除大判大正10年12月15日民録27辑2160页外,还可参照大判大正6年2月24日民録23辑284页(误以为是怀孕、能生良马的马而买卖的事件),最判昭和33年6月14日民集12卷9号1492页(误以为劣质果酱是优质樱桃果酱,从而订立以代物清偿为内容的和解契约的事件)等。

⑯ 严格来讲,消费借贷契约因实际向借款人交付金钱而成立(民587)。因此,即便因错误无效,交付的金钱也必须作为不当得利返还。与契约有效存续的情形的区别,仅仅是返还请求的时期等附随条件而已。为此,错误的成立与否具有重要意义的,是像事例7那样,虽然订立了契约但金钱尚未交付的情形——消费借贷预约、诺成性消费借贷的事件。

> **事例 5**
>
> X 在用 5000 万日元从 A 处购买土地甲之际,为了筹措购买资金,在甲上设定第一顺位抵押权,凭此与 Y 银行订立了融资 3000 万日元的契约。可是后来,在 Y 银行实际实施融资的阶段,发现了以下事实。
> ① Y 银行处理不良债权失败,濒临破产。
> ② Y 银行听说 X 是西京大学的教授,但 X 实际上只不过是一个兼任讲师。
> ③ 在甲的登记簿上,G 的抵押权被涂销,但该涂销是 A 伪造的,因此 Y 银行即使设定抵押权也只是第二顺位的抵押权。

（A）**主体错误**

（a）**有关债权人＝贷款人的错误** 首先,有关主体的错误中,像①那样有关贷款人的错误,判例认为原则上不属于要素的错误。[17] 因为无论贷款人是谁借款人都必须偿还,这一点是不变的,不会产生什么不利益。

（b）**有关债务人＝借款人的错误** 而像②那样有关借款人的错误,判例认为,只要因此使得受偿可能性发生较大变化,就构成要素的错误。[18] 其理由与买卖、不动产租赁中有关金钱债权的债务人、即买主、承租人的错误的情形相同（参照(1)(A)(a)1)（211 页以下））。

（B）**前提事实的错误** 其次,围绕③那样的、有关担保的错误是否构成要素的错误,存在争议。

（a）**否定说** 裁判例中有的认为,既然担保是附随于消费借贷的,那么即使关于这一点存在错误,也不构成消费契约中的要素的错误。[19]

（b）**肯定说** 可是,消费借贷契约的核心债务是偿还贷款。有力说主张,既然担保是确保该返还债务履行的,原则上就构成要素的错误。

1）**基于因果关系说的说明** 依因果关系说,预定的担保如果得不到确保,那么贷款人通常是不会订立这种消费借贷契约的,所以属于要素的错误。

2）**基于合意原因说的说明** 依合意原因说,预定的担保如果得不到确保,则无法回收贷款的危险就会增大,给付等价性在实质上将遭到破坏,所以属于要素的错误。

2. 无偿契约 在无偿契约,尤其受争议的,是赠与和担保契约——保证契约、抵押权设定契约等。

---

[17] 大判大正 7 年 7 月 3 日民录 24 辑 1338 页等。
[18] 参照大判昭和 12 年 4 月 17 日判决全集 4 辑 8 号 3 页（承兑支票的事件）等。
[19] 大判明治 33 年 6 月 22 日民录 6 辑 6 卷 125 页。

(1) 赠与

> **事例 6**
>
> ① X 响应母校西京大学创立 100 周年纪念委员会 Y 的捐款号召,往指定的账号内汇入了 20 万日元。可是后来发现,Y 是与西京大学没有直接关系的团体。
>
> ② X 回美国时,为了报答平时长期辛劳帮着干家务的 Y,将不要的高尔夫靴子、西服、领带等日用品装在一个袋子里赠与给了 Y。可是后来发现,在所交袋子里混有有价证券。

(A) 主体错误　　在赠与的情形,向谁赠与具有决定性的意义。因此像①那样,有关受赠人的错误,原则上属于要素的错误。[20]

(B) 标的物错误　　在赠与的情形,既然是无偿赠与标的物,对赠与人来说标的物具有多大的价值具有决定性的意义。因此像②那样,当因错误而赠与了比原来设想的东西价值高的东西时,原则上属于要素的错误。[21]

(2) 担保契约

关于担保契约,有关被担保债权——担保什么——的错误、以及有关前提事实——有无其他的担保等——的错误,常常成为问题。

> **事例 7**
>
> 受 A 的委托,X 与 Y 订立了契约,约定在 A 向 Y 借贷 1000 万日元之际充当其保证人。
>
> ① X 本打算为 A 向 Y 借贷 1000 万日元作保证的,可是后来经确认发现,保证的是 A 的交易方 S 向 Y 借贷 1000 万日元的债务。此情形如何?
>
> ② 由于 A 说其父亲 H 另外将在其所有的土地甲上设定抵押权,绝对不会给 X 添麻烦,X 这才与 Y 订立了保证契约。而实际上那样的抵押权就没有设定。此情形如何?

(A) 有关被担保债权的错误　　像①那样,有关负担谁的债务的错误,原则上属于要素的错误。[22] 它是出于这样的考虑:一旦订立保证契约,如果主债务人不能清偿债务,保证人就必须替代主债务人清偿。因此,对于保证人来说,

---

[20] 东京地判昭和 39 年 4 月 21 日判夕 161 号 151 页(无偿转让外观设计专利权的事件)等。

[21] 东京地判昭和 42 年 3 月 23 日判时 489 号 64 页等。

[22] 大判昭和 9 年 5 月 4 日民集 13 卷 633 页等。此外,最判平成 14 年 7 月 11 日判时 1805 号 56 页,就实际上并无商品的交付,A 即宣称从 K 处购买了商品,而与信用公司 Y 订立垫付契约——所谓的空白信用——之际,X 不知道该事实却就 A 的垫付金返还债务充当了保证人的案件,判定属于保证契约的要素存在错误。"因为保证契约是保证特定的主债务的契约,主债务如何是保证契约的重要内容",在信用契约"商品买卖契约的成立是垫付契约的前提,商品买卖契约的成立与否,原则上是保证契约的重要内容"。当然,即使在空白信用的情形,A 对 Y 负担垫付金的返还债务——即被担保债权存在——这一点是不变的。可是不能否认的是,较之于利用正规信用的情形,像这样以不正常的形态利用信用的情形,主债务人 A 的信用实际上存在差距,保证人 X 应当负担的风险会不同。

主债务人是否是能够清偿债务的人具有重要的意义。

（B）有关前提事实的错误　　像②那样,有关是否还有其他担保的错误,只要这一点没有成为契约的内容,原则上就不属于要素的错误。㉓ 它是出于这样的考虑:保证契约的内容,是在主债务人不履行债务的情形,由保证人替代其履行债务。是否还有其他的担保不包括在保证契约的内容内。

Comment　　　　　　　　　　　　　　　　　法律行为的定型化内容与要素的判断

　　对于保证人来说,最关心的事情便是必须替代主债务人履行债务的可能性有多大。如果还有其他充分的担保,那么该可能性就小。因此,如果知道关于这一点存在错误的话,可以认为通常不会订立那样危险的保证契约。在此意义上,至少依因果关系说,似乎可以认为它属于要素的错误。

　　然而,判例和通说的前提是:要素的错误是有关法律行为内容的错误。因此,对于不属于法律行为内容的事情,即使存在错误,也不可能成为要素的错误。就保证契约而言,其定型化的内容是:当主债务人不履行债务时,由保证人替代其履行债务。因此,只要没有特别约定,是否还有其他的担保就不属于保证契约的内容。所以,判例和通说认为关于此点的错误不可能成为要素的错误。

　　而合意原因说所理解的法律行为的要素却是:当主债务人不履行债务时,由保证人替代其履行债务。只要没有特别约定,是否还有其他的担保这一点,不可能成为订立保证契约的原因。原则上,分别就不同契约种类定型化地决定合意的原因,而不管各个具体的当事人在主观上如何考虑。合意原因说就是这样思考的。

　　像这样,即使有关法律行为内容的错误与法律行为要素的错误这两种理解存在差异,但无论在哪一种理解,法律行为的定型化的内容——就契约而言则是典型契约的内容——都具有重要的意义。思考错误的成立与否时,有必要留意这一点。

Ⅳ　表意人的重过失——错误无效的阻却要件

1　宗旨

依95条但书,当表意人有重过失时,他便不能主张错误无效。此规定有如下两个涵义:

1. 对保护有重过失之表意人的否定　　第一,有重过失的表意人不受保护。若贯彻意思原理,那么,既然表意人有错误就应该判定错误无效。可是立法者认为,在表意人有重过失的情形,尽管没有意思也要承担责任,这是不得已的。

2. 对有轻过失的表意人的保护　　第二,有轻过失的表意人受保护。在

㉓ 大判明治38年12月19日民录11辑1786页,大判大正6年5月30日民录23辑911页,大判昭和4年12月17日新闻3090号11页,最判昭和32年12月19日民集11卷13号2299页等。

发生错误的情形，通常表意人或多或少会有过失。因此，如果仅仅因为有过失就不能主张错误无效，那么，在几乎所有的情形都会导致这样一个结果：表意人明明没有意思却要承担责任。立法者认为，如此一来，在有要素错误的情形认可意思表示无效的意义就丧失了。

② 重过失的判定基准

所谓重过失，一般的理解是：对于陷入错误状态一事，严重欠缺在该情境之下普通人应有的注意。[24] 至于判断的要点，这里权且列出以下两点：

事例 8

① 不动产商 X 与 Y 订立了契约，用 5000 万日元购买 Y 所有的、位于"110 号"的土地。可是后来发现，X 以为位于 110 号的土地其实位于其南侧的 111 号，而实际的 110 号土地是位于其北侧的、日照不好的土地。

② 为了开设药店 X 与 Y 订立契约，以 50 万日元的月租金租借 Y 所有的店铺甲。依相关条例的规定，新开设的药店必须与已有的药店保持 120 米以上的距离。X 经目测后认为可以。可是后来发现，实际上间隔距离只有 100 米，结果 X 无法在甲开设药店。

1．表意人的知识、能力 第一，有关该交易表意人越是具有较高的知识、能力，就越容易认定重过失。[25] 例如像①中的 X 那样，由于认为其具有较高的关于土地交易的知识、能力，在其不确认标的物的地号就进行交易的情形，比较容易认定重过失。[26]

2．与表意人的目的的关联性 第二，对于实现自己的目的来说具有重要意义的事项，通常应该在慎重调查的基础上应对。因此，如果怠于调查，就容易被认定为有重过失。[27] 例如在②中，如果想要开药店，就应该进行实测、或者用地图测量，作慎重的调查。因为不遵守条例的话，就无法开药店。[28]

---

[24] 参照大判大正 6 年 11 月 8 日民录 23 辑 1758 页。

[25] 参照前注[24]大判大正 6 年 11 月 8 日（以买卖股票为业之人购买含有限制转让条款之章程的公司股票的事件）、大判昭和 13 年 2 月 21 日民集 17 卷 232 页（误信无尽公司的监事可以免责而就任监事的事件）、最判昭和 44 年 9 月 18 日民集 23 卷 9 号 1675 页（律师仅仅打算作代理人而在含有连带保证责任条款的公证书上签名的事件），最判昭和 50 年 11 月 14 日判时 804 号 31 页（财产保险公司没有向事故相关人听取事故情况，就与被害人订立了支付保险金的私了契约的事件）等。

[26] 千叶地判昭和 39 年 6 月 19 日判时 392 号 62 页等。

[27] 例如，像前注[24]大判大正 6 年 11 月 8 日那样，以买卖股票为业之人在购买公司股票时，既然以转卖为目的，就当然需要调查该公司的章程中是否有限制股票转让的条款。既然怠于调查，那么被认定为有重过失也没有办法。

[28] 东京地判昭和 46 年 5 月 20 日判时 643 号 53 页。

3 表意人的重过失与相对人的恶意

事例 8-2

在事例 8②中，真实情况是 Y 当时知道不能在甲开设药店。这种情形将如何？

在相对人明知表意人有错误的情形，相对人没有应受保护的信赖。因此一般认为，在此情形即使表意人有重过失，他也可以——通过主张、举证相对人的恶意——主张错误无效。㉙

Comment　　　　　　　　　　　　　　　　　　　　95 条但书的例外

依 95 条但书，当表意人有重过失时，不能主张错误无效。可是，可以设想出若干的情形，即便是这样的表意人仍可认可其错误无效的主张。

其中一种，如上所述，是相对人知道表意人陷入了错误状态的情形。可是，例如像单纯写错说错等认定表意人有重过失的情形那样，即使不能说相对人知道表意人的错误，但也能够很容易地察觉的情形不在少数。一般认为，即使在这种情形，也不能说相对人的信赖值得保护，这一点没有什么不同。

此外，即使在表意人有重过失的情形，当表意人的错误由相对人引起时，相对人应当接受这个结果，不能以表意人有重过失为由排斥其无效主张。

再者，在共通错误的情形，既然相对人也陷入错误状态，不存在维持法律行为效力的利益，因此有见解主张，即使表意人有重过失也应当认可无效主张。㉚ 陷入同一错误的相对人如果能够指责表意人有重过失而排斥表意人错误无效的主张，确有问题。

基于这样的考虑，《基本方针》【1.5.13】〈3〉作如下提案：当（a）"相对人知道表意人错误时"；（b）"相对人就不知道表意人的错误有重大过失时"；（c）"相对人引发表意人的错误时"；（d）"相对人于表意人发生同一错误时"，即使表意人有重过失也可以撤销意思表示——如下文所述，《基本方针》设计的错误的效果不是无效，而是可撤销。㉛

4 电子消费者契约的特别规则

依 2001 年制定的《有关电子消费者契约以及电子承诺通知之民法特例的法律》，有关电子消费者契约中消费者的意思表示，在一定的情形排除 95 条但书的

㉙ 参照四宫 178 页、内田 69 页、河上 356 页等。
㉚ 参照四宫 179 页、181 页，四宫、能见 226 页以下，内田 76 页以下等。
㉛ 参照基本方针 28 页以下，详解 I 103 页以下，特别是 118 页以下。

适用(电子3)㉜,即使消费者有重过失也认可错误无效的主张。这是基于这样的考虑:通过互联网缔结契约时,即使付出通常的注意仍容易发生点击失误等操作失误。

1. 为排除适用95条但书构建基础的要件

(1) 成为对象的契约——电子消费者契约　　对该特别规则的适用,限于如下的契约(电子2Ⅰ):

　　(A) 消费者契约　　第一,需要是消费者与经营者间缔结的契约。

　　(B) 缔结借助了电子计算机的映象画面　　第二,缔结需要采用电磁方法,借助电子计算机的映象画面。此情形的电子计算机,指内部有CPU的所有机器,使用i模式等的移动电话也包括在内。

　　(C) 按照经营者所示的程序发送信息　　第三,需要消费者按照经营者或者受其委托者在映象画面所表示的程序,用电子计算机发送信息,来完成要约、承诺的意思表示。

(2) 成为对象的错误　　对该特别规则的适用,限于就消费者所作电子消费者契约的要约、承诺的意思表示具备下列要件的情形:

　　(A) 要素的错误　　第一,需要电子消费者契约的要素存在错误。

　　(B) 意思的不存在　　第二,需要该错误属于下列情形之一:

　　　(a) 缔结意思的不存在　　一种情形,是消费者在用其适用的电子计算机发送信息时,没有向经营者作要约、承诺电子消费者契约之意思表示的意思。

　　　(b) 内容的错误　　另一种情形,则是消费者在用其适用的电子计算机发送信息时,有作与要约、承诺电子消费者契约之意思表示不同内容的意思表示的意思。

2. 排除适用95条但书的阻却要件　　但在下列任一情形,适用95条但书。

(1) 经营者的确认措施　　第一,是消费者作要约、承诺之意思表示之际,经营者或者受其委托者通过电磁方法借助映象画面采取措施向消费者确认其有无作意思表示之意思的情形。例如,在按键发送最终的要约前,显示契约内容、并赋予订正机会的画面设置。

(2) 消费者表明放弃确认的意思　　第二,是消费者向经营者或者受其委托者表明没有必要采取该措施之意思的情形。

㉜　参照河野太志"电子消费者契约及び电子承诺通知に关する民法の特例に关する法律の概要"NBL718号28页(2001年),山本丰"电子契约の法的诸问题——消费者契约を中心に"ジュリスト1215号75页(2002年)。

V 效 果

1 意思表示的效力

1. 无效 依 95 条,当法律行为的要素存在错误时,意思表示归于无效。其结果,意思表示、进而法律行为自始不生效力。[33]

2. 错误无效的主张者

(1) 错误人以外的人 围绕错误人以外的人是否也能主张错误无效,存在争议。

> **事例 9**
>
> X 与 Y 订立了契约,以 5000 万日元的价格将自己所有的土地甲卖给 Y。可是后来发现,当初 X 以为是甲的土地其实是与其相邻的土地乙。
> ① Y 认为 5000 万日元对于甲来说过高而后悔。得知 X 有错误,便提出该契约无效。
> ② Y 要求擅自把甲当作材料堆放场地的 A 腾空场地时,A 得知 X 有错误,于是提出:由于 X、Y 之间的契约无效,Y 不是所有人,因此没有要求腾空的权利。

(A) **绝对无效说** 传统的见解认为,任何人都可以主张无效,并不限于错误人。这是基于意思教义的见解。也就是说,在错误的情形,只要没有意思,那么意思表示根本不存在。对于不存在的东西,谁都可以主张"不存在"。按照这种观点,无论是①、②哪一种情形,以 X、Y 之间的契约无效为理由的主张都会得到认可。

(B) **相对无效说** 而现在,认为只有错误人才可以主张错误无效的见解占支配地位。[34] 因为从 95 条的目的——保护发生错误的表意人——看,需要只允许应受保护的表意人主张无效。依此观点,无论是①、②哪一种情形,并非错误人的 Y、A 不能主张错误无效。

(2) 错误人的债权人 但是对于错误人的债权人,存在特殊的问题。

> **事例 10**
>
> A 花了 200 万日元从 Y 处购买了被称为古贺春江笔的油画甲,但后来发现是赝品。于是,A 对 Y 主张错误无效,要求其返还 200 万日元价金。Y 筹措不到资金,无法满足返还价金的要求。后来,A 经过调查发现,油画甲是 Y 用 170 万日元从 X 处购买的,Y 本人也误以为甲是真品,陷入了错误状态。

---

[33] 有关无效的效果,将在第 14 章(317 页以下)解说。
[34] 除最高裁判昭和 40 年 9 月 10 日民集 19 卷 6 号 1512 页外,还可参照川岛 296 页,几代 275 页以下,星野 198 页,四宫、能见 227 页,须永 253 页,近江 218 页以下,石田 346 页,内田 73 页以下等。

（A）无效主张肯定说　　判例认为，即使是第三人，对于错误人的债权人（A），在满足如下两个要件时，可以主张错误无效[35]：

（a）保全对错误人债权的必要性　　第一，有保全对错误人债权的必要。就债权人（A）对债务人（Y）拥有债权（200万日元的返还请求权）而言，当债务人（Y）没有足以清偿的资力时，就有保全的必要。

（b）错误人的承认　　第二，错误人（Y）本人也承认发生了错误。

（B）债权人代位说　　而学说中有力的见解却不承认错误人以外的人可以主张错误无效，在此基础上认为，对于错误人的债权人（A），认可其行使债权人代位权（民423）即可。[36]

（a）代位行使的涵义　　依此观点，发生错误的债务人（Y）就其与相对人（X）的契约不主张错误无效的情形，债权人（A）可以代位债务人（Y）主张错误无效。

（b）与无效主张肯定说的差异　　在此情形，由于只要债权人代位权的要件充足便足够，因此，只要对发生错误的债务人（Y）的债权有保全的必要即可（民423 I），而不再需要发生错误的债务人（Y）自己也承认发生了错误。

Comment　　错误的效果——从无效走向撤销

如果将可以主张无效之人限于表意人，错误无效就接近撤销了。学说则更进一步，或提倡承认溯及性追认的可能性，或提倡就期间的限制类推适用有关撤销之126条的可能性。[37] 像这样，将错误无效作为"撤销性的无效"来构成的取向，正得到越来越多的支持。[38] 不过，主要就期间限制而言，针对那种对规定为"无效"的条文通过解释作整齐划一的限制的立场，似乎还存在抵抗。[39]

如果认为错误制度的宗旨是为了将作了不正确之意思表示的人从该意思表示的拘束中解放出来，那么，实际上是否追求这种解放，就需要听凭作意思表示之人来决定。不过，这样的决定如果任何时候都可以自由作出的话，相对人将一直置身于不安定的地位。如果认为撤销制度就是为此而设置的，那么就应当将错误的效果也直接作为撤销来构成。基于这样的考虑，《基本方针》【1.5.13】提案将错误的效果改为撤销。[40]

---

[35] 最判昭和45年3月26日民集24卷3号151页。还可参照近江220页以下、北川165页。

[36] 四宫・能见227页以下、石田346页等。

[37] 石田347页、须永253页以下、近江222页以下等。

[38] 几代419页、内田75页、292页、平野288页以下等。提倡朝着这个方向推进的文献，除了椿寿夫编《法律行为无效的研究》（日本评论社，2001年）所收录的椿寿夫的一系列论稿（初出1987～96年）外，尤其可参照椿久美子"取消的无效"同书231页以下。

[39] 参照内田292页以下。河上419页通过基于诚信原则之权利失效原则的媒介，认为："失效的基准期间如果是参照了126条的程度，岂不是充分现实的手法？"

[40] 参照基本方针28页以下，详解 I 103页以下，特别是116页以下。

2 错误人的损害赔偿义务

依 95 条,在错误人可以主张错误无效的情形,相对人有可能因此遭受损害。在此情形,围绕相对人可否对错误人请求损害赔偿,存在争议。

1. 损害赔偿否定说 既然 95 条未作特别规定,对于令错误人承担损害赔偿责任的可能性,以往一般作否定性的解释。

2. 损害赔偿肯定说 最近,这样一种见解逐渐受到支持:应当作为侵权行为或者缔约过失责任判定表意人的损害赔偿责任。[41] 其理由在于,既然是由于自己的不注意而产生错误者危害了相对人的信赖,给相对人带来不利益,应该说承担损害赔偿义务是理所当然的。

Ⅵ 与其他制度的关系——与瑕疵担保制度的关系

错误与其他各种制度竞合,有可能引发问题。其中,与欺诈制度的关系将在下一章讲述。在此,仅讲述与瑕疵担保的关系。在有关物的性质错误的情形,这种关系会成为问题。

> **事例 11**
> X 用 200 万日元从 Y 处购买了有毕加索本人签名的原作版画甲。可是,后来调查发现是赝品。

1 何谓瑕疵担保

1. 涵义 所谓瑕疵担保责任,是指在买卖契约中,当标的物有隐蔽瑕疵——买主(X)不知道标的物没有具备依契约应当具备的性质(甲为赝品)——时,由卖主(Y)承担责任(民 570)。

2. 效果 在此情形,民法规定了如下的效果(民 570→566):

(1) 担保责任的内容

(A) 解除契约 因瑕疵的缘故契约目的不能实现时,买主可以解除契约。

(B) 损害赔偿 不管怎样,买主都可以请求损害赔偿。

(2) 期间限制 契约的解除、损害赔偿的请求,要在买主知道事实(瑕疵)

---

[41] 除小林一俊"错误法の沿革と指针——日本民法における错误法の系谱と关连问题点"同《错误法の研究》(酒井书店,增补版,1997 年,初出 1973 年)201 页以下外,还有几代 275 页、四宫·能见 231 页、石田编 163 页[矶村]、石田 352 页、北川 166 页、川井 181 页以下等。

之时起 1 年以内作出。

② 错误与瑕疵担保的关系

在此情形,当上述错误的要件充足时,也有可能认可错误无效。问题是,错误与瑕疵担保是一种怎样的关系?关于这一点存在争议。

1. 瑕疵担保优先说　通说主张优先适用瑕疵担保的规定。㊷ 这是因为考虑到:如果过了 1 年还可以主张错误无效,则早期确定有关标的物瑕疵的纷争这种期间限制的宗旨将化为乌有。

2. 选择可能说　有力的见解认为,在各自规定的要件充足的情形,当事人可以选择主张。㊸ 但是,由于在期间限制上会产生差异,学界主张限制可以主张错误无效的期间。

(1) 类推 566 条说　有见解主张类推 566 条 3 款,认为应将可以主张无效的期间限制在知道瑕疵之时起 1 年以内。㊹

(2) 类推 126 条说　此外,还有见解主张类推有关撤销的 126 条,将可以主张错误无效的期间限制在契约之时起 5 年以内。㊺

㊷ 我妻荣《债权各论中卷一(民法讲义 V₂)》(岩波书店,1957 年)302 页以下,柚木馨编《注释民法(14)》(有斐阁,1966 年)232 页以下[柚木馨],四宫、能见 229 页,川井 183 页等。

㊸ 野村丰弘"错误と瑕疵担保责任について"学习院大学法学部研究年报 11 号 50 页以下(1976 年),石田 356 页以下,北川 166 页,近江 225 页以下等。而前注⑮最判昭和 33 年 6 月 14 日判定错误的规定优先。可是在该事件中,估计也是因为当事人主张了错误。该判例的宗旨恐怕并非在当事人不主张错误而主张瑕疵担保的情形否定瑕疵担保的主张。在这个意义上,可以认为判例实质上站在选择可能说的立场上。

㊹ 野村·前注㊸351 页,石田 356 页以下等。

㊺ 近江 226 页。

欺诈、胁迫

I 序

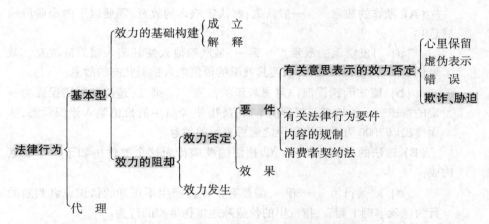

本章介绍有关意思表示的效力否定要件中涉及有瑕疵之意思表示的部分。在这种情形,虽然意思与表示一致,但是在意思表示的过程中表意人受到了他人的不当干涉。具体来说,就是欺诈和胁迫。在这里,问题有如下三点:

第一,欺诈、胁迫的成立与否,即在怎样的情形才算发生了欺诈、胁迫(民96I)?

第二,第三人的欺诈、胁迫,即在由第三人欺诈、胁迫的情形,意思表示的效力如何(民96Ⅱ)?

第三,基于欺诈、胁迫的撤销与第三人的问题,即以欺诈、胁迫为理由撤销意思表示时,能否对有利害关系的第三人主张撤销的效果(民96Ⅲ)?

II 欺诈的成立与否

1 何谓欺诈

依96条1款,因欺诈而为之意思表示可以撤销。

1. 欺诈的涵义 这里的"欺诈",是指欺骗表意人,使其陷入错误状态从而作意思表示的行为。

2. 撤销原因——欺诈的成立要件　　要成立 96 条的欺诈,必须具备以下要件:

> **事例 1**
>
> Y 想骗取 X 所有的、当时价值 1 亿日元的土地,便趁 X 高龄多病,向其陈述了诸如"甲是零碎的土地,卖不出去"、"甲的市场价格在 1000 万至 2000 万之间"等虚伪的事实,并且巧妙地提出:"如果能拿到 2000 万日元的价金,就可以住进养老院了",使 X 与其订立了以 2000 万日元出售甲的契约。

(1) 欺诈行为　　首先,需要欺诈人①故意地、实施了②违法的欺骗行为。

(A) 欺诈的故意　　一般认为,要认定欺诈的故意,需要以下两个阶段的故意①:

(a) 引发错误的故意　　第一,是欺骗他人使其陷入错误的故意。就事例 1 而言,便是欺骗 X,欲使其就甲的价值陷入错误状态的故意。

(b) 使其因错误而作意思表示的故意　　第二,是使其因错误而为一定的意思表示的故意。就事例 1 而言,指使 X 就甲的价值陷入错误状态,从而作出以 2000 万日元出售甲之意思表示的故意。

(B) 违法的欺骗行为　　②违法的欺骗行为这个要件由如下两个要素构成:

(a) 欺骗行为　　第一,需要有使他人产生不正确的认识或者判断的行为。就事例 1 而言,指就甲的价值陈述虚伪事实的行为。

(b) 违法性　　第二,需要该欺骗行为是超出社会观念所允许限度的违法行为。就事例 1 而言,指明知 X 高龄体弱,却就甲的价值主动告诉他不真实情况的行为,通常可以认为显著超出社会所允许的限度。②

(2) 基于欺诈的意思表示　　其次,还需要由于以上的欺诈行为,③表意人陷入错误状态,并④因错误作出违反真意的意思表示。

(A) 错误的引发　　第一,③欺诈行为的结果,必须使表意人陷入错误状态。此情形的错误,通常是基于对事实的误认而作意思表示的错误,多属于动机错误。就事例 1 而言,指在 X 形成"以 2000 万日元出售甲"这种意思的过程中,由于 Y 的欺诈行为,使得 X 产生了不正确的观念——甲的价值只有这个程度,并且基于这个观念作出了意思表示。

(B) 错误与意思表示的因果关系　　第二,错误与意思表示之间必须是

---

① 大判大正 6 年 9 月 6 日民录 23 辑 1319 页认为:即使被保险人就既往病症陈述了虚伪的事实,但是只要没有由此使相对人与其订立保险契约的、第二阶段的故意,就不构成欺诈。

② 东京地判平成 3 年 9 月 26 日判时 1428 号 97 页出于这种考虑,在与事例 1 类似的案件中认可了欺诈撤销。而潮见 175 页以下认为,应当对故意的欺骗行为作法律上无价值的评价,因此主张不需要欺骗行为的违法性要件。

这样的关系；④若无错误则不会作这样的意思表示。就事例 1 而言，如果知道甲的真正价值高达 1 亿日元的话，就不可能作出以 2000 万日元出售甲的意思表示。因此，因果关系成立。

3. 撤销的效果 在满足以上要件的情形，表意人可以撤销意思表示（民 96 I）。如果表意人作出撤销的意思表示（民 123），意思表示视为自始无效（民 121 正）。③

Comment　　　　　　　　　　　　　　　　　　欺诈的成立与否和交易社会的规则

仅仅从以上的说明来看，可能会认为欺诈的问题简单。可是，现实的事例并非这样单纯。实际的交易，往往是交易方掩盖对自己不利的事实，只强调好的一面。为了使相对人产生订立契约的欲望，这种策略必不可少。如果认为这些都属于欺诈的话，交易社会恐怕便无法成立。那么，允许到什么范围？从什么地方开始不再允许？这种交易社会的规则，在判断欺诈的成立与否时成为探询的对象。下面，看一下这个问题最尖锐的表现形态——关于默示欺诈的问题。

② 默示欺诈

1. 问题之所在

> **事例 2**
>
> X 结婚的时候受父母的资助，用 3000 万日元购买了 Y 所有的公寓房甲。搬进去两个月后，X 才从邻居处得知，5 年前从 Y 处租赁甲的一家人在该公寓房内自杀了。

该事例中的 Y 只是没有告知有一家人在甲自杀、这种对自己不利的事实。像这样的不作为，即默示是否也能构成欺诈？在前文所列的欺诈要件中，主要问题是欺骗行为的违法性和欺诈的故意要件。

2. 欺骗行为的违法性　　即使是沉默这样的不作为，只要能够使表意人陷入错误状态，就构成欺骗行为。问题是沉默算得上违法吗？

(1) 信息提供义务　　沉默要构成违法，需要在本应告知 5 年前有一家人在甲自杀的事实却没有告知。这种向相对人传递信息的义务，称为信息提供义务或者说明义务。

(2) 信息提供义务的基础构建　　问题是，这样的信息提供义务是基于什么样的理由？在何种情形才认定？

Comment　　　　　　　　　　　　　　　　　　自己责任的原则与信息提供义务

交易社会的大前提是自己的利益靠自己保护。如果怠于保护，则承受不利益是不得已的。这种自己责任的原则，要求各人为了免遭不利益，就必须自己收集信息、

---

③ 关于撤销的效果，将在第 14 章（317 页以下）作解说。

加以应对。因此,违反这个原则而承认信息提供义务,需要特别的理由。

在这里,仅捧出诚信原则不足以构建其基础。问题是,为什么不提供信息便构成对诚信原则的违反?④ 同样的问题,也适用于保护相对人的理由。的确,如果不提供信息的话,相对人会以为不存在这样的信息。可问题是,为什么这样的信赖就值得保护?

深入思考这些问题,至少可以列出以下两点承认信息提供义务的理由⑤:

(A)禁止加害他人 第一,在因不传递一定的信息而导致相对人的权利受到侵害的情形,要求传递这种信息。这种相对人的权利,例如有如下几种:

(a)财产权的保护 首先,在事例 2 中,如果不告诉 X 在那里发生了一家人自杀的事情、这种对公寓房的价格具有决定性影响的事实,X 就不能取得与自己支付的价金相当的财产。这可以理解为是对 X 的财产权的侵害。

(b)对居住决定权的侵害 其次,由于 Y 没有告知在那里发生过一家人自杀的事实,迫使 X 居住若知道该事实绝对不会希望去住的场所。这可以理解为是对 X 决定在什么场所居住的权利的侵害。

(B)专家的责任 第二,基于如下的理由,有可能认定专家负有信息提供义务。⑥

事例 2-2

在事例 2 中,如果 Y 是不动产商人,将如何?

(a)恢复实质性的契约自由 在专家与普通人之间的交易中,因为存在信息差距,很有可能发生不利于普通人的交易。这意味着普通人在实质上丧失了契约自由。于是,为了实质性地恢复普通人的契约自由,就需要对专家课以信息提供义务。

(b)保护社会对专家的信赖 专家为了回应社会对自己的信赖,需要提供必要的信息。

---

④ 《基本方针》【1.5.16】提案在〈1〉规定"表意人因受欺诈而为意思表示时,其意思表示可以撤销"的基础上,在〈2〉规定"因不提供依诚信原则应当提供的信息,或者依诚信原则就其信息应当作说明而未作说明,故意使表意人陷入错误状态,或者故意利用表意人的错误,使表意人作意思表示时,构成〈1〉规定的基于欺诈的意思表示"。考虑到围绕在何种情形承认有信息提供义务这一点尚未形成共识,所以仅仅重述了有关欺诈的一般观点(参照基本方针 33 页,详解 I 142 页以下)。因此,在何种情形"基于诚信原则"承认信息提供义务,将交给解释去完成。以下所述内容,具有解释指针的涵义。

⑤ 以下内容,参照山本敬三"民法における『合意の瑕疵』論の展開とその検討"棚瀬孝雄编《契约法理と契约惯行》(弘文堂,1999 年)168 页以下,同"消费者契约法と情报提供法理の展开"金法 1596 号 9 页以下(2000 年)。

⑥ 参见横山美夏《契约缔结过程における情报提供义务》奥田昌道编《取引关系における违法行为とその法的处理——制度间竞合论の视点から》(有斐阁,1996 年)113 页以下,同"消费者契约法における情报提供モデル"民商法杂志 123 卷 4 = 5 号 104 页以下(2001 年),川滨升"ワラント劝诱における证券会社の说明义务"民商法杂志 113 卷 4 = 5 号 166 页以下(1996 年)。

1）确保交易的顺利　　第一,在复杂性高的交易中,不得不依赖具有专门知识的人。为此,社会对这些专家的信赖如果得不到保护,就不能确保交易的顺利进行。

　　2）与利益相对应的责任　　第二,专家也是在有了社会对自己的信赖后才有可能开展营业活动的。既然专家从中获得利益,那么承担相应的责任也是理所当然的。

Comment　　与消费者契约法的关系

　　详细内容如第13章Ⅲ①(283页以下)所述,关于消费者契约,2000年制定的消费者契约法中设置了新规定。依该法3条1款,经营者在劝诱的时候"必须努力就有关消费者契约的内容提供必要的信息"。一般认为,这个规定只不过对经营者规定了努力义务。就是说,即使经营者违反该努力义务,契约的效力也不会仅仅因此就当即被否定。⑦

　　可是,这终归只是说在经营者与消费者之间存在结构性的信息差距,并非意味着一般的经营者都要负担信息提供义务。其宗旨也不是在以上所列的特别理由齐备的情形仍否定信息提供义务。因此,即使对于消费者契约,在禁止加害他人和专家责任这样的思量具有正当性的场合,应当说承认经营者的信息提供义务是可能的。⑧

3. 欺诈的故意　　即使如上所述认定了信息提供义务,肯定了欺骗行为的违法性,也还有该违反是否存在故意的问题。

(1) 故意的涵义　　在默示欺诈的情形,要认定故意需要以下两个事项:

　　（A）对错误的认识　　第一,相对人(Y)认识到表意人(X)不知道该事实。

　　（B）对违法性的认识　　第二,相对人(Y)明明认识到应该告知表意人(X)该事实,却特意不告知。

(2) 因过失违反信息提供义务　　对于欺诈,一般说来要求故意,不承认过失欺诈。因此在下列情形,即使存在过失,只要没有故意就不认可欺诈撤销。⑨

　　（A）欠缺对错误的认识　　第一,是相对人(Y)没有认识到表意人(X)的错误的情形。例如,相对人(Y)误以为表意人(X)已经知道该事实。

　　（B）欠缺对违法性的认识　　第二,相对人(Y)没有认识到违法性的情形。例如,相对人(Y)认为没有必要告诉表意人(X)该事实。

---

⑦　参照消费者厅编95页以下。
⑧　参照山本·前注⑤金法1596号10页以下。
⑨　横山·前注⑥奥田编117页认为,在认识到①表意人(X)不保有该信息,以及②该信息对于表意人(X)来说很重要,而违反信息提供义务时,可以推定欺诈的故意【新注民(3)477页[下森定]也持同样观点】。

③ 欺诈与其他制度的关系

1. 错误　　由于欺诈以错误的存在作为要件之一,因此总是可以看做错误的问题。

(1) 错误的成立与否　　由于这个情形的错误通常属于动机错误,因此作为前提,能否认定错误无效就成为问题。⑩

(A) 动机表示构成　　依动机表示构成,只要动机没有被表示出来成为意思表示的内容,就不认定错误无效。因此,如事例2,当表意人(X)没有特意表示其动机时,他就不能主张错误无效。

(B) 欺诈情形的特殊性——错误的引发　　但是在欺诈的情形,表意人(X)的错误是由相对人(Y)造成的。在此情形,没有理由要求表意人(X)表示其动机。这样考虑的话,那么在欺诈的情形原则上也可以认定错误无效。

(2) 效果——二重效果　　一般认为,只要同时满足了错误和欺诈的要件,当事人就可以在错误无效的效果和欺诈撤销的效果中任意选择其一主张。⑪ 不过,有关错误无效的效果,如果站在应当尽可能地类推撤销之效果的立场⑫上,那么,允许对两个效果作选择性主张就没有多大意义了。

2. 瑕疵担保　　在就物的性质发生欺诈的情形,与瑕疵担保(民570)的竞合也成为问题。

(1) 瑕疵担保责任的成立与否　　在事例2中,作为前提,是否成立瑕疵担保责任?

(A) 瑕疵的存在与否　　第一个问题是,在作为标的物的房屋内有一家人自杀这样的事实,是否属于标的物的"瑕疵"。关于这一点,有判例认为:"房屋是持续生活的场所,因此也可以将因萦绕于房屋的、令人厌恶的历史背景等而产生的心理缺陷理解为瑕疵",从而判定存在瑕疵。⑬

(B) 可否解除契约　　第二,要认可契约的解除,需要因为瑕疵而不能实现订立契约的目的(民570→566Ⅰ前)。关于这一点,有判例在作一般论述——"仅仅买主不喜欢居住存在上述事由的房屋是不够的,需要达到判断为这样一种程度:通常的一般人站在买主的立场上,如果存在上述事由,有合理的理由感到该房屋缺乏居住的舒适性,不适合于居住"——的基础上,认为该事例已经达到这个程度,从而认可了契约的解除。⑬

(2) 效果　　这里也同样,只要满足任何一种制度的要件,当事人就可以在

---

⑩ 详细内容参照第9章Ⅲ以下(184页以下)。在此,仅仅介绍以通说的立场为前提的情形。
⑪ 详见贺集唱"二重效问题——错误无效と欺诈取消し"法学教室213号23页(1998年)。
⑫ 参照第10章Ⅴ①2(222页以下)。关于96条3款的类推,参照本章Ⅴ②3(245页以下)。
⑬ 横滨地判平成元年9月7日判时1352号126页。也可参照东京地判平成7年5月31日判时1556号107页。关于对瑕疵的理解,参照山本Ⅳ₋₁280页以下。(原书两个脚注⑬,皆出此出处。——译者注)

瑕疵担保的效果和欺诈的效果中任意选择其一主张。⑭

Ⅲ 胁迫的成立与否

依 96 条 1 款,因胁迫而为之意思表示可以撤销。

1 何谓胁迫

这里所说的"胁迫",是指向相对人示以危害,使其产生畏惧,由此使其作意思表示的行为。

2 撤销原因——胁迫的成立要件

要成立胁迫,需要具备如下要件:

> **事例 3**
>
> X 的儿子 S 从金融商 Y 处借款 500 万日元。由于事业发展不顺利,结果无法偿还。于是,Y 开着外国进口车闯到 X 家,要求 X 代替 S 偿还借债。遭到拒绝后,Y 执意相逼:"今天是我自己来的,算你运气好。改天我那儿的年轻人来了,会出什么事可就不好说了。"X 感到了人身危险,于是答应了 Y 的要求,与其订立了承担 S 债务的契约。⑮

1. 胁迫行为 首先,需要胁迫人①故意地、实施了②违法的胁迫行为。

(1) 胁迫的故意 一般认为,要认定①胁迫的故意,需要两个阶段的故意。

(A) 引发畏惧的故意 第一,是让他人产生畏惧的故意。

(B) 使他人因畏惧而作意思表示的故意 第二,是使他人因畏惧而作一定意思表示的故意。

(2) 违法的胁迫行为 其次,②违法的胁迫行为这个要件由以下两个要素构成。

(A) 胁迫行为 第一,需要有向相对人示以危害,使其产生畏惧的行为。在事例 3 中,指告诉 X 如果不答应要求就加害于他的行为。

(B) 违法性 第二,该胁迫行为必须是超出社会观念所允许的限度的违法行为。如下所述,这一点依照该行为的目的和手段的正当性判断。

---

⑭ 石田编 171 页[矶村保],川井 191 页等。理由是:由于有违法行为介入其间,所以瑕疵担保的规定不能算是欺诈的特别法。

⑮ 参照神户地判昭和 62 年 7 月 7 日判夕 665 号 172 页。

> **事例 4**
>
> 电影导演 X 在三陪酒吧喝得大醉,发酒疯的时候,划伤了酒吧老板娘 Y 的脸。其后,伤基本治愈,但在眼角下留下了一道 5 毫米长的浅浅的伤痕,尽管化妆可以遮盖。
>
> ① Y 要求 X 赔偿损害,X 却一直不予理睬。于是 Y 以言相逼:"那我就向警察告发你。那样的话新闻媒体也会知道。你不在乎吗?" X 害怕自己的形象受损,被制片人从现在正在着手的巨片的导演位置上拉下来,没有办法,只好同意支付 300 万日元的私了赔偿金。
>
> ② Y 要求 X 赔偿损害,双方初步商定由 X 支付 300 万日元,私了此事。可是后来 Y 抓住了 X 的把柄,要求 1 亿日元的精神损害赔偿。X 说无论如何不能答应,Y 就威胁说:"那样的话我就向警察告发。这样新闻媒体也就知道了。你不在乎吗?" X 感到害怕,回答说如果是 1000 万日元则愿意支付。结果私了成立。

（a）否定违法性的事例　　在①中,如下所述,行为的目的和手段都是正当的,不具有违法性。

1）目的的正当性　　首先,Y 的目的是行使对 X 的损害赔偿请求权,其本身是正当的。

2）手段的正当性　　此外,为此 Y 所采取的手段是向警察告发。由于 Y 受到了 X 的伤害,因此手段也是正当的。

（b）肯定违法性的事例　　在②中,如下所述,行为的目的算不上正当,具有违法性。⑯

1）手段的正当性　　首先,手段的正当性与①相同。

2）目的的正当性　　可是,如果 Y 的损害实际只有 300 万日元的程度,那么在此情形 Y 抓住 X 的把柄,想获取本来不能获得的利益。这个目的不具有正当性。

2. 基于胁迫的意思表示　　其次,需要由于胁迫表意人 X ③产生畏惧,④作出违反其真意的意思表示。

（1）引发畏惧　　第一,胁迫的结果,必须使表意人产生畏惧。畏惧不需要达到表意人完全丧失选择自由的程度。因为在那样的情形,意思表示都不存在,归于无效。⑰

（2）畏惧与意思表示的因果关系　　第二,畏惧与意思表示的关系必须是:④如果没有畏惧,就不会作那样的意思表示。

---

⑯ 参照大阪高判昭和 58 年 5 月 25 日判时 1090 号 134 页。
⑰ 最判昭和 33 年 7 月 1 日民集 12 卷 11 号 1601 页。

Ⅳ 第三人欺诈、胁迫

下一个问题是,在当事人以外的第三人实施欺诈行为或胁迫行为的情形,意思表示的效力如何？这与欺诈和胁迫的情形不同。

事例 5

① X 的朋友 S 为了从 Y 银行获得 500 万日元的融资,请 X 当保证人。因为金额巨大,X 有些犹豫。S 极力劝说,说在自己所有的土地上还要设定抵押权,所以绝对不会给 X 添麻烦。结果,X 成了保证人。然而,S 拿了从银行借来的 500 万日元后便人间蒸发了。由于 S 不清偿,所以 Y 银行要求 X 履行保证债务,支付 500 万日元。X 说应该有抵押权存在的。这时才明白,这也是 S 编造出来的。

② 在①中,X 之所以担任保证人,是因为 S 威胁说,如果 X 不担任保证人的话,就将其公司资金枯竭的事实抖搂出来。在此情形,将会如何？

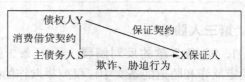

保证契约的当事人是保证人(X)和债权人(Y 银行)。从保证契约的角度看,主债务人(S)为第三人。因此,该事例属于第三人实施欺诈、胁迫的情形。

1 第三人欺诈

1. 相对人的恶意 依 96 条 2 款,就针对相对人的意思表示第三人实施欺诈的情形,只要当相对人知道该事实时——由表意人(在相当于欺诈成立要件的事实之外再)主张、举证,该意思表示可以撤销。因此,在本事例中,当相对人 Y 银行知道 S 实施欺诈的事实时,X 可以撤销订立保证契约的意思表示,拒绝保证债务的履行请求。

2. 相对人的过失 此外,即使算不上相对人知道欺诈的事实,但就不知道存在过失的情形,主张也允许撤销意思表示的见解颇有说服力。⑱ 理由在于,即使表意人自己基于心里保留而作意思表示的情形,若相对人有过失则认可无效(民93);因此在受到欺诈的情形,需要作同样的处理。

Comment　　　　　　　　　第三人欺诈情形之撤销要件的修正

《基本方针》【1.5.16】〈3〉(b)也从与心里保留的对比出发,就"第三人针对相对人的意思表示实施欺诈的情形",提案规定不仅在"表意人作意思表示之际相对

---

⑱ 参照我妻 311 页,几代 281 页,石田 359 页,须永 219 页以下,川井 186 页,平野 233 页等。

人知道该第三人实施了欺诈时",而且"在能够知道时"也允许撤销。如前文所述【第 8 章 Ⅱ（147 页以下）】,关于心里保留,即使区分期待相对人知道真意的非真意表示和隐匿真意而为之狭义的心里保留,但由于表意人受欺诈的情形不同于狭义的心里保留的情形,因此同现行的 93 条一样,如果相对人有过失,就应当允许撤销。⑲

此外,《基本方针》【1.5.16】〈3〉(a)提案:"当该第三人为相对人的代理人或者其他就其行为应当由相对人承担责任之人时",不问相对人的主观如何,都允许撤销。这是因为考虑到,"就其行为应当由相对人承担责任之人"实施的欺诈,被视作相对人自己实施欺诈也是不得已的。同样的观点,为消费者契约法 5 条 1 款——对于该法 4 条规定的基于误认,经营者委托第三人中介该经营者与消费者之间缔结消费者契约,接受委托的受托人等对消费者作不实告知的情形,不论经营者的主观如何均可以撤销——所采用,基本方针将其定位为一般法。能够想到的"就其行为应当由相对人承担责任之人",除了代理人,还有法人的代表人、支配人、从业人员等,此外消费者契约法 5 条 1 款规定之人也包含在内。⑳

2 第三人胁迫

1. 96 条 2 款的反对解释 96 条 2 款仅仅就欺诈作了规定。一般认为在规定欺诈和胁迫的条文中仅仅列举欺诈的宗旨是:在胁迫的情形,即使相对人不知道胁迫的事实也允许撤销。

2. 区别对待欺诈和胁迫的理由 像这样区别对待欺诈和胁迫的理由在于,在胁迫的情形应当保护表意人的需求强烈。

	欺诈	胁迫
意思原理	尽管以不正确的事实认识为前提,但是意思表示本身是任意作出的	意思决定的自由本身受到了侵害
归责原理	可以说本来需要表意人自己正确收集情报的,但表意人却怠于收集	因为意思决定的自由受到了侵害,所以在表意人那里,欠缺谈论自己责任的前提

Ⅴ 基于欺诈、胁迫的撤销与第三人

最后的问题,是在以欺诈、胁迫为理由撤销意思表示后,有利害关系的第三人出现,这时能否对该第三人主张撤销的效果?

---

⑲ 参照基本方针 33 页以下,详解Ⅰ146 页。
⑳ 参照基本方针 33 页以下,详解Ⅰ146 页。

> **事例 1-2**
>
> 在事例 1 中，其后 X 的儿子察觉了事态，X 要求 Y 返还甲。
>
> ① 在 X 要求 Y 返还前，Y 将甲转卖给了 Z，并完成了交付。
>
> ② 在 X 要求 Y 返还后，Y 将甲转卖给了乙，并完成了交付。

1 对第三人之返还请求的法律构成

首先，确认一下成为前提之法律构成。

1. X 的物权请求权 拥有所有权者可以向正占有着其标的物之人请求返还。这种权利称为物权请求权。X 向 Z 请求返还甲的情形，根据就是物权请求权。[21]

2. X、Y 间的买卖契约的涵义 当然，如果 X、Y 间订立买卖契约，那么由于甲的所有权从 X 处移转至 Y 处（民 176），X 的返还请求权失去根据。[22]

3. 撤销的涵义 可是，如果 Y 的行为构成欺诈，依 96 条 1 款 X 可以撤销将甲卖给 Y 的意思表示。如果 X 作出撤销的意思表示，依 121 条正文 X 与 Y 所订立的买卖甲的契约视为自始无效。由此 X 不丧失甲的所有权，可以向 Z 请求甲的返还。[23]

2 保护第三人的规定——96 条 3 款的意义和要件

96 条 3 款规定，因欺诈而为之意思表示的撤销不能对抗善意第三人。依此，如果第三人（Z）为善意，由于被欺诈人（X）不能以撤销的效果（X 不丧失甲的所有权）对抗第三人（Z），因此不认可其对第三人（Z）的返还标的物（甲）的请求。

1. 意义 关于此规定的宗旨以及"第三人"的范围，存在争议。理解因对欺诈撤销的涵义及效力的不同而各异。

---

[21] 如本书 xxv 页注⑦所述，如果主张并举证构成——为权利发生构建基础的——规范之要件的事实，则该权利现存，基于该权利的请求则获得基础。因此，作为请求原因，X 只要主张、举证以下两点即可：① 取得土地甲的原因——例如从前所有人 A 处买受或者依继承而取得等，② Z 正占有着甲。

[22] 如本书 xxvi 页注⑧所述，作为抗辩，Z 需要主张、举证其后（前注㉑①的事实后）X、Y 之间缔结了买卖甲的契约。

[23] 依此，作为再抗辩，X 需要主张、举证如下事实：① 作为撤销原因满足欺诈成立要件的事实存在——ⓐ Y 对 X 实施了故意的欺骗行为，ⓑ X 因此陷入错误状态，ⓒ X 因该错误而作该意思表示；② X 作了撤销的意思表示。

(1) 绝对效力说　　通说和判例作如下理解[24]:

(A) 欺诈撤销的绝对效力　　如果受欺诈之表意人依 96 条 1 款撤销,则意思表示视为自始无效(民 121 正)。该效果是绝对的,在与第三人的关系上当然亦如此。

(B) 保护第三人的宗旨　　96 条 3 款是作为例外保护善意第三人的规定。它是基于如下的考虑:

(a) 从溯及力之下保护　　首先,即使在与第三人的关系上如果也绝对承认撤销的溯及力,那么不知道欺诈事实而一度本应取得权利的第三人将因撤销而丧失权利。96 条 3 款是从撤销的溯及力之下保护善意第三人的规定。

(b) 欺诈与胁迫的区别　　此外,96 条 3 款只对欺诈作了规定。因此,根据反对解释,在胁迫的情形,表意人可以以撤销的效果对抗善意第三人。这样区别对待欺诈与胁迫,是因为表意人的归责性存在以下差异:

1) 欺诈　　在欺诈的情形,受骗的表意人本来需要自己收集正确的信息,既然怠于收集,就有归责性。在此情形,应当优先保护善意第三人。

2) 胁迫　　而在胁迫的情形,受胁迫的表意人由于意思决定的自由受到侵害,因此没有归责性。在此情形,即使第三人为善意,也应当优先保护表意人。

(C) 第三人的范围——撤销前限制说　　像这样将 96 条 3 款理解为从撤销的溯及力之下保护善意第三人的规定,96 条 3 款的"第三人"是受撤销溯及力影响之人,即限于在撤销意思表示作出之前就有利害关系之人——①之情形的 Z。[25]

(2) 相对效力说　　也有见解认为,从 96 条 3 款的立法过程看,该规定应当作如下理解[26]:

(A) 欺诈撤销的相对效力　　旧民法(财产编 312)区分欺诈与错误,规定除产生错误的情形外,欺诈或阻却合意的要素——承诺,或造成承诺的瑕疵。此情形,只认可受欺诈者对欺诈者的损害赔偿,限于相对人实施欺诈时才作为"补偿"认可合意的撤销和损害赔偿。依此规定,欺诈撤销原本是损害赔偿的方式之一,只不过在与实施欺诈之相对人的关系上作为要求恢复原状的手段得到认可。

---

[24] 四宫 185 页以下、新注民(3)490 页[下森定],石田编 166 页以下[矶村]等。

[25] 大判昭和 17 年 9 月 30 日民集 21 卷 911 页判示,对于撤销后出现的第三人不适用 96 条 3 款。

[26] 松尾弘"权利移转原因的失效与第三者的对抗要件——虚伪表示、诈欺取消および解除を中心として"一桥论丛 102 卷 1 号 86 页以下(1989 年),武川幸嗣"法律行为的取消における第三者保护的法律构成序说——民法 96 条 3 项的意义与法理为中心"庆应义塾大学法学研究 69 卷 1 号 513 页(1996 年),尤其是 535 页以下。中舍宽树"民法 96 条 3 项的意义——起草过程からみた取消的效果への疑问"南山法学 15 卷 3＝4 号 15 页(1992 年)也是同样的取向。

（B）保护第三人的宗旨　　如果这样思考的话,那么,原则上欺诈撤销的效果就不及于未实施欺诈的第三人。基于这样的考虑,旧民法(财产编 312 Ⅲ 但)规定,合意的撤销不能有害于善意第三人。此规定被定位为确认如下立场的规定：除了知道欺诈事实的恶意第三人外,撤销只有相对效力。现行民法 96 条 3 款应当理解为是对这种旧民法立场的承继。

　　（C）保护第三人的范围——无限制说　　不存在特地限制 96 条 3 款中的"第三人"的理由,无论撤销的前后,凡是有利害关系的人都应包含在内[27]。

Comment　　　　　　　　　　　　　　　　　　　　　　　　　对 96 条 3 款的理解

　　现行民法典将欺诈也作为造成意思表示瑕疵的规定来理解(民 120 Ⅱ)。关于撤销的效果,没有能发现刻意区别于其他撤销之情形的线索。应当说,反而是有意识地抛弃了旧民法的立场——将欺诈撤销作为损害赔偿的方式之一来定位。因此不得不说,作为现行民法的解释,相对效力说的主张难以被接受。[28]

　　不过,尽管如上所述现行民法的起草者转换了对欺诈撤销的理解,但就 96 条 3 款而言,并未作慎重的探讨就照搬了旧民法的规定。如何理解 96 条 3 款的意义之所以成为问题,便是出于这个缘故。

　　因撤销而否定意思表示的效力这个效果在与第三人的关系上当然也被认可。如果这样考虑的话,那么 96 条 3 款就被定位为作为例外地保护善意第三人的规定。因为规定为本来不能取得权利之人因为信赖能够取得权利,其根据要求诸表见法理。在撤销的情形,在撤销之前意思表示是有效的,对于在这个阶段出现的第三人来说,这个意思表示是超越了单纯外观的存在。因此,设置保护这种第三人的规定也是表见法理的要求。通说为了说明欺诈与胁迫的区别,指出表意人在归责性上的差异。如果像这样来看,通说的说明可以整合地予以理解。至少在现行法之下,应当这样理解 96 条 3 款。

　　2.要件　　依 96 条 3 款,受欺诈之表意人(X)不能以撤销对抗的要件如下：

　　（1）第三人　　第一,属于"第三人"。这里的"第三人",是指欺诈的当事人以外的、就基于欺诈的意思表示所产生的法律关系新近取得独立的、法律上的利害关系的人。[29] 关于这一点,就有关虚伪表示的 94 条 2 款所述内容在这里也同

---

　　[27] 除了注[26]所列文献外,川岛 301 页、舟桥谆一·德本镇编《新版注释民法(6)》(有斐阁,补订版,2009 年)585 页[原岛重义·儿玉宽]在结论上也持相同观点。

　　[28] 在新注民(3)482 页[下森]之外,有关整个 96 条,实证地阐释旧民法与现行民法之间存在观点转变的文献,参照田中教雄"日本民法 96 条(欺诈·强迫)的立法过程——不当的劝诱对处的手がかりとして"香川法学 13 卷 4 号 77 页(1994 年),特别是 107 页以下。中舍·前注[20]41 页也认为,即使 96 条 3 款的制定经过如相对效力说所指出的那样,也不能说现在就应当那样的解释。

　　[29] 大判明治 33 年 5 月 7 日民录 6 辑 5 卷 15 页认为,因先顺位抵押权受欺诈被放弃而顺位上升的后顺位抵押权人,即使因撤销回到原来的顺位,当初取得的权利也没有变化——并非新近取得权利,所以不属于"第三人"。

样成立【参照第 8 章 III ② 3(1)(157 页以下)】。

(2) 善意　　第二,该第三人"善意"。

(A) 善意的涵义　　所谓"善意",是指不知道表意人的意思表示因受欺诈而作。

(B) 善意的时期　　要求到达第三人有利害关系状态的时刻为善意。

(C) 是否需要无过失　　要依 96 条 3 款得到保护,第三人是否需要无过失? 关于这一点,存在争议。

　　(a) 无过失不要说　　有见解主张,96 条 3 款所保护的第三人依规定文义只需善意,不需要无过失。[30] 依上述相对效力说,由于 96 条 3 款被定位为确认——除针对恶意第三人外,撤销只有相对效力的——规定,因此不存在应当要求第三人无过失的理由。[31]

　　(b) 无过失必要说　　学说的大多数认为,96 条 3 款所保护的第三人必须善意无过失。[32] 这是出于以下两点考虑:

　　1) 表见法理　　首先,96 条 3 款的基础是表见法理。依表见法理,对外观的信赖要得到保护,需要该信赖是正当的。在第三人虽然善意但有过失的情形,不能说其信赖是正当的。因此,从表见法理出发,即使没有明文规定,也要求无过失这个要件。

　　2) 与虚伪表示的比较　　其次,较之于自己作出虚伪外观之虚伪表示的情形,在欺诈的情形表意人的归责性小。因此,要剥夺这种表意人的权利,就比 94 条 2 款更需要第三人的信赖正当。

(3) 是否需要登记　　此外,善意[33]的第三人要得到保护,是否需要完成登记? 关于这一点,也存在争议。

> **事例 1-3**
> 在事例 1-2 中,甲的登记还停留在 Y 的名义下。此情形,如何?

(A) 登记不要说　　判例认为,即使没有登记,第三人只要善意就受保护。[34] 这是因为考虑到:此情形的表意人(X)与第三人(Z)之间的关系不是登

---

[30] 民法注解 I 442 页[三宅弘人],川井 189 页。
[31] 但武川·前注㉖538 页暗示,在第三人有重过失的情形,有准据恶意处理的可能。
[32] 几代 284 页,四宫 185 页,石田编 167 页以下[矶村],近江 230 页,石田 361 页,内田 81 页,河上 381 页等。《基本方针》【1.5.16】〈4〉也遵从这种观点,提案规定给予欺诈之"意思表示的撤销,不能对抗善意无过失的第三人"(参照基本方针 32 页以下,详解 I 137 页以下,特别是 146 页以下)。
[33] 下文仅列出善意、恶意。如果坚持 96 条 3 款的"善意"还需要无过失的立场,则另外还存在有无过失的问题。
[34] 最判昭和 49 年 9 月 26 日民集 28 卷 6 号 1213 页明确宣布采用登记不要说。但这是第三人已经取得预告登记的事件。虽然登记必要说重视这一点,但还是认为判例采取了登记不要说更直截了当。

记有无成为问题的关系、换言之,不是177条的对抗问题。㉟

（a）177条　　首先,依177条,不动产物权的变动非经登记不得对抗第三人。这就意味着,即使取得物权,如果没有完成登记就不能对第三人主张已取得物权。因此,就要求这里所说的第三人拥有足以令权利人丧失物权的权利,即物权或者可作相同看待的权利。在这个意义上,177条是适用于相互争夺同一不动产的物权或者可作相同看待之权利的人之间的规定。

（b）96条3款的情形　　依96条3款,即使被欺诈人（X）撤销,不能以撤销的效果对抗善意的第三人（Z）。其结果,在被欺诈人（X）与善意第三人（Z）之间,善意第三人（Z）取得物权,被欺诈人（X）丧失物权。就是说,既然两者不处于相互争夺同一不动产物权的关系,就不适用177条。因此,作为对抗要件之登记的有无不成为问题。

（B）登记必要说——权利保护资格要件说　　认为作为受96条3款保护的要件应当要求第三人完成登记的见解也颇有说服力。㊱该见解关注的是：在欺诈的情形,受骗的表意人（X）的归责性比错误、虚伪表示情形要小。既然以牺牲这种归责性小的表意人（X）为代价来保护第三人（Z）,那么第三人（Z）也应该完成自己能够完成的所有事项,即必须取得登记。

3．射程——类推错误无效的可能性　　在事例6中,X有动机错误,基于与Ⅱ③1(233页以下)所述同样的理由,X还可以主张错误无效。像这样,围绕在认可错误无效的情形是否类推适用96条3款,存在争议。

（1）类推否定说　　关于这一点,有见解否定96条3款的类推,认为错误人也可以对第三人主张错误无效。㊲错误无效,只在存在要素错误的情形才被认可,如果错误人有重过失则不认可无效主张。可以认为它表明了这样一种立场：较之于被欺诈人,错误人更值得保护。

（2）类推肯定说　　而通说却认为,在错误的情形也应当类推96条3款。㊳这是因为考虑到：依表见法理,即使在表意人的归责性比较小的欺诈情形,表意人因96条3款在与第三人的关系上丧失权利,所以在归责性比较大的错误情形丧失权利更是理所当然。

㉟　还可参照有关94条2款的解说【第8章Ⅲ②4(1)(A)(160页以下)】。
㊱　镰田薰"判批·最判昭和49年9月26日"百选Ⅰ49页,内田83页,川井190页,河上383页等。
㊲　除石田351页,川井181页外,还有武川·前注㉖543页以下等。
㊳　我妻303页以下,几代277页,石田编162页[矶村],近江223页,内田86页等。

物权返还请求的根据规范(请求原因)	阻却规范(抗辩)	再阻却规范(再抗辩)
	所有权丧失的抗辩	欺诈撤销的抗辩
1 不成文法 就标的物拥有所有权者,可以对正在占有该标的物之人请求标的物的返还	a 民 176 物权的设定及移转,仅依当事人的意思表示而生效㊵	甲 民 96 I 基于欺诈的意思表示,可以撤销(表意人因基于故意之违法的欺骗行为陷入错误状态,并因此而作意思表示时,该意思表示可以撤销)
2 不成文法 权利发生(存在为权利发生提供基础的事实)时,只要没有特别的事情,该权利现存㊴		乙 民 123 在可撤销行为的相对人确定的情形,撤销通过向相对人的意思表示完成
		丙 民 121 正 被撤销的行为,视为自始无效

再再阻却规范(再再抗辩)
基于民 96Ⅲ的善意人保护㊶
【绝对效力说】
α 民 96Ⅲ 基于民 96Ⅰ的撤销,不能对抗撤销的意思表示前出现的善意无过失的第三人
【相对效力说】
β 民 96Ⅲ 基于民 96Ⅰ的撤销,不能对抗善意第三人

3 不适用保护第三人规定之情形的第三人保护

在依上所述不能适用 96 条 3 款的情形——就欺诈撤销而言,依撤销前限制说于撤销后第三人出现的情形,该如何保护第三人?关于这一点,存在争议。是应当作为 177 条的对抗问题来处理呢?还是作为对相信无权利人为权利人之人的保护问题来处理呢?

1. 对抗问题说 判例认为,撤销后的第三人的问题属于对抗问题,适用 177 条。㊷ 依此见解,即使被欺诈人(X)撤销了其与欺诈人(Y)的契约,只要登记没有恢复,就不能请求第三人(Z)返还甲。

(1) 观点 这是基于如下的观点:

(A) 法律构成——复归性的物权变动 首先,将该问题构成为:一度移

㊴ 参照本书 xxv 页注⑦。
㊵ 参照本书 xxvi 页注⑧。
㊶ 依登记必要说,还要追加"该第三人完成登记时"这个要件。
㊷ 前注㉕大判昭和 17 年 9 月 30 日。还可参照我妻荣(有泉亨补订)《新订物权法》(岩波书店,1983 年)96 页以下。

转到欺诈人（Y）处的物权，因撤销又复归到被欺诈人（X）处。在此情形，物权曾经移转到欺诈人（Y）处这件事本身并未被否定，因此以买卖为原因的、从欺诈人（Y）处到第三人（Z）处的物权变动也成为可能，第三人（Z）属于177条的"第三人"。因此，两者处于属于类似于二重转让的关系，即对抗关系。

（B）实质上的正当化理由——懈怠登记的责任　　不贯彻撤销的溯及力，而采用这种构成，适用177条，是出于如下的考虑：如果撤销的话，本来随时都可以恢复原来的登记，既然怠于恢复，那么丧失权利也没有办法。就是说，在该范围内，177条的宗旨——"明明可以登记却怠于登记的人丧失权利也没有办法"——在此也具有妥当性。

（2）对对抗问题说的批判　　对抗问题说受到批判，特别在以下两点上：

（A）第三人的保护要件　　通说认为，依照177条的规定，即使是恶意之人也受保护。[43] 但是这样一来，会导致对第三人的过度保护。至少，与在撤销前96条3款要求第三人善意这一点相比失去了平衡。

（B）对撤销溯及力的处理　　在撤销的前后或认可或不认可溯及力，缺乏一贯性。

Comment　　　　　　　　　　　　　　　　　　"撤销与登记"的对立构图

受对对抗问题说批判的影响，最近，不区分撤销前后溯及力作统一处理的见解成为主流。不过，在该主流内部还存在着见解的对立：朝着即使撤销前也限制溯及力的方向统一、即彻底作为对抗问题来处理的见解，与朝着将溯及力也贯彻至撤销后的方向统一的见解，彼此对立。详见物权法的解说。这里，只对成为最近之通说的后者作一下说明。[44]

2. 类推适用94条2款说[45]

（1）溯及力的彻底化——无权利的法理　　121条正文规定，意思表示因撤销而视为自始无效。若将其彻底化，则既然被欺诈人（X）、欺诈人（Y）之间的契约因撤销而自始无效，其结果，被欺诈人（X）是权利人，欺诈人（Y）是无权利人。

（2）第三人的保护——类推适用94条2款　　在此基础上该学说主张：在此情形应当类推适用94条2款，保护善意无过失的第三人（Z）。

（A）类推适用94条2款的基础——表见法理　　位于94条2款根基的

---

[43] 理由是在177条的背后有自由竞争原理。这种观点认为，既然在自由竞争的社会允许提供更加有利的条件进行争夺，那么，不能仅仅因为明知他人已经取得了物权就否定对其的保护。详见物权法的解说。

[44] 关于对抗问题说以及类推适用94条2款说的规范构造和要件事实的构成，也参见物权法的解说。

[45] 除几代通"法律行為の取消と登記"同《不動産物権変動と登記》（一粒社，1986年，初出1971年）39页以下外，还可参照几代436页、四宫、能见239页、石田编170页以下[矶村]、北川170页、内田83页以下、川井194页以下、新注民(3)494页[下森]、潮见177页、河上384页等。

表见法理在此情形也具有妥当性。该学说由此获得基础。

（a）第三人的信赖保护　　在欺诈人（Y）取得登记的情形,存在欺诈人（Y）拥有权利的外观。有必要保护第三人（Z）对该外观的信赖。

（b）真正权利人的归责性　　被欺诈人（X）本来可以撤销与欺诈人（Y）的契约以恢复登记的,却怠于撤销,因此丧失权利也没有办法。

Comment　　　　　　　　　　　　　　　　　　　类推适用94条2款的意义与射程

像这样,类推适用94条2款说认为,X 对违反真实的外观＝登记放置不管这件事中包含有 X 的归责性。就是说,X、Y 之间的法律行为无效的理由并不直接成为问题。这样一来,不仅在欺诈撤销的情形,胁迫撤销、错误无效的情形、甚至基于无意思能力和违反公序良俗的情形,都可以看做类推适用94条2款的问题。

但是,如第8章Ⅳ④（174页以下）所述,最近有关类推适用94条2款的判例法理,要求真正的权利人——相当于被欺诈人的归责性程度"达到可以与自己积极参与外观之形成的情形以及明知虚假的外观而放置不管的情形相当的程度"。⑯ 这是因为判例在向故意责任原理寻求类推适用94条2款的基础。依此,要在撤销的情形类推适用94条2款,单纯地怠于恢复登记是不够的,还要有与故意相当程度的重大不注意。

不过,至少 Y 属于欺诈人的情形,将登记留在这种欺诈人那里非常危险。因此,自 X 得知受欺诈后经过相当的期间登记仍保持原样的情形,即使以判例法理为前提,94条2款的类推适用仍可能获得基础。同样的考虑,不仅在 Y 胁迫的情形,此外在其他实施侵害 X 意思决定之行为的情形也成立。

（B）类推适用94条2款的基准时　　问题是,从什么时点起才算应归责于被欺诈人（X）放置登记不管。

（a）撤销之时说　　关于这一点,有力的见解认为,被欺诈人（X）撤销后才可以类推适用94条2款。⑰ 该见解基于如下的理由:

1）基准的明确性　　第一,采撤销之时,基准明确。

2）撤销权人的归责性　　第二,如下所述,在撤销的前后被欺诈人（X）的归责性不同。

a）撤销前　　既然撤销与否是被欺诈人（X）的自由,那么在撤销前的阶段,不能说 X 有归责性。

b）撤销后　　而撤销后便可以去除登记。既然怠于去除,被欺诈人（X）就有归责性。

（b）去除登记可能之时说　　即使在撤销前,只要达到了被欺诈人（X）

---

⑯ 最判平成18年2月23日民集60卷2号546页。
⑰ 四宫172页以下,北川170页,内田84页,川井195页等。

可以有效地去除登记的状态,就可以类推94条2款。[48]

> **事例1-4**
>
> 　　在事例1-2中,X察觉被Y欺骗后也没有要求其返还甲。这样过了半年后,Y将甲转卖给了Z。此情形如何?

　　1) 撤销权人的归责性　　在处于随时可以撤销的状态却散漫地不予撤销,将登记放置不管的情形,有归责性。因此,自从撤销原因脱离出来,可以有效地去除外观＝登记的时刻起,应当认定归责性的存在。

　　2) 与无效之情形的权衡　　即使像基于错误、无意思能力、违反公序良俗的无效那样、无法想象撤销时刻的情形,94条2款的类推仍然成为问题。在此种情形,除以去除登记可能之时为基准外,别无他法。

---

[48] 几代436页,石田编170页以下[矶村]等。

12 法律行为的内容规制

I 序

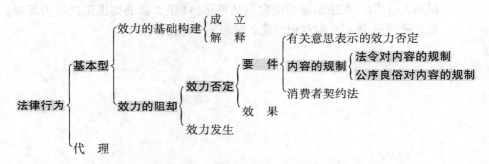

本章讲述法律行为的效力否定要件中有关法律行为内容的部分。它将内容有问题的法律行为归为无效，正是对法律行为的内容规制。

以下，首先作为总论说明有关法律行为内容规制的意义、射程以及与民法典上之依据规定的问题，在此基础上，作为分论阐释基于法令的内容规制和基于公序良俗的内容规制。

II 法律行为的内容规制——总论

1 内容的确定性

首先作为前提，如果法律行为的内容都不能确定，便无从认定其效力。因此，如果用尽解释的手段也不能确定主要内容的法律行为，只得归于无效。① 例如，即使订立了"给你一半的土地"的契约，是共有的意思呢？还是分割后转让的意思呢？即使是后者，如果无法确定如何分割，根本就不会生效。②

---

① 关于法律行为的解释，参照第 7 章 V（134 页以下）、第 9 章 V①2（193 页以下）。在此情形，法律行为被指摘为无效的很多，但严格来讲，这不属于不满足效力阻却要件——履行请求之情形的抗辩——的情形，而属于不满足构建效力基础之要件——履行请求之情形的请求原因——的情形。

② 参照大判大正 12 年 7 月 27 日民集 2 卷 572 页。

2 内容的实现可能性

> **事例 1**
>
> X 与 Y 缔结契约，花 2000 万日元订购正航行在太平洋上的派菲号所装载的土豆 100 吨。可是后来才发现，派菲号在前一天已经遭暴风雨沉没了。

于实施法律行为之时已经确定其内容无法实现的情形，称为原始不能。围绕在此情形法律行为的效力如何，存在争议。③

1. 无效说 以往认为，原始不能的情形法律行为无效。④ 估计是因为不能实现的法律行为即使认定为有效也没有意义。

2. 有效说 可是现在，即使在原始不能的情形，有力的见解在认为法律行为有效成立的基础上，主张作为履行不能来处理即可。这就意味着将内容的实现可能性定位为债务履行阶段的问题——履行请求的遮断或债务不履行责任的问题，而不是法律行为内容规制的问题。

Comment 原始不能与法律行为的效力

无效说来源于德国法的传统观点。实际上，在德国民法典上，有明文的规定："以不能之给付为目的的契约无效"（德国民法旧 306 条）。可是针对这种观点，即使在德国自古以来就有疑问，而且国际上规定为契约有效的方向代表了主流。受这种潮流的影响，最近德国在修改债务法时（2002 年 1 月 1 日施行）规定，在因债务人不能等原因给付不再必要的情形，"给付障碍在契约缔结之时已经存在不妨碍契约有效"（德国民法新 311a 条 1 款）。应当说在日本重新思考这个问题的时刻也已到来。基于这样的考虑，《基本方针》【3.1.1.08】提案设置如下的规定："在契约上之债务的履行于契约缔结时刻已不可能的情形，以及其他从契约的宗旨看不能合理期待履行的情形，只要没有相反的约定，该契约有效。"⑤

3 基于内容不当性的规制

依私域自治、契约自由的原则，当事人实施了法律行为后，原则上发生与其内容一致的效力。可是，有时也会例外地以内容不当为由否定其效力。

1. 概要 这样的情形，一般认为有如下两种。

(1) 法令对内容的规制——强行法规 第一种情形，法令规定一定内容的法律行为无效。这样的法令，称为强行法规。

---

③ 详见山本Ⅳ-1 96 页以下。
④ 大判大正 8 年 11 月 19 日民录 25 辑 2172 页等。
⑤ 参照基本方针 94 页以下，详解Ⅱ 34 页以下。

(2) 公序良俗对内容的规制　　第二种情形,不论是否违反特别的法令,令违反"公共秩序或善良风俗"的法律行为无效(民 90)。这个"公共秩序或善良风俗"简称为公序良俗。

2．根据规定　　围绕这种基于内容不当性之规制的根据规定是什么,存在争议。

(1) 二元论　　以往的通说区别法令对内容的规制和公序良俗对内容的规制,认为两者的根据规定不同。⑥

　　(A) 强行法规对内容的规制　　首先,违反强行法规的法律行为无效,源于 91 条。这是出于如下的考虑:

　　　　(a) 91 条的内容　　91 条规定:"法律行为的当事人所为之意思表示与法令中无关公共秩序的规定不同时,遵从其意思。"它最直接的意思是:与"法令中无关公共秩序的规定"——任意法规——内容不同的法律行为有效。

　　　　(b) 91 条的反对解释　　对 91 条作反对解释,就会得出这样的结论:与"法令中涉及公共秩序的规定"——强行法规——内容不同的法律行为无效。

　　(B) 公序良俗对内容的规制　　而违反公序良俗之法律行为的无效,规定在 90 条。

(2) 一元论　　最近有力的见解认为,规定违反强行法规的法律行为无效,也是从规定违反公序良俗之法律行为无效的 90 条推导出来的。⑦ 这是出于如下的考虑:

　　(A) 90 条的表述　　对强行法规、即"法令中涉及公共秩序"之规定的违反,是违反"公共秩序"的一种情形。因此,违反强行法规之法律行为的无效,从规定"公共秩序"的法律行为无效的 90 条中当然可以推导出来。

　　(B) 91 条的沿革　　起草过程中,91 条是作为制定有关习惯效力的 92 条的前提而规定的⑧,当时并没有设想与强行法规的关系。

Comment　　　　　　　　　　　　　　　　　　强行法规与公序良俗的关系

　　　　　　以往的通说,一直以二元论作为当然的前提。其结果,强行法规和公共秩序被理解为性质不同的东西。前者多被称为适法性,后者多被称为社会妥当性,便是出

---

⑥　参照我妻 262 页以下等。
⑦　参照大村敦志"取引と公序"同《契約法から消費者法へ》(东京大学出版会,1999 年,初出 1993 年)195 页以下,山本敬三"公序良俗论の再构成"同《公序良俗论の再构成》(有斐阁,2000 年,初出 1995 年)82 页以下,内田 279 页以下,平野 157 页以下等。
⑧　92 条规定,在存在"与法令中无关公共秩序的规定不同的习惯"的情形,如果认定当事人有按照该习惯的意思,则遵从习惯。它的前提是:如果表意人表示了与"法令中无关公共秩序的规定"不同的意思,那么遵从该意思。为了加以明确而设置的便是 91 条。

于这个原因。

然而，观察实际的裁判例就会发现，公共秩序的内容并不能用社会妥当性打包，其中也包括属于适法性的东西。有人主张一元论便是出于这个原因。如果要选择立场的话，似应依一元论将违反法令也看做违反公序良俗的一种。在有明确的强行法规存在的情形，只需理解为立法者自身将90条具体化了。

不过在下文，暂且将违反法令的情形单独拿出来，大致介绍一下以往的议论。至于按照一元论的立场会怎样，将在公序良俗的章节说明（参照Ⅳ③2（269页以下））。

Ⅲ 法令对内容的规制

所谓法令对内容的规制，是指否定违反法令的法律行为在私法上的效力。因此，这里首先要关注的，是属于私法的法令。至于属于公法的法令，问题是，对它的违反究竟会不会影响法律行为在私法上的效力？

1 私法法令对内容的规制

属于私法的法令，从可否通过当事人的意思排除的观点，可以区分为强行法规和任意法规。

1. 强行法规　　所谓强行法规，是不能通过当事人的意思排除的法令。在此情形，违反它的法律行为即便作出也归于无效。问题是，什么样的法令才属于强行法规？

（1）明示为强行法规的情形　　首先，明确规定相反的特约无效的情形，没有什么问题。例如，以下的法规属于强行法规。⑨

利息限制法	1Ⅰ	超出法定利率的利息的约定
	4Ⅰ	超出法定上限的赔偿额的预定
身元保证法	6	违反身元保证法，对身元保证人不利的特约
借地借家法	9、16、21	违反借地借家法，对借地权人、转借地权人不利的特约
	30、37	违反借地借家法，对房屋的承租人、转承租人不利的特约
劳动基准法	13	约定达不到劳动基准法所规定之基准的劳动条件的劳动契约
消费者契约法	8	不当地限制经营者的损害赔偿责任的条款
	9	不当地预定由消费者支付的赔偿额的条款等

---

⑨ 在下文可以看到，仅仅使对一方当事人不利的特约无效的强行法规，称为片面的强行法规。

分期付款销售法	35 之 3 之 10 X V、11 X V	违反冷却规定,对要约人等不利的特约(个别信用购买斡旋)
	5 Ⅱ、30 之 2 之 4 Ⅱ、35 之 3 之 17 Ⅱ	违反有关分期付款经营者、概括性信用购买斡旋经营者、个别信用购买斡旋经营者解除契约之规定的特约
特定商交易法	9 Ⅷ、24 Ⅷ 40 Ⅳ、48 Ⅷ	违反冷却规定,对要约人等不利的特约(访问销售、电话劝诱销售、连锁销售交易、特定持续性服务的提供契约)
	40 之 2 Ⅵ、49 Ⅶ、58 Ⅳ	违反对契约解除的规定,对加盟连锁销售之人特定持续性服务提供的受领人等,以及对业务提供劝诱销售之交易的相对人不利的特约
确保住宅品质促进法	94 Ⅱ	违反对有关新建住宅工事承揽人的瑕疵担保责任的规制,对定作人不利的特约
	95 Ⅱ	违反对有关新建住宅的卖主瑕疵担保责任的规制,对买主不利的特约

(2) 未明示为强行法规的情形 此外,即使未明确规定相反特约的效力,有时从该法令的宗旨可以判断为强行法规。它又可以分为以下两种类型:

(A) 构成契约制度本身的规则 首先,决定究竟契约是什么的基本规则,属于强行法规。这是因为,契约制度的框架本身不能因各个契约而改变。这样的规则,例如有以下几种:

(a) 有关成立要件的规则 第一,是"契约因要约和承诺而成立"的规则。

> **事例 2**
>
> X 并没有订购,却突然收到了通信销售商 Y 邮寄来的小包裹。打开一看,里面是标价为 3 万日元的净水器,还有一份文书,上写到:"如果不需要,请在 1 周内寄回。期限内不寄回的,视为您承诺了购买。"以为是开玩笑的 X 将其放置一边。一个月后,Y 要求 X 支付 3 万日元价金。

"契约因要约和承诺而成立"这个原则,不允许要约人个人随意改变。要约人(Y)即便作出与其相反的指定——称为 negative option,也不能拘束相对人(X)。就是说,契约不成立,剩下的仅仅是商品的保管和取回的问题(特商59)。

(b) 有关拘束力范围的规则 第二,是"契约仅仅拘束当事人"的规则。契约之所以具有拘束力,是因为当事人自己决定的。因此,即使当事人决定第三人也受契约拘束,因并非自己决定的事项,第三人不受拘束。一般地,将调整涉及第三人事项的法规——物权法、表见代理的规定等——作为强行法规,就是出于这个原因。

(B) 有关契约内容的规则 其次,对于与契约内容有关的事项,也存在

强行法规。根据法令的目的,例如有以下的规则:

（a）国家基本秩序的维持　　第一种情形,法令的目的是维持国家基本秩序,如果不使违反该法令的契约无效,目的就不能达到。例如,禁止重婚的规定（民 732）。⑩

（b）保护弱者的需要　　第二种情形,法令的目的是保护特定的弱者,如果不令违反该法令的契约无效,目的就不能达到。

> **事例 3**
>
> 　　经上门推销的 Y 公司的推销员劝诱,X 与 Y 订立契约,用 30 万日元购买儿童学习用教材甲,价金 10 天后汇付。但仔细考虑后觉得太贵,X 向 Y 提出想终止契约。可是 Y 以冷却期间已经过为由,不答应解约,并要求 2 周内汇付价金。X 不予理睬,Y 提出因为在期限内没有支付价金所以解除契约,要求 X 支付契约书中约定的 15 万日元违约金。

　　1）特定商交易法的规制　　按照特定商交易法的规定,在买卖契约被解除的情形,即使有赔偿额的预定或违约金的约定,只要买主（X）返还了标的物,那么卖主（Y）不得请求买主支付超过标的物的通常使用费及其基于法定利率（年 6%）的迟延损害金（特商 10 Ⅰ ①）。

　　2）强行法规性　　该规制的目的,是保护接受访问销售的消费者。这是出于这样的考虑:在访问销售的情形,由于推销员出其不意地访问,消费者没有冷静思索交易条件的闲暇,有可能因推销员采取高压、欺瞒的方法而接受不当的条件。为了实现保护这样的消费者的目的,就需要使违反规制的违约金约定无效。

　　2. 任意法规　　与强行法规不同,凭借当事人的意思可以排除的法令,称为任意法规。在此情形,即使实施了违反该法规的法律行为,该行为仍有效。⑪任意法规的作用是补充当事人没有约定的事项,推定当事人约定事项的涵义、内容。这里同样需要追问的是,什么样的法令才属于任意法规?

　　（1）明示为任意法规的情形　　明确允许相反特约的情形,没有什么问题。例如,规定有"在无另外的意思表示时"（民 404 等）、"当事人表示了相反的意思时不在此限"（民 474 Ⅰ 等）的情形,便属于此。

　　（2）未明示为任意法规的情形　　在没有明示相反特约的效力的情形,根据私域自治、契约自由的原则,只要没有应当是强行法规的理由存在,就需要看做任意法规。一般将债权法的规定看做任意法规的典型。

---

⑩　例如,试图重婚的契约无效（我妻 267 页）。
⑪　而在消费者契约,与适用任意法规的情形相比,限制消费者权利或者加重消费者义务的条款,并且违反诚信原则单方面危害消费者利益的,无效（消契 10）。详细内容,将在第 13 章 Ⅳ ②（309 页以下）说明。

② 公法法令对内容的规制——取缔法规

其次,对于属于公法领域的法令,难点是违反取缔法规行为的效力。

1. 何谓取缔法规

(1) 涵义　　所谓取缔法规,是从行政管理的目的禁止、限制一定的行为的法规。对违反者多课以刑罚、取消许可等制裁。其中,包括以下两种类型:

（A）命令、禁止一定的交易行为的法令　　例如,食品卫生法 6 条（禁止销售不卫生的食品等）、金融商品交易法 38 条（禁止在金融商品交易契约的缔结或者劝诱中作虚伪说明,提供断定性判断,作不请自来的劝诱等）等。

（B）为作一定的交易行为要求取得许可、执照的法令　　例如,住宅用地、建筑物交易业法 3 条、律师法 72 条等。

(2) 问题之所在　　问题是,违反这种取缔法规而为之法律行为的效力如何？由于取缔法规本身属于公法,所以这里要问的是,如何理解公法和私法的关系？关于这一点,有以下两种见解:

（A）公法、私法二分论　　以往认为公法和私法在本质上不同,从而应当严格区分两者的观点占据支配地位。这种见解认为:私法有私法独自的观点,将公法搬入私法,私法特有的价值、秩序就会发生混乱。因此,即使在违反公法规定的情形,也应当独立地判断私法上的效力。

（B）公法、私法相互依存论　　而最近有力的观点将公法和私法看做是服务于共同目的的两种法。⑫ 例如,维持交易秩序、保护蒙受不当不利益之人这样的目的,在公法和私法中是共通的。在这个意义上,两者相互支持、相互补充。因此,在违反公法规定的情形,为了更好地实现其目的,有时应当否定私法上的效力。

2. 综合判断说

(1) 观点

（A）取缔法规与强行法规的区别　　如下所说,通说的出发点是取缔法规与强行法规在本质上不同。⑬ 它意味着:即使违反属于公法领域的取缔法规,法律行为也不是当即归于无效,它以公法、私法二分论为前提。

（a）取缔法规　　取缔法规的直接目的,是禁止、防止某人实际为一定的行为。

（b）强行法规　　强行法规的直接目的在于,对于当事人所期望的私法效力的实现,国家不予帮助。

（B）对违反行为效力的要求　　在以上述区别为前提的同时,就违反行

---

⑫ 大村・前注⑦201 页以下,山本敬三"取引关系における公法的规制と私法の役割——取缔法规论の再检讨"同・前注⑦（初出 1996 年）292 页以下。

⑬ 我妻 263 页以下、几代 199 页、星野 184 页以下、四宫 196 页等。

为的效力,通说还承认以下相反的两个要求:

（a）无效要因　　有时,① 取缔法规的目的、② 社会对违反行为在伦理上责难的程度,要求使违反行为无效。⑭

（b）有效要因　　可是在另一方面,如果判定违反行为无效,③ 交易安全、④ 当事人之间的信义、公平就有可能受到危害。

（C）违反行为效力的判断——综合判断　　于是,通说认为,关于违反行为的效力,除了综合考虑上述①至④的要素作判断外别无他法。

(2) 具体事例——无许可营业　　这种综合判断是如何进行的呢？让我们通过无许可营业的事例来看一下。

（A）出借名义契约

> **事例 4**
> X 为了经营不动产业申请了宅建业法 3 条规定的执照,但没有能取得。于是 X 从有执照但一直不用的 Y 处借来名义从事不动产业,作为报偿向其支付名义费。可是后来,X 的事业不顺利,怠于向 Y 支付应当支付的名义费。在此情形,Y 能否要求 X 支付名义费？

（a）出借名义的禁止　　宅建业法之所以采用执照制,是为了防止顾客因恶劣的商人而蒙受不当的不利益。如果允许出借名义的话,就失去了采取这种执照制的意义。为此,宅建业法规定:禁止出借名义,处罚违反者（宅建 13 Ⅰ、79③）。

（b）出借名义契约的效力　　对出借名义契约效力的承认,从正面与执照制的目的——只允许获得执照的人营业——相冲突。因此,即使违反了当事人之间的信义、公平,从该法规的目的出发,也需要判定出借名义契约的无效。⑮

（B）与第三人的契约

> **事例 4-2**
> 在事例 4 中,经 X 的中介,A 从 K 处购进房屋甲。后来发现 X 没有执照,于是 A 以该契约基于违法营业订立所以无效为由,不支付中介费。

（a）无效要因　　毫无疑问,判令租借招牌者（X）与第三人（A）的契约无效,有利于防止无许可经营这个目的的实现。

（b）有效要因　　可是,基于如下的理由,一般认为这种契约有效。⑯

---

⑭ 例如,最判昭和 39 年 1 月 23 日民集 18 卷 1 号 37 页,将糕点的制造销售商明知食品卫生法上所禁止的有毒物质混入,却特意制造、持续销售的契约认定为无效,就可以理解为重视了要因②。

⑮ 判定出借名义契约无效的判例,可参照有关斤先掘契约的大判大正 8 年 9 月 15 日民录 25 辑 1633 页等,有关违反交易所法的大判大正 15 年 4 月 21 日民集 5 卷 271 页等。

⑯ 参照有关农地交易的最判昭和 28 年 9 月 15 日民集 7 卷 9 号 942 页等,有关食用肉销售的最判昭和 35 年 3 月 18 日民集 14 卷 4 号 483 页、有关运输交易的最判昭和 39 年 10 月 29 日民集 18 卷 8 号 1823 页等。

1）当事人之间的公平　　第一，如果令中介契约无效，相对人（A）一方面接受中介，另一方面却可以逃避支付中介费，不公平。

2）当事人之间的信义　　第二，顺利接受中介后，以偶然的无许可营业为借口，企图逃避支付中介费，是违反信义的行为。

3）法规的目的　　第三，即使中介契约有效，也不会导致租借名义订立契约之人（X）今后就可以无照经营的结果。仅仅使已经完成的契约有效，并不意味着对法规目的的否定。

3．履行阶段论　　以上述综合判断说的框架为前提，同时从履行阶段的视点对其进行补充、修正的见解，也很有说服力。⑰

（1）何谓履行阶段论　　这种见解认为，应当根据违反取缔法规的契约的履行程度的不同而区别对待。因为考虑到，因履行阶段的不同，实现法规的目的、当事人之间的信义、公平的必要性也会发生变化。具体的内容如下：

（2）违反行为已经履行的阶段　　在违反行为已经履行的阶段，问题在于，是否应当令违反行为无效，从而认可恢复原状？

（A）有效说——公法、私法二分论　　关于这一点，从防患一定行为于未然这种公法的目的来看，并不需要使已经履行完毕的违反行为无效。在此情形，从当事人之间的信义、公平这种私法特有的观点来看，倒是需要令其有效。⑱

（B）综合判断说——公法、私法相互依存论　　公法的目的并不能一律限定于预防将来的违反行为。但也不可否认，通过判令违反行为无效能更好地实现规制的目的。因此，即使在此情形，也应当综合评价法规的目的、当事人之间的信义、公平，以决定违反行为的效力。⑲

（3）违反行为尚未履行的阶段　　在违反行为尚未履行的阶段，问题是可否认可履行违反行为的请求？

> **事例 4-3**
>
> 在事例 4 中，X 在从 K 处购买了房屋甲后，与 A 订立了以 2000 万日元出售给 A 的契约。A 在向 X 支付了价金后随即发觉 X 是无许可营业，由于已经支付了价金，所以 A 要求 X 转移登记并移交甲。

（A）限制履行请求说——公法、私法二分论　　是否认可违反行为的履

---

⑰ 川井健"物资统制法规违反契约と民法上の无效——取缔法规と强行法规との分类への疑问——"同《无效の研究》（一粒社，1979 年，初出 1967 年）26 页，矶村保"取缔规定に违反する私法上の契约の效力"《民商法杂志创刊 50 周年纪念论集Ⅰ·判例における法理论の展开》（有斐阁，1986 年）1 页。

⑱ 川井·页注⑰62 页以下。

⑲ 除矶村·页注⑰15 页以下外，还可参照加藤雅 219 页以下。

行请求,应当根据法规的目的判断。⑳ 在事例4-3中,从禁止无照营业的法规目的出发,不允许认可A的买卖契约的履行请求。

(a) **契约的效力** 不过,从区别公法和私法的立场来看,即使在此情形也不能否定违反行为在私法上的效力。

(b) **契约的解除** 可是,既然不认可履行请求,卖主(X)的债务便陷入履行不能的状态。其结果,相对人(A)可以解除契约,并请求返还已经支付的金钱(民543、545Ⅰ)。

(B) **契约无效说——公法、私法相互依存论** 一方面法禁止某种行为,另一方面法院却又认可该行为的履行请求、命令其履行,这是法秩序内部的自我矛盾。因此,在此情形应当始终判定契约无效。㉑

4. 经济公序论 最近,有力的见解同样以综合判断说为前提,但又注重法令的目的,就与交易关系密切关联的法令,推进公法私法相互依存论。㉒ 依此观点,成为争议对象的法令分为以下两种:

(1) **警察法令** 第一种,是用以实现与交易无直接关系的价值的法令,例如先前列举的食品卫生法等。

(A) **法令的目的** 在此情形,即使违反法令,通常无须否定违反行为的效力。

(B) **当事人之间的信义、公平** 在此情形,原则上倒是需要优先考虑当事人之间的信义、公平,判定违反行为有效。

(2) **经济法令** 第二种,是与交易密切关联的法令。在此情形,由于法令的目的与交易的效力不再无关,所以法令成为判断私法上之公序的重要因素。它又可以分为以下两类:

(A) **保护交易利益的法令** 一类是以保护各个交易中的当事人的利益为目的(之一)的法令,例如,有关消费者保护的法令等。

(a) **法令的目的** 在此情形,否定违反行为的效力,有利于实现法令的保护目的。

(b) **当事人之间的信义、公平** 在此情形,法令本身的目的是从违反信义、公平的权利行使下保护一方当事人。为此,否定违反行为的效力,有利于实现当事人之间的信义、公平。

(B) **维持交易秩序的法令** 另一类是以维持构成交易环境的市场秩序为目的的法令,例如独占禁止法、反不正当竞争法等。

(a) **当事人之间的信义、公平** 在此情形,如果令违反行为无效,有

---

⑳ 川井・页注⑰70页以下、72页以下、75页以下、80页以下。
㉑ 矶村・页注⑰13页以下。
㉒ 大村・前注⑦177页以下、187页以下、201页以下。

可能危害当事人之间的信义、公平。

　　（b）**对法令目的的重视**　　可是，确保市场、维持竞争正是个别交易的前提。因此，要实现这种法令的目的，就不得不在某种程度上让当事人之间的信义、公平退后。

③　补论——法律规避行为

1. 涵义　　通过使用不直接与强行法规抵触的手段，在实质上实现其所禁止的内容的行为，称为法律规避行为。

2. 法律规避行为的效力　　有时法律会用明文规定禁止法律规避行为（利息2、3等）。问题是，在没有这种明文规定的情形该如何判断法律规避行为的效力？[23] 关于这一点，有如下三种可能：

（1）**强行法规的单纯适用——法律规避行为的解释**　　第一种可能是，通过对实际实施的法律规避行为的涵义作实质性的解释，判断属于适用强行法规的情形。

> **事例5**
>
> 　　X 在从商人 Y 处调配家具甲时按照 Y 的要求，没有采取买卖的形式，而是采取了以月租金 3 万日元向 Y 租赁 10 个月的形式，与其缔结了契约，约定在期间届满时 X 取得甲的所有权，但 X 不得中途解除契约。两周后，由于家人说不需要甲，于是 X 对 Y 表示想终止契约，租金也没有支付。这样经过了两个月。这时，Y 以不支付租金为理由解除契约，要求 X 支付契约书中约定的 15 万日元违约金。

　　（A）**契约的性质特定**　　在该事例中虽然采取的是租赁的形式，但实质上可以看做是分期支付价金的买卖、即分期付款买卖。

　　（B）**强行法规的适用**　　因此，在此情形适用分期付款销售法 6 条 1 款。X 返还甲的情形，Y 不得请求 X 支付超过甲的通常使用费及其依据法定利率（年6%）的迟延损害金的部分。

　　（2）**强行法规的扩张、类推**　　第二种可能是，即使在认为照原样无法满足强行法规的要件的情形，为了实现强行法规的宗旨，扩张或类推适用强行法规。

> **事例6**
>
> 　　在从 Y 处接受 200 万日元的融资时，X 将自己的恩给*证书交给了 Y，并与 Y 缔结了这样的契约：委托 Y 受领恩给，受领到的恩给用来抵冲贷款债权的清偿。当时，附加了特别约定——X 不能解除该受领恩给的委任契约。生活日渐窘困的 X 以这样的特约违反恩给法 11 条 1 款的宗旨为理由，解除契约，要求 Y 返还恩给证书。

---

[23] 参照大村敦志"『脱法行为』と强行规定の适用"同・前注⑦（初出 1991 年）150 页以下。

* 国家公务员中的一部分人在退休或死亡后，当满足规定的要件时，国家为了帮助本人或者其遗属安定生活而分期支付或者一次性支付的金钱——译者注。

（A）恩给法的宗旨　　恩给法 11 条 1 款禁止转让恩给受领权或用来提供担保。它是出于这样的考虑：恩给是用来维持受领权人生活的，需要实际支付给受领权人。

　　（B）不解除特约的无效　　委任恩给的受领、约定用受领的恩给抵冲债务的清偿的契约本身，并不违反恩给法 11 条 1 款。然而，如果受领权人不能解除该契约，那就等于用恩给受领权作担保。因此，依恩给法 11 条 1 款的宗旨，这种不解除特约也应解释为无效。[24]

　　(3) 例外规则的创设　　与以上不同，第三种可能是，针对即便乍一看满足强行法规的要件，或者从强行法规的宗旨看应判定为无效的行为，基于特别的理由创设使其有效的例外规则。例如，尽管民法规定，除民法及其他法律规定外不得创设物权（民 175），但根据习惯法将没有明文规定的让与担保作为物权予以承认的情形等。[25] 它只限于有足够的理由认可这种例外规则的情形。

Ⅳ　公序良俗对内容的规制

1　作为一般条款的公序良俗

　　依 90 条，以违反公序良俗的事项为目的的法律行为无效。在什么样的情形归于无效？在这一点上，公序良俗这个要件的特定性比较低。另外，对其的判断也向有关公共性、道德等各种各样的评价开放。在低特定性和高开放性这一点上，公序良俗可与诚信原则比肩，是典型的一般条款。

2　有关公序良俗的研究状况

　　如何思考公序良俗的涵义？这一点随着时代的变迁而变化。

　　1. 古典的公序良俗论　　民法的起草人，是这样考虑的[26]：

　　(1) 对契约自由的重视　　契约自由是原则，以违反公序良俗为理由判定无效是例外。

　　(2) 公序良俗的内涵　　因违反公序良俗而被判定为无效的，限于与行政警察、司法有关的事项、有关性风俗的事项。

---

　　[24] 大判昭和 9 年 9 月 12 日民集 13 卷 1659 页、最判昭和 30 年 10 月 27 日民集 9 卷 11 号 1720 页等。此外，最判平成 15 年 12 月 19 日民集 57 卷 11 号 2292 页认为，让与担保权人在有关一次性支付体系的契约中纳税人预先达成——让与担保权人于基于国税征收法 24 条 2 款至告知书的发出时刻实现让与担保权——合意的行为，"是企图回避——当处于让与担保权的实行以同条 2 款之程序的执行为契机这样一种关系时，视为该财产仍作为让与担保财产存在的——同法 5 条的适用，因此不能认可该合意的效力"。

　　[25] 详见担保物权法的解说。

　　[26] 关于民法的起草过程，参照山本敬三"公序良俗法の展开"同・前注⑦115 页以下（初出 1998 年）。

2. 社会妥当性说　　而以往的通说对公序良俗作如下的理解[27]：
(1) 公序良俗的涵义
　　（A）与契约自由的关系——公序良俗＝根本理念说　　所谓公序良俗，不是限制个人意思的例外，而是支配法的根本理念。契约自由也仅仅在这个框架内才被承认。
　　（B）公序良俗的内涵——社会妥当性　　公序和良俗，无法明确区分。两者的区别仅仅在于，前者着眼于国家社会的秩序，而后者着眼于道德观念。两者都是指行为的社会妥当性，应统括在一起。
(2) 违反公序良俗行为的类型化　　什么才是这个意义上的、违反公序良俗的行为？通过对判例的分析，可以分类、整理出如下的类型。

违反人伦的行为	有配偶者的婚姻预约[28]、情人契约[29]
违反正义观念的行为	助长不正当行为的契约[30]、竞标串通契约[31]
暴利行为[32]	过大损害额的预定[33]、过剩担保权的设定契约[34]
极度限制个人自由的行为	艺娼妓契约（人身买卖）[35]
对营业自由的限制	竞业禁止的特约[36]
对构成生存基础的财产的处分	放弃支撑着部落生存的灌溉用水的契约[37]
极度的射幸行为	赌博契约[38]

3. 最近的动向　　若将下级法院的判例也纳入视野，就会发现最近的判例呈现如下的动向[39]：

---

[27] 参照我妻270页以下、几代205页以下、四宫199页以下等。
[28] 大判大正9年5月28日民录26辑773页（为维持关系而答应给付抚养费的事件）等。
[29] 大判昭和9年10月23日判决全集14卷3页、大判昭和18年3月19日民集22卷185页等判定：为了维持私通关系而为之借贷、赠与、遗赠等无效。而最判昭和61年11月20日民集40卷7号1167页却认为：即使是对情人的遗赠，只要纯粹是为了保全情人的生活，其内容没有威胁到继承人（妻子）的生活，就有效。
[30] 大判大正8年11月19日刑录25辑1133页（托付故意销售赃物的事件）。
[31] 大判大正5年6月29日民录22辑1294页、大判昭和14年11月6日民集18卷1224页等。
[32] 指利用他人的窘迫、轻率、无经验，使其约定严重不适当的财产给付的行为。参照大判昭和9年5月1日民集13卷875页等。
[33] 大判昭和19年3月14日民集23卷147页等。
[34] 前注[32]大判昭和9年5月1日、最判昭和27年11月20日民集6卷10号1015页等。不过后来，关于代物清偿预约，承认清算义务的判例确立（最判昭和42年11月16日民集21卷9号2430页）；预告登记担保法制定后，就不再作为违反公序良俗的问题了。
[35] 最判昭和30年10月7日民集9卷11号1616页判定：不仅仅是作为艺娼妓的就劳契约，作为实质上的对价而订立的金钱消费借贷契约也无效。也可参照第14章Ⅲ②2(324页以下)。
[36] 大判明治32年5月2日民录5辑5卷4页、大判昭和7年10月29日民集11卷1947页等判定：无限制地禁止竞业的情形无效，但若限定期间和场所则有效。
[37] 大判昭和19年5月18日民集23卷308页。
[38] 大判昭和13年3月30日民集17卷578页、最判昭和61年9月4日判时1215号47页等（有关为清偿赌债而借贷资金的契约的事件）。
[39] 参照山本·前注[26]183页以下。

（1）有关经济活动的裁判例增加　　涉及公序良俗的裁判例，正从传统的有关道德观念的裁判例，转向以交易关系、劳动关系为主的、有关经济活动的裁判例。

（2）有关违反法令的裁判例增加　　以违反以有关经济秩序之法令为中心的法令为一个理由，判定违反公序良俗的裁判例增多了。而且，对以涉及不公正交易方法的法令为首的、目的在于保护个人的权利、自由的法令的违反，常常成为问题。

（3）有关保护个人权利、自由的裁判例增加　　为保护个人的权利、自由而判定违反公序良俗的裁判例增多了。例如，除侵害营业、职业的自由等宪法上的自由、平等权外，利用相对人的窘迫、无知等获取不当利益的裁判例也逐渐受到注目。

Comment　　　　　　　　　　　　　　　　　　　　　　　　　公序良俗论的课题

应当如何理解最近的这种动向，是现在公序良俗论最大的理论课题。不过，多数的教科书都基本沿袭了通说所列举的"违反人伦的行为"以下的分类，停留于对具体事例的列举。然而，观察这样的分类，实在使人无法拂去这样一种印象：杂乱的东西被毫无章法地罗列在一起。这里，到底是什么、又是如何成为关注的焦点的？如果没有阐明这个问题的基本框架，那么恐怕就不能说明在具体的场景是什么、又为什么违反了公序良俗。以下，笔者拟提出有关公序良俗的新见解。⑩

③ 公序良俗论的重构

1. 重构的视点

（1）禁止对私域自治、契约自由的不当介入　　90条是限制私域自治、契约自由的规定。可是，私域自治、契约自由归根结底是可以追溯到宪法13条的基本自由（参照第6章Ⅲ①2（107页以下））。不允许国家随意地侵害这种基本权利。因此，就要求对公序良俗内容的解释不得构成对私域自治、契约自由的不当介入。

（2）介入的正当化根据　　问题是，有了什么样的理由，才不会构成对私域自治、契约自由的不当介入。使这种对私域自治、契约自由的介入得以正当化的

---

⑩　详见山本·前注⑦56页以下、99页以下。最近有力的见解将公序良俗的违反理解为对"秩序"的违反，试图通过对被侵害秩序的类型化来实现对公序良俗的分类、整理【例如中舍宽树"民法90条における公序良俗违反の类型"椿寿夫、伊藤进编《公序良俗违反の研究——民法における综合的检讨》（日本评论社，1995年）216页，新注民（3）132页以下［森田修］等】。而指出其中所见秩序思考的问题，主张按照权利论转换秩序观的文献，参照山本敬三"民法における公序良俗论の现况と课题"民商法杂志133卷3号1页（2005年）。对这种见解的应答，可参照大村敦志"公序良俗——最近の议论状况"同《もうひとつの基本民法Ⅰ》（有斐阁，2005）15页，大村读解273页以下。

理由，可以设想有以下两条：

（A）对基本权利的保护　　第一，国家负有保护个人的基本权利不受他人侵害的义务。为了履行该保护义务，对加害人一方基本权利的制约便可以得到正当化。

（B）对基本权利的支援　　第二，即使个人的基本权利没有受到侵害，为了使其基本权利能够更好地实现而采取各种措施，也属于国家的义务。不过，至于如何支援、支援谁的基本权利，政策性的取舍选择必不可缺。这种选择，以立法者的民主决定为原则，法院不得随意地作政策决定。法院能够做的，原则上只限于以法令为线索，由此为所采用的政策的更好实现提供帮助。

（3）公序良俗的类型　　根据这种介入的正当化根据的不同，公序良俗的内容也可以作如下的分类：

（A）法令型公序良俗　　首先能想到的，是在有特别法令的情形，为了更好地实现其目的而利用公序良俗规范。根据法令目的的不同，它又可以分为以下两种：

（a）法令型—实现政策型公序良俗　　第一，是基于一定的政策考虑而制定的法令成为问题点的情形。在此情形，该法令的政策目的所不允许的法律行为，属于违反公序良俗的行为。

（b）法令型—保护基本权利型公序良俗　　第二，是以基本权利的保护为目的的法令成为问题点的情形。在此情形，侵害该法令要保护的基本权利的法律行为，属于违反公序良俗的行为。

（B）裁判型公序良俗——裁判型—保护基本权利型公序良俗　　与以上不同，可以想到，即便在没有特别法令存在的情形，法院为了保护基本权利免受侵害而利用公序良俗。在此，侵害一方当事人的基本权利的法律行为，属于违反公序良俗的行为。

2．法令型公序良俗　　首先，看一看为了实现法令的目的而利用公序良俗规范的情形。它与Ⅲ（255页以下）介绍过的，涉及强行法规、取缔法规的问题相对应。

（1）法令型—实现政策型公序良俗　　如果为了实现法令的政策目的，适用公序良俗规范判定法律行为无效的话，当事人的私域自治、契约自由相应地也就受到制约。私域自治、契约自由也是基本权利，对它的制约不得过度。因此，这里要判定法律行为无效，至少要满足以下两个要求。

（A）目的的重要性　　第一，需要法令的目的具有足以使法律行为的无效得以正当化的重要性。例如，违反战争期间以及战后的物资统制法规的契约被判定为无效[41]，便是出于这样的考虑。此外，还可以想到如下的事例。

---

[41] 最判昭和30年9月30日民集9卷10号1498页等。

（a）违反律师法 72 条

> **事例 7**
>
> 　　就对 S 之债权的追讨事宜，Y 委任精通债权追讨的 X 去解决。其后，X 成功地从 S 处追讨了债权，但 Y 却以 X 没有律师资格而在从事这种工作为由，拒绝支付约定的报酬。

　　1）律师法的规制　　律师法 72 条规定，非为律师者，不得作为职业、以获取报酬为目的处理或斡旋法律事务。该规定是出于这样的考虑：如果放任没有资格的人从事法律业务的话，国民在法律生活中的正当利益就有可能受到侵害，这与司法的健全运用、诉讼效率的提高、人权的保护等要求是相违背的。

　　2）违反行为的效力　　鉴于这种目的的重要性，判定违反该规定的委任契约无效。[42]

（b）证券交易中的损失保证

> **事例 8**
>
> 　　1991 年证券公司 Y 的分店长 A 说甲公司的股票一定会上涨，劝 X 买进。由于以往受 A 劝说购买的股票都发生了亏损，所以 X 回答说，如果发生损失后 Y 能够填补的话就购买，A 说：这样也行。于是 X 买进了甲公司的股份 5000 股。可是后来该股暴跌，使 X 损失了 1500 万日元。

　　1）证券交易法的规制　　依旧证券交易法损失保证是违法的，但对于违反行为只规定了行政处分。可是以 1989 年末接连发生证券丑闻为契机，该问题被表面化，1991 年证券交易法得到修改，损失保证成为用刑罚禁止的行为（证券 42 之 2、198 之[43] 3 等）。

　　2）违反行为的效力　　由于会动摇证券市场的价格形成机能，因此损失保证是损害证券交易的公正和对证券市场的信赖的行为。鉴于这种禁止目的的重要性，有必要令损失保证无效。[44]

　　（B）判定无效的必要性　　第二，需要判定法律行为无效，对于实现法令的目的来说所必不可少。

　　（a）无许可营业　　例如，在无许可营业的事例中，出借名义契约无

---

[42] 最判昭和 38 年 6 月 13 日民集 17 卷 5 号 744 页（也可参照原审福冈高判昭和 37 年 10 月 17 日民集 17 卷 5 号 749 页）。

[43] 相当于现行金融商品交易法 39 条、198 条之 3。

[44] 就于修改前的 1990 年发生的损失保证，最判平成 9 年 9 月 4 日民集 51 卷 8 号 3619 页认为：通过上述一系列的事件，在订立契约的当时已经形成了这样一种社会认识，即损失保证是证券交易秩序中不能容许的、具有很强的反社会性的行为；以此为由判定行为无效。

效,而没有获得许可的人与第三人订立的契约有效,便是出于这种考虑。㊹

(b) 赌博契约

> **事例 9**
>
> X 受友人的邀请参加了 Y 主办的麻将赌博,结果输给 Y100 万日元。X 当场将身上的 20 万日元交给了 Y,剩余的商定日后支付。

1) 刑法的规制　　刑法禁止赌博,处罚赌博人(刑 185 以下)。据说这是为了防止麻痹健全的勤劳观念,维持社会秩序。

2) 违反行为的效力　　要实现这个目的,令赌博行为无效是必不可少的。因为如果令其有效,就会助长赌博行为,使得禁止赌博行为的意义丧失殆尽。其结果如下:

a) 拒绝履行请求　　首先,既然契约无效,那么 X 就可以拒绝 Y 的支付剩余 80 万日元的请求。

b) 返还不当得利——不法原因给付　　此外,既然契约无效,X 就应该可以就已经支付的 20 万日元请求不当得利的返还。可是,法院没有必要救济同样实施赌博行为的 X。为此,像 X 那样因为"不法的原因"而给付的人,不得请求给付的返还(民 708 正)。

(2) 法令型——保护基本权利型公序良俗　　法令当中,也包含以保护基本权利为目的的法令。最近,这种对法令的违反成为问题的情形很多。㊻

> **事例 10**
>
> 有名的百货店 X 为了销售与电影公司共同制作的电影的预售票,要求向 X 提供和服的 Y 购买 5000 张的预售票(每张 1000 日元)。起初 Y 拒绝了,但由于 X 暗示会影响和服的交易,只好答应 X 的要求支付了 500 万日元。其后,资金调配困难的 Y 提起诉讼,说准备归还预售票,要求返还 500 万日元。

(A) 独占禁止法的规制　　独占禁止法规定,经营者不得使用不公正的交易方法(独禁 19)。不公正的交易方法中包括"不当地利用自己在交易上的优越性地位,从正常的商业习惯看不当地""令持续交易的相对人购买该交易商品或者服务以外的商品或者服务"(独禁 2 Ⅸ ⑤乙)。

(B) 违反行为的效力　　关于这种违反独占禁止法行为的效力,存在争议。

㊹ 参照本章Ⅲ②2(2)(260 页以下)。

㊻ 例如,最判平成 11 年 2 月 23 日民集 53 卷 2 号 193 页判定,在合伙契约中约定即使有不得已的事由也不允许退伙的情形,有关从合伙契约退伙的 678 条中规定有不得已的事由时合伙成员总是可以任意退伙的部分是"强行法规",违反它的约定无效。理由是,"即使有不得已的事由也不允许退伙的合伙契约严重限制了合伙成员的自由,违反公共秩序"。

（a）原则有效说——公法、私法二分论　　判例认为，独占禁止法的目的，可以而且也应当通过该法规定的手段（公正交易委员会的排除措施等）实现。因此，如果仅仅违反独占禁止法，则没有必要当即判定契约无效。[47]

（b）原则无效说——公法、私法相互依存论　　对力量弱小的一方根据自主的判断进行交易的自由，即经济活动的自由这种基本权利的保护，也可以看做是独占禁止法的目的。至少仅就不公正的交易方法而言，如果不使违反行为无效，那么保护该基本权利的目的就不能实现。因此，应判定其无效。

3．裁判型——保护基本权利型公序良俗　　其次，即使在没有特别法令的情形，在当事人的基本权利因法律行为而受到侵害时，需要适用公序良俗规范来保护该当事人。例如，除了人身买卖外，还有在参加以实现"无所有之共用一体社会"为活动目的的团体而捐献出全部财产并不作任何返还财产之请求的约定[48]，课加持续归属于特定工会之义务的合意[49]，规定男女不同退休年龄制的就业规则[50]，将入会权人的资格原则上限定为男性子孙的协会规章[51]，被认定为无效。在此列举以下两个主要事例。

（1）对职业自由的侵害——竞业禁止特约

事例11

X作为Y司法考试补习学校的名牌教师活跃在讲台上。后来他从Y补习学校辞职，开设X司法考试补习班，招收学员。对此，Y补习学校以就业规则中含有"从业人员在退职后的两年内不得从事与公司有竞争关系的事业"这样的条款为理由，要求X停止竞业行为。

（A）X的基本权利的保护　　如果原封不动地判令竞业禁止特约有效，至少会危害X现在的职业自由。在此情形，由此对X的职业自由的危害程度越大，就越需要以竞业禁止特约违反公序良俗为由判定其无效。这里，例如以下要因会成为问题：

（a）职业自由的重要程度　　第一，对X来说，该职业具有多大程度的重要性。例如，在X的技能限定于该职业的情形，转换职业就比较困难。因

---

[47] 是有关拘束存款（拘束预金）的判例，参照最判昭和52年6月20日民集31卷4号449页。
[48] 最判平成16年11月5日民集58卷8号1997页认为，该约定对于离开该团体后完全丧失生活资力的人来说，事实上是迫使其放弃退伙，强制在团体内生活，"严重制约了退伙的自由"，从而违反公序良俗无效。
[49] 最判平成19年2月2日民集61卷1号86页认为，该合意课加了不得行使从特定的工会退出之权利的义务，因为这部分合意"剥夺了退出自由这种重要的权利，迫使成员永久地服从与工会的统制"，从而违反公序良俗无效。
[50] 最判昭和56年3月24日民集35卷2号300页。
[51] 最判平成18年3月17日民集体60卷773页。

此,保护 X 的自由的需求强烈。

(b) 侵害的程度　第二,竞业禁止特约在多大程度上制约了 X 的自由。

1) 期间、场所的限定　一般来说,无限制地禁止竞业行为的情形,制约的程度非常大。而在限定了期间、场所的情形,相应地制约程度也小。(52)

2) 有无补偿　在作为禁止竞业的对价提供补偿的情形,相应地制约的程度也小。

(B) 对 Y 的基本权利的关照　另一方面,也不允许为保护 X 令竞业禁止特约无效而过度地侵害 Y 的基本权利——经济活动的自由和财产权等。因此,当 Y 有能够使规定竞业禁止特约一事正当化的理由时,只要没有应当优先保护 X 的特别理由,就有必要在该限度内维持竞业禁止特约的效力。这里,例如如下要因会成为问题:

274 (a) 投入资本的回收　首先重要的是,Y 在 X 的在职期间投入了多少资本,对将来从 X 所赚取的利益中回收该资本抱有多大的期待。

(b) 商业秘密等　其次要考虑的是,X 学习掌握了 Y 的营业诀窍、知晓商业秘密的情形,因商业秘密的泄露 Y 会蒙受多大的损失?(53)

(2) 对契约自由的侵害——灵感商业方法　此外,除了通过契约来侵害财产权、职业自由这样的、实质意义上的基本权利外,还存在迫使相对人与其缔结契约,侵害契约自由的情形。

事例 12

自称是宗教法人 Y 成员的 A 造访 X,说 X 的住宅呈现凶兆。听说原因是有水中精灵作怪,X 感到不安,决定与 A 一起到 Y 的灵地。在灵地,称为灵师的 B 一直祷告到深夜,并告诉 X 要帮助水中精灵,必须捐出 1000 万日元的财产。B 威胁不大情愿的 X 道:“水中精灵说 500 万就可以,快交出来。若不交出来的话,你的独身女儿肯定要遭灾”,于是 X 同意购买 500 万日元的壶,并于第二天把 500 万日元交给了 A。后来,经家人说服改变了想法的 X,决定交还壶,要求 Y 返还 500 万日元。

在该事例中要保护 X,有以下几种可能:

(A) 欺诈的可能性　首先,要认定欺诈撤销,除了错误外,还必须有故意的欺骗行为存在。可是关于这一点,存在以下的问题:

---

(52) 前注㊱的判例的立场,可以这样说明。但是,单纯有期间、场所的限定还不够,还必须要求该限定是合理的。

(53) 基于以上的考虑,在与事例 11 类似的事件中,东京地决平成 7 年 10 月 16 日判时 1556 号 83 页判定:即使从业人员就业规则中的竞业禁止特约有效(但是认定其后为当事人间的特约所排除),役员(“役员”一词无准确的中文对应表述。一般社团法人的情形,指理事、监事、会计监查人;在一般财团法人的情形,指理事、监事、会计监查人、评议员;在股份有限公司的情形,指董事、会计参与、监查、执行官、会计监查人。——译者注)就业规则中的同种特约(X 同时也是 Y 补习学校的监事)却违反公序良俗,无效。

（a）错误的存在与否　　如果认为"以为有受苦的水中精灵存在,实际上却没有"构成错误,那么就会因一时的宗教信念或陷入或不陷入错误状态。这样的话,相对人的地位将极其不安定。

（b）故意欺骗的存在与否　　如果 Y 真的相信有水中精灵,就不能说它实施了故意的欺骗行为。[54]

（B）违反公序良俗的可能性　　不过可以这样看:即使 X 有为了安抚水中精灵而购买 500 万日元的壶的意思,但其自由形成该意思的机会被剥夺了。这恰好是对 X 的契约自由的侵害。为了保护这样的 X,需要以违反公序良俗为理由,判定该意思表示无效。

Comment　　　　　　　　　　　　　　　　　　　　　　现代暴利行为

暴利行为作为违反公序良俗的一种类型,在很早就得到了广泛的承认。传统上,它被定式为这样的准则:"利用他人的窘迫、轻率、无经验,而为之以获得显著过当之利益为目的的法律行为无效。"

在 20 世纪 80 年代中期,为了处理有关消费者交易和投资交易的纷争,在下级法院的裁判例和学说中出现了更积极灵活地运用暴利行为准则的动向。所展开的观点,将传统的暴利行为的定式的前半部分——利用他人窘迫、轻率、无经验——被理解为①有关意思决定过程的主观要素,后半部分——以获得显著过当之利益为目的而为法律行为——被理解为②有关法律行为内容的客观要素,在此基础上通过两者的相关关系来判断不当性,从而推导出法律行为的无效。[55]

在这种现代型暴利行为中成为问题的是,X 被强加本未期望的含有对己不利之内容的契约或者根本不想要的契约的情形。这是——X 决定是否订立该契约之自由受到侵害,X 的财产被侵夺等——X 的基本权利受到侵害的情形,相当于本论所列举类型中裁判型——基本权利保护型公序良俗——因侵害契约自由造成的对基本权利的侵害成为问题。

在此情形,可以认为,①契约自由的受侵害程度,和②由此被侵害之基本权利的受侵害程度处于相互补充的关系。这是因为,两者在承认受契约拘束即意味着为对私域自治的侵害这一点上具有共同的性质。因此,即使在①②各自未达到足以将被害人从契约中解放出来之程度,仍可以通过斟酌对另一个的侵害程度,最终承认从契约中的解放现代型暴利行为论的主张,可以这样来正当化。[56]

立足于这种动向,《基本方针》【1.5.02】〈2〉提案规定:"利用当事人的困窘、从属或压抑状态、在思虑、经验、知识等方面的不足,侵害其权利或者以获取不当利益

---

[54] 不过,在有组织地实施这种行为的情形,容易认定有欺诈存在。例如,大阪地判平成 10 年 2 月 27 日判时 1659 号 70 页认为,如果有用以获取供养费的手法或系统存在,便构成欺诈,从而认定了基于侵权行为的损害赔偿责任。

[55] 参照大村敦志《公序良俗と契约正义》(有斐阁,1995 年,初出 1987 年)363 页以下。有关合意的瑕疵主张所谓的"凑整"(「合わせて一本」)论,可参照河上正二《契约的成否与同意的范围についての序论的考察(4)》NBL472 号 41 页以下(1991 年)。

[56] 参照山本・前注⑦73 页。

为内容的法律行为无效"。[57]

依此提案，首先在①主观要素中，"困窘"与传统的暴利行为定式中的"窘迫"对应，"思虑""经验"的不足对应于"轻率、无经验"，新增了"从属或压抑状态"和"知识"的不足。这是因为，在利用"从属或压抑状态"的情形和利用信息、谈判能力的悬殊迫使一方订立意料之外的契约的情形，自由的意思决定受到妨害这一点是相同的。

此外，在②客观要素中，后半部分的"以获取不当利益为内容"，缓和了传统定式中"以获得显著过当之利益为目的"。主观要素的充足程度越高，就越不能认为当事人自由地作了决定，即使达不到"显著过当"的程度，只要内容是获取能算得上"不当"这个程度的利益，就可以否定法律行为的效力。而前半部分的"侵害其权利"这部分，在传统定式中不存在。它是基于这样的考虑：即使未必算得上相对人获取"不当的利益"的情形，只要被害人的"权利"受到侵害，就需要救济。从该准则被定位为基本权利保护型公序良俗的一种类型这一点看，应当说这是理所当然的。

④ 违反公序良俗的基准时

此外，还有一个问题：法律行为行为时未违反公序、其后违反公序的情形，应当以什么时点为基准来判断其有效、无效？

事例 13

商社 X 计划发行企业债券筹集 100 亿日元的资金之际，接到期待成为其主发行商的证券公司 Y 的意向，以年 8% 的回报运用 30 亿日元，1985 年 3 月双方缔结契约，以 Y 作为投资顾问，信托 30 亿日元供其运用。当时约定，如果回报不足 8%，则 Y 向 X 支付差额部分。其后，契约延长至 1993 年 3 月，其间泡沫经济破裂，X 蒙受了很大的损失，于是要求 Y 履行损失保证契约。

如前所述，自 1989 年末起一系列的证券丑闻浮出水面。以此为契机，证券交易法得到修改，损失保证被用刑罚的手段禁止。[58] 如果认为公序因此发生变化的话，该事例中的损失保证在订立契约时并未违反公序，但在请求履行时（1993 年 3 月）违反公序了。

1. 法律行为的效力 首先，依判例的立场，法律行为是否违反公序良俗而无效，应当① 依照法律行为作出时点的公序，② 在这个时点判断。[59] 其理由是，行为时有效的法律行为其后归于无效，或者当初无效的法律行为其后归于有效的话，法律关系会不安定，这样不妥。依此，上述损失保证契约有效。

---

[57] 参照基本方针 20 页以下，详解 I 57 页以下。
[58] 参照本章 Ⅳ③ 2(1)(A)(b)(270 页以下)。
[59] 最判平成 15 年 4 月 18 日民集 57 卷 4 号 366 页。

2．履行请求的可否　　可是在此基础上判例认为，即便是原本有效的契约，如果认可履行请求会发生违反法令的结果，那么就不能认可履行请求。[60] 因为判例觉得，在此情形，为了实现法令的目的，驳回履行请求是必要的，并且——作为制约当事人权利的根据——是妥当的。[61] 依此，其结果将不认可 X 的请求。

---

[60]　前注59最判平成 15 年 4 月 18 日。
[61]　详见山本敬三"判批：最判平成 15 年 4 月 18 日"百选Ⅰ30 页以下。

13 消费者契约法

I 序

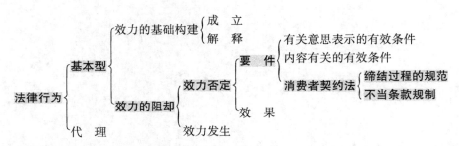

本章讲述法律行为的效力否定要件中由消费者契约法规定的内容。从消费者契约法的适用范围的广泛性来看，说它在实质上修改了民法也不为过。这里专门讲述消费者契约法，便是出于这个原因。

以下，在介绍消费者契约法的意义和适用范围后，作为相当于法律行为之效力否定要件的特别法的部分，讲述有关契约缔结过程中的规范以及有关不当条款的规范。① 此外，消费者契约法于2006年修正，新设了消费者团体诉讼制度。关于此点，将在本章末尾简单介绍其概要。

II 何谓消费者契约法

1 意义

制定消费者契约法的经过，如第6章Ⅲ③2(113页以下)所述。在此，根据

---

① 消费者契约法的解说，可以参照消费者厅编外，还可参照山本丰"消费者契约法(1)—(3)"法学教室241号77页、242号87页、243号56页(2000年)，落合成一《消费者契约法》(有斐阁，2001年)，日本辩护士连合会编《消费者法讲义》(日本评论社，第3版，2009年)94页以下[野々山宏]，日本辩护士连合会消费者问题对策委员会编《コンメンタール消费者契约法》(商事法务，第2版，2010年)。此外，探讨整个消费者契约法的意义和遗留课题的文献，可参照山本敬三"消费者契约法的意义と民法の课题"民商法杂志123卷4=5号39页(2001年)。另外，本章所列举的多数事例，都参考了消费者厅的解说中所举事例，特此说明。

该法 1 条的规定,整理一下其目的和内容。②

1. 目的

(1) 信息、交涉力的结构性差距　　一般认为,作为前提,在消费者与经营者之间结构性地存在着"信息的质、量以及交涉力的差距"。③

（A）信息力的差距　　首先,经营者对自己提供的商品和服务,无论在质和量上通常都拥有丰富的信息。

（B）交涉力的差距　　其次,经营者通过交易的诀窍,在交易要花费的时间和劳力这一点上也占据优势。而且,由于经营者需要大量地处理同种交易,所以即使消费者期望,变更预先设定的契约条款也是不现实的。

(2) 消费者利益的维护　　在这种状况下,消费者就有可能被迫订立本来并不希望的契约。消费者契约法试图建立和完善用以救济实际被迫订立这种契约的消费者,防止同种损害的发生、扩大的制度,以维护消费者的利益。

2. 内容

(1) 规范的对象　　为了实现上述目的,消费者契约法规定了以下两种规范。

（A）对缔结过程的规范　　第一,是有关消费者在缔约过程中受到经营者不当干涉的情形的问题。

（B）对不当条款的规制　　第二,是有关不当危害消费者利益之条款的问题。

(2) 保护手段　　在此基础上,消费者契约法就这些问题规定了如下两个保护手段:

（A）具体的保护手段　　第一,是用以救济实际遭受经营者不当干涉而缔结契约,以及缔结含有不当条款契约的消费者的手段。具体而言,规定了这种契约的撤销和不当条款的无效这样的效果(消契 4 以下)。

（B）抽象的保护手段　　第二,是用以防止同种的损害发生、扩大的手段。具体而言,就不当劝诱行为、使用不当条款之契约的缔结行为,规定了一定的消费者团体可以向经营者请求停止(消契 12 以下)。

2　适用范围

1. 消费者契约　　消费者契约法适用于消费者契约。这里所说的"消费者契约",是指"消费者与经营者间缔结的契约"(消契 2 Ⅲ)。

(1) 消费者、经营者的涵义　　消费者、经营者的涵义如下。

（A）消费者　　所谓消费者,是指"个人(作为经营或为经营而成为契约

---

② 参照消费者厅编 71 页以下。
③ 关于消费者的一般特性,参照大村敦志《消费者法》(有斐阁,第 3 版,2007 年)19 页以下。

当事人的情形除外）"（消契 2Ⅰ）。

（B）经营者　　所谓经营者，是指"法人、其他团体以及作为经营或为经营而成为契约当事人的个人"（消契 2Ⅱ）。

对方当事人	一方当事人	法人及其他团体	个人	
			作为经营或为经营而订立契约	其他
法人及其他团体		×	×	○
个人	作为经营或为经营而订立契约	×	×	○
	其他	○	○	×

○＝属于消费者契约　　×＝不属于消费者契约

（2）**经营性**　　按照这种定义，区别消费者与经营者的基准，在于是否作为经营或为经营而缔结契约。之所以将"法人及其他团体"作为经营者，同样可以理解为是考虑到法人④及其他团体⑤始终具备这种经营性。

（A）**宗旨**　　将经营性作为要件，是出于如下的考虑：法人及其他团体自不待言，即使是个人，在作为经营或为经营而缔结契约的情形，较之于非此情形的个人，就自己所从事的经营，无论在质还是量上都拥有丰富的信息，并且在交涉力这一点上也处于优势地位。

（B）**基准**　　问题是，在什么情形才能认可这种经营性。⑥

> **事例 1**
> ① X 出 50 万日元委托土木工程店 Y 改造自己的厨房。
> ② X 在自家开设了书法教室，由于空间窄小，委托土木工程店 Y 改装偏房。
> ③ X 出 100 万日元委托土木工程店 Y 修缮自己经营的出租房屋。
> ④ 经营个人牙科医院的 X，出 200 万日元委托土木工程店 Y 改造诊室的内装修。

（a）**同种行为的反复持续性**　　首先，要称得上经营，需要自己负担危险和损益，按照一定的目的反复持续地从事同种的行为。⑦ 因为一般认为，经营者由此积累有关此种行为的经验，较之于非此种人，他通常在信息、交涉力方面处于优势地位。所以，如①中 X 那样，算不上是反复持续地从事同种

---

④ 这里所说的法人，不问营利还是非营利。因为既然具备了经营性，就应当作经营者来对待。
⑤ 能够想到的其他团体，例如有无权利能力社团、财团以及合伙等持续开展一定经营的团体。不过，像公寓的管理合伙组织委托他人管理公寓业务的情形那样的、不具备专业知识的人仅仅集合在一起的情形，有可能被视为消费者（山本丰·前注①法学教室 241 号 83 页以下）。
⑥ 严格来讲，难以判断与消费者订立契约的人是否属于经营者的情形，与难以判断与经营者订立契约的人是否属于消费者的情形相比，基准也可能稍有不同。这是因为，特别是在后者的情形，问题在于，与经营者相比在信息、交涉力方面是否处于劣势，因此有可能相对较高地设定经营者的标准，相应地就容易判定为消费者。
⑦ 消费者厅编 79 页。

行为的情形,不满足经营性要件,从而属于消费者。

（b）附加要因　　不过,仅仅反复持续地从事同种行为,未必总会满足经营性要件。认定经营性,还需要具备下列要因中的某一项：

1）营利性　　第一是营利性。这里的标准是：是否企图通过该行为获得相当程度的利益。例如,在②、③中,靠书法教室、出租房屋的经营获得的收入构成 X 的生计、活动的主要资产来源。在此情形,具备经营性,不属于消费者。[8]

2）专业性　　第二是专业性。这里的标准是：不问营利与否,依社会通常观念,被期待具备一定水准的专业性的人,是否反复持续地从事着属于这种专业的行为。由此可以看出,除了④那样的医师外,律师、税理士等从事专门职业的人就其职业缔结契约的情形,满足经营性要件,不属于消费者。

（C）作为经营、为经营的契约

（a）作为经营的契约　　所谓"作为经营"成为契约的当事人,是指契约的缔约本身就是经营的实现。事例 1 中的土木工程店 Y 缔结承揽契约,便属于此。

（b）为经营的契约　　所谓"为经营"而成为契约的当事人,是指为经营所用而缔结契约。例如,确保从事经营场所的契约、调配设备、常备品的契约,便是典型的例子。

（c）开业准备行为　　在此关系中成为问题的,是打算开始经营的人为了开业而缔结契约的情形。

事例 2

不想当工薪族的 X,参加了汉堡包连锁点 Y 公司连锁店的募集,与 Y 缔结了如下内容的特许契约：接受 Y 公司提供的诀窍和经营指导；准备 1000 万日元的开业资金；作为回报,并以广告赞助费的形式向 Y 公司支付每月销售额的 3%。

1）经营者说　　立法的起草者认为,既然开业准备行为也是"为经营"而缔结契约的情形,那么就算不上是消费者。[9] 它是基于这样的考虑：此后将成为经营者的人,不得主张自己在信息、交涉力方面劣后于相对人。

2）消费者说　　也有有力的见解主张,在开业准备行为的阶段,属于消费者。[10] 它是基于这样的考虑：在这个阶段,尚未通过经营活动获得知识、经验,因此与相对人相比,在信息、交涉力方面处于劣势,这一点没有变化。

2. 适用的排除——劳动契约　　只要是上述意义上的消费者契约,就适

---

[8] 关于证券的个人投资家,消费者厅编 91 页有相同的论述。
[9] 消费者厅编 86 页以下。
[10] 山本丰·前注①法学教室 241 号 83 页等。河上 394 页以下认为,至少应当类推消费者契约法。

用消费者契约法。不过,对于劳动契约,明文规定不适用消费者契约法(消契48)。它是出于这样的宗旨:劳动契约中的劳动者保护,交由相应的特别法——劳动法——来调整。

Ⅲ 对缔结过程的规范

就消费者契约的缔结过程而言,① 有关经营者没有实施必要行为的情形的问题,② 有关经营者实施了不正当行为的情形的问题,是调整的对象。不过,对于①,只限于承认经营者有一般的努力义务;只是对于②,承认消费者有撤销权。

1 当事人的努力义务

消费者契约法要求经营者和消费者在消费者契约的缔约过程中作如下的努力(消契3)。

1. 经营者的努力义务

(1) 内容　　首先,对于经营者,要求作如下两种努力(消契3Ⅰ)。不过,两者都是努力义务,经营者即使违反此义务,也不会立即就会导致契约的撤销和损害赔偿义务。

(A) 努力简明制订义务　　第一,经营者在制订消费者契约的条款时,必须努力使消费者契约的内容对消费者来说简单且明确。

(B) 努力提供信息的义务　　第二,经营者在劝诱消费者缔结消费者契约时,为了加深消费者的理解,必须就消费者契约的内容努力提供必要的信息。

(2) 宗旨　　其宗旨如下:

(A) 义务的承认　　首先,由于在经营者与消费者之间存在信息、交涉力的结构性差距,消费者不能充分理解契约内容,有可能在不掌握必要信息的情况下缔结契约。为此,为了矫正这种差距,需要经营者使契约内容简单、明确,并提供必要的信息。

(B) 停留于努力义务的理由　　然而,由此并不能立刻对一般经营者课以伴随有法律效果的作为义务。这是基于如下的理由[11]:

(a) 自己责任的原则　　既然是自己缔结契约,那么自己理解契约内容、收集必要的信息来加以应对,才是原则。背离这种原则,对经营者课以伴随有法律效果的作为义务,就需要特别的理由。

(b) 经营者的多样性　　经营者一词也包含多种多样的类型。因此,仅仅说经营者,并不能构成对所有的经营者一律课以伴随有法律效果的作为

---

[11] 参照消费者厅编95页以下。

义务的理由。

2．消费者的努力义务　　其次，对于消费者，要求作以下两种努力（消契3Ⅱ）。不过，这些仅仅停留于叙述一般须知的程度，消费者并不会当即承受法律上的不利益。

(1) 努力利用信息的义务　　第一，消费者应当努力利用由经营者提供的信息。

(2) 努力理解内容的义务　　第二，消费者应当努力理解消费者契约的内容。

Comment　　　　　　　　　　　　　　　消费者契约中的信息提供义务

　　在消费者契约法的立法过程中，当初认为应当确立经营者的信息提供义务，作为违反的效果，赋予消费者以撤销权的见解比较有力。可是针对这种见解，经济界提出了强烈的异议。结果，停留于规定努力义务。而且这样一种主张获得了通过：如果要对经营者课以努力义务，就应当也对消费者课以努力义务。最后就设置了上述规定。

　　然而，如果以经营者与消费者之间存在信息差距为理由立法，那么承认经营者的信息提供义务更自然。如果课以信息提供义务存在不妥之处，那么应当说，只需在此范围内设定允许例外的要件便足够了。在以"维护消费者的利益"（消契1）为目的的法律中，特意明文规定消费者的努力义务，也不协调。作为立法论，应当说隐含着很大的问题。⑫ 不过，不管怎么说，对于信息提供义务，立足于民法的保护是可能的。这一点，如第11章Ⅱ②（230页以下）所述。

---

② 基于不当劝诱的撤销

与上述不同的是，在经营者不当劝诱导致消费者因误认或困惑而缔结契约的情形，消费者契约法允许消费者撤销该契约（消契4）。这是因为，既然经营者积极地实施了不当的行为，那么即使被撤销也是不得已的。

1．基于误认的撤销　　首先，如果受到劝诱，因经营者一定的行为而产生误认，并因此作出要约或承诺的意思表示时，则消费者可以撤销该意思表示（消契4ⅠⅡ）。

---

⑫ 参照冲野真已"『消费者契约法（仮称）』における『契约缔结过程』の规律——第17次国民生活审议会消费者政策部会报告を受けて"NBL685号26页以下（2000年），山本敬三"消费者契约法と情报提供法理の展开"金法1596号12页以下（2000年），同・前注①52页以下，同"契约规制の法理と民法の现代化（1）（2）"民商法杂志141卷1号1页、2号1页（2009年），特别是1号38页以下。

经营者 Y 的请求原因 （契约的履行请求）	消费者 X 的抗辩
XY 缔结契约	① 消费者契约法的适用要件＝消费者契约的缔结 　ⓐ X＝消费者 　ⓑ Y＝经营者
	② 撤销原因 　ⓐ 于劝诱时 　ⓑ 经营者 Y 导致误认的行为 　　引发对事实误认的行为 { 不实告知 　　　　　　　　　　　　　　不利益事实的不告知 　　引发对判断误认的行为——断定性判断的提供 　ⓒ 因 ⓑ 导致消费者 X 误认 　ⓓ 消费者 X→经营者 Y 基于误认的意思表示
	③ X→Y 撤销的意思表示

以下，介绍其中特别成为问题的 ② 中的 ⓐ 和 ⓑ 要件。

（1）劝诱时的行为　　首先，需要 ⓐ 经营者引发误认的行为是"在就缔结消费者契约而作劝诱之际"实施的。

（A）劝诱的涵义　　这里所说的"劝诱"，是指为了使消费者形成缔结契约的意思而施加影响的行为。

（B）对不特定多数人的宣传　　相关的问题是，用广告、散发传单等方式对不特定多数人进行宣传是否构成这里所说的劝诱。

（a）不构成劝诱说　　立法的起草者认为，所谓的劝诱，是指对特定消费者的意思形成施加影响，对不特定多数人的宣传不构成劝诱。⑬

（b）构成劝诱说　　另一种见解也颇有说服力：即使对不特定多数人的宣传，如果可以评价为由此对该消费者的意思形成产生了实际影响，也构成劝诱。⑭ 这是因为，在此情形在消费者因经营者的行为产生误认这一点上没有什么不同，所以应当允许撤销。

（2）引发误认的行为　　其次，需要在作上述意义的劝诱时，ⓑ 经营者实施了引发消费者误认的行为。不过，能够使撤销正当化的，限于以下的行为。

（A）引发对事实误认的行为　　第一，是使消费者对事实发生误认的行为。具体来说，不实告知和不利益事实的不告知便属于此。

---

⑬ 消费者厅编 108 页。
⑭ 山本丰·前注①法学教室 242 号 89 页，落合·前注①73 页，河上 398 页。

（a）不实告知　　所谓不实告知，是指"就重要事项告诉与事实不符的内容"（消契4Ⅰ①）。

> **事例3**
>
> ① 不动产公司 Y 在向 X 推荐二手住宅甲时，强调甲盖了 5 年左右，4000 万日元非常划算。结果，X 购买了甲。可是，后来发现甲已经盖了 10 年。
> ② 不动产公司 Y 在向 X 推荐二手住宅甲时，强调甲的"居住环境优良"，结果 X 以 3000 万日元购买了甲。然而，X 实际居住后开始感觉到购物、上下班不方便，而且居住环境也存在问题。

这里，所谓"与事实不符"，是指在客观上不真实、不正确。因此，①属于不真实，但对于像②那样告知主观评价的行为，无法判断其客观上是否真实或正确，不属于不实告知。⑮

Comment　　　　　　　　　　　　　　　　　　　　　　不实表示的一般法化

像这样，如果相对人就事实作出不实表示，即使不是消费者，发生误认的危险性也很高。而且，如果构成前提的事实不一样，即使正确理解了该事实，结果上所作决定也势必不妥当。因此，对于有关事实的不实表示，保护表意人的必要性普遍存在，而且要保护性很高。而既然相对人自己表示了不正确的事实，被因此而作错误意思表示的表意人撤销也是不得已的。

如果这样思考的话，关于不实表示，就需要在民法中规定一般性的规则，而不是在消费者契约法中。⑯ 为此，《基本方针》提案，在有关错误的规定之后，规定"有关针对相对人的意思表示，就表意人是否作出意思表示之判断通常应当产生影响的事项，相对人表示了不同于事实的内容，表意人因此错误认识其事实，据此作出意思表示的情形，其意思表示可以撤销"（【1.5.15】〈1〉）。不同于消费者契约法以"告知不同于事实的内容"为要件，这里以"表示了不同于事实的内容"为要件，是因为不仅仅是积极告知的情形，还要包括从四周的情状看可以评价为作出默示表示的情形。即使在这种情形，如果表意人因此而发生对事实的误认，同样可以允许撤销。⑰

此提案将涵盖因不实表示引起与动机错误相当的意思瑕疵的情形。在与错误的关系上，不论是否构成法律行为的内容，只要有不实表示就允许撤销。此外，在与欺诈的关系上，由于不论有无故意都允许撤销，因此，可以说意味着在实质上扩张了欺诈撤销。⑱

---

⑮ 参照消费者厅编 108 页以下。

⑯ 山本敬三"契約関係における基本権の侵害と民事救済の可能性"田中成明编《現代法の展望——自己決定の諸相》（有斐閣，2004 年）27 页，同"基本権の保護と契約規制の法理"先物取引被害研究 29 号 14 页（2007 年）。

⑰ 参照基本方针 30 页以下，详解 I 128 页以下。关于此提案，也可参照山本敬三·前注⑫民商法杂志 141 卷 1 号 34 页以下。

⑱ 参照民法（债权法）改正检讨委员会编《シンポジウム「債権法改正の基本方針」》〔别册 NBL127 号〕》（商事法务，2009 年）31 页〔山本敬三〕。

（b）不利益事实的不告知　　所谓"不利益事实的不告知",是指"就重要事项"不告诉"对消费者不利的事实"这种不作为。

> **事例 4**
>
> ① 不动产公司 Y 在向 X 推荐公寓房甲时,强调视野、日照良好。结果 X 花 3000 万日元购买了甲。然而半年后,在与甲毗邻的土地上建起了楼房,视野、日照几乎都被遮挡。
>
> ② 经营公寓租赁业的 Y,在以 10 万日元的月租金向 X 出租一套房屋甲时什么也没有说。可是 X 入住后不久得知,2 年前有一家人在甲自杀。
>
> ③ 电器店 Y 在向 X 推荐计算机甲时,强调因为是圣诞节的商战打了 8 折。结果 X 花 20 万日元购买了甲。可是两周后价格又下调,甲的店面价格跌至 15 万日元。

1) 附加条件　　如①1(283 页以下)所述,消费者契约法的立场是:如果仅仅存在不提供信息这样单纯的不作为,则不允许消费者撤销契约。因此在这种情形,允许撤销限于另外具备以下三个要件的场合(消契4Ⅱ正):

a) 先期行为的存在　　第一,需要经营者在劝诱之际,就某一重要事项或与之相关联的事项,告诉了消费者该事项构成该消费者的利益。在①中,告诉消费者视野、日照良好,在③中,告诉消费者由于圣诞节商战而打 8 折,便属于此。而在②中,由于没有特意告诉消费者某事实构成该消费者的利益,所以即便存在不利益的事实,也不属于不利益事实的不告知。[19]

b) 不利益事实的限定　　第二,经营者应当告诉的不利益事实,限于依据先期行为,消费者通常认为不存在那种事实的情形。像①那样,如果告知视野、日照良好,那么消费者通常会认为在相邻土地上不会有遮挡视野、日照的建筑物。而像③那样,即使告知因为圣诞节商战才打 8 折,通常也不能说价格不会进一步下调,所以这种情形不属于不利益事实的不告知。

c) 故意的不告知　　第三,需要经营者故意不告知上述的不利益事实。其涵义是:经营者一方面有如下两种认识,却又故意不告知该事实。[20]

甲) 对不利于该消费者事实存在的认识　　在①中,指对甲的相邻土地上建造遮挡甲的视野、日照的楼房一事的认识。

乙) 对该消费者不知道该事实的认识　　在①中,指对消费者不知楼房将建造而缔结契约一事的认识。

2) 经营者的免责事由　　但是,如果尽管经营者打算告诉消费者对其不利的事实,但消费者予以拒绝,则不允许撤销(消契4Ⅱ但)。

---

[19] 不过,在此情形,有可能认定为民法上的欺诈撤销。详见第 11 章Ⅱ②(230 页以下)。

[20] 消费者厅编 120 页。河上 398 页以下认为,将可以与故意同等看待的重过失包含在内在解释论上不可避免。

Comment 　　　　　　　　　　　　　　　　不利益事实的不告知的意义和课题

　　从这些要件可以看出,有关不利益事实的不告知,问题在于:有意识地仅仅告知有利于消费者的事项,而让对方以为不存在与之表里一体的不利益事实的行为。实质上恰好可以将其评价为一种不实告知。正因为如此所以才认为:尽管仅注目不利益事实的不告知的话,它属于不作为;但当这样的要件齐备时,与不实告知同样,可以允许撤销。不过,如前文所述,如果认为"不实表示"不限于积极地不告知的情形,还包括从四周的情状看可以评价为作出默示表示的情形,那么不利益事实的不告知将被"不实表示"所吸收。[21]

　　此外,如后将述【②1(3)(292页以下)】,在这种关系之下,现在关于适用特定商交易法的交易,允许基于故意不告知的撤销这一点也很重要。如此一来,就所规定的重要事项,因与经营者相当之人故意不告知事实,致使顾客误认为不存在那种事实时,允许撤销。由于不以先期行为为必要,将故意不告知普遍地作为撤销的对象,可以说扩充了给予消费者契约法的规制。

　　像这样,规定不告知这种不作为便足够的立场,是以这样的观点为前提的,即就涉及所规定之重要事项的事实有定型化地应当告知的义务。作为今后法续造的方向,存在不利益事实的不告知向这种故意不告知转变的可能性,应当研究将此明文化。[22]

　　(c) 重要事项　　因以上的不实告知和不利益的不告知而允许的撤销,限于就"重要事项"告知或不告知的情形。

　　1) 重要事项的涵义　　这里所说的重要事项的范围,规定为如下(消契4Ⅳ)。

　　a) 契约客体的内容、交易条件　　首先,能成为重要事项的,有如下两种:

　　甲) 契约客体的内容　　第一,是"物品、权利、服务及其他成为该消费者契约标的的东西"的"品质、用途及其他内容"(消契4Ⅳ①)。

　　乙) 获取契约客体的交易条件　　第二,是"物品、权利、服务及其他成为该消费者契约标的的东西"的"对价及其他交易条件"(消契4Ⅳ②)。

　　b) 对意思决定的影响　　其次,重要事项限于上述事项中的"通常会对消费者是否缔结该消费者契约的判断产生影响的事项"(消契4Ⅳ)。

　　2) 扩张的可能性　　就不属于契约缔结客体的内容或交易条件的事项,存在不实告知、不利益事实的不告知的情形,是否应当以不涉及重要事项为由而不允许撤销?

---

[21] 除基本方针31页,详解I131页以下外,还可参照山本敬三·前注⑫民商法杂志141卷1号36页以下。

[22] 除详解I145页外,还可参照山本敬三·前注⑫民商法杂志141卷1号40页以下。

> **事例 5**
>
> ① 上门推销的 Y 公司推销员 A 对 X 说："现在使用的老式电话以后不能用了。"于是，X 按照 A 的推荐，花 10 万日元购买了多功能电话机甲。
>
> ② 商品交易所成员 Y 公司的外务员 A 告诉 X，东京市场的黄金价格有上涨迹象，市场预测这个迹象将会持续一个月左右。经过 A 的热情劝诱，X 交纳了 1500 万日元委托保证金后，买入 200 手黄金。可是等到第二天，黄金急速下跌，X 损失了 3000 万元。X 经调查发现，在订立契约的时点东京市场的黄金价格上涨异常，极端偏离伦敦市场的黄金价格，才明白将来黄金的价格有暴跌的可能。

老式电话能不能使用，将来黄金的价格会如何，不是契约的客体——多功能电话机甲以及黄金本身的"品质、用途及其他内容"，也不属于"对价及其他交易条件"。

a）限定说　　依立法担当者*的观点，对撤销的认可，限于这样的情形：如规定的文义所示，就契约客体的内容、交易条件实施了不实告知或不利益事实的不告知的情形。依此观点，在这种情形，就不允许因为不实告知或不利益事实的不告知而撤销。[23]

b）扩张说　　而另一种见解也颇有说服力。在此见解看来，在消费者契约法 4 条的背后，是这样一种观点：既然经营者通过积极的行为使消费者产生了误认，那么契约被撤销也是不得已的。因此，就消费者的意思决定，通常会产生影响的事项，发生了不实告知或不利益事实的不告知时，可以撤销。[24]

（B）引发对判断误认的行为　　第二种引发误认的行为，是使消费者产生不正确判断的行为。断定性判断的提供便属于此（消契 4 Ⅰ ②）。

---

*　所谓立法担当者，不是指法律的具体起草者，也不是指具有立法权限的国会，而是指具体推动整个立法过程的组织者，通常是行政机关。——译者注

[23]　关于①，参照消费者厅编 146 页。最判平成 22 年 3 月 30 日判时 2075 号 32 页，在与②相当的案件中认为，消费者契约法 4 条 2 款、4 款不同于有关提供断定性判断的同条 1 款 2 项，没有使用意味将来之变动不确实之事项的表述，因此未来黄金的价格不属于"重要事项"，不认可撤销。但是，依特定商交易法，对于①那样的访问销售，关于"涉及顾客认为缔结该买卖契约或者该服务提供契约必要之事情的事项"（特商 61⑥），因销售商或者服务提供商告知不实内容，致使顾客发生误认而缔结契约的情形，契约可以撤销（特商 9 之 3 ①）。在此限度内，此规定可以定位为对消费者契约法的扩充。关于特定商交易法的规制，参照本章 Ⅲ ② 1（3）（292 页以下）。

[24]　池本诚司"不实的告知と断定的判断の提供"法学セミナー 549 号（2000 年）、山本敬三·前注⑫金法 1596 号 12 页等。按照这种观点，消费者契约法 4 条 4 款列举的契约客体的内容、交易条件，不过是示例而已。

事例 6

① 证券公司 Y 的担当职员 A 对 X 说："现在购进股票甲,日后肯定会上涨。"于是,X 买进了 500 股。但股票甲暴跌,X 蒙受了很大的损失。

② 瘦身沙龙 Y 的担当职员 A 对 X 说："这样下去的话,两三年后皮肤肯定一塌糊涂。"于是 X 就按 A 的劝说,与 Y 订立契约,选择了 30 万日元的瘦身项目。

（a）所谓断定性判断的提供　　所谓断定性判断的提供,是指对"有关成为消费者契约的标的之客体"的"将来的、变动不确定的事项",作似乎确实的判断。例如,①中肯定上涨的陈述。

（b）成为对象的事项　　成为断定性判断对象的事项,有"将来的价格、将来该消费者应获取金额及其他将来变动不确定的事项"。①中将来的股价等便是典型例子。

1）不存在基于重要事项的限定　　这里,与先前的、引发有关事实的误认的行为不同,对重要事项未作限定。这里所列的,通常属于缔结契约的动机。

2）将来的、变动不确定的事项　　其中,这里规定的是"将来的、变动不确定的事项"。不过,至于是否应当对此作限定性解释,存在争议。

a）限定说　　依立法担当者的观点,只有在就将来的、变动不确定的事项提供了断定性的判断时,才允许撤销。按这种观点,过去或现在的事自不待言,即使像②那样的将来事项,当就变动并非不确定的事项提供了不正确的判断时,将不允许撤销。㉕

b）扩张说　　而有力的见解认为,即便不属于将来的、变动不确定的事项,只要有经营者提供的不正确的断定性判断引起消费者的误认,就应当允许撤销。㉖ 这是因为,如果认为本条的基础在于:既然经营者通过积极的行为使消费者产生了误认,因此撤销契约也是不得已的,那么就没有理由限定于将来的、变动不确定的事项。

(3) 基于特定商交易法的规制

　　（A）成为对象的交易　　除上述内容外,对于下列交易,特定商交易法允许因所规定的重要事项受到不实告知或者故意的不告知发生误认从而缔结契约者,撤销契约。这被定位为扩充消费者契约法规制的制度。㉗

　　（a）访问销售（特商 9 之 3）

　　（b）电话劝诱销售（特商 24 之 2）

㉕ 除消费者厅编 147 页外,还可参照山本丰·前注①法学教室 242 号 92 页。
㉖ 山本敬三·前注⑫金法 1596 号 12 页。
㉗ 特别是,以下三点重要。① 不以先期行为为必要,将故意不告知普遍作为撤销的对象;② 将与顾客认为缔结契约所必要的事情有关的不实告知、故意的不告知追加为撤销的对象;③ 将多见于经营者之间的连锁销售契约、以提供业务为诱饵的销售契约明示为撤销的对象。

（c）连锁销售契约（特商40之3）

（d）提供特定的继续性服务等的契约（特商49之2）

（e）以提供业务为诱饵的销售契约（特商58之2）

（B）**重要事项**　　就访问销售而言，下列事项被规定为重要事项（特商6I）[28]：

（a）**契约客体的内容**　　第一，商品的种类、性能、品质、权利、服务的种类、内容以及其他与上述事项类似的，并由省令规定的事项。

（b）**要获得契约客体的交易条件**　　第二，是商品或权利的销售价格、服务的对价、支付时期、方法，商品的交付时期、权利的移转时期、服务的提供时期。

（c）**有关撤回、解除的事项**　　第三，是有关契约要约的撤回、契约解除的事项。

（d）**顾客认为缔结契约所必要的事情**　　第四，是涉及顾客认为缔结契约所必要的事情的事项。

（e）**兜底条款**　　第五，是其他与该契约有关的事项中，对顾客、购买人、接受服务提供者的判断产生影响的重要事项。

2. 基于困惑的撤销　　其次，消费者在受到劝诱时，如果因经营者一定的行为而发生困惑，并因此作出该消费者契约的要约或承诺的意思表示时，可以撤销要约或承诺（消契4Ⅲ）。

经营者Y的请求原因 （契约的履行请求）	消费者X的抗辩
XY缔结契约	① 消费者契约法的适用要件＝消费者契约的缔结 　ⓐ X＝消费者 　ⓑ Y＝经营者
	② 撤销原因 　ⓐ 于劝诱时 　ⓑ 经营者Y导致困惑的行为　　｛不离去／扣留｝ 　ⓒ 因ⓑ导致消费者X困惑 　ⓓ 消费者X→经营者Y基于困惑的意思表示
	③ X→Y撤销的意思表示

---

[28] 至于其他的交易，也根据其各自的特点规定了大致同样的重要事项（特商21I、34I、44I、52I）。其中，特别是（e）兜底条款，采用了与消费者契约法上有关"重要事项"的扩张说【（2）（A）（c）2）b）（291页）】同样的观点，这在解释、修正消费者契约法时可以作为参考。

> **事例 7**
>
> ① 到 X 家上门推销的 Y 公司推销员 A 劝说其购买学习教材甲,一直劝说到夜里 12 点。X 说:"孩子睡了,请回去吧",可 A 还是没有回去的意思,没有办法的 X 不得已与 Y 订立了契约,花 20 万日元购买甲。
>
> ② 企业经营协会 Y 打电话到 X 的工作场所,劝诱 X 为取得企业经营顾问的资格去听 Y 的讲座。担心被上司听到,X 请 Y 不要来电话,Y 却执拗地打来电话。为避免 Y 再次打电话到工作场所来,X 与其订立了契约。
>
> ③ 听朋友说有日用品的大甩卖,X 便去了 Y 公司主办的现场销售会。会场免费分发纸巾、调味品。在前面,炒锅、平锅等商品依次按定价的一半出售。因为其他的参加者竞相购买,会场逐渐呈现出异常兴奋的气氛。最后,当以 9 万日元的特别价格出售羽绒被甲(限定 5 名)时,担心周围的人抢先举手的 X,被当时的气势所裹挟,最终缔结了购买甲的契约。

(1)引发困惑的行为

(A)拘束身体型 消费者契约法中,使撤销正当化的、引发困惑的行为,有以下两种。都是通过将消费者拘束于一定空间从而引发对方困惑的行为。

(a)不离去 第一,是尽管消费者已经示意经营者该从其居住地或者从事业务的场所离去,经营者却不离去。例如①。

(b)扣留 第二,是尽管消费者示意要从经营者进行劝诱的场所离去,但经营者却不让其离去。

(B)非拘束身体型 像②这样,在未将消费者的身体拘束于一定空间的情形,即使引发困惑,消费者契约法也不允许撤销。这种情形,只允许基于特定商交易法的冷却(特商 24I)。

(2)致幻行为 像③这样,对被置身于封闭空间的消费者,利用巧妙的安排,在该场合制造出若不购买似乎就会吃亏的气氛,诱使对方与其订立契约的手法,称为催眠商业方法或 SF 商业方法㉙。

(A)依消费者契约法撤销的可能性 这种情形,由于不仅不存在不离去或扣留的行为,甚至连消费者发生困惑都谈不上,因此,消费者契约法不允许撤销。

(B)其他的可能性 在此,可能的救济也仅仅包括,依特定商业交易法允许冷却(特商 9I),以及以侵害契约自由违反公序善良俗为由认定无效。

Comment 基于困惑之撤销的限定性及课题

允许基于困惑的撤销的理由,是保护受经营者不当劝诱行为的影响而缔结了本

㉙ 是最初利用这种商业方法的"新制品普及会"的开头字母。

来肯定并不期望之契约的消费者。因此,具有决定性重要意义的,是消费者的意思决定是否被扭曲。从这种观点出发,就没有理由限定于发生不离去、扣留这种特定行为的情形,也没有理由将使消费者致幻的情形排除在外。㉚

当然,如果消费者发生困惑就允许撤销的话,就有严重影响交易安定的危险,因为"困惑"是什么未必清晰,而且有可能因从外部难以察觉的事情就推翻交易的效果,有可能使得交易极其地不安定。

基于这样的考虑,《基本方针》提案,替代基于不离去、扣留这种特定行为的限定,以"经营者就缔结消费者契约实施劝诱之际","尽管消费者表达了不希望继续劝诱的意思,但在让消费者产生——在其作出消费者契约之要约或承诺之前劝诱将持续之——困惑"为要件,将不离去和扣留作为其示例(【1.5.19】〈1〉)。㉛ 如果作如此修正,那么,围绕最近经常成为问题的非应邀劝诱——对未期待缔结契约的消费者作单方劝诱——问题,就可有一定的应对。

不过,《基本方针》并未提案限定于消费者发生困惑的情形,也未就与困惑相当的行为提案作特别规定。这是因为考虑到,要将这样的情形也包含在内的话,那么由于对于经营者不当诱导消费者意思决定的情形允许消费者撤销,有必要对用以设定要件的观点作更加慎重的研究。应当说这是今后的课题。

3. 主体

(1) 实施不当劝诱之人 在上述不当劝诱行为——不实告知、不利益事实的不告知、断定性判断的提供、不离去、扣留——是由下列人等实施的情形,允许撤销:

(A) 经营者 第一,是经营者。除了经营者自身实施的情形外,还包括经营者的职员实施的情形。

(B) 受托人等 第二,是就与消费者缔结契约事宜受经营者委托的人以及受其委托(含两层以上的委托)的人,称为受托人等。由于此情形与经营者实施不当劝诱行为的情形同等对待(消契5Ⅰ),所以,即便经营者本人就不当劝诱行为为善意,也允许撤销。

(C) 代理人 第三,是有关缔结消费者契约之经营者的代理人【再代理人(含两层以上作为再代理人被选任之人)】或受托人等的代理人。这种代理人也被视为经营者或受托人等(消契5Ⅱ)。

(2) 受到不当劝诱之人 下述人等受到上述不当劝诱时,可以撤销:

(A) 消费者 第一,是消费者本人。

(B) 代理人 第二,是有关缔结消费者契约之消费者的代理人【同(1)(C),含再代理人】。在此情形,即使代理人本身是经营者,也被视为消费者(消

㉚ 参照山本敬三・前注⑯先物取引被害研究29号14页,河上400页。
㉛ 除基本方针35页以下、详解I156页以下外,还可参照山本敬三・前注⑫民商法杂志141卷2号3页以下。

4. 撤销权的行使和效果　在如上述允许消费者撤销的情形,除了下列各点外,原则上适用民法中有关撤销的规定(消契 11 Ⅰ)。

(1) 行使期间

(A) 消费者契约法的特别规定　首先,撤销权的行使期间受到如下的限定(消契 7)。

(a) 短期行使期间　第一,撤销权自消费者"可以追认之时起 6 个月内不行使时,因时效消灭"。这里所说的"可以追认之时"的涵义如下[32]:

1) 基于误认的撤销　这种情形,是消费者察觉到误认之时。
2) 基于困惑的撤销　在不离去的类型,是经营者离去之时;在扣留的类型,是消费者离去之时。

(b) 长期行使期间　第二,"在该消费者契约缔结之时起经过 5 年时,亦同"。

(B) 宗旨　像这样,较之于民法的规定——短期为自追认可能之时起 5 年,长期为自行为之时起 20 年(民 126),作了进一步的限定。这是出于以下的考虑:

(a) 经营者一方的需求　在消费者契约的情形,总有一方当事人是经营者,因此确保迅速处理和交易安全的需求强烈。

(b) 对要件缓和的权衡　对于基于误认、困惑的撤销,由于其要件比民法宽松,因此在一定限度内照顾经营者一方的需求也是可以被正当化的。

(2) 对第三人的对抗　其次,即使在消费者实际撤销的情形,也不能对抗善意第三人(消契 4 Ⅴ)。其目的在于:不仅仅是基于误认的撤销,基于困惑的撤销也与欺诈撤销(民 96 Ⅲ)同样对待。

3 契约内容的确定

此外,虽然消费者契约法没有规定,但如何确定消费者契约的内容实际上也是重要的问题。在此,仅讲述以下两点。[33]

1. 契约条件的披露　第一,是有关契约条件的披露问题。在经营者与消费者缔结契约的情形,经营者事先制作的格式条款是否构成契约内容的一部分? 如果构成,需要什么样的要件?

---

[32] 消费者厅编 170 页。
[33] 包括其他问题在内,参照山本敬三"消费者契约における契约内容の确定"河上正二等《消费者契约法——立法への课题〔别册 NBL54 号〕》(商事法务研究会,1999 年)67 页,同·前注①57 页以下,同·前注⑫民商法杂志 141 卷 2 号 17 页以下。

> **事例 8**
>
> X 就自己保有的汽车甲，与保险公司 Y 缔结了汽车损害保险契约。其后，X 的儿子、23 岁的 A 驾驶甲时发生事故，致使行人 K 死亡。于是，X 要求 Y 支付保险金。Y 指出，在缔结契约后送交 X 的格式条款中，有限制年轻驾驶者的条款——仅在 26 岁以上的人驾驶造成事故的情形才支付保险金——从而拒绝支付保险金。

（1）意思推定说 判例认为，当事人双方未表示不依据格式条款的意思而缔结契约时，即使在缔结契约时不知道契约内容，只要没有反证，就推定该契约是以基于该格式条款之意思而缔结的。㉞

（2）披露必要说 而学界这样的观点居于支配地位：格式条款要成为契约的内容，至少在缔约时必须向消费者披露格式条款。㉟ 一般来说，对于无从知晓的内容是无法表示同意的，因此只能认为那样的合意不存在。依此观点，该事例中的 X 在缔约时无法知道格式条款的存在，所以不受它的拘束。

Comment 格式条款的订入与披露要件

《基本方针》就格式条款的订入提案规定："格式条款使用人在契约缔结前向相对人提示其格式条款（以下称为披露），双方当事人就该格式条款用于契约达成合意时，格式条款成为该契约之内容"（【3.1.1.26】〈1〉正文）。㊱ 如果连订立契约时格式条款的内容都不知道的情形都承认格式条款成为契约之内容，就与有关契约拘束力的一般原则无法相容。因此，关于格式条款，应当持这样的立场：不仅需要有采用格式条款的表示存在，而且只要格式条款提供方的相对人通过格式条款披露实际确认该格式条款的内容的机会得不到保障，该格式条款就不能成为契约的内容。可以说，《基本方针》的提案正是以上述见解为基础的。㊲

在此之际，所谓披露是指，即使相对人没有特别的行动，如果想要认识格式条款的内容，就可以容易地认识。交付格式条款便是典型。

不过，也能设想到在缔约时依其性质作这样的披露极其困难的情形，例如像公共交通机关的格式条款等。对于这种情形，《基本方针》的提案是："格式条款使用人向相对人表示缔结契约时使用格式条款，且在缔结契约时格式条款置于相对人可知状态时，视为格式条款在缔结契约时已经披露"（【3.1.1.26】〈1〉但书）。它意味着，不同于披露，而是相对人自己作出行动就能够轻易地知悉格式条款的内容。例如，在汽车站布告说到某某地方就可以看到格式条款的情形。㊳ 试图通过这种方法

㉞ 大判大正 4 年 12 月 24 日民录 21 辑 2182 页（有关火灾保险契约的案件）等。
㉟ 参照河上正二《约款规制の法理》（有斐阁，1988 年，初出 1985 年）252 页以下，河上 287 页以下，山本敬三·前注㉝75 页，同·前注①58 页等。札幌地判昭和 54 年 3 月 30 日判时 941 号 111 页，对此类案件判定：限制年轻驾驶者的条款不包含在契约内容中。
㊱ 参照基本方针 107 页以下，详解 Ⅱ 89 页以下。
㊲ 参照山本敬三·前注⑫民商法杂志 141 卷 2 号 17 页以下。
㊳ 参照基本方针 107 页以下，详解 Ⅱ 90 页以下。

确保最低限度的认识可能性,由此维持契约的实质。

2. 契约内容的确定与引发误认的行为　　第二,是契约内容的确定与引发误认行为的关系。

> **事例9**
>
> 听旅行社 Y 说将为其安排海景房,于是 X 发出"香港旅行 4 天,住宿面向港口的客房"的要约。可是等到了旅店才发现,从被安排的客房看不到大海。

(1) 先行问题——契约内容的确定　　在该事例中,可以认为安排海景房构成 X、Y 之间旅行契约内容的一部分。因此,如果就被安排在看不见大海的房间一事在安排上有疏漏,Y 将承担债务不履行的责任。[39]

(2) 基于误认的撤销的射程　　因此,基于误认的撤销,在经营者所作表示不构成契约内容的情形,才成为问题。

Ⅳ 不当条款的规制

其次,关于不当条款的内容规制,消费者契约法设置了列举各个具体不当条款的个别条款规制(消契 8、9)和基于概括性基准的一般条款规制(消契 10)。

① 个别条款规制

首先,作为个别条款规制,消费者契约法规定了限制经营者责任的条款(消契 8)和关于损害赔偿额的预定、违约金的条款(消契 9)。

1. 限制责任条款　　关于限制责任条款,规定有限制经营者的债务不履行责任的条款(消契 8 Ⅰ ①②),限制侵权行为责任的条款(消契 8 Ⅰ ③④),以及限制瑕疵担保责任的条款(消契 8 Ⅰ ⑤)。

(1) 限制债务不履行责任的条款

　　(A) 全部免除损害赔偿责任的条款　　首先,免除全部的、赔偿因经营者的债务不履行所生损害之责任的条款,无效(消契 8 Ⅰ ①)。

　　(B) 部分免除基于故意、重过失之损害赔偿责任的条款　　其次,免除部分的、赔偿因经营者的故意或重过失所导致的债务不履行给消费者所带来损害之责任的条款,无效(消契 8 Ⅰ ②)。

(2) 限制侵权行为责任的条款　　对于赔偿因"经营者履行债务之际所实施

---

[39] 参照消费者厅编 113 页,山本丰·前注①法学教室 242 号 90 页。

的、该经营者的侵权行为"给消费者带来损害的、"基于民法规定的责任"⑩,全部免除条款和基于故意、重过失之责任的部分免除条款,无效(消契8Ⅰ③④)。

(3) 限制瑕疵担保责任的条款

> **事例10**
>
> X花100万日元从销售商Y处购买太阳能发电机甲时,契约书中有如下的条款。
> ① 即使甲有瑕疵,Y也不作任何损害赔偿、交换或修理。
> ② 甲有瑕疵时,Y或交换或修理,但不退款。

(A) 原则　　在消费者契约为有偿契约的情形,当该消费者契约的标的物有隐蔽瑕疵时(在承揽契约的情形,则为工作标的物有瑕疵时),全部免除经营者赔偿因该瑕疵给消费者带来损害之责任的条款,无效(消契8Ⅰ⑤),例如①的条款。

(B) 例外　　不过,下述的、消费者有其他救济手段的情形,不归于无效。

(a) 经营者的代物给付、瑕疵修补　　第一,是约定经营者负担"用没有瑕疵之物替代或修补该瑕疵之责任"的情形(消契8Ⅱ①),例如②的条款。

1) 宗旨　　它是出于这样的考虑:如果认可代物给付或瑕疵修补,消费者可以获得与契约上预定的给付同等的给付,因此,即使否定损害赔偿请求权也算不上不当。

2) 其他的可能性　　不过,即使在此情形也存在这样的可能:排除即使交换、修补也不能补偿损失之赔偿的条款,依一般条款(消契10)被判定为无效。⑪

(b) 第三人对责任的负担　　第二,是约定由其他经营者负担损害赔偿责任的全部或一部分,以及负担代物给付或瑕疵修补责任的情形。具体地,有如下两种方法。不过,这些契约需要与消费者契约同时或在其之前缔结(消契8Ⅱ②)。

1) 由受经营者委托的其他经营者与消费者缔结契约的方法
2) 经营者为了其他经营者和消费者而缔结契约的方法

2. 损害额预定条款、违约金条款　　其次,关于损害额预定条款、违约金条款,有如下两个规定:

(1) 伴随解除的损害额预定条款、违约金条款　　第一,是预定解除消费者契

---

⑩ 指民法709条、715条(雇佣人责任)、717条(工作物责任)、718条(动物占有人责任)。可是,没有理由排除基于民法以外之规定的责任,例如,一般法人法78条(与有关法人侵权行为责任之民法旧44条1款对应)基于产品责任法的责任。应当说,依据消费者契约法10条的规定,限制这种责任的条款原则上无效(山本丰·前注①法学教室243号58页)。

⑪ 参照山本丰·前注①法学教室243号59页、山本敬三·前注①70页以下。

约时的损害赔偿额或约定违约金的条款。具体而言,对应于该条款设定的各种解除事由、时期等,如果将数额之和"超过了同种消费者契约解除时该经营者理应遭受的平均损害额",则超过部分无效(消契9①)。

> **事例 11**
>
> ① X 决定在旧车销售商 Y 的店铺花 100 万日元购买新旧车(指定为已经上了牌照但尚未使用的 S 公司制造厢式车),在订购单上签了名后提交,2 日后决定解约。但是,订购单上写有"因订购者的原因解约的情形,订购者对损害赔偿金(车辆价格的15%)的请求没有异议"这样的条款,因此 Y 要求 X 支付 15 万日元的损害赔偿金。
>
> ② X 在 Y 饭店约定了 2 个月后的 40 人宴会(每人 4500 日元),但两天后决定解约。可是,契约书上写有"在解约预约的情形,到宴会前一日为止不要解约费。但是在接到与该预约日程重合的预约,向先约的客人确认时得到先约客人履约之确切答复的情形,当先约客人其后解约时,将向其征收营业保证费每人 5000 日元"这样的条款。由于在 X 解约的前一天 Y 接到了 A 相同的申请,在向 X 确认时 X 回答将举行宴会,因此 Y 要求 X 支付 20 万日元(5000 日元×40 人)的营业保证费。

（A）平均损害的涵义　　围绕该如何理解这里所说的"该经营者理应遭受的平均损害"的涵义,存在争议。

（a）定型化的通常损害说　　以往一直理解为与"通常应生之损害"相当的损害。这种观点以民法 416 条为前提的同时,认为就消费者契约将其定型化之基准强行法规化的,是消费者契约法 9 条 1 项。[42] 依此观点,"该经营者理应遭受的平均损害"是指"就该消费者契约的当事人——各个经营者所生损害的数额,按照契约的类型基于合理的计算根据算定的平均值"。[43]

（b）恢复原状之赔偿说　　也有见解认为,所谓"平均损害"是以多数同种契约的订立为前提的消费者契约特有的概念,在这种契约中在恢复原状之赔偿的限度内承认损害赔偿。[44]

1）原则　　首先,所谓"平均损害",在契约被履行前的阶段原则上是缔结以及履行契约通常所必要的平均费用(必要经费)。[45] 这是基于如下的考虑:

a）规定的由来　　分期付款销售法(割贩6I③④)、特定商交易法(特商10I④、25I④)承认商品交付等之前在"缔结以及履行契约通常所要费用之

---

[42] 山本敬三·前注①72 页,河上 406 页等。
[43] 消费者厅编 209 页。
[44] 森田宏树"消费者契约的解除伴う『平均损害』の意义について"潮见佳男、山本敬三、森田宏树编《特别法と民法法理》(有斐阁,2006 年)93 页。
[45] 依森田·前注[44]111 页以下的论述,大阪地判平成 14 年 7 月 19 日金判 1162 号 32 页的案情如事例 11,X 的解约发生在缔结的第三天,判决没有认定 Y 有现实的损害,也没有认定通常有可能发生的某种损害,认为通过该销售将会获得的利益不属于"平均损害",就是基于这样的观点。

数额"限度内的损害赔偿,在说明其涵义时使用了"平均的"损害这个概念。消费者契约法 9 条 1 项承接了这一概念。

b）限定于恢复原状之赔偿　　之所以限定于"缔结以及履行契约通常所要费用"的赔偿,是基于如下的观点:在契约履行前的阶段解除时所认可的损害赔偿,限于用以恢复到与未缔结该契约同样之状态的赔偿。

c）以多数同种契约为前提之损害　　在此之际,特别关注"平均的"损害,是以同一个经营者缔结多个同种契约为前提的。为了能回收这种多个同种契约的缔结和履行的总费用,也设定了代价。所谓"平均损害",对应于像这样预先设定代价时所考虑到的平均费用(必要经费)。

2）例外　　但是,在契约的标的不具有代替性,因缔结该契约而丧失与其他人缔结契约之机会,从而发生营业上的逸失利益的情形,对于这种基于机会丧失的损失,也有必要认可恢复原状,所以可以包含在"平均损害"之中。[46]

（B）不返还学生交纳款项之特约的效力

> **事例 12**
>
> 　　X 考取私立大学 Y,向 Y 交纳了 30 万日元的入学金和 70 万日元的第一年度学费。其后,X 又考取了第一志愿的国立大学,于是决定从 Y 大学退学。可是,Y 的入学手续要纲中写到:"一旦交纳的学生交纳款项(入学金、学费等),无论发生何种事情都不返还。"
> 　　① X 于 4 月 2 日告诉 Y 退学;
> 　　② X 于 3 月 27 日告诉 Y 退学;
> 　　③ Y 的入学要纲中规定有"擅自缺席入学典礼的情形,视为退学"的条款,X 擅自缺席了 4 月 5 日的入学典礼;
> 　　④ X 合格的是推荐入学的考试,报名资格是:只能报考 Y,并明确约定如果合格就上 Y 大学。

消费者契约法制定后,关于该法 9 条 1 项特别引发争论的,是不返还学生交纳款项(入学金、学费等)之特约的效力。[47] 如下文所述,一般认为应区别对待入学金和学费。

---

[46] 依森田·前注㊹137 页以下、141 页,这种营业上之逸失利益的平均值难以直接作为事实举证,因此将从现实缔结之契约应当可以获得的营业上的利益的数额作为指标来使用,进而再考虑回避或者减轻损害的可能性,从而认定相当的损害数额是合理的算定方法。东京地判平成 14 年 3 月 25 日判夕 1117 号 289 页的案情如事例 11,判决以从 X 所为之预约能获得的营业上的利益为基础,将本案预约中每人的价款的 3 成乘以预订人数的积作为"平均损害"数额,就是基于这种观点。

[47] 关于此问题的最高法院判决,有① 最判平成 18 年 11 月 27 日民集 60 卷 9 号 3437 页,② 最判平成 18 年 11 月 27 日民集 60 卷 9 号 3597 页,③ 最判平成 18 年 11 月 27 日民集 60 卷 9 号 3732 页,④ 最判平成 18 年 11 月 27 日判时 1958 号 62 页,⑤ 最判平成 18 年 12 月 22 日判时 1958 号 69 页,⑥ 最判平成 22 年 3 月 30 日判时 2077 号 44 页。

（a）不返还入学金的特约

1）入学金的性质　　首先,入学金除了具有学生取得能够入学该大学之地位的对价的性质外,还预定用以冲抵大学接纳合格者为学生的事务手续等所需的费用。

2）不返还特约的效力　　学生通过交纳这种入学金而取得了能够入学该大学的地位,因此其后即使学籍契约被解除或者失效,大学也没有理由负担返还义务。不返还入学金的特约提示性地规定了这一点,被判定有效。[48]

（b）不返还学费的特约　　而关于不返还学费的特约,对应其涵义的不同理解,效力的判断基准也不同。

1）赔偿金预定、违约金条款说——消费者契约法9条构成　　判例将不返还学费的特约理解为赔偿金预定、违约金条款,依消费者契约法9条1项判断其效力。

a）不返还特约的涵义

甲）不同于返还学费义务的合意　　作为前提,学籍契约于入学日之前解除的情形,大学失去了基于学籍契约作为给付对价取得学费的根据,大学负担返还学生学费的义务。因此,不返还学费的特约,是规定大学本应返还学生的金钱由大学取得的合意。

乙）赔偿金预定、违约金条款　　此合意除了具有回避、填补大学因学籍契约解除而可能蒙受的有形无形的损失、不利益的目的,还有助于确保恰当人数的入学预订者。因此,这样的条款,具有预定因学籍契约解除所生损害赔偿额或者约定违约金的性质。

b）不返还特约的效力　　依此理解,依消费者契约法9条1项,不返还学费的特约在超过"平均损害"数额的限度内无效。

甲）平均损害的涵义　　这个情形之平均损害,是指因1名学生与大学的学籍契约被解除会给大学造成的一般的、客观的损害。在此之际,如果解除在大学决定合格者时已在意料之内,那么就不能说大学会因解除而产生损害。因此,在客观上预测到学生入学具有高度的盖然性的时点之前契约被解除时,原则上大学不存在应当发生之平均损害,因此学生所交纳的学费全额都超过了平均损害。

乙）平均损害的发生时期　　依此观点,在客观上预测到学生入学具有高度的盖然性的时点会是何时呢?

i）原则　　原则上为4月1日——大学的入学年度开始,缔结学籍契约者取得学生身份的时点。因此如事例12②,解除学籍契约的意思表示在这

---

[48] 前注47①最判平成18年11月27日等。但是,即便是"入学金"的名目,如果存在如金额高得不正常等特别情况,以至于可以认定具有不同于为取得能够入学地位之对价的性质时,不在此限。

之前的3月31日以前作出时,由于大学不存在应当发生之平均损害,不返还学费的特约全部无效。㊾

ii) 擅自缺席条款　像事例12③那样,规定有将擅自缺席入学典礼视为退学之条款的情形,在入学式之前存在学籍契约被解除的情况,这一点在大学的预料范围内。在此情形,入学典礼之前即使学籍契约被明示或者默示地解除,大学都没有应当发生之平均损害,所以不返还学费的特约全部无效。㊿

iii) 推荐入学考试　此外,在如事例12④那样通过推荐入学考试的合格者在缔结学籍契约的情形,在该时点,可以预测学生入学在客观上具有高度的盖然性。在此情形,如果学籍契约被解除,由于能够想象原则上会发生与第一年度交纳的学费等相当的平均损害,因此不返还学费的特约全部有效。但是存在特殊情况——例如,解除的时期早于大学以该解除为前提,能够通过其他的入学考试等轻松确保替代入学者的时期——的情形,不在此限。(51)

306 2) 保持对价条款说——消费者契约法10条构成　也有见解主张,不返还学费的特约是对价的不返还条款(保持对价条款),应当依消费者契约法10条判断其效力。(52)

a) 不返还特约的涵义　依此观点,不返还学费的特约,使得大学一方即使不向学生提供教育服务这样的给付也可以保持其对价——学费。

b) 不返还特约的效力　可是,在以等价交换为目的的契约,"如果对方没有提供给付就没有必要支付对价"的原则具有妥当性。保持对价条款违反了该原则,单方面损害消费者的利益,因此只要没有认定未提供给付一方保持对价的正当性,就应当依消费者契约法10条视其为无效。

3) 限制解除权条款说——消费者契约法10条构成　此外,还有见解认为,不返还学费的特约是限制解除权的条款,应当依消费者契约法10条判断其效力。(53)

a) 不返还特约的涵义　依此观点,不返还学费的特约完全不考虑解除的时期和理由,内容仅仅是一概不返还。实质上在该学费所涵盖的期间,

---

㊾ 前注㊼⑤最判平成18年12月22日是契约于3月27日以前被解除的案件,最高法院判定不返还学费的特约全部无效,认可了对已交纳学费的返还请求。此外,前注㊼⑥最判平成22年3月30日是推荐入学考试的合格者于4月5日解除的案件,在招生简章规定,如有合格者缺额将顺次录取候补者,到4月7日还没有候补合格通知时即为落榜。即使以往有过顺次录取候补者的情况,但对于作为推荐入学考试的合格者缔结学籍契约取得学生身份者,最终入学意思的确认不解释为保留到4月7日,4月1日以后解除学籍契约的情形,其后维持学力水准的同时确保预定的入学人数并非易事,4月1日以后不能说4月1日以后学籍契约的解除也已在意料之内,因此,判定不返还特约有效,否定了已交纳学费的返还请求。

㊿ 前注㊼②最判平成18年11月27日。

(51) 前注㊼①最判平成18年11月27日。

(52) 潮见佳男"『学纳金返还请求』最高裁判决の问题点——民法法理の迷走(上)(下)"NBL851号74页,852号55页(2007年),特别是(下)60页以下,后藤卷则"学纳金返还请求诉讼"法学教室322号13页(2007年)。

(53) 窪田充见"不返还特约の意味と位置づけを中心に"NBL849号10页以下(2007年)。

这样的特约与不允许解除没有什么两样。

b）不返还特约的效力　　可是,鉴于保障受教育权利的宪法 26 条 1 款的宗旨和教育的理念,关于缔结学籍契约的学生是否在该大学接受教育的问题,应当最大限度地尊重学生的意思。因此,应当认为学生原则上随时都可以面向将来解除上学契约。[54] 不返还学费的特约将这种原则变更得不利于学生,依消费者契约法 10 条视其为无效。

Comment　　　　　　　　　　　　　　　　　　　不返还学费特约与公序良俗

判例认为,不返还学费的特约原则上不违反公序良俗。其理由是,这样的特约 ① 具有回避、填补大学的损失、不利益的目的和意义,有助于确保恰当人数的入学定员,不能一概否定其合理性;② 报考者是在认识、理解到不返还特约的存在及其内容的基础上,经过利弊得失的权衡决定是否交纳学费,是否退学的;③ 不返还的学费等一般仅为入学年度第一学期或者 1 学年的量。但是,当不返还特约"过度地制约学生有关选择大学的自由的意思决定,或者在给学生带来显著不利益的同时学校获得过大的利益,像这样显著缺乏合理性"时,判例认为违反公序良俗。不过,在实际的最高法院判决中,还没有出现这样的例外。[55]

然而,如保持对价条款说所言,尽管学生不接受学校的给付,却因不返还学费特约不得不支付对价。而且判例也认为,学生的任意解除权是由规定受教育权之宪法 26 条 1 款提供基础的基本权利。如限制解除权条款说所言,不返还学费的特约削弱了学生解除学籍契约的意义,在这个限度内构成了对基本权利的制约。当然,这样的制约在学生理解其涵义的基础上自由地同意的情形不构成对基本权利的"侵害"。可是,这种不返还学费的特约通常是大学单方规定的,学生一方没有选择、交涉的余地。因此应当说,这属于第 12 章 Ⅳ ③ 3（272 页）介绍的保护基本权利型公序良俗,依民法 90 条有可能判定其无效。[56]

不过,在为保护学生的基本权利判定不返还学费特约无效,导致大学的权利受到过度侵害的情形,不在此限。例如,已经到了大学没有可能通过确保替代入学者等方法回避损害的阶段。判例就消费者契约法 9 条 1 款以分水岭 4 月 1 日作为基准,应当说就是在这个意义上作的判断。[57]

(C) 超过平均损害的证明责任　　围绕契约条款所规定的数额超过平均损害时由哪一方当事人负担证明责任,也存在争议。

---

[54] 前注[47]①最判平成 18 年 11 月 27 日等。不过,窪田·前注[53]11 页像是（也）在向民法 651 条的类推适用寻求解除权的依据。

[55] 前注[47]③最判平成 18 年 11 月 27 日（消费者契约法施行前的案件）认为,即使在有关医学、齿科的学部规定有高额的入学金、学费等（本案中合计约 720 万日元）的情形,该种学部因为退学而导致合格者缺额的可能性潜在地偏高,不能否定出现缺额时会发生高额的损失,因此不能因为规定的数额相当高就立刻判定其违反了公序良俗。

[56] 后藤·前注[52]13 页以下。除了窪田·前注[53]11 页外,还可参照潮见·前注[52]（下）58 页以下。

[57] 参照后藤·前注[52]14 页。

（a）经营者说　　关于此点,有观点认为应当由经营者一方证明未超过平均损害。这是因为,解除给经营者一方带来多大程度的损害赔偿额,消费者难以察觉;如果让消费者负担证明责任,实际上就会使得消费者被不当条款拘束。

（b）消费者说　　判例认为,应当由消费者证明超过了平均损害。[58]

1）理由　　依契约自由的原则,契约成立后,原则上其所规定的条款发生效力。因此,为无效提供基础的事实需要主张无效的消费者一方来证明。

2）证明困难的缓和　　不过,虽说证明责任在消费者一方,但有可能根据同行业经营者的规定、一般性的经验规则等作事实上的推定。[59]

（2）金钱债务不履行时的赔偿额预定条款、违约金条款　　第二,是预定或约定消费者于金钱债务的全部或一部分到期后没有支付的情形之损害赔偿额、违约金的条款。具体地说,如果将这些加算起来的金额超过了该支付时刻未支付金额与年 14.6% 的乘积,则超过部分无效（消契 9②）。

事例 13

① X 与融资租赁商 Y 订立以 5 万日元的月租金租赁汽车甲 2 年的契约时,契约书中包含了这样条款:"每月的租金于当月 20 日前支付。逾期的情形,就一个月的租金,支付年 25% 的迟延损害金。"

② X 与录像带租赁商 Y 订立用 300 日元租赁 2 天录像带甲的契约时,契约书中包含了这样的契约:"到期未返还的,每天收取 300 日元的迟延费。"

这里,仅仅以金钱债务不履行时的赔偿额预定条款、违约金条款作为规制的对象,具体情况如下。[60]

（A）肯定例　　像①那样,对不履行租金债务时的赔偿额的预定,便属于此。超过 1 个月的租金与年 14.6% 的乘积的部分,无效。因此,例如在 X 将租金的支付迟延了半年的情形,赔偿额为 5 万日元 × 14.6% × 0.5 年 = 3650 日元。

（B）否定例　　像②那样,对不履行物的返还债务的赔偿额的预定,不属于此。在此情形,仅有可能根据一般条款（消契 10）判定为无效。

② 一般条款

1. 一般条款的必要性　　由于经营者与消费者在信息和交涉力方面存在

---

[58] 前注㊼①最判平成 18 年 11 月 27 日等。

[59] 后藤・前注㊺212 页以下等,模仿最近的消费者关联法律的修改（景表法 4 条 2 款、特定商交易法 6 条之 2）,主张对经营者一方课加出示资料以示证明赔偿额的预定、违约金的设定方法具有合理性,如果没有出示资料则应将消费者一方的主张视为真实。

[60] 消费者厅编 215 页以下。

着结构性的差距,因此双方有可能约定不当地危害消费者利益的条款。可是,在目前穷尽列举这种不当条款是不可能的,也无法预测将来会有什么样的不当条款出现。为此,仅仅个别地规制不当条款是不够的,要应对遗漏的不当条款,就需要规定一般条款。为回应这种需要而规定的,是消费者契约法10条。

2. 无效的基准 消费者契约法10条规定:"与适用不涉及民法、商法及其他法律的公共秩序之规定的情形相比,属于限制消费者的权利,或者加重消费者的义务的条款;并且违反民法第1条第2款规定的基本原则,单方面地危害消费者利益的,无效。"该规定由以下两个基准构成:

(1) 偏离任意法规 第一,与"适用不涉及民法、商法及其他法律的公共秩序的规定"、即适用任意法规的情形相比,看是否对消费者不利。不过,如何思考这里所说的任意法规的涵义,存在如下两种可能:

　　(A) **限定说** 依立法担当者的观点,这里所说的任意法规,必须是法律明文规定的。[61] 它是出于这样的考虑:既然是对契约自由的介入,无效的基准必须明确。

　　(B) **扩张说** 另一种观点也颇具说服力:这里所说的任意法规,不限于明文的规定,除了在判例等中得到一般承认的、非明文的任意法规外,还包括有关契约的一般法理。[62] 它是出于如下的考虑:

　　　　(a) **不当条款规制的宗旨** 之所以要规制消费者契约的不当条款,是因为经营者与消费者在信息、交涉力方面存在差距,消费者有可能订立包含本来没有必要同意之条款的契约。依此观点,基准为:如果没有那样的特约消费者应有的权利义务,是否变得不利于消费者了。

　　　　(b) **区别明文、非明文的不当之处** 规定这种没有特约情形的权利义务的,不限于明文的任意法规。非明文的任意法规、契约的一般法理,在调整没有特约情形的权利义务这一点上没有什么不同,因此没有理由区别对待。

(2) 违反诚信原则 第二,看是否违反"民法第1条第2款规定的基本原则"、即诚信原则,单方面地危害消费者利益。

　　(A) **诚信原则的涵义——均衡性、相互性** 这里所说的诚信原则,具有"不允许只考虑自己的利益,不关心相对人利益的态度"的涵义。依此理解,无正当的理由,造成双方利益的不均衡,破坏在此意义上的均衡性或相互性的条款,违反诚信原则,无效。[63]

---

[61] 参照消费者厅编220页。
[62] 山本敬三"消费者契约立法と不当条项规制——第17次国民生活审议会消费者政策部会报告の检讨" NBL686号22页(2000年),同·前注①73页以,河上409页等下。按照这种理解,偏离任意法规的基准,就几乎没有作为限定的意义。
[63] 参照山本敬三·前注㊷223页、35页,同·前注①74页。

（B）具体例子　　由此而有可能被判定为无效的，如以下的条款⑭：

（a）赋予经营者单方权限的条款　　例如，赋予经营者单方决定或变更契约内容的权限的条款，是破坏均衡性、相互性的条款，无效。

（b）限制消费者解除、解约权利的条款　　无正当的理由，限制消费者能够解除、解约之情形的条款，造成受契约拘束程度的不均衡，无效。

（c）缓和经营者解除、解约要件的条款　　无正当的理由，扩大经营者能够解除、解约情形的条款，同样造成受契约拘束程度的不均衡，无效。

（d）规定经营者可以选定仲裁人的仲裁条款　　在当事人之间发生纷争的情形，即使仲裁解决的条款有效，但如果规定经营者可以自由选定仲裁人，那么，纠纷的解决就有可能单方面地有利于经营者。为此，只要没有正当的理由，这样的条款也无效。

③ 不当条款规制的构造与射程

1. 一般条款与个别条款规制的关系　　对于一般条款（消契10）与个别条款规制（消契8、9）的关系，可以作如下的理解：

（1）一般条款　　一般条款规定不当条款规制的一般原则。

（2）个别条款规制　　个别条款规制，是这样一种规范，它按照上述一般原则，将一般认为定型地构成不当条款的内容具体规定下来。因此，如果满足个别条款规制的要件，不是一律无效；算不上违反上述诚信原则的条款，有效。

> **事例14**
>
> X从销售商Y处购买展示在商店门口的家具甲时约定：价格为标价的4折，但即使甲有瑕疵也不得追究Y的一切责任。

在此情形，双方作出完全排除瑕疵担保责任的特约，如果认为作这种特约存在正当理由，那么就不违反均衡性、相互性的要求，有可能为判定为有效。⑮

2. 个别交涉条款　　此外，关于不当条款的射程，存在争议的是：消费者与经营者之间个别交涉的条款，是否也是不当条款规制的对象。事例14在这个意义上也有可能成为问题。

（1）不当条款规制不要说　　关于这一点有观点认为，经过个别交涉的条款，不应当成为不当条款规制的对象。⑯ 这是出于如下的考虑：

（A）理由　　消费者契约法的不当条款规制，较之于民法，以信息、交涉

---

⑭ 除山本敬三·前注㉒227页外，还可参照消费者厅编223页以下。
⑮ 参照山本敬三·前注㉒226页以下。
⑯ 潮见佳男"不当条款的内容规制——总论"河上等·前注㉝139页以下，山本敬三·前注㉒228页以下等。

力的差距为理由,拓宽了无效条款的范围。可是,没有理由将无效的范围扩展到消费者接受经营者提供的必要信息、经过个别交涉达成合意的情形。如果扩展到那般程度,就与基于自我决定之自己责任的基本原理不相容了。

　　(B) 个别交涉的限定性　　但是,要达到经营者与消费者存在个别交涉的程度,必须现实地确保两者在实质上的对等性。

(2) 不当条款规制必要说　　也有见解认为,即使是经过个别交涉的条款,也应当成为不当条款规制的对象。[67]

　　(A) 理由　　这是出于如下的考虑:

　　　(a) 个别交涉行为的非现实性　　在消费者契约中,就契约条款实际进行交涉的情形几乎不存在。

　　　(b) 构成法律规避行为、纷争原因的危险　　如果将个别交涉条款排除在对象外,就有可能出现假装进行形式上的交涉从而实现法律规避的经营者,还有可能因围绕交涉的有无发生纷争,妨碍纠纷的迅速解决。

　　(B) 基于诚信原则的判断　　不过,经过个别交涉这件事情,与消费者由此获得利益的内容一道,构成判断是否违反诚信原则的一个考虑要因。

V　消费者契约法与其他法律的关系

关于消费者契约法与其他法律的关系,规定如下。

第一,关于消费者契约的要约或承诺之意思表示的撤销以及消费者契约条款的效力,民法、商法以外的其他法律另有规定的,从其规定(消契 11 Ⅱ)。[68]

第二,其他的情形,依照消费者契约法的规定。

第三,对于消费者契约法没有规定的事项,依照民法、商法的规定(消契 11 Ⅰ)。例如,有关撤销效果的规定(民 120 以下)等。

Comment　　民法与消费者契约法的关系

　　现行消费者契约法适用于消费者与经营者之间缔结的契约,相对于民法属于特别法。可是,在另一方面,关于消费者契约——多数情形与公法规制共存——有为数不少的个别法存在。这些个别法相对于消费者契约法属于特别法。例如,分期付款销售法、特定商交易法、旅行业法、宅建业法、住宅品质确保促进法等,这些特别法不胜枚举。相比于这些特别法,可以说现行消费者契约法就消费者契约的缔结过程和内容,针对所有的消费者契约集中规定了普适的规制。

　　问题在于,这样的民法—消费者契约法—特别法的关系今后时候还应当继续维持？思考的大方向有两个。

---

[67] 参照山本丰・前注①法学教室243号63页等。
[68] 参照消费者厅编233页以下。例如,特定商业交易法等。

第一个方向,是将特别法所规定的规制纳入消费者契约法,将消费者契约法发
313 展、扩充成有关消费者契约的概括性法典。例如有关撤回权、不当条款的规制等那样的可适用于所有的消费者契约的规则吸收进譬如说总则,同时对于就涉及交易方法和交易内容的各种主要类型,分别以分则的形式将关联规制吸收。

第二个方向,是将有关消费者契约的一般性规制吸收进民法。现行民法典自制定以来已经经过了一百多年,在接受其间社会、经济的巨大变化以及判例的应对,再加上国际协调动向的基础上,谋求民法典的现代化的呼声高涨。在这样的民法修正中,至少将有关消费者契约的一般性规制作为构成与现代相符之民法的内容予以吸纳。

《基本方针》提案走第二条路线。依其观点,消费者契约法中,基于不实告知、不利益事实不告知的撤销不限于消费者契约,而是作为普遍适用于意思表示的制度予以一般法化,此外,将断定性判断的提供、基于困惑的撤销以及不当条款规制作为适用于消费者契约的制度——不当条款规制的一般条款和个别条款规制的一部分作为也适用于格式条款的制度——统合于民法之中。这是基于这样的考虑:"概括性地规定市民社会中日常发生之交易的基本原则,符合作为'市民社会的基本法'的民法的性质,而且依照使民法适应现代社会的现实,保持高度透明性,通俗性的民法基本理念来看,这样做也是妥当的"。[69]

像这样,即使是消费者契约特有的规定,被认为是规定了市民社会中一般交易的基本规则的部分,属于作为"市民社会的基本法"的民法这种想法,在研究民法的现代化时应当将其作为出发点。不过,这种"作为市民社会的基本法"的民法是应当集约于民法典,还是也可以民法典为基础,由若干基本法典构成,立场存在分歧。后一条道路也值得充分研究。不管怎样,如果被这样的体例编排的立场差异吸引走注意力,阻碍民法朝着现代化方向的理想的规范形成以及建立在此基础上的修改,应当说就本末倒置了。[70]

314

Ⅵ 消费者团体诉讼制度

1 意义

经2006年的修改,对于消费者契约法所规定的经营者的不当行为,允许一定的消费者团体可以行使停止请求权。[71] 在消费者交易中,小额但含有高度复杂的法律问题的纷争常常扩散性地多发,遭受损害的各个消费者采用事后诉讼

---

[69] 前注⑱《シンポジウム「债权法改正の基本方针」》11页[镰田薰]。还可参照基本方针10页以下、18页,详解Ⅰ28页以下。

[70] 参照山本敬三·前注⑫民商法杂志141卷2号43页以下。

[71] 关于该制度的意义及问题,参照"特集:消费者团体诉讼制度の创设"ジュルスト1320号2页以下(2006年),"特集:消费者团体诉讼制度の始动——改正消费者契约法の施行"法律のひろば60卷6号4页以下(2007年),"特集:动き出した消费者团体诉讼"现代消费者法1号10页以下(2008年)。

等方法应对无论如何都是有界限的。为此,为了防止同种类纠纷的发生或者扩大,修改后的消费者契约法规定,满足一定要件的适格消费者团体可以请求经营者停止不当行为。⑫

2 停止请求

1. 主体 停止请求的主体,为适格的消费者团体——"作为为不特定多数消费者的利益,具有行使本法规定的停止请求权之必要适格性的法人消费者团体……依第13条的规定经内阁总理大臣认定的"(消契2Ⅳ)。

2. 成立要件 具备下列要件的情形,适格的消费者团体可以向经营者等——经营者、受托人等以及经营者的代理人或受托人等的代理人——请求停止或者预防对象行为(消契12ⅠⅢ),或者采取于停止或预防该行为所必要的措施——废弃或者去除用于该行为的物品等(消契12ⅠⅢ),当受托人等、经营者以及受托人等的代理人实施或者有可能实施对象行为时,对该人的纠正指示或教唆的停止等(消契12ⅡⅣ)。

(1) **对象行为的内容** 停止请求的对象行为如下:

（A）**不当劝诱** 第一,是消费者契约法4条1款至3款规定的行为——不实告知、断定性判断的提供、不利益事实的不告知(消契12ⅠⅡ)。

（B）**不当条款** 第二,是包含消费者契约法8条至10条规定之条款的消费者契约的要约或承诺的意思表示(消契12ⅢⅣ)。

(2) **对象行为的相对人和盖然性** 就(A)而言"针对不特定多数消费者",就(B)而言,"在与不特定多数消费者之间",正在实施或者有实施上述行为之危险的情形,认可停止请求(消契12Ⅰ~Ⅳ)。

(3) **事前程序** 要提起停止诉讼,需要事先通过记载有对经营者所要求事项的文书作停止请求,自该请求到达后经过1周的时间(消契41Ⅰ)。

3. 阻却要件 但在下列情形,不能请求停止(消契12之2)

(1) **谋利加害的目的** 第一种情形,停止请求的目的,是为了为该消费者适格团体或者第三人的不正当利益,或者是为了加害于与该停止请求有关的相对人。

(2) **竞合前诉之确定判决等** 第二种情形,就以其他适格消费者团体为当事人的停止请求诉讼等(诉讼、申请和解的程序、调解、仲裁),已经存在确定判决等(确定判决以及与之有同等效力的裁决)的情形,当请求的内容以及相对人相同时。这是为了防止不加限制地对同一相对人反复提起涉及同一内容之请求的诉讼。⑬ 但是下列情形不在此限⑭:

---

⑫ 消费者厅编39页以下,260页。
⑬ 消费者厅编270页以下。
⑭ 此外,即便有确定判决等,但建立在该诉讼的口头辩论终结后或者与确定判决用同等效力的裁决成立后发生之事由基础上的停止请求不受妨碍(消契12之2Ⅱ)。

（A）适格认定的撤销　　第一，是因判定该其他适格消费者团体严重违背不特定多数消费者的利益作诉讼等行为，而撤销对其适格性之认定的情形等。

（B）从确定判决等中除外　　第二，是确定判决等属于下列情形之一的：

（a）为驳回起诉之确定判决的情形

（b）为仅以属于（1）之情形为由驳回停止请求的确定判决以及仲裁判断的情形

（c）为驳回停止请求不存在或者涉及停止请求权之债务不存在的确认请求的确定判决以及与其有同等效力的裁决的情形

Comment　　在景表法、特定商交易法中引入消费者团体诉讼制度及其意义

在商品、服务多样化背景下，因违反景表法（不当景品类以及不当表示防止法）、特定商交易法（有关特定商交易的法律）的行为而造成的损害大量发生，因此，自2008年修改后，针对这些法律所规定的一定的不当行为，在以往的行政规制（由公正交易委员会以及经济产业省实施）之外，又引入了消费者团体诉讼制度。[75]

依此制度，首先，经营者针对不特定多数的一般消费者正在实施、或者有危险实施让人误认为商品或者服务的内容极其优良的表示行为，以及让人误以为商品或者服务的交易条件极其有利的表示行为时，适格的消费者团体可以请求停止该行为（景表10）。此外，针对像访问销售、通信销售、电话劝诱销售、连锁销售交易、特定继续性服务的提供、以提供业务为引诱的销售交易这样的特定商交易法所规定的交易类型，销售商等对不特定的多数人正在实施或者有危险实施不实告知、故意的不告知、威逼、困惑等不当劝诱行为，严重虚伪或者夸大的广告，以及缔结含有使冷却失去意义的特约或者因契约的解除等而产生之损害赔偿等的数额过大化之特约的契约时，适格的消费者团体可以请求停止该行为（特商58之4～58之10）。

经过此次修正，景表法、特定商交易法与消费者契约法密切关联、部分重叠这一点得以明确。不过，景表法原本是有关不公正交易方法的规制，与独占禁止法一道属于有关市场秩序之法。此外，尽管特定商交易法主要以消费者交易为对象，但原本是着眼于交易类型的规制，只要属于规定的交易类型，即使是经营者之间的交易也被包含在规制的对象之中。[76] 在这个意义上，若要统合地理解消费者契约法与这些规制，那么作为消费者法去整序当然是可能的，作为市场规整法的一部分来定位也完全可以想象。包含于民法的关系在内，确定消费者契约法的体系位置，应当说已然成为紧迫的课题。

---

[75]　关于此次修改，参照加纳克利、佐久间正哉、丸山进"消费者契约等の一部を改正する法律"ジュリスト1364号81页（2008年）。

[76]　停止请求，也是在销售人等针对"不特定的多数人"——而不是像消费者契约那样针对"不特定的多数消费者"——实施规定的行为的情形才会被认可。其结果，本来应当是具有"为了不特定的多数消费者的利益"行使停止请求权所必要之适格性的法人——消费者适格团体（消契2Ⅳ），却为何为了包括消费者以外的人在内的"不特定的多数人"的利益可以请求停止这个——涉及整个体系构想的——问题，便浮出了水面。

无效与撤销、条件与期限

I 序

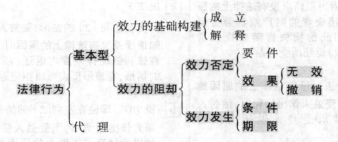

到上一章为止,本书用了6章的篇幅讲述了法律行为的效力否定要件。本章讲述法律行为的效力因此被否定后的效果——有关无效与撤销的问题。然后,介绍有关法律行为生效的问题。具体来说,讲述条件和期限。

II 无效与撤销——总论

1 何谓无效

事例1

80岁的X从几年前起老年性痴呆的症状开始加重,现在已经到了影响日常生活的程度。可是,X却接受经常来访的福祉团体Y的咨询员的劝诱,在内容为向Y捐赠1000万日元的契约书上签了字。

这里,如果能够证明X无意思能力,则X赠与Y1000万日元的契约无效。其结果,对应契约的履行阶段,发生如下的效果:

1. 履行请求的拒绝　　在契约尚未履行的阶段,X可以拒绝Y的履行请求(支付1000万日元的请求)。

2. 不当得利的返还请求　　在契约已经履行的阶段,X可以请求Y返还已经履行的给付(1000万日元)(民703、704)。

契约履行请求的根据规范 （Y 的请求原因）	阻却规范 （X 的抗辩）
1 民 549　赠与因当事人一方表示无偿将自己的财产给予相对人的意思，相对人接受而生效①	a 不成文法　在欠缺意思能力状态下所为之意思表示无效

不当得利返还请求的根据规范 （X 的请求原因）	阻却规范 （Y 的抗辩）
【公平论】 2 民 703、704 受损失者可以请求没有法律上的原因因受损失者的财产或者劳务受益，并因此给损失者带来损失者（受益人）返还所受利益 【类型论】 2′不成文法　没有法律上的原因给付人向受益人作出给付时，给付人可以请求受益人返还所给付之物② a 不成文法　在欠缺意思能力状态下所为之意思表示无效③	得利消灭的抗辩 【公平论】 b 民 703 即使在左列 2 的情形，受益人于受益时不知道受益没有法律上的原因时，受益人只需在该利益现存限度内返还（所受利益消灭的情形，在该限度内可以拒绝返还） 【类型论】 b′民 703　即使在左列 2′的情形，在给付由单方作出的情形，当受益人受领给付时不知道给付没有法律上的原因时，受益人只需在该利益现存限度内返还（所受利益消灭的情形，在该限度内可以拒绝返还）④

319　**2　何谓撤销**

> **事例 2**
>
> X 的老年性痴呆的症状加重，怪异的行动日益明显。于是根据妻子 A 的请求，X 在家庭法院接受了以 A 为成年监护人的监护开始的审判。可是后来，X 背着 A 走访了葡萄酒商店 Y，花 300 万日元购买了 10 瓶有年代的葡萄酒，做菜用掉了 3 瓶。

由于是成年被监护人，所以 X 所为之 10 瓶葡萄酒的买卖契约可以撤销（民 9 正）。

---

① 赠与如果生效，就可以请求履行。
② 依不当得利的类型论，给付受领的返还请求，由这种规范提供基础。详见不当得利法的解说。
③ a 为 2 2′"没有法律上的原因"这个要件提供基础。
④ 依不当得利的类型论，如果就不当得利的返还请求适用 703 条、704 条，将仅限于单方作给付的情形。《基本方针》依从这种观点，就无效法律行为的效果提案：原则上"法律行为的当事人基于无效的法律行为履行后，可以要求相对人返还所履行的给付"（【1.5.51】〈2〉），"当相对人不知道法律行为无效而受领给付时，相对人于利益现存限度内负担返还义务"（同〈4〉），在允许得利消灭之抗辩的基础上，规定"法律行为为双务契约或者有偿契约的情形不适用"该规范（同〈5〉正），在双方作出给付的情形，不认可得利消灭的抗辩。关于此点，详细内容也可参见不当得利法的解说。

1. 撤销的必要性　　在此情形,契约原则上有效,拥有撤销权之人撤销后才发生撤销的效果。相对人确定时,撤销需要通过向相对人作意思表示实现(民123)。

2. 撤销的效果　　实际被撤销的情形,其效果如下⑤：

(1) 溯及无效　　如果 X 一方撤销,则 X、Y 间的买卖契约视为自始无效(民121正)。此情形的效果,与前面无效的情形基本相同。

(2) 限制行为能力的特别规则　　但是,限制行为能力人在因其行为而"现受利益限度"内负担返还义务(民121但)。这是为了保护限制行为能力人,才有别于不当得利的一般原则(民703、704),规定不论善意还是恶意,只需在"现受利益限度"内返还利益依此规定,X 只需将手中所剩的 7 瓶葡萄酒返还给 Y。

契约履行请求的根据规范 (Y 的请求原因)	阻却规范 (X 的抗辩)
③ 民555　买卖因当事人一方约定将其财产权移转于相对人,相对人约定对此支付价金而生效	c 民9正　成年被监护人(依民7接受监护开始之审判者)的法律行为可以撤销
	d 民120I　因行为能力的限制可以撤销的行为,仅限于限制行为能力人或其代理人、继承人或可作同意之人,可以撤销。
	e 民123　在可撤销行为的相对人确定的情形,其撤销或者追认,依对相对人的意思表示而为
	f 民121正　被撤销的行为视为自始无效

不当得利返还请求的根据规范 (X 的请求原因)	阻却规范 (Y 的抗辩)
② 民703、704 or ②′不成文法	得利消灭的抗辩
c 民9正　同上	b or b′民703　同上(318页)
d 民120I　(318页)	(需要受益人于受益时不知道受益没有法律上的原因)
e 民123	
f 民121正	

不当得利返还请求的依据规范 (Y 的请求原因)	阻却规范 (X 的抗辩)
② 民703、704 or ②′不成文法	得利消灭的抗辩
c 民9正　同上	g 121但　即使在左列情形,限制行为能力人只需在**因其行为现受利益的限度**内返还(所受利益消灭的情形,在该限度内可以拒绝返还)
d 民120I	
e 民123	
f 民121正	

---

⑤　详细内容参照第5章Ⅱ③(85页以下)。

③ 无效与撤销的双重效果

在事例 2 中，除了基于限制行为能力的撤销外，基于无意思能力的无效也可能成为问题。像这样无效和撤销都成为问题的情形，也可能发生于错误无效和欺诈撤销。在这种情形如何考虑两者的关系，是所谓无效与撤销的双重效果的问题。

关于这一点，现在一般认为，既然两组要件都满足，当事人可以选择主张无效或撤销。不过，如果站在认为应当尽可能地类推撤销的效果的立场上，允许选择两种效果的主张意义不大。⑥

Ⅲ 无效各论

① 无效的主张者

首先，在判定无效的情形，谁可以主张无效？

1. 绝对无效 传统的见解把无效理解为"无"，即不存在，因此对于不存在的东西，谁都可以主张不存在，即无效。这个意义上的无效，称为绝对无效。

2. 相对无效

> **事例 3**
> X 与 Y 订立契约，将自己所有的土地甲以 5000 万日元卖给 Y。可是后来发现，X 以为的土地甲其实是与其相邻的土地乙。其后，后悔 5000 万日元有点太贵的 Y 得知 X 发生了错误，就提出该契约无效。

现在在这样的情形，认为只有发生错误的表意人（X）才能主张无效的见解占支配地位。这是因为，这种见解认为，在为保护一定的人而使该行为无效的情形，只有被保护之人才能主张无效。⑦ 像这样，只有特定的人才能主张的无效，称为相对无效。⑧

② 无效的范围

接下来的问题是，在存在无效原因的情形在多大范围内认定无效？这个问

---

⑥ 详细内容参照第 3 章 Ⅴ②（49 页以下）以及第 11 章 Ⅱ③1(2)（234 页）。
⑦ 详细内容参照第 10 章 Ⅴ①2（222 页以下）。
⑧ 此外，无意思能力【第 3 章 Ⅲ②2(41 页)】、违反公序良俗中的基本权保护型公序良俗（第 12 章 Ⅴ③2(2)、3(271 页以下)）也同样。详见后藤卷则"日本法における相对无效"椿寿夫编《法律行为无效の研究》（日本评论社，2001 年）165 页（初出 1996 年），以及椿寿夫"法律行为'无效'の细分化·类型化——再检讨のための中间视点"同书 82 页以下（初出 1995 年）（椿 92 页的用语是公益性无效和私益性无效）。

题又可以进一步分为以下两个问题。⑨

1. 契约条款的部分无效 第一个问题,就某契约条款的一部分存在无效原因的情形,是该条款的这一部分无效呢,还是全部无效?

(1) 有明文规定的情形 关于这一点,在有明文规定的情形从该规定。规定条款部分无效的规定中,常见的是在期间、金额等以一定的数量作为上限的情形,规定仅超过该上限的部分无效(民278Ⅰ、360Ⅰ、580Ⅰ、604Ⅰ,利息1、4Ⅰ,消契9,宅建38Ⅱ等)。

(2) 无明文规定的情形 问题是没有明文规定的情形。

> **事例 4**
>
> X 与宠物旅馆 Y 订立契约,约定在其到海外出差期间由 Y 看管他饲养的狗甲。契约书中包括了这样的条款:"因 Y 的责任致使狗受到伤害时,Y 对 X 的赔偿以 10 万日元为限。"
> ① 由于 Y 的重过失致甲死亡,造成了 30 万日元损失的情形
> ② 由于 Y 的轻过失致甲死亡,造成了 30 万日元损失的情形

依消费者契约法,对于因经营者的故意或重过失导致的债务不履行给消费者造成的损害,免除部分赔偿责任的条款,无效(消契8Ⅰ②)。由于该事例的条款仅仅写到"因 Y 的责任致使狗受到伤害时",故意和重过失都包括在内,所以无效。问题是,该条款全部无效,还是仅故意和重过失情形的责任限制无效?

(A)部分无效说 在这种情形,在与规则相抵触的限度内认定部分无效即可。⑩ 依此学说,仅故意、重过失情形的责任限制无效,而轻过失情形的责任限制有效存留。因此,在①的情形,Y 按原则(民416)承担 30 万日元的赔偿责任,而在②的情形,赔偿到 10 万日元的上限即可。它是出于如下的考虑:

(a)对契约自由的尊重 契约自由的原则要求尽可能地尊重当事人所订立的契约。因此,即使对内容进行规制,对契约自由的介入也必须停留在必要的最小限度内。

(b)规制的目的 如果在与规制抵触的限度内认定无效,这样就能够实现规制的目的。

(B)全部无效说 而主张在此情形契约条款全部无效的见解也颇有说

---

⑨ 以下内容,除了山本敬三"不当条项に対する内容規制・その効果"民事研修 507 号 20 页(1999 年)。

⑩ 参照山本丰"附随的契约条项的全部无效、一部无效または合法解释について"同《不当条项规制と自己責任、契约正义》(有斐阁,1997 年,初出 1987 年)138 页以下,同"消费者契约法(3)"法学教室 243 号 63 页以下(2000 年),安永正昭"保险契约の解释と约款规制"商事法务 1330 号 32 页以下(1993 年),消费者厅编 201 页等。

服力。⑪

　　（a）全部无效的理由　　它是出于如下的考虑：

　　1）不当条款的预防　　若即使条款的制作人设置了概括性的不当条款,仅在与规制抵触的限度内无效,而令剩下的部分有效,那么就会造成这样的结果:权且设置概括性的不当条款,日后法院会在勉强有效的范围内维持条款的效力。这样就不能防止不当条款的横行,无法提出异议的相对人有可能因此而实际蒙受不利益。

　　2）对条款制作人的归责　　此外,因为条款的制作人自己制作了超过允许范围的不当条款,条款整体被认定为无效也没有办法。

　　（b）无效条款的补充　　其结果,在条款全部被认定无效的情形,无效的部分按如下的方法补充:

　　1）用任意法规补充　　首先,如果有相应的任意法规——含不成文的,原则上由该法规来补充。在事例4中,416条就属于该任意法规。依此规定,不光在①的情形,即使在②的情形,Y 也要承担30万日元的赔偿责任。

　　2）补充性的契约解释　　不过,在虽有任意法规存在但不适合于该契约的情形,无效部分将按照该契约的宗旨补充。

Comment　　　　　　　　　　　　　　　　　　　　有关契约条款部分无效的观点

　　全部无效说的主张,适合于契约当事人的一方单方面制作契约条款的情形。这是因为,正是在这种情形,归责于不当条款制作者的观点具有妥当性,由此预防也就成为可能。消费者契约在构造上恰恰属于这种情形。不过,对于契约内容经过对等当事人的交涉才得以确定的情形,则不能作同样的考虑。在此情形,应当说部分无效的观点才是恰当的。⑫

　　《基本方针》也在将"在法律行为包含的特定条款部分无效的情形,仅该部分无效"作为原则的基础上,提案:当该条款为格式条款的一部分时以及为消费者契约的一部分时,该条款全部无效（【1.5.47】）。⑬

---

2. 整个契约的部分无效　　第二个问题是,在契约的某个条款无效的情形,仅仅是该条款无效呢,还是整个契约无效？关于这一点,判断基准可以从以

---

⑪　河上正二《约款规制の法理》(有斐阁,1988年,初出1985年)376页,潮见佳男"不当条项の内容规制——总论"河上正二等《消费者契约法——立法への课题〔别册 NBL54号〕》(商事法务研究会,1999年)154页以下、163页,潮见219页。

⑫　参照山本敬三・前注⑨民事研修507号26页以下,同"消费者契约立法と不当条项规制——对第17次国民生活审议会消费者政策部会报告の探讨"NBL686号29页以下(2000年)。

⑬　参照基本方针68页以下,详解 I340页以下。在【1.5.48】,像这样"法律行为部分无效,需要对该部分作补充时",依①"当事人若知道该部分无效将会约定的内容"、②这一点不明确时依习惯、③没有习惯时依任意规定、④依上述方法均不能时依诚实信义原则,补充无效的部分(参照基本方针69页以下,详解 I344页)。

下两点获得：

(1) **规制的宗旨**　　第一，从规制的宗旨看，仅仅令该条款无效是否足够？是否还需要使整个契约无效？

(A) 判定部分无效即可的情形　　尤其是规制不当条款的情形，规制的对象主要是有关契约附随部分的条款。在此情形，从规制的宗旨看，大多仅仅令该条款无效即可。例如，事例4就属于这种情形。

(B) 需要全部无效的情形

事例5

因连年的灾荒而歉收，导致生活困苦的农家X为了靠女儿A赚取生活费，与东京的妓院Y订立了如下内容的契约："①X向Y借贷500万日元，作为补偿，②让A在Y处作为卖艺娼妓工作，其报酬的一半用于偿还欠Y的借款。"

(a) 卖艺娼妓契约的涵义　　在此情形，X、Y订立的契约的内容是：①金钱消费借贷和②让女儿作为卖艺娼妓工作，用报酬清偿借款。这两个契约总称为卖艺娼妓契约。

(b) 卖艺娼妓契约的效力

1) 让他人作为卖艺娼妓工作之契约的效力　　其中，②让他人作为卖艺娼妓工作的契约，过度地束缚了A的人身自由，违反公序良俗无效。

2) 整个卖艺娼妓契约的效力　　而①金钱消费借贷契约仅仅是金钱的借与还，单独把它拿出来看没有问题。可是，如果仅仅令让他人作为卖艺娼妓工作的契约无效，而维持金钱消费借贷契约的效力，那么A会被强迫卖淫到偿还完借款为止。因此，在此情形需要使两个契约全部无效。⑭

(2) **拘束于残余部分的残酷性**　　第二，维持契约的效力是否给当事人带来残酷的不利益。仅仅使契约的一部分无效，而维持残余部分契约的效力，对当事人来说，具有另外一层含义，即把含有本来实际上并未预想到的内容的契约强加给当事人。所以，在这样做会给当事人带来难以忍受之不利益时⑮，需要认定全部无效，把当事人从该契约的拘束中解放出来。⑯

---

⑭　最判昭和30年10月7日民集9卷11号1616页。像这样判定契约全部无效后，Y就应该可以对X就所借贷的本金及其使用收益（相当于利息的部分）请求不当得利的返还。然而，如果认可了这样的请求，而X又没有相应的资金，结果A将被迫从事卖淫行为。因此，如果不否定到Y的不当得利返还请求，就实现不了对A的保护。使之成为可能的，是有关不法原因给付的708条。就是说，将此情形的Y视为因"不法原因"而给付的人，判定不允许其请求给付的返还。严格地讲，把本金也作为"给付"这一点是有问题的。但是至少在这种情形，只能将"给付"的涵义扩展到本金。

⑮　例如，在对经营者来说风险较高的交易中，依消费者契约法8条至10条判定免责条款无效的情形。但问题在于，这种情形能否认为免责条款违反诚信原则而归于无效？

⑯　《基本方针》【1.5.49】在规定"法律行为的部分无效时，法律行为的其他部分的效力不受妨碍"的基础上，规定："可以合理地认为若部分无效当事人将不会实施那样的法律行为时，法律行为全部无效"（参照基本方针269页，详解I345页以下）。

③ 无效行为的转换

1. 何谓无效行为的转换

（1）涵义　　所谓无效行为的转换，是指当无效行为满足其他行为的要件时，承认其作为后者的效力。

（2）转换的要件　　要认定无效行为的转换，一般认为需要满足以下的要件[17]：

（A）满足其他行为的要件　　第一，需要无效行为满足其他行为的要件。

（B）当事人的假定意思　　第二，需要认为无效行为与其他行为在实质上具有相同的目的，并且当事人如果知道无效则会期望作为其他行为的效果。

2. 向要式行为的转换

在另一种行为为要式行为的情形，如果严格地理解形式要件，无效行为的转换几乎都得不到认可。可是，关于这一点一般认为，如果不违反要求形式的宗旨，就可以认可向要式行为的转换。[18]

（1）以形式的具备本身为目的的要式行为　　首先，像票据行为那样以具备一定的方式为目的的情形，不允许转换。

（2）以保障确定的意思表示为目的的要式行为　　与此相对，在为了保障意思表示的确实实施而要求某种形式的情形，一般认为容易认可转换。与此相关，除了明文认可由秘密证书遗嘱向自书证书遗嘱的转换（民971）外，以下的情形也与此相关。

（A）婚生子出生登记向认领转换的可能性　　首先，将非婚生子作为婚生子登记的情形，登记无效，但由于可以认为其中包含了认领的意思，因此一般承认认领的效力。[19]

（B）婚生子出生登记向收养转换的可能性　　此外，将他人之子作为婚生子登记的情形，围绕是否承认向收养的转换，存在争议。

（a）转换否定说　　判例认为，在这种情形不能认定向收养的转换。理由是，关于收养要求形式的规定（民799→739）是强行法规，此种情形未遵循这些规定。[20]

（b）转换肯定说　　也有有力的意见主张，由于可以认为像这样的婚生子出生登记中包含了在法律上将他人的子女作为自己之子女的意思表示，因此只要亲生父母同意，就可以承认向收养的转换。[21]

---

[17] 参照我妻391页以下、几代423页、四宫·能见283页、石田472页以下等。

[18] 参照我妻392页、几代423页以下、四宫·能见283页以下、石田473页。

[19] 最判昭和53年2月24日民集32卷1号110页。

[20] 最判昭和25年12月28日民集4卷13号701页、最判昭和56年6月16日民集35卷4号791页。

[21] 我妻荣《亲属法》（有斐阁，1961年）280页、石田474页以下等。

4 无效行为的追认

1. 何谓无效行为的追认

> **事例6**
>
> X 花了 800 万日元从 Y 处购买了有毕加索本人署名的原作版画"两个丑角"。可是后来才发现，X 想买的版画，实际上是旁边那幅"丑角"，却拿错了。可是 X 认为即使是"两个丑角"也有它的价值，于是告诉 Y，将错就错就用 800 万日元购买了"两个丑角"。

X 的用 800 万日元购买"两个丑角"的意思表示因错误无效。即便如此 X 却说不要紧。可以把它看做是后来对无效行为的追认。

2. 追认的效果　　对于这种无效行为的追认，民法规定了如下的效果：

（1）**追认效力的否定**　　首先，无效的行为即使追认也不生效（民 119 正）。其背后是这样一种想法，即无效行为视为自始不存在。

（2）**新的行为**　　不过，当事人明知该行为无效而予以追认时，视为作出新的行为（民 119 但）。因此，如果在追认时新行为满足有效要件，则从该时刻起承认其效力。

> **Comment**　　无效行为追认的存在意义
>
> 在将错误无效等理解为相对无效的情形，如果表意人想追认，只要不主张无效就行了。但如果将此情形理解为无效行为被追认，那么由于法律行为终归是无效，所以就成了在追认之时实施了新的行为。可是，允许表意人以外的人作这种主张恐怕有问题。
>
> 由此也可以明白，119 条的前提是以将无效理解为绝对无效这样一种立场。然而，在出于公益目的规定绝对无效的情形，通过追认成立新的行为的情况应该是少数。在这个意义上应当说，只要承认相对无效，那么 119 条成为问题焦点的场景几乎不存在。《基本方针》虽然主张基本维持 119 条【1.5.52】，但对此存在意义表示怀疑。[22]

Ⅳ 撤销各论

1 撤销权的行使

1. 撤销权人　　能够实施撤销的，限于以下之人：

（1）**限制行为能力**　　在限制行为能力的情形，包括限制行为能力人及其代

---

[22] 参照基本方针 72 页，详解 I359 页以下。关于 119 条的意义及问题，也可参照伊藤进"民法 119 条无效论"椿编·前注⑧744 页（初出 1999～2000 年）。

理人、承继人㉓以及同意权人㉔(民120I)。限制行为能力人单独撤销的情形,一般认为也发生完全的撤销效力。这是因为,如果承认能够撤销之撤销行为这样一种东西的话,将使得法律关系变得极其复杂,置相对人于极其不安定的地位。㉕

（2）欺诈、胁迫　　在欺诈、胁迫的情形,包括受到欺诈、胁迫的表意人、其代理人、承继人(民120Ⅱ)。

2. 撤销的方法　　在相对人确定的情形,撤销需要通过向相对人的意思表示来实现(民123)。

2 可撤销行为的有效确定

可撤销行为经撤销权人的追认,或者行使期间的经过确定为有效的行为,不再能撤销。

1. 适于撤销的行为的追认

（1）追认　　首先,对于可撤销行为,允许追认。

（A）效力

（a）追认的溯及力　　如果追认,之后可撤销行为将不再能撤销(民122正)。

（b）追认与第三人　　在此之际,"不能"因追认"损害第三人的权利"(民122但)。可是,一般认为此规定没有用。这是因为考虑到,追认后是相对人取得权利还是第三人取得权利,将依有关对抗问题的规定解决。

（B）要件　　要发生上述的效力,需要追认权人追认。

（a）追认权人　　能够作追认的,为120条所列之人(民122正)。

（b）方法　　相对人确定的情形,追认必须通过向相对人的意思表示来实现(民123)。

（C）时期　　但是,追认非于下列时期以后作出的,不生效力。㉖

（a）构成撤销原因之状况消灭　　第一,追认非于构成撤销原因之状况消灭后作出的,不生效力(民124Ⅰ)。

㉓ 这里所说的承继人,包括概括承继人——因继承、公司的合并等承继本人地位者——和特定承继人——从本人处个别地受让权利者。但是,关于特定承继人,由于基于125条5项允许法定追认的情形较多,实际上成为撤销权人的,限于所有人受欺诈而设定地上权后,受让该土地之人等(参照我妻395页等)。

㉔ 伴随着成年监护制度的引入,明文承认同意权人拥有撤销权,因此除了成年监护人外,保佐人、就同意权的赋予接受审判的辅助人也成为撤销权人这一点得以明确。

㉕ 我妻394页等。

㉖ 依此规定,追认于下列任一时期前作出,将满足追认效力的阻却要件——因此由争执追认效力方负担主张、举证责任。除最判昭和49年2月7日金判412号2页(傍论)外,参照佐久间226页以下等。民法注解Ⅰ590页以下[山本和敏],在欺诈、胁迫的情形作如上考虑;但认为在限制行为能力的情形,于构成撤销原因之状况消灭后追认,构成追认效力的成立要件。

1) 本人　　依此规定,非于① 限制行为能力人成为行为能力人后,② 受欺诈、胁迫的表意人脱离欺诈、胁迫后作出,追认不生效力。这是因为,在这之前即使追认,追认本身还是带有瑕疵的。

2) 法定代理人、同意权人　　而法定代理人或者限制行为能力人的保佐人、辅助人随时可以追认(民124Ⅲ)。

(b) 对可撤销行为的知悉　　第二,由于具有放弃撤销权的性质,追认非于知道该行为可撤销后作出,不生效力。[27] 124条2款仅仅就成年被监护人作了规定,但对于其他的追认权人,也作同样的解释。[28]

契约履行请求的根据规范 (请求原因)	阻却规范 (抗辩)	再阻却规范 (再抗辩)	再再阻却规范 (再再抗辩)	
③ 民555 同上 (320页)	c 民96Ⅰ **基于欺诈之意思表示可以撤销**	甲 民122正 可撤销的行为,于**民120条规定之人追认时**以后,不能撤销	Ⅰ 撤销原因之状况消灭前的追认	
			α 民124Ⅰ　追认非于构成撤销原因之状况消灭后作出(**该状况消灭以前作出时**)不生效力	
	d 民120Ⅰ 同上(320页) e 民123 f 民121正	e 民123　同上(320页)	Ⅱ 知悉前的追认	
			β 不成文法　追认非于知道作为其对象之意思表示可撤销后作出(**不知道可撤销而作出时**),不生效力	

330

(2) 法定追认

(A) 法定追认事由　　追认权人实施了下列行为的情形,视为已经追认(民125)。这些通常是被认为有默示追认的情形,但为了保护相对人的信赖,安定法律关系,明确承认其具有追认的效果。[29]

(a) 全部或部分履行

(b) 履行的请求

(c) 更改

(d) 担保的提供

(e) 全部或部分转让依可撤销行为取得的权利

(f) 强制执行

(B) 时期　　以上事实必须发生于依124条可以追认之时以后(民125

---

[27] 参照大判大正5年12月28日民录22辑2529页。

[28] 我妻399页等。

[29] 因此,即使在不知道撤销权已经发生的情形,也视为已经追认(大判大正12年6月11日民集2卷396页)。但是,对于成年被监护人,依124条2款的宗旨,一般认为,即使在法定追认的情形也需要知晓(参照我妻402页以下,几代441页,四宫222页,佐久间228页等)。

正)。但是,围绕是否应当将其理解为构建追认拟制基础的成立要件——从而应当由哪一方当事人负担主张、举证该事实之责任,存在争议。

(a) 成立要件说　　判例认为,法定追认事由在可以追认之时以后发生,是成立要件——由主张追认效果一方负担主张、举证责任。在法院看来,由于法定追认不问追认者的意思如何,是为保护相对人而拟制的,因此,对受其保护者课加主张、举证责任符合公平的原则。㉚

(b) 阻却要件说　　也有见解认为,如果发生法定追认事由,追认的拟制便获得基础,但该事由在可以追认之时之前就已经发生时,不承认追认拟制的效果——由争执追认效果的一方负担主张、举证的责任。如上所述,在追认的意思表示作出的情形,有关时期的事实,由争执追认之效果的一方主张、举证。在存在法定追认事由的情形,由于用以实现(可撤销的)法律行为之内容的行为(部分)被实施,较之于仅仅有追认之意思表示的情形,相对人的信赖更值得保护,因此在该见解看来,不能将主张、举证的责任转嫁给相对人。㉛

(C) 阻却要件——异议的保留　　在发生上述事实之际,若追认权人特地保留了异议,则不视为已经追认(民 125 但)。

契约履行请求的根据规范（请求原因）	阻却规范（抗辩）	再阻却规范（再抗辩）	再再阻却规范（再再抗辩）
③ 民 555 同上（320 页）	ⓗ 民 96 I 同上（320 页） ⓓ 民 120 I 同上（320 页） ⓔ 民 123 ⓕ 民 121 正	【成立要件说】 乙 民 125 正　于可以追认之时以后（构成撤销原因的状况消灭后）就可撤销之行为**发生民 125 所列事实**时,视为已经追认（以后不能撤销） 【阻却要件说】 丙 民 125 正　就可撤销之行为**发生民 125 所列事实**时,视为已经追认（以后不能撤销）	异议的保留 γ 民 125 但　即使存在左列事实,当保留了异议时,不视为已经追认 I 撤销原因之状况消灭前的法定追认事由 δ 民 125 正　左列事实在**可以追认之时（构成撤销原因之状况消灭之时）之前发生**时,不视为已经追认 II 异议的保留 γ 民 125 但　同上

㉚ 前注㉖最判昭和 49 年 2 月 7 日。

㉛ 佐久间 227 页以下。由于民法注解I601 页以下[山本和敏]主张,在作解释时应当考虑与有关追认之 124 条 1 款的情形的整合性,因此,在欺诈、胁迫的情形作如上思考;但认为在限制行为能力的情形,于构成撤销原因之状况消灭后发生法定追认事由一事,构成成立要件(参照前注㉖)。

2. 撤销权的行使期间 撤销权因以下行使期间的经过而消灭。㉜ 这是出于如下的考虑:如果可撤销的状态一直持续下去,不知何时被撤销而归于无效,法律关系会不安定。依此规定,即使撤销权人作撤销的意思表示,但这之前行使期间已经经过——由相对人主张、举证该事实——时,不发生追认的效果。

(1) 短期行使期间 第一,自"可以追认之时"起经过 5 年,撤销权消灭(民 126 前)。

(A) 追认可能之时的涵义 "可以追认之时"的涵义如下:

(a) 本人 首先,① 当限制行为能力人成为行为能力人时;② 当受欺诈、胁迫的表意人脱离欺诈、胁迫之时。除成年被监护人的情形外,一般认为不需要知悉可撤销行为。㉝

(b) 法定代理人、同意权人 当法定代理人、同意权人知道限制行为能力人的行为时。

(B) 有多名撤销权人存在的情形 一般认为,在限制行为能力的情形,如果法定代理人或同意权人的撤销权消灭,则限制行为能力人的撤销权也消灭。㉞ 因为考虑到这样也足以确保限制行为能力人。

(2) 长期行使期间 第二,自行为之时起经过 20 年的,不管怎样撤销权都消灭(民 126 后)。

契约履行请求的根据规范(请求原因)	阻却规范(抗辩)	再阻却规范(再抗辩)	再再阻却规范(再再抗辩)
③ 民 555 同上(320 页)	h 民 96 I 同上(330 页) d 民 120 I 同上(320 页) e 民 123 f 民 121 正	I 短期期间限制 丁 民 126 前 撤销权自可以追认之时起经过 5 年时,因时效而消灭 戊 民 145 时效非经当事人援用,法院不得依此裁判	ε 民 126 前 于左列期间经过前行使撤销权(作撤销的意思表示)时,撤销权不因时效而消灭
		II 长期期间限制 己 民 126 后 撤销权自行为之时起经过 20 年时消灭	ζ 民 126 后 于左列期间经过前行使撤销权(作出撤销的意思表示)时,撤销权不消灭

㉜ 126 条规定:撤销权"因时效而消灭"。至于这里的撤销权的消灭与本来意义上的消灭时效是否相同,参照第 24 章 V ② 1(2)(611 页以下)。

㉝ 大判大正 5 年 9 月 20 日民录 22 辑 1721 页(有关未成年人的事件)。

㉞ 几代 447 页,四宫、能见 292 页,近江 330 页,内田 297 页等。

Comment　　　　　　　　　　　　　　　　　　　　无效与撤销的区别——期间限制

与撤销的情形不同,在无效的情形,不存在有关期间限制的规定。这一点是无效与撤销最大的差异之一。当然,在无效的情形,明明可以主张无效却长期不主张的情形,根据诚信原则无效主张将会受到限制。[⑤] 但是,那不是如5年那样明确地划定期间,而是根据具体的事件中当事人的言行等事情来决定的。在此意义上,在无效与撤销之间,还是残存有差异。

V　法律行为的生效——条件和期限

最后,转向有关法律行为生效的问题。在此,条件和期限成为问题。

1 条件和期限——总论

1．何谓条件

(1) 涵义　　所谓条件,是将法律行为的生效或者消灭与将来不确实之事实联系在一起的合意。

(2) 种类　　条件包括以下两种:

> **事例7**
>
> ① X在半年后偿还的约定下,向Y贷了2000万日元。当时,附加了这样一个特约:如果Y不偿还,则Y所有的土地甲的所有权移转到X处。
>
> ② Y在从不动产商X处用4000万日元购买土地甲时,由于手头只有1000万日元,所以就剩余的3000万日元向G银行申请贷款。不过,要接受贷款,需要经过对甲的担保价值、Y的收入状况等的审查,Y要求在与X的契约中加入这样的条款:"在未能从G银行获得3000万日元融资的情形,本契约失效。"

(A) 停止条件　　条件成就之时生效的法律行为,称为附停止条件的法律行为(民127Ⅰ)。在①中,对于Y将向X履行的代物清偿,附着了"如果Y不在约定的时间返还2000万日元"这样一个条件。自该条件成就之时起,发生代物清偿的效力——在该条件成就之前,代物清偿的效力处于停止状态。在这个意义上,它属于停止条件。

(B) 解除条件　　条件成就之时起丧失效力的法律行为,称为附解除条件的法律行为(民127Ⅱ)。在②中,X、Y之间的买卖契约附着了"如果不能够

[⑤] 参照最判昭和51年4月23日民集30卷3号306页(以属于捐赠行为的目的范围之外为理由,于7年10个月后主张买卖契约无效的事件),最判昭和61年9月11日判时1215号125页(分别①以没有经过转让公司的股东大会承认为理由,于20年后;② 以受让公司的原始章程没有商法规定的记载内容为理由,于9年后,主张营业转让无效的事件)等。

从 G 银行获得 3000 万日元的融资"契约将失去效力这样一个条件。该条件成就之时,买卖契约丧失效力。在这个意义上,它属于解除条件。

(3) **效果**　附条件后的效果如下:

(A) **原则**

（a）附停止条件的法律行为　首先,法律行为附停止条件时,该法律行为的效力不立即发生,而是在条件成就时发生(民 127 Ⅰ)。

（b）附解除条件的法律行为　其次,法律行为附解除条件时,自条件成就之时起,法律行为丧失效力(民 127 Ⅱ)。

（B) **特约的可能性**　但是,当当事人表示出令条件成就的效果溯及至成就以前的意思时,从其意思(民 127 Ⅲ)。

2. 何谓期限

(1) **涵义**　所谓期限,是指令法律行为效力的发生、消灭或者债务的履行与将来确定发生的事实联系在一起的合意。

(2) **种类**　期限包括以下两种:

> **事例 8**
> ① X 在与 Y 约定半年后的 4 月 1 日返还的基础上,借给 Y 2000 万日元。
> ② X 与 Y 订立契约,约定自己死后把宝石甲送给 Y。

(A) **确定期限**　第一,何时到来确定的期限,称为确定期限,例如①。

(B) **不确定期限**　第二,到来本身是确定的,但何时到来不确定的期限,称为不确定期限,例如②。

(3) **效果**　附期限后的效果如下:

(A) **附始期的法律行为**　首先,法律行为附始期时,不能立刻请求该法律行为的履行,等到期限到来才能请求(民 135 Ⅰ)。

(B) **附终期的法律行为**　其次,法律行为附终期时,该法律行为的效力于期限到来时消灭(民 135 Ⅱ)。

Comment　法律行为附款的要件构成和主张、举证责任

如上所述,条件和期限是令法律行为效力的发生、消灭与一定事实的发生联系在一起的合意。这常被称为法律行为的附款。

关于这一点,属于附款的合意作为有别于法律行为本体——例如买卖契约等——另外的合意来构成,抑或将两者作为一个整体的合意来构成,存在争议。㊱ 通说采用前一种立场,认为法律行为的效力由有关本体之合意来构建其基础,有关附款之合意被定位为阻却如此被正当化的效力的装置。依此观点,主张法律行为效

㊱ 详见山本Ⅳ-₁20 页以下。

力一方只需要主张、举证法律行为本体部分的存在，由争执法律行为效力的一方就有关附款之合意的存在负担主张、举证责任。而依后一种立场，由于两者的合意在整体上构成一个法律行为，因此法律行为的效力由包含附款在内的合意提供基础。如此一来，当附款为停止条件或者始期的合意时，仅凭此并不生效，当停止条件成就、始期到来时，效力的发生才获得基础。因此，所有这些都由主张法律行为效力的一方负担主张、举证的责任。

这个问题，与认可法律行为效力的根据为何这个根本问题相连。就契约而言，根据是"当事人达成合意时，发生与内容一致的效力"这个规范——应当也可以称作合意原则。依契约自由的原则，当事人可以自由地决定这个"合意"的内容，所以需要不折不扣地尊重当事人实际达成的"合意"。如果这样思考的话，像上述后一种见解所主张的那样，附款的合意也与法律行为成为一体。可是，即使同样以合意原则作为前提，也可以认为作为"合意"得到认可的，就典型契约而言，是契约分则所规定的开篇规定——在买卖契约则为 555 条。依此见解，只要有属于开篇规定的合意，契约的效力——从而该契约的履行请求——就获得了基础，有关附款的合意将构成为阻却提供基础的另外的合意。上述通说的见解建立在这种观点——成为开篇规定说——基础上，只要如此来理解，从以合意原则为前提的立场也可以说明。

开篇规定说㊲	契约履行请求的根据规范（请求原因）	阻却规范（抗辩）	再阻却规范（再抗辩）
停止条件	③ 民 555 同上	ⅰ 民 127 Ⅰ 法律行为**附停止条件**时，法律行为仅被作出，并不立即生效	庚 民 127 Ⅰ 法律行为附停止条件时，自**停止条件成就**时法律行为生效
始期	③ 民 555 同上	ⅰ 民 135 Ⅰ 法律行为**附始期**时，法律行为仅被作出，不能立刻请求其履行	辛 民 135 Ⅰ 法律行为附始期时，自**始期到来**时起可以请求履行
解除条件	③ 民 555 同上	k 民 127 Ⅱ 法律行为附**解除条件**时，自**解除条件成就**时起法律行为失效	
终期	③ 民 555 同上	l 民 135 Ⅱ 法律行为附**终期**时，**终期到来**时法律行为的效力消灭	

㊲ 此表中只显示了基于开篇规定说的情形。关于基于其他见解之要件事实的构成，参照山本Ⅳ-1 25 页。

3. 发迹支付债务

难以区别条件和期限的事例,有发迹支付债务。

> **事例9**
>
> X 借给考取了研究生的外甥 Y 奖学金 100 万日元,说:"可以等当上教授再还。"可是其后,Y 只顾玩乐,根本写不了论文,博士课程延期后也只是打一些工,没有从事像样的研究。后来,利用与某中小企业老板的独生女结婚的机会,离开大学,成了该老板的养子,接管了公司。

(1) 看做条件的可能性 如果把是否能够当上教授看做不确定的事实,那么"Y 当上教授"就成了条件。这样一来,只要 Y 没有当上教授,那么 Y 就永远不需要偿还。

(2) 看做期限的可能性 可是,能否当上教授一事总有一天会确定。在这个意义上,如果把它看做不确定的期限,那么在 Y 当不了教授这件事确定的时刻,X 就可以要求 Y 返还 100 万日元。

Comment 发迹支付之合意的涵义

判例将它理解为不确定期限。[38] 不过由于是否当上教授是不确定的事实,因此,本来它应该属于条件。可是,在 X 和 Y 之间,"可以等当上教授再还"是以 Y 将来成为教授作为当然的前提的。为此,在 X 与 Y 之间它是确实的事实,与期间相同。但是严格来讲,如果 Y 当上教授这个前提垮了,应当说该特约的效力就丧失了。在这个意义上,其实可以作为行为基础的丧失的问题来把握。

② 条件各论

1. 对条件的制约

(1) 不适合于附条件的行为 以下的行为,一般不适合附条件。

(A) 身份行为 首先,对诸如婚姻、收养等那样的身份行为附条件无效。这是出于如下的考虑:

(a) 身份秩序的安定 第一,如果允许对身份行为附条件,那么身份秩序就会不安定。

(b) 对意思的尊重 第二,对于身份行为,本来应该尊重自发的意思。如果允许附条件,就有可能违背意思,强制一定的行为。

(B) 单方行为 像撤销、追认、解除等那样的单方行为,原则上也不能附条件。因为如果允许对这样的行为附条件,相对人的地位将不安定。

(2) 无效的条件 民法规定了以下几种无效的条件:

---

[38] 参照大判大正 4 年 3 月 24 日民録 21 辑 439 页等。

> **事例 10**
> ① X 与 Y 约定，如果把 A 杀掉就给 Y 1000 万日元。
> ② X 与 Y 约定，如果 1 年前死亡的 A 复活，就给 Y 1000 万日元。
> ③ X 在给 Y 1000 万日元的时候约定，如果 1 年前死亡的 A 复活，Y 返还这笔钱。
> ④ X 与 Y 约定，如果自己想起来的话，就给 Y 1000 万日元。

（A）不法的条件　　附不法条件的法律行为无效（民 132 前），例如①，以不实施不法之行为为条件的法律行为同样无效（民 132 后）。

（B）不能的条件

（a）不能的停止条件　　附不能的停止条件的法律行为无效（民 133 Ⅰ），例如②。

（b）不能的解除条件　　附不能的解除条件的法律行为，为无条件（民 133 Ⅱ），例如③。

（C）纯粹随意的条件　　当附停止条件的法律行为的条件仅仅依债务人的意思决定时，无效（民 134），例如④。因为如果仅仅依债务人的意思决定，就等于没有作有拘束力的约定。

2．条件的成就、不成就　　所附条件不属于以上各点的情形，如何判断其成就、不成就即成为问题。

（1）原则——条件的解释　　原则上，只能根据当事人所附条件的宗旨来判断。在这个意义上，它属于条件的解释问题。

（2）条件成就的拟制　　即使条件不成就，在因条件的成就而蒙受不利益的当事人故意妨碍条件的成就时，相对人可以视条件已经成就（民 130）。

> **事例 11**
> X 委托不动产商 Y 介绍购买其所有的土地甲的相对人。于是，Y 介绍了希望购买甲的 A，中介的结果，双方定以 5000 万日元买卖。
> ① 这样一来，就必须向 Y 支付高额的中介费。为了节约这笔费用，X 直接与 A 交涉，与其订立了以 4900 万日元出售甲的契约。
> ② X 另一方面又委托不动产商 K 就甲的出售作斡旋。由于 K 介绍了愿意以高于 5000 万日元的价格购买的相对人 B，因此 X 与 B 缔结了以 5500 万日元出售甲的契约。

在该事例中，X 和 Y 之间，存在"如果由于 Y 的介绍 X 与买主成立买卖契约的话，X 向 Y 支付报酬"这样的契约。问题是，是否可以认为 X 故意妨碍了该条件的成就。

（A）故意　　所谓故意，是指明知自己的行为妨碍条件的成就。

（B）违法的妨碍行为　　所谓条件成就的妨碍，不是仅仅不使条件成就，还需要是违反诚信原则的违法行为。

（a）肯定例　　首先，像①那样，与Y介绍的相对人A直接订立契约，是一面利用Y的努力，一面想逃脱支付报酬的行为，违反诚信原则。因此，此情形的Y可以根据130条的规定，视条件已经成就，向X请求本来应该可以得到的报酬。㊴

（b）否定例　　而像②那样，与提供更好条件的人订立契约，则是自由竞争的归结，它本身并不违反诚信原则。因此，在此情形，原则上不认可130条的适用，Y不能向X请求报酬。

契约履行请求的根据规范 （请求原因）	阻却规范 （抗辩）	再阻却规范 （再抗辩）
③ 民555　同上（320页）	ⅰ 民127 Ⅰ 同上（337页）	Ⅰ 停止条件的成就
		庚 民127 Ⅰ　同上（337页）
		Ⅱ 条件成就的拟制
		壬 民130　因条件成就蒙受不利益的当事人故意妨碍该条件的成就时，相对人可以视为该条件已经成就

（3）条件不成就的拟制

事例12

　　假发的制造销售商X与Y为了解决专利权纠纷，缔结了和解契约："① Y不制造、销售带有发卡的假发（甲）；② 若违反Y向X支付违约金1000万日元。"然而其后，X利用交易客户A强行从Y处购入甲后，要求Y支付违约金1000万日元。

（A）条件的成就　　在此情形，如果照字面解释和解契约的条款，Y违反不制造、销售甲的承诺这个停止条件成就。

（B）130条的类推适用　　可是，判例认为，像这样算得上因条件的成就而受益的当事人（X）故意使得条件成就的情形，通过类推适用130条，相对人（Y）可以认为条件未成就。㊵

3．既成条件　　在实施法律行为时，条件的成就、不成就已经确定的情形，称为既成条件。在此情形，处理如下。

㊴　最判昭和39年1月23日民集18卷1号99页。不过，并非总是认定全额报酬，也有可能停留在根据交涉的进展状况、Y的贡献程度认定数额的程度。为此，四宫・能见345页认为，这不是130条的问题，而应当作为基于X的债务不履行（违反不得侵害相对人Y的期待权的义务）的损害赔偿的问题来把握。

㊵　最判平成6年5月31日民集48卷4号1029页。也可参照冲野真已・百选Ⅰ78页。

	条件的成就确定（民 131 Ⅰ）	条件的不成就确定（民 131 Ⅱ）
停止条件	无条件	无效
解除条件	无效	无条件

4. 条件成否未定期间的期待权

（1）**何谓期待权** 即使在条件是否成就确定之前,当事人也拥有如果条件成就则可以获得利益的期待。民法在一定的范围内保护这种期待。这种受保护的权利,称为期待权。

（2）**不可侵义务** 首先,附条件的法律行为的各当事人,在条件成就与否未定期间,不得损害因条件的成就而本来由该行为带来的、相对人的利益（民128）。违反该规定的情形,拥有期待权的当事人可以请求侵害的排除或损害赔偿。⑪

（3）**处分、继承、保存、担保的可能性** 其次,条件的成就与否未定期间,当事人的权利义务,可以依一般规定处分、继承、保存、担保（民129）。

③ 期限各论——期限利益

1. 何谓期限利益

> **事例 13**
> X 按年利 10%、1 年期的约定,从 Y 处借入 1000 万日元。

（1）**涵义** 该事例中,X 在 1 年的期限到来之前,不必返还 1000 万日元,可以自由地使用。像这样,在期限到来之前当事人享受的利益,称为期限利益。

（2）**推定** 期限,推定为为债务人（X）的利益而定（民 136 Ⅰ）。

2. 期限利益的放弃

> **事例 13-2**
> 在事例 13 中,9 个月后,X 筹措到了资金,对 Y 说要偿还 1000 万日元,并且提出,由于只借了 9 个月,利息应该只需偿还 75 万日元。

（1）**放弃的可能性** 期限利益可以放弃（民 136 Ⅱ 正）。因此,X 在经过 9 个月的时候,可以放弃剩下的 3 个月的期限利益,返还 1000 万日元并支付 9 个月的利息 75 万日元。

（2）**相对人的利益的保护** 不过,不得因此损害相对人的利益（民 136 Ⅱ 但）。因此,X 不能损害 Y 获取剩下的 3 个月利息 25 万日元的利益,必须支付。

---

⑪ 不过,能够要求——如果条件成就本来能获得的利益的——赔偿,大概仅限于其后条件成就的情形,或者至少这种可能性较大的情形。

3. 期限利益的丧失

事例 13-3
在事例 13 中,半年后,X 的经营恶化,最终开出了空头汇票。

(1) **法定的丧失事项** 当导致债务人(X)丧失信用的一定事实发生时,债务人(X)就不能再主张期限利益。关于这种事实,民法规定了以下三种(民137):

(A) 破产程序开始的决定
(B) 债务人造成的担保灭失、损伤、减少
(C) 担保提供义务的不履行

(2) **丧失期限利益的格式条款** 此外,在当事人之间的契约中规定于发生一定事实时丧失期限利益的情形,也作同样处理。诸如汇票不能兑现、债务人(X)遭受了扣押的情形等,137 条未规定的、有关信用不安的事情,如果预先不作特约,就不作为期限利益的丧失事由来考虑。

契约履行请求的依据规范(请求原因)	阻却规范(抗辩)	再阻却规范(再抗辩)	
③ 民 555　同上(320页)	ⓙ 民 135 Ⅰ 同上(337页)	Ⅰ	始期的到来
		辛	民 135 Ⅰ　同上(337页)
		Ⅱ	期限利益的放弃
		癸	民 136 Ⅱ　在左列情形,当**债务人放弃该期限利益**时,不能主张期限利益
		Ⅲ	期限利益的丧失
		子	民 137　在左列情形,当属于民 **137** 个项所列情形之一时,债务人不能主张期限利益

Ⅵ　补论——期间

在此,对与条件、期限相关联的问题——期间,也作一下简单的介绍。

1　民法规定的射程

民法总则第 6 章里设置了有关期间的规定。关于期间的计算方法,"除法令、裁判上的命令或者法律行为另有约定的情形外",适用民法的规定(民 138)。

344　② 期间的计算方法

	以小时、分钟、秒为单位		以日、周、月、年为单位		
起算点	从即刻起算	民139	从1天的中途起算的情形	第一天不算在内⑫	民140正
			从凌晨0点起算的情形	第一天算在内	民140但
届满时			以期间的最后一天的终了为届满时		民141
			碰到周日、节假日以及其他休息日时,限于有该日不交易习惯的情形,以次日为届满时		民142
			从周、月、年的开始起算的情形	按照日历计算,以最后的周、月、年的最后一天为届满时	民143 I
			从周、月、年的中途起算的情形	以最后的周、月、年中与起算日对应的那一天的前日为届满时	民143 II正
				最后的月、年没有与起算日对应的那一天的,以该月的最后一天为届满时	民143 II但

---

⑫　至于年龄的计算,法律规定从出生之日起算,第一天算在内(有关年龄计算的法律1款)。

代理总论、基本要件

I 序

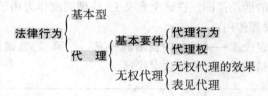

到目前为止的讲述,都是以本人与相对人直接实施法律行为的情形为前提的。从本章开始,将用4章的篇幅介绍在两者之间有代理人介入情形的问题。该问题可以粗分为两个部分:

第一,是有关代理的基本要件的问题。这里的问题是,因代理对本人发生效果的要件是什么?它又可以进一步分为有关代理行为的问题和有关代理权的问题。

第二,是代理人没有代理权之情形的问题,称为无权代理。它又可以进一步分为有关无权代理效果的问题,和虽为无权代理但例外地由本人承担责任的情形,即有关表见代理的问题。

本章作为总论,在说明代理制度基本涵义的基础上,讲述第一个问题,即有关有权代理的问题。

II 代理总论

1 何谓代理

1. 代理的涵义

> **事例1**
> X打算把自己所有的土地甲卖掉,但是自己找不到买家,于是将具体事务托付给熟悉此事的A,赋予A有关出售甲的一切权限,并将授权的内容记载在委托书上交给了A。于是,A与熟人Y谈起此事,向其出示委托书,就契约条件进行交涉,为X订立了契约,以5000万日元的价格把甲出售给Y。

在该事例中,买卖契约的缔结行为,是由从本人 X 那里获得代理权的代理人 A,代替 X 与相对人 Y 完成的。其结果,该买卖契约的效果,即有关甲的转让与价金的支付的权利义务归属于本人 X 和相对人 Y。像这样,使由本人以外之人所为之行为的效果有可能归属于本人的制度,便是代理制度。

2. 代理制度的必要性　　基于以下的理由,代理制度成为必需。

(1) 对个人活动的支援　　首先,为了通过确保他人的帮助来实现对个人活动的支援,需要代理制度。这一点又可以进一步分为以下两种情形:

(A) 任意代理——私域自治的扩张　　第一,是由本人选择代理人的情形,称为任意代理。如事例 1 中,自己能做的事有限的个人,可以通过使用代理人,扩张自己的活动范围。在这个意义上,代理制度作为用于扩张个人的、私域自治的制度发挥作用。

(B) 法定代理——对私域自治的补充　　第二,是根据法律决定代理人以及代理权内容的情形,称为法定代理。

> **事例 2**
>
> X 患老年痴呆,病症一直在加重,怪异的举止日益突出。为此,根据其妻子 A 的请求,X 在家庭法院接受了以 A 作为成年监护人的监护开始的审判。为了凑出 X 的疗养费,A 以 5000 万日元的价格把 X 所有的土地甲卖给了 Y。

为了保护判断能力不充分的人,需要在必要的范围内限制其行为能力,并为其配备恰当管理其财产的人。为此而选任的,便是法定代理人。在这个意义上,代理制度具有作为补充限制行为能力人私域自治的制度的侧面。

Comment　　　　　　　　　　　　　　　　任意代理与法定代理的区别及其相对化

　　在任意代理的情形,本人可以自己选择代理人,决定让他代理什么。在那里,有本人自己作出了决定这样的要素存在,与本人自己实施法律行为的情形之间有连续性。而在法定代理的情形,并非本人决定以谁作为代理人以及赋予其什么样的权限。其实在此情形,倒是他律性的决定的一面更加突出。

　　不过,任意代理与法定代理的这种区别,随着成年监护制度的导入,在相当的程度上被相对化了。①

　　首先,通过成年监护制度,使得任意代理中也有了他律性特征很强的类型。例如,即便本人选任任意监护人,要使代理权发生,还需要家庭法院选任任意监护监督人的审判(任后2①)。此外,法律预想通过任意监护监督人的选任、监督,使得家庭法院也可以影响对任意监护人的监督(任后 7 Ⅲ)。这种他律性要素,是在通常的任意代理中见不到的特性。

---

① 参照佐久间毅"代理法からみた法定后见・任意后见"民商法杂志 122 卷 4 = 5 号 36 页(2000 年)。

与此相对,在法定监护制度,基于正常化的理念,法律在谋求对本人意思的尽可能的尊重。例如,为了赋予保佐人、辅助人法定代理权,规定需要本人的请求或者同意(民876之4Ⅱ、876之9Ⅱ);成年监护人的选任,也将本人的意见作为考虑的事由(民843Ⅳ)。此外,有关日常生活的行为,本人可以自由地实施(民9但),即使有赋予保佐人、辅助人法定代理权的审判,本人自己实施法律行为也是可能的。像这样,法定代理内部也存在程度的差别,承认自律性的要素,是明显的特征。

(2) 对法人活动的支援 此外,为了支援法人的活动,也需要代理制度。

348

> **事例3**
> A设立了X出租车股份有限公司,在取得国土交通大臣的特许后,得到银行的支援,租借了办公室和车库,在购进30辆出租用车的同时,雇用了司机和事务人员,开始了出租车业的运营。

(A) 代理制度的必要性 在法人的构成人员之外,法律还承认法人有独立的法人格,就是说法人是具有权利主体资格的存在。在此情形,由于法人自身实际上什么也干不了,因此需要为法人活动的人。在这个意义上,法人要进行活动,代理制度必不可缺。

(B) 代理与代表 关于法人,法律承认有关全部法人事业活动的概括性代理权。为此,基于这种概括性代理权的行为,就等同于法人的行为。这样的法人代理叫做"代表"。

2 代理的基本构造以及与代理类似的制度

1. 代理的基本构造 首先,整理一下代理的基本构造。

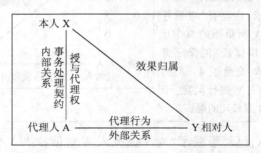

(1) 本人与代理人的关系——内部关系

(A) 事务处理契约 在任意代理的情形,在本人与代理人之间成立由本人托付代理人处理一定事务的契约。就事例1而言,指X托付A出售甲的委任契约。

(B) 代理权的授予 通过事务处理契约,本人将代理权授予代理人。就事例1而言,指X把出售甲的一切权限赋予A一事。

(2) 代理人与相对人的关系——外部关系

（A）代理行为 实际由代理人与相对人实施法律行为。就事例1而言，指 A 与 Y 订立的关于甲的买卖契约。像这样，由代理人以代理人的身份实施的行为，称为代理行为。

（a）能动代理 其中，由代理人一方作意思表示的情形称为能动代理。

（b）受动代理 而代理人接受相对人的意思表示的情形称为受动代理。

（B）显名 在此之际，原则上代理人必须向相对人显示是在代理本人行动。这叫做显名。就事例1而言，指 A 向 Y 出示委托书为 X 订立契约的行为。要求这种显名，是为了使相对人无论与谁实施法律行为，都不至于蒙受意想不到的不利益。

(3) 本人与相对人的关系——代理行为的效果归属 以上的结果，代理人在其权限范围内表明为本人而为后所作的意思表示，直接对本人生效（民99Ⅰ）。就事例1而言，指 A 与 Y 订立的买卖甲之契约的效力直接归属于 X。

2．与代理类似的制度 此外，虽然与代理类似，但又不同于代理的制度，还有若干种。在此，看一下具有代表性的几种②：

(1) 传达人 向相对人表示本人已经决定的意思，或者将已经完成的意思表示传达给相对人的人，称为传达人。与代理的区别在于，代理人在一定的范围内有意思决定的自由，而传达人没有意思决定的自由。

事例 4

X 的朋友 A 为了从 Y 银行获得 500 万日元的融资，请 X 担当保证人。由于平时受人恩惠，于是 X 答应了 A 的请求，在写有"对债务人 A 对债权人 Y 所负担的 500 万日元的债务，提供保证"的保证契约书上签名盖章，交给了 A。A 把它交到 Y 银行后，Y 银行同意，于是 A 获得了 500 万日元的融资。

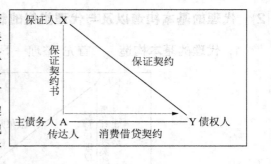

该事例中的 X，已经形成了"对于债务人 A 对债权人 Y 银行所负担的 500 万日元的债务，提供保证"的意思。A 只不过向相对人 Y 银行传达了 X 的这个意思。这里的 A 便是传达人。③

---

② 除了下文所列外，信托也有重要的意义。对信托基本构造的解说，参照道垣内弘人《信托法入门》（日本经济新闻出版社，2007年）。

③ 关于传达人，存在这样的问题：传达人作了不同于本人意思之表示的情形，将会如何？关于这一点，将在第18章Ⅱ①（434页以下）讲述。

(2) 间接代理 以自己的名义实施法律行为,而仅仅其经济效果归属于托付人的制度,称为间接代理。与代理的不同之处,在于间接代理人才是法律行为的当事人,法律效果也归属于间接代理人。

事例 5

X 向证券公司 A 下达了购买 K 电力公司的股票 1000 股的订单。于是,A 从证券公司 Y 买入了 K 电力公司的股票 1000 股。

(A) 契约的主体 能够在证券交易所进行证券交易的,原则上只限于具有证券交易所的会员资格的证券公司(金取 112、113)。因此,在该事例中,A 以自己的名义与其他的证券公司 Y 订立买卖甲的契约。在此情形,取得契约上的权利义务的,终归是 A。④

(B) 经济效果的归属 A 与 Y 之间的契约的结果,A 所取得的标的物甲随即转移到 X 处。⑤

(3) 授权 以自己的名义实施法律行为,其法律效果归属于本人的制度,称为授权。与代理相同,法律效果都归属于本人,但不同之处在于,法律行为的当事人是被授权人。

事例 6

A 将其父亲 X 所有的土地甲作为自己的所有物,以 5000 万日元的价格卖给了 Y。
① 对于 A 实施的这种行为,X 事前表示同意
② 对于 A 实施的这种行为,X 事前不知道,但事后予以了追认

(A) 前提——他主物买卖的效力 根据民法的规定,在出售他人之物的情形,卖主负有取得该物所有权并向买主移转的义务(民 560)。他主物的买卖也有效,但是标的物(甲)的所有权并不因此当即转移到买主(Y)处。为此规定:卖主(A)必须从所有权人(X)处取得甲的所有权并转移给买主(Y)。

(B) 处分授权 在①的情形,既然 X 事前已经同意,所以通过 A 以自己的名义与 Y 订立契约,甲的所有权当即从 X 处转移到 Y 处。这是因为,承认这样的效果对 X 来说自不待言,对 Y 也没有危害。像这样,因被授权人(A)以自己的名义作处分归属于授权人(X)之权利的法律行为,处分该权利的效果归属于授权人(X)这样一种授权,称为处分授权。⑥ 关于授权,民法没有规定,但至

---

④ 像这样的 A,称为行纪。关于行纪,商法 551 条以下有相应的规定。
⑤ 最判昭和 43 年 7 月 11 日民集 22 卷 7 号 1462 页认为,即使在行纪(A)破产的情形,委托人(X)也可以对行纪(A)取得的标的物(甲)行使取回权。
⑥ 而被授权人(A)通过以自己之名义实施的法律行为,令授权人(X)负担义务这种类型的授权,称为设定义务的授权。关于设定义务的授权,持否定意见的居多数【参照伊藤进"授权(Ermchtigung)概念的有用性——ドイツの学说を中心として"同《授权·追完·表见代理论》(成文堂,1989 年,初出 1966 年)52 页以下】。这是因为,若肯定这种授权,授权人(X)即成为契约当事人(债务人),有可能给相对人(Y)带来意想不到的不利益。

少关于这种处分授权,肯定意见具有说服力。⑦

（C）追补　　像②那样,如果 X 事后追认 A 的行为,一般认为,甲的所有权溯及自 A 的行为时起从 X 处转移至 Y 处⑧。通过事后补充标的物(甲)的处分权限,使得卖主(A)所为之他主物买卖产生完全的效力。在这个意义上称为追补。

3　代理的要件构成

通过利用代理制度,即使本人(X)与相对人(Y)不直接实施构成法律行为之行为,法律行为的效果也归属于两者之间。在此情形,本人(X)或者相对人(Y)各自向对方主张法律行为效果——例如请求履行契约——的要件——从而应当主张、举证的事实⑨,规定在 99 条。整理如下:

(1) 代理行为　　第一,实施了代理行为。它由如下两个要素构成:

（A）代理人实施的法律行为　　首先,需要代理人(A)与相对人(Y)实施了属于法律行为的行为。

（B）显名　　这时,需要代理人(A)向相对人(Y)表明是为本人(X)而为,即显名。

(2) 代理权的存在——发生原因　　第二,代理人(A)拥有实施第一之代理行为的权限(代理权)。在任意代理的情形,这发生在代理行为之前,由本人(X)与代理人(A)之间以授予代理权为内容之行为为其提供基础。

契约履行请求的根据规范
① 民 99 Ⅰ　代理人在其权限内表明为本人而为后所作的意思表示,直接对本人生效(代理人表明为本人而为后所作的意思表示,在代理人拥有为此意思表示的权限时,直接对本人生效)⑩
② 民 555　买卖因当事人一方约定将其财产权移转于相对人,相对人约定对此支付价金而生效
X 的请求原因
① 代理人 A 实施的代理行为
ⓐ 代理人 A 实施的法律行为　A、Y 缔结买卖契约
ⓑ 代理人 A→相对人 Y 显名　A 向 Y 表明是为 X 而为
② 代理权的发生原因
本人 X→代理人 A 授予代理权　X→A 先于 ① 授予了实施 ① ⓐ 之行为的代理权

---

⑦ 最判昭和 29 年 8 月 24 日裁判集民 15 号 439 页。《基本方针》在明文承认这种处分授权的基础上,在【1.5.45】〈1〉提案规定:"在权利人赋予他人以他人名义处分归属于权利人之权利的权限的情形,当该他人基于该权限作出向第三人处分该项权利之法律行为时,该权利直接从权利人处移转至第三人。"(参照基本方针 65 页以下,详解 I 326 页以下)

⑧ 大判昭和 10 年 9 月 10 日民集 14 卷 1717 页,最判昭和 37 年 8 月 10 日民集 16 卷 8 号 1700 页(通过类推适用 116 条为其提供基础)。

⑨ 参照司研 I 68 页以下。

⑩ 如此表达更易理解 99 条 1 款的规范性涵义。

Comment　　　　　　　　　　　　　　　　　　　　　代理本质论的涵义

关于代理,由于实际实施行为的人与效果所归属的人不是同一人,所以如何理解这种关系的问题,很早以来就被当作代理的本质论,一直受到众多人的关注。在代理中的行为人是谁——准确地说,代理中成为问题的意思是谁的意思——这个问题设定的前提下,出现了本人行为说、代理人行为说、共同行为说等,其中代理人行为说被认为是通说。⑪

这样的争论来源于19世纪的德国。当时之所以出现这样的争论,是因为罗马法——当时作为"普通法"适用于德国——不承认代理。因此,代理人所为之行为的效果归属于本人这一点,就需要理论上的基础构建。当时所想到的线索,便是意思。如果有意思存在,便认可与其内容相同的效果,这是大原则。就是说,即使在代理,也试图通过抽出意思——自己期望该效果这种本人的意思、使效果归属于本人这种代理人的意思、本人与代理人双方的意思等,来构建效果归属于本人的理论基础。不过,随着探讨的深入,这种问题意识逐渐淡漠,难免有代理中行为人是谁这个问题日益孤立的感觉。争论的难以理解,由来于此。

不论怎么说,现在,民法本身已经明文规定承认代理(民99)。因此,在理论上说明效果归属于本人的必要性,已经大大降低了。至少应当说,以与以往相同的气势继续谈论这种本质论的意义已经不存在了。

Ⅲ　代理行为

1　代理行为的成立要件

要让基于代理之法律行为的效果归属于本人,首先,必须有代理行为存在。如上所述,这里如下两个要素成为问题:

1. 代理人实施法律行为　第一,代理人与相对人实施了属于法律行为的行为。关于此点,需要满足法律行为的一般成立要件——在契约的情形,为要约的意思表示、承诺的意思表示以及两者的合致等。

2. 显名　第二,是显名。
(1) 民法的原则——显名主义

事例7

X得知自己一直想买的、Y珍藏的绘画甲要在拍卖会上出售,就委托A以最高不超过5000万日元的价格竞买。A按照X的指示用4500万日元竞得甲。

---

⑪　简洁整理研究状况的文献,参照辻正美"代理"民法讲座Ⅰ445页以下。

(A) 何谓显名

（a）涵义　　代理人向相对人表明自己是为本人实施行为一事，称为显名。民法采取的立场是显名主义——有显名效果才归属于本人（民 99 Ⅰ）。按照这种立场，在 A 表明是为了 X 后中标的情形，其效果归属于 X。

（b）宗旨　　围绕如何理解显名主义的宗旨，存在争议。[12]

1) 意思表示说　　首先，有见解将显名理解为——为效果归属于本人提供基础的——意思表示。依此观点，代理人所为之行为的效果归属于本人，不仅因为代理人有代理权，还因为代理人有代理意思，并将其表示了出来。这种代理意思的表示是显名，效果归属于本人是基于代理人的这种意思表示。

2) 保护相对人之要件说　　而多数的学者不将显名作为这个意义上的意思表示来把握，而是将其看做发生代理人所为之行为的效果归属于本人，而不归属于代理人的一个要件而已。依此观点，之所以将显名作为要件，是因为通过明确相对人所为之行为的当事人——效果的归属主体——是谁，使得相对人不致蒙受不测之不利益。

(B) 无显名情形的效果

（a）效果归属于代理人　　代理人未表明是为本人而为后所作的意思表示，视为为自己而为（民 100 正）。这是为了保护相对人的信赖。因此，结果是 A 自己竞得，由 A 负担支付价金的义务。即使举证是基于与此不同的意思而为，A 也不能免于责任。

（b）效果归属于本人

1) 原则　　以上的规定，前提是：代理人未表明是为本人而为，则效果不归属于本人。

2) 例外——相对人的恶意、过失　　不过，在相对人知道或者能够知道代理人是为了本人而为法律行为的情形，效果归属于本人（民 100 但）。关于例外的涵义，依对理解显名主义之宗旨的不同理解而存在如下的见解[13]：

a) 意思表示说　　依有关显名主义的意思表示说，显名是效果归属于本人不可或缺的，不能认可不显名效果就归属于本人。因此，100 条但书就被理解为注意规定：显名也可以默示。[14]

b) 保护相对人之要件说　　而依有关显名主义的保护相对人之要件说，显名之所以必要，仅仅是为了防止相对人蒙受不测之损害。因此，显名并

---

[12] 除平野裕之"代理における显名主义について——民法 100 条と商法 504 条の横断の考察"法律论丛 75 卷 2 = 3 号 37 页以下（2002 年）外，还可参照详解Ⅰ186 页以下。

[13] 除平野·前注[12]237 页以下外，还可参照详解Ⅰ196 页。

[14] 佐久间 249 页以下认为，相对人知道代理人为本人而为的情形姑且不论，连不能知道的情形是否也可以认可效果归属于本人，是一个问题；100 条但书应当解释为注意规定：显名也可以默示。

非不可或缺,在相对人不致蒙受不测之不利益的情形,可以令效果归属于本人。⑮ 100 条但书被理解为正是规定此内容之条文。

X 对 Y 的契约履行请求的根据规范	
③ 民 100 但　代理人（未表明为本人而为）带着为本人而为之意思所作的意思表示,在相对人知道或者能够知道代理人为本人而为时,当代理人拥有作该意思表示的权限时,直接对本人生效	
② 民 555 同上（352 页）	
X 的请求原因	
① 代理人 A 实施代理行为	
ⓐ 代理人 A 实施法律行为	A、Y 缔结买卖契约
ⓑ 代理人 A 代理意思的存在	A 有为 X 而为之意思
ⓒ 相对人 Y 的恶意 or 过失	Y 知道 or 能够知道　ⓑ
② 代理权的发生原因	
本人 X→代理人 A 授予代理权	X→A 先于 1 授予了实施 1 ⓐ 之行为的代理权

Y 对 A 的契约履行请求权的根据规范	阻却规范
④ 民 100 正　代理人未表明为本人而为,所作的意思表示,视为为自己而为	③ 民 100 但　同上（355 页）（直接对本人生效,对代理人不生效）
② 民 555 同上（352 页）	
Y 的请求原因	A 的抗辩
A、Y 缔结买卖契约	① 代理人 A 实施代理行为
	ⓐ 代理人 A 代理意思的存在
	ⓑ 相对人 Y 的恶意 or 过失
	② 本人 X→代理人 A 授予代理权

　　（C）显名的方法　　即使没有使用"代理"这样的词汇,只要以可理解为表明是为本人而为的样态,就算显名。
　　（a）署名代理　　这里的问题是,代理人不显示自己的名字而直接以本人的名字实施法律行为的情形。这称为署名代理。

---

⑮　四宫 230 页等。

> **事例 8**
>
> X 托付 A 出售自己所有的土地甲,将所需的文件和印鉴都交给 A 保管。A 在与 Y 订立以 5000 万日元出售甲的契约时,直接称自己是 X,在契约书上也用 X 的名字署名盖章。

　　1)效果归属于本人　　在此情形,由于相对人也打算与称为"X"之人订立契约,因此,原则上可以认为效果归属于本人 X。⑯

　　2)错误无效的可能性　　但是,在相对人 Y 以为称为"X"之人就是 A 的情形,对于 Y 来说,就发生了表示错误。在此情形,如果在交易中相对人是谁这一点重要,则属于 95 条之要素的错误,Y 所为之意思表示无效。⑰

　　（b）受动代理　　在代理人接受相对人的意思表示的情形,需要相对人说明是对本人的意思表示(民 99 Ⅱ)。

(2) 商法的特别规定——显名主义的例外　　由于商行为多不注重主体的个性,因此商法设置了如下的特别规定:

　　（A）效果归属于本人　　对于商行为的代理,即使代理人不显名,效果也始终归属于本人(商 504 正)。

　　（B）对代理人的履行请求　　但是,在相对人不知道代理人是为了本人而为的情形,不妨碍相对人请求代理人履行(商 504 但)。

② 代理行为的效力否定要件

在代理的情形,法律行为的当事人是本人,而实际实施构成法律行为之行为的是代理人。为此,即使法律行为成立,否定其效力的要件成为问题的情形,以谁为对象作判断就成为问题。

1. 代理行为的瑕疵　　对于代理行为,意思的不存在(欠缺)、欺诈、胁迫或善意、恶意、过失的有无等成为问题时,需要决定以谁为对象作判断。关于这一点,规定在 101 条。

(1) 代理行为之瑕疵的判断基准——代理人　　首先,"意思表示的效力因意思的不存在、欺诈、胁迫或知道某事情、或者就不知有过失而肯定受到影响时,事实的有无,就代理人予以确定"(民 101 Ⅰ)。既然实际实施代理行为的是代理人,那么这些事情应当首先就代理人作判断。

---

⑯ 大判大正 4 年 10 月 30 日民录 21 辑 1799 页,大判大正 9 年 4 月 27 日民录 26 辑 606 页(有关票据的事件)等。

⑰ 有关要素错误的涵义,参照第 10 章Ⅲ(208 页以下)。

> **事例 9**
>
> X 打算在轻井泽购买别墅，于是委托熟悉不动产业务的 A 代为寻找合适的别墅。
>
> ① A 认为 Y 出售的别墅甲位置好、价格低，于是代理 X 与 Y 订立了用 2000 万日元购买的契约。可是后来发现，5 年前当时的所有人曾在甲自杀。
>
> ② A 发现了独自生活的老年人 Y，于是欺骗 Y 与其订立契约，以极其低廉的 1000 万日元购买甲。

（A）对代理人的欺诈等　　在①中，问题除了欺诈撤销外，还有错误无效、基于瑕疵担保的解除。欺诈撤销的要件是错误的有无，错误无效的要件是错误的有无和重过失的有无，瑕疵担保的要件是隐蔽瑕疵（就瑕疵的存在善意无过失）的有无。依 101 条 1 款，以代理人 A 为基准判断这些要件。

（B）代理人的欺诈等　　在②中，相对人 Y 可以受到欺诈为理由撤销，这一点毫无疑问。不过，至于是否把这种情形也看做 101 条 1 款的问题，有不同的见解。

（a）适用 101 条 1 款说　　判例认为，依 101 条 1 款，欺诈的有无就代理人作判断。在该事例中，既然代理人 A 实施了欺诈行为，因此欺诈成立。[18]

（b）直接适用 96 条 1 款说　　可是，也可以认为，此情形不是 101 条 1 款的问题，只需直接适用 96 条 1 款。[19] 这是基于如下的考虑：

1）101 条 1 款的射程　　首先，从规定的方式来看，101 条 1 款也是以代理人的意思表示本身有瑕疵的情形为对象的规定。

2）96 条 1 款的直接适用　　其次，既然本人 X 选择代理人 A 代替自己行动，就应当自己负担代理人 A 之行为的风险。因此，此情形不应当看做 A 这个第三人实施了欺诈，而应当看做是本人 X 自己实施了欺诈行为。在这个意义上，在此情形，是原封不动地适用 96 条 1 款。

（2）对主张代理行为瑕疵的限制　　在代理人受托实施特定法律行为的情形，当代理人根据本人的指示实施该行为——实际上代理人所为之特定的代理行为遵从了本人的指示——时，本人不能就自己知道的事情主张代理人的不知。此外，对于因过失而不知道的事情，亦同（民 101 Ⅱ）。

---

[18] 大判明治 39 年 3 月 31 日民録 12 辑 492 页。
[19] 参照我妻 349 页，石田 409 页，川井 221 页，佐久间 253 页，潮见 339 页以下等。

286　15　代理总论、基本要件

> **事例 10**
>
> X 看中 Y 正在出售的、位于轻井泽的别墅甲，打算购买。他想还是将与 Y 的交涉委托给熟悉不动产业务的 A 稳妥，于是委托 A 以不超过 2000 万日元购买甲。当时，X 偶然从邻居那里听说 5 年前曾有人在甲自杀，并没有在意，也没有将此事告诉 A。A 与 Y 交涉的结果，与 Y 订立了用 2000 万日元购买甲的契约。可是后来，X 的妻子听说了自杀的事后面显难色，于是 X 向 Y 提出想解除契约。

359　　在此情形，A 所为之代理行为遵照了 2000 万日元以内购买甲的指令，而且 X 事先知道自杀的事情，因此就不能主张错误无效或者瑕疵担保。

（A）宗旨——本人的归责性　　即使在使用代理人的情形，如果本人特定了应当实施的行为，并向代理人发出了指示，那么命令代理人采取保护自己的利益的措施也是可能的。所以有见解认为，明明自己知道或者可以知道某事情，却没有采取相应措施的本人，不得主张代理人的善意、无过失，也是不得已的。[20]

契约履行请求的根据规范（请求原因）	阻却规范（抗辩）	再阻却规范（再抗辩）
[1] 民 99　同上（352 页） [2] 民 555	代理行为的瑕疵（欺诈撤销）	对基于民 101 Ⅱ 之主张的限制
	[a] 民 101 Ⅰ　意思表示的效力，如果会因意思的不存在、欺诈或胁迫以及就知道或者不知道某事实存在过失而应受到影响时，**该事实的有无应就代理人的情况而定**（需要代理人存在该事实）	[甲] 民 101 Ⅱ　在受托实施特定法律行为的情形，只**要代理人依本人的指示行事**，本人不能就自己知道的事情主张代理人不知道。**本人因过失而不知道**的事情，亦同。
	[b] 民 96 Ⅰ　基于欺诈的意思表示可以撤销	
	[c] 民 123　可撤销行为的相对人确定的情形，撤销以**对相对人的意思表示为之**	
	[d] 民 121 正　被撤销的行为视为自始无效	

（B）扩张的可能性

> **事例 10-2**
>
> 在事例 10 中，X 仅仅对 A 作了笼统的委托：在轻井泽找个合适的别墅。此情形将如何？

---

[20] 参照佐久间毅"本人・代理人の主観的事情と代理人行為の効力"同《代理取引の保護法理》（有斐阁，2001 年，初出 1991 年）72 页以下，佐久间 252 页。

（a）101条2款的文义　　在该事例中，由于不能认为本人委托了特定的法律行为，因此，如果原封不动地解释101条2款，将不考虑本人X的事情。

　　（b）101条2款的扩张　　可是，在101条2款的背后存在着这样的观点："明明可以保护自己的利益却怠于保护的本人，承担由此产生的不利益也是不得已的。"依此种观点，可以说，只要本人有可能通知代理人该事情、控制代理人的行动，那么怠于此事的本人便不再能够主张代理人的善意、无过失，也是不得已的。㉑ 在本人知道代理人试图实施某项法律行为的情形，当本人知道或者能够知道会影响该法律行为效力的事情时，便属于此种情形。

2．代理人的能力

（1）行为能力　　代理人无须是行为能力人（民102）。

　　（A）涵义　　依此规定，即使代理人为限制行为能力人，也不能以行为能力的限制为理由撤销代理行为。

　　（B）宗旨　　一般是基于如下的理由：

　　　　（a）代理人之不利益的不存在　　首先，即便代理人实施法律行为，其效果也只归属于本人。因此，既然作为限制行为能力人的代理人不承受不利益，那么就没有必要将基于限制行为能力的撤销作为问题。

　　　　（b）本人的自己责任　　其次，一般还会指出，如果本人特意选择限制行为能力人为代理人，没有必要禁止。

（2）意思能力　　但是，既然代理人作意思表示，如果代理人没有意思能力时代理行为无效。

Comment　　　　　　　　　　　　　　　代理人的能力与亲属法的修改

　　所列的102条的理由当中，既然不利益不会及于代理人所以没有必要将基于限制行为能力的撤销作为问题的理由，并没有解释为何将作为限制行为能力人之代理人所为之行为的效果归属于本人。若本人特意选择限制行为能力人作为代理人就没有必要禁止这个理由，仅适合于任意代理的情形。在法定代理人例如亲权人、监护人为限制行为能力人的情形，这种法定代理人所谓之不适当行为的效果就有归属于本人的危险。对于并非本人选择代理人的法定代理，果真有如102条规定的理由吗？这不得不让人产生疑问。㉒

　　这也与成年监护制度的宗旨相关。在引入成年监护制度时，基于正常化的观点，接受监护开始的审判被从监护人的失格事由中排除（民847）。然而，111条1款2项规定，已成为代理人之人接受了监护开始的审判后，代理权消灭。不得不说这

㉑　参照四宫246页以下、内田161页、佐久间252页、潮见338页、河上446页等。

㉒　基于这样的问题意识，加藤雅301页提议在102条后面追加如下的表述："但作为限制行为能力人之法定代理人的代理行为，在自己行为的可撤销范围内可以撤销。"其目的是在以正常化观点为前提的同时，在不致与其冲突的限度内谋求对本人的保护。《基本方针》的【1.5.27】之※也表明了也有朝着这个方向修改的观点（参照基本方针44页以下，详解I209页以下）。

两条规定在实质上是相互抵触的。当然人们会说，实际上在家庭法院不存在限制行为能力人被选为监护人的可能，所以不要紧。可是，如果真的尊重正常化，就应当删除111条1款2项。不过，问题在于这样做能否应对现实？在现行法下，是用监护人的解任请求（民846条）来应对，但若认为仅仅接受了监护开始的审判就构成"不适合监护任务的事由"，那么与作为代理权的消灭事由就没有什么两样。㉓ 在亲权情形的丧失管理权宣告（民835），也存在同样的问题。

像这样，正常化的理念与现实之间存在着两难。现行法111条1款2项可以评价为在发挥防止这种两难表面化的作用。这意味着，对同一项以及与其关联的102条是否妥当的评判，离不开监护法、亲子法的修正。《基本方针》以债权法为直接探讨的对象，因此不能就包含亲属法在内的根本性修改作提案，只好暂且维持102条（【1.5.27】）。㉔ 然而，这并不是否定上述问题的存在。应当说这是今后遗留的重要研究课题。

Ⅳ 代 理 权

1 代理权的发生原因

要使得上述代理行为的效果归属于本人，需要代理人拥有实施该代理行为的权限（代理权）。

1. 法定代理 在法定代理的情形，代理权依法律规定而发生。

本人	法定代理人		代理权的范围	
未成年人	亲权人	民818	有关未成年人财产的法律行为	民824
	未成年监护人	民838以下	同上	民859
成年被监护人	成年监护人	民8、843Ⅰ	有关成年被监护人财产的法律行为	民859
被保佐人	保佐人（赋予代理权的审判）	民876之4Ⅰ	通过审判认可的、特定的法律行为	民876之4Ⅰ
被辅助人	辅助人（赋予代理权的审判）	民876之9Ⅰ	通过审判认可的特定法律行为	民876之9Ⅰ
不在人	管理人（不在人自己未作指定的情形）	民25Ⅰ	除103条规定的管理行为外，都需要家庭法院的许可	民28
继承财产	管理人（由家庭法院选任的情形）	民918Ⅲ	同上	民918Ⅲ
继承财产法人	管理人	民952Ⅰ	同上	民953

㉓ 佐久间254页认为，选任后法定代理人的能力不足时，应当尽早解任，并选择其他人担任法定代理人。理由是："既然有相当程度的危险会给他人带来重大的不利益，那么即使限制限制行为能力人就任法定代理人的资格，也不构成不当的歧视"。

㉔ 参照基本方针44页以下，详解Ⅰ204页以下。

2. 任意代理　　在任意代理的情形,代理权因本人向将成为代理人之人授予代理权而产生。

(1) 代理权授予行为的法律性质论　　关于如何理解代理权授予行为的法律性质,很早就有探讨。

> **事例 11**
>
> X 把自己所有的土地甲的出售事宜,托付给了熟悉此事的 A,把记载有将有关甲的出售的一切权限都授予 A 的委托书交付给了 A。A 基于该委托书与 Y 交涉,代理 X 与 Y 订立了契约,以 5000 万日元将甲出售给 Y。

　　(A) **理论状况**　　在 X 与 A 之间,成立了托付销售甲的委任契约。关于该委任契约与代理权的授予行为的关系,存在以下见解:

　　(a) **独自性肯定说**　　第一种见解认为,代理权授予行为是独立于委任契约。这种见解中,围绕将代理权授予行为看做单方行为还是契约,存在争议。

　　1) **单方行为说**　　依将代理权授予行为看做"X 授予 A 代理权"这样一种本人(X)单方意思表示的见解[25],不管代理人(A)同意与否,都认定代理权的授予。

　　2) **无名契约说**　　而依将代理权授予行为看做"X 授予 A 代理权"这样一种契约的见解,代理权的授予需要代理人(A)的同意。[26] 与委任契约的区别,体现为以下两点。

　　a) **委任契约**　　依委任契约,委任人(X)拥有要求受任人(A)处理委任事务的权利,受任人(A)则有与此相对应的义务。在这个意义上,委任契约是使委任人(X)与受任人(A)之间发生债权债务关系的契约。

　　b) **代理权授予契约**　　代理权授予契约并不产生这样的债权债务关系,而是仅仅因此当即导致本人(X)把代理权授予给代理人(A)。这样的契约,民法典并没有明文规定,称为无名契约。

　　(b) **独自性否定说**　　第二种见解,认为委任契约与代理权授予行为没有什么不同。依此见解,通过本人(X)与代理人(A)的内部契约,代理权被授予给代理人(A)。不过,在该见解中,围绕是否将该内部契约理解为委任契约,存在争议。

　　1) **委任契约说**　　传统的观点认为,代理权的授予通过委任契约完成。[27] 即使在雇佣、承揽、合伙契约等中发生代理权的授予,仅就代理权的授予而言,都是与委任契约一并订立的。

---

[25] 川岛 322 页以下,北川 183 页,川井 208 页以下等。
[26] 我妻 334 页,近江 247 页以下等。
[27] 除梅 227 页以下,辻 282 页以下等外,还可参照佐久间 237 页。此外,也可参照加藤雅 292 页,尽管存在细微差别。

2）事务处理契约说　　主张除委任契约外,通过雇佣、承揽、合伙契约等也可以实现代理权的授予的观点也颇有说服力。此观点将它们总称为事务处理契约,认为任意代理权从这种事务处理契约中直接产生。㉘

（B）代理权授予行为的瑕疵与外部关系　　以上的见解对立,主要体现在这样一个问题上:在代理权授予行为存在瑕疵——代理人的行为能力受到限制以及代理人的意思表示存在瑕疵等的——情形,如何妥善解决这个问题?

> **事例11-2**
>
> 在事例11中,由于A是限制行为能力人,后来其与X的委任契约被撤销。此情形将如何?

（a）单方行为说　　依单方行为说,既然代理权授予行为是本人的单方行为,由于不存在代理人的意思表示,因此即使代理人是限制行为能力人,撤销也不会成为问题。所以,代理人（A）与相对人（Y）所为之代理行为的效果,毫无问题地归属于本人（X）。

（b）其他见解　　可是,其他见解通过以下的方法,也承认代理人（A）与相对人（Y）之间的代理行为的效果归属于本人（X）。㉙

1）对撤销权的限制　　由于代理行为的效果归属于本人,所以即使取得代理权,代理人也不会蒙受不利益。因此,在这样的事例中没有必要认可代理人的撤销权。

2）对撤销权溯及力的限制　　依102条,代理人不必是完全行为能力人。像这样,民法本身允许限制行为能力人成为代理人,因此,至少该代理人于撤销前实施的行为应该作为有权代理来对待。

3）表见代理的类推　　即使承认撤销的溯及力,通过类推有关表见代理的规定（民109或者112）,也有可能保护相信无权代理人为代理人的相对人。

Comment　　代理权授予行为的法律性质论的意义

之所以主张单方行为说,是因为认为由此可以推导出对相对人的保护。可是,如上所述,依其他见解实现相同的保护也未见得困难。其实,重要的是,在代理权授予行为存在瑕疵的情形,是否应当保护相对人?为什么必须保护?更应该从正面论述的,不是代理权授予行为的性质,而是这样的实质性理由。㉚

（2）代理权授予行为的方式

（A）是否需要一定的方式　　授予代理权,不需要特别的方式。如果能

㉘　森岛昭夫"委任と代理"契约法大系刊行委员会编《契约法大系Ⅳ》（有斐阁,1963年）302页、309页以下,几代326页以下等。

㉙　参照四宫234页。

㉚　内田138页以下强调,围绕代理权授予行为之法律性质的争论本身没有意义。也可参照河上442页。

认定授予代理权的意思表示便足够。

（B）委托书的涵义　　现实中授予代理权时，多交付委托书。通常仅仅有本人的签名、盖章，与其说是委任契约的证书，倒不如说是授予代理权的证据。

② 代理权的范围

1. 代理权范围的确定方法

（1）发生原因的解释　　代理权的范围通过解释代理权的发生原因确定。

（A）法定代理　　在法定代理的情形，依其发生原因——法律规定——的解释。

（B）任意代理　　在任意代理的情形，依代理权授予行为的解释。

（2）范围不明的情形　　在代理权的范围不明的情形，代理人只能实施管理行为（民103）。依此规定，代理人实施了包含管理行为的代理行为时，只要未主张、举证该行为不包含在实际所授予的权限中——该行为超越了实际所授予权限的范围，效果将归属于本人。[31]

事例 12

X 把家属留在国内，孤身一人到国外上任。临行时对妻子 A 说，不在家期间的事情就托付给她了。A 在 X 不在家期间，可否代理 X 实施以下的行为？
① 由于 X 名义下的汽车甲发生引擎故障，于是请汽车修理商 Y 修理；
② 将从公司支付给 X 的工资攒到一起存为定期储蓄；
③ 解除 X 名义的银行储蓄契约，改成利率较高的邮政储蓄；
④ 解除 X 名义的银行储蓄契约，投资于商品期货；
⑤ 为了填补股票交易中的损失，卖掉 X 名义下的土地。

管理行为	保存行为	民103①	维持财产现状的行为（①）	代理权范围内
	利用行为	民103②	在不改变代理标的物和权利之性质的范围内，谋取财产收益的行为（②）	
	改良行为	民103②	在不改变代理标的物和权利之性质的范围内，使财产增值的行为（③）	
非管理行为			改变代理标的物或权利之性质的行为（④⑤）	代理权范围外

2. 代理权的限制——自己契约、双方代理的禁止

代理人是为本人的利益而选任的人，因此不得实施违反本人利益的行为。作为应从此观点限制代理权的情形，民法规定了自己契约、双方代理的禁止。此外，代理权的滥用也成为问题，这个问题将在第18章Ⅱ2（437页以下），与表见代理对比说明。

---

[31] 参照司研Ⅰ76页。

(1) 何谓自己契约、双方代理

事例 13

就自己所有的土地甲(当时市价 5000 万日元)的出售,X 赋予 A 代理权。
① A 与自己订立了以 3000 万日元购买甲的契约;
② 因为 A 受 Y 之托要购买合适的土地,所以代理 X 和 Y,在 X 与 Y 之间订立了以 3000 万日元出售甲的契约。

(A) **自己契约** 相对人作为本人的代理人与自己订立契约的情形,称为自己契约,例如①。

(B) **双方代理** 同一人作为双方当事人的代理人实施法律行为的情形,称为双方代理,例如②。

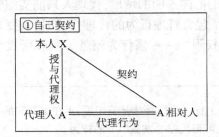
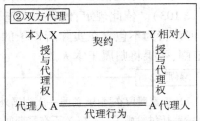

(2) **自己契约、双方代理的禁止** 依民法的规定,任何人都不得就同一法律行为成为相对人的代理人——上图中指本人的代理人,或者双方当事人的代理人(民 108 正)。

(A) **宗旨** 因为在此情形,代理人处于利益相反的状态,本人或者一方当事人的利益极有可能受到危害。

(B) **违反的效果——无权代理** 基于这个原因一般认为,代理人根本就没有实施自己契约和双方代理的代理权。因此,若代理人违反这种禁止而实施代理行为,构成无权代理,效果不归属于本人。㉜

(3) **禁止自己契约、双方代理的例外** 可是,即使是自己契约、双方代理,但在没有危害本人或一方的本人利益的危险的情形,令效果归属于本人也不会有问题。这样的情形,民法规定了以下两种(民 108 但)㉝:

㉜ 大判大正 11 年 6 月 6 日民集 1 卷 295 页,大判大正 12 年 5 月 24 日民集 2 卷 323 页。还可参照我妻 343 页、几代 348 页、四宫、能见 305 页等。最判平成 16 年 7 月 13 日民集 58 卷 5 号 1368 页认为,即使是地方公共团体的首长代表地方公共团体所作的缔结契约的行为,如果首长代表或者代理相对人,则同私人间基于双方代理行为等的契约一样,地方公共团体的利益有可能受到危害,因此类推适用 108 条(在此基础上,认可对 116 条的类推适用,判定:当议会追认时效果归属于地方公共团体)。

㉝ 过去仅仅明示了债务履行这一种情形,但在本人预先许诺的情形判例一般也允许自己契约、双方代理(允许事前许诺的,参照大判大正 8 年 12 月 26 日民录 25 辑 2429 页、前注㉜大判大正 11 年 6 月 6 日、大判大正 12 年 11 月 26 日民集 2 卷 634 页;允许事后追认的,参照前注㉜大判大正 12 年 5 月 24 日等)。受此影响,经 2004 年的修改,两者都得以明示(参照吉田、筒井编 100 页)。

（A）债务的履行　　第一，关于债务的履行。㉞

> **事例 14**
>
> X 就自己所有之土地甲的出售事宜委托不动产商 A 中介。A 介绍了 Y，三方交涉的结果，订立了以 5000 万日元将甲出售给 Y 的契约。当时，由于 X、Y 都不太明白登记事务，因此将登记手续托付给了 A。

对于本人已承接债务的履行，由于它仅仅是原封不动地实现本人决定的内容，代理人未置身于利益相反的状况。所以，对于像甲的所有权移转登记申请那样的债务履行，允许自己契约、双方代理，也不会产生问题。㉟

（B）本人的许诺　　第二，是有本人许诺的情形。㊱ 这是因为，既然本人自己许诺，在此限度内对本人的保护就不成为问题。

契约履行请求的根据规范	
① 民 99　同上（352 页）	
② 民 555	
⑤ 民 108　代理人代理本人与自己实施法律行为的情形，或者代理本人以及相对人实施法律行为的情形，其为**债务的履行**或者**本人预先许诺的行为**时，直接对本人发生效力	
A 的请求原因（自己契约的情形）	
① 代理人 A 的代理行为	
ⓐ 代理人 A 的法律行为	A、A 缔结买卖契约（自己契约）㊲
ⓑ 代理人 A→相对人 A 显名	A 表明是为 X 而为
② 代理权的存在	
ⓐ 代理权的发生原因	X→A 先于 ① 授予代理权
ⓑ Ⓐ 债务的履行 or	① ⓐ 的代理行为属于债务的履行
Ⓑ 本人 X 的许诺	X→A 许诺缔结 ① ⓐ 的自己契约

（4）向实质性的利益相反行为的扩张　　如果将 108 条的宗旨理解为禁止

㉞ 《基本方针》（【1.5.32】）提案将"债务的履行"修改为"显然不会危害本人的利益时"。这是因为考虑到，"债务的履行"中也包含像代物清偿等那样，有可能危害本人利益的新的利益变动（参照基本方针 48 页以下，详解 I 232 页以下）。

㉟ 大判昭和 19 年 2 月 4 日民集 23 卷 42 页，最判昭和 43 年 3 月 8 日民集 22 卷 3 号 540 页（就登记申请允许双方代理的事件），最判昭和 26 年 6 月 1 日民集 5 卷 7 号 367 页（就公证书的制作允许双方代理的事件）。

㊱ 事例 14 既是债务的履行，同时又有本人的许诺。

㊲ 像这样，在请求原因 ① ⓐ 中，由于成为问题的代理行为显然是自己契约或者双方代理，因此要为这种代理行为的效果归属于本人提供基础，不仅需要 ② ⓐ 代理权的发生原因，还需要主张、举证有 ② ⓑ 本人的许诺或者 ① ⓐ 的代理行为属于债务的履行。参照司研 I 83 页以下。

代理人牺牲本人的利益实施利益相反行为,那么,就有必要将该规定也扩张到严格说来不属于自己契约、双方代理的情形。㊳ 可以设想到的这种情形如下:

　　(A) 实质上的自己契约　　第一,由于代理人以与自己站在同一经济基础上的人为相对人,而在实质上相当于自己契约的情形。例如,代理人与自己的配偶缔结契约的情形等。

　　(B) 代理人选任的事前委托　　第二,是本人事前托付相对人选任代理人的情形。

> **事例 15**
>
> 　　A 在与 X 订立契约,将自己所有的简易房甲以 5 万日元的月租金出租给 X 时,为了预防日后的纠纷,附加了特别约定,约定 X 将选任其代理人的权限委托给 A。1 年后,A 打算增加房租,于是选任 B 作为 X 的代理人,与 B 进行交涉,结果订立契约,将月租金定为 10 万日元。

　　由于该事例中的 A 与 X 的代理人 B 经交涉订立契约,所以既不属于自己契约也不属于双方代理。但是,在相对人 A 被赋予自由选任本人 X 的代理人的权限时,如果相对人 A 选择对自己有利的人作为代理人的话,其结果,本人 X 的利益就很有可能受到危害。在此意义上,只要有实质性利益相反的状况存在,那么,依 108 条的宗旨就不能允许这种行为。㊴

　　(5) **法定代理情形的特别规定**　　在法定代理的情形,针对利益相反行为存在特别规定(民 826、851④、860、866、876 之 2 Ⅲ、876 之 3 Ⅱ、876 之 7 Ⅲ、876 之 8 Ⅱ)。

> **事例 16**
>
> 　　未成年人 X 因父亲死亡继承取得了土地甲。其后,X 的母亲 A 在自己向金融商 Y 借款 2000 万日元之际,代理 X 与 Y 订立契约,约定在甲上设定抵押权。

　　因为法定代理人 A 与金融商 Y 不是一个人,所以两者订立的抵押权设定契约不属于自己契约。然而,这样的抵押权设定仅仅是为了法定代理人 A 的利益,不能给本人 X 带来任何利益。像这样,两者处于利益相反的状况时,法定代理人 A 必须请求家庭法院选任特别代理人(民 826)。如果不这么做,即使设定抵押权,其效果也不归属于 X。

　　㊳ 《基本方针》【1.5.32】受此影响,提案除自己契约、双方代理之外,还一般性地禁止"本人与代理人或其利害关系人利益相反的行为"(参照基本方针 48 页下,详解Ⅰ229 页以下)。
　　㊴ 大判昭和 7 年 6 月 6 日民集 11 卷 1115 页。

3 再代理

事例 17

X 就自己所有的土地甲的出售赋予 A_1 代理权。其后,A_1 就甲的出售选任 A_2 作为自己的代理人。A_2 与 Y 交涉的结果,订立了以 5000 万日元出售甲的契约。

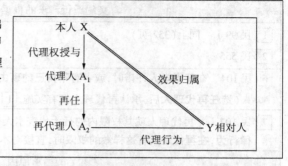

1. 何谓再代理 所谓再代理,是指代理人以自己的名义再选任代理人,使其行使全部或部分的代理权。代理人选任再代理人一事,也称为再任。

2. 再代理的可能性

(1) 任意代理

(A) 禁止再代理原则——代理人自己执行的义务 就任意代理而言,原则上不允许选任再代理人(民 104)。这是因为,既然任意代理人是受本人的信任而称为代理人的,原则上就应当亲自执行代理事务。⑩

(B) 允许再代理的情形 但是即使是任意代理,在下列情形允许选任再代理人(民 104)。

(a) 本人的许诺 第一,是获得本人许诺的情形。

(b) 不得已的事由 第二,是就选任再代理人存在不得已的事由时。一般指因本人下落不明等无法获得本人的许诺、无法辞职之类的情形。⑪

(2) 法定代理 而法定代理人随时可以选任再代理人(民 106 前)。除了法定代理人原本就不是本人选任的,还因为代理权范围广泛,又没有辞职的自由,若课以自己执行义务则有可能陷入困难的境地。

3. 再代理人的地位

(1) 效果归属于本人 在如上允许选任再代理人的情形,再代理人就其权限内的行为代表本人(民 107 Ⅰ)。因此,再代理人表明为本人而为后,实施其权限内的行为时,其效果直接归属于本人。

---

⑩ 有关再代理制度的立法过程及其意义,参照山本敬三"受托者の自己执行义务と责任の范围——复代理制度と履行辅助者责任论の再检讨を手がかりとして"道垣内弘人、大村敦志、泷泽昌彦《信托取引と民法原理》(有斐阁,2003 年)107 页以下。

⑪ 我妻 355 页等。此外,还应当包括:从代理行为的性质以及代理人的能力等看,无法期待代理人亲自实施代理行为的情形。《基本方针》【1.5.29】提案修改为:"期待代理人亲自实施涉及代理权之行为不恰当时"(参照基本方针 46 页以下,详解Ⅰ217 页以下)。

（2）再代理人与本人、相对人的关系　　在此情形,再代理人在与本人、相对人的关系上,有与本人的代理人同样的权利义务(民107Ⅱ)。

契约履行请求的根据规范
① 民99Ⅰ　同上(352页)
② 民555
⑥ 民104　在**获得本人许诺**时,或者**有不得已的事由**时,受委任之代理人可以选任再代理人(**选任再代理人**后,承认再代理人拥有实施 ① 之行为的权限)
⑦ 民107Ⅰ　再代理人就其权限内的行为代表本人(**再代理人表明为本人而为后所作法律行为,在再代理人有这样做的权限时**,直接对本人生效)
Y 的请求原因
① 再代理人 A_2 的代理行为
ⓐ 再代理人 A_2 的法律行为　　　A_2、Y 缔结买卖契约
ⓑ 再代理人 A_2→相对人 Y 显名　　A_2 向 Y 表明为 X 而为
② 代理权的发生原因
ⓐ 本人 X→A_1 授予代理权
ⓑ 代理人 A_1→再代理人 A_2 授予再代理权
ⓒ Ⓐ 就再代理人的选任本人 X 许诺 or
Ⓑ 就再代理人的选任有不得已的事由

4．代理人的责任

事例 17-2

　　在事例 17 中,A_2 明知甲当时的价格为 7000 万日元,却擅自制作了文件,表示 X 有意以 5000 万日元的特价出售甲,将甲卖给了 Y。于是,X 要求选任 A_2 的 A_1 支付损害赔偿金 2000 万日元。

　　（1）任意代理　　在任意代理的情形,代理人依委任契约受本人之托实施一定的代理行为,负担善管注意义务(民644)。在此情形,代理人选任再代理人,该再代理人不遵从托付的宗旨实施代理行为的结果,给本人造成损害时,代理人对本人构成债务不履行,因此本应负担损害赔偿责任(民415)。可是,在此情形,代理人具有如下的免责可能性[42]：

　　　　（A）限定于选任、监督上之责任　　第一,在就再代理人的选任有本人的许诺或者有不得已的事由的情形,依 104 条允许选任再代理人时,代理人只负

---

[42] 关于要件构成,参照司研Ⅰ78页以下。

担在再代理人的选任以及监督上的责任(民105Ⅰ)。立法者认为,在满足如此严格要件可以选任再代理人时,如果代理人自身没有过失,即就再代理人的选任以及监督代理人付出了相当的注意,可以免除其责任。

(B)通过本人指名的选任　　第二,依照本人的指名选任再代理人的情形,代理人免责。但即使在此情形,当代理人明知该再代理人不胜任或者不诚实,却怠于通知本人或者怠于解任再代理人时,代理人将承担责任(民105Ⅱ)。

损害赔偿请求的根据规范	阻却规范	再阻却规范
⑧ 民643　委任,因当事人一方托付相对人实施法律行为,相对人对此作出承诺而生效	Ⅰ 基于民105Ⅰ的免责	
	e 民105Ⅰ　基于委任之代理人就再代理人的选任取得本人许诺的情形,或者存在不得已的事由的情形,代理人就其选任、监督付出了相当注意时,免于承担责任	
⑨ 民644　受托人负有依委任之本旨以善良管理人的注意处理委任事务的义务		
⑩ 民415　债务人不依债务本旨履行时,债权人可以请求赔偿因此发生的损害	Ⅱ 基于民105Ⅱ的免责	乙 民105Ⅱ但　在左列情形,代理人明知再代理人不胜任或者不诚实,却怠于通知本人或者怠于解任再代理人时,不能免责
	f 民105Ⅱ正　代理人依本人的指名选任再代理人时,代理人免责	
X 的请求原因	A₁的抗辩	X 的再抗辩
① 债务的发生原因　X、A₁缔结委任契约　② A₁债务不履行　　a A₁选任 A₂为再代理人　　b A₂的代理行为　　　甲 A₂ Y 缔结了内容不当(违反善管注意义务)的买卖契约　　　乙 A₂→Y 显名　③ 应赔偿之损害的发生、数额	Ⅰ 基于民105Ⅰ的免责　① 就再代理人的选任　　A 本人的许诺 or　　B 存在不得已的事由　② A₁就 A₂的选任、监督付出了相当的注意　Ⅱ 基于民105Ⅱ的免责　① X→A₁指名 A₂作为再代理人　② A₁对 A₂的选任=基于①	① A₂不胜任 or 不诚实　② A₁就①为恶意　③ A₁→X 懈怠了①的通知 or 懈怠了对 A₂的解任

373

(2) 法定代理

（A）原则　　法定代理人随时可以选任再代理人,但选任再代理人后,就其行为承担责任(民 106 前)。

（B）例外　　但是,就再代理人的选任存在有不得已事由时,仅就再代理人的选任、监督承担责任——如果就再代理人的选任、监督付出了相当的注意则免责(民 106 后)。

4　代理权的消灭

1．共通的消灭事由　　关于任意代理与法定代理共通的消灭事由,规定如下：

(1) 本人的死亡(民 111 Ⅰ ①)

(2) 代理人的死亡、破产程序开始的决定、监护开始的审判(民 111 Ⅰ ②)

2．固有的消灭事由

(1) **任意代理**　　任意代理固有的代理权消灭事由如下：

（A）委任的终止(民 111 Ⅱ)

（B）基于特约的终止

(2) **法定代理**　　法定代理固有的代理权消灭事由,在本人成为行为能力人的情形等,分别就各法定代理人作了规定。

无权代理

I 序

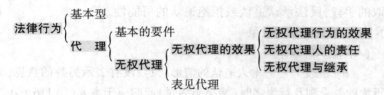

　　从本章开始用三章的篇幅讲述作为代理人实施了行为之人没有代理权的情形即无权代理的问题。其中,本章介绍无权代理的效果。这里,以下三点成为问题:
　　第一是本人与相对人的关系。其中的问题是,无权代理人所为之代理行为的效果是否归属于本人?
　　第二是无权代理人与相对人的关系。其中的问题是,无权代理人对相对人承担什么样的责任?
　　第三是应用问题——无权代理与继承的问题。其中的问题是,如何处理因继承使得本人的资格与无权代理人的资格归属于同一人的情形?

II 无权代理行为的效果——本人与相对人的关系

1 原则——效果不归属

事例1

　　A擅自带出其父亲X的用于证明身份的印鉴(实印),自称是X的代理人,与Y订立契约,将X所有的土地甲以5000万日元卖给Y。

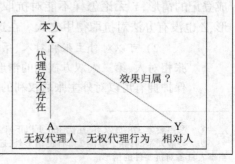

要使代理人所为之代理行为的效果归属于本人,代理人必须有与之相对应的代理权。既然 A 没有代理权,那么即使自称是代理人实施代理行为,其效果都不归属于本人 X(民 113 Ⅰ)。

② 本人和相对人可以采取的手段——契约无权代理的情形

问题是,在这样的无权代理发生后,本人和相对人可以采取什么样的手段? 关于这一点,根据通过无权代理实施的是契约还是单方行为,民法的对应有所不同。首先,看一下契约的情形。

1. 本人的追认、拒绝追认——本人可以采取的手段　　首先,作为本人可以采取的手段,民法承认追认或拒绝追认的可能性。

(1) 追认、拒绝追认的效果

（A）追认的效果

（a）溯及力　　本人追认的情形,只要没有表示另外的意思,无权代理行为的效果溯及行为之时(缔结契约时)起归属于本人(民 116 正)。

（b）与第三人的关系　　关于追认的溯及力,民法规定:"不得危害第三人的权利。"(民 116 但)不过,如下文所述,该规定具有意义的情形有限。①

1) 相对人、第三人的权利不能对外主张的情形　　首先,在相对人或者第三人的权利不能对外主张的情形,不适用 116 条但书。在此情形,通过规定用以认可对外主张的要件、即对抗要件的规定(民 177、178、467 Ⅱ 等)来处理。

> **事例 1-2**
>
> 在事例 1 中,A 无权代理 X 将土地甲以 5000 万日元卖给 Y 后,不知情的 X 与 Z 订立了将甲以 4500 万日元卖给 Z 的契约。后来,X 得知 A 的无权代理行为,因为该契约更为有利,于是追认了 A 的无权代理行为。此情形如何?

在该事例中,即使承认追认有溯及力,也只是发生了 X 向 Y 的转让和 X 向 Z 的转让这样的二重转让。对于这样的情形,177 条作了规定。依该规定,在 Y 未完成登记的情形,Y 无论怎样不能对抗取得甲之人。此外,在 Z 没有完成登记的情形,Z 也没有办法对抗取得甲之人。在这种情形,没有必要适用 116 条但书保护 Z。

2) 可以对外主张相对人、第三人双方权利的情形　　而在可以对外主张相对人、第三人双方权利的情形,适用 116 条但书。这是考虑到,在此情形保护拥有可以对外主张之权利的第三人,才是 116 条但书的宗旨。②

---

① 参照我妻 378 页以下、几代 360 页以下、四宫 251 页以下等。

② 一般列举的,除了事例 2 那样的情形外,还有债权的二重转让、动产的二重转让的事例中双方的当事人具备对抗要件的情形。

> **事例 2**
>
> X 将渔船卖给了 Y，但 1000 万日元的价金被自称为其代理人的 X 的儿子 A 擅自领取。另一方面，曾经贷款 1000 万日元给 X 的 Z，因为 X 不返还，而扣押了 X 对 Y 拥有的买卖价金债权甲，并取得了替代支付而移转给 Z 的转付命令。其后，X 追认了 A 受领清偿的行为。在此情形，如何？
>
>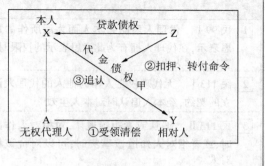

a）对外主张双方权利的可能性　　如果得到清偿债权便消灭，这个效果对任何人都可以主张，而且如果转付命令送达、确定后，债权的取得也可以对任何人主张（民执 159）。因此，在此情形 Y 的权利 Z 的权利都可以对外主张。

b）第三人的保护　　在此情形，如果 X 追认 A 的清偿受领行为，那么 X 对 Y 拥有的债权甲就获得清偿而消灭。可是这样一来，扣押甲而获得转付命令的第三人 Z 将受到危害。在这种情形保护 Z 的，便是 116 条但书。③

（B）拒绝追认的效果　　而当本人拒绝追认时，无权代理的效果不归属于本人这一点便确定。因此，其后本人就不再能作追认了。④

(2) 追认、拒绝追认的对抗

（A）对抗相对人

（a）对相对人的意思表示　　追认、拒绝追认，如果本人不对相对人作出，本人便不能对抗该相对人（民 113 Ⅱ 正）。

（b）对无权代理人的意思表示　　但是，即使在对无权代理人作追认或拒绝追认的情形，如果相对人知道该事实，则本人可以以此来对抗相对人（民 113 Ⅱ 但）。

（B）来自相对人的主张　　当本人——无论对谁——作出追认、拒绝追认时，相对人可以主张其效果。⑤

---

③　大判昭和 5 年 3 月 4 日民集 9 卷 299 页。
④　最判平成 10 年 7 月 17 日民集 52 卷 5 号 1296 页。
⑤　大判大正 14 年 12 月 24 日民集 4 卷 765 页。也可参照司研 I 101 页。

本人请求相对人履行契约的依据规范 （请求原因）	阻却规范 （抗辩）
① 民99 I　代理人表明为本人而为后所作的意思表示,在代理人拥有为此意思表示的权限时,直接对本人生效	本人 X 拒绝追认的先行
② 民113 I　无代理权之人作为他人的代理人订立的契约,经本人追认时对本人生效	ⓐ 不成文法　无代理权之人作为他人的代理人订立契约时,当**本人拒绝追认后本人不能追认**
③ 民113 II　追认或者拒绝追认,对相对人作出时,或者相对人知道该事实时,可以对抗该相对人	ⓑ 民113 II　当本人追认或者拒绝追认时,相对人可以主张其效果⑥

378　　**2. 相对人的催告权、撤销权——相对人可以采取的手段**　　相对人可以采取的手段,有催告权、撤销权。这些是相对人用以摆脱——不知道本人是追认还是拒绝追认这样的——不安定地位的手段。
　　(1) 相对人的催告权
　　　　(A) 催告的可能性　　发生无权代理行为的情形,相对人可以规定相当的期间,催告本人于该期间内就是否追认给出确切的答复(民 114 前)。
　　　　(B) 无确切答复的情形　　本人在该期间内未作确切答复时,视为已拒绝了追认(民 114 后)。
　　(2) 相对人的撤销权
　　　　(A) 原则　　在契约依无权代理订立的情形,相对人可以在本人尚未追认期间撤销契约(民 115 正)。因撤销本人不再能追认。
　　　　(B) 例外　　但订立契约时相对人明知是无权代理的,不得撤销(民 115 但)。

③　**本人、相对人可以采取的手段——单方行为无权代理的情形**

> **事例 3**
> 　　X 将自己所有的建筑物甲租赁给了 Y。其后,由于 Y 连续 3 个月不支付租金,X 的儿子 A 瞒着 X 自称是 X 的代理人,催告 Y 支付租金,由于 Y 仍不支付,所以解除了与 Y 的租赁契约。

　　1. 原则　　在单方行为通过无权代理而作出的情形,原则上效果不归属于

---

⑥ 由此,Y 要拒绝 X 对自己的履行契约的请求,需要主张、举证如下的事实:在就 A 的无权代理行为向对 Y 作追认前,或者在 Y 知道 X 作追认前,X 对 Y 表示过拒绝追认,或者 Y 知道 X 拒绝了追认。

本人(民 118)。⑦ 本人也不能追认无权代理人所作的单方行为。⑧ 这是因为,由于本人一方单方面就可以实施单方行为,如果允许追认,相对人有可能因为溯及力蒙受意想不到的不利益。

2. 例外　　但是,对于有相对人的单方行为⑨,在满足以下要件的情形,准用有关本人的追认·拒绝追认、相对人的催告权·撤销权、无权代理人的责任的规定(民 113～117)。限于此种情形,本人可以追认;此外,相对人可以追究无权代理人 117 条的责任。

(1) **能动代理**　　关于能动代理,指行为当时,①就自称代理人无代理权实施行为一事,相对人表示同意,②或者未作争议的情形(民 118 前)。⑩ 因为考虑到,在此情形即使认可本人的追认相对人也不会蒙受不利益。

(2) **被动代理**　　关于被动代理,指相对人在征得无权代理人的同意后实施行为的情形(民 118 后)。因为考虑到,在此情形,无权代理人明明不能同意却表示了同意,被追究责任也没有办法。

Ⅲ　无权代理人的责任——无权代理人与相对人的关系

此外,在发生无权代理行为的情形,法律还承认相对人追究无权代理人责任——无权代理行为的履行或者替代履行的损害赔偿责任——的可能性(民 117)。

1　无权代理人责任的要件

1. 成立要件　　117 条之无权代理人责任,于无权代理人实施代理行为时——通过主张、举证无权代理人与相对人缔结了契约,当时无权代理人作了显名——成立。

2. 阻却要件　　被作为无权代理人追究责任的代理行为人,于下列任一情形——通过主张、举证下列某一情形的事实——可以免责。

---

⑦　依 118 条,原则上相对人也不能追究无权代理人 117 条的责任。
⑧　司研Ⅰ110 页的理解是:单方行为原则上也准用 113 条以下的规定——本人可以追认,但相对人表示异议时不准用——本人不能追认。可是,从 118 条的沿革——来源于德国民法 180 条(在规定"在单方行为的情形不允许无权代理"的基础上,规定了与日本民法 118 条相当的条文)——和宗旨看,不能支持这样的理解。关于这一点,详见基本方针 58 页以下,详阅Ⅰ288 页以下,特别是 290 页以下。
⑨　契约的解除、债务的免除等便属于此。
⑩　在此情形,本人要主张,依追认无权代理行为的效果——就事例 3 而言 A 所作的解除租赁契约的效果——归属于自己,需要主张、举证①或者②的事实。

(1) 代理权的存在　　第一,是代理行为人有代理权的情形(民 117 I)。⑪ 在此情形,既然代理行为的效果归属于本人,就没有追究代理行为人责任的理由。⑫

(2) 本人的追认　　第二,是有本人追认的情形(民 117 I)。在此情形,由于事后赋予了代理权,所以也不存在追究代理行为人责任的理由。

(3) 相对人就代理权不存在的恶意或者过失　　第三,是相对人知道或者因过失而不知道代理行为人没有代理权(民 117 II)。这是基于这样一种想法:这种恶意或者有过失的相对人,本来可以应对代理行为人没有代理权这种事态但却怠于应对,就应当承担由此产生的不利益。

(4) 无权代理人的行为能力的限制　　第四,是在代理行为人订立契约的时点没有行为能力(民 117 II)。这样的人,即使在为自己订立契约的情形都允许其撤销,因此,在为他人订立契约时,也不应该令其承担履行或者替代履行的损害赔偿这种实际上与订立契约相同的责任。

对无权代理人履行请求的依据规范(请求原因)	阻却规范(抗辩)	
④ 民 117 I　**作为他人的代理人订立契约者**(代理行为人),服从相对人的选择,或者向相对人履行,或者负担损害赔偿责任	I	代理权的存在
	c	民 117 I　即使在左列情形,当代理行为人就此**有代理权**时,不负担责任
	II	本人的追认
	d	民 117 II　即使在左列情形,当**本人**就此**追认**时,代理行为人不负担责任
	III	相对人就代理权不存在的恶意或者过失
	e	民 117 II　即使在左列情形,当**相对人知道**代理行为人无代理权时,或者因**过失不知道**时,代理行为人不负担责任
	IV	无权代理人行为能力的限制
	f	民 117 II　即使在左列情形,当**代理行为人没有行为能力**时,不负担责任

---

⑪　117 条 1 款采取的规定方式是:代理行为人不"能证明自己的代理权"时,负担无权代理人的责任。像这样在实体规范中明确规定能否证明,实属例外。不管怎样,关于证明责任一般认为代理行为人拥有代理权构成无权代理人的抗辩(参照司研I 105 页以下)。在请求本人履行契约的情形,相对人负担主张、举证代理行为人拥有代理权的责任,因此其负担真伪不明时的风险。当相对人请求无权代理人履行其作为无权代理人的责任时,假设由相对人负担主张、举证代理行为人没有代理权的责任,那么真伪不明的风险将由相对人负担。如此一来,当代理权的有无真伪不明时,最终相对人对任何一方都无法作履行的请求。将代理行为人无代理权一事定位为应当由无权代理人一方主张、举证的免责事由,是为了防止出现这种事态(参照详解I 308 页)。

⑫　最判昭和 62 年 7 月 7 日民集 41 卷 5 号 1133 页认为,此外无权代理人不能将成立表见代理作为抗辩来主张。理由是:表见代理本是用以保护相对人的制度,无权代理人主张、举证表见代理的成立要件使自己免责,违反了制度本来的宗旨。

3. 有关主观要件的问题　关于无权代理人责任的阻却要件(免责要件),特别是无权代理人以及相对人的主观要件,存在不同见解。

(1) 无权代理人的主观要件——是否需要过失

> **事例 4**
>
> X 将有关出售其所有的土地甲的一切权限授予给了 A。于是,A 在与 Y 反复交涉的基础上,与其订立了以 5000 万日元出售甲的契约。可是后来才知道在前一天,X 在国外旅行途中已经死亡了。

由于本人的死亡导致代理权的消灭(民 111 I ①),所以在 A 实施代理行为之时,已经是无权代理,在此情形,围绕就自己没有代理权一事,善意无过失的无权代理人是否也要承担 117 条的责任,存在争议。

　　(A) 无过失责任说　通说认为,即使在无权代理人没有过失的情形,也应该令其承担 117 条的责任。[13] 依此见解,117 条的责任便成了无过失责任。这是出于如下的考虑:

　　(a) 交易的安全和代理制度的信用维持　首先,为了确保交易的安全,维持代理制度的信用,即使在无权代理的情形,也需要保护相对人。在此情形,即使不能追究本人的责任,若令无过失的无权代理人也承担责任,则相应的相对人就可以安心地进入代理交易了。

　　(b) 无权代理人的归责性——信赖原因的赋予　此外,无权代理人自己也主张代理权的存在,使相对人产生信赖,因此,被课以相应的责任也没有办法。

　　(B) 过失责任说　117 条责任的内容是履行或者替代履行的损害赔偿。这种责任超过了侵权行为责任,等于使无权代理人承担与其自身订立契约相同的责任。因此,要课以这样的特别责任,就要求足以使其正当化的充分的归责性,即应当要求无权代理人有过失。[14]

(2) 相对人的主观要件

> **事例 5**
>
> A 瞒着其父 X,自称是 X 的代理人,与 Y 缔结契约,以 5000 万日元出售 X 所有的土地甲。当时,Y 粗心地以为 A 是 X 的代理人,明明 A 所出示的委托书形式可疑,Y 也没有直接询问 X。后来,发现 A 是无权代理,X 拒绝追认,于是 Y 要追究 A 无权代理人的责任。

---

[13] 我妻 380 页、川岛 403 页、几代 366 页、四宫 255 页等。前注[12]最判昭和 62 年 7 月 7 日也以此理解为前提。

[14] 佐久间毅"民法 117 条による无权代理人の责任"同《代理取引の保护法理》(有斐阁,2001 年,初出 1993 年)324 页以下。也可参照佐久间 292 页,石田 456 页。

在这样的情形可否认为:如果能够证明 Y 有过失,那么无权代理人 A 就可以免责?

(A)"过失"的涵义　　首先,围绕可否照字面理解 117 条规定的存在"过失"这个免责要件,存在争议。

(a)重过失说　　关于这一点,有见解将 117 条的"过失"解释为重过失。依此理解,只有在证明相对人有重过失的情形,无权代理人才免责。这是出于如下的考虑:

1)表见代理的要件　　作为前提,相对人有过失时表见代理不成立【参照第 17 章(402 页以下)】。

2) 117 条的存在意义　　在这里,若照字面解释 117 条的"过失",无权代理人也不用承担责任,117 条就会失去存在的意义。如果认为 117 条对于保护——依表见代理得不到保护的——相对人有意义,就需要对无权代理人的免责要件——"过失"——作限定解释。

(b)过失说　　判例将 117 条的"过失"按照字面解释为通常的过失。[15] 依此理解,如果证明相对人有过失无权代理人便免责。至于理由,存在以下两种可能:

1)重视与无过失责任权衡的观点　　第一种观点以如下的理解作为前提:117 条是规定无权代理人承担无过失责任的规定。依此,既然对无权代理人课以那样沉重的责任,那么相对人要获得保护,就要求其善意无过失。[16]

2)重视保护相对人信赖的观点　　第二种观点以如下的理解作为前提:117 条是规定对无权代理人课以与其本身缔结契约相同的责任的规定。依此观点,对无权代理人课以这样的责任,是为了保护相信契约因代理行为而有效成立的相对人。因此,相对人要接受这样的保护,就要求其善意无过失。[17]

(B)是否需要根据无权代理人的主观状态加以区别　　此外,围绕在无权代理人明知代理权不存在却特意实施无权代理行为的情形,可否认为只要相对人有过失无权代理人就可以免于 117 条的责任,存在争议。

(a)区别不要说　　通说认为,即使在无权代理人故意的情形,只要相对人有过失就可以免于 117 条的责任。依此观点,在事例 5 中,既然相对人 Y 有过失,那么无权代理人 A 就没有必要负担 117 条的责任。这是出于如下的考虑:

1) 117 条的表述　　117 条在表述上并没有特意区分无权代理人是否

---

[15] 前注[12]最判昭和 62 年 7 月 7 日。
[16] 前注[12]最判昭和 62 年 7 月 7 日采用的就是这样的说明。
[17] 安永正昭"判批:最判昭和 62 年 7 月 7 日"判例评论 351 号(判时 1266 号)30 页(1988 年),佐久间·前注[14]335 页,佐久间 294 页。

有故意。

　　2) 保护信赖的必要性　　既然117条是用以保护相对人信赖的规定,那么在相对人的信赖不值得保护的情形,否定无权代理人的责任也是不得已的。

　　(b) 区别必要说　　也有见解主张,在无权代理人故意实施无权代理行为的情形,即使相对人有过失,无权代理人也不能免于117条的责任。[18] 这是因为考虑到,如果那样的无权代理人可以通过证明相对人的过失而免责,有违诚信。

4. 与相对人行使撤销权的关系　　如果相对人行使115条的撤销权,是否就不能追究无权代理人的117条责任？围绕这一点,存在争议。

　　(1) **可以追究责任说**　　115条之撤销的宗旨是消除与本人的不安定关系,与追究无权代理人的责任并没有任何矛盾。

　　(2) **不能追究责任说**　　可是通说认为,既然在本人还有可能追认的时刻相对人自己作了撤销,那么被解释为相对人已经不再期望该契约的实现也没有办法。这样的相对人,在与无权代理人的关系上,也没有必要给予与契约被有效订立之情形相同的保护——履行或者替代履行的损害赔偿。[19]

Comment　　　　　　　　　　　　　　　　　基于无权代理人主观状态的区分

　　无权代理人明知代理权不存在却特意实施无权代理行为的情形,可以与意思表示中表意人知道不是其真意而作意思表示的情形,即心里保留中狭义的心里保留——表意人为了使相对人误信其有真意而隐匿非为其真意时——作对比。

　　如前所述【参照第8章Ⅱ(147页)】,关于表意人隐匿其非真意所作的狭义的心里保留,存在的是,若依照93条的规定,这样的表意人可以相对人明明可以知道非为其真意却怠于了解为由否定意思表示的效力,这是有问题的。在此情形,可以否定意思表示效力的,应当限于相对人知道表意人非为其真意的情形。

　　当然,即便无权代理人的责任不是基于意思表示本身的责任,但其效果却是履行责任,从这一点看,可以作同样的思考。因此,当无权代理人明知代理权不存在,却使相对人误信其有代理权时,应当准据狭义的心里保留,仅限于相对人恶意时,无权代理人才免责,相对人仅有过失时,不应当依此为理由令无权代理人免责。[20]

　　如果这样来思考的话,无权代理人为善意的情形,即不知道代理权不存在的情形,可以与错误作对比。如此一来,这种情形无权代理人原则上免责,限于就不知道代理权不存在有重过失时,不能免责。[21]

---

　　[18] 辻正美"判批:最判昭和62年7月7日"星野英一・平井宜雄编《民法判例百选Ⅰ总则・物权》(有斐阁,第3版,1989年)85页、辻316页、奥田昌道"『无权代理と相续』に关する理论の再检讨——无权代理人相续型を中心に"法学论丛134页5＝6号22页以下(1994年)。
　　[19] 我妻381页、川岛403页、几代366页以下、四宫、能见322页等。
　　[20] 参照基本方针62页,详解Ⅰ310页。
　　[21] 参照基本方针62页,详解Ⅰ311页。

2 无权代理人之责任的内容

1. 履行责任与损害赔偿责任　　如果满足以上要件,无权代理人遵从相对人的选择,"承担履行或损害赔偿的责任"(民117Ⅰ)。

(1) 履行责任　　首先,如果相对人选择了履行,那么其效果相当于无权代理人和相对人之间订立了契约。

(2) 损害赔偿责任

> **事例 5-2**
>
> 　　在事例 5 中,在 A 无权代理 X 将 X 所有的土地甲卖给 Y 时,约定由 Y 负担土地测量费 10 万日元和登记费 15 万日元。另外,Y 在与 A 订立契约后,又与 Z 订立契约,以 5500 万日元的价格转卖甲。后来,发现 A 的行为是无权代理。

　　像这样,在无权代理人没有实际履行的可能时,相对人 Y 只有选择损害赔偿。问题是损害赔偿的内容。

　　(A) 履行利益　　从规定的形式看,117 条的损害赔偿与"履行"相对应。因此,它是指如果履行本应获得的利益、即履行利益的赔偿。[22] 在该事例中,如果得以履行就可以转卖甲,因此认可由此应当获得的差额 500 万日元的赔偿。

　　(B) 信赖利益　　该事例中的 Y 不能请求土地测量费和登记费用的赔偿。117 条的损害赔偿,具有实现与契约得到履行时相同之状态的性质。相信该契约有效的相对人所支出的费用,即信赖利益,如果契约得到履行本来应该由相对人 Y 负担,所以相对人 Y 不能请求这部分的赔偿。

2. 117 条的责任与侵权行为责任　　除了 117 条的责任外,就相对人能否追究无权代理人的侵权行为责任,也存在争议。尤其当相对人有过失无法追究 117 条的责任时,问题尤为突出。

　　(1) 否定侵权行为责任说　　为了从无权代理人的侵权行为下救济相对人,才特别规定了 117 条。依此观点,只承认 117 条的责任,不能另外追究侵权行为责任。[23]

　　(2) 肯定侵权行为责任说　　相对人可以在 117 条之外追究无权代理人的侵权行为责任。[24] 这是因为承认在两者之间存在如下的差异:

　　　　(A) 117 条的责任　　117 条责任的目的,在于实现与法律行为实现后相同的状态。因此,既然对无权代理人课以与其自己实施法律行为相同的责任,那么就要求相对人的信赖也必须正当,即没有恶意或者过失。

---

[22] 参照大判大正 4 年 10 月 2 日民録 21 辑 1560 页、最判昭和 32 年 12 月 5 日新闻 83 = 84 号 16 页。
[23] 几代 365 页等。
[24] 参照佐久间・前注[14]336 页。

（B）侵权行为责任　　侵权行为责任的目的,在于恢复到法律行为没有发生时的状态。这是最低限度的保护,帮助丧失财产之人——例如相信法律行为有效而白白支出的花费——恢复其丧失财产的制度。既然无权代理人存在故意或过失,因此即使相对人有过失也需要给予这种保护。㉕

IV　无权代理与继承

1　问题之所在

在家族间发生无权代理的情形,如果本人或者无权代理人死亡,就有可能出现这样的事态:通过继承,本人的资格和无权代理人的资格归属于同一人。在此情形,具有无权代理人资格的该人,可否基于本人的资格拒绝追认？另外,在具有本人资格的同时,因为还拥有无权代理人的资格而被追究117条的责任？这便是所谓的"无权代理与继承"的问题。㉖

1. 问题类型　　关于这个问题,如果从继承顺序的观点来看,可以设想有以下这些类型：

		本人	无权代理人	双方的继承人
无权代理人继承型		死亡	继承本人	
本人继承型		继承无权代理人	死亡	
双方继承型	无权代理人继承在先型	② 死亡	① 死亡	继承双方
	本人继承在先型	① 死亡	② 死亡	继承双方

2. 基本观点　　至于如何思考该问题,存在以下两种根本的对立：

（1）**资格融合说**　　第一种观点认为,本人的资格与无权代理人的资格因继承归属于同一人的情形,本人与无权代理人可以说成为一体。依此观点,由于无权代理人被看做与本人为同一人,因此其行为的效果当然归属于该人,从而不承认基于有关无权代理规定（民113以下）的效果。

（2）**资格并存说**　　第二种观点认为,即使在本人的资格与无权代理人的资格因继承归属于同一人的情形,本人的资格——追认、拒绝追认的可能性——与无权代理人的资格——被追究无权代理人责任的可能性——并存。如下文将详述,依资格融合说——特别是有关无权代理人共同继承型以及本人继承型——

㉕　不过在此情形,有关相对人的过失,过失相抵将成为问题（民722Ⅱ）。
㉖　简洁整理以往的判例法的文献,可以参照井上繁规"最判平成5年1月21日判例解说"《最高裁判所判例解说民事篇平成5年度》（法曹会,1996年）72页。

会产生很大的问题,现在资格并存说占据支配地位。㉗

> **Comment** 　　　　　　　　　　　　　将无权代理与继承作为问题的涵义
>
> "无权代理与继承"之所以成为问题,是因为通过表见代理的保护有局限。如下一章将要介绍的,相对人要通过表见代理获得保护,除了相对人善意无过失外,还需要本人的代理权授予表示(民109)、基本权限的授予(民110)、过去的代理权授予(民112)。只要这些要件不满足,相对人就不能追究本人的责任。这里,由于继承,本人的资格与无权代理人的资格归属于同一人。其结果,如果不能够根据本人的资格拒绝追认,或者可以追究117条的履行责任,那么相对人就可以获得在表见代理不能获得的保护。像这样,正是在相对人不能通过表见代理获得保护的情形,关注"无权代理与继承"的意义才显现出来。

2　无权代理人继承型

首先,从——无权代理行为发生后本人死亡的结果——无权代理人继承本人的情形说起。

1. 无权代理人单独继承型

> **事例6**
>
> A 瞒着其父 X,自称是 X 的代理人,将 X 所有的土地甲以 5000 万日元卖给了 Y。后来 X 死亡,A 单独继承了 X。

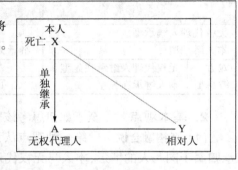

这里的问题是,无权代理人 A 能否基于所继承的、本人的资格,拒绝追认自己实施的无权代理行为?

(1) 资格融合说——否定拒绝追认说　　首先,如果认为本人与无权代理人通过继承成为一体,那么就等同于本人自己实施了法律行为。依此观点,在此情形无权代理行为的效果当然归属于 A,没有拒绝追认的余地。㉘

㉗ 《基本方针》也在【1.5.40】提案,将有关无权代理与继承的规则明文化。《基本方针》采取了资格并存说。依其立场,本人的资格与无权代理人的资格本身作为可以两立的资格而并存。不过,自己实施无权代理行为之人通过拒绝追认来否定效果对本人——自己——的归属,属于一种矛盾行为,不能允许。《基本方针》如此思考,提案遵从自己实施无权代理行为之人以本人的资格拒绝追认违反诚信的观点——以行为为基准的诚信原则说(参照基本方针59页以下,详解Ⅰ294页以下)。

㉘ 大判昭和2年3月22日民集6卷106页、最判昭和40年6月18日民集19卷4号986页等。此外,主张代理权的欠缺被补全的观点,参照川岛400页、北川195页等。

(2) 资格并存说　　如果认为即使无权代理人 A 继承了本人,本人的资格与无权代理人的资格也会并存,那么是否应当允许 A 拒绝追认呢?关于这一点,存在争议。

　　(A) 诚信原则说——否定拒绝追认说　　依现在被认为具有说服力的见解,无权代理人以本人的资格拒绝追认自己实施的无权代理行为,违反诚信原则,不能允许。㉙

　　(B) 完全并存说——肯定拒绝追认说　　如果贯彻本人的资格与无权代理人的资格并存这种观点,那么不能以本人的资格拒绝追认就奇怪了。在此情形,既然 A 也有无权代理人的资格,那么只需要作为无权代理人责任的问题来处理就可以了。㉚ 其背后有这样一种见解:恶意或有过失的相对人,本来既不能对本人主张表见代理,也不能追究无权代理人的 117 条责任,却因为继承这种偶然的事情而获得保护是不恰当的。

2. 无权代理人共同继承型　　问题是,以上的见解可否原封不动地适用于共同继承的情形?

　　(1) 不动产的交付债务

事例 6-2

在事例 6 中,除了 A 外,X 还有子女 Z。A 和 Z 共同继承了 X。该情形如何?

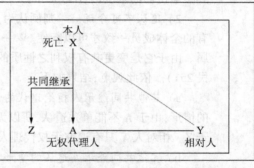

　　(A) 资格融合说及其问题　　将资格融合说安放到这种共同继承的情形,会发生以下问题:

　　　　(a) 单纯资格融合说存在的问题　　首先,如果在这样的情形,也简单地认为本人与无权代理人成为一体,整个无权代理行为被治愈,就会无视——从本人那里继承了可以拒绝追认的资格的——其他共同继承人 Z 的

㉙ 安永正昭"『无权代理と相续』における理论上の诸问题"法曹时报 42 卷 4 号 17 页以下(1990 年)、近江 277 页等。最判昭和 37 年 4 月 20 日民集 16 卷 4 号 955 页(本人继承型的事件)也在傍论中表明了这种观点。《基本方针》也依从此观点,在【1.5.40】〈1〉提案,规定:"无代理权之人作为他人的代理人缔结契约后,该无权代理人已继承本人时,该无权代理人不能拒绝追认"(参照基本方针 59 页以下,详解 I 296 页以下)。

㉚ 几代 363 页以下、石田 462 页以下、川井 266 页、高森八四郎"无权代理及び他人物买卖と相续"同《法律行为论の研究》(关西大学出版部,1991 年,初出 1988 年)391 页以下等。还可参照佐久间 298 页。

存在。

（b）限定资格融合说存在的问题　此外,如果认为在无权代理人 A 的继承份额的限度内,本人与无权代理人的资格融合,那么只要其他共同继承人 Z 拒绝追认,甲就成为相对人 Y 和其他共同继承人 Z 的共有。可问题是,这样就会总是将那样的所有形态强加给本来期望单独所有土地的相对人 Y。

（B）资格并存说　而依资格并存说,结果如下：

（a）诚信原则说　首先,在诚信原则说当中,围绕是否允许 A 和 Z 分别独立行使其共同继承的追认、拒绝追认权,存在争议。

1）追认可分说　决定是否追认的权利,通过继承被共同继承人 A 和 Z 分割承继。㉛ 依此观点,结果如下：

a）无权代理人的继承份额　无权代理人 A 在其继承份额的限度内,基于诚信原则不能拒绝追认。因此,在该限度内相对人 Y 取得甲。

b）其他共同继承人的继承份额　可是,既然自己没有实施无权代理行为,那么,其他共同继承人 Z 即使拒绝追认,也不违反诚信原则。因此,在其继承份额的限度内,Z 取得甲。

2）追认不可分说　判例认为,决定是否追认的权利不可分割,只有共有的全体成员一致才可以行使。㉜ 一旦追认,之前没有归属的效果将发生归属。由于它是变更共有权利之性质的行为,所以需要全体成员的一致（参照民 251）。依此观点,结果如下：

a）其他共同继承人拒绝追认的情形　在其他共同继承人 Z 拒绝追认的情形,由于 A 不能单独追认,所以无权代理的效果既不归属于 A 也不归属于 Z。相对人 Y 只有追究无权代理人 A 的 117 条责任。

b）其他共同继承人追认的情形　由于无权代理人 A 自己实施了无权代理行为,基于诚信原则 A 不能拒绝追认。因此,在其他共同继承人 Z 追认的情形,构成全体的追认,无权代理行为的效果归属于 A 和 Z。

（b）完全并存说　如果贯彻本人与无权代理人的资格不论有无继承都并存的观点,结果如下：

1）无权代理人　无权代理人 A 可以以本人的资格追认或者拒绝追认。但即使拒绝追认也不能免于 117 条的责任。

2）其他共同继承人　其他共同继承人 Z 可以以本人的资格追认或者拒绝追认。

㉛ 近江 241 页以下。此外,也可参照佐久间 301 页以下（认为违反诚信原则的判断不限于对矛盾行为的禁止,灵活作出即可）。

㉜ 最判平成 5 年 1 月 21 日判夕 815 号 121 页（无权代理人设定让与担保成为问题的事件）。也可参照内田 174 页。

Comment 无权代理人共同继承型中见解的分水岭

有人指出,依诚信原则说当中的追认可分说,其他共同继承人即使独自一人拒绝追认的情形,相对人 Y 将被强加上原本没有期望的所有形态——标的物的共有,因此针对限定资格融合说的批判在这里也同样成立。不过,由于这种见解以资格并存说为前提,因此除了知道是无权代理的情形外,相对人 Y 可以依 115 条在本人追认之前撤销契约。相对人 Y 如果不希望成为共有关系,撤销即可;既然不撤销,那么与拒绝追认的其他共同继承人 Z 处于共有关系也没有办法。这样说也并非不可能。如何评价 115 条之撤销权的存在,成为立场的分歧点。

而依诚信原则说当中的追认不可分说,则在多数情形结果与完全并存说几乎相同。不过,在其他共同继承人 Z 追认的情形会出现差异,尽管实际上一般不会发生这样的问题。依追认不可分说,由于这种情形的无权代理人 A 基于诚信原则不能拒绝追认,所以发生整体的追认。而依完全并存说,即使在这种情形无权代理人 A 也可以以本人的资格拒绝追认。当然,在此情形无权代理人 A 将被追究 117 条的责任,但是终究限于要件充足的情形——相对人 Y 恶意或者有过失的情形除外。关于这一点的评价差异,是两者实际上的分水岭。㉝

（2）金钱债务的情形

事例 7

朋友 S 向 Y 借款 300 万日元时,A 瞒着父亲 X,自称是 X 的代理人,与 Y 订立了以 X 为保证人的保证契约。后来 X 死亡,A 与弟弟 Z 继承了 X。由于 S 无法偿还 Y 的 300 万日元,作为保证债务的履行,Y 要求 A 和 Z 支付 300 万日元。

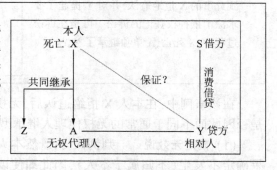

在该事例中,支付 300 万日元的债务成为问题。这样的金钱债务,不同于不动产的交付债务,容易分割。问题是,是否会因此而不同于先前的事例?

（A）资格融合说、诚信原则—追认可分说　依资格融合说（限定资格融合说）以及诚信原则中的追认可分说,在无权代理人 A 的继承份额限度内,无权代理行为的效果归属于 A。因此,A 在 150 万日元的限度内对 Y 负担保证债务。

（B）完全并存说、诚信原则—追认不可分说

㉝ 《基本方针》主张,就共同继承型而言,无论采取哪一种立场都未必妥当,应当留待今后进一步的研究。追认、追认拒绝权在共同继承的情形是否不可分地归属于全体继承人这个问题,不仅在这里才成为问题。这是因为,一方面,它涉及形成权归属于多人时该如何行使的问题;另一方面还涉及该如何思考继承的效果这样的更为根本的问题（参照基本方针 60 页,详见 I 297 页以下）。

（a）诚信原则—追认不可分说　　依诚信原则—追认不可分说，追认必须共同继承人 A 和 Z 一致作出，所以只要 Z 拒绝追认，那么就意味着保证契约在整体上就没有得到追认。判例认为，这一点在金钱债务的情形也同样。㉞ 因为在这里的问题，不是被追认行为的内容（保证债务的负担）是否可分，而是追认这种行为本身是否可分。

（b）完全并存说　　依完全并存说，无权代理人 A 始终可以以本人的资格拒绝追认。因此，只要其他共同继承人 Z 也拒绝追认，那么相对人 Y 就既不能对 A、也不能对 Z 请求保证债务的履行。

（c）对无权代理人责任的追究　　不过，无论按哪一种见解，只要没有恶意、过失，Y 就可以要求无权代理人 A 承担 117 条的履行责任，支付 300 万日元。

3．拒绝追认后继承型

事例 8

A 在从 Y 处借贷 5000 万日元时，瞒着父亲 X，自称是 X 的代理人，在 X 所有的不动产上为 Y 设定了抵押权。察觉到此事的 X 拒绝追认，并对 Y 提起了要求涂消抵押权登记的诉讼。可是在诉讼过程中，X 死亡，A 单独继承了 X。

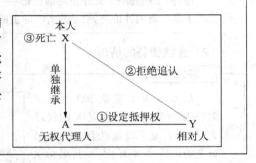

在该事例中，在本人 X 拒绝追认后，无权代理人 A 继承了本人 X。问题是，是否因此而不同于通常的无权代理人继承型？

（1）确定无效说　　判例认为，既然本人已经拒绝追认，无权代理行为的效果确定不发生（不归属于本人），因此即使以后无权代理人继承本人，无权代理行为也不会转而有效。㉟

（2）诚信原则说　　也有见解主张，即使本人拒绝追认，在基于拒绝追认的原状恢复（例如抵押权登记的涂消）尚未完成时，根据诚信原则，不允许无权代理人为了自己的利益而援用本人的拒绝追认。㊱ 这是出于如下的考虑：

（A）矛盾行为的禁止　　首先，作为前提，之所以在诚信原则上不允许无权代理人拒绝追认，是因为自己实施了无权代理行为——令效果归属于本人的行为，却又否定效果归属于——已经具备了本人地位的——自己，这里面存在

㉞　最判平成 5 年 1 月 21 日民集 47 卷 1 号 265 页。
㉟　前注④最判平成 10 年 7 月 17 日（不过，是双方继承型中之无权代理人继承在先型的事件）。也可参照奥田・前注⑱17 页以下，佐久间 303 页以下。
㊱　安永・前注㉙20 页、内田 176 页。

矛盾行为。[37]

(B) 行使拒绝追认权与援用本人追认拒绝的同质性　在否定效果归属于自己这一点上,行使从本人那里继承来的追认拒绝权与援用本人实施的追认拒绝,并没有什么不同,因此认为依诚信原则也不能允许。

3 本人继承型

其次,是无权代理行为发生后无权代理人死亡,本人继承了无权代理人资格的情形。

事例 9

A 瞒着儿子 X,自称是 X 的代理人,将 X 所有的土地甲以 5000 万日元卖给了 Y。其后,A 死亡,X 单独继承了 A。

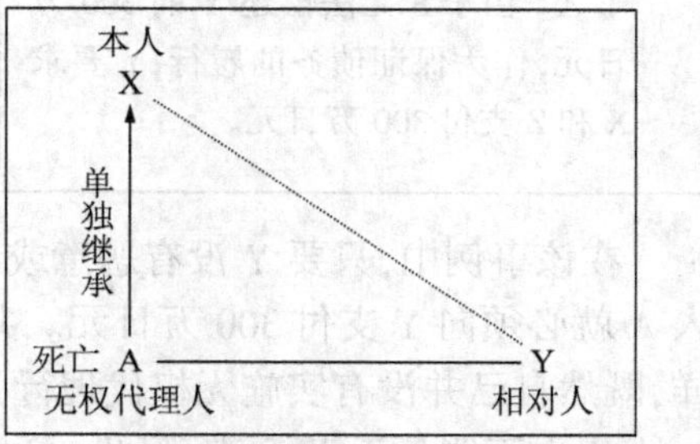

1. 本人可否拒绝追认　这里,首先的问题是,在本人继承无权代理人的 395
情形,还能不能以本人的资格拒绝追认?

(1) 资格融合说　首先,如果认为因为继承本人与无权代理人成为一体,那么就等于本人 X 自己实施了法律行为。因此在此情形,无权代理行为的效果当然归属于 X,不存在拒绝追认的余地。

(2) 资格并存说　但如果认为本人的资格与无权代理人的资格并存,那么如下所述,无论依哪种见解,继承人都可以以本人的资格拒绝追认。

(A) 诚信原则说　依诚信原则说,既然并非本人自己实施了无权代理行为,因此即使本人拒绝追认,也不违反任何诚信。判例也是这样考虑的。[38]

(B) 完全并存说　依完全并存说,既然认为不论继承与否本人与无权代理人的资格原封不动地并存,那么在这种情形,本人 X 也当然可以以本人的资格拒绝追认。[39]

㊲ 如果贯彻这种观点,那么在双方继承型中之无权代理人继承在先型的事件中,由于继承了本人和无权代理人双方资格的继承人自己并没有实施无权代理行为,因此,即使援用本人所作之拒绝追认也不违反诚信原则。关于这一点,参照山本敬三"判批:最判平成 10 年 7 月 17 日"私法判例リマークス19 号 12 页以下(1999 年)。

㊳ 前注㉙最判昭和 37 年 4 月 20 日。《基本方针》也遵从这种观点,在【1.5.40】〈2〉提案规定:"无代理权之人作为他人的代理人缔结契约后,该无权代理人已继承本人时,该无权代理人不能拒绝追认"

㊴ 几代 364 页、石田 464 页、高森・前注㉚392 页等。

2. 无权代理人责任的承继

依资格并存说，即使本人可以以本人的资格拒绝追认，但由于他也继承了无权代理人的资格，所以就有可能被追究117条的责任。

（1）金钱债务的情形

事例10 朋友S向Y借款300万日元时，A瞒着儿子X，自称是X的代理人，与Y订立了以X为保证人的保证契约。后来A死亡，X与弟弟Z继承了A。由于S无法偿还Y的300万日元，作为保证债务的履行，Y要求X和Z支付300万日元。

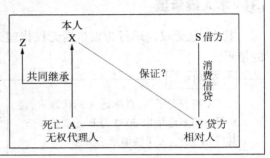

在该事例中，只要Y没有恶意或者过失，作为117条的履行责任，无权代理人A就必须向Y支付300万日元。共同继承人Z继承了A的这个责任。像这样，既然自己并没有实施无权代理行为的Z也要承担责任，那么同样地，继承了A的X也不能免于责任。⑩ 因此，在此情形，X和Z分别对Y负担150万日元的债务。

（2）特定物交付债务的情形

与此相对，围绕在特定物交付债务成为问题的情形是否也认定本人要承担117条的责任这个问题，存在争议。

（A）肯定履行责任说　　在此情形，既然X继承了无权代理人的责任，那么本人X在此情形也不能免除117条的履行责任。⑪

（B）否定履行责任说　　可是，主张在此情形即使相对人Y追究117条的履行责任本人X也可以拒绝的见解更有说服力。⑫ 这是出于如下的考虑。

（a）允许拒绝追认的意义有可能丧失　　首先，在像特定物的交付债务那样的只有本人才能履行的债务成为问题的情形，允许以本人的资格拒绝追认，就意味着本人免于负担那样的债务——没有必要交付特定物。尽管如此，如果依117条负担那样的债务履行责任——有必要交付特定物，那么为

---

⑩ 最判昭和48年7月3日民集27卷7号751页。
⑪ 石田464页、高森·前注㉚392页等。
⑫ 最判昭和49年9月4日民集28卷6号1169页就他主物买卖的事件，判定继承了卖主的权利人可以拒绝买主的履行请求。参照四宫·能见327页、川井266页以下、安永·前注㉙25页、河上467页以下。《基本方针》也遵从这种观点，在【1.5.44】〈1〉提案规定："无代理权之人作为他人的代理人缔结契约后，本人已继承该无权代理人时，本人已拒绝追认的，该本人免于承担【1.5.43】〔无权代理人的责任〕之履行责任。"这里也包含了基于无权代理行为的债务为金钱债务的情形，在此情形，不管怎样由于本人继承了替代履行之损害赔偿责任，不能免于该责任，因此像这样规定在一起实际上并不会引发什么问题，为此作了这样简明的规定，规定一律免于履行责任（参照基本方针62页以下，详解Ⅰ314页以下）。

什么允许拒绝追认就弄不明白了。

（b）对相对人过剩的保护　　此外，既然本来相对人可以追究无权代理人的损害赔偿责任，那么就没有必要因为继承这样的偶然事件而给予其能够请求履行的利益。

4　双方继承型

事例 11

A 瞒着丈夫 X，自称是 X 的代理人，将 X 所有的土地丙以 5000 万日元的价格卖给了 Y。

① 其后 A 死亡，丈夫 X 和子女 Z 继承了 A。后来 X 也死亡，Z 继承了 X。

② 其后 X 死亡，妻子 A 和子女 Z 继承了 X。后来 A 也死亡，Z 继承了 A。

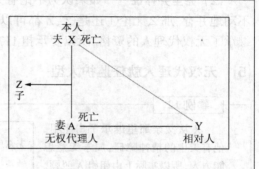

该事例中的 Z，最终继承了本人 X 和无权代理人 A 双方的资格。① 属于无权代理人继承在先型，② 属于本人继承在先型。问题是，在这样的情形 Z 能否以本人的资格拒绝追认。

1. 资格融合说　　如果认为因为继承本人与无权代理人成为一体的话，那么就与本人自己实施法律行为作同样对待。因此，①和②无论哪一种情形，无权代理行为的效果都当然地归属于 Z。

2. 资格并存说　　即使是双方继承型，在认为本人与无权代理人的资格并存的见解中，同样存在着如下争议。

(1) 诚信原则说　　首先，在诚信原则说当中，就什么违反信义存在着不同的看法。

（A）资格基准说（判例㊸）　　第一种观点认为，基于与先取得资格相矛盾的资格作主张，违背信义。按照这种观点，①和②就出现了差异。

（a）无权代理人继承在先型　　在①的情形，由于先获得了无权代理人的资格，Z 以后来获得的本人的资格拒绝追认便违反了信义。按照这种理解，该情形的 Z 便不能拒绝追认，无权代理行为的效果归属于 Z。

（b）本人继承在先型　　在②的情形，由于先获得了本人的资格，所以

㊸ 有关无权代理人继承在先型的最判昭和 63 年 3 月 1 日判时 1312 号 92 页，采用的便是这种观点。也可参照安永·前注㉙18 页以下、近江 282 页以下、佐久间 307 页以下等。

Z 即使以该本人的资格拒绝追认也不违反信义。不过,由于继承了无权代理人的资格,所以要承担 117 条的责任。

（B）行为基准说　　第二种观点认为,实施无权代理行为的人以本人的资格拒绝追认违反信义。㊹ 按照这种观点,不仅在②的情形,即使在①的情形,由于自己并没有实施无权代理行为,所以 Z 可以拒绝追认。不过,既然继承了无权代理人,就要承担 117 条的责任。

(2) 完全并存说　　如果认为不论有无继承本人与无权代理人的资格原封不动地并存,那么无论①还是②,Z 都可以以本人的资格拒绝追认。不过,由于继承了无权代理人的资格,所以要承担 117 条的责任。

5　无权代理人就任监护人型

事例 12

X 从父亲那里继承了房屋甲。他有天生的精神障碍,属于无意思能力人,所以实际上由姐姐 A 照顾。后来甲日渐老旧,需要重建,于是 A 无权代理 X 与当时租赁甲的 Y 交涉,与其订立租赁预约,约定让 Y 暂时搬出后重建,然后再租赁给 Y;如果因为 X 的原因不能出租的话,支付 4000 万日元的赔偿金。可是房

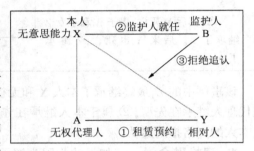

屋盖好后,A 拒绝与 Y 订立租赁的本约,将新建房屋乙作为 X 从 Z 处借款的担保转让给了 Z。于是,Y 要求 X 支付 4000 万日元的赔偿。其间根据 A 和另一个姐姐 B 的请求,家庭法院作了以 B 作为 X 的监护人监护开始的审判。尽管新成为监护人的 B 在 A 与 Y 订立预约时也曾到场协助 A,此刻却拒绝追认 A 实施的无权代理行为。

1. **问题之所在**　　监护人就涉及被监护人财产的法律行为拥有概括性的代理权（民 859 Ⅰ）。因此,对于监护人所为之无权代理行为,监护人也可以替代本人拒绝追认。问题在于,在监护人自己参与了无权代理行为的情形,是否还能够拒绝追认?

㊹ 四宫、能见 328 页,内田 178 页以下,山本·前注㊲13 页,河上 468 页以下等。这种见解对判例的批评是:结论被——以什么样的顺序继承本人和无权代理人这样的——偶然的事实所左右,不妥。《基本方针》也依从该见解,在【1.5.40】〈3〉提案,就无权代理人继承在先型规定:"无代理权之人作为他人的代理人缔结契约后,先继承无权代理人后又继承本人之人,可以追认或者拒绝追认";在〈4〉提案,就本人继承在先型规定:"无代理权之人作为他人的代理人缔结契约后,先继承本人后又继承无权代理人之人,可以追认或者拒绝追认。"（参照基本方针 59 页以下,详解 I 300 页以下）

2．拒绝追认可能说　　有见解认为,在此情形,即使监护人自己也参与了无权代理行为,也始终可以拒绝追认。既然负担为本人行事的义务,在是否追认的问题上,要看这样做是否是为了本人的利益。因此,即使自己参与了无权代理行为,但为了本人的利益,也应当可以作为监护人拒绝追认。[45]

3．诚信原则说　　而判例却采如下立场[46]：

（1）**原则**　　首先,在此情形,原则上监护人对于其就任前发生的无权代理行为,可以拒绝追认。它与拒绝追认可能说是出于同样的考虑。

（2）**例外**

（A）**基于诚信原则限制的可能性**　　不过,对于有相对人的法律行为,需要对交易安全等相对人的利益加以相应的关切。因此,当监护人的拒绝追认违背处于交易关系中的当事人之间的信赖,违背正义观念时,不允许拒绝追认。

（B）**违反诚信原则的判断要素**　　判例认为,在作这种判断时应当考虑如下要素[47]：

（a）无权代理行为的内容、交涉的经过（ⓐ）

（b）本人因追认所蒙受的经济上的不利益和相对人因拒绝追认而蒙受的经济上的不利益（ⓑ）

（c）无权代理行为发生后至监护人就任为止的交涉经过（ⓒ）

（d）无权代理人与监护人的人际关系、监护人参与无权代理行为的程度（ⓓ）

（e）相对人认识或者能够认识到本人的意思能力的事实（ⓔ）

Comment　　　判例所列举的判断要素的涵义及存在的问题

从ⓐ到ⓔ的因素,可以大致分类为两种。

第一种,是有关相对人的信赖在多大程度上值得保护的因素。ⓔ、ⓒ和ⓑ的一部分属于这种类型。例如,就ⓔ而言,在相对人 Y 知道或者能够知道本人 X 无意思能力的情形,就有必要确认代理行为人 A 是否真的有代理权。若怠于确认,得不到保护也没有办法。此外,就ⓒ而言,即便发生了无权代理行为,如果契约的有效被当作当然的前提,交涉反复进行,那么应当保护相对人 Y 的信赖的需要便强烈。另外,即使ⓑ的情形,也可以说,相对人因拒绝追认所遭受的不利益越大,应当保护相对人的信赖的需要便越强烈。

---

[45] 四宫、能见 328 页认为,解释为监护人"原则上"可以拒绝追认才恰当。
[46] 最判平成 6 年 9 月 13 日民集 48 卷 6 号 1263 页（旧法的禁治产制度下的事件）。此外,最判昭和 47 年 2 月 18 日民集 26 卷 1 号 46 页在作为事实上的监护人实施无权代理行为之人其后就任监护人的事件中,判定拒绝追认违反了诚信原则。
[47] 前注[46]最判平成 6 年 9 月 13 日认为,原审并没有将 4000 万日元赔偿额的预定与向 Z 转让的对价（2000 万日元）等作比较,探讨其与 Y 放弃旧房屋之租赁权的不利益之间是否达到了合理的均衡,就判定拒绝追认违反诚信原则是违法的,发回重审。

第二种,是有关本人的权利在多大程度上值得保护的事情。ⓐ和ⓑ的一部分便属于此。首先,在本人无意思能力的情形,监护开始前,事实上总得有某个人来照顾。当然,严格来讲,它属于无权代理,但可以说,至少当时如果维护了本人的利益,那么相应地就不容易产生问题。因此,这里重要的是,在实际发生的无权代理行为中本人的利益在多大程度上得到了维护。ⓐ和ⓑ的一部分被作为考虑的对象,便是在这个意义上。

与此相关,需要关注的是ⓓ。诚然,监护人参与无权代理行为的程度越大,日后该监护人拒绝追认就越是让人感到矛盾。可是,如果认为这里的问题终归是本人在多大程度上值得保护,那么监护人的参与程度就不成为问题。应当说,它是无权代理人责任中应当考虑的事项,对于是否认可效果归属于本人这一点,没有意义。[48]

---

[48] 以上内容,参照佐久间毅"意思無能力者を本人とする無権代理と追認"同・前注⑭365页以下(初出 1996 年)。

表见代理 17

I 序

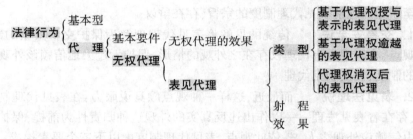

本章和下一章将讲述表见代理——尽管是无权代理,但例外地令本人承担与有权代理相同责任的情形——的问题。本章,首先简单地说明表见代理的含义,然后重点讲述表见代理的三种类型——基于授予代理权之表示的表见代理、逾越代理权的表见代理、代理权消灭后的表见代理——的要件。

II 何谓表见代理

事例1

不动产公司X授予其职员A以营业部长的头衔,但只让他从事劝诱顾客、谈判交易条件的工作,并未赋予其缔结契约的权限。Y看了X公司的广告,得知其正在出售土地甲,便与X公司取得联系。于是,A来到Y家,出示了印有X公司营业部长头衔的名片。双方多次作现场考察和谈判。结果,Y在以5000万日元购买甲的契约书上签字,并向A交付了1000万日元的定金。可是后来才发现,A没有请示X公司的上层部门擅自订立了该契约。

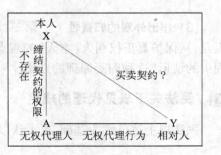

1 无权代理与表见代理

代理权的有无，由本人与代理人的内部关系决定。因此，既然 X 公司没有赋予 A 订立契约的权限，那么 A 与 Y 订立的契约就成了无权代理行为。在此情形，只要作为本人的 X 公司拒绝追认，那么契约的效果就不归属于 X 公司。

在此情形，尽管是无权代理，在一定的要件下，为了保护相对人对本人课以与有权代理相同的责任的制度，便是表见代理制度。

2 表见代理制度的基本原理

至于如何理解表见代理制度的宗旨，存在争议。

1. 交易安全说　传统的见解将表见代理理解为保护交易安全的制度。依此观点，在客观上有代理权存在之外观的情形，保护无过失地信赖该外观之相对人的制度，便是表见代理。①

2. 表见法理说　而最近，这样一种观点颇具说服力：在表见代理制度的根基，存在着表见法理——以作出违反真实的外观这种归责性为前提，保护有正当理由信赖该外观之人。② 依此观点，表见代理制度由以下三个要素构成：

（1）外观的存在　第一，需要有从外部看，能够推测代理权存在的客观事情存在。

（2）对外观的正当信赖　第二，需要相对人有正当理由相信该外观。

（A）相对人的信赖——善意的必要　首先，即使存在外观，也没有必要保护明知它违反真实、即恶意的相对人。

（B）信赖的正当性——无过失的必要　既然要牺牲本人以保护相对人，相对人的信赖也就必须是正当的。因此，单纯的善意还不够，需要善意无过失。

（3）作出外观的归责性　第三，就外观的作出，需要本人有归责性。其前提是：从保护真正权利人（本人）的观点出发，重视"承担责任只限于有不得已之理由的情形"这种归责原理的立场。

3 民法关于表见代理的规定

民法以上述见解为基础，仅承认以下三种保护相对人的情形。

---

① 我妻 364 页。还可参照石田 432 页以下、434 页以下。
② 强调归责性必要的文献，有安永正昭"越权代理と归责性"林良平先生还历纪念《现代私法の课题与展望·中》(有斐阁，1982 年)54 页以下。还可参照几代 370 页、星野 223 页以下、四宫、能见 329 页、铃木 252 页以下、近江 288 页、佐久间 260 页以下、河上 472 页等。

基于授予代理权之表示的表见代理	本人向相对人表示授予特定人以代理权的情形	民109
逾越代理权的表见代理	从本人处获得一定权限者，逾越其权限与相对人实施代理行为的情形	民110
代理权消灭后的表见代理	赋予代理人的代理权消灭后，原代理人与相对人实施代理行为的情形	民112

Comment 表见代理与立法者的决定

　　表见代理终究是无权代理的例外。既然是无权代理，那么原则上，即使实施了代理行为，其效果也不归属于本人。因此，要置原则于不顾，让本人承担责任，就需要特别的理由。限定性地规定了这种特别理由的，是109条、110条、112条。只要不满足这些规定的要件，就依从原则，本人没有必要承担责任。

　　可是，初学者往往容易忘记这一点。例如，主张表见代理时，仅仅列数外观、相对人的信赖、本人的归责性等，却不明示所依据的条文。岂止如此，明明哪一条规定的要件都不满足，却轻易地认定表见代理成立的情形也不在少数。可能自以为是在展开精彩的法律论，但这种做法行不通。的确，表见法理很重要。可是，既然民法本身限定了基于该法理保护相对人的要件，就不允许无视民法的立场。以立法者通过条文所明示的决定为前提，是法律论的出发点。这一点，希望能深刻领会。

Ⅲ 基于授予代理权之表示的表见代理

1 涵义

　　109条正文规定："对第三人表示授予他人以代理权意旨者，于代理权范围内，就他人与第三人间实施之行为负担责任。"规定的宗旨是：本没有授予代理权，却向相对人作看似已经授予之表示的人，承担与有权代理相同的责任。

　　就事例1而言，X公司赋予A营业部长的头衔，被理解为对外部作出内容为授予A订立契约之代理权的表示也没有办法。向相对人Y（"第三人"）表示授予A（"他人"）代理权的X公司，在代理权的范围内，就A与Y之间实施的行为承担责任。作此规定的，便是109条。

2 要件

　　1. 成立要件　　首先，相对人要追究本人109条的责任，必须主张、举证以下两个要件的充足：

　　（1）**代理行为**　　由于表见代理也是代理，这一点是不变的，因此，作为前提需要有如下的代理行为：

（A）代理行为人实施法律行为　　首先，需要代理行为人与相对人实施构成法律行为的行为。

　　（B）显名　　此时，需要显名，即代理行为人向相对人表明为本人而为。

　　（2）109 条特有的要件　　在此基础上，作为替代代理权存在的要件，109 条规定了如下两点：

　　（A）代理权授予的表示　　第一个要件，是本人向"第三人"（代理行为的相对人）作出内容为授予"他人"（代理行为人）以代理权的表示。

　　（a）授予代理权之表示的外观　　首先，要成立授予代理权之表示，需要所作表示可以客观地被评价为授予了他人代理权。这里特别容易成为问题的是以下两种情形：

　　1）给予头衔等　　像事例 1 那样给予头衔等的情形，如果从该头衔等可以客观推测代理权存在，则认定为授予代理权之表示。[3] 但在以下的情形，商法有特别规定：

　　a）表见支配人　　被赋予总店营业部长、分店长等表示总店或分店的营业主任名称的雇佣人，除相对人恶意的情形外，就总店或者分店的事业拥有为一切裁判外行为的权限（商 24、会 13）。

　　b）表见代表董事　　股份有限公司赋予代表董事以外的董事以社长、副社长、专务董事、常务董事等，表示具有代表公司权限的称谓时，对该董事所为之行为，股份有限公司对善意的第三人承担责任（会 354）。

　　2）许诺使用本人的名义　　此外，经常成为问题的还有，不是表示授予代理权，而是许诺他人使用自己名义的情形。

> **事例 2**
>
> 　　为改善东京地方法院职员的福利，作为互助组织，成立了称为"东京地方法院厚生部"的团体 A。A 利用法院的正式部门——总务课福利组的一间屋子，由同一批职员担当事务工作。A 从企业 Y 处一次性购进 300 万日元的衣物，可是后来 A 的收支状况恶化，无法支付价金。于是，Y 请求法院（国家 X）支付 300 万日元价金，X 以"东京地方法院厚生部"不是国家的机关为由，拒绝支付。

　　"东京地方法院厚生部"这个名称，具有东京地方法院本身的外观。在这个意义上，与其说是授予代理权，不如说是本人许诺他人使用自己的名义。

---

　　[3]　例如，判例认为，部长、课长之类的职务，一般是让人推测有代理权的头衔（东京高判昭和 42 年 6 月 30 日判时 491 号 67 页），就与事例 1 类似的案件判定，营业部长这种头衔的给予构成授予订立契约权限的表示）。而在被赋予总务课长代理头衔的人瞒着公司擅自大量购买啤酒券的事件中，东京地判昭和 58 年 6 月 10 日判时 1114 号 64 页却认为：按社会通常观念，作为课长代理人的课长代理，并没有与课长相同的权限，其实在多数情况下是作为无代理权之职位上的名称使用的；至少有课长在任的情形，只要没有特别的事情，就不构成授予代理权的表示。

a）109 条的适用可能性　　这样的表示同样也让人推测是效果归属于本人的表示。因此，这里也将适用 109 条。④ 但在此情形，需要从该名称能够明确地推测出效果归属于本人。⑤

　　b）出借名义的特别规定　　对于许诺他人使用自己的商号营业的情形，商法有特别规定。依此规定，对于因将名义使用人误认成本人而为之交易所生之债务，本人与名义使用人对他方交易人负担连带清偿由该交易所生债务的责任（商 14、会 9）。⑥

　　（b）本人的表示行为　　其次，要构成授予代理权的表示，需要由本人实施上述可客观评价为授予代理权之表示的行为。这里，围绕在什么情形可评价为本人作出授予代理权的表示，存在争议。

　　1）客观说　　通说认为，如果客观地看，可评价为本人实施了授予代理权表示的事态存在，便足够。如果特别重视交易安全，便会如此思考。

　　2）主观说　　也有见解认为，需要本人认识到自己实施的是授予代理权表示的行为。⑦ 这是因为，否则本人完全没有自己作决定却要承担与实施了法律行为相同的责任。

　　（B）所表示代理权范围内的代理行为　　第二个要件是，被表示为"授予了代理权"的"他人"（代理行为人），"于其代理权范围内"与接受该表示的"第三人"（相对人）实施了代理行为。这意味着，代理行为人与相对人所为之法律行为在授予代理权之表示所显示的代理权范围内。

> **事例 1-2**
>
> 　　在事例 1 中，被赋予营业部长头衔的 A 代理 X 公司用土地甲作担保，从 Y 处借入 5000 万日元。此情形将如何？

　　（a）所表示代理权范围外的行为　　从营业部长这个头衔推测出来的代理权的范围，包括 X 公司的营业活动，即与 X 公司保有物件的销售相关的事项。用土地作担保从他人处借款，超出了所表示代理权的范围。因此，在这里，109 条的要件不充足。

　　（b）109 条与 110 条重叠适用的可能性　　可是，判例在这种情形通过

---

④ 最判昭和 35 年 10 月 21 日民集 14 卷 12 号 2661 页。

⑤ 最判昭和 40 年 2 月 19 日判时 405 号 38 页认为，日本电信电话公社近畿电气通信局内的"近畿地区生活必需品销售部"这个名称不属于 109 条的表示。此判断也可以从这个意义来理解。

⑥ 前注④最判昭和 35 年 10 月 21 日用"民法 109 条、商法 23 条〔现 14 条〕等的法理"来正当化许诺使用本人名义之人的责任。不过，因为在那里作为保护相对人的要件要求善意无过失，所以还是应当理解为民法 109 条的问题。

⑦ 参照佐久间毅"民法 109 条の表见代理"同《代理取引の保护法理》（有斐阁，2001 年，初出 1998—99 年）119 页以下，佐久间 263 页。其前提是第 7 章Ⅲ③ 2（125 页以下）所介绍的表示意识必要说。

重叠适用109条和110条,认定了本人承担责任的可能性。⑧ 它基于如下的逻辑：

  1）109条的适用 由于赋予了A以营业部长的头衔,所以依109条,与X就营业事项赋予了A代理权的情形同样对待。

  2）110条的重叠适用 在此基础上,将它看做是110条规定的"权限",当发生超出其范围的代理行为时,重叠适用110条。

2. 阻却要件——相对人的恶意、过失 即使满足以上的要件,"当第三人明知或者因过失而不知道代理行为人没有代理权时"——由本人主张、举证其中任一事实⑨,表见代理不成立。⑩ 既然本人作出授予代理权的表示,那么原则上即使应当依该表示承担责任,但如果当相对人没有正当的信赖,那么就没有必要给予表见代理的保护。

基于表见代理之履行请求的根据规范	阻却规范
1 民991 代理人表明为本人而为后所作的意思表示,在代理人拥有为此意思表示的权限时,直接对本人生效	a 民109但 即使在左列情形,当相对人知道或者因过失不知并未赋予该他人代理权时,表示授予代理权之人不负担责任
2 民109正 对相对人表示授予他人以代理权意旨者（表示授予代理权之人）,于代理权范围内,就该他人与相对人间实施之行为,负担责任	
Y的请求原因	X的抗辩
1 代理行为人A实施代理行为 a 代理行为人A实施法律行为 b 代理行为人A→相对人Y显名 2 先于 1 本人X→相对人Y表示授予代理权 （授予作 1 之行为的代理权的表示）	A 相对人Y的恶意 or B 相对人Y的过失⑪

---

 ⑧ 参照最判昭和45年7月28日民集24卷7号1203页。

 ⑨ 最判昭和41年4月22日民集20卷4号752页。还可参照我妻366页,几代377页,四宫、能见332页以下等。

 ⑩ 相对人恶意或者有过失的情形109条的表见代理不成立。关于这一点,以往虽然没有明文规定,但并不存在异议（参照前注⑨）。受此影响,2004年的修改将这一点予以了明示（参照吉田、筒井编101页以下）。

 ⑪ "过失"属于规范性要件。关于规范性要件的要件事实,参照本书 xxvi 页注⑨。

Comment 授予代理权之表示与有关意思表示之规定的类推

一般认为,109 条规定的授予代理权之表示,是所谓的观念通知,不是意思表示。可是,依该条规定认可与实施法律行为相同的效果,因此一般认为,应当类推有关能力以及意思表示的规定。⑫

《基本方针》以此为前提,在【1.5.35】提案,就实际什么规定应当作怎样的类推这一点认为特别需要明文化的问题,予以明文规定。具体而言,认为以下两点需要修正⑬:

第一,在作授予代理权之表示之人明知并未给予所表示之代理权而作表示的情形,存在类推有关心里保留之规定的可能。但是,关于心里保留,如前所述【参照第 8 章 II（147 页）】,对于表意人隐匿其非为真意而作的狭义的心里保留,如 93 条的规定,这样的表意人能够以相对人可以知道非真意却怠于了解为由而否定意思表示的效力,是有问题的。在此情形能够否定意思表示效力的,应当限于相对人知道表意人非为真意的情形。

依此,关于授予代理权的表示,当作授予代理权表示之人明知并未给予所表示之代理权,却为了使相对人相信已经给予了所表示之代理权时,也不应当允许其主张相信该表示之相对人存在过失。为此,《基本方针》提案,像现行法 109 条那样,即使作为表见代理的阻却要件规定了相对人的过失,在与这种狭义的心里保留相当的情形——"对相对人表示已给予他人代理权之人,明知其表示的代理权并未给予却作出使相对人误信其已给予代理权之表示时",明文规定不予认可(【1.5.35】〈1〉〈丙〉)。

第二,在作授予代理权之表示之人明知并未给予所表示之代理权而作表示的情形,存在类推有关错误之规定的可能。不过,如果从有关表见代理的规定目的在于保护相信表示外观的相对人这个观点来看,考虑作表示一方的内部事情来否定表见代理的成立是否合适,有可能会有疑义。可是,对于原本的意思表示,即使相对人信赖了该意思表示,如果表意人有错误也允许其从该拘束力下解放出来,那么对于与作意思表示有同样效果的表见代理,如果存在于授予代理权之表示相当的错误,就需要同样允许其从该拘束力下解放出来。为此,《基本方针》提案,为明确此点,"在对相对人表示已给予他人代理权之人不知道其表示的代理权并未给予的情形",规定可以否定表见代理的成立,当作此表示之人"有重大过失时",承认其例外(【1.5.35】〈1〉〈甲〉)。

---

3 空白委托书的滥用

1. 问题之所在

(1) 何谓空白委托书 为向外部证明已向代理人授予了代理权,常常会交

---

⑫ 我妻 365 页,四宫 258 页,佐久间·前注⑦135 页以下,河上 474 页等。
⑬ 参照基本方针 53 页以下,详解 I 260 页以下。

付委托书。空白委托书,是指其中代理人的姓名和委托事项的全部或者一部分空白的委托书。

(2) 与 109 条的关系　　空白委托书是本人信赖代理人而交付的文书,但空白部分被用来实施本来没有预定的代理行为的危险性也比较大。在它与 109 条的关系中成为问题的,是因为向对方出示空白委托书的行为有可能构成授予代理权之表示。关于这一点,一般根据空白委托书被谁滥用、如何滥用的不同,区分为以下的类型⑭。

2. 被交付人滥用型　　第一种情形,是从本人处直接获得空白委托书之人,滥用空白委托书实施无权代理行为。根据被交付委托书的人是否从本人处获得代理权,此情形还可以作进一步的区分:

(1) 代理人滥用型

> **事例 3**
>
> X 打算以自己所有的土地甲作担保向 Y 融资,便将此事委托给熟悉此事的 A,并将甲的权利证书和空白委托书一起交给了 A。可是 A 擅自在该空白委托书中填写"有关土地甲之处分的一切事项",代理 X 将甲以 5000 万日元卖给了 Y。

像这样,被交付空白委托书之人 A 从本人 X 处获得了代理权的情形,可以有以下两种构成:

(A) 109 条的构成　　首先,在此情形,存在着这样的可能性:将在本人 X 所交付的空白委托书中填写"有关土地甲之处分的一切事项"并出示给 Y 的行为,理解为 X 对 Y 作了授予 A 有关出售甲之代理权的表示。依此理解,此情形可以作为 109 条的基于授予代理权之表示之表见代理的问题来构成。

(B) 110 条的构成　　其次,在该事例中,本人 X 将用甲作担保从 Y 处融资的事项托付给了代理行为人 A。就是说,代理行为人 A 在该范围内实际上被授予了代理权,但却实施了逾越该范围的代理行为(甲的出售)。因此,此情形也可以作为 110 条的代理权逾越型之表见代理的问题来构成。依此理解,空白委托书的滥用,在判断对方的信赖有无正当的理由时就有意义了。

Comment　　109 条构成与 110 条构成的异同

依 109 条,相对人 Y 只要能证明由本人 X 作出了授予代理权的表示,而本人 X 又不能主张、举证相对人 Y 的恶意、过失,则表见代理成立。而依 110 条,如Ⅳ③ 1 (421 页)所述,一般认为,相对人 Y 一方必须主张、举证代理行为人 A 被授予了基本权限,以及有正当的理由相信代理行为人 A 拥有代理权。仅仅从证明责任的分配来看,似乎依 109 条对相对人 Y 有利。

---

⑭ 参照四宫和夫"判批:最判昭和 39 年 5 月 23 日",法学协会杂志 91 卷 7 号 106 页(1974 年),四宫 259 页以下。

不过,在依 109 条的情形,需要本人 X 作出了授予代理权之表示的事实。可是,在实际的事件中,仅仅交付了空白委托书能否算本人 X 作出了授予一定代理权的表示? 围绕这一点,常常发生争议。在实质上,也可以看做有无正当理由的问题。在此意义上应当说,无论采取哪一种构成,实际上并没有多大差异。

(2) 非代理人滥用型

事例 3-2

在事例 3 中,A 将 B 作为自己的代理人派到 X 处,令其从 X 处受领甲的权利证书和空白委托书。B 利用该空白委托书代理 X,以 5000 万日元的价格将甲卖给了 Y。

① B 在空白委托书的代理人一栏填写上"B",在委任事项一栏填写上"有关处分土地甲的一切事项"后,将委托书出示给 Y

② B 把空白委托书原封不动地出示给 Y

像这样,在本人 X 没有将代理权授予给受领空白委托书的 B 的情形,不涉及 110 条的表见代理。问题在于,是否成立 109 条规定的基于授予代理权之表示的表见代理?[15]

（A）**补充出示型** 像①那样,在对空白委托书作内容补充后出示给相对人 Y 的情形,基于以下的理由,一般认为 109 条的授予代理权之表示存在:

（a）外观的存在 首先,在此情形,从相对人 Y 的角度来看,经过补充的委托书如同由本人 X 制作并出示的。

（b）本人的归责性 由于本人 X 交付了空白委托书这种被滥用危险很大的东西,那么,在接受交付的 B 滥用该委托书的情形,将其评价为 X 自身作出这种内容的表示也是不得已的。

（B）**非补充出示型** 像②那样,空白委托书未经补充就被出示给相对人 Y 的情形,到底是否发生了授予特定代理权的表示,就成了问题。

（a）原则 在此情形,仅仅出示空白委托书,并不能得知本人 X 作了向谁授予、授予了怎样的代理权的表示,因此,无法评价为有 109 条的授予代理权之表示存在。

（b）例外 在除了空白委托书以外,还有土地的权利证书、用于证明身份的印鉴等可以推断代理行为人被授予了特定代理权的事情存在时,则可以评价为有 109 条的授予代理权之表示存在。[16]

---

[15] 以下内容,参照佐久间·前注⑦154 页以下。

[16] 参照前注⑧最判昭和 45 年 7 月 28 日(除受托人、年月日各栏空白的空白委托书外,还交付、出示了权利证、印鉴证明书、部分空白的出让证书,法院在认定存在授予以出卖标的不动产为内容之代理权的表示,在此基础上就代理行为人作为代理行为缔结不动产交换契约这一点,重叠适用 109 条和 110 条,判定表见代理成立)。

3. 转得人滥用型　　第二种情形,是他人又从直接接受交付的人那里取得空白委托书,利用代理人一栏的空白实施代理行为。它又因委任事项栏是否被滥用而有所不同。

（1）未滥用委任事项栏型

事例3-3

在事例3中,以为X需要融资的Y自己因为经营困难陷入了不融资将难以为继的境地。为此,Y生出一计。与A商量的结果,由A从X那里获得甲的权利证书和空白委托书,再交给Y。Y从Z银行融资5000万日元之际,在该空白委托书的代理人栏中填写了自己的名字,在委任事项栏中填写了"有关在土地上设定抵押权的一切事项",代理X在甲上为Z银行设定了抵押权。此情形如何?

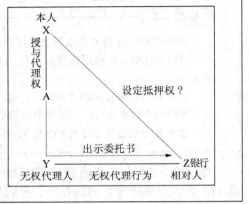

（A）授予代理权之表示的存在　　像这样,未滥用委托事项栏的情形,一般认为109条的授予代理权之表示存在。[17]这是基于如下的考虑：

（a）外观的存在　　首先,在该事例中,Y在以本人X名义制作的空白委托书的代理人栏中填写自己的名字,并出示给相对人Z银行。从Z银行的角度来看,可以将其评价为本人X作了授予代理行为人Y所记载之代理权的表示。

（b）本人的归责性　　此外,由于本人X交付了空白委托书这种被滥用的危险性很大的文书,至少可以认为,只要代理行为人Y补充的委托事项内容与本人X所预期的没有差异,那么被评价为本人X自己作了以上内容的表示也没有办法。

（B）相对人的要件　　不过,相对人Z银行是金融交易的专家,如果明知代理行为人Y陷入了经营困难的状态,而且与本人X也没有过面对面的接触,那么就有义务确认代理行为人Y是不是代理人。如果怠于确认则有过失。[18]

---

[17] 前注⑨最判昭和41年4月22日,最判昭和42年11月10日民集21卷9号2417页等。
[18] 前注⑨最判昭和41年4月22日是与事例3-3类似的事件。法院虽然认定存在授予代理权的表示,但以相对人有过失为由最终否定了109条之表见代理的成立。

（2）滥用委任事项栏型

> **事例 3-4**
> 在事例 3-3 中，尽管 X 只允许 A 在甲上设定抵押权，但 Y 却擅自在委任事项栏中填写"有关在土地甲上设定最高额抵押的一切事项"，代理 X 在甲上为 Z 银行设定了限额为 1 亿日元的最高额抵押权。

在该事例中，存在看似逾越本人认可范围之代理权的表示。在此情形，围绕是否认定有 109 条的授予代理权之表示存在，存在争议。

（A）授予代理权之表示否定说 判例认为，在此情形不能说，就被滥用的内容本人作了授予代理权的表示。[19] 它出于如下的考虑：

（a）空白委托书的性质特征——非辗转流通性　不动产的登记程序所须文件不具有脱离接受交付者流通的性质。因此，在空白委托书与这种文件一同被交付到第三人手中，并由转得人滥用空白栏的情形，也要本人承担责任，是没有道理的。

（b）本人就表示内容的归责性　如果对委任事项栏被滥用的情形也适用 109 条，那么本人将承担远远超出自己所预期范围的沉重责任。以负担这般程度之责任为内容的表示，是无权代理人 Y 擅自作出的，不是本人 X 所为。

（B）授予代理权之表示肯定说 也有见解认为，在此情形就被滥用的内容本人也作了授予代理权的表示。

（a）理由　它出于如下的考虑：

1）相对人的信赖　首先，从相对人 Z 银行的角度来看，既然有人出示了——就为代理行为人 Y 设定最高额抵押权一事本人 X 给予他人代理权的——委托书，就不能否定这种授予代理权之表示的存在。

2）本人的归责性　此外，既然本人 X 通过交付代理人栏空白的委托书，自己造就了在该栏填写直接接受交付者以外之人的姓名的可能性，就应当负担这种风险。

（b）类推 95 条的可能性　在此情形，围绕能否类推有关错误的 95 条，存在争议。

1）95 条类推否定说　认为在此情形不应当类推 95 条的见解作如下的主张[20]：

a）类推的否定　对于 109 条的授予代理权之表示，如果允许本人主张错误无效，那么 109 条的宗旨——保护相对人对外观的信赖——将不能实

---

[19] 参照最判昭和 39 年 5 月 23 日民集 18 卷 4 号 621 页。
[20] 四宫·前注[14]117 页。

现。因此,不应当允许类推 95 条。

b) 109 条框架内的考虑　　依此观点,对于违反本人的观念滥用委任事项的事情,在认定 109 条的表见代理是否成立时,在判断相对人的过失、本人一方的归责性之际予以考虑便足够。

2) 95 条类推肯定说　　而认为在此情形可以认可类推 95 条的见解作如下主张㉑:

a) 类推的基础构建

甲) 类推的基础——授予代理权之表示的性质　　首先,作为前提,109 条的授予代理权之表示,是表示本人的观念——有关授予了代理权这个事实的观念——的东西,具有与意思表示共通的性质。

乙) 109 条的宗旨　　鉴于难以确认在本人与代理行为人之间的内部关系中实际上是否授予了代理权,109 条试图保护相信本人所作的授予代理权之表示的相对人,保护相对人并不要求就该授予代理权之表示不带瑕疵。因此,109 条的宗旨,并非在授予代理权之表示有瑕疵的情形妨碍 95 条的类推。

b) 类推的归结　　依此,在本人的观念(抵押权的设定)与表示的内容(最高额抵押权的设定)发生严重龃龉的情形,可以看做类推有关错误的 95 条,授予代理权之表示归于无效。不过,就空白委托书的交付本人存在重过失时,不允许主张授予代理权之表示无效。

Ⅳ　逾越代理权的表见代理

① 所谓逾越代理权的表见代理

1. 涵义　　虽然从本人那里获得了权限,但如果逾越其范围实施代理行为,便构成无权代理。即使在这种情形,如果相对人相信代理人具有那样的权限,且这种信赖具有正当的理由时,110 条规定本人承担与有权代理相同的责任。

2. 宗旨　　它是基于如下的观点:信赖他人而授予权限者,应当对正当地信赖该权限得到行使之人负担与该信赖相对应的责任。

3. 要件的概要　　相对人要追究本人的 110 条责任,必须具备如下的要件:

(1) 代理行为　　首先,就 110 条而言,作为前提也需要有代理行为——代

㉑ 几代 373 页,佐久间·前注⑦139 页以下、155 页以下、165 页以下,佐久间 262 页、272 页等。也可参照基本方针 54 页,详解Ⅰ260 页以下。

理行为人的法律行为和显名。

(2) 110条特有的要件　　在此基础上,替代代理权的存在,110条规定了如下两个要件:

(A) 基本权限　　首先,110条规定,需要"代理人实施了该权限外的行为"。这意味着拥有实施特定行为的权限,尽管不是有关上述实际实施的代理行为的权限。这个权限权且称为基本权限。

(B) 正当的信赖　　在此基础上,110条规定,需要"第三人相信代理人有权限具有正当的理由"。这个要件由如下两个要素构成:

(a) 善意　　第一,"第三人"相信实施代理行为之人有实施该行为的权限。

(b) 正当的理由　　第二,"第三人"的相信具有"正当的理由"。

基于表见代理之履行请求的根据规范	阻却规范
①　民99 I　　同上(409页)	③　民110　同左
③　民110　在**代理人实施其权限外行为**的情形,当**第三人相信代理人有权限**,且信赖有正当理由时,本人就该行为负担责任	
Y的请求原因	X的抗辩
①　代理行为人A实施代理行为 　　ⓐ　代理行为人A实施法律行为 　　ⓑ　代理行为人A→相对人Y显名 ②　ⓐ　第三人Y的善意(相信代理行为人A拥有实施①之行为的权限) 　　ⓑ　就ⓐ之正当理由的评价依据事实②	左列②ⓐ有正当理由的评价障碍事实②
③　代理行为人A就①之行为以外的特定事项有构成代理权发生原因的事实	

②　要件——基本权限

首先,要追究本人的110条责任,需要代理行为人有特定的"权限"。

1. 权限的含义——是否需要基本代理权　　这里的问题是,该"权限"是否仅限于代理权——实施法律行为的权限?

---

② "正当理由"属于规范性要件。关于规范性要件的要件事实,参照本书 xxvi 页注⑨。

事例 4

X 是金融公司 Z 的投资推销员。因病缠身，实际的劝诱行为交由长子 A 来完成。经 A 的劝诱，Y 决定给 Z 贷款 200 万日元作为投资。感到不安的 Y 要求 A 担当保证人。于是，A 擅自拿出 X 的印鉴，代理 X 与 Y 订立了以 X 为保证人的契约。可是后来 Z 倒产，Y 要求 X 履行保证债务支付 200 万日元。

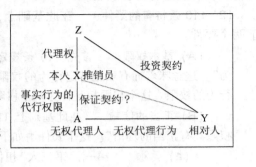

这里，A 获得的是劝诱向 Z 投资之人的权限。劝诱本身不是法律行为，是单纯的事实行为。因此，这里的问题是：并非代理权，而是代理事实行为的权限，是否也可以理解为 110 条的权限？

（1）代理权限定说——基本代理权说 判例[23]以及传统的通说认为，110 条的权限仅限于代理权。依此见解，只要没有赋予实施法律行为的权限，110 条的表见代理就不成立。它是基于如下的考虑[24]：

（A）对交易安全的重视 首先，110 条的表见代理，是这样一种制度：为了保障交易安全，客观地看，当存在的事态让人可以正当地认为代理权存在时，保护相信它的相对人。

（B）基本代理权的作用——确保本人的静态安全 不过，如此一来本人的静态安全就有可能受到危害。为此，作为确保本人静态安全的最底限要件，110 条规定，仅在获得代理本人权限之人实施了无权代理行为的情形，本人才承担责任。[25]

（2）代理权非限定说——基本权限说 最近有力的见解却认为，110 条的权限不限于代理权，只要是对外实施重要行为的权限即可。[26]

（A）本人的归责性——对外观形成的参与 该见解也从表见法理中寻求 110 条的宗旨。因此，要认定 110 条的责任，需要本人的归责性。这种本人归责性，存在于本人参与——看似代理行为人具有实施该代理行为的权限

---

[23] 最判昭和 35 年 2 月 19 日民集 14 卷 2 号 250 页。
[24] 我妻 368 页以下（但在赋予与交易相关联之公法上的代理权的情形，认为应当认定基本代理权存在）等。
[25] 而佐久间毅"民法 110 条の表见代理"同·前注⑦223 页以下（初出 1999 年）在从表见法理中寻求 110 条宗旨的基础上认为，要对本人课以如同自己实施了法律行为的责任，至少需要本人有实施法律行为——形成新的法律关系——的意图，主张需要本人授予了代理权——实施法律行为的权限。
[26] 几代 381 页，注民(4)140 页［椿寿夫］，四宫 262 页，近江 296 页，内田 189 页以下等。也可参照加藤雅 337 页以下。

的——外观形成的情形。

(B) 对参与外观形成的判断　依此观点,本人是否给予了实施法律行为的权限一事,与本人参与外观形成的程度并不对应。这是因为,即便是法律行为,从细小的到重大的,有各种可能;而在法律行为以外,也存在重要的行为。因此,要判断本人的归责性,不如直接以是否赋予了有滥用危险的权限,即对外实施重要行为的权限作为问题。

2. 实施公法上的行为的权限　此外,在代理权以外的权限中,实施公法上的行为的权限是否也包括在 110 条的权限内,也是一个问题。

(1) 判例的倾向　判例一方面以基本代理权说作为出发点,另一方面又显示出有所缓和的倾向。

> **事例 5**
>
> ① X 在前夫死亡后继承了土地甲。其后,X 与男性 A 同居。在 X 的父亲死亡之际,X 被告知办理放弃继承的手续需要印鉴证明书,就托付 A 去市政府办理印鉴证明书。A 办了两份印鉴证明书,为了自己能够从 Y 处借贷 1000 万日元,利用其中一份代理 X 在土地甲上为 Y 设定了抵押权。
>
> ② A 从其兄长 X 处获得赠与的土地甲时,需要办理甲的移转登记,于是保管了 X 的用于证明身份的印鉴、权利证书。可是,A 却利用它来向 Y 借贷 5000 万日元,以甲为 X 所有的状态,代理 X 在甲上为 Y 设定了抵押权,并且代理 X 与 Y 订立了契约,以 X 作为连带保证人。

(A) 印鉴证明书颁发申请的委任　在①中,代替本人到市政府申办印鉴证明书这种公法上的行为的权限,是问题的关键。在此情形,判例认为:既然 110 条的权限仅限于代理权——实施私法上的法律行为的权限,因此 110 条的表见代理不成立。[27]

(B) 登记申请行为的委任　在②中,向登记机关申请登记这种公法上的行为的权限,是问题的关键。在此情形,判例的立场是:即使是代替实施公法上之行为的权限,当该行为是作为特定的私法上的交易行为的一个环节而被实施的时候,可以作为 110 条的权限认定表见代理的成立。[28]

(2) 基本权限说　对于判例的这种立场,基本权限说作如下的说明。

(A) 本人的归责性——赋予有被滥用危险的权限　在通过赋予有可能被代理行为人滥用的权限,而参与——看似代理行为人拥有实施该行为的权限的——外观的形成的情形,本人才有归责性。即使是公法上之行为的代办权

---

[27] 最判昭和 39 年 4 月 2 日民集 18 卷 4 号 497 页。
[28] 最判昭和 46 年 6 月 3 日民集 25 卷 4 号 455 页。而佐久间·前注㉕224 页却坚持基本代理权说,认为在这样的情形也不能认可 110 条的表见代理(但佐久间 275 页改变了立场)。

限，只要有这种滥用的危险，就认定为110条的权限。

（B）滥用的危险程度　　依此观点，之所以在申办印鉴证明书的情形否定110条的成立，而在登记申请行为的情形肯定110条的成立，是因为前者的代办权限被滥用的危险性相对较小，而后者的代办权限被滥用的危险性大。[29]

3. 权限的逾越　　此外，围绕是否需要实际实施的代理行为与代理行为人所拥有的基本权限之间存在同种性、同质性，即当逾越程度显著时是否否定110条之表见代理的成立，存在争议。

（1）否定斟酌逾越程度说　　判例[30]以及通说[31]不问逾越的程度，即认为不需要赋予的权限与实际实施的行为之间存在同种性、同质性。至少现在一致认为，仅两者之间没有同种性、同质性不能否定110条之表见代理的成立。

（2）肯定斟酌逾越程度说　　也有见解主张，逾越的程度应当在"正当理由"中斟酌。[32]该主张的前提是这样一种见解，即在正当理由中也应当考虑本人一侧的事情（下文的综合判断说）。

3 要件——第三人的正当信赖

其次，在有以上的逾越权限行为的情形，一般认为，要成立110条的表见代理，"第三人"相信代理人具有这般权限必须有"正当理由"。110条的正当理由，至少包括相对人就相信代理行为人有代理权一事没有过失。关于这一点，不存在争议。问题是，"正当理由"是否仅仅限于善意无过失？

1. 善意无过失说　　传统的见解，将其视为相对人的善意无过失。[33]

（1）110条的要件构造　　该见解对110条要件的理解如下：

（A）基本权限　　首先，在本人一侧的事情中，只考虑本人是否赋予了"权限"这个要件。

（B）正当理由　　而在"正当理由"中，只考虑相对人的事情：

（2）善意无过失的判断构造　　依此观点，问题在于如何判断相对人就相信代理行为人有代理权一事是否存在过失。关于这一点，围绕是否考虑相对人应否向本人调查确认代理权的有无以及范围，存在争议。

（A）调查确认义务构成　　在善意无过失说中，如下的观点更具说服力：对于代理行为人是否有代理权，在相对人本应向本人调查确认的，却怠于调查

㉙　参照四宫、能见335页等。
㉚　大判昭和5年2月12日民集9卷143页等。
㉛　我妻369页、几代379页、383页、近江297页、石田434页、佐久间·前注㉕232页等。
㉜　四宫262页、266页以下、内田188页、190、196页等。
㉝　我妻371页、佐久间·前注㉕228页、加藤雅336页等。也可参照佐久间278页以下（主张正当理由的存在与否，只应当从相对人实际能够看到的客观情况出发作判断，本人一方的事情应当通过类推适用95条予以考虑）。在此情形，善意无过失的证明责任，由相对人负担（司研Ⅰ92页）。

确认的情形,相对人存在过失,正当理由不成立。依是否重视代理行为人拥有可以推测代理权存在的证据,该观点还可以进一步作如下的区分:

（a）重视证据说　　作为一般论,判例重视代理行为人拥有推测代理权存在的证据——用于证明身份的印鉴、印鉴证明书、委托书、权利证书等,作如下的考虑㉞:

1）判断构造

a）不存在否定要因的情形　　在代理行为人拥有可以推测代理权存在之证据的情形,只要没有特别的令人产生疑念的事情,相对人就没有过失,正当理由成立。㉟

b）存在否定要因的情形　　而就代理权的有无存在令人产生疑念的事情时,相对人应当向本人调查确认。怠于调查确认,则没有正当理由。㊱

2）否定要因　　就这种代理权的有无令人产生疑念的事情,如下所列:

a）证据的可疑性　　第一,是代理人所拥有的证据存在疑念的情形。例如,相关文件不齐全、有篡改的痕迹等。

b）代理行为人的可疑性　　第二,是对代理行为人存有疑念的情形。例如,虽然持有用于证明身份的印鉴,但代理行为人是本人的亲属等,处于容易取得用于证明身份的印鉴并且滥用地位的情形。㊲

c）利益相反的交易　　第三,是代理行为人通过代理行为获得利益的情形。在此情形,由于代理行为人有可能为了自己的利益而利用代理人的地位,因此需要向本人调查确认。㊳

d）本人的不利益　　第四,是实施的代理行为使本人蒙受重大不利益的情形。在此情形,就本人是否真的有负担那般不利益的意思,需要调查确认。㊴

3）相对人的身份要因　　以上的调查确认义务的程度,因相对人的不同而各异。特别是相对人为金融机关的情形,即使有外部的证据,只要没有

㉞ 判例的详细情况,除横滨律师协会编《表见代理の判例と实务》（金融财政事情研究会,1984年）229页以下外,还可参照注解判例477页以下〔中村成人〕。

㉟ 最判昭和35年10月18日民集14卷12号2764页（交付用于证明身份印鉴的事件）等。

㊱ 最判昭和42年11月30日民集21卷9号2497页等。

㊲ 最判昭和27年1月29日民集6卷1号49页（妻子保管着丈夫的用于证明身份的印鉴的事件）,最判昭和39年12月11日民集18卷10号2160页（长子擅自拿出共同生活的亲生父亲用于证明身份的印鉴的事件）等。

㊳ 最判昭和41年10月11日金法460号7页,最判昭和45年12月15日民集24卷13号2081页（就代理行为人的债务,实施了以本人连带保证为内容的代理行为的事件）等。

㊴ 前注㊳最判昭和45年12月15日,最判昭和51年6月25日民集30卷6号665页（就由继续性交易所生债务,他人实施了以本人提供未定保证期间、保证限度额的连带保证为内容之代理行为的事件）等。

其他足以令人相信代理权存在的事情，原则上就应该向本人调查确认。⑩

（b）加重肯定要因说　　也有见解认为，仅仅有可以推测代理行为人拥有代理权的证据还不够，还要存在令人感到完全不需要向本人调查确认程度的客观事情，只有在此情形，才具备正当理由。⑪ 这种附加的肯定要因如下：

1）过去的交易　　第一，是过去代理行为人作为正规的或者事实上的代理人作过同样交易的情形。⑫

2）本人的言行　　第二，是本人对相对人作过类似承认交易存在、代理权存在之言行的情形。给予代理行为人以让人推测代理权存在之头衔等的情形，也包括在内。⑬

（B）对调查确认义务构成的批判　　针对上述在判断正当理由时关注相对人是否应当向本人调查确认的见解，存在如下的批判。⑭

（a）调查确认义务构成存在的问题　　对相对人课以调查确认代理权的义务，与代理制度的宗旨不相容。这是因为，如果认为相对人有向本人调查确认的义务，不能尽此义务就得不到保护，就使得以代理人作为直接对象作交易成为可能的代理制度失去意义。

（b）调查确认义务构成的不必要　　与其主张在有一定事情存在的情形有调查确认义务，倒不如直接在存在这种事情的情形认定没有正当理由。

2. 综合判断说　　最近，认为正当理由不应限定于相对人的善意无过失，本人一侧的事情也应包括在内的见解，颇具说服力。⑮ 依此见解，正当理由被理解为：通过考虑双方的事情，综合判断是否应当保护相对人，将责任归属于本人的要件。⑯

（1）基于表见法理的重构　　若将表见代理理解为基于表见法理的制度，则不仅要求相对人信赖外观，而且还要求就外观的形成本人具有归责性。本人赋予权限只不过是认定归责性的前提。因此，本人最终有没有足以课以责任的归责性，只能在正当理由中判断。

---

⑩ 前注㊳最判昭和41年10月11日，前注㊳最判昭和45年12月15日等。

⑪ 高森八喜事郎、高森哉子"権限逾越の表见代理と『正当理由』"同《表见代理理论の再构成》（法律文化社，1990年，初出1990年）35页以下。至于判例，一般论姑且不谈，至少实际上也是这样判断的。

⑫ 最判昭和31年5月22日民集10卷5号545页（该事件中有这样的事实：代替高龄的父亲处理家政的长子，过去曾向同一相对人出售过父亲的山林，并顺利履行完毕）等。

⑬ 最判昭和49年10月24日民集28卷7号1512页（信用组合的分店长在分店内就债务清偿的冲抵达成合意的事件）等。

⑭ 参照安永·前注②47页以下，佐久间·前注㉕229页以下等。

⑮ 参照注民(4)146页以下[椿]，四宫262页，安永·前注②55页以下，内田196页，近江295页、298页，河上481页、486页等。这种见解也认为，判例实际上是这样判断的。

⑯ 这样考虑的话，关于正当理由就无法设想严格意义上的证明责任了。不过，作为大致的指针可以认为：如果相对人能够证明基本权限和外观的存在，则本人一方就必须证明相对人的恶意或过失。

（2）**本人一侧的事情**　　依此见解,本人一侧的事情中需要考虑以下的事由:

（A）**本人对外观形成的参与**　　第一,是本人在多大程度上参与了——代理行为人看似拥有代理权的——外观的形成。加重肯定要因说所列举的本人的言行,就属于此。

（B）**脱离基本权限的程度**　　第二,是实际实施的代理行为的内容在多大程度上脱离了本人所赋予的权限。脱离程度越大,就越是超出本人因赋予权限而应当承担风险的范围,所以容易判定不存在使那般责任得以正当化的归责性。

（C）**本人的不利益**　　第三,如果认定表见代理的成立,本人会蒙受多大的不利益。

4 110 条之表见代理的射程——110 条之"第三人"

最后,围绕 110 条之"第三人"限于无权代理行为的直接相对人抑或还包括转受让人的问题,存在争议。

> **事例 6**
>
> X 想着用自己所有的土地甲作担保从 Y 处融资,他把此事托付给了内行 A,并把甲的权利证和空白委托书一并交给了 A。可是 A 在空白委托书上擅自填写了"有关土地甲处分的一切事项",代理 X 把甲以 5000 万日元卖给了 Y。其后,Y 又把甲卖给了 Z。
> ① Y 知道 A 实施了逾越权限的行为,但 Z 不可能知道
> ② Y 不可能知道 A 实施了逾越权限的行为,但 Z 知道

1．相对人限定说　　判例认为,110 条的第三人,限于无权代理行为的直接相对人。㊼

（1）**理由**　　所谓表见代理制度,目的在于保护实际上代理权不存在却相信有代理权存在之外观的人。因此,既然直接面对看似有代理权的外观的是直接的相对人,那么 110 条所保护的第三人只限于直接的相对人。

（2）**对转受让人的处理**　　依此见解,对转受让人作如下处理:

（A）直接的相对人恶意或有过失的情形

（a）**表见代理不成立**　　在①的情形,因为不能说 110 条的第三人——直接的相对人 Y 善意无过失,所以表见代理不成立。由于本人 X 不会因为

㊼ 最判昭和 36 年 12 月 12 日民集 15 卷 11 号 2756 页。还可参照我妻 370 页,北川 206 页,川井 249 页,佐久间·前注㉕252 页以下,河上 485 页以下等。石田 436 页,近江 299 页认为,对于票据关系应当区别对待。

代理行为人 A 的无权代理行为失去甲的所有权,因此,从相对人 Y 处受让的转受让人 Z 不能拒绝本人 X 基于甲之所有权的返还请求。

（b）**类推适用 94 条 2 款的可能性**　但在本人 X 明知有看似相对人 Y 拥有甲之所有权的外观存在却放置不管的情形,若转受让人 Z 善意（无过失）——通过对该事实的主张、举证,则有可能通过类推 94 条 2 款取得甲的所有权。在此情形,由于本人 X 将丧失甲的所有权,转受让人 Z 可以拒绝本人 X 要求返还甲的请求。

（B）**直接的相对人善意无过失的情形**

（a）**表见代理的成立**　在②的情形,由于直接的相对人 Y 善意无过失——通过对该事实的主张、举证,表见代理成立,相对人 Y 取得甲的所有权,本人 X 丧失甲的所有权。

（b）**转受让人的承继取得**　其结果,转受让人 Z 可以拒绝本人 X 要求返还甲的请求。在此情形,转受让人 Z 基于与相对人 Y 的契约承继取得甲的所有权。

2. 相对人非限定说　也有见解认为,110 条是保护交易安全的规定,所以不应该限于直接的相对人,其他的第三人也可以包括在 110 条的第三人中。依此观点,即使对于直接的相对人 Y 不成立表见代理,就转受让人 Z 判断要件是否充足即可。

Comment　　　　　　　　　　　　　　　表见代理与类推适用 94 条 2 款的异同

这个问题,尤其在票据交易的事例中议论较多。主张不限于直接交易的相对人的观点之所以有力,是因为在票据交易中重视交易安全。可是作为一般论,认为表见代理制度所保护的终归还是代理行为的相对人的观点,才是比较自然的。至于转受让人,作为有关保护相信无权利人为权利人之人的一般问题来把握便足够。

而即使将 110 条的第三人限定为直接的相对人,或许还会有疑问:对于转受让人,如果类推适用 94 条 2 款不是一样吗？可是,表见代理与 94 条 2 款的类推,判断的要点不同。

首先,在表见代理,以看似代理行为人 A 有代理权这种外观的存在为前提,就该外观的形成本人 X 是否具有归责性,相对人 Y 信赖该外观是否有过失,才是问题。而在 94 条 2 款的类推,以 Y 看似是权利人的外观——例如登记名义人为 Y 的外观——为前提,就外观的形成和维持 X 是否有归责性,第三人 Z 信赖该外观是否有过失,才是问题。就是说,即使同样以表见法理作为基础,因成为前提的外观不同,判断的要点也随之不同。

物权性请求的根据规范	阻却规范
4 不成文法　就标的物拥有所有权者，可以对正在占有该标的物之人请求标的物的返还	I 基于表见代理丧失所有权的抗辩【相对人限定说】⁴⁹
	1 民99 I　同上(409页)
	3′民110　代理人实施其权限外的行为的情形，当相对人相信代理人有权限，且信赖有正当理由时，本人就该行为负担责任
5 不成文法　权利发生(存在为权利发生提供基础的事实)时，只要没有特别的事情，该权利现存⁴⁸	II 基于类推94 II 丧失所有权的抗辩
	b 类推民94 II　在存在虚伪外观的情形，当真正的权利人就该外观的作出或者存续有归责性时，(无过失地)相信该外观的第三人，依该外观取得权利
X 的请求原因	Z 的抗辩
1 X 甲的原所有⁴⁸ (所有权取得原因) 2 Z 甲的现占有	I 基于表见代理丧失所有权的抗辩
	1 代理行为人 A 实施代理行为 　a 代理行为人 A 实施法律行为 　b 代理行为人 A→相对人 Y 显名
	2 a 相对人 Y 的善意(相信代理行为人 A 拥有实施 1 之行为的权限) 　b 就 a 之正当理由的评价依据事实⁵⁰
	3 代理行为人 A 就 1 之行为以外的特定事项有构成代理权发生原因的事实
	II 基于类推94 II 丧失所有权的抗辩
	1 外观的存在(X→Y 甲的移转登记) 2 就外观的作出或者存续 X 有归责性 3 Z 善意(相信 Y 有甲的所有权)(无过失)

---

⁴⁸ 参照本书 xxv 页注⑦。(两处共用一个注释，译者注)
⁴⁹ 在此表中，限于采相对人限定说的情形。
⁵⁰ 参照本书 xxvi 页注⑨。

V 代理权消灭后的表见代理

1 何谓代理权消灭后的表见代理

事例7

X将自己所有的旅馆甲租赁给其与弟弟共同经营的旅馆公司K。后来,由于K的业绩恶化,X请来内行A担任K的董事长,令其重振公司。可是状况还是没有好转,不得已X想到了出让旅馆,便赋予A有关此事的一切权限。于是,A与旅馆公司Y进行交涉。但X开始不信任A的做法,解除了A的职务。可是,A隐瞒了这个事实,利用所保管的必要文书,代理X将甲卖给了Y。[51]

1. 涵义 如果X、A之间的委任契约被解除,则A的代理权也消灭(民111Ⅱ),A所为之行为成为无权代理行为。可如此一来,相信A有代理权的相对人Y就会蒙受意想不到的不利益。于是,在像这样代理权消灭后原代理人实施无权代理行为的情形,112条也承认成立表见代理的可能性。具体来说,本人X不能以代理权的消灭对抗善意第三人,即相对人Y。但是,一般认为相对人Y因过失不知道该事实的情形不在此限。[52]

2. 宗旨 关于此112条是否为表见代理的规定,存在争议。

(1) 不能对抗说 首先,依112条,前提是代理行为人A曾经有实施该行为的代理权。当然,其后由于代理权消灭,如此下去效果将不归属于本人。可是112条规定,当相对人Y善意时,本人X不能以代理权的消灭对抗相对人Y。这意味着在与相对人Y的关系上,不能主张代理权已经消灭。其结果,当初的代理权继续存续,效果将归属于本人X。[53]

(2) 表见代理说 而依一般的理解,112条与109条、110条一样,都是有关表见代理——尽管原本是无权代理,但例外地视为有代理权之情形——的规定。[54] 2004年民法白化文化之际,为112条添加了题标——"代理权消灭后的

---

[51] 参照东京地判平成2年7月31日判时1386号108页。
[52] 像代表董事退职那样的、商法上作为登记事项的情形,与商法9条的关系就成了问题。关于这一点,存在争议。依通说,商法9条所规定的宗旨是:应当登记的事项若不登记,则不能对抗善意第三人;登记后除非第三人有正当理由,也可以对抗善意第三人。依此理解,退职登记后只要第三人无正当理由不知道该登记,则公司可以以代表权的消灭来对抗,而没有进一步适用或者类推适用民法112条的余地(最判昭和49年3月22日民集28卷2号368页)。此外,对于社会福祉法人(社福28Ⅱ,旧社会福祉事业法27Ⅱ),出于同样的考虑也认为:"除存在交通、通讯的中断、登记簿的灭失等登记簿阅览的客观障碍,致使第三人无法阅览登记簿或者阅览极其困难的情形外",没有适用或者类推适用民法112条的余地(最判平成6年4月19日民集48卷3号922页)。
[53] 参照司研Ⅰ97页。依此观点,112条正文将被定位为:针对基于有权代理之请求原因、代理权消灭之抗辩的再抗辩(参照本书431页的图表)。
[54] 我妻364页,四宫257页以下等。依此观点,112条正文被定位为:针对基于有权代理之主位请求原因的、以代理权消灭的抗辩为前提的预备请求原因(参照本书432页的图表)。依村田涉"法律实务家养成教育としての要件事实の考え方について"ジュリスト1288号66页以下(2005年),最近司法研修所民事裁判教官室的多数意见采此立场。

表见代理"。

2 要件

相对人 Y 要追究本人 112 条的责任,需要具备下列要件:

1. 代理行为　　首先,对于 112 条,作为前提也需要有代理行为——代理行为人的法律行为和显名。

2. 112 条特有的要件　　在此基础上,要成立 112 条的责任,还需要以下要件:

(1) 代理权的消灭　　第一,前提是代理行为人过去拥有过代理权,但其后消灭。

　　(A) 过去代理权存在过　　依此,首先需要代理行为人过去拥有过代理权,例如在事例 7 中,代理行为人 A 被赋予了有关出让旅馆的一切权限。

　　(B) 代理权的消灭　　只要该代理权存在,代理行为人所为之代理行为的效果就将归属于本人。可是,当代理权消灭时——由相对人主张、举证了该事实时,若再无变化则成为无权代理,效果不归属于本人。

(2) 相对人的主观要件　　为此,第二就需要相对人相信代理行为人仍拥有代理权。不过,围绕该如何理解该要件,存在争议。

　　(A) 信赖的对象——是否需要对过去代理权存续的信赖　　首先的问题是,关于相对人相信的对象,是否需要相信过去的代理权仍存续?

　　(a) 代理权存续说　　首先能够想到的立场,相对人过去曾与代理行为人做过交易,且有必要相信当时存在的代理权仍存续。这种观点认为 112 条的宗旨在于:防止以代理权仍存续作为前提实施了代理行为,相对人却因代理权的消灭而蒙受意想不到的不利益。⑤ 依此观点,在事例 7 中,既然相对人 Y 以前并未与代理行为人 A 做过代理交易,就不成立表见代理。

　　(b) 代理权存在说　　而判例却认为,即使相对人未曾与代理行为人做过代理交易,如果有正当理由相信代理行为人拥有代理权,表见代理就成立。曾经与该代理行为人做过代理交易一事,不过是认定该相对人善意无过失的资料之一而已。⑥

Comment　　代理权消灭后之表见代理中信赖的对象

　　关于代理权消灭后之表见代理中信赖的对象,学说上还有见解将判例的观点推进一步,主张只要就现在所作的代理行为相信代理权存在便足够。⑦ 此见解基于如下的观点:从交易安全的宗旨看,要成立表见代理,重要的是相对人相信代理行为人拥有代理权是否合适。

　　可是,代理权消灭后的表见代理,原本不是用以保护对这种代理权"存在"的信赖的制度,而是以代理权的"存续"作为前提,用以防止相对人因代理权的消灭而蒙受意

---

⑤ 参照大判昭和 8 年 11 月 22 日民集 12 卷 2756 页。也可参照佐久间 283 页以下。
⑥ 参照最判昭和 44 年 7 月 25 日判时 574 号 26 页。
⑦ 几代 394 页以下等。四宫 269 页似乎也持相同观点。

想不到之不利益的制度。若非如此,即使同样是相信代理权"存在"的相对人,如果代理行为人完全没有被赋予代理权,则因不存在 110 条的基本权限而不成立表见代理;而在代理行为人曾经偶然地被赋予代理权,其后代理权消灭的情形,表见代理却成立。

基于这样的考虑,《基本方针》以相对人知道代理权过去曾存在为前提,认为需要其不知道该代理权的消灭,提案将 112 条的正文修改为:"本人赋予的代理权全部或部分消灭后,代理人仍以代理权存在为前提在该项代理权范围内实施的行为的情形,于相对人不知道该项代理权已全部或者部分消灭之事实时,本人不能主张其行为对自己不生效。"(【1.5.37】〈1〉正)[58]

(B)证明责任 此外,围绕由谁负担证明相对人善意、无过失的责任,存在争议。

(a)不能对抗说 首先,上述【① 2(1)(428 页)】不能对抗说,依从条文的构造主张,当第三人善意时,本人不能以代理权的消灭对抗;第三人有过失则被定位为阻却该效果的例外。依此观点,第三人就自己的善意负担证明责任,本人就相对人的过失负担证明责任。[59]

(b)表见代理说 而上述【① 2(2)(429 页)】表见代理说中,则存在如下不同的立场:

1)恶意、过失抗辩说 多数学说主张,应当由本人就相对人的恶意或者过失负担证明责任。[60] 理由是,代理权的消灭是本人与代理人之间的事情,多数情形相对人无从知晓。

2)善意请求原因、过失抗辩说 在表见代理说中也有观点主张,应当由第三人就自己的善意负担证明责任。如果代理权消灭,本是无权代理,代理行为的效果不归属于本人。考虑到表见代理是其例外,那么尽管代理权已经消灭,要视为代理权存在,作为使其正当化的理由,就需要相对人的善意。[61]

【不能对抗说】

履行契约请求的根据规范(请求原因)	阻却规范(抗辩)	再阻却规范(再抗辩)	再再阻却规范(再再抗辩)
① 民 99 Ⅰ 同上(409 页)	c 民 111 Ⅱ 基于委任之代理权,因委任的终止而消灭	甲 民 112 正 代理权的消灭不能**抗善意第三人**	α 民 112 但 当**第三人因过失不知道代理权的消灭(不存在**[62]**)时,不能对抗代理权的消灭**

---

[58] 参照基本方针 56 页以下,详解 I 278 页以下。
[59] 司研 I 97 页。也可参照辻 309 页以下。
[60] 几代 394 页,四宫·能见 340 页,近江 304 页,北川 207 页,川井 252 页,加藤雅 340 页,河上 489 页等。大判明治 38 年 12 月 26 日民录 11 辑 1877 页认为,只要没有反证,就可以推定相对人不知道代理权的消灭。
[61] 参照详解 I 279 页。
[62] 若依向代理权的存在寻求信赖对象的见解,就成了括号内的内容。

【表见代理说】

履行契约请求的根据规范 （主位请求原因）	阻却规范 （抗辩）
1 民99Ⅰ 同上	c 民111Ⅱ 同上※
基于表见代理之履行请求的根据规范 （预备请求原因）	阻却规范 （抗辩）

【恶意、过失抗辩说】※

1 民99Ⅰ 同上	d 民112但 即使在左列情形,当相对人知道代理权已经消灭(不存在)时,或者就不知道存在过失时,本人就该行为不负担责任
6 民112 尽管代理权已经消灭,但代理人仍代理本人实施法律行为的情形,本人就该行为负担责任	

【善意请求原因、过失抗辩说】※

1 民99Ⅰ 同上	e 民112但 即使在左列情形,当相对人因过失不知道代理权已经消灭(不存在)时,本人就该行为不负担责任
7 民112正 尽管代理权已经消灭,但代理人仍代理本人实施法律行为的情形,当相对人不知道该代理权已经消灭(不存在)时,本人就该行为负担责任	

3. 112条与110条的重叠适用

事例8

由于自己经营的公司不景气,A打算向Y借款。因为需要担保,A求妻子X帮忙。X同意在其从父母那里继承来的土地甲上设定抵押权。于是,A获取并向Y出具了X的用于证明身份的印鉴和空白委托书,从Y处借款2000万日元,代理X在甲上为Y设定了抵押权。可是后来,A的公司业绩依然没有好转,还需要进一步注入资金,于是利用所保管的X的用于证明身份的印鉴和空白委托书,瞒着X代理她以3000万日元将甲卖给了Z。

该事例中的A不仅于代理权消灭后实施了无权代理行为,而且从当初的代理权（为Y在甲上设定抵押权的权限）来看,实施了越权行为（将甲卖给Z的契约）。但是针对这种情形,判例通过在112条上重叠适用110条,认可了保护善意无过失之相对人Z的可能性。[63] 它是基于如下的逻辑：

（1）112条的适用 首先,依112条,视代理行为人A现在仍拥有在甲上设定抵押权的代理权。

（2）110条的重叠适用 其次,将其视为110条的基本权限,对逾越其范围实施的代理行为,重叠适用110条。

---

[63] 大判昭和19年12月22日民集23卷626页。

表见代理 II

I 序

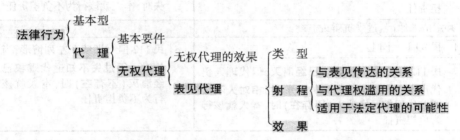

为了阐明上一章学习的表见代理制度的射程,本章首先将探讨它与表见传达人的关系、与代理权滥用的关系,以及适用于法定代理的可能性。在此基础上,最后简单地论述表见代理的效果。

II 表见代理的射程

表见代理,是在无权代理的情形,在一定的要件下保护相对人,对本人课以与有权代理相同之责任的制度。以下,将阐明这个制度的前提,确认一下其射程。

1 与表见传达人的关系

首先,表见代理也是以代理行为的实施为前提的。与此相关的问题是,传达人实施越轨行为的情形。

事例 1

A 为了从 Y 银行处获得 500 万日元的融资,请 X 担任保证人。因为平时多受 A 的恩惠,所以 X 就答应了。他在债务人一栏空白的保证契约书("就债务人_____对债权人 Y 银行所负之 500 万日元债务提供保证")上署名、盖章,并把它交给了 A。可是,A 擅自在债务人一栏中填写了交易对方 S 的名字,然后把它交给了 Y 银行。

该事例中的 A,并没有代理 X,而只是向 Y 银行传达了 X 的意思——订立保证契约。这属于传达人。然而，X 本打算担保 A 的债务，而 A 却填写了 S 的名字。就变成了与 Y 银行订立了保证 S 的债务的契约。问题是：是否 X 因此就必须保证 S 的债务？

1. 错误说　　判例将这种情形看做本人 X 的错误的问题。①
(1) 错误无效的成立要件

（A）表示错误　　依此观点，传达人表示的是本人的意思。如此一来，就等于在此情形 X 通过传达人 A 作出了保证 S 的债务的表示。可是，X 的意思本是保证 A 的债务，因此，X 有表示错误。

（B）要素的错误　　如此情形，保证谁的债务，属于保证契约的要素【参照第 10 章 Ⅲ② 2(2)（A）(216 页以下)】。因此，依 95 条正文，在此情形，认可 X 的错误无效的主张，X 可以拒绝 Y 要求履行保证契约的请求。

(2) 错误无效的阻却要件　　在此情形，对 X 来说 A 是值得信赖之人。至少在这种情形，只要没有特别的事情，即使将债务人栏空白，也不能算 X 有重过失。因此，依 95 条但书不能驳回 X 错误无效的主张。

2. 类推表见代理说　　学说中的多数则认为，即使在这种情形也应当类推有关表见代理的 110 条。② 依此观点，即使 X 没有重过失，如果 Y 银行善意无过失，那么 X 将负担保证 S 之债务的债务。这是出于如下的考虑：

(1) 与越权行为的类似性　　首先，此情形的传达人 A 无视 X 的指示，不当地行使了补充债务人一栏的权限。在这个意义上，与代理人超越其"权限"行事的情形类似。

(2) 本人的归责性　　此外，此情形的 X 将债务人一栏空白的契约书交付给 A，自己造成了滥用的可能。在这个意义上 X 具有归责性，所以可以类推 110 条。

	履行契约请求的根据规范（请求原因）	阻却规范（抗辩）	再阻却规范（再抗辩）
错误说	①　民 446 Ⅰ Ⅱ　**在有主债务的情形，就其书面缔结保证契约**的保证人，负担履行的责任	a　民 95 正　作意思表示之际，在**存在错误(不正确地作出与意思不同的意思表示)**的情形，当该错误属于法律行为的要素时，意思表示无效	甲　民 95 但　即使在左列情形，当**表意人有重大过失**时，表意人自己不能主张无效
	②　不成文法　**在表意人委任传达人向相对人表示意思或者传达意思表示**的情形，当传达人向相对人表示表意人的意思或者传达意思表示时，视为表意人向相对人作了该意思表示		

---

① 大判昭和 9 年 5 月 4 日民集 13 卷 633 页。也可参照近江 242 页以下等。
② 参照我妻 299 页，几代 267 页，四宫 177 页、226 页，四宫·能见 296 页，内田 205 页等。不过，不得不指出的是，像我妻 368 页以下那样——一方面采取 110 条之权限原则上必须是代理权的立场，另一方面对于表见传达人又允许适用或类推适用 110 条——的主张，缺乏整合性。

	履行契约请求的根据规范（请求原因）	阻却规范（抗辩）	再阻却规范（再抗辩）
类推表见代理说	① 民446I II 同上 ③ 类推民110 在表意人委任传达人向相对人表示意思或者传达意思表示的情形，当传达人表示不同于表意人之意思的意思或者传达不同于表意人之意思的意思表示时，当相对人相信其为表意人意思的表示或者意思表示，且相信有正当理由时，表意人作为向相对人作意思表示之人负担责任③		

Comment 传达人与代理的异同

如第15章Ⅱ②2(1)(349页以下)所述,传达人与代理的区别在于 A 有无决定意思的自由。不过,虽然定义如此,但实际上代理人被赋予了多大程度的权限,因情况的不同而各异。例如,就本人 X 的一般财产管理赋予概括性权限的情形;就土地甲的出售,赋予一切权限的情形;就土地甲的出售,指示以不低于5000万日元的价格出售的情形;在指示以5000万日元向相对人 Y 出售的基础上,就价金的支付时期、支付方法等契约条件赋予与相对人 Y 交涉决定之权限的情形。再进一步收缩权限的话,最后,本人决定契约的全部内容, A 只是将它传达给 Y 的情形,就成了传达人。

像这样,所赋予权限的范围限定得越小,代理与传达人的差距就越小。在这个意义上可以说两者不是能在某一点一刀两断的关系,只不过是程度的差异而已。如果是这样的话,将两者完全割裂的做法是不妥当的。可以说,在类推表见代理说的根基存在这样的见解。

② 与代理权滥用的关系

其次,表见代理以无权代理行为的实施为前提。相关的问题是,它与代理权滥用的区别。④

事例 2

销售进口商品的 X 公司营业部长 A,作为 X 的代理人,有权限从进口商处采购法国香水。可是,A 想利用该权限获利,于是以 X 公司的名义从进口商 Y 处购进香水,之后将香水卖给 L,将利益中饱私囊。Y 能否向 X 公司请求香水的买卖价金?

---

③ 由于"正当理由"属于规范性要件,因此为其构建基础的评价依据事实构成请求原因,阻却它的评价障碍事实构成抗辩(参照本书 xxvi 页注⑨)。

④ 有关研究状况,参照福永礼治"代理权滥用与表见代理"法学教室213号29页(1998年)。

像这样,虽然客观上在代理权的范围内,但不是为了本人的利益,而是为了谋取自己或者第三人的利益而恶意利用的行为,称为代理权的滥用。

1. 代理权的滥用与代理权逾越的区别　　围绕是否区分代理权滥用与代理权的逾越,存在争议。问题是,按什么基准来划定代理权的范围?

(1) 区别否定说——无权代理说　　首先,有见解认为代理权的滥用也是代理权的逾越。依此见解,代理权的滥用被作为无权代理来对待。⑤

(A) 代理权的范围　　其前提是这样一种观点:通过为本人的利益而实施代理行为这种代理人的义务,也划定了代理权的范围。依此观点,"为了本人的利益,从进口商处购进法国香水"的权限,才是代理权。其结果,为了自己的利益购进香水的行为将被理解为超越这种代理权范围的行为。

(B) 对相对人的保护——表见代理　　依此立场,对相对人的保护,将通过有关逾越代理权之表见代理的 110 条来实现。如此一来,在判定相对人(Y)有正当的理由相信代理行为人(A)有代理权时,相对人(Y)将得到保护。

(2) 区别肯定说　　判例、通说却认为,代理权的滥用不同于代理权的逾越。依此观点,代理权的滥用终归是有权代理,原则上效果归属于本人。

(A) 代理权的范围　　其前提是这样一种观点:代理人的义务——为了本人的利益而实施代理行为——是本人与代理人间的内部义务,代理权的范围则应当另行客观地画定。如此一来,"从进口商处购进法国香水"的权限,才是代理权。其结果,代理行为人 A 所为之行为,将被理解为该代理权范围内的行为。

(B) 理由　　这是基于如下的理由:

(a) 确保代理交易的顺利进行　　首先,如果主观地决定代理权的范围,那么就可能因为相对人无法知悉的事情使代理行为成为无权代理。如此一来,只要相对人没有正当理由,就不能追究本人的责任,顺利的代理交易就有可能受到危害。

(b) 本人的风险　　其次,因为自己认可的行为——从进口商处购进法国香水的行为——客观地发生了,所以本人被追究对该行为的责任也没有办法。即使代理人实施了背信的行为,原则上其风险由选择了该代理人的本人负担。

2. 代理权滥用的法律构成　　将代理权的滥用理解为有权代理时,在何种情形保护遭受背信行为的本人,就成了问题。

(1) 类推心里保留说　　判例认为,关于代理权的滥用应当类推适用有关心里保留的 93 条但书。⑥ 它是出于如下的考虑:

---

⑤　川岛 380 页、石田 442 页以下等。
⑥　最判昭和 42 年 4 月 20 日民集 21 卷 3 号 697 页等。也可参照我妻 345 页、几代 312 页、近江 258 页以下等。

(A) 与心里保留的类似性　　在滥用代理权的情形,代理人也同样基于将效果归属于本人的意思(代理意思),并将该意思表示(显名)了出来。然而从本质来看,该情形的代理人实际上为自己或者他人的利益而作出为了本人的表示。这里,可以看到与心里保留类似的状况。

　　(B) 与表见代理构成的差异　　依此立场,与适用110条的情形相比,证明责任的分配不同。

　　(a) 93条但书的类推　　首先,在类推93条但书的情形,本人(X)证明了就代理权的滥用相对人(Y)存在恶意或者过失时,代理行为归于无效。这是因为,既然原则上认为是有权代理,那么就应当由想反过来否定效果归属的本人(X)来负担证明责任。

　　(b) 110条的适用　　而在适用110条的情形,如果相对人(Y)证明就相信在代理权范围内一事存在正当的理由,则效果归属于本人。这是因为,既然原则上认为是无权代理,那么就应当由想反过来主张效果归属的相对人(Y)来负担证明责任。

　　(2) 诚实信用原则说　　与此相反,另一种见解也颇有说服力:就代理权的滥用相对人存在恶意或者重过失时,这样的相对人主张代理行为的效果归属于本人,违反诚实信用原则,不能容许。⑦

	契约履行请求的根据规范(请求原因)	阻却规范(抗辩)
类推心里保留说	④ 民555　买卖因当事人一方约定将其财产权移转于相对人,相对人约定对此支付价金而生效 ⑤ 民99Ⅰ　当代理人有权限时,代理人表示为本人而为之意思表示,直接对本人生效	ⓑ 类推93条但书　左列情形,在代理人为了谋求自己或者他人的利益而滥用代理权的情形,当相对人知道滥用的事实,或者能够知道该事实时,该意思表示对本人不生效
诚信原则说	④ 民555　同上 ⑤ 民99Ⅰ	ⓒ 民1Ⅱ　左列情形,在代理人为了谋求自己或者他人的利益而滥用代理权的情形,当相对人知道滥用的事实,或者就不知存在重大过失时,该相对人不能主张该意思表示对本人直接生效

Comment　　心里保留类推说与诚实信用原则说的异同

　　按照类推心里保留说,相对人有过失时本人免责;而按照诚实信用原则说,相对人有重过失时本人才免责。这种差异从何而来呢?

　　在此,诚实信用原则说重视的是与代理权逾越的不同。也就是说,在滥用代理权

---

⑦ 四宫240页以下、川井216页以下等。也可参照四宫、能见307页以下。

的情形,行为终归是在代理权的客观范围之内。因此,为了确保代理交易的顺利进行,就不需要刨根究底,而要求当作有权代理来对待。另外,代理人实施的行为是本人指示的,因此本人就该行为被追究责任也没有办法。不过,也没有必要保护明知代理权滥用的相对人。与恶意相当的重过失也一样。诚实信用原则说就是这样考虑的。

而在本人与相对人直接交易的情形,民法多关注过失的有无,适用 93 条等规定。为什么仅仅代理交易就应当另当别论呢? 在类推心里保留说的背后,可以看到这样的思考。

然而,就心里保留而言,如前所述【参照第 8 章Ⅱ(147 页)】,对于表意人隐匿其非为真意所作之狭义的心里保留,如第 93 条所规定的那样,让该表意人能够对相对人主张明明可以知道非为真意却怠于了解从而否定意思表示的效力,是有问题的。一般认为,能够否定意思表示之效力的,应当限于相对人知道表意人非为真意的情形。

依此观点,在滥用代理权的情形,从相对人的立场看,代理人属于本人一方,由于该人实施代理行为时隐匿了背信的意图,类似于狭义的心里保留。因此,如果这里类推适用心里保留的规则,那么仅限于相对人为恶意的情形,本人才可以主张效果的不归属。这是基于如下的考虑:通常人们可以期待本人对代理人的控制,既然本人通过代理人的行为获益,那么其背信行为带来的风险也应当由本人负担。

不过,滥用代理权的情形不同于狭义的心里保留的情形,本人并未亲自实施使相对人产生误信的行为。在与这种本人的关系上应当说,至少就滥用事实而言,即便为善意,有重大过失的相对人也不能否定本人的效果不归属的主张。

如果这样考虑的话,无论是依心里保留类推说还是依诚实信用原则说,结论都是一样的。基于这样的考虑,《基本方针》提案规定:"代理人为自己或者他人谋取利益与相对人在代理权范围内所为之法律行为如果构成代理权滥用,而相对人知道其滥用之事实或对不知有重大过失时,本人可以主张该行为对自己不生效力"(【1.5.33】〈1〉)。⑧

3. 法定代理中的代理权滥用

> **事例 3**
>
> 未成年人 X 在父亲死亡后继承了土地甲。死者的弟弟 S 在其兄长去世后曾经照顾过 X 和 X 的母亲 A。后来,应 S 之托,A 在 S 向银行 Y 借款时代理 X 在甲上设定了抵押权。日后成年的 X 主张该抵押权的设定无效,要求涂销登记。

在该事例中,法定代理人 A 为了第三人 S 的利益滥用了代理权。问题在于,这样的法定代理的代理权滥用,可否与先前的任意代理的情形不加区别地对待?

(1) 类推心里保留说 判例在主张对法定代理也类推适用 93 条但书的基础上,对判定代理权滥用的情形作如下的限定⑨:

(A) 限定 依此观点,在这类事件中,对代理权滥用的认定,限于存在

---

⑧ 参照基本方针 49 页以下,详解Ⅰ244 页以下。
⑨ 最判平成 4 年 12 月 10 日民集 46 卷 9 号 2727 页。

"被认为是严重违背授予亲权人代理子女权限法律之宗旨的特殊情况"的情形。例如，无视子女的利益，仅仅为谋求自己或者第三人的利益而实施代理行为的情形等。

（B）宗旨　　作这样的限定，是出于如下的考虑：在法定代理的情形，广泛承认法定代理人的裁量余地，其实有利于保护限制行为能力人。

（2）诚实信用原则说　　而依诚实信用原则说，本来如果相对人恶意或有重大过失，本人将免责。但也有意见认为，在法定代理的情形，如果相对人有过失，就可以认可本人的免责[⑩]。这是因为，在法定代理的情形不是本人自己选择了代理人，所以不能说原则上应当由本人承担代理人背信行为的风险。

③ 适用于法定代理的可能性

表见代理是这样一种制度：尽管是无权代理，在满足一定要件时本人要承担与有权代理相同的责任。与此相关联的问题是，这种制度可否适用于法定代理？

1. 109条的适用可能性　　首先，109条的适用可能性实际上很少成为问题。因为在此情形很难想象本人自己作授予他人法定代理权之表示的事态。

2. 110条的适用可能性

（1）一般的法定代理　　围绕在法定代理的情形可否适用110条，存在争议。

（A）适用肯定说　　判例认为，在法定代理人实施越权行为的情形，也可以以法定代理权为基本权限，承认110条的成立。[⑪] 它是基于如下的理由：

（a）110条的文义　　首先，从"代理人就其权限外的"这样的表述来看，将该权限理解为代理权比较自然。因此，既然法定代理权也是代理权，当然就包含于其中。

（b）对交易安全的重视　　其次，表见代理是为确保交易安全而保护相对人对外观之正当信赖的制度。因此，尽管法定代理权不是本人赋予的，只要对外观有正当的信赖，就应当认可表见代理的成立。

（B）适用否定说　　而最近认为在法定代理人实施越权行为的情形不能适用110条的见解更有说服力。[⑫] 它基于从表见法理中探求表见代理制度宗旨的见解。在法定代理的情形，因为并不是本人自己选择代理人，不能说本人具有归责性，所以不能认可表见代理的成立。

---

⑩ 四宫240页以下。出于同样的考虑，《基本方针》也在【1.5.33】〈2〉提案："在代理人所滥用之代理权为法定代理权的情形，相对人知道其滥用之事实或者对不知有过失时，本人可以主张该行为对自己不生效力"（参照基本方针50页，详解Ⅰ244页）。

⑪ 大判昭和17年5月20日民集21卷571页（未征得亲属会的同意而实施代理行为的事件）。我妻372页、石田440页等。几代389页、注民(4)163页以下［椿寿夫］、近江300页、川井244页等认为，在此情形应严格判断正当的理由。

⑫ 除安永正昭"越权代理と归责性"林良平先生还历纪念《现代私法学的课题と展望・中》（有斐阁，1982年）57页以下、同"表见代理をめぐる问题"争点76页以下外，还可参照四宫263页、内田190页以下等。

Comment 　　　　　　　　　　　　　　　　　　　　法定代理与表见代理

像这样，有关适用于法定代理之可能性的议论，反映了如何理解表见代理制度之宗旨这种基本立场的差异。可以说，该问题的重要性恰好就在这里。

不过，实际上成为问题的场景，迄今为止非常有限。在战前，法定代理人未经亲属会的同意实施代理行为的情形，常常成为问题，但现在已经失去了意义。另外，依以往的行为能力制度，承认无能力人的法定代理人拥有概括性的代理权，因此几乎都是有权代理。问题至多是选任了监护监督人后监护人未经其同意实施代理行为的情形。

然而，成年监护制度创设后情况发生了一点变化。在赋予保佐人、辅助人以代理权的审判后，代理权的范围将被限定于特定的法律行为（民 876 之 4 Ⅰ、876 之 9 Ⅰ）。因此，如果发生了超越该范围的代理行为，表见代理有可能成为问题。

在此之际，如果重视本人也通过请求和同意赋予代理权之审判而参与了代理人的选任这一点，那么就与任意代理的情形一样，存在认可表见代理成立的余地。在此情形，由于被赋予之代理权已经登记，因此也就有可能通过要求出示登记事项证明书来确认代理权的有无和范围。至于能否期待这种确认，在判断"正当理由"时予以考虑即可。⑬

可是，位于表见法理基础的见解——"要令权利人丧失权利得以正当化，必须该权利人自身存在即使丧失权利也没有办法的理由"——，符合尊重权利的要求，应当将其定位为基本原则。依此立场，就法定代理而言，不承认权限外行为能成立表见代理。之所以允许本人对代理权赋予的申请和同意，是基于这样的见解：从正常化的理念出发于可能的范围内尊重本人的自己决定权。应当说，本人对代理权赋予的申请和同意不可能成为因权限外的行为本人不得不丧失权利的理由。⑭

基于这样的考虑，《基本方针》也将表见代理的成立限于任意代理的情形（【1.5.36】），提案将 110 条的要件修改为"代理人实施了本人所赋予之权限之外的行为的情形"。⑮

（2）夫妇的日常家事与表见代理　　与此相关联的问题是，夫妇的一方无权代理另一方的情形。

> **事例 4**
>
> 因为事业失败，A 无法向 Y 支付购买商品的价金 3000 万日元。于是，A 想到了妻子 X 所有的土地甲。他将 X 的证明身份的印鉴和权利证书取出，擅自代理 X 与 Y 订立契约，将甲卖给 Y，用价金支付 3000 万日元的债务。后来，察觉此事的 X 与 A 离婚，要求 Y 返还甲。

---

⑬ 参照佐久间毅"代理法からみた法定后见、任意后见"民商法杂志 122 卷 4＝5 号 66 页以下（2000 年）。

⑭ 安永·前注⑫争点 77 页。

⑮ 参照基本方针 55 页以下、详解 I 271 页以下。此外，有关 109 条，也可参照基本方针 53 页以下、详解 I 263 页；有关 112 条，也可参照基本方针 56 页以下、详解 I 278 页。

（A）761 条和夫妇间的日常家事代理权　　在此情形,当妻子 X 没有特意授予丈夫 A 任意代理权时,就仅仅是 761 条的问题。

（a）夫妇有关日常家事的连带责任　　夫妇的一方就"日常的家事"与第三人实施法律行为时,另一方就由此产生的债务负担连带责任(民 761 正)。它是出于如下的考虑:

1) 基于夫妇共同体的责任　　首先,既然夫妇构成一个共同体,那么对于维持共同体所必要的行为,隶属于该共同体之人应当共同承担责任。

2) 对相对人信赖的保护　　其次,对于为夫妇共同生活而实施的日常行为,相对人通常认为夫妇会一起承担责任。

（b）夫妇间的日常家事代理权　　虽然 761 条直接规定的是夫妇的连带责任,但一般认为,该条就日常家事也规定了夫妇相互拥有代理权。⑯ 它是出于如下的考虑:

1) 当然解释　　既然在另一方的名字完全不出现的情形都认可连带责任,那么在名字作为本人出现的情形,承担责任理所当然。

2) 处理日常家事的便利　　如果夫妇相互不拥有代理权,那么在处理日常家事时也不方便。

（c）日常家事的范围　　从 761 条的宗旨看,在相对人看来,可以将客观上维持夫妇的共同生活所必要的行为理解为属于"日常的家事"的范围。

1) 肯定例　　有关衣食住的事项、一定限度内有关医疗、教育、娱乐等的事项,属于该范围。

2) 否定例　　而事例 4 中 A 所为之行为,基于如下的理由,不属于日常家事:

a) 不动产的处分　　首先,不动产的处分是左右夫妇生活基础的重大事项,本来应当夫妇共同实施。

b) 仅给一方带来利益的行为　　显然只给夫妇一方带来利益的行为,不能算作维持夫妇共同生活所必要的行为。

（B）日常家事代理权与表见代理　　依上述内容,民法承认夫妇之间有日常家事代理权。在事例 4 中,发生了超越该代理权的行为。问题是,可否以日常家事代理权为权限,认定 110 条的表见代理?

（a）适用 110 条说　　有见解主张,可以以日常家事代理权作为基本代理权,认定 110 条的表见代理。⑰ 其前提是法定代理也可以适用 110 条这

---

⑯ 而北川善太郎《亲族·相续》(有斐阁,第 2 版,2001 年)57 页以下、大村敦志《家族法》(有斐阁,第 3 版,2010 年)69 页主张:从 761 条不能推断出法定的日常家事代理权,只有在授予任意代理权的情形,才会有表见代理的问题。

⑰ 几代 391 页以下、高森哉子"夫妇の日常家事行为と表见代理"高森八四郎、高森哉子《表见代理理论の再构成》(法律文化社,1990 年,初出 1989 年)200 页以下等。

样一种立场。

（b）类推110条说　　判例的思考如下[18]：

1）对直接适用110条的否定　　按照以往对110条的理解，不管实际发生的代理行为如何脱离权限的范围，表见代理都有可能成立。这样一来，如果这里不折不扣地适用110条，那么即使在发生远远超出日常家事的重大行为的情形，表见代理也有可能成立。这样的话，仅仅限于日常家事才认可夫妇间的代理权的意义将丧失，夫妇在财产上的独立有可能受到损害。

2）110条的类推　　不过，即使在超出日常家事范围的情形，当"有正当理由相信该行为属于有关日常家事之法律行为的范围内"时，相应地应当保护相对人的信赖。它是这样一种见解：终归是以761条为基础，同时试图通过类推110条来保护对属于日常家事范围内一事的信赖。[19]

	物权性请求的依据规范 （请求原因）	阻却规范 （抗辩）	
110条适用说	6 不成文法　就标的物拥有所有权者，对现在占有该标的物者请求返还	基于民110表见代理之所有权丧失的抗辩	
		d	民176　物权的设定及移转，仅因当事人的意思表示而生效[21]
		5	民99 I　同上（439页）
	7 不成文法　权利发生（存在为权利的发生提供基础的事实）时，只要没有特别事情，该权利现存[20]	e	民761　夫妇就日常家事拥有相互代理他方与第三人为法律行为的权限
		f	民110　代理人实施其权限外行为的情形，当相对人相信代理人有权限，且有应当相信的正当理由时，本人就该行为负担责任
110条类推说	6 不成文法　同上 7 不成文法	基于民761＋民110类推的所有权丧失的抗辩	
		d	民176　同上
		5	民99 I
		g	民761＋民110类推　即便夫妇一方超越日常家事的范围与第三人实施了法律行为，如果相对人相信其在有关日常家事之法律行为的范围内，且有应当相信的正当理由时，他方就该行为负担责任

---

[18] 最判昭和44年12月18日民集23卷12号2476页。还可参照我妻荣《亲族法》（有斐阁，1961年）109页、四宫268页、石田441页等。

[19] 关于这种理解，参照山本敬三"判批：最判昭和44年12月18日"星野英一、平井宜雄、能见善久《民法判例百选Ⅰ 总则・物权》（有斐阁，第5版新法对应补正版，2005年）71页。

[20] 参照本xxv页注⑦。

[21] 参照本书xxvi页注⑧。

3. 适用112条的可能性 关于适用112条的可能性，议论基本上与110条的情形相同。㉒ 在此可以预想，随着成年监护制度的创设，较之以往，实际成为问题的场景会更多地涌现。

Ⅲ 表见代理的效果

1 表见代理的效果

关于表见代理的效果，109条、110条规定，本人就无权代理人所为之行为"负担责任"。其涵义如下：

1. 相对人主张效果归属的可能性 首先，相对人可以主张无权代理人所为之行为的效果归属于本人。在此情形，效果归属于本人，本人不仅负担义务，也取得权利。㉓

2. 本人不能主张效果归属 但本人一方却不能向相对人主张无权代理人所为之行为的效果归属于自己。既然表见代理是保护相对人的制度，因此是否主张是相对人的自由，当相对人以表见代理为由主张效果的归属时，本人只是不能拒绝而已。

2 无权代理与表见代理的关系

在成立表见代理的情形，围绕当事人能否主张基于无权代理的效果——本人的追认（民116）、相对人的撤销权（民115）和对无权代理人责任的追究（民117），存在争议。

1. 表见代理优先说 关于这一点也有见解主张，在成立表见代理的情形不能主张无权代理的效果。㉔ 依此见解，无权代理人的责任便成为表见代理不成立时的补充责任。它是出于如下的考虑：

(1) **与有权代理相同的效果** 首先，在成立表见代理的情形，发生与有权代理相同的效果。既然与有权代理相同，那么相对人就只能对本人主张本来由代理产生的效果。

(2) **相对人的考虑** 其次，相对人本来设想的也是与本人的交易，所以与有权代理同样对待应该不会有问题。

2. 选择可能说 而判例却认为，表见代理也是无权代理，由于这一点是

㉒ 大判昭和2年12月24日民集6卷754页承认适用于法定代理的可能性。我妻375页、几代395页、石田445页等支持这种立场。但四宫269页反对。
㉓ 我妻366页以下、几代401页等。
㉔ 我妻381页、川岛401页等。

不变的,所以即使在成立表见代理的情形当事人也可以主张无权代理的效果。[25]它是出于如下的考虑:

(1) 相对人的选择可能性　　因为表见代理是用以保护相对人的制度,所以放弃保护选择无权代理的效果,是相对人的自由。

(A) 撤销权　　例如,当相对人不期待与本人的关系时,为了封堵本人的追认应当允许其行使撤销权。

(B) 无权代理人的责任　　此外,出于如下的考虑,也有必要认定无权代理人的责任。

(a) 认可无权代理人免责的不恰当性　　首先,既然无权代理人自己实施了无权代理行为,就没有理由免除其责任。在此,允许无权代理人的抗辩——"因为成立表见代理,所以自己不承担责任"——是不恰当的。[26]

(b) 成立表见代理的不确定性　　其次,表见代理是否成立在事前并非显而易见的情形居多。为此,如果总是只能主张表见代理,是对相对人课以不当的负担。

(2) 本人追认的可能性　　相对人本来设想的也是与本人的交易,所以允许本人追认应该也不会有问题。

---

[25] 最判昭和33年6月17日民集12卷10号1532页、最判昭和62年7月7日民集41卷5号1133页。几代402页以下、内田169页以下、204页。四宫270页、近江289页、川井268页以下等认为,在裁判中如果一种效果确定,就不能再认可另一主张。

[26] 前注[25]最判昭和62年7月7日。

法人总论、法人制度 I——设立、组织·管理运营、变动·再编

I 序

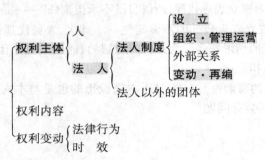

从本章开始,将用三章的篇幅讲述权利主体中有关团体的部分,即法人。除了法人制度本身的问题外,还将介绍法人以外的团体,特别是合伙和无权利能力社团、财团的问题。

首先作为总论,本章说明法人的涵义;在此基础上,概观法人制度中有关设立、组织·管理运营、变动·再编的问题。本章的目的是让读者把握法人制度的概要。

II 总论——何谓法人

1 法人与法人格

所谓法人,是被承认具有成为独立权利主体资格的团体。成为这种权利主体的资格,称为法人格。承认团体的法人格,具体具有如下的意义。

1. 法律关系的单纯化

> **事例1**
>
> 软件设计师伙伴 A、B、C、D 共同制作的游戏软件取得成功,获得了 3000 万日元的收入。于是,他们以这笔钱为原始资本设立了软件屋 X 股份有限公司,花 1200 万日元从 Y 处购买了公寓房甲作为事务所。

(1) 仅仅承认自然人具有法人格的情形　　首先，假定仅仅承认自然人可以具有作为权利主体的资格，那么权利义务（在本事例中甲的所有权和对 Y 的价金支付义务）将归属于每一位成员（A、B、C、D）。如此一来，要取得权利义务，就只有全体成员去订立契约，或者全体成员选任代理人去订立契约，非常繁琐。此外，不动产（甲）归全体成员所有，登记只能作共同登记，日后如果成员发生变动每次都需要作登记的变更。债务（支付价金的债务）也由每一位成员负担，因此全体成员都有可能受到履行请求，实际履行后还可能发生对其他成员复杂的求偿关系。

(2) 承认团体有法人格的情形　　而如果承认团体本身拥有独立的作为权利主体的资格，权利义务的归属就有可能集约到团体（X 公司）。法律关系将因此变得单纯。

2. 团体财产与个人财产的分离　　其次，通过承认团体具有作为独立权利主体的资格，就有可能将归属于团体的财产和归属于成员个人的财产分离开来对待。

(1) 个人债务与团体财产的分离

> **事例 1-2**
>
> 在事例 1 中，A 想试一试在公司开发的证券交易必胜软件，于是以个人的身份与证券公司 G_1 反复进行交易。结果，由于股价出乎意料地暴跌，A 背上了 500 万日元的负债。

（A）团体财产的分离　　对于成员负担的债务（A 对 G_1 的债务），仅其个人财产成为责任财产——不清偿债务时强制执行的对象。归属于团体（X 公司）的财产，不受成员个人的债权人（G_1）的强制执行。

（B）宗旨　　这样做，可以与成员无关地维持团体财产。因此，团体活动就有可能得到保障，相对人也可以安心地与团体作交易。

(2) 团体债务与个人财产的分离

> **事例 1-3**
>
> 在事例 1 中，后来 X 公司利用大型计算机公司 G_2 的 1000 万日元融资制作的游戏软件完全没有销路，造成庞大赤字，无法返还从 G_2 处借来的 1000 万日元。

（A）成员的有限责任　　对于由团体负担的债务（X 公司对 G_2 的债务），仅团体财产成为责任财产。成员的个人财产不受团体的债权人（G_2）的强制执行。这，称作成员的有限责任。

（B）宗旨　　由此，个人就不用无限定地承担责任的风险，从事团体活动便成为可能。

> **Comment** 法人制度与成员的有限责任
>
> 以上结论并非适于所有的法人。特别是最后的有限责任,法人中也有不承认有限责任的。例如,合名公司(会576Ⅱ)和合资公司的无限责任股东(会576Ⅲ)便是如此。在此意义上,以上所述只是实际上占多数之法人——股份有限公司、一般社团法人、一般财团法人等——的特征。关于这一点,在第21章介绍无权利能力社团时,还将再次涉及。

② 法人的种类

1. 社团法人与财团法人 根据其实际状态,法人可以分为社团法人和财团法人。

(1) 社团法人 社团法人是指,被认可具有成为权利主体资格的人的团体。

(2) 财团法人 财团法人是指,被认可具有成为权利主体资格的财产集合。

> **事例2**
>
> 曾经在西京大学学习法律学的有资产人士A,留下"为了促进法学界学者的国际交流,捐赠10亿日元"的遗嘱后不久就死亡了。由西京大学的教授K等作为骨干,遵照遗嘱设立了X国际交流基金。

这里,以10亿日元的财产集合构成独立的权利主体,使10亿日元归属于该集合。使之成为可能的法技术,便是财团法人制度。

2. 营利法人与非营利法人 根据是否以营利——将团体所取得的利益分配给成员——为目的,法人可分为营利法人和非营利法人。

(1) 营利法人 以营利为目的的法人称为营利法人。它不仅从事收益事业,而且还以向成员分配利益为目的。事例1中的股份有限公司,就是典型。

(2) 非营利法人 不以营利为目的的法人,称为非营利法人。即使从事收益事业,但如果不以向成员分配利益为目的——具体而言分配和清算剩余财产时不允许将剩余财产分配给成员,便属于非营利法人。根据是否以公益为目的,它又可以分为以下两种。

　　(A) 公益法人 "以学术、技艺、慈善、祭祀、宗教及其他公益为目的的法人",称为公益法人(民33Ⅱ)。事例2中的X国际交流基金等便属于此。

　　(B) 中间法人 虽然不以营利为目的,但也不是以公益为目的的法人,称为中间法人。例如,以相互扶助、亲善等为目的的团体便属于此。

③ 法人法制的变迁

1. 传统的法人法制 民法典制定后直到晚近为止,法人法制的构造如下。

（1）法人基本法——民法　首先法人制度共通的基本事项规定在民法中。

（2）非营利法人法制

　（A）公益法人法

　　（a）民法规制　此外,民法就公益法人设置了设立、管理、清算等方面的规定。当时,就设立而言,采取许可主义,除了需要主管部门的许可外（民前 34）,法人的业务处于主管部门的监督之下（民前 67）,允许主管部门最终撤销设立许可（民前 71）。其背后的想法是,有关公益的事项原本属于国家的使命。

　　（b）税制上的优待措施　另外,公益法人的设立一旦依上述程序被认可,就可以获得税制上的优待措施。

　（B）特别法　此外,关于非营利法人,根据需要分别就个别成为问题的领域制定了特别法。例如,关于公益法人的宗教法人法、私立学校法、社会福利法等,关于中间法人的农业协同组合法、消费生活协同组合法、医疗法、工会法等,都是典型的例子。

（3）营利法人法制　与以上相对,关于营利法人,商法（商旧 52 条以下）和有限公司法设置了详细的规定。在这些法中,关于设立采取了准则主义,不以主管部门的许可为必要,只要齐备了法律规定的要件,就承认法人的设立。

2．非营利法人法制的扩充　依照上述的法人法制,存在一个问题：只要没有特别法,不以营利为目的也不以公益为目的的团体就不能成为法人。另外一个问题是,即使以公益为目的的团体,如果想要成为公益法人,就将置身于国家的严格干涉之下,导致市民主导的多种多样的团体活动受到阻碍。于是,为了填补间隙,立法者以上述法人法制的框架为前提,作了如下的法律完善。

（1）特定非营利活动促进法（NPO 法）　首先,1998 年制定了特定非营利活动促进法,使得在以往的公益法人制度下不能取得法人格但却带有强烈的公益色彩的团体——志愿者团体为首的 NPO（Non Profit Organization）——能够轻松地取得法人格。就设立而言,也采取了认证主义,主管部门根据申请人提出的书面申请一旦认证法律所规定的要件齐备,就承认法人的设立。

（2）中间法人法　此外,2001 年制定了中间法人法,使得既不以公益为目的也不以营利为目的的团体一般都有可能取得法人格。关于设立,采取了准则主义,只要法律所规定的要件齐备,就承认法人的设立；根据社员是否以个人财产负担法人债务预备了有限责任中间法人和无限责任中间法人两种类型。

3. 法人法制的再编

(1) 修改的必要性　可是,即便经历了上述修改,人们意识到还是残留了下列问题。①

(A) 非营利活动的促进　首先,民间的非营利部门灵活地提供着多种多样的能够应对行政和民间营利部门无法满足之社会需求的服务。"从官走向民"这样潮流中,其应发挥的作用愈发重要。因此,有必要将其积极地定位于日本的社会、经济体系中,促进其活动的开展。

(B) 公益法人制度存在的问题　另外,民法上的公益法人制度自民法制定以来一直没有进行过根本性的修正。由此衍生出各种各样的问题:主管部门采取许可主义,法人格的取得与公益性的判断、税制上的优待措施被捆绑在一起,不仅法人的设立不方便,而且公益性的判断基准也不明确,与营利法人类似的法人、共益性的法人被当作公益法人享受税制上的优待措施,等等。

(2) 2006 年法人法修改　为了应对上述的必要和问题,2006 年制定了①"关于一般社团法人以及一般财团法人的法律"(一般法人法)、②"关于公益社团法人以及公益财团法人认定等的法律"(公益认定法)、③"关于关于一般社团法人以及一般财团法人的法律以及关于公益法人以及公益财团法人认定等的法律的完善等的法律"(整备法),对关于非营利法人的法人法制作了根本性的修正。②

(A) 非营利法人的一般性制度的创设——一般社团法人、一般财团法人　首先,对于非营利法人,创设了无论公益性的有无都能依据准则主义简便地取得法人格的一般性的法人制度。据此得到认可的法人称为一般社团法人以及一般财团法人。同时,中间法人法被废止。

(B) 公益法人制度的再编——法人格的取得与公益性判断的分离　其次,关于公益法人,将法人格的取得与公益性的判断分离,规定从事公益目的事业的一般社团法人或者一般财团法人中特别接受公益性认定的才可以成为公益法人——公益社团法人、公益财团法人。公益性的认定以及公益法人的活动的规制,规定于公益认定法,行政机关(内阁总理大臣或者都道府县的知事)根据由民间有识之士组成的合议制机关的意见,作一般社团法人或者一般财团法人公益性的认定,并监督接受认定的法人。

(C) 作为法人基本法的民法　同时删除了民法中有关公益法人的规

---

① 参照新公益法人制度研究会编著《一问一答公益法人关联三法》(商事法务,2006 年,以下简称为《一问一答》) 3 页。

② 对修改法的一般性解说,除了注①所列文献外,还可参照山田诚一"一般社团法人及び一般财团法人に关する法律について"みんけん590 号 11 页(2006 年),梅泽敦"公益法人制度改革关联 3 法"ジュリスト1323 号 88 页(2006 年),范扬恭"公益法人改革关联法の概要"登记情报 537 号 90 页(2006 年),中田裕康"一般社团、财团法人法の概要"ジュリスト1328 号 2 页(2007 年)。

定,民法被定位为规定法人制度共通之通则的法。具体地仅仅保留了法人的成立等(民 33)、法人的能力(民 34)、外国法人(民 35)、登记(民 36)、外国法人的登记(民 37)5 条条文。

1998 年以前	公益法人法=民法			其他特别法	营利法人法=商法、有限公司法
		法人基本法 = 民法			
1998 年	公益法人法=民法		NPO 法	其他特别法	营利法人法=商法、有限公司法
		法人基本法 = 民法			
2001 年	公益法人法=民法	中间法人法	NPO 法	其他特别法	营利法人法=商法、有限公司法
		法人基本法 = 民法			
2006 年	公益认定法				
	一般社团、财团法人法		NPO 法	其他特别法	营利法人法=公司法
		法人基本法 = 民法			

(3) 向新制度的过渡 既然非营利法人法制如上所述经历了大规模的重组,那么依旧法设立的公益法人和中间法人该如何对待便成为问题。③

(A) 公益法人 首先,依旧法设立的公益法人在修改法施行的同时,作为一般财团法人、一般社团法人(特例民法法人)存续(整备法 40Ⅰ),不需要变更名称、章程、捐赠行为以及理事等机关(整备法 40Ⅱ、42、48 以下等)。另外,监督也同以前一样对待(整备法 95)。

(a) 向公益社团法人、公益财团法人的过渡 该特例民法法人若在施行之日(2008 年 12 月 1 日)起 5 年的过渡期间内接受了公益性的认定,就可以成为公益社团法人、公益财团法人(整备法 44、98 以下)。

(b) 向一般社团法人、一般财团法人的过渡 此外,特例民法法人若在施行之日起 5 年的过渡期间内接受了行政机关的认可,可以成为通常的一般社团法人、一般财团法人(整备法 46Ⅰ)。

(c) 过渡期间内未能过渡的情形 到过渡期间届满之日未获得过渡之认定、认可的法人,视为于过渡期间届满之日解散,但在有过渡申请的情形,在过渡期间届满以前未就申请作出处分的除外。

---

③ 详见前注①《一问一答》231 页以下、244 页以下,以及梅泽敦"现行公益法人の移行措置"ジュリスト1328 号 29 页(2007 年)。

（B）中间法人

（a）有限责任中间法人　　依旧法设立的有限责任中间法人,在修改法施行的同时,作为修改法所规定的一般社团法人存续(整备法 2 Ⅰ)。

（b）无限责任中间法人　　而依旧法设立的无限责任中间法人,在修改法施行的同时,作为修改法所规定的一般财团法人(特例无限责任中间法人)存续(整备法 24 Ⅰ)。该特例无限责任中间法人自施行起 1 年内,经过规定的程序,可以过渡为通常的一般社团法人(整备法 30 以下)。在该期间内未过渡的,视为已经解散(整备法 37 Ⅰ)。

4 本书讲授的事项

在介绍了法人法制的变迁后,本书将介绍有关法人制度的下列事项。

1. 法人基本法　　第一是法人制度共通的基本事项。除了民法中残留的规定(不过对外国法人的说明在此割爱)外,有关法人对外责任的事项属于此。但其中多数属于有关法人外部关系的事项,主要将在下一章介绍。

2. 一般社团法人、一般财团法人制度的概要　　第二是一般社团法人、一般财团法人制度的概要。虽然已经从民法中剥离,但应当说在市民社会非营利法人应发挥的作用极其巨大。至少,在独立探讨非营利法人的学问领域形成之前,在市民社会的一般法——民法的教科书中有必要持续作解说。不过,一般社团法人、一般财团法人制度伴有主要参考了公司法的内容广泛的详细技术性规则,这里仅仅解说其要点。

Ⅲ　法人的设立

以下,将概观法人制度的基本框架。最初介绍的是法人的设立。这里的问题是:法人的设立在怎样的情形、经过怎样的程序才能得到承认。

1 有关法人设立的立法主义

1. 团体的设立与法人的设立

（1）设立团体的自由　　个人聚集到一起成立团体这件事本身,属于个人的自由。它基于宪法保障的结社自由(宪 21 Ⅰ)。

（2）法人法定主义　　而民法却规定,法人非依"本法或其他法律的规定"不得成立(民 33 Ⅰ)。

（A）法律上的安全　　对交易的相对人来说,因某个团体是否为法人会产生很大的差异,因此,有必要明确规定是否是法人。

（B）对结社自由制约的限定性　　因采取法人法定主义而受到限制的,仅仅是获得法人资格的可能性,团体的设立、活动本身并未被禁止。因此,算不上是对结社自由的过度制约。

2. 国家干预法人设立的程度

实际上，国家在多大程度上干预法人的设立，因法人种类的不同而各异。在此，仅列举出具有代表性的。

特许主义	依特别立法而承认其设立	日本银行 独立行政法人 国立大学法人	日银 6 独法通则 6 国大 6
认可主义	在具备法律规定之要件的情形，通过主管部门的认可而承认其设立（只要要件齐备主管部门就必须认可）	协同组合 健康保险组合 学校法人 医疗法人 社会福祉法人 地缘团体法人	农协 59 以下等 健保 12 以下 私学 30 以下 医疗 44 以下 社福 31 以下 地自 260 之 2④
认证主义	主管部门根据由申请人提交的文件确认法律规定要件的齐备，由此承认法人的设立	宗教法人 特定非营利活动法人	宗法 12 以下 NPO10、12
准则主义	在法律规定之要件齐备的情形，承认其设立	一般社团法人 一般财团法人 股份有限公司 持分公司 管理合伙法人 工会 律师协会 律师法人	一般 22 一般 163 会 49 会 579 区分 47 劳组 11 辩护 34 辩护 30 之 9
当然主义	法律上当然被当作法人	继承财产法人 地方公共团体	民 951 地自 2Ⅰ

② 一般社团法人的设立

一般社团法人的设立程序规定于一般法人法。以下确认其概要。

1. 章程

（1）章程的制作　　首先，要设立一般社团法人，需要欲成为其社员者（设立时社员）"共同"制作章程，并由全体成员署名或者记名盖章（一般 10）。该规定可以理解为以设立时社员为 2 人以上——因此 1 人不能设立——为前提。⑤

（2）章程的记载事项　　这里所谓的章程，是指记载一般社团法人基本规则的文书。⑥

---

④ 这是像町内会等那样的，为了对用于地域共同活动的不动产以及有关不动产保有权利，能够通过市町村长的认可而取得法人资格的团体。在此之前，这种团体一直被作为无权利能力社团的典型。1991 年的地方自治法的修改使得这种可能性得到了承认。

⑤ 前注①《一问一答》28 页。四宫、能见 93 页以下认为，仅仅凭"共同"这一表述就作如上的解释其根据薄弱，在此基础上主张，因为非营利目的的一般社团法人，法人格不是单纯的工具，而是支持团体活动的制度，所以应当以不应承认不具有团体实态之 1 人设立作为理由为其提供基础。

⑥ 章程可以通过电磁记录方式制作（一般 10Ⅱ）。

　　　　（A）必要记载事项　　首先下列事项必须全部记载,记载哪怕欠缺一项章程也不生效(一般11Ⅰ)。
　　　　　① 目的
　　　　　② 名称
　　　　　③ 主要事务所的所在地
　　　　　④ 设立时社员的姓名或者名称(法人的情形)、住所
　　　　　⑤ 有关社员资格得丧的规定
　　　　　⑥ 公告方法
　　　　　⑦ 事业年度
　　　　（B）相对记载事项　　此外,"依本法规定若章程未作规定则不生效的事项"也可以记载于章程(一般12)。例如,社员的经费支付义务(一般27)、理事会、监事、会计监查人的设置(一般60Ⅱ)。
　　　　（C）任意记载事项　　不违反一般法人法规定的其他事项也可以记载于章程(一般12)。
　　　　（D）无益记载事项　　但是,即使在章程规定赋予社员可以获得剩余金或者残余财产分配的权利,该条款也不生效(一般11Ⅱ)。因为这样的规定违反了一般社团法人不以营利为目的的基本性质。
　　（3）章程的认证　　章程非经公证人的认证不生效力(一般13)。
　2．设立的登记和法人的成立　　一般社团法人经在主要事务所所在地的设立登记而成立(一般22)。
　　（1）准则主义、登记成立要件主义的采用　　这意味着就一般社团法人的成立采用准则主义,以登记作为其成立要件。
　　（2）有关财产保有规制的不存在　　关于设立之际最少应当保有的财产,没有规定。

3　一般财团法人的设立

接下来概观一般财团法人的设立程序。
　1．章程
　（1）章程的制作
　　　（A）依生前处分设立的情形　　要设立一般财团法人,需要由设立人(设立人2人以上的,为全体成员)制作章程,并署名或者记名盖章(一般152Ⅰ)。
　　　（B）依遗嘱设立的情形　　设立人可以通过遗嘱表示设立一般财团法人的意思。在此情形,遗嘱执行人应当于遗嘱生效后毫不迟延地制作记载有遗嘱所规定事项的章程,并署名或者记名盖章(一般152Ⅱ)。
　（2）章程的记载事项　　章程的记载事项基本上与一般社团法人的情形相同。特别不同之处如下:

（A）有关社员事项的不存在　　首先,既然一般财团法人没有社员,关于社员的记载事项就不存在。

（B）特别必要的记载事项　　此外,一般财团法人的章程中,在一般社团法人的情形没有的必要记载事项规定如下(一般153 Ⅰ):

① 设立人的姓名或者名称(法人的情形)、住所

② 设立时设立人提供的财产及其价额⑦

③ 有关设立时评议员、设立时理事、设立时监事选任的事项

④ 有关设立时会计监查人选任的事项(一般财团法人设置会计检查人的情形)

⑤ 评议员的选任、解任方法

(3) **章程的认证**　　非经公证人的认证章程不生效力(一般155)。

2. **财产的提供**　　设立人(依遗嘱设立的情形为遗嘱执行人)应当于公证后毫不迟延地支出章程所记载的提供金钱的全额,或者给付其他财产的全部(一般157)。

3. **设立登记与法人的成立**

(1) **设立的登记**　　一般财团法人经主要事务所所在地的设立登记而成立(一般163)。

(2) **财产的归属时期**　　提供的财产于下列时点起归属于一般财团法人(一般164)。

（A）依生前处分设立的情形　　首先,在基于生前处分的情形,自一般财团法人成立之时归属于一般财团法人。

（B）依遗嘱设立的情形　　此外,在基于遗嘱的情形,视为遗嘱生效时归属于一般财团法人。

(3) **财产提供之无效、撤销的限制**　　一般财团法人成立后,设立人(依遗嘱设立的情形为遗嘱执行人)不能以错误为由主张财产提供的无效,或者以欺诈、胁迫为由撤销财产的提供(一般165)。

4　补论

1. **公益法人——公益性的认定**　　关于公益法人,立法将法人格的取得与公益性的判断分离,从事公益目的事业的一般社团法人或者一般财团法人中,接受了公益性认定的才可以成为公益社团法人或者公益财团法人(公益认定

---

⑦　不得低于300万日元(一般153 Ⅱ)。一般财团法人是赋予为一定目的提供之财产的集合以法人格的制度,理应需要与各法人的目的相称之数额的财产。可是,在准则主义之下难以判定必要数额,但反过来什么规制都不设置制度恐有被滥用的危险,因此不论法人的目的内容如何,一律以一定规模之财产的保有为设立要件(参照前注①《一问一答》110 页)。

4)。公益性的认定,由行政机关(内阁总理大臣或者都道府县知事)向由民间有识之士组成的合议制机关(国家的公益认定等委员会或者设置在都道府县的合议制机关)咨询,在接受后者的答申后作判断(公益认定43Ⅰ①、51)。

(1) 公益目的事业的涵义 这里所说的公益目的,是指由"学术、技艺、慈善等其他有关公益"这样的规范所规定之种类的事业[⑧]中,"为不特定多数人之利益的增进作出贡献者"(公益认定2④)。

(2) 公益性认定的基准 要接受公益性认定,必须满足下列基准(公益认定5)。[⑨]

(A) 有关目的、事业的基准 第一,关于法人的目的及事业,应以从事公益目的事业为主要目的,为此需要具备必要的会计事务基础及技术技能。此外,除了不能向法人的关系人、从事营业事业的人提供特别的利益,还需要在维持公益法人的社会信用的基础上不从事不相称的事业等。再者,需要预计到公益性事业的收入不超过填补实施该事业所需之适当费用的数额,不存在公益目的事业以外的事业给公益目的事业的实施带来障碍的危险(一般5①~⑦)。

(B) 有关财务的基准 第二,关于法人的财务,需要预计公益目的事业比率(一般15)在50%以上,闲置财产额(一般16Ⅱ)不超过一定数额(一般5⑧⑨)。

(C) 有关机关的基准 第三,关于法人的机关,有一定的亲属关系等的人不得超过理事或者监事总人数的1/3,其他的同一团体(公益法人等除外)的关系人不得超过其总数的1/3。此外,除了收益额、费用、损失额等未达一定基准的情形外,需要设置会计监查人。再者,要设置报酬的支付基准,使得理事、监事、评议员的报酬不至于高得不当。另外,在一般社团法人的情形,不得针对社员资格的得丧附加不当的条件;关于社员的表决权,不得作歧视对待,也不得根据社员提供财产数额的多寡区别对待;还需要设置理事会(一般⑩~⑭)。

(D) 有关财产的基准 第四,关于法人的财产,要求未保有能够干涉其他团体意思决定的股份等财产;在拥有从事公益目的事业不可或缺之财产的情形,需要在章程中就其内容及维持、处分的限制规定必要的事项。此外,应在章程中规定,在受到撤销公益认定之处分的情形以及因合并法人消灭的情形,将与公益目的取得财产余额(一般30Ⅱ)相当之数额的财产赠与给以类似事业为目的的其他公益法人等;规定在清算的情形剩余财产归属于以类似事业为目的的其他公益法人等(一般5⑮~⑱)。

[⑧] 公益事业认定法的附表中,以"以学术和科学技术的振兴为目的的事业"为首,列举了共计23种事业。

[⑨] 梅泽·前注②92页以下,范·前注②92页以下外,详见前注①《一问一答》198页以下,雨宫孝子"非营利法人における公益性的认定"1328号12页(2007年)。

2. 特定非营利活动法人的设立　　再简单看一下特定非营利活动法人的设立要件。

(1) 实体要件　　第一,能够成为特定非营利活动法人的,是如下团体。

(A) 目的

(a) 特定非营利活动　　首先,需要以从事特定非营利活动为主要目的(NPO 2Ⅱ)所谓特定非营利活动,是指属于所规定的活动——"谋求保健、医疗或者福利的增进的活动"等共计17类活动——之一,且以为增进不特定多数人之利益作贡献为目的的活动(NPO 2Ⅰ)。

(b) 非营利目的　　此外,不以营利为目的——要求不得为社员资格的得丧附加不当条件,且获取报酬的役员不得超过其总人数的三分之一;不以宗教活动、政治活动为主要目的等(NPO 2Ⅱ)。

(B) 社员人数　　其次,要设立特定非营利活动法人,需要有10人以上的社员(NPO 12Ⅰ④)。

(C) 财产　　相反,就设立时应当保有的最小限度的财产没有规定。其目的是为了让小规模的团体也能够取得法人格。

(2) 程序要件　　第二,特定非营利活动法人的设立要得到认可,需要经历如下的程序。

(A) 设立行为　　首先,欲设立特定非营利活动法人者,应当制作章程,并将其于所规定的文书一起提交给有管辖权限的部门(NPO 10、11)。

(B) 有管辖权限的部门的认证　　其次,有管辖权限的部门认为申请满足了规定的要件时,应当认证其设立(NPO 12)。

(C) 设立登记　　该特定非营利活动法人经设立登记而成立(NPO 13Ⅰ)。

Ⅳ　法人的组织、管理运营

2006年法律修改后,对于一般社团法人、一般财团法人,不同于以往的公益法人,主管部门不再对其进行监督。其结果,为了使得法人内部能够实现自律的恰当管理、运营,主要参考公司法制,完善了治理制度。[⑩] 下文以对组织、公示、信息披露的规范为核心,确认其概要。

1　社员

1. 社员资格的得丧

(1) 基于章程的规定　　由于社员资格的得丧被规定为章程的必要记载事

---

⑩　参照山田诚一"一般社団、一般財団におけるガバナンス"ジュリスト1328号20页(2007年)。

项(一般11Ⅰ⑤),原则上根据章程的规定判断社员资格的得丧。

(2) 退社

(A) 任意退社　　不过,社员随时可以退社。即便章程另有规定,存在不得已的事由时,随时可以退社(一般28)。

(B) 法定退社　　此外,社员在① 章程规定事由发生时,② 全体社员同意时,③ 死亡或者解散时,④ 被开除时,视为退社(一般29)。

2. 社员的权利、义务

(1) 社员的权利　　除了可以作为社员大会的成员行使表决权(一般48)外,作为对法人业务执行监督的权利,社员例如还拥有如下的权利。

(A) 请求阅览一般社团法人财务报表等的权利(一般129Ⅲ)。

(B) 请求理事停止违反法令、章程之行为的权利(一般88)。

(C) 请求一般社团法人提起追究理事等责任之诉讼的权利,以及在一般社团法人在一定期间内不提起诉讼的情形为一般社团法人之利益提起追究责任之诉讼的权利(一般278)。

(2) 社员的义务　　依据章程的规定,社员对一般社团法人负担支付经费——一般社团法人的事业活动中发生的经常性费用(事务所使用费、保有资产的公共租税、决算公告费用等)⑪——的义务(一般27)。

2 组织——一般社团法人的情形

1. 社员大会　　在一般社团法人的情形,由全体社员构成的社员大会被定位为作法人意思决定的机关。其权限如下。

(1) 原则　　首先,社员大会"可以就本法所规定的事项以及一般社团法人之组织、运营、管理及其他有关社团法人的一切事项作决议"(一般35Ⅰ)。这就意味着由法人的成员——社员组成的社员大会是一般社团法人的"最高万能决议机关"。⑫

(2) 设置理事会的一般社团法人　　而在设置理事会的一般社团法人,社员大会仅能就"本法规定的事项"⑬和"章程规定的事项"作决议(一般35Ⅱ)。由于设想设置理事会的一般社团法人是由多数社员构成的团体的选择,若将涉及法人的所有事项都作为决议事项,关于一般社团法人事业运营的意思决定就有可能缺乏机动性,因此规定理事会拥有执行业务的权限,限定社员大会能够决议的

---

⑪ 参照前注①《一问一答》37页。经费的支付义务是否规定在章程中应当由各一般社团法人根据需要判断,并非一般社团法人的社员总是要负担支付义务。

⑫ 参照前注①《一问一答》41页。

⑬ 社员的开除(一般30Ⅰ)、役员的选任(一般63Ⅰ)・解职(一般70Ⅰ)、理事等责任的部分免除(一般113Ⅰ)、财务报表的承认(一般126Ⅱ)、章程的变更(一般146)、事业的全部转让(一般147)、解散决议(一般148③)、章程未规定情形剩余财产的归属(一般239Ⅱ)、合并的承认(一般247、251Ⅰ、257)等。

事项。⑭

　　（3）基于章程之限制的界限　　其中,关于"依本法规定的事项中需要社员大会决议的",章程若规定理事、理事会及其他社员大会以外的机关可以决定,规定无效(一般35 Ⅳ)。这些事项是涉及法人制度根本的重要事项,立法者认为需要由成员——社员构成的社员大会来作决议。

　　（4）决议的界限　　但社员大会不能作出向社员分配剩余财产的决议(一般35 Ⅲ),因为那样的决议违反了不以剩余财产的分配为目的这种一般社团法人的基本性质。⑮

2. 社员大会以外的组织

（1）概要

　　（A）基本形态　　一般社团法人除了社员大会外,还应当设置1人或2人以上的理事,此外,还可以依章程的规定设置理事会、监事、会计监查人(一般60)。像这样理事会、监事、会计监查人的设置原则上交由法人的自治,是考虑到一般法人法是广泛以各种各样的团体为对象的制度,最好能使其按照各法人的具体情况选择机关设计。⑯

　　（B）监事、会计监查人的设置义务

　　（a）监事的设置义务　　但在下列情形必须设置监事(一般61)。⑰

　　1) 设置理事会的一般社团法人　　第一,是设置理事会的情形。在此情形,如下文所述,社员大会的决议事项受到限定,导致社员通过社员大会运营参与法人运营的机会稀少。为了应对这种局面,就有必要有替代社员监督一般社团法人的业务执行的机关。

　　2) 设置会计监查人的一般社团法人　　第二,是设置会计监查人的情形。这是为了担保会计监查人的独立性,规定监督法人业务执行的监事就其选任、解职的议案享有同意权(一般73 Ⅰ)。

　　（b）会计监查人的设置义务　　此外,大规模一般社团法人——最终事业年度的资产负债表上负债栏计数的总额在200亿日元以上的一般社团法人(一般2②),应当设置会计监查人(一般62)。因为可以料想,在此情形

---

⑭　参照前注①《一问一答》41页。而四宫、能见95页以下却批判道:尽管小规模非营利法人中想保留理事、社员大会的权限同时设置理事会的团体也不在少数,但一般法人法却不承认在设置理事会的同时建立社员参加型的组织,在这一点上缺乏灵活性(也参照四宫、能见102页以下)。该文献指出:"之所以出现这种结果,都是一般法人法模仿公司法的结果,立法者未能充分理解存在着各种各样小规模团体的非营利法人世界与营利法人世界的差异。"在此基础上,提倡当前的应对策略是在一般社团法人的内规里而不是在章程里设置有关理事会的规定——将其不作为一般法人法上的设置理事会型的一般社团法人。作为立法论,主张应当将社员大会始终作为最高的意思决定机关,对于一般法人法大幅度限制设置理事会型一般社团法人的社员大会权限,呼吁作修正(四宫、能见99页以下)。

⑮　参照前注①《一问一答》42页。

⑯　参照前注①《一问一答》52页。

⑰　参照前注①《一问一答》52页以下。

以债权人为首的利害关系人人数众多,会计事务也复杂,接受外部的专家——会计监查人监查的必要性也大。⑱

	原则	设置理事会的一般社团法人	设置会计监查人的一般社团法人	
			大规模一般社团法人	其他一般社团法人
理事	◎	◎	◎	◎
理事会	△	○	△	△
监事	△	○	◎	○
会计监查人	△	△	◎	○

◎:必要　○:依据章程的规定而设置的情形　△:依据章程的规定设置可能

467　　　（C）役员、会计监查人的选任、解职

（a）选任　　首先,役员(理事、监事)以及会计监查人通过社员大会的决议选任(一般63)。在此情形,一般社团法人与役员、会计监查人的关系,依从委任的规定(一般64)。

（b）解职　　此外,可以通过社员大会的决议随时解除役员(理事、监事)以及会计监查人的职务(一般70Ⅰ)。

（2）业务执行机关　　理事是一般社团法人的业务执行机关。不过,其权限因是否设置理事会而不同。

（A）不设置理事会的一般社团法人　　不设置理事会之情形的规则如下。

（a）业务执行　　首先,有关执行业务的权限,规定如下。

1）原则　　作为原则,除非章程另有规定,理事执行一般社团法人的业务(一般76Ⅰ)。

2）理事为2人以上的情形　　理事为2人以上的情形,除非章程另有规定,由过半数的理事决定(一般76Ⅱ)。

（b）法人的代表　　此外,关于实施对外行为的权限,规定如下。

1）原则——理事＝代表人　　首先,除设置理事会的情形外,理事代表一般社团法人(一般77Ⅰ正)。理事为2人以上的情形,由各理事代表(一般77Ⅱ)。

2）例外——限定代表理事的可能性　　不过,一般社团法人可以通过章程、基于章程规定的理事互选或者社员大会的决议,从理事中确定代表理事(一般77Ⅲ)。在此情形,代表理事以外的理事便不能代表法人(一般77Ⅰ但)。

（c）对竞业交易、利益相反交易的限制　　此外,理事从事如下竞业交易、利益相反交易的情形,应当在社员大会上披露该交易的重要事实,并获得

---

⑱　参照前注①《一问一答》53页。

其承认。

1) 竞业交易　　第一,理事为了自己或者第三人的利益欲实施属于一般社团法人事业部类的交易时(一般84Ⅰ①)。

2) 利益相反交易——直接交易　　第二,理事为了自己或者第三人的利益欲与一般社团法人交易时(一般84Ⅰ②)。

3) 利益相反交易——间接交易　　第三,一般社团法人欲保证理事的债务,或者在其他与理事以外的人之间实施一般社团法人与该理事利益相反的交易时(一般84Ⅰ③)。

(B) 设置理事会的一般社团法人　　而在设置了理事会的情形,规则如下。

(a) 理事会的组成　　在此情形,理事必须为3人以上(一般65Ⅲ)。理事会由全体理事组成(一般90Ⅰ)。

(b) 理事会的职务　　理事会履行如下职务(一般90Ⅱ)。

1) 决定设置理事会之一般社团法人的业务执行
2) 监督理事的职务履行
3) 选定代表理事、解除理事代表的职务

(c) 理事的权限

1) 代表理事　　在设置理事会的一般社团法人中,理事会必须从理事中选定代表理事(一般90Ⅲ)。代表理事执行法人的业务(一般91Ⅰ①),拥有实施与法人业务有关的一切诉讼上或者诉讼外行为的权限(一般77Ⅳ)。

2) 业务执行理事　　在设置理事会的一般社团法人中,除了代表理事外,还可以通过理事会的决议选定执行法人业务的理事(一般91Ⅰ②)。

3) 其他理事　　其他理事没有执行业务的权限。作为理事会的成员,仅仅拥有通过理事会的表决权参与法人业务执行的意思决定,以及监督代表理事等的业务执行的权限。⑲

(c) 对竞业交易、利益相反交易的限制　　此外,在设置理事会的一般社团法人,在理事实施对竞业交易、利益相反交易的情形,必须得到理事会而不是社员大会的承认(一般92Ⅰ)。

(C) 通用规范　　不设置理事会的一般社团法人和设置理事会的一般社团法人的通用规范,例如有如下规定。

(a) 理事的义务

1) 善良管理的注意义务　　首先,理事负担依照有关委任之规定,以善良管理人的注意执行职务的义务(一般64→民644)。

2) 忠实义务　　此外,理事负担遵守法令、章程以及社员大会之决议,

---

⑲ 参照前注①《一问一答》61页。

为了一般社团法人之利益忠实地执行职务的义务（一般83）。

3）代表人的公示　　此外，理事的姓名以及代表理事的姓名、住所要通过登记公示（一般301Ⅱ⑤⑥、302Ⅱ⑤⑥）。在不设置理事会的一般社团法人中理事仅为1人的情形，该理事为了代表法人，需要作为代表理事登记姓名、住所。[20]

(3) 监查机关——监事

（A）权限——监查权限　　在设置监事的情形，监事监查理事的职务执行。在此情形，监事应当制作监查报告（一般99Ⅰ）。为此，监事可以随时要求理事、使用人提交事业报告，随时可以调查法人的业务及财产状况（一般99Ⅱ）。

（B）义务

（a）善良管理的注意义务　　监事负担依照有关委任之规定，以善良管理人的注意执行职务的义务（一般64→民644）。

（b）报告义务　　监事认为理事实施了不当的行为或者有实施的危险时，或者认为存在违反法令或者章程的事实以及存在显著不当的事实时，应当毫不迟延地向理事（在设置理事会的一般社团法人，则为理事会）报告（一般100）。

(4) 会计监查人

（A）权限——会计监查权限　　在设置会计监查人的情形，会计监查人监查一般社团法人的会计报表及其附属明细书。在此情形，会计监查人应当制作会计监查报告（一般107Ⅰ）。为此，会计监查人可以随时阅览、誊写会计账簿及其相关资料，并要求理事、使用人提交会计报告（一般107Ⅱ）。

（B）义务

（a）善良管理的注意义务　　会计监查人负担依照有关委任之规定，以善良管理人的注意执行职务的义务（一般64→民644）。

（b）报告义务　　会计监查人在执行职务之时如果发现围绕理事的业务执行存在不当行为，或者存在违反法令或者章程的重大事实，应当毫不迟延地向监事报告（一般108Ⅰ）。

3. 役员等的责任　　上述役员等——理事、监事、会计监查人怠于执行任务时，对一般社团法人负担赔偿由此所生损害之责任（一般111Ⅰ）。

(1) 责任的免除

（A）因全体社员同意而免除　　役员等的上述责任，非经全体社员的同意不能免除（一般112）。这是因为，损害赔偿责任的免除意味着每一个社员放

---

[20] 参照前注①《一问一答》62页。

弃起诉追究役员等责任的权利㉑。

（B）因社员大会的特别决议而部分免除　　役员等所负担的赔偿数额中，超过最低责任限额——役员等作为执行职务的对价而一年内从一般社团法人获得的财产上的利益额，① 代表理事的情形乘以6，② 代表理事以外的理事（外部理事除外）的情形乘以4，③ 外部理事、监事、会计监查人的情形乘以2——的部分，可以通过社员大会的特别决议（一般49Ⅱ③）而免除。但役员等执行职务时存在恶意或者重过失时不得免除（一般113）。

（C）因理事同意、理事会决议而部分免除　　在设置监事的一般社团法人（限于理事为2人以上的情形），在考察构成责任原因之事实的内容、该役员等的职务执行状况以及其他事情的基础上认为必要时，就超过最低责任限额的部分，可以设置格式条款规定根据过半数理事的同意——设置理事会的一般社团法人的情形为理事会的决议——便可以免除。但役员等执行职务时存在恶意或者重过失时不得免除（一般114）。

（D）外部役员等的责任限定契约　　此外，为了确保外部役员的人才，可以在章程中规定，可以与外部役员签订这样的契约：就其赔偿责任于章程规定的数额范围内以法人预先设定的数额和最低责任限额中较高的数额为限。但是外部役员执行职务时存在恶意或者重过失时不得免除（一般115）。

(2) 关于竞业交易、利益相反交易的特别规定　　在违反限制竞业交易、利益相反交易的规定（一般84）的情形，理事也要对一般社团法人负担赔偿所生损害之责任。关于这一点，有以下的特别规定。

（A）推定规定

（a）损害额的推定　　首先，理事违反限制竞业交易之规定（一般84Ⅰ①）实施交易时，推定理事或者第三人因该交易而获得的利益额为法人所生之损害额（一般111Ⅱ）。除了使损害额的举证变得容易外，还因为考虑到要恢复法人所生之损害将竞业交易所生之经济利益归属法人是合理的。㉒

（b）懈怠任务的推定　　此外，一般社团法人因利益相反交易（一般84Ⅰ②③）而发生损害时，推定下列理事懈怠了任务（一般111Ⅲ）。这是因为考虑到，既然实施了有高度危险牺牲法人利益的交易而给法人带来了损害，那么只要自己不能证明没有懈怠任务，令其负担损害赔偿责任是合理的。㉓

1) 实施该交易的理事；
2) 决定一般社团法人作该交易的理事；
3) 就该交易在理事会的认可决议上表示赞成的理事。

㉑　参照前注①《一问一答》79页。
㉒　参照前注①《一问一答》81页。
㉓　参照前注①《一问一答》82页。

（B）理事为了自己的利益实施利益相反交易的特别规定

（a）归责事由不存在之抗辩的否定　　理事为了自己的利益而与一般社团法人交易从而给一般社团法人带来损害的情形，即使任务的懈怠是基于不可归责于该理事的事由，也不能免除责任（一般112、116Ⅰ）。

（b）只能经全体社员的同意而免除　　关于此责任，除非全体社员同意，不能免除（一般116Ⅱ）。

③　组织——一般财团法人的情形

1．概要

(1) 原则

（A）必置机关　　一般财团法人必须设置评议员、评议员会、理事、理事会、监事（一般170Ⅰ）。此点基于如下考虑。㉔

（a）构筑治理机制的必要性　　一般财团法人是赋予设立人为一定之目的而筹措之一块财产以法人格的制度，在性质上因为不存在像一般社团法人之社员大会那样的机关，所以业务执行机关——理事有可能违反法人的目的恣意运营。此外，采用准则主义的结果，主管机关的业务监督亦不复存在，在法人的机关设计上，构筑由其他机关来监督理事执行业务的治理机制就显得尤为重要。

（b）由评议员、评议员会、理事会、监事来制约之体制的完善　　为此规定，在一般财团法人，作为与一般社团法人之社员大会相当的机关，必须设置由3人以上的评议员组成的评议员会，令其通过决定一定之基本事项的权限牵制、监督理事。此外，为了实现理事间的相互监视，规定必须设置由全体理事组成的理事会，还规定必须设置理事的监视机关——监事。

（B）会计监查人的设置可能性　　此外，还可以根据章程的规定设置会计监查人（一般170Ⅱ）。

(2) 大规模的一般财团法人　　与此相对，大规模的一般财团法人——最终事业年度的资产负债表上负债栏计数的总额在200亿日元以上的一般财团法人（一般2③）——必须设置会计监查人（一般171）。

(3) 对机关的基本约束　　一般财团法人是用以实现设立人所规定之目的的法人，就其管理、运营的根基部分，需要尊重设立人的意思。为此，一般财团法人的机关受到以下的约束。㉕

（A）对评议员的约束　　第一，在一般财团法人的情形，不仅是法人与理事、监事、会计检查人的关系，法人与评议员的关系也遵从委任的规定——例

㉔　参照前注①《一问一答》117页。
㉕　参照佐久间347页。

如，评议员负担以善良管理人的注意执行其职务的义务（一般172Ⅰ）。这是基于评议员的定位——也是用以实现设立人这个他人之意思的机关。在这一点上，评议员不同于一般社团法人之情形的社员，后者定位为法人的成员。

（B）对评议员会的约束　　第二，除了章程另有规定外，原则上评议员会不得变更法人的目的以及有关选任、解职评议员之方法的规定（一般200），此外决议一般财团法人的解散也不被认可（一般202）。㉖ 在这一点上，不同于一般社团法人的社员大会，后者被定位为最高的万能的意思决定机关。

（C）对理事的约束　　第三，一般财团法人的财产中如果有章程规定的推行一般财团法人之目的的事业所不可或缺的财产，理事必须维持该财产，并且若作妨碍到一般财团法人之目的的事业的推行，不得处分（一般172Ⅱ）。

2．评议员、评议员会　　一般财团法人中有特色的机关是评议员和评议员会，与一般社团法人之情形的社员和社员大会大致对应。

(1) 评议员

（A）人数　　首先，一般财团法人必须设置3人以上的评议员（一般173Ⅲ）。

（B）选任、解职　　评议员依照章程规定的方法选任和解职（一般153Ⅰ⑧）。但若理事或者理事会决定评议员的选任、解职，则无效（一般153Ⅲ①）。这意味着由受监督之人选任监督人，有可能致使对理事的监督不能充分。㉗

(2) 评议员会

（A）组成　　评议员会由全体评议员组成（一般178Ⅰ）。

（B）权限　　限于"本法规定的事项"以及"章程规定的事项"，评议员会可以决议（一般178Ⅱ）。其中，关于"依据本法需要评议员会决议的事项"，章程中规定理事、理事会及其他评议员会以外的机关可以决定的，规定无效（一般178Ⅲ）。

3．理事、理事会、监事、会计监查人　　一般财团法人的理事、监事、会计监查人由评议员会的决议选任（一般177→63）。理事会的权限、代表理事的权限、监事的权限、会计监查人的权限同设置理事会的一般社团法人的情形基本相同（一般197）。

4．役员等的责任　　役员等的责任，包含评议员在内，与一般社团法人的情形基本相同（一般198）。

4　法人的公示和信息披露

对于与法人交易的相对人来说，如果不明白法人的存在与否、目的、组织、资

㉖　参照前注①《一问一答》145页、148页。
㉗　参照前注①《一问一答》111页。

产状况等,那么即便进行交易其效果是否归属于该法人,即使归属于法人债务是否能得到履行,能否追究其责任,都不确定。为此,就要求就法人进行公示,还完善了用以披露重要信息的制度。[28]

1. 法人的公示　　首先,法人需要依民法及其他法令的规定进行登记(民36)。

(1) 登记事项　　法定的应当登记事项,不仅有法人的目的、名称、事务所的所在场所、存续期间,还包括有关组织的事项等(一般301、302)。

(2) 登记的效力

(A) 登记事项的对抗　　像这样"依本法规定应当登记的事项",非经登记不得对抗善意第三人(一般299Ⅰ)依此规定,法人一方要使得该事项能够对抗第三人,就必须在该第三人出现之前作登记,或者——在未登记的情形——该第三人知悉该事项。

(B) 不实登记　　此外,因故意或者过失作不实登记者,不能以该事项不实为由对抗善意第三人(一般299Ⅱ)。

2. 信息的披露　　其次,关于信息的披露,规定了章程中的备置(一般14、156),社员名簿的备置(一般32),资产负债表等的公告(一般128),财务报表等的备置(一般129、199→129)。[29]

5　补论——一般社团法人的基金制度

关于一般社团法人,为了调配活动的原始资金,为了维持其财产性基础,法律允许采取基金制度。该制度被定位为与股份有限公司的资本制度相对应的制度。

1. 基金的涵义　　所谓基金,是指依一般法人法之规定提供给一般社团法人的金钱或者其他财产中,根据一般法人法以及一般社团法人与提供人之间的合意,该一般社团法人对提供人负担返还义务的财产(一般131)。

2. 接受基金者的募集　　首先,一般社团法人(成立前则为设立时社员)可以在章程中规定,接受基金者可以募集。[30] 在此情形,必须在章程中规定有关基金提供人之权利的规范和基金返还程序(一般131)。一般社团法人欲据此募

---

[28] 参照佐久间343页以下。
[29] 参照山田·前注⑩27页。
[30] 像这样,一般社团法人中的基金制度,被规定为任意制度。神作裕之"一般社团法人与会社——营利性と非营利性"ジュリスト1328号44页(2007年)主张,依据公司法的修改,就股份有限公司撤废最低资本金制度的同时,广泛认可章程自治,由于对于全体社员为有限责任社员的合同公司也没有采取最低资本金制度,"除限制法人财产流向社员的机能外,资本制度与社员有限责任的结合实质上已经被切断",在一般社团法人中,尽管社员都是有限责任,但基金制度被设计成任意的制度,可以认为是基于这样的变迁。

集基金时,应当遵从一般法人法的规定,例如,必须规定募集事项等必要的事项,通知欲申请接受基金者等(一般 132 以下)。

3. 基金的返还
(1) 返还的要件

（A）定期社员大会的决议　　基金的返还应当经过定期社员大会的决议(一般 141Ⅰ)。这是因为,基金是用以维持一般社团法人财产性基础的制度,所以将其返还规定为社员大会的权限。[31]

（B）存在可能返还的利益基金的返还,当每个事业年度的资产负债表上的纯资产额超过基金等的总计数额时,超出部分为基金返还总额的上限(一般 141Ⅱ)。作为基金提供来的财产,为法人之一般债权人债权的清偿对象,法人解散时涉及基金返还的债权劣后于其他的一般债权(一般 236),因此对于法人存续期间基金的返还,立法者认为有必要设置上述限制。[32]

(2) 基金的维持　　再者,为了维持基金,还设置了如下的限制。

（A）禁止取得基金返还债权　　除了下列情形外,一般社团法人不得取得以自己为债务人的、涉及基金返还的债权(一般 142)。因为一旦认可那样的债权取得,实质上将导致返还基金的结果。

（a）合并及其他全部受让法人事业的情形

（b）属于一般社团法人权利的实行,为达成该目的必要的情形

（c）无偿取得的情形

（B）禁止基金利息　　涉及基金返还的债权不得附利息(一般 143)。这是因为,若允许附利息,那么通过让社员成为基金的提供人,从而借利息之名向一般社团法人的社员作实质上的利益分配的危险将会增大,有违反——不以分配剩余财产为目的这种——一般社团法人基本性质的危险。[33]

Ⅴ　法人的变动和再编

1　法人的变动

一般法人法就法人的变动,具体而言包括章程的变更、事业的转让、解散和清算,作了如下规定。

1. 章程的变更
(1) 一般社团法人　　在一般社团法人的情形,可以通过社员大会的决议变

---

[31] 参照前注①《一问一答》96 页。
[32] 参照前注①《一问一答》96 页。
[33] 参照前注①《一问一答》98 页以下。

更章程（一般146）。

　　(2) 一般财团法人

　　　　(A) 原则　　在一般财团法人的情形，可以通过评议员会的决议变更章程（一般200Ⅰ正）。

　　　　(B) 限制　　但关于法人目的和评议员的选任、解职方法，除下列情形外不得变更章程。因为对于一般财团法人的惯例、运营的根基部分，有必要尊重设立人的意思。[34]

　　　　　(a) 使章程变更成为可能的规定　　第一，设立人在章程中规定上述章程的规定可以经由评议员会的决议变更的情形，可以通过评议员会的决议变更章程（一般200Ⅱ）。

　　　　　(b) 情势变更　　第二，因设立当时不能预见的特别事情，若不变更上述章程规定法人运营的延续将不再可能或者严重困难时，征得法院的许可，可以根据评议员会的决议变更章程的规定（一般200Ⅲ）。

2. 事业的转让

　　(1) 一般社团法人　　在一般社团法人的情形，事业的全部转让必须经过社员大会的决议（一般147）。

　　(2) 一般财团法人　　在一般财团法人的情形，事业的全部转让必须经过评议员会的决议（一般201）。

3. 解散

　　(1) 一般财团法人

　　　　(A) 解散事由　　一般社团法人因规定的事由——① 章程规定的存续期间届满、② 章程规定的解散事由发生、③ 社员大会的决议、④ 社员欠缺（这意味着社员仅有1人也不解散）、⑤ 合并（限于因合并该一般社团法人消灭的情形）、⑥ 破产程序开始的决定、⑦ 命令基于一般261Ⅰ或者268解散的判决——解散（一般148）。

　　　　(B) 一般社团法人的延续　　上述事由中，因①②③的事由解散的情形，至清算完结前，可以依社员大会的决议延续一般社团法人（一般150）。

　　(2) 一般财团法人

　　　　(A) 解散事由

　　　　　(a) 当然解散事由　　一般财团法人因规定的事由——① 章程规定的存续期间届满、② 章程规定的解散事由发生、③ 因基本财产的灭失及其他事由导致一般财团法人之目的——事业不能成功、④ 合并（限于因合并该一般财团法人消灭的情形）、⑤ 破产程序开始的决定、⑥ 命令基于一般261Ⅰ或者268解散的判决——解散（一般202Ⅰ）。

---

[34] 参照前注①《一问一答》145页。

(b) 资产负债表上之纯资产额连续两期未满300万日元的情形　　在此情形,于第2期事业年度定期评议员会的终结之时解散(一般202Ⅱ)。从一般财团法人是为了一定之目的赋予所提供之财产以法人格的制度这一点出发,要求其不仅于设立时,而且在存续期间也要保持一定规模的财产是合理的。㉟

（B）一般财团法人的延续　　上述理由中,在因(b)事由解散的情形,清算事务年度的资产负债表上的纯资产额达到300万日元以上时,至清算完结前,可以依评议员会的决议延续一般财团法人(一般204)。

4. 清算

(1) 清算的开始　　一般社团法人、一般财团法人在解散的情形、设立无效、撤销之诉被认可的情形,需要清算(一般206)。在此情形,一般社团法人、一般财团法人在清算的目的范围内至清算完结前视为仍然存续(一般207)。

(2) 清算法人的机关等　　在此情形,法律详细规定了清算法人的机关(清算人、清算人会)、财产目录等以及债务的清偿等(一般208以下)。

(3) 剩余财产的归属　　一般社团法人、一般财团法人的债务清偿完毕后若有剩余财产,不是一律依照客观地基准决定其归属,而是可以根据章程的规定、清算法人的社员大会、评议员会的决议决定归属。

（A）宗旨　　一般社团法人、一般财团法人仅依登记即能设立,其活动不受行政部门的一般性监督,而是基于法人自律性意思决定。这是它们的基本性质。为此,关于剩余财产归属的规范也交由法人自律的意思决定是合理的。㊱

（B）归属的决定基准

（a）章程

1）原则　　依一般法人法,首先剩余财产的归属依照章程的规定(一般239Ⅰ)。

2）界限　　但在一般社团法人的情形,赋予社员接受剩余财产分配之权利的章程规定无效(一般11Ⅱ);在一般财团法人的情形,赋予设立人接受剩余财产分配之章程规定无效(一般153Ⅲ③)。因为如果允许作那样的规定,不仅有可能导致承认社员或者设立人对法人财产的持份,而且还无从区别于以利益的分配为目的之营利法人。㊲

（b）社员大会、评议员会的决议　　依照(a)不能确定剩余财产的归属时,其归属由清算法人的社员大会或者评议员会的决议决定(一般239Ⅱ)。由于有关此情形之决议没有规定特别的限制,因此通过决议将剩余财产归属

㉟ 参照前注①《一问一答》149页。
㊱ 参照前注①《一问一答》159页。
㊲ 参照前注①《一问一答》159页。

于社员或者设立人也是可能的。这是基于如下的考虑。㊳

1）与以往的非营利法人法制的关系　　第一，如以往的中间法人法上中间法人及各种协同组合制度,存在着即使不以营利为目的也允许将剩余财产归属于成员的法人类型,因此,在法律制度上难以仅因为是不以营利为目的的法人就一律禁止将剩余财产归属于社员或者设立人。

2）一般社团法人、一般财团法人的多样性　　第二,一般社团法人、一般财团法人是以满足人们想取得法人格开展各种活动之需求为目标的制度。为此,例如可能存在这样的事例:运用从社员那里收集的会费或者设立人提供的财产专门处理对内事业的法人解散时,将剩余财产归属于社员、设立人才是合适的。

（c）归属于国库　　依（a）（b）仍不能确定归属的剩余财产,归属于国库（一般239Ⅲ）。

② 法人的再编

一般法人法规定,一般社团法人或者一般财团法人可以与其他的一般社团法人或者一般财团法人合并,并设置了详细的规定（一般242以下）。

㊳ 参照前注①《一问一答》159页。也可参照神作·前注㉚40页以下。

法人制度 Ⅱ——法人的外部关系

Ⅰ 序

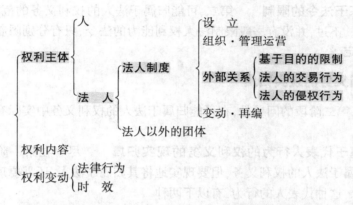

本章讲述法人制度中的法人外部关系。这里需要关注的,是法人与外部人交易的情形和法人对外部人实施侵权行为的情形。

以下,首先在总论部分阐明认定权利义务归属于法人之情形的问题构造,再按此构造,介绍有关基于法人目的限制的问题。在此基础上,分别就法人的交易行为和侵权行为探讨在何种情形认定法人的责任。

Ⅱ 总论——法人权利义务归属的问题构造

在法人的外部关系中需要关注的是,在与外部人的关系上,什么样的权利义务归属于法人。严密地说,该问题由两个阶段的问题构成。

1 权利义务的归属可能性——法人权利能力的范围

首先,第一阶段的问题,是可能归属于法人的权利义务的范围。这是有关能够取得权利义务的资格,即有关权利能力范围的问题。在法人的情形,不同于自然人,可能归属于它的权利义务的范围从一开始就受到限制。例如,以下的限制就属于此。

1．基于性质的限制　　第一,可能归属于法人的权利义务的范围,受到法人性质的限制。例如,可以设想以下的限制。

（1）**亲属关系的形成**　　既然法人不能过家庭生活,有关亲属关系形成的权利义务,不能归属于法人。例如,婚姻、收养的权利便属于此。

（2）**人格权**　　人格权的归属可能性,因人格权性质的不同而各异。

　　（A）**生命、身体的自由**　　首先,生命、身体的自由是以肉体为前提才被承认的自由,因此,不能归属于法人。

　　（B）**名称权、名誉权**　　其次,既然名称权、名誉权是作为社会中的一个存在活动时才被承认的权利,那么也就可以归属于法人。①

2．基于法令的限制　　第二,可能归属于法人的权利义务的范围,受到法令的限制。不过,并没有一般限制法人权利能力的法令,只有分别限制个别权利义务的规定。②

2　权利义务的现实归属

其次,第二阶段的问题是,在可能归属于法人的权利义务中实际有哪些归属于法人。

1．基于代表人行为的权利义务的现实归属　　尽管在第一阶段被确定为可以归属于法人的权利义务,但要现实地将其归属于法人,还需要理事等代表人的行为。这种代表人的行为,有以下两种。

（1）**交易行为**　　第一种是代表人的交易行为。要使代表人为法人实施的交易行为归属于法人,就需要代表人拥有实施该行为的权限。因此问题是,代表人拥有为了法人的利益实施何种交易行为的权限。

（2）**侵权行为**　　第二种是代表人的侵权行为。代表人通过其作为法人代表人的活动给他人带来损害时,由法人负担责任并不奇怪。问题是,具体就代表人的何种行为不得已令法人承担责任。

2．法人与代表人的关系　　至于如何理解法人与代表人的关系,迄今为止的热烈探讨一直与法人的本质论交织在一起。在此仅简单介绍主要的见解。③

---

①　最判昭和39年1月28日民集18卷1号136页(关于侵害名誉权的事件)以此为前提。
②　例如,法人不能成为一般社团法人的役员,不能成为一般财团法人的评议员、役员(一般65Ⅰ①、173Ⅰ→65Ⅰ①、177),不能担任股份有限公司的董事、监事(会331Ⅰ①、335Ⅰ→331Ⅰ①),便是典型。
③　参照四宫76页以下,新注民(2)2页以下[林良平]。

	法人拟制说	法人实在说
对法人的理解	能够成为权利主体的,本来只能是自然人。所谓法人,是法律特别拟制为自然人,作为权利主体的资格而得到认可的存在	所谓法人,是社会上现实存在的实际存在,是作为这种实际存在的团体,由法律承认其权利主体资格的存在
法人与代表人的关系	既然法人中没有实体,只有作为权利义务归属点这种技术上的意义,因此,实际的活动由代表人这个具有另外人格的人实施	将代表人的行为本身视为作为实际存在之法人的行为
交易行为	为了法人的利益,代表人这个具有另外人格的人实施法律行为,其效果归属于法人作为代理关系来把握	代表人是构成法人这个有机体或组织体的机关,其行为就是代表法人自身的行为 这里的问题是,可以在多大范围内将代表人的行为看做代表法人自身的行为
侵权行为	代表人这个他人所为之侵权行为所产生的责任,由法人承接这与雇主责任具有相同的性质	由于代表人的行为被看做法人自身的行为,因此就成为法人通过自身的行为实施了侵权行为 这里的问题是,可以在多大范围内将代表人的行为看做法人的行为

Comment 　法人本质论的意义

这样的法人本质论可以追溯到 19 世纪德国和法国的争论。当时,传统的法律体系是以个人为中心构建的,所以如何评价、定位新兴的拥有力量的法人,就成为问题。以上的争论,只有在以这样的时代背景为前提时才有意义。

可是在今天,法人在社会中的地位已经确立,相应的法律技术也已经完备。在这种情况下,继续作这样的争论已无意义。至少,法人拟制说与法人实在说哪一个正确这种问题的设定方法,只会误导对法人制度的理解。两者都只抓住了具有多面性的法人制度的一个侧面。其实,应当将两者统合到一起来考虑。④

不过,如果要对问题作法律构成的话,不可否认,基于拟制说的观点更加合适。特别是在交易行为的情形,将其看做代表关系,问题就必然成为代表人被赋予了什么样的权限。与其如此,还不如直接将它作为代理关系来构成,这样更容易理解。

Ⅲ　基于法人目的的限制

如上所述,关于法人,第一阶段的问题是权利义务的可能性、即权利能力的

---

④　除了星野 121 页,内田 217 页以下外,还可参照新注民(2)6 页以下[林]。与此相对,加藤雅 159 页认为:位于这种法人理论的背后的"法人可以还原为各个成员还是超过了成员的算术总和这个问题,依然没有丧失其现代意义"。

范围;第二阶段的问题是被判定为该范围内的权利义务,实际是否归属于法人。在这个关系上,特别需要关注的是基于法人目的的限制。

1 基于目的之限制的定位

根据 34 条的规定,法人依照法令的规定在章程或其他基本格式条款规定的"目的的范围"内享有权利,负担义务。⑤ 问题是,这种限制应当定位在第一阶段还是第二阶段?⑥

1. 定位于权利义务归属可能性问题——限制权利能力说

(1) **限制权利能力说** 民法的起草者将其理解为第一阶段的限制。按照这种理解,法人能够取得权利义务的范围,即权利能力的范围本身,由法人的目的划定。⑦

(A) **ultra vires 理论的继受** 这是继受英国的 ultra vires 理论——认为公司只能在章程明示或默示认可的目的范围内实施行为,超越其目的范围实施的行为无效的见解——的产物。⑧

(B) **目的范围外行为的效果** 按照该理论,对于目的范围外的行为,既然法人不能取得权利义务,法人不用负担任何责任。

(2) **存在的问题** 可是这种观点中存在以下两大问题。⑨

(A) **结果的不当性** 第一个问题是,贯彻 ultra vires 理论会产生不当的结果。

(a) **有阻碍法人活动的危险** ultra vires 理论是试图规制法人活动的时代(19 世纪中叶的英国)的产物。但是在今天,由于社会日益复杂化,法人为了实现某个目的不得不开展多种活动。无视这种现实,严格地理解基于目的的限制,法人顺利的活动就有可能受到阻碍,该目的就有可能无法得以充分实现。

(b) **有可能成为逃避责任的借口** 此外,如果允许基于目的的限制,就很可能给法人一方在交易进行后逃避责任的借口。

(B) **难以说明有关法人侵权行为责任的规定** 第二个问题是,认为目

---

⑤ 民法 34 条除了将 2006 年修改前的规定——43 条所规定的"章程或者捐赠响应为规定的"修改为"章程及其他基本格式条款规定的"外,维持了修改前的规定。

⑥ 有关的研究状况,参照前田达明"法人的能力と目的"同《民法の"なぜがわかる"》(有斐阁,2005 年,初出 1989 年)336 页以下。

⑦ 广中俊雄编著《民法修正案(前三编)の理由书》(有斐阁,1987 年)99 页以下。这种理解,也反映在 34 条(民前 43)的用语——法人"于其目的范围内享有权利负担义务"——中。

⑧ 参照前田・前注⑥323 页以下。

⑨ 参照星野 130 页以下,内田 241 页以下等。很早就指出日本立法上问题的文献,可参照竹内昭夫"会社法におけるultra viresの原则はどのようにして废弃すべきか"同《会社法の理论 I》(有斐阁,1984 年,初出 1965 年)135 页。

的限制权利能力的见解,无法说明有关法人侵权行为的规定[一般78、197(民前44)]。根据该规定,代表理事及其代表人"就其职务的执行"给第三人带来损害时,法人负损害赔偿责任。如果认为权利能力因目的而受到限制,那么就只能认为侵权行为的实施在法人的目的范围之内。

2. 定位于权利义务的现实归属问题　　基于以上的考虑,如今排斥 ultra vires 理论,将基于目的的限制定位于第二阶段的问题的见解成为主流。不过,围绕其构成存在争议。

(1) 行为能力限制说　　首先,有人主张,目的范围所限制的,不是法人的权利能力,只不过是行为能力。⑩

> **Comment**　　　　　　　　　　　　　　　　　　　法人的"行为能力"的涵义
>
> 所谓行为能力,本来是单独实施确定有效的法律行为的能力。但是,在法人的情形,无法想象在其辅助人——代表人之外作为本人的法人单独实施法律行为,所以在这个意义上的行为能力不能成为问题。这里设想的法人的"行为能力",其实是"法人实施的行为可以到什么程度"。
>
> 不过,因为实际实施行为的是代表人,所以它与"法人的代表人实施的行为可以到什么程度"这个问题是一样的。这样一来,法人的"行为能力"的范围与赋予理事的权限,即代理权的范围发生重合。在此意义上,行为能力限制说最终与下文要介绍的代理权限制说没有区别。这样的话,与其使用法人的"行为能力"这种容易产生混淆的用语,不如直接作为代理权的限制问题来论述。

(2) 代理权限制说　　而现在具有说服力的见解则主张,基于目的范围限制的,是代表人之代理权的范围。⑪

　　(A) 目的范围外行为的效果——无权代理　　按照该学说,在代表人实施目的范围外行为的情形,作为无权代理的问题来处理。

　　(B) 与通常的无权代理的区别　　但如下所述,其实践意义很难说有多大。⑫

　　　(a) 追认的可能性　　既然是目的范围之外的行为,原则上不允许法人追认。⑬

　　　(b) 成立表见代理的可能性　　尽管有成立表见代理的可能,但由于目的已经登记(一般301Ⅱ①、302Ⅱ①),相对人的信赖具有正当理由的情形有限。

---

⑩ 近江128页以下,北川76页等。我妻157页认为,(2006年修改前的)43条是限制法人的权利能力和行为能力双方的规定。

⑪ 川岛112页、123页,星野132页,四宫・能见116页以下,内田248页以下等。

⑫ 参照前田・前注⑥340页以下。

⑬ 内田253页认为,仅仅是法人的保护成为问题的情形,可以追认;在由行政政策规定目的范围,基于政策的宗旨应当否定超越该范围行为效力的情形,不应当认为回避规制为目的而为之追认。

Comment 　　　　　　　　　　　　民法34条的射程——适用于公司的可能性

除此以外，关于2006年修改前的民法43条，商法学者中将其理解为限制法人权利能力之规定，主张其不适用于商法上的公司的见解，一度颇有说服力。⑭ 按照这种观点，对于商法上的公司，权利能力自然不用说，行为能力以及代表人的权限也不受公司目的的限制。在此情形，实施了这种目的外行为的代表人仅在公司内部受责任追究。这是出于这样一种考虑：限于商业交易，比起对公司的保护，更应当优先保护交易安全。而在非营利法人的情形，出于特定的目的才允许设立的性格特征鲜明。如果对于目的范围外的行为也认定法人的责任，就会违背该宗旨。2006年修改前的民法43条正是以这样的法人为预设的规定。

不过，随着2006年的修正，之前民法的规定中有关公益法人的规定被删除，民法被定位为法人制度的通则。不可否认，基于这一原因，主张民法34条不适用于公司的解释较之以往难度更大了。⑮

3. 要件构成 　　作为使基于代表人之行为所生之权利义务归属于该法人的成立要件，是否需要代表人所为之行为属于法人目的范围？围绕这一点，存在争论。

(1) 成立要件说 　　即使将基于法人目的的限制看做划定法人权利能力范围或者代表人代理权的范围的工具，要使代表人所为行为的效果归属于法人，需要该行为在法人目的的范围内。按照这种观点，代表人所为行为的效果属于法人目的的范围这一点才是效果归属的成立要件，由主张效果归属于法人的人负担主张、举证责任。⑯

(2) 阻却要件说 　　与此相对，也有另一种见解，将代表人的行为不属于法人目的的范围看做该行为的无效原因（构成效果不归属之基础的原因），属于阻却要件，由争执效果归属之人负担主张、举证责任。⑰

---

⑭ 参照田中诚二《会社法详论·上卷》（劲草书房，三全订，1993年）81页以下，上柳克郎"会社の能力"同《会社法·手形法论集》（有斐阁，1980年，初出1955年）40页以下等。
⑮ 内田249页以下等。而四宫、能见99页主张，即便是现在"仍有可能解释为不适用于营利法人"。
⑯ 参照大判大正11年7月17日民集1卷402页。
⑰ 除东京地判昭和62年9月22日判时1284号79页外，还可参照民事教官室"民事诉讼における要件事实について"司法研修所报26号172页以下（1961年），佐久间360页等。

	请求履行契约的根据规范 （请求原因）	阻却规范 （抗辩）
成立要件说	① 民法99 I　代理人在其权限内,表示为本人而为的意思表示,直接对本人发生效力 ② 一般77 I 正　理事代表一般社团法人 ③ 一般77 IV　代表理事拥有有关一般社团法人业务的一切诉讼上以及诉讼外的权限 ④ 民34　法人遵从法令的规定,在章程及其他基本格式条款所规定的目的范围内,享有权利,负担义务（代表人在章程及其他格式条款规定的范围内代表法人⑱）	
阻却要件说	① 民法99 I　同上⑲ ② 一般77 I 正 ③ 一般77 IV ④ 民34	ⓐ 民34　代表人所为之行为在章程及其他基本格式条款所规定之目的范围外时,基于该行为之权利义务不归属于法人

② **目的范围的判断基准**

接下来的问题是,如何判断是否在目的范围之内。⑳

1. 一般基准　判例在将基于目的的限制定位于权利能力层次的基础上,采用了如下的一般基准。

（1）**实现目的所必要的行为（ⓐ）**　首先,所谓目的范围内的行为,并不限于章程内明示的目的本身,还包括所有对于目的的实现所直接或间接必要的行为。㉑

（2）**必要性的客观、抽象判断（ⓑ）**　此时,对于目的的实现是否必要,不论

---

⑱ 在将基于法人目的的限制理解为对代表人代理权的限制的情形,民法 34 条作这样的解释。

⑲ 按照阻却要件说,因法人的代表人所为之行为而产生的权利义务——不论是否属于法人目的的范围——一定需要为归属于法人提供基础的规范。可是,一旦承认——无论是怎样的行为,只要是代表人实施的与法人业务有关的行为,由此所生之权利义务归属于法人——这样的规范,不禁让人产生疑问：岂不是与民法 34 条不相容了？采取阻却要件说的情形,只有解释为：基于某种政策性的理由转换了证明责任【民事教官室・页注⑰173 页主张的理由是："伴随着法人的社会性、经济性作用的扩大其活动领域也在增大"】。

⑳ 关于判例的状况,参照新注民(2)243 页以下［高木多喜男］,河内宏"民法 43 条、53 条～55 条（法人が权利を有し义务を负う范围と理事の代表权）"百年 II 10 页以下。

㉑ 大判大正元年 12 月 25 日民录 18 辑 1078 页(银行作票据保证的事件),最判昭和 27 年 2 月 15 日民集 6 卷 2 号 77 页(以保存财产、获取增为目的的合资公司出售不动产的事件),最判昭和 30 年 10 月 28 日民集 9 卷 11 号 1748 页(股份公司连带保证交易对方债务的事件,判定"在没有应当作为特别反证之证据的本案中"行为属于目的范围之内)等。

该行为目的的实现现实上是否必要,必须根据行为的客观性质作抽象的判断。㉒

2. 营利法人的情形　　该基准的具体涵义,在营利法人与非营利法人的情形完全不同。首先,看一下营利法人的情形。

(1) 实现目的所必要的范围　　上述ⓐ基准,在营利法人的情形,实际上就等于没有限制。

(A) 通常有利于目的实现的行为

> **事例1**
>
> 以销售肉食及其加工品为目的的股份有限公司 X,为了援助交易对方 S,在 S 从 Y 银行融资 3000 万日元之际,作为担保 X 公司在自己所有的店铺甲上设定了抵押权。后来,S 的业绩进一步恶化,无法返还这 3000 万日元。于是 Y 银行就要实现甲上的抵押权。X 公司以这种行为在 X 公司的目的范围之外为理由,主张在甲上设定的抵押权无效。

援助交易对方的行为,通常有利于推进作为目的的事业。这样的行为对于公司目的的实现至少是间接必要的,所以法院判定它属于目的范围。㉓

(B) 维持公司所必要的行为

> **事例2**
>
> 以开采、销售煤炭为目的的股份有限公司 X,由于仅仅依靠煤炭难以继续维持,为了确保经营资金,开始从事地板的交易,从 Y 处购买了 2000 万日元的地板用木材甲。可是,X 公司不懂得地板交易的诀窍,很快事业就发生挫折,导致 X 公司无法向 Y 支付 2000 万日元的价金。为此,在 X 公司内部许多人批判独断进行这种新型交易的董事长 A,导致经营领导层的更迭。于是,X 公司重新对 Y 主张说:由于地板的交易属于 X 公司目的范围之外的行为,所以契约无效,从而拒绝支付价金。

为了实现开采、销售煤炭这个目的需要进行地板交易这种说法,是很难站住脚的。但是,即使对这样的行为,判例仍认为,在维持公司必要的情形,它就属于目的范围之内的行为。㉔ 这样的话,几乎所有的营利行为就都属于目的范围了。

㉒ 前注㉑最判昭和 27 年 2 月 15 日,最判昭和 30 年 11 月 29 日民集 9 卷 12 号 1886 页(生命保险公司接受金钱保管的事件)等。

㉓ 最判昭和 33 年 3 月 28 日民集 12 卷 4 号 648 页。此外,还可参照前注㉑大判大正元年 12 月 25 日,前注㉑最判昭和 30 年 10 月 28 日,大判大正 5 年 11 月 22 日民录 22 辑 2295 页(向他人借贷金钱,要求其连带保证人履行的事件),大判昭和 10 年 4 月 13 日民集 14 卷 523 页(承担他人债务的事件),大判昭和 13 年 6 月 8 日民集 17 卷 1219 页(接受在渔业权上设定的抵押权而贷款的银行实现抵押权,竞买获得渔业权的事件)等。

㉔ 最判昭和 30 年 3 月 22 日判时 56 号 17 页。此外,还可参照大判昭和 6 年 12 月 17 日新闻 3364 号 17 页(铁道公司为了改善公司的金融状况、充实经济实力,开展煤炭开采事业的事件)。

（C）社会通常观念对公司寄予期待的行为

> **事例 3**
>
> 以制造、销售钢铁为目的的股份有限公司 X 的董事长 A，代表 X 公司，向政党 Y 捐赠了 350 万日元的政治资金。对此，X 公司的一般股东 G 认为这种政治捐款违背了以营利为目的的 X 公司的本质，以 A 通过不属于公司目的的行为给 X 公司造成了 350 万日元的损害为由，对其提起了要求赔偿的股东代表诉讼。

判例判定这种政治捐款行为也属于目的范围。㉕ 既然公司也是组成社会的一个社会性存在，就不得不让其发挥社会作用。一般认为，开展属于这种社会作用的活动，对于谋求企业的顺利发展具有相当的价值和效果。因此判例认为，这些行为也是于目的实现所必要的行为。按照这种认识，社会通常观念对公司寄予期待的所有行为就都属于目的范围。

（2）必要性的客观、抽象判断　　ⓑ基准的意义，体现在以下情形。

> **事例 1-2**
>
> 在事例 1 中，X 公司的董事长 A，为了帮助其叔父 S 经营的养猪场从 G 银行融资 1000 万日元，作为担保在 X 公司所有的店铺甲上设定了抵押权。该情形如何？

（A）目的范围的判断　　如果按照公司是否能实际获利来判断是否在目的范围之内的话，那么相对人的地位便不会安定。因此，对目的范围不作实质性判断，而是应当根据行为的客观性质作抽象的判断，这才是ⓑ基准的宗旨。按照这个基准，X 公司所作的物上保证也在目的范围之内。

（B）滥用代理权的可能性　　不过，该事例中的 A 实施的是不能给 X 公司带来任何利益的行为。这恰好是代理人为了自己或第三人的利益而实施代理行为的情形。因此，将作为代理权滥用的问题来处理。㉖

3. 非营利法人的情形

（1）一般的非营利法人　　对于非营利法人，一般作如下的考虑。

（A）目的范围的判断　　首先，在非营利法人的情形，目的范围的判断比营利法人情形的判断要严格。不过，即使在此情形，如果实质地判断行为对目的的实现是必要的，那么，将判定它在目的范围之内。

㉕ 最判昭和 45 年 6 月 24 日民集 24 卷 6 号 625 页。
㉖ 关于代理权的滥用，参照第 18 章 Ⅱ②（437 页以下）。

> **事例 4**
>
> ① 农业协同组合 X 在章程中写明，以"合伙成员的事业或生活所必要的资金的借贷"为其事业目的。由 X 组合的理事长 A 担任董事的建设公司 Y，求 A 借贷用于支付职工工资等的款项，A 推脱不掉，以 1 年为期向非合伙成员的 Y 借贷了 500 万日元。可是后来，此事败露，X 组合解除了 A 的职务，并要求 Y 返还 500 万日元。
>
> ② 农业协同组合 X 为了确立其经济基础，计划接受 Y 的销售委托，销售 Y 收购的苹果，以从中获取手续费。X 组合向 Y 借贷了用于该计划的 500 万日元资金。其后，Y 违反约定没有把苹果交付给 X 组合，贷给 Y 的资金就一直留在了 Y 处。在 X 组合要求 Y 返还之时，Y 拒绝返还。其理由是：X 组合在章程中仅仅规定"从事合伙成员的事业或生活所必要的资金的借贷以及其他的附带事业"，因此，X 组合向非合伙成员 Y 贷款的行为属于目的范围外的行为，无效。

（a）原则　　向非合伙成员贷款的行为，显然在章程所规定的目的范围之外。而且，通常相对人 Y 也知道这属于章程所不允许的非成员借贷。因此判例认为，这样的行为原则上不在组合的目的范围内。㉗

（b）例外　　不过，在②中，对 Y 的贷款，不是单纯的借贷，而肯定是确立 X 合伙的经济基础，给合伙全体成员带来高于利息之经济利益的行为。因此判例认为，如果从实质上考虑行为的宗旨，这种情形属于目的范围。㉘

（B）诚信原则对无效主张的限制　　即使按以上的判断属于目的范围外的行为，有时也会因违反诚信原则而不允许无效的主张。

> **事例 5**
>
> A 以虚构的合伙成员名义从劳动金库 X 处借得 500 万日元，作为担保，在 A 所有的土地甲上设定了抵押权。其后，由于 A 不偿还 500 万日元，X 实行抵押权，Y 竞买得甲。可是后来，A 以 X 对非成员 A 的贷款行为属于目的范围以外的行为为由，主张在甲上设定的抵押权也无效，要求 Y 返还甲。

即使非成员借贷在目的范围之外，该事例中的 A 主张无效，是违反诚信原则的行为，不能允许。㉙

（a）设定抵押权的宗旨　　在甲上设定的抵押权，在经济上具有担保 X

㉗ 最判昭和 41 年 4 月 26 日民集 20 卷 4 号 849 页。还可参照大判大正元年 9 月 25 日民录 18 辑 810 页（以接受合伙成员的委托加工、销售生产的生丝为目的的重要物产同业组合，为了合伙成员的利益买进蚕茧，承担了价金债务的事件），大判昭和 8 年 7 月 19 日民集 12 卷 2229 页（信用组合的合伙成员外借贷事件）等。

㉘ 最判昭和 33 年 9 月 18 日民集 12 卷 13 号 2027 页。此外，最判昭和 35 年 7 月 27 日民集 14 卷 10 号 1913 页认为，信用协同组合从非合伙成员处接受存款的行为不算是目的范围之外的行为。

㉙ 最判昭和 44 年 7 月 4 日民集 23 卷 8 号 1347 页。此外，最判昭和 51 年 4 月 23 日民集 30 卷 3 号 306 页的事件是：以救治、疗养伤病者为目的的财团法人，为了新建"健康学园"，在章程的变更尚未获得许可的阶段，出售了对于医院经营来说很重要的财产。判例认为：尽管获得许可后仍有拒绝追认销售的可能性，却置之不管，于经过了 7 年 10 个月之后才主张出售的无效，违反了诚信原则，不能允许。

对 A 拥有的债权的性质。因此,即使借贷无效,A 负担将取得的金钱作为不当得利返还给 X 的债务这一点没有变化,因此不允许 A 不偿还该债务而主张抵押权无效。

(b) 净手原则(clean hands)　　该事例中的 A,利用虚构的名义从 X 处获得了非成员借贷。如果认可 A 的无效主张,从而判定可以请求竞得人返还甲,就等于容许以自己的不正当为理由否定善意第三人的权利。

(2) 公共性特别强的法人　　而对于公共性特别强的法人,不论从实质上看对于目的的实现是否必要,都容易被认定为在目的范围之外。

> **事例 6**
>
> 　　税理士协会 X 为了使税理士法的修改有利于自己,以向政治团体 Y 捐款工作资金为目的,作出了征收特别会费 5000 日元的决议。X 的会员 A 反对该决议,拒绝交纳特别会费。X 根据协会规则,在停止 A 的役员选举权、被选举权的情况下举行了役员的选举。

　　判例认为,税理士协会向特定政治团体捐款的行为属于目的范围外的行为,为此而征收特别会费的决议无效。[30] 它是基于如下的考虑。

　　(A) 阻碍公共目的实现的危险　　"鉴于税理士的使命和职责,为了有助于税理士及税理士法人义务的遵守以及税理士业务的改善、进步",税理士协会是"以从事有关指导、联络和监督支部……以及会员行为为目的"的,根据税理士法取得设立许可的法人(税理士法 49 Ⅵ Ⅶ)。对于这样的法人,如果将目的范围理解得像公司的目的范围那样宽泛,法律所要求的公共目的的实现将受到阻碍,法律的宗旨将被埋没。

　　(B) 对强制加入团体之成员的权利保护　　税理士协会是强制加入的团体,其成员——税理士——退会的自由在实质上得不到保障(税理士法 49 之 6)。如果判定这样的法人可以根据多数决定的原理决定向政治团体捐款,会员的思想、信念的自由就会受到不当侵害。

Ⅳ　代表人所为之交易行为与法人的责任

　　假定如上在第一阶段确定法人具有权利能力,权利义务可以归属于法人,在第二阶段,要令该权利义务实际归属于法人,就需要法人代表人的行为。首先,先看看交易行为的情形。

---

[30] 最判平成 8 年 3 月 19 日民集 50 卷 3 号 615 页。而最判平成 14 年 4 月 25 日判时 1785 号 31 页认为,在遂行司法书士协会的目的——"为了保持会员的品味,谋求业务的改善、进步,从事有关对会员的指导及联络事务"[司法书士法 14 条 2 款(现行法 52 条 2 款)]——所直接或者间接必要的范围内,就与其他司法书士协会间的业务及其他方面的提携、协作、援助等也属于其活动范围,从而判定:司法书士协会为了支援阪神、淡路大地震中受灾的兵库县司法书士协会而捐赠的行为"属于权利能力范围内",只要没有违反公序良俗等应当否定会员协助义务的特别情事,为捐赠而作的特别负担金征收决议的效力,及于会员。

1 代理权的范围

要让代表人为法人的利益而为之交易行为的效果归属于法人,就需要代表人拥有这么做的权限,即代理权。

1. 概括代理的原则 法人的代表人——一般社团法人、一般财团法人的情形为代表理事,股份有限公司的情形为董事长,拥有实施与法人的"业务有关的一切诉讼上以及诉讼外之行为的权限"(一般77Ⅳ、197→会349Ⅳ等)。由此,就法人的法律行为代表人被赋予了概括性的代理权。

2. 对代理权的限制 在此基础上,代表人的代理权受到以下的限制。

(1) 基于目的的限制 第一,根据Ⅲ①2(2)(485页以下)介绍的代理权限制说,代表人的代理权因法人的目的而受到限制。

(2) 基于章程等的任意限制 第二,代表人的代理权有可能因为章程、社员大会等的决议而受到限制。关于这种限制将在下文的②讲述。

(3) 基于法令的限制 第三,代表人的代理权有时受到法令的限制。关于此限制,将在③(498页以下)介绍。

3. 代理权的滥用 代表人为了自己或者第三人的利益实施了按照上述观点属于代表人代理权范围的行为时,会产生代理权滥用的问题。关于这一点,参照第18章Ⅱ②(437页以下)。

2 章程等对代理权的限制

首先,看一下有关代表人的代理权因章程、社员大会的决议等受到限制情形的问题。[31]

事例7

渔业协同组合 X 在章程中规定:组合的代表理事代表组合、根据理事会的决定处理业务;有关固定资产取得、处分的事项,需要理事会的决定。Y 听说 X 组合资金紧张,计划要出售其所有的土地甲,将向 X 组合的代表理事 A 表明了想购买甲的意向。A 说必须征询其他的理事才能决定,从 Y 那里接受了 200 万日元的斡旋费。可是,A 最终并没有取得理事会的决议就以 1000 万日元的价格将甲卖给了 Y,并收取了 300 万日元的定金。后来,在 Y 向 X 组合支付剩余价金并作为交换要求移转甲的登记时,X 组合认为没有理事会的决议,这样的契约无效,从而不予理睬。

---

[31] 关于判例法的状况,参照山田诚一"法人の理事と代理权の制限——定められた手续の履践をしないでした理事の行为の效果の法人への归属"星野英一先生古稀祝贺《日本民法学の形成と课题·上》(有斐阁,1996年)123页。

1. 前提——代理权的范围和限制

（1）原则 渔业协同组合是依水产业协同组合法被认可设立的法人。依该法39条之3，组合应当根据理事会的决议从理事中确定代表组合的理事（代表理事），代表理事拥有实施与组合的业务有关的一切诉讼上以及诉讼外之行为的权限。这与有关设置理事会的一般法人、股份有限公司的规范相对应。

（2）基于章程的限制 不过，在本事例中，依据X组合的章程，代表理事A没有权限在未获得理事会决定的情况下取得或处分固定资产。因此，A在未获得理事会决定的情况下订立的买卖甲的契约，为无权代理行为，效果似乎不归属于X组合。

2. 与代理权限制相关的相对人的信赖保护 问题是，像这样依章程等限制代表人代理权的情形，如何保护相信代理权未受限制的相对人。关于这一点，2006年修改前民法54条规定："对理事代理权的限制不得对抗善意第三人。"这种见解现在被一般法人法、公司法所承继（一般77Ⅴ、197→77Ⅴ、会349Ⅴ等。水产业协同组合法39之4Ⅱ也准用会349Ⅴ）。

（1）规定的宗旨和证明责任 围绕该如何理解这些规定的宗旨，以及相应的"善意"的证明责任由谁负担，存在争议。

（A）善意人保护说 一般来说，在出现违反章程等限制的行为时，构成无权代理，效果不归属于法人。以此为前提，认为是保护不知晓代理权限制之善意第三人的规定。

（a）规定的宗旨 如果将此情形定为无权代理，要保护不知道该限制者，本来应当满足110条表见代理的要件。可是，在法人的情形，由于法律规定代表人原则上拥有实施与法人的"业务有关的一切诉讼上以及诉讼外之行为的权限"，因此要求相对人个别调查代表人的代理权上是否存在限制是不妥当的。为此，在此情形无须追问有无"正当理由"，决定保护善意相对人。这便是这些规定的宗旨。

（b）证明责任 按照这种观点，当第三人一方以代表人拥有概括性的代理权为前提，以代表人所为之行为的效果归属于法人为由作请求，而法人一方主张并举证了代表人的代理权存在限制时，第三人一方就需要主张、举证其为善意。[32]

（B）限制主张要件说 与此相对，另一种见解认为，发生违反了基于章程等限制的行为时，限于第三人明知该限制的情形，它构成无权代理，可以主张效果不归属于法人。[33]

---

[32] 最判昭和60年11月29日民集39卷7号1760页。
[33] 可以认为，内田254页、河上172页、四宫、能见112页等采取的是如下的观点：就基于章程等的限制而言，应当令法人一方举证第三人存在恶意。

（a）规定的宗旨　　法人的代表人原则上拥有与法人的"业务有关的一切诉讼上以及诉讼外之行为的权限"，相对人对此存在信赖。能够对相对人主张存在基于章程等的限制的情形，应当限于相对人不存在这种信赖，即明知这种限制的情形。

（b）证明责任　　按照这种观点，针对第三人一方以代表人拥有概括性的代理权为前提，以代表人所为之行为的效果归属于法人为由所作的请求，法人一方不仅需要主张、举证代表人的代表权上存在限制，还要主张、举证第三人就此限制存在恶意。

（2）"善意"的对象　　这里所说的"善意"，是指不知道施加在代理权上的限制。在事例 7 中，不知道章程中规定有对代理权的限制，便属于此。依此观点，既然已经对 Y 说明需要征询其他理事的意见，所以 Y 不属于"善意"。

	请求履行契约的根据规范 （请求原因）	阻却规范 （抗辩）	再阻却规范 （再抗辩）
善意人保护说	① 民法 99 I　同上 ② 一般 77 I 正　（487 页） ③ 一般 77 Ⅳ	ⓑ 不成文法（民 91）　法人可以通过章程等限制代表人的代理权	甲 一般 77 V　对代表人之代理权的限制，不能对抗善意第三人
限制主张要件说	① 民法 99 I　同上 ② 一般 77 I 正 ③ 一般 77 Ⅳ	ⓑ 不成文法（民 91）　同上 ⓒ 一般 77 V　对代表人之代理权的限制，仅能对抗恶意第三人	

3. 与违反限制事实相关之相对人的信赖保护　　此外，即使相对人明知需要理事会的决定这个限制，有时也有可能相信实际已经取得了理事会的决定。至于如何保护相信不存在违反限制的事实——从而代表人拥有代理权——的相对人，有以下几种可能。

（1）保护善意人规定之扩张说　　也可以这样来看：即使是这样的情形，仍在上述保护善意人之规定（一般 77 V、会 349 V 等）的射程内。依此观点，相信实际已经取得理事会决定的善意第三人将受到保护——将"善意"的涵义扩张到那般程度来理解。

（2）110 条类推说　　判例则认为，即使明知需要理事会的决定这个限制，但就相信理事实际已经取得了理事会决定一事有正当理由时，应当类推 110 条以保护相对人。㉞ 它是出于如下的考虑。

（A）保护善意人规定之扩张说存在的问题　　首先，保护善意人之规定之所以规定只需要善意，是考虑到：因为理事的代理权原则上不存在限制，所以没有必要逐一调查是否存在这样的限制。但是，明知章程限制了代理权的人，应当慎重地确认该限制实际是否得到了遵守。没有必要保护因过失而疏于确认的人。

（B）类推110条的必要性　　不过，如果在此情形一概不保护第三人，那么就会出现这样的结果：连章程对代理权的限制都不知道的、不注意的第三人都受到保护，而在作调查之后误以为该要件满足的、稍微谨慎一些的第三人反而得不到保护。为此认为，当相信满足该要件一事有正当理由时，应当类推110条，以保护相对人的信赖。

③ 基于法令的限制

1. 理事的多数决定

事例 8

一般社团法人 X 未专门设置理事会，由 ABC 三人担任理事。在此情形，A 未与 BC 协商就代理 X 与 Y 缔结了将 X 所有的房屋甲租赁给 Y，为期 3 年，月租金 10 万日元的契约。

在没有设置理事会的情形，除了章程另有规定的情形外，一般社团法人的业务由过半数的理事决定（一般76Ⅱ）。

（1）内部限制　　理事的多数决定原则一般被解释为规定法人内部意思决定的程序，不是限制理事对外权限即代理权的制度。㉟ 因此，即使理事 A 未依理事的多数决定实施了代理行为，其效果也归属于一般社团法人 X。

（2）相对人恶意之情形的例外　　但在相对人恶意的情形，判例依照2006年修改前的"民法54条的规范涵义"例外地判定无效。㊱ 按照这种立场，理事 A 所为之代理行为未经理事的多数决定，当相对人 Y 明知时，法人 X 可以主张该代理行为无效（效果不归属）。㊲

㉞　前注㉜最判昭和60年11月29日（不过，在该案中，判决认为 Y 的信赖没有正当理由）。不过，四宫、能见112页指出：在2006年修改前的民法54条之下，常有"有关法人之不动产及其他固定资产的出售，理事长（代表理事）应当征得理事会的承认"这样的章程规定，曾当作限制代表权的典型事例。现在，在设置理事会的一般社团法人，这样的代表权限制属于一般法人法90条4款1项之"重要财产的处分"，需要理事会的承认，因此不再仅由章程进行限制【关于这一点，参照③ 3（501 页以下）】。

㉟　参照大判大正7年3月8日民录24辑427页（关于民前52Ⅱ）。

㊱　参照大判昭和15年6月19日民集19卷1023页（关于民前54）。

㊲　四宫、能见115页以诚信原则为其基础。

2. 利益相反交易的限制

事例 9

一般社团法人 X,未专门设置理事会,由 ABC 三人担任理事,按照章程的规定通过理事间的相互选举选定 A 担任代表理事。

① A 代理 X 与其缔结契约,自己以 1000 万日元购买 X 所有的房屋甲。

② 在自己从金融业商 Y 处借贷 1000 万日元之际,作为担保 A 代理 X 与 Y 缔结了契约,约定将在 X 所有的房屋甲上设定抵押权。

在代表人实施利益相反之交易的情形——代表人为了自己或者第三人的利益试图与法人进行交易的直接交易的情形(①)或者代表人试图在与代表人以外的人之间作与法人利益相反的交易的间接交易的情形(②),应当取得所规定之机关的承认——在未设置理事会的一般社团法人为社员大会的承认(一般 84 Ⅰ),在设置理事会的一般社团法人为理事会的承认(一般 92 Ⅰ),在未设置董事会的公司为股东大会的承认(会 356 Ⅰ),在设置董事会的公司为董事会的承认(会 365 Ⅰ),等等。[38] 问题是,在代表人未征得必要的承认而实施了利益相反行为时,该交易的效果是否归属于法人。

(1) 相对无效说　　以往的判例作如下的考虑。[39]

(A) 前提——无权代理　　代表人作利益相反之交易的情形,之所以规定需要规定之机关的承认,是为了限制代表人的代理权。这一点,从在征得必要之承认的情形不适用有关自己代理、双方代理之民法 108 条——一般认为违反该规定而为之行为为无权代理行为【参照第 15 章 Ⅳ ② 2(2)(366 页以下)】——的规定(一般 84 Ⅱ、会 356 Ⅱ 等)中也可看出。依此种理解,当代表人(A)未征得必要的承认实施了利益相反之交易时,应该构成无权代理,交易的效果不归属于法人(X)。

(B) 相对人恶意的必要性　　可是,原封不动地贯彻这种观点将危害交易的安全。因此,相对无效说认为,仅限于相对人(Y)明知没有必要之承认的情形,法人(X)才可以主张效果的不归属。

(2) 内部限制说　　但也有见解认为,对于利益相反之交易,之所以需要规定的承认,不是为了制约代表人的代理权,只不过是确定了法人的内部义务而已。[40] 依此种观点,代表人(A)所为之行为的效果,无论是否征得了必要的承认,原则上都归属于法人(X)。

---

[38] 参照第 19 章 Ⅳ ② 2(2)(A)(c)(467 页以下)以及(B)(d)(468 页)。

[39] 有关股份有限公司的判例,参照最判昭和 43 年 12 月 25 日民集 22 卷 13 号 3511 页(属于间接交易的事件),最判昭和 46 年 10 月 13 日民集 25 卷 7 号 900 页(有关汇票交易的事件)等。

[40] 参照佐久间 365 页。

（A）对转受让人的保护　　其理由在于,如果按照相对无效说,那么从相对人处转受让之人只能通过民法94条2款、192条等获得保护,有可能危害到交易安全。

（B）对法人的保护　　不过,即使按照这种观点,该行为通常构成代理权的滥用,即使类推适用民法93条但书[41],由于多数情形直接的相对人或者明知或者能够容易地知晓,对法人的保护不至于过于单薄。

	请求履行契约的根据规范（请求原因）	阻却规范（抗辩）
相对无效说	① 民法99 I　同上（487页） ② 一般77 I 正 ③ 一般77 Ⅳ	d 一般84 I　未经社员大会的承认,理事为了自己或者第三人的利益与一般社团法人交易的情形,或者,一般社团法人保证理事债务的情形,以及其他与理事以外的人从事一般社团法人与理事利益相反的交易的情形,相对人明知未经社员大会承认时,该交易的效力不归属于法人
内部限制说	① 民法99 I　同上 ② 一般77 I 正 ③ 一般77 Ⅳ	e 类推民93　在左列情形,**代理人（代表人）为了自己或者他人的利益滥用代理权的情形,当相对人明知或者能够知道该滥用之事实时,该意思表示对本人（法人）不生效力**

Comment　　利益相反交易的效果以及对相对人的信赖保护

包括民法108条规定的自己契约、双方代理在内,利益相反之交易是违反在内部关系中代理人（代表人）对本人（法人）负担忠实义务的行为。并且,利益相反交易仅仅被定型化地、客观地评价为违反忠实义务,本来只需要限于本人（法人）自己判断自己的利益因此会受到损害——实质上的违反忠实义务——的情形,不认可效果的归属便足够。于是,《基本方针》(【1.5.32】〈1〉)作如下的提案:将民法108条不局限于自己契约、双方代理,而是修改为适用于一般利益相反交易的规定,在此基础上不是将其效力作为无权代理,而是采用效果不归属之主张的构成——"本人可以主张该行为对自己不生效力"。[42]

依此提案,利益相反交易被理解为内部忠实义务的违反,为此被定位为与代理权滥用相同性质的概念。关于代理权的滥用,如第18章Ⅱ22的Comment(440页以下)所述,《基本方针》(【1.5.33】)认为,从相对人的角度看,代理人属于本人一方的人,由于这样的人隐匿背信的意图实施代理行为,类似于狭义的心里保留——表意人为了相对人产生误信而有意识地隐匿真意的情形,当相对人恶意时,本人可以主张效果的不归属。但代理权滥用的情形不同于狭义的心里保留的情形,本人并未亲自实施令相对人产生误信的行为,因此,有重过失的相对人不能否定这样的本人

---

[41] 参照第18章Ⅱ②2(438页以下)。
[42] 参照基本方针48页以下,详解Ⅰ233页以下。

所作的效果不归属的主张。

利益相反交易基本上也同样，但不同于代理权滥用，是被定型化地、客观地评价为违反忠实义务的行为，因此，相对人通常知道其为违反忠实义务的行为，即便不知，至少也有重过失。为此，《基本方针》(【1.5.32】〈2〉)允许证明责任的转换，认为在相对人主张、举证自己为善意且无重大过失时，不认可本人主张效果的不归属。⑬

依此见解，在法人的代表人实施了利益相反交易的情形，当代表人未获得必要的承认而实施了利益相反交易时，法人可以主张效果的不归属，但相对人主张、举证自己就未获得必要的承认一事为善意且无重大过失时，不认可法人主张效果的不归属。

3. 法定决议事项——重要财产的处分等

> **事例 10**
>
> 一般社团法人 X 设置了由 ABCDE 5 名理事组成的理事会，以 A 为代表理事。在此情形，A 未经理事会的决议，与 Y 缔结了契约，以 3000 万日元向其购买房屋甲，用作 X 的事务所用。

在设置理事会的一般社团法人、一般财团法人以及设置董事会的公司，理事会、董事会不能将作重要财产处分、受让、大额借款等执行重要业务的决定委任给理事、董事（一般 90 Ⅳ、197→90 Ⅳ、会 362 Ⅳ）。问题在于，违反这种限制，代表人未经理事会、董事会的决议而实施规定的重要交易的情形，其效果是否归属于法人。

(1) **内部限制说** 以往的判例采取如下的立场。⑭

(A) 原则——内部限制 首先，代表人未经必要之决议而为之重要交易，也不过是欠缺内部的意思决定，原则上有效——效果归属于法人。

(B) 例外——相对人的恶意、过失 不过，相对人知道或者能够知道未经必要之决议时无效——效果不归属于法人。

(2) **代理权限制说** 与此相对，也存在如下的见解。⑮

(A) 原则——代理权的限制 首先，就对法人来说重要的交易将其作为理事会、董事会的决议事项，恰恰意味着代表人没有意思决定的权限，应当将此规定看做限制其代表权的条文。

(B) 例外——相对人的善意无过失 要让对法人产生重大影响的交易

---

⑬ 参照基本方针 49 页，详解 I 236 页。
⑭ 有关股份有限公司的判例，参照最判昭和 40 年 9 月 22 日民集 19 卷 6 号 1656 页，最判平成 21 年 4 月 17 日民集 63 卷 4 号 535 页等。
⑮ 参照四宫、能见 113 以下。佐久间 367 页似乎也在将其看做无权代理的基础上设想适用 110 条。

拘束法人，就需要相对人的信赖正当。因此，在此情形，就未经必要决议一事相对人善意无过失时，效果归属于法人。

	请求履行契约的根据规范（请求原因）	阻却规范（抗辩）	再阻却规范（再抗辩）
内部限制说	①民法 99 Ⅰ 同上 ②一般 77 Ⅰ 正 （487 页） ③一般 77 Ⅳ	f 一般 90 Ⅳ 代表人所为之行为为**重要财产的处分或者受让以及其他涉及重要业务执行**的情形，如果决定**未经理事会的决议**，当相对人知道或者能够知道此事时，该行为的效力不归属于法人	
代理权限制说	①民法 99 Ⅰ 同上 ②一般 77 Ⅰ 正 （487 页） ③一般 77 Ⅳ	g 一般 90 Ⅳ 关于**重要财产的处分或者受让以及其他涉及重要业务执行**，代表人没有实施该行为的权限	Ⅰ 理事会的决议 乙 一般 90 Ⅳ 在左列情形，该业务执行经过了理事会的决议时，代表人拥有实施该行为的权限 Ⅱ 相对人的善意无过失 丙 不成文法（or 民 110） 在左列情形，相对人相信经过了理事会的决议，且该相信无过失时，法人不能主张该效力不归属

4．公法人的限制

事例 11

X 村的村议会为了进行一般会计的全年总收入调整，于 1951 年通过了赋予村长 A 从银行借贷 1000 万日元以下权限的决议。于是，A 造访 Y 银行，出示了议会决议书的复印件，以 X 村的名义借贷 500 万日元，并当场受领了现金。可是后来发现 A 私吞了这 500 万日元，于是 Y 银行要求 X 村返还这 500 万日元。而 X 村却主张：根据地方自治法的规定，现金的受领权限归会计；既然村长没有受领权限，那么 X 村与 Y 银行之间不成立有效的消费借贷契约。X 村以此为理由拒绝了 Y 银行的请求。

消费借贷契约不是单纯借入这样的约定，而需要实际交付金钱才成立（民 587）这里 X 村——依地方自治法为法人（地自 2 Ⅰ）——的村长 A 有无受领金钱的权限成为问题，就是因为这一点。

（1）法令对权限的限定——无权代理　依地方自治法，现金的出纳和保管属于收入役（现在为会计管理人㊻）的权限（地自170）。因此，在该事例中，村长A违反法令的限制实施了无权代理。㊼

（2）保护相对人的可能性——110条的类推　在此情形，为了保护不知道存在法令限制的相对人，判例承认了类推适用民法110条的可能性。不过，既然法令规定了限制，那么实际上被认定为具有正当理由的情形有限。㊽

V 法人的侵权行为

1 法人的侵权行为责任总论

> **事例12**
>
> 以增进健康活动为目的而设立的一般社团法人Y，在代表理事A的主导下，利用由掌功告知疾病和障碍的治愈、缓解等欺诈手段劝诱顾客加入"守护健康会"，以入会费等的名义有组织地从会员处收集大量的金钱。平素对健康状况一直感到不安的X经熟人介绍到"守护健康会"，接受了Y的职员K对其实施的掌功后被告知她"肠、子宫、肾脏、心脏不好"，于是加入"守护健康会"。由于被力劝只要持续接受掌功治疗就可以预防、治疗癌症，X以入会费等名目向Y支付了150万日元。

在该事例中，除了可能因违反公序良俗无效（民90），因受欺诈而撤销（民96）外，还有可能涉及侵权行为责任。㊾作为认定法人侵权行为责任的方法，存在以下几种可能。

1．雇主责任　第一种可能，是在雇员（K）"就其事业的执行"实施了侵权行为的情形，作为雇主的法人就所生损害负担赔偿责任（民715）。其宗旨一般可以从以下两点得出。

（1）报偿责任　第一，既然雇主通过利用雇员开展事业来获取利益，那么就应当对在此过程中所发生的侵权行为负担责任。

（2）危险责任　第二，既然雇主通过利用雇员创造、扩大了危险，那么，就应当对由雇员引发之危险的发生负担责任。

㊻　根据2006年地方自治法的修正，伴随2007年4月1日的施行，以往的收入役被废止，设置会计管理人。

㊼　在事例11中，村议会决议赋予了村长借款的权限。这是因为在当时，地方自治法规定需要这样的决议。但是后来，经过1963年的修改（地自235之3），地方公共团体的首长不需要这样的决议便可以临时借款（但最高额需要事先通过预算确定）。

㊽　除了最判昭和34年7月14日民集13卷7号960页外，还可参照大判昭和16年2月28日民集20卷264页等。

㊾　参照福冈地判平成14年9月11日判夕1148号222页。

2. 基于代表人行为的法人侵权行为责任 第二种可能，是当代表人（A）"就其职务的执行"实施了侵权行为时，法人就所生损害承担赔偿责任。2006年修改前，此内容规定在民法44条，现在分别就不同的法人种类规定在一般法人法、公司法等法律中（一般78、197→78，会350、600等）。 505

3. 基于法人自身侵权行为的责任——企业责任 第三种可能，是不以其成员的侵权行为为媒介，根据709条等的规定，法人自身直接承担侵权行为责任。这种可能，特别存在于公害企业的情形中无法特定谁有故意或过失的事件。

Comment 雇主责任与一般法人法78条等之责任的异同

雇主责任与一般法人法78条等之责任相比，在是否承认雇主或法人的免责可能性这一点上不同。即，依715条1款但书，雇主就雇员的选任、监督尽了相当的注意，或者即使尽了相当的注意损害也会发生的情形，雇主不承担责任。而由于一般法人法78条等没有这样的规定，所以即使就理事的选任、监督尽到了注意，法人也不能免责。

这是出于如下的考虑。即，对于雇主来说，雇员终究是他人，雇主要对他人所实施的侵权行为承担责任，就要求雇主自身具有一定的归责事由。而在法人的情形，对于法人来说，理事与其说是他人不如说是法人本身更为准确。因此，只要理事有过失，就可以认为法人有过失。所以，715条1款但书的免责可能性，成不了问题。当然，这是以实在说的理解为前提的。

不过，715条的免责，实际上几乎不被认可。详见侵权行为法的解说。在此意义上，两者的区别实际已经不存在。基于这样的现实，现在越来越多的学者将一般法人法78条等的责任与雇主责任同样地理解为基于他人行为的责任，在此基础上从报偿责任的观点来说明。(50)

2 基于代表人行为的法人侵权行为责任

在此，仅仅介绍一下由代表人的行为造成的法人的侵权行为责任。

1. 要件 依一般法人法78条等，法人对于"代表人""就其职务的执行"给他人造成的损害负担赔偿责任。 506

(1) 代表人的侵权行为 第一个要件，是代表人实施了侵权行为。

(A) 代表人 首先，实施侵权行为的，必须是代表理事、董事长等法人的代表人。(51) 就特定的行为被赋予了代理权的任意代理人、雇员不包含在内。因为在此情形依据民法715便足够。

(B) 侵权行为 其次，尽管规定中并不明确，但一般认为需要代表人实

(50) 四宫、能见136页以下，内田256页以下等。还可参照佐久间369页。

(51) 四宫、能见137页主张，即使没有代表权，如果是法人的机关——没有代表权的理事、社员大会、监事等，就其侵权行为判定法人的责任是妥当的，应允许类推一般法人法78条。

施了侵权行为。这意味着代表人的行为必须具备侵权行为的成立要件（民 709 条等）。

（2）就其职务的执行　　第二个要件，是代表人"就其职务的执行"造成了损害。判断该要件的基准，在事实性侵权行为情形和交易性侵权行为的情形有所不同。

（A）事实性侵权行为

> **事例 13**
> ① 一般社团法人 X 的代表理事 A 一方面暗示职员 Y 有可能升迁，同时又反复对其进行性骚扰，Y 只好退职。
> ② 一般社团法人 X 的代表理事 A 在满员的上下班列车上对女学生 Y 实施了猥亵行为。

在代表人通过事实行为给他人造成损害的情形，基准是该行为的实施与代表人的职务有无关联。㊷ 这是因为，与职务不相关联的行为，不过是代表人的个人行为，不存在法人应当对这种行为承担责任的理由。依此观点，X 即使对①的行为负担责任㊸，也不对②的行为负担责任。

（B）交易性侵权行为

> **事例 11-2**
> 在事例 11 中，下列情形当如何？
> ① A 直接从 Y 银行那里受领了 500 万日元。
> ② A 与 X 村的收入役 K 勾结，与 K 一道走访 Y 银行，并受领了 500 万日元。

在此，（村长 A）通过缔结消费借贷契约这样的交易行为，给相对人（Y 银行）造成了损害。这种借助交易行为的侵权行为，称为交易性侵权行为。像该事例那样的、没有权限的人实施代理行为的情形便是典型。㊹

（a）判断基准——外观理论　　对于这种情形，判例采取的基准是：从行为的外观观察，看它是否属于代表人的职务范围或者是否与职务的执行有适当的牵连关系。㊺ 其宗旨是保护对——属于职务执行的——外观的信赖。

㊷ 参照四宫、能见 138 页以下。
㊸ 参照札幌地判平成 8 年 5 月 16 日判夕 933 号 172 页（公司的事件）、东京地判平成 9 年 2 月 28 日判夕 947 号 228 页（公司的事件）等。
㊹ 关于这个问题，参照森岛昭夫"取引の不法行为と表见代理"加藤一郎、米仓明编《民法の争点 Ⅱ》（有斐阁，1985 年）172 页，星野英一"取引の不法行为（715 条、44 条）における相手方の要保护性"同编《判例に学ぶ民法》（有斐阁，1994 年，初出 1991 年）217 页，安永正昭"无权限取引における信赖保护と损害赔偿"奥田昌道编《取引关系にける违法行为とその法的处理——制度间竞合论の视点から》（有斐阁，1996 年，初出 1995 年）28 页等。判例法的状况，详见新注民（2）309 页以下［前田达明、洼田充见］。
㊺ 大判昭和 9 年 10 月 5 日新闻 3757 号 7 页，最判昭和 37 年 2 月 6 日民集 16 卷 2 号 195 页等。认为不论理事等的主观如何都应当客观判断的判例，有大判昭和 15 年 2 月 27 日民集 19 卷 441 页等。

1）否定例　　依此观点,在①中,法律明文规定村长没有受领权限【参照Ⅳ③4（503页）】,因此,即使从外观来看也不能说 A 的行为是在执行职务。所以在此情形,X 村不负担基于代表人行为之侵权行为责任。㊶

2）肯定例　　在②中,尽管村长没有受领权限,由于还有受领权限的收入役（现在为会计管理人）K 在场,因此,从行为外观来看算得上是职务的执行。所以在此情形,X 村有可能要承担基于代表人行为的侵权行为责任。㊷

（b）相对人的保护要件　　即便代表人的行为从外观上被认定为职务的执行,但相对人明知或者因重过失而不知该行为实际上不属于其职务范围时,法人不负担责任。㊸ 因为考虑到:从保护相对人的信赖这种外观理论的宗旨来看,恶意或者有重过失的相对人不值得保护。

请求履行契约的根据规范 （请求原因）	阻却规范 （抗辩）
5　一般 78　代表理事及其他代表人因故意或者过失实施了从行为的外观看属于该代表人职务范围或者与职务的执行有适当的牵连关系的行为,侵害了第三人的权利或者法律上保护的利益时,一般社团法人负担赔偿由此给第三人带来之损害的责任	h　一般 78　在左列情形,相对人知道或者因重过失不知道代表人所为之行为不属于该代表人的职务范围时,一般社团法人不负担责任

2．基于代表人行为之侵权行为责任与 110 条的关系　　在存在法令限制等的情形,如果发生以超越代表人权限的交易行为为媒介的侵权行为,有时除了发生基于一般法人法 78 条等之法人侵权行为责任的问题,同时还会发生表见代理的问题。㊹

(1) 要件、效果的不同　　110 条的表见代理与基于一般法人法 78 条等之法人侵权行为责任的差异如下。

㊶ 参照前注㊵最判昭和 37 年 2 月 6 日。

㊷ 除了前注㊵大判昭和 15 年 2 月 27 日外,还可参照最判昭和 44 年 6 月 24 日民集 23 卷 7 号 1121 页（村会计伪造了以村长名义发布的、村议会通过了临时借贷决议的证明书,以村的名义从银行借贷,用于支付村债务的事件,判定在外观上属于职务行为）等。

㊸ 最判昭和 50 年 7 月 14 日民集 29 卷 6 号 1012 页（事件的概要是:町长为了偿还自己的欠债,以自己担任董事长的公司的名义出具期票,并以町的名义背书,在此基础上,让第三人贴现。判决认定第三人有重过失）。

㊹ 即使是以交易行为为媒介的侵权行为,在理事等为了谋取自己或他人的利益滥用权限的情形,产生代理权的滥用和代理权的内部限制（一般 77 V 等）的问题。但在此情形,相对人的保护要件比表见代理的要件要宽松,因此,再进一步考虑侵权行为责任的必要性不大。

要件	成立要件	表见代理（民110）	侵权行为（一般78等）
	成立要件	正当的理由（相对人的善意无过失）[60]	执行职务的外观
	阻却要件		相对人的恶意或者重过失
效果	本体性效果	法律行为有效地归属（履行请求可能）	恢复原状性的损害赔偿[61]
	过失相抵	不可能说（通说）、可能说[62]	可能（民722Ⅱ）

（2）两者的适用关系 围绕如何理解两者的适用关系，存在争议。

（A）排他适用表见代理说 在此情形，仅适用110条，而不应当适用一般法人法78条。[63] 这是基于这样的考虑，即关于交易关系，应当用有关交易的法律来处理。

（B）优先适用表见代理说 在此情形，应当首先探讨表见代理的成立与否，被否定后才作为基于一般法人法78条之法人侵权行为责任成立与否的问题来处理。[64] 这是因为考虑到，一旦判定表见代理成立，就等同于发生了有效的交易，对相对人来说构成直接的保护，那么就应当从其成立与否开始探讨。

（C）选择可能说 在此情形，相对人可以选择主张民法110条和一般法人法78条中的任意一个。[65] 这是因为，没有理由因为相对人不主张用表见代理保护，就否定主张用侵权行为责任救济的可能性。

3 役员等个人的侵权行为责任

1．代表人个人的侵权行为责任 从上文可知，即使在法人的侵权行为责任成立的情形，实际上实施了侵权行为的代表人依民法709条等要对被害人负担侵权行为责任这一点是不变的。[66]

2．役员等对第三人的特别损害赔偿责任 此外，依一般法人法、公司法，役员等[67]"就职务的履行存在故意或者重大过失时"，该役员等负担赔偿由此给第三人造成之损害的责任（一般117Ⅰ、198→117Ⅰ、会429Ⅰ、597）。

---

[60] 由于正当的理由属于规范性要件，因此一般认为，为其提供正当化基础的事实（评价根据事实）构成请求原因，阻却它的事实（评价障碍事实）构成抗辩。关于此点，参照本书 xxvi 页注⑨。

[61] 这意味着由于相对人相信法律行为的效果归属于法人而支出之财产的回复。据此，不能获得若法律行为有效本该获得之利益（履行利益）的赔偿。

[62] 森岛·前注㊵173页、星野·前注㊵227页以下、桥本佳幸"取引の不法行为における过失相杀"奥田编·前注㊵133页以下（初出1996年）等。

[63] 三宅正男"判批：大判昭和15年2月27日"《判例民事法昭和15年度》（有斐阁，1942年）23事件96页等。

[64] 我妻165页，星野140页，近江134页，石田181页，内田261页以下等。

[65] 川井91页以下、山本敬三"取引关系における违法行为をめぐる制度间竞合论——总括"奥田编·前注㊵191页以下（初出1996年）。

[66] 大判昭和7年5月27日民集11卷1069页，最判昭和49年2月28日判时735号97页等。

[67] 一般社团法人的情形，包括理事、监事、会计监查人；在一般财团法人的情形，包括理事、监事、会计监查人、评议员；在股份有限公司的情形，包括董事、会计参与、监查、执行官、会计监查人。

(1) 与侵权行为责任的差异　　依上述规定,不论由役员等引发之侵权行为责任的要件——依民法 709 条,就对他人权利或者法律上受保护之利益的侵害存在故意或者过失——是否齐备,当因役员等对任务的懈怠给第三人造成损害时,如果该役员等就任务的懈怠存在恶意或者重过失,那么就要承担损害赔偿责任。例如,作放任经营的情形、怠于监视其他役员等的情形,便是典型。

(2) 宗旨　　法人的活动不得不依据役员等履行职务,对任务的懈怠不仅可能对法人,而且可能对第三人也造成损害。因此,就第三人的权利或者法律上受保护之利益的侵害,即便不能算有故意、过失,但就任务的懈怠存在恶意或者重过失时,应当赔偿因任务的懈怠给第三人造成的损害。[68]

(3) 财务报表的虚伪记载、虚伪登记、虚伪公告的情形　　役员等对财务报表作虚伪记载、虚伪登记、虚伪公告的情形,原则上役员等对第三人负担损害赔偿责任,如果役员等能够证明就该行为尽到了注意,则免责(一般 117Ⅱ、198→117Ⅱ、会 429Ⅱ)。此规定是考虑到信息公开的重要性以及内容虚伪情形的危险性,才不限于恶意或者重过失的情形,而是规定为过失责任,且转换了证明责任。[69]

---

[68]　佐久间 373 页认为可以这样看待,即由于在一般社团法人、一般财团法人、公司的情形,法人可以从事的事业(目的事业)上不存在法律上的制约,役员等的行为给第三人造成损害的危险性相对升高,此外法人运营不受行政机关的监督,因此通过加重役员等的责任谋求对第三人的保护。

[69]　参照新公益法人制度研究会编著《一问一答公益法人关连三法》(商事法务,2006 年)82 页。

21 法人以外的团体

I 序

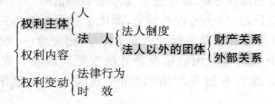

本章讲述法人以外的团体。具体来说,在对比法人与法人以外的团体、即合伙*、无权利能力社团的同时,探讨承认法人格的涵义。

以下,在最初的总论部分,概观有关此问题的研究状况。在此基础上,分别就以下两个问题看一看各种团体的异同。

第一,是团体的财产关系。这里的问题是,团体的财产是归属于团体还是归属于其成员。第二,是团体的外部关系。这里的问题是,团体以及其成员与第三人之间的法律关系。

II 总　论

1　问题之所在

1. 社团法人　人的团体中拥有法人格的是社团法人。2006年修改之前,社团法人规定在民法"法人"这一章中。现在,则根据法人的不同种类,规定在一般法人法等法中。

2. 法人以外的团体　与此相对,同样是人的团体,不具备法人格的有以下两种。

---

* 日文的表述是"組合"。这个概念的外延比我国的合伙大,除了民法上的合伙外,还包括特别法上具有独立法人格的团体(例如农业协同组合),甚至连工会也被理解为一种组合——劳动组合。但为便于阅读,除检索原文所必需的情形外,本书中译作"合伙"。——译者注

(1) 合伙 　　第一是合伙。它规定在民法的契约分则中（民 667 以下）。

> **事例 1**
>
> 　　医师 A、B、C 决定各自出资 3000 万日元，共同开设 X 医院。对外的业务由 A 代表执行。A 用 6000 万日元购买了车站前的公寓甲作为诊所，还用 3000 万日元购买了医疗器械乙。不过，有关甲的登记，出于向福利医疗机构申请融资的考虑，以 A 单独的名义。

　　各当事人通过"出资"，即提供某种具有经济价值的东西，并约定经营"共同的事业"，从而成立合伙（民 667）。在该事例中，A 等各自出资 3000 万日元，就医院的经营这项共同事业的经营达成了合意，因此 X 医院属于合伙。①

(2) 无权利能力社团 　　第二，尽管是社团但却没有法人格的团体。这种团体称为无权利能力社团。② 对于这种团体，问题主要存在于以下两种情形：

　　（A）无法取得法人格的情形

> **事例 2**
>
> 　　由西京大学的毕业生约 5000 人组成的 X 学友会，按照规约召开一年一度的大会，选举 A 为会长，B、C 为副会长。按照规约，由 A 等组成执行委员会，负责每年会费的征收、会员名册、会志的发行等有关学友会运营的一切对内、对外的事务。而每年会费的增加、会员的除名等重要事项，则要在大会上由出席会员的多数表决决定。

　　如第 19 章 Ⅱ ③ 3（454 页）所述，既不以公益为目的、也不以营利为目的的团体，只要没有特别法的规定，以往是不能取得法人格的。像事例 2 那样的以相互扶助、亲善为目的的团体，便是其代表性的例子。③ 不过，现在随着一般法人法的制定，只要履行了规定的程序这些团体也有可能取得法人格了。

　　（B）能够取得法人格但没有取得的情形 　　成为法人需要履行一定的程

---

① 参照横滨地判昭和 59 年 6 月 20 日判时 1150 号 210 页。
② 此外关于财团，判例也承认无权利能力财团。例如，最判昭和 44 年 6 月 26 日民集 23 卷 7 号 1175 页：在为设立财团法人（育英会）在遗嘱中作捐赠行为的情形，法院判定设立过程中的财团属于无权利能力财团，除了承认有诉讼当事人能力外，还判定捐赠的财产也归属于财团。
③ 除了学友会、同窗会等【最判平成 16 年 4 月 20 日民集 58 卷 4 号 841 页（冈山大学学友会）】外，町内会、自治会为代表的地方团体【最判昭和 42 年 10 月 19 日民集 21 卷 8 号 2078 页（三田市十一番区）】、最判平成 17 年 4 月 26 日判时 1879 号 10 页（小区自治会）、血缘团体【最判昭和 55 年 2 月 8 日民集 34 卷 2 号 138 页（冲绳的蔡氏门中）】、入会团体【最判平成 6 年 5 月 31 日民集 48 卷 4 号 1065 页（大畑町部落所有财产管理合伙）】、共同生活体【最判平成 16 年 11 月 5 日民集 58 卷 8 号 1997 页（ヤマギシ会）】、同乡同胞团体【最判昭和 47 年 6 月 2 日民集 26 卷 5 号 957 页（留日华侨北省同乡联合会）】、（股东会员组织的）高尔夫俱乐部【最判平成 12 年 10 月 20 日判时 1730 号 26 页（高知高尔夫俱乐部）】、商店会【最判昭和 39 年 10 月 15 日民集 18 卷 8 号 1671 页涉及的团体（战后归国者复兴生活协同组合联盟杉并支部）是战后归国者相互扶助团体，但其以市场的设置、运营为目的的事业协同团体的性质明显】、营养士的团体【最判昭和 48 年 10 月 9 日民集 27 卷 9 号 1129 页（东北营养食品协会）】这样的经营团体等，经常成为问题。

序。不履行这种程序的团体、正在申请的团体虽然具有团体的实体,但不具有法人格。④

3. 存在的问题 以上述内容为前提,迄今为止以下两点一直是被关注的焦点⑤:

(1) **社团与合伙的关系** 第一,是社团与合伙的关系。尽管都是人的团体,民法——2006年修改以前——却承认社团和合伙这两种不同的类型。这里的问题是,如何理解这两者的关系?

(2) **对无权利能力社团的规范** 第二,是有关无权利能力社团的规范。问题在于:既然无权利能力社团不是社团法人,就应当根据有关合伙的规定来处理? 抑或因为在实体上与社团相同,就应当类推有关社团法人的规定?

② 传统理论

对于以上的问题,传统的理论作如下的考虑⑥:

1. 社团、合伙严格区分论 首先作为前提,对于社团和合伙的关系,采取严格区分两者立场。

(1) **作为社会实体之社团、合伙的严格区分** 依此立场,社团和合伙是具有完全不同性质的社会实体。

(A) **社团** 首先,在社团,作为成员的个人丧失了重要性,团体成为一个超越个人的独自存在,即成为一个单一体。

(B) **合伙** 而在合伙,作为成员的个人仍然具有重要性,团体不是超越个人的独自存在。

(2) **法律规范与社会实体的对应关系** 民法对社团的规范(2006年修改前)和对合伙的规范如下表所列,与作为实体的社团和合伙的区分相对应。

	对社团的规范	对合伙的规范
团体活动的方法	团体的活动,预定通过代表机关来完成,成员只能够通过大会按多数决定的原则参加	团体的活动,预定由全体成员或者全体成员中被赋予了代理权的人来完成
权利义务的归属	团体的权利义务归属于团体,不归属于成员个人	团体的权利义务,"共有"地归属于全体成员,不归属于团体

---

④ 未登记的工会及其下属组织【最判昭和32年11月14日民集11卷12号1943页(品川白炼瓦株式会社冈山工厂工会)、最判昭和49年9月30日民集28卷6号1382页(国铁工会大分地区本部)】等,常常成为问题。

⑤ 以往的研究状况,参照阿久泽利明"权利能力なき社团"民法讲座Ⅰ237页。

⑥ 参照我妻127页以下,川岛98页以下、138页以下。有关判例的状况,参照河内宏《权利能力なき社团·财团の判例综合解说》(信山社,2004年)。

2. 对无权利能力社团的规范——类比社团法人说　　作为社会实体属于上述社团,但没有被赋予法人格的,是无权利能力社团。根据这样的性质,要求按以下的方法来对待它:

(1) **要件**　　首先,要成为无权利能力社团,必须具备作为社团的社会实体。至于相应的要件,判例列出了以下四项⑦:

(A) **组织性**　　第一,是具备作为团体的组织。其涵义是:有决定团体意思、执行业务、对外实施代表行为的机关存在,该机关实际发挥着机能。在事例2中就是:关于以会长为首的役员会和大会的构成、所管辖事项有规约,并按照规约实际举行了执行委员的选任。

(B) **多数决定的原则**　　第二,是采纳多数决定的原则。事例2中,便是指对大会的决议方法的规定。

(C) **团体的存续**　　第三,是团体本身的存续不受成员变更的影响。这就意味着,预想到了在团体的活动持续期间会有成员的加入和退出。在事例2中,指设置了有关会员资格(毕业生)、会员除名的规定。

(D) **团体内容的确定性**　　第四,是代表的方法、大会的运营、财产的管理以及其他作为团体的主要方面确定。在事例2中,指将有关X学友会运营的一切对内、对外的事项都委托给役员会的规定、大会决议事项的规定等。

(2) **效果**　　既然无权利能力社团作为社会实体是社团,那么就需要对其作适合于社团的规范。因此,关于这一点主张应当尽可能地类推适用有关社团法人的规定。

③ 类型论

对于这种传统的理论,出现了以下的有力见解⑧:

1. 对传统理论的批判

(1) **严格区分论存在的问题**　　首先,针对传统理论严格区分社团与合伙的立场,指出了如下的问题:

(A) **对社会实体的理解**　　现实中存在各式各样的团体。不能用有

---

⑦ 前注③最判昭和39年10月15日。与此相对,山田诚一"权利能力なき社団——社団の财产と当事人能力"林良平、安永正昭编《ハンドブック民法Ⅰ》(有信堂高文社,1987年)16页以下重新探讨以往的判例,认为:(a)组织性与(d)团体内容的确定性相互重复,(b)未坚持多数决定原则不可缺的立场,(c)团体的存续作为要件缺乏明确性,其结果,判例所采用的要件,除了(d)以外,还包括:有以区别于其他财产的形式和样态管理、处分的财产;即使成员发生变化,其管理、处分的形式、样态也不变化。

⑧ 发端于星野英一"いわゆる『权利能力なき社団』"同《民法论集·第1卷》(有斐阁,1970年,初出1967年)227页。除星野151页以下,几代146页外,还可参照加藤雅164页以下。此外,分析探讨法人格属性的重要文献有:上柳克郎"法人论研究序说"同《会社法·手形法论集》(有斐阁,1980年,初出1972年)1页,江头宪治郎"企业の法人格"竹田昭夫、龙田节编《现代企业法讲座·第2卷》(东京大学出版会,1985年)55页。

无——超越作为个人的——团体的独自性这样一个含糊不清的基准将它一分为二。

(B) 对法律规范与社会实体对应关系的理解　　仔细观察有关社团与合伙的法律规范就会发现,这些规范未必与作为社会实体之两者的区别相对应。

(a) 对合伙的规范　　有关对合伙的规范如下:

1) 合伙的射程　　民法上的合伙仅仅以出资和经营共同事业的约定为要素。为此,其中有可能包含成员的重要性较弱、而作为团体的独立性较强的合伙。

2) 合伙的规范的团体性质　　有关合伙的规定,如下所述,也包括团体性强的规范。

a) 多数决定的原则　　合伙的业务执行,由合伙成员的多数决定(民670 Ⅰ)。

b) 委托执行业务的可能性　　合伙的业务可以不由全体成员来执行,而是委托给特定的人(民670 Ⅱ、671 以下)。

c) 退出的可能性　　民法承认合伙成员的退伙可能性(民678 以下)。其前提是,即使各个成员退伙,合伙仍然存续。

(b) 对社团法人的规范　　有关社团法人的规范如下:

1) 对社团的理解　　从民法的规定方式来看,社团是与财团相对比而使用的概念。因此,它是人的团体这个程度上的概念,并非指与合伙相区别的特别团体。

2) 存在具有法人格的合伙　　合名公司在商法上被赋予法人格(商旧62 以下,会 2①、3),其社会实体却是合伙。

(2) 对以两分法机械决定适用法规之立场的批判　　如上所述,无法两分作为社会实体的社团和合伙,基于法律的规范也与这种区别并不对应。这样的话,就肯定不能在判定某一团体是社团还是合伙后,再相应地机械适用社团法人或合伙的规定。

2. 何谓类型化　　以上述批判为前提,类型论提出了如下的观点:

(1) 对民法规定的理解　　民法关于社团法人和合伙的规定,应当理解为立法者分别以典型的社团(2006 年修改前)和典型的合伙为对象而设置的规定。

(2) 对非典型团体的处理　　现实中也存在这样的团体:就某一个问题而言具有社团特征,就另一个问题而言却具有合伙特征。对于这种非典型的团体,不应当不折不扣一股脑地适用社团法人或合伙的规定,而应当分别就每一个问题适用适合其特征的规定。

Comment　　　　　　　　　　　　2006 年修改与无权利能力社团论的意义

　　如上所述,以往只要没有特别法,既不以公益为目的也不以营利为目的的团体不能取得法人格。这样导致存在大量本来承认法人格也很正常但却不能取得法人格的团体。无权利能力社团论,主要是作为补充法人法制的这种不足,尽可能地避免不公平的结果——例如由于团体不能取得法人格,团体财产归属于成员,容易散佚;成员被迫直接向团体的债权人履行债务——的法理而展开的。

　　不过,最近随着法人法制的完善,依 2006 年的修改,对于一般社团法人、一般财团法人采取准则主义,按以往的制度不能取得法人格的团体只要履行了规定的程序,很多都有可能取得法人格。此外,关于设立中之团体的法律关系,现在也通过立法作了必要的辅助。不能否认,即使在这个意义上无权利能力论的意义也大幅下降了。

　　然而,即便法人法制的完善获得如此的进展,但是否成为法人却是各团体自己决定的事项。现实中,出于种种理由、考虑,不成为法人的团体大量存在,并且可以预想今后还会涌现。应当说通过无权利能力社团论对这些团体作相适应之应对的必要性,今后还会存续。⑨

Comment　　　　法人法制的变化与无权利能力社团论的展望——从类型论走向机能论

　　如类型论所批判的那样,作为社会的实体是无法两分社团和合伙的。法律的规范实际上很早就未能应对这种区别了。我们不得不说,像传统理论那样,某团体若是合伙就适用合伙的规定,若是社团则类推适用社团法人这种想法的前提,原本就欠缺。

　　为此,类型论主张应当按问题来阐明团体的性质,适用相适应的规定。它否定要么社团要么合伙的两分法,按问题来思考,在这一点上不同于传统理论。但在按照各自团体中所见之社团性特征、合伙性特征——在这个意义上的各自团体的社会性实体——作相适应的法律调整这一点上,实际上与传统理论相同。

　　最近通过的一系列立法,方向是进一步超越上述见解,将法律认可的团体类型多样化,扩充用以利用团体从事社会、经济活动的选项。⑩

　　例如就合伙制度而言,也通过特别法——投资事业有限责任组合法、有限责任事业组合契约法——导入了承认合伙成员有限责任类型的合伙。即便在公司制度上,作为社员相互关系以及社员与公司关系密切的类型——人合公司,除了过去就承认的合名公司——全体社员对公司的债权人负担无限责任——和合资公司——由无限责任社员和在章程记载的出资额限度内负担责任的有限责任社员组成——外,现在还承认合同公司——内部关系上使用合伙的规范,全体社员仅仅负担有限责任类型的公司。

　　这种动向的背后,有这样一种理解:团体制度也是人们活动的手段,应当从如何

---

⑨　参照内田 226 页以下,佐久间 376 页以下,四宫、能见 148 页以下等。
⑩　参照山本Ⅳ₋₁ 756 页以下。

才能更好地支援人们的活动这种观点去完善。⑪ 依此理解,对于法人制度,法技术的侧面也受到重视,要求完善能够根据不同目的区分使用的法技术。实际上,现在股份有限公司、合名公司、合同公司都可以由 1 人设立,设立后社员变为 1 人也不构成解散事由(会 641)。一般社团法人虽然需 2 人以上才能设立(一般 10Ⅰ),但社员变为 1 人时也不构成解散事由(一般 202)。像这样,一直被称为社团法人的主体,已经不再被预定为"社团",只具有将人作为其成员之法人的涵义。以团体的社会性实体作为问题,认为与之相匹配的规范内在于某处的传统见解,已经无法解释现状。

这样思考的话,无权利能力社团论也不得不迎来看法的转换。关于团体的法律规范,如果强化其作为为实现一定价值、原理乃至政策目的之手段的性质,那么对于无权利能力社团,也就有必要分别就成为问题之法律规范,依照其背后的价值、原理乃至政策目的,个别地去考虑在其具备何种前提时适用,以及适用或者类推适用到什么程度。⑫ 这是按照机能来把握团体制度的视角,与其称之为类型论,更应该称之为机能论。以下,将以此见解为基础,去审视有关无权利能力社团的具体的法律规范。⑬

Ⅲ 团体的财产关系

1 问题之所在

首先,关于团体的财产关系,团体的财产归属于团体还是归属于成员? 在法人的情形,财产归属于法人,不归属于成员。因此,成员不能处分法人的财产,而且原则上退社时不能要求分割、退还团体财产。⑭ 问题是,对于不具有法人格的团体,该如何考虑?

2 合伙

首先,作为前提看一下合伙之情形的规范。

---

⑪ 参照山本Ⅳ﹣₁759 页。
⑫ 参照佐久间 383 页以下。
⑬ 以下探讨团体的财产关系和外部关系。此外,团体的内部关系也是一个问题。关于此点的裁判例,有前注③最判平成 12 年 10 月 20 日(在认定股东会员组织的高尔夫俱乐部属于无权利能力社团的基础上,判定:依规约规定的修改程序通过大会的多数表决修改成员资格要件之规定的情形,修改规定适用于所有的成员),前注③最判平成 17 年 4 月 26 日(在认定以小区入住者为成员的自治会属于无权利能力社团的基础上,判定:由于该自治会不是强制加入团体,规约中没有设置限制会员退会的规定,因此会员随时可以单方的意思表示退会)等。
⑭ 不过,在持分公司——合名公司、合资公司、合同公司——的情形,原则上退社时允许退还持分(会 611)。但对于合同公司,为了保护债权人规定有特别规则(会 635 以下)。

> **事例 1-2**
>
> 在事例 1 中,其后 X 医院获得了丰厚的收益,以 X 医院代表人 A 的名义在银行存有 600 万日元的存款丙。不满医院运营的 C 以不再参与 X 医院的共同运营为理由,要求分割公寓甲、医疗器械乙以及银行存款丙。

1. 合伙财产的归属　　由于不承认合伙具有独立的法人格,因此,其财产不归属于合伙自身。根据民法的规定,各合伙成员的出资以及其他的合伙财产"属于全体合伙成员的共有"(民 668)。一般的理解是,它不同于物权法中的共有(狭义的共有),常被称为合有。[15] 具体的差异如下。

	物权法中的共有(狭义的共有)	合伙中的共有(合有)	
基本性质	除基于标的物同一的制约外,各共有人的持份具有较强的个人所有权的性质	虽然承认合伙成员的持份,但由于因共同的目的结合到一起,因此团体性的制约强	
持份的处分	各共有人可以自由地处分持份	合伙成员处分合伙财产的持份后,不能以该处分对抗合伙以及与合伙交易的第三人	民 676 I
分割请求	各个共有人随时可以请求分割共有物	民 256	清算前,合伙成员不得请求分割合伙财产	民 676 II

2. 合伙成员退伙时的持份退还　　如上所述,在合伙的情形团体性的制约相对较强,但在如事例 1-2 那样合伙成员退伙的情形,各合伙成员具有持份的侧面便显现出来。

(1) 对退还持份的承认　　依 681 条 1 款,"退伙的合伙成员与其他合伙成员之间的计算,应当依照脱离当时的合伙财产的状况来进行"。这意味着在合伙成员退伙的情形,允许退还持份。退还的数量,根据各个人的出资额的比例来决定。[16]

(2) 以金钱退还的可能性　　持份的退还,不问合伙成员出资的种类,都可以用金钱来实现(民 681 II)。就事例 1-2 而言,理由是这样的:如果实际强制退还作为医院正在使用的甲或者医疗器械乙那样的财产,合伙的事业将难以为继。

---

[15] 至于这种理解是否恰当,也存在问题,详见物权法的解说。
[16] 虽然没有明文规定,但从规定根据各个合伙成员的出资金额决定合伙成员损益分配比例的 674 条 1 款的宗旨等中,也可以得出同样的结论(参照山本IV$_1$797 页)。

③ 无权利能力社团

> **事例 2-2**
>
> 在事例 2 中，X 学友会除了所有在会长 A 名义下用于会员的设施（不动产甲、日用品乙）外，还有以 X 学友会会长 A 的名义在银行储蓄的 3000 万日元存款丙。可是后来学友会发生内讧，C 等 10 人退会，要求分割甲、乙、丙。

既然无权利能力社团也不是法人，它自己不能成为财产归属的主体。[17] 为此，在此情形是否也像合伙那样承认成员的持份，在其退出时是否认可其退还的请求，就成为问题。

1. 总有构成 传统理论主张，既然无权利能力社团也具有作为社团的实体，就应当尽可能与社团法人同样对待。使之成为可能的，是"无权利能力社团的财产属于全体社员的总有"这样一种构成。[18]

（1）**总有的涵义** 所谓总有，是这样一种所有形态：共同所有人构成一个团体，实质上是该团体享有对该物的所有。具体内容如下：

（A）**管理、处分权能的总体归属** 标的物的管理、处分权能，作为一个整体归属于团体。

（B）**持份的不存在** 成员只有在团体统制之下使用、收益标的物的权利，没有持份。

（2）**无权利能力社团的处理** 对于像无权利能力社团那样、成员的个性微弱、作为团体的独立性强的团体，主张应当根据其实体的状况，作为总有来构成其所有形态。依此见解，既然成员没有持份，就不认可其处分、分割、退还的请求。[19]

2. 类型论 而依类型论，无权利能力社团的财产关系无法用总有或合有这样的类型彻底地区分开来，应当根据各个团体的性质，分别就具体的问题进行思考。[20]

（1）**总有构成存在的问题** 首先，总有构成有以下的问题：

（A）**所设想的团体类型的差异** 第一，总有本来是为了说明村落共同

---

[17] 不过，也有学说肯定权利义务归属于无权利能力社团本身的。参照锻冶良坚"いわゆる権利能力なき社団（非法人社団）について"法律论丛 32 卷 5 号 81 页以下（1959 年），新注民（2）91 页以下［森泉章］，石田 211 页以下，北川 91 页以下，加藤雅 147 页以下等。

[18] 前注④最判昭和 32 年 11 月 14 日，前注③最判昭和 39 年 10 月 15 日，前注③最判昭和 47 年 6 月 2 日，前注④最判昭和 49 年 9 月 30 日等。还可参照我妻 133 页，我妻荣（有泉亨补订）《新订物权法》（岩波书店，1983 年）315 页以下。

[19] 前注④最判昭和 32 年 11 月 14 日，前注④最判昭和 49 年 9 月 30 日（都是否定退伙成员对无权利能力工会的分割财产请求的判例）。

[20] 参照星野・前注⑧312 页，江头・前注⑧64 页、71 页等。

体的所有形态而创设的概念。安到与之性质不同的无权利能力社团头上不妥。

　　（B）通过规约变更的可能性　　第二，即使是无权利能力社团，至少应该可以通过规约承认社员的持份，认可分割、退还请求。总有构成无法解释这一点。

　　（C）过度的团体性拘束　　第三，按照总有构成，如果没有全体社员的同意不能废止总有。这与法人的情形社员大会的决议（全体社员的半数以上，且全体社员表决权三分之二以上的多数）就可以解散（一般148③、49Ⅱ⑥）相比，团体性的拘束走过了头。

（2）依团体的性质判断的必要性　　无权利能力社团有各种各样的形态，其中有与典型的社团相近的，也有与典型的合伙相近的，不可能一刀切地决定这种团体的财产关系。应当根据各个团体的性质来决定持份的有无，以及处分、分割、退还请求的可否。

> **Comment**　　　　　　　　　　　　　　　　　　　　　　退出时的退还请求权
>
> 　　那么，具体地该如何判断退出时的退还请求呢？如上所述，并非能阐明了团体的社会性实体答案就会自动出来。思考的要点在于：如果对退出时的退还请求都予以否定，那么成员就不得不完全放弃自己的出资了。这种效果，本来只限于财产的提供者——成员本人认可的情形才成立。能够想到的，有如下两种情形：
> 　　第一种，是以规定退出时不予退还的规约为前提，成员加入团体的情形。在此情形，既然成员在了解该条件的基础上加入的，因此不予退还也没有办法。
> 　　第二种，是在虽无上述规约，但成员基于赠与给团体的目的出资的情形。对于2006年修改前的民法所规定的公益法人，没有持份的观念，不允许分割、退还，可以看做将对公益法人的出资评价为与赠与相当。不过，严格来讲，法人的目的如何与成员是否基于赠与目的给该团体出资未必一致。实际上，现在一般社团法人也可以利用基金制度，虽然需要一定的严格要件，但一般社团法人负担向提供者返还基金的义务（一般131）。[21]　因此，不论团体的目的是营利还是非营利，只要认定有向团体赠与的目的就否定出资的退还，是对成员财产的剥夺，不应当允许。[22]

Ⅳ　团体的外部关系

1　问题之所在

最后，介绍有关团体外部关系的问题。这里，有三点需要注意。

1. 对外行为的效果归属——代理　　第一，团体对外行为的效果如何归

---

[21] 参照第19章Ⅳ⑤（474页以下）。
[22] 参照佐久间380页以下。

属于团体或者其成员(①)?如果是法人,法人的代表人一般拥有实施有关法人"业务的一切诉讼上以及诉讼外行为的权限",该代表人为法人实施的法律行为的效果归属于法人。问题是,在不具有法人格之团体的情形,该如何思考?

2. 成员的债务与团体的关系——团体财产的独立性　　第二,成员作为个人负担债务的情形,其债权人与团体的关系如何(②)?如果是法人,由于它与成员属于不同的人格,因此,没有理由就成员个人的债务让法人承担责任。对于成员个人的债务,仅仅以该个人所有的财产为责任财产,即强制执行的对象。问题是,在不具有法人格之团体的情形,该如何思考?

3. 团体的债务与成员的关系——成员的有限责任　　第三,团体作为团体负担债务的情形,该债权人与成员的关系如何(③)?如果是法人,由法人负担债务,法人财产为该债务的责任财产,即强制执行的对象。而成员个人的财产,在多数法人的情形不受法人之债权人的追及——有限责任,不过也有不承担这种有限责任的法人。㉓ 问题是,在不具备法人格之团体的情形,该如何思考?

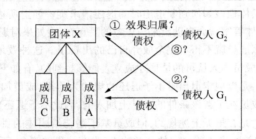

② 对外行为的效果归属——代理

首先,看一下如下的问题:对于不具备法人格的团体,团体对外行为的效果如何才能归属于团体或者其成员?

1. 合伙　　作为前提,先确认一下有关合伙的规范。不过,为了与无权利能力社团之情形作对比,这里限定于已经选任业务执行人的情形。

(1) 对外行为的方法　　在已选任业务执行人的情形,对外行为由业务执行人代理——表明是为了全体合伙成员或者合伙的利益——实施。

(2) 对外行为的权限　　在此情形,业务执行人拥有对外行为的权限,即代理权。不过,关于业务执行人的代理权是依据什么发生以及范围多大,存在争议。要点在于,是否将实施对外行为,即代理行为看做包含于670条所谓的"合

㉓ 合名公司(会576Ⅱ)、合资公司的无限责任社员(会576Ⅲ)便属于此。

伙业务的执行"。㉔

(A) 业务执行说　　判例认为,实施对外行为、即代理行为属于670条的"合伙的业务执行"。㉕

(a) 代理权的发生原因、范围　　依此观点,在合伙契约规定业务执行人的情形,将有如下的结果：

1) 业务执行人为1人的情形　　首先,在业务执行人为1人的情形,该业务执行人可以单独实施代理行为。

2) 业务执行人为多人的情形　　而在业务执行人为多人的情形,要实施代理行为,原则上需要业务执行人过半数的决定(民670Ⅱ)。不过,属于合伙之日常事务的代理行为,各业务执行人可以单独实施(民670Ⅲ正)。

(b) 越轨行为的效力　　未依上述规定实施代理行为时——例如,业务执行人为多人之情形,未依多数决定而实施代理行为时,将被判定为超越代理权的代理行为。在此情形,限于相对人的信赖有正当理由时,成立110条的表见代理。㉖

(B) 合伙契约说　　而多数学说则认为,对外行为的权限、即代理权是通过合伙契约赋予的。㉗

(a) 代理权的发生原因、范围　　依此观点,在规定业务执行人的情形,依合伙契约,原则上各业务执行人在必要范围内被赋予了代理权。

(b) 越轨行为的效力　　在此基础上,围绕如何看待670条规定的内容,存在争议。

1) 代理权限制说　　首先,如果认为670条是限制如上确立之代理权的规范,那么由于业务执行人只有依670条实施代理行为的权限,当其不遵从670条而实施代理行为时——例如,业务执行人为多人之情形,未依多数决定而实施代理行为时,构成无权代理。有见解认为,在此情形适用110条；当相对人的信赖有正当理由时,成立表见代理。㉘ 也有见解将670条看做规定代理权内部限制的规范,主张类推适用2006年修改前的民法54条(相当

㉔ 以下内容,详见山本Ⅳ₋₁765页以下。但是,下列业务执行说与合伙契约说的差异,在未规定业务执行人的情形较为显著——按照业务执行说,依670条认可成员的代理权；而按照合伙契约说,则依合伙契约认可成员的代理权。而在合伙契约规定业务执行人的情形,即便按照业务执行说,也可以认为代理权依契约赋予其业务执行人,因此差异仅限于670条的定位——是否理解为限制业务执行人之代理权的规定。

㉕ 参照大判明治40年6月13日民录13辑648页等。

㉖ 而在依合伙规约等限制业务执行人的代理权的情形,判例认为该限制不能对抗善意无过失的相对人(最判昭和38年5月31日民集17卷4号600页)。关于此点,参照山本Ⅳ₋₁767页。

㉗ 参照我妻荣《债权各论中卷二(民法讲义V₃)》(岩波书店,1962年)788页以下、791页以下等。

㉘ 参照我妻·前注㉗789页、791页以下等。以此观点,限于通过合伙契约规定业务执行人的情形,在结论上与上述业务执行说相同。

于一般 77 Ⅴ），合伙不能对善意的相对人主张代理权的限制。㉙

2）内部程序说　　也有见解认为，670 条不过是规定合伙内部意思决定程序的条文，不能由此限制代理权。依此观点，即便不遵从 670 条实施代理行为，该行为的效果仍归属于合伙。㉚

2. 无权利能力社团　　与以上相反，要成为无权利能力社团，一般认为前提是：有必要建立作为团体的组织，有对外实施行为的机关，即相当于代表人的主体。依此观点，对外行为需要通过代表人在表明是为了全体社员的利益或者为了无权利能力社团的利益的基础上实施。

Comment　　　　　　　　　　　　　　　　无权利能力社团代表人的权限

在无权利能力社团的情形，围绕代表人的代理权从何而来、范围多大，到目前为止讨论并不充分。

如果类比合伙来思考，那么在代表人为 1 人的情形，该代表人将单独享有代理权。在代表人为多人的情形，除日常事务外，原则上需要代表中过半数的决定（类推民 670）。但围绕是将其看做限制代表人代理权的条文，还是看做规定了团体内部意思决定程序的条文，如上所述存在争议。

若类比法人来思考，那么代表人享有行使与无权利能力社团"业务相关的一些诉讼上以及诉讼外之行为权限"（类推一般 77 Ⅳ）。这时，在未设置理事会的情形，除非章程另有规定，一般社团法人的业务由过半数的理事决定（一般 76 Ⅱ）。在此点上与合伙同样，但如在第 20 章 Ⅳ ③ 1（498 页）所见，一般理解为规定法人内部意思决定程序的条文，而不是限制理事代理权的条文。依此理解，在无权利能力社团的代表人为多人的情形，即便不依多数决定实施代理行为，其效果也将归属于全体社员。

像这样，两者是否有差异，取决于是否区别理解民法 670 条与一般法人法 76 条 2 款这样有相同内容之规定的宗旨。关于合伙，将民法 670 条看做限制代表人代理权之条文的见解较有说服力，估计是基于如下的考虑，即在合伙的情形，要令效果归属于合伙成员——承认合伙成员的持份，合伙财产的处分意味着对合伙成员财产的处分，由合伙成员对外负担债务、责任，就有必要将代表人无视尊重合伙成员意思的程序而为之代理行为判定为无权代理。问题是，同样的考虑是否也适于无权利能力社团？这一点，加上在合伙选任多名业务执行人的情形在何种程度上有必要区别于一般法人法 76 条 2 款的问题，尚需探讨。

---

③　成员的债务与团体的关系

接下来，再下一个问题：对于不具有法人格的团体，在成员作为个人负担债

㉙　参照广中俊雄《债权各论讲义》（有斐阁，第 6 版，1994 年）307 页。
㉚　参照品川孝次《契约法·下卷》（青林书院，1998 年）346 页。

务的情形,其债权人与团体的关系将会如何?

> **事例1-3**
> 在事例 1 中,A 在当医生的朋友 S 从金融商 G_1 处借款 1000 万日元之际充当保证人,结果 S 无法偿还 G_1。于是,G_1 要求 A 履行保证债务,支付 1000 万日元,可是 A 个人却没有什么值钱的财产。

> **事例2-3**
> 在事例 2 中,A 在其亲戚 S 从金融商 G_1 处借款 1000 万日元之际做充当保证人,结果 S 无法偿还 G_1。于是,G_1 要求 A 履行保证债务,支付 1000 万日元,可是 A 个人却没有什么值钱的财产。

两个事例中,都是 G_1 对成员 A 个人拥有要求其支付 1000 万日元的债权。关于在 A 个人没有特别财产的情形 G_1 可以采取的手段,可以设想有以下两种:

1. 持份的扣押 第一种方法,是考虑到 A 对 X 医院、X 学友会的财产拥有持份,将其扣押。

(1) **合伙** 首先,在合伙的情形结果如下③:

(A) **扣押持份的可能性** 在合伙的情形,民法承认合伙成员的持份,但其处分不能对抗合伙以及与合伙交易的第三人(民 676Ⅰ)。由于扣押也等同于处分,因此这里的 G_1 即使扣押 A 的持份,也不能对抗 X 医院。

(B) **通过退还持份回收的可能性** 但是在合伙的情形,如果合伙成员退伙,则可以请求持份的退还(民 681)。所以,G_1 可以劝说 A 退出,如果成员 A 接受而退出,则扣押其持份的退还请求权。

(2) **无权利能力社团** 而在无权利能力社团的情形,结果如下:

(A) **扣押持份的可能性** 首先的问题是,能否扣押 A 的持份?

(a) **总有构成** 按照总有构成,由于不存在成员持份的概念,当然就不能允许对持份的扣押。②

(b) **类型论** 即使按照类型论,对于具有作为团体财产的独立性的财产,成员个人的债权人也不能扣押。③ 这种独立性,根据以下两个基准来判断。在事例 2-3 中,由于通常认为存在这种意义上的独立性,因此不会认可对 A 的持份的扣押。

1) **团体的债权人的期待** 第一,能否认定团体的债权人通常期待该财产为团体的排他性责任财产,并且这种期待具有社会正当性。

---

③ 参照山本Ⅳ₋₁786 页以下。
② 在此情形,无权利能力社团就针对成员持份所作的扣押,将提起第三人异议之诉(民执 38)。
③ 星野·前注⑧291 页以下。还可参照四宫、能见 153 页。

2）成员的债权人的期待　　第二,成员的债权人对该财产不属于成员的个人财产这一点是否有心理准备,并且是否应该有这样的心理准备。

（B）通过退还持份回收的可能性　　接下来的问题是:能否劝说 A 退出团体,当 A 接受而退出时,则扣押持份的退还请求权?

（a）总有构成　　按照总有构成,由于不存在成员持份的概念,退还也就无法想象。因此,即使劝说 A 退出,也无回收的可能。

（b）类型论　　按照类型论,结论因团体性质的不同而不同。㉞

1）营利团体　　在营利团体的情形,由于存在退出时认可持份的退还可能性,因此,扣押也是可行的。

2）非营利团体　　在非营利团体的情形,由于原则上不认可持份的退还,因此扣押也是无法想象的。事例 2-3 就属于这种情形。

Comment　　通过退还持份回收的可能性

就退出时的退还请求所阐述的意见也适合于此问题【参照 Ⅲ ③ 的 Comment（522 页）】。如上所述,退出时的退还请求原则上应当予以认可。对该请求的否定,应当限于成员以规定有退出时不予退还的规约为前提加入团体的情形,或者可以认为成员是基于向团体赠与之目的而出资的情形。一般认为,成员是否基于向团体赠与之目的而出资,与团体的目的是营利还是非营利并不一致。因此,不应当像类型论那样根据团体的目的作区分,而应当直接以出资的目的作为问题,只要没有特别认定具有赠与的目的,那么就应当认可出资的退还请求权,进而认可对其的扣押。

2. 对登记名义人的扣押　　第二种方法,是将以 A 为名义人的不动产甲作为 A 的所有物予以扣押。

（1）非法人团体的财产公示　　这种方法成为问题的前提,是存在这样的情况:由于非法人团体不具有独立的法人格,因此向公众表明权利之所在的名义也不能用团体的名义。

（A）银行存款的名义　　但对于银行存款,按照实务的惯例,允许借用"X 医院代表人 A"、"X 学友会会长 A"这样附带头衔的名义。

（B）登记名义

（a）附带头衔名义的可能性　　而关于登记,实务上却不允许附带头衔的登记。㉟ 这是因为申请时无法作实质审查,因此,如果允许这样的登记,就有为隐匿财产而恶意利用的危险。不过,学说中主张至少应当允许这种附

㉞ 参照内田 236 页。

㉟ 参照前注③最判昭和 47 年 6 月 2 日。佐久间 382 页认为,既然现在所有的团体都已经能够取得法人格,那么如果确实应当保全的不动产物权取得法人格便可实现,此外还有另一种方法——设定信托取得登记,因此主张应予支持。还可以参照内田 230 页。

带头衔的登记的呼声较高。㊱

（b）可以想到的登记方法　　其结果，在现在的实务中只能采取以下方法中的一种：

1）全体成员的共有登记　　第一，是全体成员的共有登记。这种方法适合于成员的人数少、其个性受到重视的典型合伙。㊲

2）以代表人个人的名义所作的登记　　第二，是以代表人个人的名义登记。这种方法适于成员人数众多、预想有成员变动的、典型的无权利能力社团。㊳

（2）对登记名义人的扣押的效力　　问题是，代表人个人的债权人对在结果上最终以代表人个人名义登记的团体财产实行扣押的情形，是否认可其效力——团体一方可否通过第三人异议之诉（民执38）阻止扣押？

（A）合伙

（a）合伙财产的归属　　在合伙的情形，财产属于全体成员的"共有"（民668）。因此，以A为名义的单独登记没有反映真实的权利关系，即使A个人的债权人G_1扣押，其效力也得不到认可。

（b）类推94条2款的可能性　　但在此情形为保护相信以A为名义的单独登记的第三人，可以设想类推94条2款。这是因为，在合伙的情形，既然全体合伙成员的共有登记是可能的，那么就可以认为合伙具有归责性。依此见解，如果实行扣押的G_1就标的物属于全体合伙成员"共有"这一点善意无过失，扣押就有效。

（B）无权利能力社团

（a）社团财产的归属　　在无权利能力社团的情形，社团财产的归属如下：

1）总有构成　　按照总有构成，无权利能力社团的财产属于全体社员的总有。因此，以A为名义人的单独登记没有反映真实的权利关系，即使A个人的债权人G_1实行扣押，其效力也得不到认可。

2）类型论　　即使按照类型论，由于一般认为对于具有作为团体财产的独立性的财产，成员个人的债权人也不能扣押，因此，G_1扣押的效力也得不到认可。㊴

㊱ 星野·前注⑧304页，几代150页，四宫、能见152页，近江123页，北川93页，川井109页以下等。

㊲ 当然并非一定要采用这种方法。实际上，即使在属于合伙的事例1中，也是以代表人名义登记的。

㊳ 前注③最判昭和47年6月2日认为：在此情形，属于成员总有的不动产是为了全体成员的利益信托地归代表人个人所有；代表人可以在受托人的地位上就该不动产以自己的名义登记。还可以参照加藤雅148页。

㊴ 星野154页认为，无论是在营利团体还是在非营利团体的情形，成员的债权人都不能扣押团体的财产。

(b) 类推 94 条 2 款的可能性　　在此情形,为了保护相信违反真实外观(A 名义的单独登记)的 G_1,是否允许类推 94 条 2 款?关于这一点,存在争议。

1) 类推否定说　　首先,有见解主张,在此情形不允许类推 94 条 2 款。⑩ 在无权利能力社团的情形,既然连附带头衔的登记都不允许,那么只能以代表人的名义登记。因此,不能说可以作真正的登记却故意以个人的名义作了登记。说无权利能力社团不具有归责性,其理由就在这里。

2) 类推肯定说　　也有见解基于如下的考虑认为,在此情形也可以类推 94 条 2 款。

a) 役员的共有名义等　　首先,即便在无权利能力社团的情形,早就有使用多名役员之共有名义的方法,因此,可以认定无权利能力社团具有归责性。⑪

b) 法人化的可能性　　此外,现在制定了一般法人法,所有的团体只要想成为法人就可以很容易地取得法人格,既然特意不这么做,那么就可以认定无权利能力社团具有归责性。⑫

4　团体的债务与成员的关系

最后,看一下对于没有法人格的团体,团体作为团体负担债务的情形,其债权人与成员之间的关系将如何。这里的问题是,与团体作交易的第三人对谁拥有权利?即由谁负担债务、承担责任?

1. 合伙　　首先,合伙的情形如下:

> **事例 1-4**
>
> 在事例 1 中,X 医院指望着能从福利医疗机构获得融资,于是与开发商 G_2 订立承揽契约,用 600 万日元将甲改装成供医院用的式样。可是,改装工程结束后才发现无法获得融资,X 医院无法向 G_2 支付 600 万日元。

(1) 合伙债务的归属

(A) 全体合伙成员的共有　　合伙债务也属于全体合伙成员的"共有"(民 668)。这里的"共有",一般理解为带有团体性拘束的合有。依此理解,合伙债务作为 1 个债务归属于全体合伙成员。⑬ 既然是为了遂行共同的事业而负

---

⑩ 参照星野・前注⑧288 页,新注民(2)102 页[森泉]等。东京地判昭和 59 年 1 月 19 日判时 1125 号 129 页也否定了 94 条 2 款的类推。

⑪ 镰田熏"判批:东京地判昭和 59 年 1 月 19 日"判例评论 335 号(判时 1212 号)35 页以下(1987 年)。但是,认为为了预防这样的问题发生,也应当认可附带头衔的登记。

⑫ 内田 236 页等。

⑬ 参照山本Ⅳ₋₁789 页。

担了债务,那么就由全体成员共同来负担。

（B）强制执行合伙财产的可能性　　在该合伙债务得不到履行的情形,合伙财产成为强制执行的对象。㊹

（2）合伙成员个人的责任　　依675条,"合伙的债权人在债权发生的当时,如果不知道合伙成员的损失分担的比例,可以对各个合伙成员按均等比例行使权利"。这是直接规定比例的规定,预想的是可以对各个合伙成员行使权利。因此,合伙成员就合伙债务——按照675条规定的比例——承担无限责任。㊺

2．无权利能力社团

事例2-4

在事例2中,X学友会的代表人A代理X学友会从金融商G_2处借贷3000万日元后,趁夜携款潜逃。于是G_2要求X学友会偿还借贷的3000万日元。对此,X学友会予以拒绝。

一般认为,无权利能力社团的代表人可以为了无权利能力社团以及全体成员的利益实施法律行为。㊻ 问题是其效果的归属。

（1）社团债务的归属　　首先,对于社团债务的归属,一般作如下的考虑：

（A）总有构成

（a）全体社员的总有　　按照总有构成,社团债务也作为一个债务属于全体社员的总有。因此,在此同样地由全体成员成为一体对相对人负担债务。

（b）强制执行社团财产的可能性　　成为一体的全体成员不履行债务时,社团财产成为强制执行的对象。㊼

（B）类型论　　即使按照类型论,只要是有关社团债务的归属,至少与合伙债务相同,前提是全体成员共同对相对人负担债务,社团财产成为强制执行的对象。㊽

Comment　　　　　　　　　　　　　　　　　　　　团体债务的诉求与执行

有关团体债务的诉求和执行,在程序上出现了非常棘手的问题。

首先,关于以谁为相对人提起诉讼,民事诉讼法规定："非法人社团或财团规定有代表人或管理人的,可以以该人的名义提起诉讼或者应诉。"（民诉29）㊾依此规

㊹　关于强制执行的方法,参照山本Ⅳ$_{-1}$789页以下。
㊺　关于其涵义,参照山本Ⅳ$_{-1}$790页以下。
㊻　前注③最判昭和39年10月15日,前注③最判昭和48年10月9日等。
㊼　前注③最判昭和48年10月9日。还可参照我妻134页、川岛139页（但理解为合有）等。
㊽　参照星野·前注⑧290页以下,几代152页等。
㊾　在合伙的情形,如果规定有代表人,以该规定也承认合伙具有当事人能力（最判昭和37年12月18日民集16卷12号2422页等）。详见山本Ⅳ$_{-1}$772页以下,尤其是774页以下。

533 定,相对人以无权利能力社团为相对人提起诉讼即可。

相对人一旦胜诉,就会有命令无权利能力社团履行债务的判决。问题是,在此基础上实施强制执行时的相对人仅限于该判决所表示之人(民执23Ⅰ)。依此规定,在不动产的情形,由于通常是以代表人的名义登记的,即使对无权利能力社团获得胜诉判决,也无法强制执行。民事诉讼法一方面规定可以以无权利能力社团为相对人提起诉讼,另一方面却又不能对最重要的财产——不动产实施强制执行,的确是件奇怪的事情。于是,最近判例类比“对债务名义上之债务人以外的人作为所有人记录在登记记录之标题栏的不动产强制执行的情形”,认为可以通过添加确认该不动产属于无权利能力社团全体成员总有的——债权人与无权利能力社团以及登记名义人之间的——生效判决以及其他类似文书,以无权利能力社团作为债务人申请强制执行。(50)

---

(2)成员个人的责任 围绕成员个人是否承担责任,存在争议。

(A)总有构成 按照总有构成,既然不存在成员持份的概念,那么成员不用直接负担债务、承担责任。(51) 就是说,与典型的社团法人一样,只承认成员的有限责任。

(B)类型论 按照类型论,是否承认成员的有限责任,因团体性质的不同而不同。

(a)一般基准 首先,是否承认成员的有限责任,依下列基准判断。(52)

1)成员一方的期待 第一个基准是,成员在成为成员时是否有承担以出资为限度的有限责任的意图,债权人对成员的期待是否也是如此,该期待是否正当。

2)团体债权人的期待 第二个基准是,团体的债权人对仅有团体财产作为责任财产是否有心理准备,另外是否应当有心理准备。

534 (b)具体的基准 以这样的基准为前提,围绕什么样的团体承担有限责任,存在争议。

1)营利性基准说 以营利性的有无作为基准;对于非营利团体可以认定有限责任,但对于营利团体则不应当认定有限责任。(53) 依此见解,既然事例2-4中的X学友会是非营利团体,那么其成员对G_2就不承担责任。它是出于如下的考虑:

a)确保团体财产的需要 第一,承认成员的有限责任,相对人就只能

---

(50) 最判平成22年6月29日判时2082号65页。关于此问题,之前有见解认为,登记名义人属于为了无权利能力社团之利益“管领标的物之人”(民诉115Ⅰ④),主张可以依民事执行法23条3款、27条2款下达针对代表人个人的执行文书,作强制执行【新堂幸司《新民事诉讼法》(弘文堂,第4版,2008年)142页】,最高裁判所的阐述如本文所述,否定了这种方法。详见民事程序法的解说。

(51) 前注③最判昭和48年10月9日。还可参照我妻134页,川岛139页等(但理解为合有)。

(52) 星野·前注⑧294页以下。

(53) 除星野·前注⑧296页以下,星野154页外,还可参照内田233页,四宫、能见150页、152页等。

以团体财产为目标,因此就需要确保团体的财产。在允许成员退出时退还持份的情形、在成员接受高额的利益分配的情形,由于没有这样的保障,因此不应当承认有限责任。

b) 受益者负担损失的原则　　第二,由于在营利团体的情形向成员分配利益,所以也应当负担由该活动带来的损失。

2) 确保团体财产基准说　　不论是营利团体还是非营利团体,承认成员的有限责任的,仅仅限于满足以下两条基准的团体[54]:

a) 确保合理出资　　第一,在事业开始时,成员作与风险相对应的合理出资,并且该出资得以维持。

b) 公开财务状况　　第二,以合理的方法向第三人披露财务状况。

Comment　　　　　　　　　　　　　　　　　　成员的有限责任与团体法的现在

如果不了解成员只负担以出资为限度的有限责任,那么与团体交易的相对人就有可能遭受意想不到的不利益。此外,即使知晓成员只负担有限责任,用来偿债的仅限于团体的财产,如果容易流失,那相对人还有一样可能遭受意想不到的不利益。这便是位于确保团体财产基准说根基的观点。

最近,恰好沿着这种思路出现了以承认有限责任为前提,为了使团体的债权人不致遭受不测之不利益而建设补充措施的立法。例如,不仅是一般社团法人、一般财团法人,股份有限公司自不待言,对于合同公司、有限责任事业合伙,也从这种观点出发在试图完善公示制度以及确保和披露团体财产的诸多制度。这些制度的具体内容是否妥当另当别论,应当说,就无权利能力社团而言,承认成员有限责任的前提实质上是否具备将成为关键。[55]

此外,与以上的见解不同,最近有见解有力地指出,在考虑团体财产的确保时没有必要限定为当初的出资范围。依此见解,在采取了防止团体所为之事业的现金流不被流用于其他的措施、并且债权人也能充分理解此机制的情形,可以认定成员的有限责任。[56] 其背景是:在金融实务的最前沿,不论实质上的事业主体(成员)的信用力如何,以从事业获得的收益、资产为目标,为了募集投资,人们在灵活利用设立形式上的团体的手法。[57] 至少有一点是毫无疑问的,即,已经出现了——将团体的社会实体作为核心,用与之相适应的规范内置于其中——按传统观点无法应对的状

---

[54] 江头·前注⑧76页。

[55] 与此相对,佐久间383页以下对这些规制能在多大程度上有效地保护债权人持怀疑态度。他认为,债权人可以预先得知自己在与保护债权人的体制(或许)尚未健全的团体作交易,能采取防备措施,所以无需质疑与服从这些规制之法人间的均衡。在此基础上,佐久间本人认为,要认定成员的有限责任,团体作为独立于成员的社会性存在获得承认,团体拥有区别于成员财产的独自财产这一点获得承认——再加上不承认成员具有从团体的财产中获得经济利益分配的地位——具有重大的意义。可是,如今任何团体只要想就能取得法人格,却对即使不具备所要求之规制的法人也承认有限责任,不免让人产生疑问。

[56] 道垣内弘人"团体构成员的责任——『权利能力なき社団』论的现代的展开を求めて"ジュリスト1126号70页(1998年)。

[57] 道垣内·前注㊽68页以下列举的例子,是项目金融(project finance)、资产担保证券(asset-backed securities)。

况。看一看企业法制的巨变,也可以明白要谈论现在的团体法,已经不能无视其与经济体系之形态的关系了。

(3) 代表人的责任 此外,就是否应当承认代表人的责任,存在争议。

(A) 责任肯定说 为了保护相对人,应当承认实际实施法律行为的代表人承担一种担保责任。但围绕就什么范围内的团体才承认代表人的责任,存在争议。

(a) 一般肯定说 首先,有见解主张,对于无权利能力社团应当普遍承认代表人的责任。[58]

(b) 限定肯定说 也有见解主张,在承认成员的有限责任的情形,由于应当特别保护相对人的需要强烈,因此应仅限于在该情形承认代表人的责任。[59]

(B) 责任否定说 也有见解认为,由于即使在通常代理的情形,只要代理人在正当的代理权范围内行动,就不追究代理人的责任,所以在此不能承认代表人的责任。[60] 但当代表人有加害相对人的意图时,则会另外成立侵权行为的责任。

---

[58] 川岛 139 页,新注民(2)113 页[森泉],加藤雅 151 页等。
[59] 星野·前注⑧298 页以下,四宫、能见 152 页以下等。
[60] 参照内田 234 页,川井 108 页以下等。关于无权利能力财团,还可参照最判昭和 44 年 11 月 4 日民集 23 卷 11 号 1951 页。

时效总论、时效的完成 I

I 序

权利主体 { 人
           法 人
权利内容
权利变动 { 法律行为
           时 效

从本章起将用三章的篇幅讲述时效。首先,简单地看一下时效制度的涵义和构造。

1 时效的涵义

所谓时效,是关于所有权、债权以及其他财产权的这样一种制度:在占有、权利的不行使等事实状态持续一定期间后,承认遵从该事实状态的权利关系。时效制度又可以分为以下两种类型:

1. 取得时效 第一种类型,是在作为权利人的事实状态持续一定期间后,承认权利的取得,称为取得时效。

> **事例1**
>
> X对土地甲享有所有权,在其上盖房并居住了20年以上。后来,对与甲相邻土地乙享有所有权的Y欲在乙地上盖房,开始动工。Y拆除建在甲、乙之间的围墙后平整地基时,标志土地界线的石基露了出来,而且石基看来以前就存在。由此判明X的围墙砌在了乙地内50厘米处。Y不顾X的要求在原来的界线上建了围墙。为此,X要求Y拆除围墙返还这50厘米的土地。

该事例中的X,将Y的土地(宽50厘米的一块)当作自己的土地占有了20多年。尊重该事实状态承认X取得所有权的,便是取得时效。

2. 消灭时效 第二种类型,是在权利的不行使这样的事实状态持续一定期间后,承认权利消灭,称为消灭时效。

> **事例 2**
>
> X 按照按月分批偿还 10 次的约定从 Y 信用金库借得 500 万日元。在偿还了 6 次后,Y 信用金库的不法事件暴露。于是发生了混乱;Y 的责任人被逮捕,相关资料也被检察院扣留。在 X 没有得到任何来自 Y 信用金库的音讯经过了 10 年后,Y 信用金库突然要求 X 支付剩余的 200 万日元和相应的迟延利息。

该事件中的 Y 信用金库拥有要求 X 返还剩余借款 200 万日元的债权,却在十年多的期间内没有行使。尊重该事实状态,以 Y 信用金库的债权已经消灭为理由,使 X 得以免除债务履行的,便是消灭时效。

2　时效制度的构造

有关时效的民法规范,具有以下的基本构造:

1. 时效的完成　　首先作为前提,需要关注的是时效的完成。时效的完成于一定的事实状态持续了规定的期间后实现。其内容,在取得时效和消灭时效的情形有所不同。但是,当阻碍这种事实状态持续的事由发生时,时效的完成将不被认可。这便是时效的中断、停止。

2. 时效的援用、放弃　　其次,即便时效完成,是否就因此认定权利的取得或义务的消灭,取决于因时效获得利益之人的意思。这属于时效的援用和放弃的问题。

```
                    ┌ 事实状态的持续 ┌ 取得时效
         ┌ 时效的完成 ┤               └ 消灭时效
时　效 ───┤            └ 时效障碍     ┌ 时效的中断
         │                            └ 时效的停止
         └ 时效的援用、放弃
```

本章在先讲述总论——时效的存在理由——的基础上,说明时效的完成中有关取得时效的部分。

II　时效制度的存在理由

在如何考虑时效制度存在的理由这一点上,存在着根本的见解对立。按照见解的不同,时效制度的法律定位以及具体问题的观点也不相同。首先,让我们概观一下有关这一点的研究状况。[①]

[①] 关于研究状况,参照松久三四彦"时效制度"民法讲座 I 541 页。

Comment　　　　　　　　　　　　　　　　　　　财产权的保障与时效制度的正当化

　　如果时效得到认可,那么他人之物就会成为自己之物、本来应当履行的债务就没有必要履行了。不用说,这是违反道德的,但还不仅如此,因为真正的权利人的权利因此被剥夺了。财产权也是宪法保障的基本权利。法律认可剥夺这种权利的制度,可以吗? 之所以不得不追问时效制度存在的理由——更准确地说是时效制度的正当化理由,便是出于这样的原因。

1　保护非权利人·实体法说

　　1. 对时效制度的理解　　第一种观点对时效制度作如下理解[②]:

　　(1) 时效制度的目的——保护非权利人说　　时效制度是令真正的权利人的权利消灭、令无权利人取得权利的制度。

　　(2) 时效制度的法律定位——实体法说　　依此观点,由于时效制度是调整权利的得丧的制度,因此被定位为实体法的问题。

　　2. 时效制度的根据　　问题是,为什么令真正的权利人的权利消灭、令无权利人取得权利的制度可以被正当化? 其根据有以下两点:

　　(1) 社会法律关系的安定　　第一,一定的事实状态长时间存续后,社会生活会在此基础上展开。为了谋求这样构筑的社会法律关系的稳定,就需要时效制度。它进而可能包含以下两层涵义[③]:

　　　　(A) 对当事人生活关系的保护　　首先,一定的事实状态长期存续后,当事人的生活也建立在这个基础上。为了照原样保护这样形成的新的生活关系,需要时效制度。[④]

　　　　(B) 对第三人的保护

> **事例 1-2**
>
> 　　在事例 1 中,X 在从 G 银行借款 3000 万日元时,在自己居住的土地上设定了抵押权。此情形如何?

　　像这样,在一定的事实状态(X 将 Y 的一部分土地作为自己的所有物占有

---

　　② 参照我妻 430 页以下、444 页以下、松久·前注①民法讲座Ⅰ573 页以下等。此外,作为立法论可参照松久三四彦"债权时效"ジュリスト1392 号 129 页以下(2010 年)。

　　③ 我妻 431 页强调社会对事实状态的信赖,重视保护第三人的侧面。然而,可以认为保护当事人的生活关系这个侧面作为前提也得到了承认。松久·前注①民法讲座Ⅰ574 页认为,时效制度的根据在于:重视对义务人——占有人＝占有物的返还义务人、债务人——的保护,虽说是义务人也不应始终被置于权利不行使这样一种不安定的状态。可是,这也与保护当事人生活关系的要求部分重合。

　　④ 四宫·能见 358 页从"财富的高效率利用"的观点说明这一点,认为:"较之于非占有的所有人,占有人以更高的效率在利用其财产,保护这种高效率利用财富的是长期取得时效。"加藤雅 422 页也认为:"取得时效制度的社会基础在于整个社会中对有效利用财物的促进。"

的状态)存在的情形,为了使相信其真实性而参与其中的第三人(G银行)不至于蒙受意想不到的不利益,也需要时效制度。

（2）**权利行使的懈怠——躺在权利上睡觉的人不值得保护**　第二,明明随时都可以行使权利、保护自己的权利,却长期怠于行使,那么丧失权利也没有办法。

3. 存在的问题　对于上述观点——保护非权利人·实体法说,学界指出如下的问题：

（1）**一贯性**　主张保护非权利人·实体法说的人,多把对证明困难的救济作为时效制度的根据。⑤ 可是,它本来是出于这样的考虑,即为了防止由于真正的权利人不能证明过去的事实而丧失权利,在论据上缺乏一贯性。

（2）**根据存在的问题**　如下所述,保护非权利人·实体法说所列出的根据,与民法的规范不对应。

（A）社会法律关系的安定

（a）对当事人生活关系的保护　例如,要承认时效,并不要求以该事实为基础有新的生活关系积极地建立。

（b）对第三人的保护　此外,在时效制度下,第三人的信赖并不是要件,即使第三人根本不出现,时效也被认可。

（B）权利行使的懈怠　由于民法还规定了1至5年的短期消灭时效,因此,即使算不上躺在权利上睡觉却承认时效的情形也不在少数。

② 保护权利人·诉讼法说

1. 对时效制度的理解　第二种观点对时效制度作如下理解⑥:

（1）**时效制度的目的——保护权利人说**　所谓时效是这样一种制度:真的享有权利、不负担义务的人在经过较长期间后无法证明这一点,为了使其免遭不利益而给予保护的制度。

（A）取得时效

> **事例 3**
>
> X结婚时,其父A将自己所有的不动产甲赠与给了他。X居住在其中,登记名义人却一直是A。其后经过了二十多年,A死亡,A的另一个子女Y提出当时甲仍然为A所有,X不过是无偿租住,主张应当将甲也纳入遗产予以分割。对此,X反驳说：是从A那里取得的,固定资产税也是自己交纳的,但是A的赠与并没有留下文字,无法证明。

---

⑤ 参照我妻432页等。
⑥ 参照川岛428页以下、431页以下、545页以下、星野英一"时效に关する觉书——その存在理由を中心として"同《民法论集·第4卷》(有斐阁,1978年,初出1969—74年)186页以下、302页以下,星野251页以下等。此外,还可参照石田530页以下。

在此情形,即使不能证明赠与的事实,根据当作自己之物占有甲二十多年的事实,将 X 作为本来的权利人对待的,便是取得时效制度。

(B) 消灭时效

> **事例 2-2**
>
> 在事例 2 中,明明 X 已经向 Y 信用金库全额返还了 500 万日元,但十年多以后 Y 信用金库却以 X 尚未返还为理由,要求返还 500 万日元并支付迟延利息。

在此情形,即使不能证明已经返还的事实,根据十年多没有要求返还的事实,将 X 的债务作为本来已经消灭的债务对待的,便是消灭时效制度。

(2) 时效制度的法律定位——诉讼法说 依此观点,时效以真实的权利状态的存在为前提,作为证明该事实的手段发挥机能。在这个意义上,可以将它定位为证明的问题,即诉讼法上的问题。但是,围绕在作这种证明时在多大程度上承认时效的意义,存在争议。

(A) 法定证据说 首先,有见解认为,如果能显示一定事实状态持续了规定的期间,那么与其相对应的法律关系的存在在法律上就得到了当然的证明。即使通过其他的证据证明了与其相抵触的事实,也不能推翻。在这一点上,它不同于通常的证据,称为法定证据。⑦

(B) 法律上的推定说 此外,还有见解认为,如果能显示一定事实状态持续了规定的期间,那么与其相对应的法律关系的存在,在法律上将得到推定。在此情形,如果相对人证明了与其相反的事实,则推定被推翻。⑧

2. 时效制度的根据 支撑对时效制度这种理解的根据,来源于这样一种观念:"一定事实的持续,增大了反映真实的盖然性。"

3. 存在的问题 对于上述观点,学界指出如下的问题:

(1) 非权利人被保护的可能性 首先,虽说"一定事实的持续,增大了反映真实的盖然性",但该事实也完全有可能没有反映真实。因此,一定存在本不是权利人的人因时效而得到保护的情形。纯粹的保护权利人·诉讼法说,难以解释这种情形。⑨

(2) 与民法规范的整合性 其次,翻看民法的规定就会发现,都是采取的因时效取得权利或者权利消灭这样的规定方式(民 162、167 等)。这些规定是以保护非权利人·实体法说为前提的,作为民法的解释论,难以采取保护权利人·

---

⑦ 参照川岛 428 页以下、446 页以下、545 页以下、569 页。

⑧ 尽管不是十分明确,松久·前注①民法讲座 I 572 页是这样理解星野的见解的(参照星野·前注⑥180 页以下、303 页)。还可参照加藤雅 385 页、419 页以下。

⑨ 勉强回答的话,只能说:"为了保护真正的权利人,无论如何都需要时效制度。为此,即使出现保护了非权利人的情形,也是不得不接受这样的次生效果。"不管怎样,从保护权利人·诉讼法说自身中找不到理论基础。

诉讼法说。

③ 多元说

1. 保护权利人说与保护非权利人说的统合　　如上所述，由于无论采取哪一方的立场，都难以使得时效制度正当化。因此，一般的立场是对各自的立场所强调的侧面都予以认可。⑩ 依此观点，所谓时效制度，可以理解为："在一定的事实状态长时间持续后，以真正的权利人怠于行使权利为前提，保护虽然本不是权利人但以该事实状态为前提生活之人的制度；同时也是保护不能证明真正权利关系之权利人的制度。"

2. 与个别制度相对应的多元化理解　　另外，一般认为，时效制度中包含着多种制度，因此应当分别就各个具体的制度思考其存在理由。⑪ 主要的个别制度，如下表所列。至于如何理解各个制度，将在以下的各论中讲述。

取得时效	长期取得时效		20 年	民 162 Ⅰ、163
	短期取得时效		10 年	民 162 Ⅱ、163
消灭时效	原则	债权	10 年	民 167 Ⅰ
		债权、所有权以外的财产权	20 年	民 167 Ⅱ
	短期消灭时效		1～5 年	民 169 以下

Ⅲ　时效的完成——取得时效的要件

① 序——前提问题和要件的概要

本章讲述有关时效的完成的要件中，有关取得时效的部分。以下，作为前提，先阐明取得时效的射程，再确认要件的概要。

1. 取得时效的射程——成为对象的权利　　首先，承认取得时效的权利限于以下几种：

（1）**所有权**　　第一，是"所有权"（民 162）。所有权最容易成为问题。下文也是设想着所有权的取得时效展开说明的。

（2）**所有权以外的财产权**　　第二，是"所有权以外的财产权"（民 163）。但

---

⑩ 包括我妻 431 页以下在内的许多文献都并列社会法律关系的稳定、对证明困难的救济、行使权利的懈怠这三个根据。这意味着同时承认保护非权利人和权利人两个侧面。此外，也可参照四宫 289 页、近江 343 页以下、石田等编 238 页以下[金山直树]、北川 231 页、内田 313 页以下等。

⑪ 川岛 428 页以下、星野·前注⑥304 页以下、星野 252 页也承认在这个意义上的多元化说明的必要性。此外也可参照几代 486 页以下、四宫、能见 355 页以下、石田 530 页以下、内田 383 页以下、河上 530 页以下等。不过，至于如何理解各个制度的宗旨，因论者的不同而各异。

并不是对所有的都承认取得时效。大致的基准如下⑫:

　　(A) 持续行使权利的可能性　　首先,是否是持续行使的权利,成为基准。

　　(a) 不承认取得时效的权利　　依此基准,对于以一次性的给付为标的的债权、形成权(撤销权、解除权等),无法想象取得时效。至于地役权,取得时效的承认限于持续行使且在外观上可以认识者,也是基于同样的宗旨(民283)。

　　(b) 承认取得时效的权利

　　1) 有可能持续行使的支配权　　对于有可能持续行使的支配权,承认取得时效,例如,地上权、永佃权、渔业权、采矿权、专利权、著作权等。

　　2) 租赁权　　问题是债权中的租赁权。

> **事例 4**
>
> 　　A 从 Y_1 处受让了土地甲,在其上搭建房屋乙,并将乙转让给 X,将住宅用地甲以 100 万日元的年租金出租给 X。其后二十多年间,X 支付租金一直居住在乙。这时,由于发现并不存在 A 从 Y_1 处受让甲的事实,继承了 Y_1 的 Y_2 要求 X 交还甲。

该情形的 X,租赁了他人($Y_1 = Y_2$)的土地。可是一般来说,只要满足以下的要件,在与土地的所有人 $Y_1 = Y_2$ 的关系上,也承认租赁权的取得时效。⑬ 因为考虑到,当有这样的事实存在时,土地的所有人能够认识到自己的土地被无权限的人出租,采取措施阻止时效完成是可能的。

　　a) 标的物的持续利用这种外观上的事实　　第一,是有持续利用标的物这个外观的存在。

　　b) 租赁意思的客观表达　　第二,是承租着标的物这样的意思被客观地表达了出来。例如,在支付租金等。

　　(B) 法定的权利　　其次,对于直接基于法律规定而成立的权利(留置权、先取特权等),不承认取得时效。因为在不具备法律规定的要件时,无法认可其成立。

2. 所有权的取得时效的射程——成为对象之物　　接下来的问题是,就什么样的物承认所有权的取得时效?

---

⑫ 参照几代 500 页以下、四宫、能见 361 页以下。

⑬ 像事例 4 那样的,对从无权限的人那里租赁他人土地的人认可取得时效的判例,参照最判昭和 62 年 6 月 5 日判时 1260 号 7 页。此外,涉及超过租赁标的范围占有之情形的判例,有最判昭和 43 年 10 月 8 日民集 22 卷 10 号 2145 页;涉及租赁契约无效之情形的判例,参照最判昭和 45 年 12 月 15 日民集 24 卷 13 号 2051 页;涉及没有出租人的承诺进行转租之情形的判例,参照最判昭和 44 年 7 月 8 日民集 23 卷 8 号 1374 页等。详细内容,参照藤原弘道"赁借权的取得时效"同《取得时效法の诸问题》(有信堂高文社,1999 年,初出 1990 年)218 页。

(1) 他人之物　　首先,所有权的取得时效,在占有"他人之物"的情形才成立(民162)。

(A)"物"的涵义　　依此规定,不仅是不动产,对于动产也承认所有权的取得时效。[14] 此外,对于物的一部分一般也承认所有权的取得时效。[15]

(B) 自己之物的取得时效——基本观点　　问题是,对于自己之物是否承认取得时效? 关于这一点,存在争议。[16]

（a）**限定于他人之物说**　　学说中有力的见解认为,照规定的表述,取得时效仅在他人之物上成立。[17] 这是因为,对于已经成为自己之物的物体,承认取得时效没有意义。

（b）**肯定自己之物说**　　而判例却认为,对自己之物也可以成立取得时效。[18] 其理论基础如下：

1）**对长期存续状态的尊重——保护非权利人·实体法说**　　首先,如果将取得时效理解为,试图将长期持续占有标的物的事实状态在一定的情形提升为权利关系的制度,那么只要认定有这样的事实状态存在就承认相应的权利关系,是符合制度的宗旨的。一般认为判例也是以这种观点作为基础的。

2）**对证明困难的救济——保护权利人·诉讼法说**　　也有人这样说明：如果将时效制度理解为用以保护不具有证明真正权利关系之手段的权利人的制度,那么对于自己之物成立取得时效倒是理所当然的。[19]

(C) 自己之物的取得时效——问题类型　　如上所述,在自己之物上是否成立取得时效,主要在以下两种情形出现争议：

---

[14] 关于承认短期取得时效的标的物,当初162条2款仅规定了"不动产"。可是,在不依交易行为取得动产的情形,有关善意取得的192条无法涵盖,为此一直有人主张对于动产也应当给予162条2款的保护(我妻479页)。受此影响,在2004年的修改中,162条2款的标的物也与1款一样被改为"他人之物"(参照吉田·筒井编106页以下)。

[15] 参照大判大正13年10月7日民集3卷509页(土地的一部分),最判昭和38年12月13日民集17卷12号1696页(在他人的土地上无权原种植的树木)等。

[16] 有关判例以及以往的研究状况,参照大久保邦彦"自己の物の时效取得について(1)(2)"民商法杂志101卷5号11页、6号30页(1990年)。

[17] 我妻478页、几代493页(不过认为：由于时效是不论谁的所有都试图将事实状态提升为权利关系的制度,因此主张时效取得的人没有必要证明是他人之物)。大久保·前注[16]民商法杂志101卷5号32页以下、6号42页以下、65页从不同的观点支持限定于他人之物说。

[18] 最判昭和42年7月21日民集21卷6号1643页,最判昭和44年12月18日民集23卷12号2467页等。

[19] 川岛560页。也可参照石田600页。

（a）契约当事人之间型

事例 5

X 与 Y 订立契约，约定用 1500 万日元从 Y 处购买土地甲。X 支付了定金 200 万日元，并接受了甲的交付，在未经登记的情况下经过了 15 年有余。作为与剩余价金的交换，X 要求 Y 完成登记的移转，Y 一方却以情势变更为理由要求增加价金。为此，X 认为已经时效取得了甲，所以不论情势变更与否，X 都要求将登记变更到自己的名下。

像这样，是否在订立契约的当事人之间也认可时效取得了标的物，是一个问题。

1）取得时效肯定说　　判例根据对长期存续之事实状态的尊重这样的宗旨，主张即使在契约当事人之间也可以认可取得时效。[20]

2）取得时效否定说　　而主张在契约当事人之间不应当认可取得时效的见解也颇有说服力。[21] 这是因为，这里如果承认取得时效，不论自己的给付（剩余价金的支付）如何，都会获得对待给付（甲的取得），从而危害当事人之间的公平。

（b）二重转让型　　此外，在如下的情形也会发生问题：

事例 6

X 从其兄 A 处获赠土地甲，并居住于其中，但没有办理过户，名义人仍然是 A。可是后来 A 借款时，因登记名义人仍然是 A，就在甲上设定了抵押权。结果，由于 A 无法偿还该笔借款，在 X 接受赠与 9 年 11 个月后，甲被拍卖，Y 买下了甲，并将登记也转移到了 Y 名下。于是，Y 要求 X 腾空交付甲。因为这时已经经过了 10 年，所以 X 援用取得时效。

在此情形，因赠与从 A 向 X 的转让与因拍卖从 A 向 Y 的转让属于二重转让的关系。

1）取得时效肯定说

a）肯定自己之物的取得时效　　肯定自己之物上的取得时效的见解，基于尊重长期存续的事实状态[22]或者救济证明的困难[23]这样的考虑，可以认可 X 的取得时效。

---

[20] 前注[18]最判昭和 44 年 12 月 18 日。

[21] 除好美清光"判批"最判昭和 44 年 12 月 18 日"金判 221 号 5 页以下（1970 年）、四宫 301 页等外，还可参照大久保・前注[16]民商法杂志 101 卷 5 号 32 页以下。

[22] 前注[18]最判昭和 42 年 7 月 21 日。也可参照四宫 301 页、大久保・前注[16]民商法杂志 101 卷 6 号 42 页以下等。

[23] 川岛 560 页。但在此基础上，川岛 572 页认为：不论时效完成的前后，也不论登记的有无，时效取得人都可以确定地取得权利。

b）取得时效与登记　　问题在于，像这样以 X 时效取得甲来对抗 Y，登记是否必要？关于这一点，判例的立场是：对在时效完成之前取得甲的 Y，X 即使没有登记也可以主张时效取得了甲。㉔ 它是出于如下的考虑：

　　甲）登记取得成为时效完成要件的危险　　首先，如果认为对抗时效完成时点的所有人 Y，需要登记，那么在实质上登记的取得就成为时效完成的要件。然而，162 条并没有规定这样的要件。

　　乙）不存在登记的懈怠　　其次，既然在时效完成前，X 不能基于时效取得作登记，就不能指责说：X 明明能够登记却疏于登记。

　　2）取得时效否定说　　而认为在二重转让的情形，应当按照 177 条的原则，根据登记的有无来决定的见解也颇有说服力。㉕ 它是出于这样的考虑：此情形的第一受让人 X，本来已经从 A 处受让了甲，明明能够登记却疏于登记，因此不能以甲的取得来对抗也没有办法。在此承认取得时效有违 177 条的宗旨。

　　(2) 公物的取得时效　　此外，还存在这样的问题，即对于像公园、道路、河岸等那样的国家或者公共团体的所有物，是否也认可取得时效？

　　（A）取得时效肯定说　　学说中有见解认为，即使对于公物，只要满足取得时效的要件，就可以认可其成立。㉖

　　（B）默示的公用废止说　　判例作如下的考虑㉗：

　　（a）公用废止的必要性　　对于公物，在公用被废止的情形，可以认可取得时效。

　　（b）默示的公用废止　　公物长年被放置不用，其作为公物的形态、机能完全丧失，将该物作为公物维持的理由不再存在时，可以认为公用已经被默示地废止。

　　3．取得时效的完成——要件的概要　　如上所述，当一定的事实状态在规定的期间持续，且其间未出现障碍时，承认时效的完成。以下讲述前者之"一定的事实状态在规定的期间持续"中有关取得时效的部分。有关该要件的问题的鸟瞰图如下所示。

㉔　参照最判昭和 41 年 11 月 22 日民集 20 卷 9 号 1901 页等。详见物权法的解说。
㉕　参照星野英一"取得时效と登记"同・前注⑥336 页以下（初出 1975 年）。不过，主张在第二受让人 Y 登记后又经过 10 年或 20 年的情形，可以认可时效取得。
㉖　石田 610 页等。
㉗　最判昭和 51 年 12 月 24 日民集 30 卷 11 号 1104 页。四宫、能见 366 页认为：由于在取得时效的要件充足的情形，事实上公用被废止的可能性大，因此可以认可 20 年的取得时效。

III 时效的完成——取得时效的要件

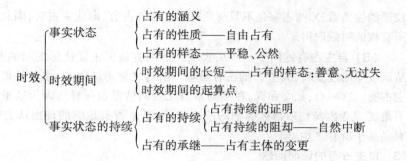

2 事实状态

首先,取得时效的完成要得到认可,必须有一定的事实状态存在。具体来说,需要①"以所有之意思"、②"平稳且公然地"、③"占有"他人之物(民162)。以下,按照③占有的涵义、①性质、②样态的顺序讲述。

1. 占有的涵义 首先,依民法的规定,占有权因"以为自己之意思管领物"而取得(民180)。由于对于其中的"以为自己之意思"现在解释得非常宽泛,这里实际上有意义的,是物的"管领",即现实支配物的状态。

2. 占有的性质——自主占有

(1) 涵义 关于占有的性质,以下两者的区别具有重要的意义。

(A) 自主占有 首先,基于所有之意思的占有,称为自主占有。162条规定"以所有之意思",其宗旨是:取得时效要得到认可必须是自主占有。

(B) 他主占有 而没有所有之意思的占有,称为他主占有。他主占有无论持续多久,取得时效都得不到认可。

(2) 所有之意思的判定基准 所有之意思的有无,一般不是通过内心的意思,而是通过导致取得占有的原因、即权原的性质,从外观上客观地判断。㉘

> **事例7**
> ① X 从叔父 Y 处无偿租借得 Y 所有的房屋甲,像自己的家那样居住了 20 多年。其后对于 Y 的返还请求,X 能否说已经时效取得了甲的所有权?
> ② X 从 Y 处以 3000 万日元购买了 Y 所有的土地甲。可是经过了 20 多年后发现,Y 当时打算出售的是与甲相邻的土地乙,Y 陷入了错误状态。于是,Y 以当初的买卖契约无效为理由,要求返还甲。对此,X 能否说,即使契约无效,也已时效取得了甲?

(A) 他主占有的例子 在①中,X 取得对甲的占有的原因,是 X 与 Y 之间的使用借贷契约。这是所有权由 Y 保有,只承认 X 有利用权的契约。从该

㉘ 最判昭和 45 年 6 月 18 日判时 600 号 83 页(判定通过租赁取得的占有为他主占有)。最判昭和 45 年 10 月 29 日判时 612 号 52 页(判定通过交换契约取得的占有为自主占有)等。

权原的性质看，X 的占有是不具有所有之意思的占有、即他主占有，因此不承认所有权的时效取得。

（B）自主占有的例子　　买卖契约的内容是买主受让标的物的所有权。从该权原的性质看，买主 X 的占有是基于所有之意思的占有，也就是说属于自主占有。这一点，如②那样，在契约本身无效的情形也一样。因为这里的问题不是 X 是否因契约取得标的物的所有权，而是是否有足够的理由认为 X 的占有是基于所有之意思。

(3) 自主占有的证明问题

（A）自主占有的推定　　依 186 条 1 款，推定占有人基于所有之意思占有。因此，占有人没有所有之意思，由争执取得时效完成的相对人一方负担证明责任。㉙

（B）用以推翻推定的事实　　此时，如果相对人能够证明如下的事实，便可以推翻自主占有的推定㉚：

（a）他主占有的权原　　首先，如果证明占有人取得占有的原因在性质上属于没有所有之意思的原因（例如使用借贷、租赁等），则推定被推翻。

（b）他主占有的事情　　其次，如果能证明占有人取得占有后的状态从外观上看似乎是没有所有之意思，则推定被推翻，例如下列情形：

1) 存在若是真正的所有人通常不会采取的行动　　第一种情形，采取了若是真正的所有人通常不会采取的行动。例如，本该是购买了甲的 X，当初却要求交付乙等。

2) 不存在若是真正的所有人当然会采取的行动　　第二种情形，没有采取若是真正的所有人当然会采取的行动。例如，X 既不移转登记也不交纳固定资产税等。㉛

(4) 他主占有向自主占有的转换　　问题在于，是否承认最初的他主占有后来转换为自主占有？如果承认，那么从该时刻起经过规定的期间后，取得时效完成。

㉙ 最判昭和 54 年 7 月 31 日判时 942 号 39 页。而后来的判例却判定：在被继承人他主占有、但不知情的继承人开始自主占有的情形，继承人就自己"事实上的支配从外观上看可以客观地解释为是基于独自的所有之意思一事"，负担证明责任（最判平成 8 年 11 月 12 日民集 50 卷 10 号 2591 页）。其理由是：在此情形，由于继承人开始新的事实上的支配就变更了以往占有的性质，因此应当由主张变更的一方负担证明责任，而且仅仅一个继承的事实，无法断定继承人是否有所有之意思。详见物权法的解说。

㉚ 最判昭和 58 年 3 月 24 日民集 37 卷 2 号 131 页等。

㉛ 不过，这些事情终究不过是判断他主占有的事情是否存在的一项要素，判例认为不可将它始终看做决定性的判据（参照最判平成 7 年 12 月 15 日民集 49 卷 10 号 3088 页）。

> **事例 8**
>
> X 从叔父 K 处无偿借得了 K 所有的房屋甲,与其家属居住于其中。其后 K 死亡,Y 继承了甲。由于没有从 Y 那里得到任何音讯,X 认为可以就这样将甲当作自己之物,于是继续住在甲,经过了 20 多年。这时,Y 要求 X 返还甲,X 能够说自己已经时效取得甲的所有权了吗?
>
> ① 在 Y 继承 K 之际,X 对 Y 说,甲实际上是 K 赠与给自己的,要求将甲的登记移转到 X 的名下。
>
> ② 在 Y 继承 K 之际,X 从 Y 处买受了甲,其后判明当时 Y 陷入了错误状态。

他主占有人 X 仅仅在内心开始了怀有所有之意思而开始了占有,如果构成向自主占有的转换,那么真正的所有人 Y 就会蒙受意想不到的不利益。为此,民法一方面承认他主占有向自主占有转换的可能性,同时又将其限制在如下的情形(民 185):

（A）所有之意思的表示　　第一,像①那样,他主占有人 X 对使其占有的人 Y 表示了其有所有之意思的情形,认可他主占有向自主占有的转换。这是因为,如果作了这样的表示,那么 Y 便知道 X 开始了自主占有,就能够作恰当的应对,也阻止时效的完成。

（B）基于新权原之自主占有的开始　　第二,在以所有之意思的占有因"新权原"而开始的情形,也认可他主占有向自主占有的转换。例如,②中的 X,以买卖契约为新权原,以所有之意思开始了对甲的占有。在此情形,即使买卖契约无效,由于 X 以所有之意思开始占有甲一事可以从外部客观地判断,所以认可转换也没有问题。㉜

3. 占有的样态——平稳、公然　　其次,要认定取得时效的完成,占有的样态必须平稳并且公然。

(1) 涵义

（A）平稳　　所谓平稳是指,在取得或保持占有时,没有采用暴力胁迫等违法粗暴的行为。㉝

（B）公然　　所谓公然,是隐秘(悄悄地隐藏)的反义词。在不动产的情形,由于事实上不可能隐蔽占有,所以实际上成为问题的是动产的情形。例如,即使长期隐匿他人的美术品,既然不是公然的占有,取得时效得不到认可。

(2) 证明问题　　依 186 条 1 款,推定占有人平稳并且公然地占有。因此,关于未平稳且公然地占有,由争执取得时效完成的相对人一方负担证明责任。

㉜ 此外,还存在是否认可因继承而向自主占有的转换这样的问题,详见物权法的解说。
㉝ 参照最判 41 年 4 月 15 日民集 20 卷 4 号 676 页。

物权性请求的根据规范（请求原因）	阻却规范（抗辩）	再阻却规范（再抗辩）	再再阻却规范（再再抗辩）
① 不成文法 **就标的物拥有所有权者，可以对正在占有该标的物之人请求标的物的返还** ② 不成文法 **权利发生（存在为权利发生提供基础的事实）时，只要没有特别的事情，该权利现存㉞**	Ⅰ（基于所有权丧失之）取得时效的抗辩 ⓐ 民 162 Ⅰ 以所有的意思平稳且公然地占有（他人之）物㉟ 20 年者，取得其所有权 ⓑ 民 186 Ⅰ 推定占有人以所有之意思、善意、平稳且公然地占有 ⓒ 民 186 Ⅱ 当有在前后两个时点占有的证据时，推定其间连续占有 ⓓ 民 145 时效非经当事人援用，法院不得依时效裁判	Ⅰ 自然中断 甲 民 164 取得时效于占有人任意中止其占有或者占有被他人侵夺时中断 Ⅱ 暴行 or 胁迫 or 隐匿的占有 ⓑ 民 186 Ⅰ 同左列㊱ Ⅲ A 不存在所有的意思※ 乙 民 186 Ⅰ 当占有人基于从性质上判定没有所有之意思的原取得占有时，所有之意思的推定被推翻 Ⅲ B 不存在所有的意思※ 丙 民 186 Ⅰ 占有人占有期间，从外观上客观地看，当存在可以解释为占有人没有排斥他人的所有权而占有之意思的事情时，所有之意思的推定被推翻	基于占有回收之诉的占有回复 α 民 203 即使占有人放弃占有的意思，或者失去对占有物的管领，当他提起占有回收之诉时，占有权不消灭
	Ⅱ 基于向自主占有转换的取得时效抗辩※ ⓐ 民 162 Ⅰ 同上 ⓑ 民 186 Ⅰ ⓒ 民 186 Ⅱ ⓓ 民 145 ⓔ 民 185 从权原的性质上判定占有人没有所有之意思的情形，当该占有人对让自己占有之人表示自己具有所有之意思，或者凭借新的权原而以所有之意思开始占有时，其占有的性质发生变化	Ⅰ 自然中断 甲 民 164 同上 Ⅱ 暴行 or 胁迫 or 隐匿的占有 ⓑ 民 186 Ⅰ 同左列	基于占有回收之诉的占有回复 α 民 203 同上

㉞ 参照本书 xxv 页注⑦。
㉟ 依自己之物肯定说，则不需要"他人之"这个要件。
㊱ 依 186 条 1 款，推定占有人平稳且公然地占有，因此需要主张、举证占有人未平稳占有或者未公然占有。

3 时效期间

1．时效期间的长短　　取得时效的期间分为长短两种。

（1）长期取得时效　　第一种，是20年的长期取得时效（民162Ⅰ）。

（A）要件　　这种时效在"以所有之意思平稳且公然地占有他人之物"的事实状态持续满20年的情形成立。

（B）宗旨　　至于如何理解这种长期时效制度的宗旨，在Ⅱ（539页以下）所介绍的保护非权利人·实体法说与保护权利人·诉讼法说㊲的对立，几乎原封不动地体现在这里。

（2）短期取得时效　　第二种，是10年的短期取得时效。这种时效在"以所有之意思平稳且公然地占有他人之物"者，在占有开始时善意无过失的情形，成立（民162Ⅱ）。

（A）宗旨　　这种短期取得时效的宗旨何在？关于这一点，存在争议。

（a）交易安全说——限定于交易行为说　　有见解将短期取得时效制度理解为保障不动产交易安全的制度。依此见解，在非依交易行为取得占有的情形——如事例1中的因为误解边界线而占有相邻土地的情形，不承认短期取得时效。它可以进一步分为如下两种观点：

1）限定说　　第一种观点将短期取得时效制度理解为这样一种制度：为了保护尽管交易行为有效但由于前手无权利而不能取得物权的善意无过失的受让人，而以10年的短期为期认可取得时效。㊳ 依此观点，162条2款与涉及动产善意取得的192条具有相同的机能。

2）扩张说　　第二种观点将短期取得时效制度理解为不仅仅是保护前手无权利之情形的受让人的制度，而且是保护交易行为存在瑕疵（无效、撤销、无权代理）、解除之情形的受让人的制度。㊴ 其理由是，在起草162条2款时，原来以正权原——有效的交易行为的存在——为要件，但后来改为以善意无过失为要件。

（b）不限定于交易行为说　　该学说将短期取得时效制度理解为这样一种制度：不论占有的取得是否基于交易行为，都要保护在占有开始之时无过失地相信自己是权利人之人。㊵ 它出于这样的考虑：将正权原改为善意无过失这种一般性的要件，其结果就失去了应当限定于交易行为的理由。

㊲　除了注⑥所列文献外，还可参照藤原弘道"『所有ノ意思』について——所有权の取得时效の要件との関连において"同《时效と占有》（日本评论社，1985年，初出1975年）97页以下，同"取得时效制度の趣旨·存在理由について"同·前注⑬《取得时效法の诸问题》4页以下等。

㊳　参照来栖三郎"民法における财产法と身份法（3）"同《来栖三郎著作集Ⅰ》（信山社，2004年，初出1943年）349页以下。

㊴　参照星野·前注⑥304页，四宫·能见368页以下，藤原·前注㊲《时效と占有》97页以下，同·前注㊲《取得时效法の诸问题》5页以下等。

㊵　参照四宫290页以下、川井357页等。

（B）要件——主观要件　　除与长期取得时效重复的部分外、短期取得时效固有的要件是,占有人"于开始其占有时善意且无过失时"这个主观要件。

（a）善意

1）涵义　　所谓善意,指相信标的物是自己之物。

2）要件事实　　由于186条1款推定善意,因此需要争执短期取得时效完成的相对人一方主张、举证占有人的恶意。

（b）无过失

1）涵义　　所谓无过失,指就相信标的物是自己之物一事没有过失。㊶

2）要件事实　　鉴于186条1款并未列举,不能推定无过失。因此,需要由主张短期取得时效完成的占有人主张、举证无过失的存在。㊷

物权性请求的依据规范（请求原因）	阻却规范（抗辩）	再阻却规范（再抗辩）	再再阻却规范（再再抗辩）
①　不成文法　同上　②　不成文法（554页）	Ⅰ（基于所有权丧失之）取得时效的抗辩	Ⅰ　自然中断	基于占有回收之诉的占有回复
	b　民186Ⅰ　同上	甲　民164　同上（554页）	α　民203　同上（554页）
	c　民186Ⅱ　（554页）		
	d　民145		
	f　民162Ⅱ　以所有的意思平稳且公然地占有(他人之)物㊸10年者,（因交易行为）㊹于其占有开始之时善意无过失时,取得其所有权	Ⅱ　暴行or胁迫or隐匿的占有	
		b　民186Ⅰ　同上（554页）	
		Ⅲ　A　不存在所有的意思※	
		乙　民186Ⅰ　同上（554页）	
		Ⅲ　B　不存在所有的意思※	
		丙　民186Ⅰ　同上（554页）	
		Ⅳ　占有开始时的恶意	
		b　民186Ⅰ　同上（554页）㊺	
	Ⅱ　基于向自主占有转换之所有权取得的抗辩※	Ⅰ　自然中断	基于占有回收之诉的占有回复
	b　民186Ⅰ　同上	甲　民164　同上	α　民203　同上
	c　民186Ⅱ	Ⅱ　暴行or胁迫or隐匿的占有	
	d　民145	b　民186Ⅰ　同上	
	f　民162Ⅱ	Ⅴ　转换时的恶意	
	e　民185　同上（555页）	b　民186Ⅰ　同上（554页）㊻	

㊶　关于判例的详细内容,参照藤原弘道"短期取得时效的要件としての『无过失』とその证明——判例を中心として"同・前注⑬170页（初出1992年）。

㊷　大判大正8年10月13日民录25辑1863页,最判昭和46年11月11日判时654号52页。

㊸　依自己之物肯定说,则不需要"他人之"这个要件。

㊹　依限定于交易行为说,"因交易行为"开始其占有一事成为要件。

㊺　依186条1款,推定占有人于占有开始之时善意占有,因此,需要主张、举证占有人在占有开始时为恶意。

㊻　依186条1款,推定占有人向自主占有转换时为善意占有,因此,需要主张、举证占有人在向自主占有转换时为恶意。

2. 时效期间的起算点
至于从何时开始计算上述时效期间,存在争议。㊼

(1) 占有开始时说 判例认为,应当从取得时效成立所要求的事实状态,即以所有之意思平稳且公然占有开始的时点计算。㊽

(2) 倒推说 也有见解认为,对于取得时效来说重要的是,事实状态持续规定的期间。因此,至少对于长期取得时效,只要占有在从现在开始倒推的规定期间内持续便足够。㊾

4 事实状态的持续

1. 占有的持续与自然中断

(1) 占有持续的证明责任 证明占有持续是极其困难的。为此,186 条 2 款规定:如果有"前后两个时点占有的证据",就推定占有在其间一直持续。依此规定,对于其间占有没有持续——即其间某一段时间占有人丧失过占有——事实,由争执取得时效完成的相对人负担主张、举证责任。

(2) 自然中断

(A) 何谓自然中断 依 164 条,在占有人任意终止其占有的情形,或者占有被他人侵夺的情形,取得时效中断。这称为自然中断。

(B) 通过占有回收之诉阻止占有权的消灭 依此规定,在占有被侵夺时,就有可能阻止时效的完成。为此,在此情形占有人可以提起占有回收之诉(民 200 Ⅰ);如果获得认可,即使实际上丧失了占有也作为占有权没有消灭来对待(民 203 但)。

2. 占有的承继
问题是,在时效期间进行过程中占有主体发生变化的情形,是不是还可以认为占有一直在持续?㊿

(1) 占有期间的加算

> **事例 9**
>
> X_1 从 A 处购买土地甲,并接受了交付。X_1 在甲居住了 8 年后,将甲卖给了 X_2。X_2 在甲居住了 13 年后,判明实际上甲本是 Y 的所有物,是 A 擅自当作自己之物出售掉。为此 Y 要求 X_2 返还甲。

在这种情形,只主张自己的占有,还是将自己的占有与之前的占有人(前

㊼ 这个问题与先前提到的取得时效和登记的问题有关。之所以这么说,是因为判例根据时效完成的前后有不同的处理,因而何时时效完成以及从何时开始计算时效期间就成为决定性的问题。关于这一点,详见物权法的解说。

㊽ 最判昭和 35 年 7 月 27 日民集 14 卷 10 号 1871 页。

㊾ 川岛 572 页、四宫 302 页等。

㊿ 关于基于继承的占有承继可能性等,存在有种种议论,详见物权法的解说。

手)的占有加在一起主张,现在的占有人可以选择(民187Ⅰ)。

  (A) 基于自己的占有的时效主张 如果 X_2 善意无过失,可以通过主张自己13年的占有,时效取得甲(民162Ⅱ)。

  (B) 加算前手占有的时效主张 如果 X_2 为恶意或者有过失,则可以通过将之前的占有人 X_1 的占有8年和自己的占有13年加在一起主张,从而时效取得甲(民162Ⅰ)。

(2) 有瑕疵占有的承继 不过,在加算之前的占有人的占有主张时效取得时,之前的占有人的占有瑕疵——善意和无过失、平稳且公然等要件不齐备——也将被承继(民187Ⅱ)。

事例9-2

  在事例9中,X_1 从 A 处购买甲的当时,甲的登记名义人是 Y。X_1 在甲居住3年后,从 X_1 处购买了甲的 X_2 在甲居住了8年。此情形将会如何?

  依此规定,既然前手 X_1 存在过失,在加算 X_1 的占有时,其瑕疵也被承继。因此,X_1 的3年和 X_2 的8年的总和,即11年的占有,成为有过失的占有,取得时效没有完成。

时效的完成 23

Ⅰ 序

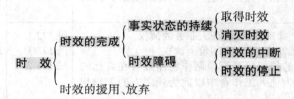

本章将接着前一章的内容,继续讲述时效的完成所剩余的部分。具体而言,在事实状态的持续中,讲述有关消灭时效的部分。然后,讲述阻碍这种事实状态持续的事由——时效的中断和停止。

Ⅱ 时效的完成——消灭时效的要件

在消灭时效的情形,所谓事实状态是指权利没有被行使的状态。问题是,这种状态从何时开始,持续多久才合适?以下,重点讲述有关这种消灭时效期间的长度和起算点的问题。

1 时效期间的长度

时效期间的概要,如下表所示。像这样,之所以规定 1 年至 5 年的短期时效,是因为这种日常的交易大多不交付受领凭证,即使交付也不会长久保存,如果不在短期内确定法律关系,债务人就有被迫二重支付的危险。[1]

---

[1] 以下的图表,参考了山田卓生、河内宏、安永正昭、松久三四彦《民法Ⅰ总则》(有斐阁,第 3 版补订,2007 年)257 页[松久三四彦]。

债权	原则	一般债权	民 167 I	10 年
		商事债权	商 522	5 年
		定期金债权②	民 168 I	自第一次清偿期起 20 年 自最后一次清偿期起 10 年
	特别规定	定期给付债权	民 169	5 年
		有关医师、助产士、药剂师之诊断治疗、助产、配药的债权	民 170①	3 年
		以工程设计、施工、监理为业者有关工程的债权	民 170②	
		律师、律师法人、公证人返还就职务所受取文件的责任	民 171	
		有关律师、律师法人、公证人职务的债权	民 172 I	2 年
		生产者、批发商、零售商的价金债权	民 173①	
		与以自己的技能接受订单制作物品或者在自己的工作场所为他人工作者中以此为业之人的工作相关的债权③	民 173②	
		有关学生、学徒的教育、衣食、住宿费用的债权	民 173③	
		以一个月或短于一个月期间为期之受雇人的工资债权	民 174①	1 年
		以提供自己的劳力、演艺为业者的报酬债权、其供给物的价金债权	民 174②	
		运费债权	民 174③	
		有关旅馆、饭店、饮食店、包间、娱乐场所之住宿费、饮食费、包间费、入场费、消费物代价及垫款的债权 有关动产租金的债权	民 174④	
		以判决等确定的权利	民 174 之 2	10 年
债权、所有权以外之财产权			民 167 II	20 年

Comment　　　　　　　　　　　　　　　　　　　时效期间的统一

如上所述,依现行法,债权的消灭时效期间原则上为 10 年,但即使仅限于民法,实际上的状况却是有大量的特别规定。针对这样的短期消灭时效制度,学界指出它有如下的问题④:

第一,由于各个规定的适用范围未必明确,因此弄不清楚自己的债权属于哪一规定,时效期间多长的情况不在少数。例如,170 条 1 项就医师、助产士、药剂师之

---

② 最判平成 16 年 4 月 23 日民集 58 卷 4 号 959 页判定,公寓大楼管理合伙对合伙成员的区分所有人拥有的管理费、特别修缮费债权(依管理规约的规定发生,通过大会决议确定具体数额,按月支付)作为从基本权即定期金债权中派生出来的支分权,属于 169 条规定的债权。

③ 最判昭和 40 年 7 月 15 日民集 19 卷 5 号 1275 页判定,设置修理工厂经营汽车修理业的公司因修理汽车所获得的债权,不属于 173 条 2 项规定的债权(2004 年修改前是有关"居家营业人"工作的债权)。

④ 参照基本方针 198 页,详解 III 158 页以下。

诊断治疗、助产、配药的债权规定了3年的消灭时效期间。可是，该规定是否类推适用于按摩师等人群则没有定论。此外，172条1款就有关律师、律师法人、公证人职务的债权规定了2年的消灭时效期间。这里，该规定是否类推适用于有关公认会计师、专利代理人、税理士、司法书士等职务的债权，也没有定论。

第二，各个规定在时效期间上的差异是否有合理的理由，也令人怀疑。例如，如果有关按摩师等之操作的债权不适用170条1项，是否有区别于医师的合理理由呢？有关公认会计师、专利代理人、税理士、司法书士等职务的债权，如果不适用172条1款，也会发生同样的问题。此外，有关生产品的债权，生产者的债权依173条1项时效期间为2年，而因工程而作出物品时依170条2项却服从3年的时效期间，其间有无合理的理由，同样令人怀疑。

为解决这些问题，学界的立法提案主张废止短期消灭时效制度，尽可能将时效期间统一。⑤ 不得不指出的是，即使从保护债权人的观点看，现行的短期时效制度的大部分所包含的问题也很大。虽然可以理解在日常的交易中有必要救济债务人一方的证明困难，但作为手段设定自可以行使债权时——通常是债务的履行期——起1年或者2年的时效期间，禁不住让人产生疑问：是否过剩地限制了债权人的权利？即使在这个意义上，也应当朝着废止短期消灭时效制度的方向推进研究。

2 时效期间的起算点

1．一般基准——"可以行使权利时"的涵义

消灭时效自"可以行使权利时"起进行（民166 I）。

> **事例1**
>
> K无权代理A从S银行借款3000万日元，作为担保在A所有的土地甲上设定了抵押权。其后，K又进一步无权代理A，以3000万日元将甲卖给了G。至于价金的支付，约定由G代替A清偿其对S银行的债务。于是G向S银行支付了3000万日元，办理了甲的移转登记。这样经过了十多年以后才发现K实施的是无权代理。

由于K所为之行为全部是无权代理，意味着G向S银行清偿了本来不存在的3000万日元债务。问题是，请求S银行返还之债权的消灭时效从何时开始进行？

（1）法律上的可能性说 判例认为，所谓"可以行使权利时"，是指行使权

---

⑤ 除基本方针198页，详解III 163页以下外，还可参照金山直树编《消灭时效法の现状と改正提言〔别册NBL122号〕》（商事法务，2008年）301页，民法改正研究会（代表·加藤雅信）编《民法改正国民·法曹·学界有志案——假案の提示〔法律时报增刊〕》（日本评论社，2009年）135页。

利的法律障碍消失之时。⑥ 如果没有察觉到无权代理,G 就不可能行使权利,但这不过是事实上的障碍。既然在法律上,自没有债务却向 S 银行作清偿之时起随时可以请求返还,那么从该时刻起经过 10 年时效完成。这是出于如下的考虑:

　　　　(A) 法律关系的安定　　首先,如果考虑权利的行使现实上是否可能,那么根据具体的情况起算点会各异,法律关系就会变得不安定。

　　　　(B) 权利行使的懈怠　　其次,在 10 年的时效期间内不知道权利发生的人,被指责为躺在权利上睡觉也没有办法。

　　　　(C) 存在例外规定　　此外,至于应当以权利人知悉一定事实的时刻作为起算点的情形,存在例外规定(民 426、724、884)。民法的立场是,只要没有这样的例外规定就不考虑这种事情。

　　(2) 现实的期待可能性说　　而学说中有力的观点认为,所谓"可以行使权利时",是指能够现实期待权利行使的时刻。⑦ 法律上权利是否发生,在多数情形只有到了法院才能弄清。该见解认为,让权利人负担这种判断的危险不妥。

Comment　　　　　　　　　　　　　　　　　时效期间的短期化和起算点

　　现在,国际上时效期间短期化的动向正在发展。在欧洲,例如德国在 2002 年的民法修改中将 30 年的时效期间原则上缩短至 3 年,法国在 2008 年的修改中也将 30 年的时效期间原则上缩短至 5 年。此外,在欧洲面向法的协调的动向——欧洲契约法原则、欧洲司法共通参照框架草案等——中,也提案将一般时效期间规定为 3 年。⑧

　　在此之际需要注意的是,关于时效的起算点,采用的是债权人的认识可能性——债权人知道或能够知道与债权发生原因相当的事实——基准。如果债权人没有这种认识可能性,则即使时间经过债权人也没有理由失去权利。可是,当债权人具有这种认识可能性时,若合理地思考,则可以期待他迅速地行使自己的权利。时效期间的短期化是由这种思考作支撑的。

　　在日本,基于同样的考虑,学界也提出了如下的立法提案:在维持现行法之"可以行使权利时"(客观起算点)起 10 年的时效期间的基础上,规定自知道债权发生

---

⑥　大判昭和 12 年 9 月 17 日民集 16 卷 1435 页等。与此相对,关于提存金的取回请求权,最判昭和 45 年 7 月 15 日民集 24 卷 7 号 771 页却认为,消灭时效不是自提存之时,而是自能够现实期待权利行使之时,即享受通过提存来免责之效果的必要消灭之时起进行。不过,把它理解为基于提存特殊性的一个例外,也是可能的。此外,针对在生命保险契约中规定被保险人死亡之日的第二天为死亡保险金请求权之消灭时效起算点的格式条款,最判平成 15 年 12 月 11 日民集 57 卷 11 号 2196 页基于如下的理解:"如果支付事由(被保险人死亡)发生,通常自该时点起可以期待权利的行使",但不意味着"依当时的客观状况等如果存在不能现实地期待自该时点起行使权利的特殊事情时,仍以上述支付事由的发生之时作为本案消灭时效的起算点"。

⑦　星野英一"时效に关する觉书——その存在理由を中心として——"同《民法论集·第 4 卷》(有斐阁,1978 年、初出 1969～74 年)310 页。此外,也参照石田 615 页。

⑧　关于国际动向,详见金山编·前注⑤138 页以下。

原因以及债务人之时(主观起算点)起 3 年、4 年、5 年的任一时效期间,将其并列设置——一个先届满则时效完成。⑨ 另一立法提案是:将时效期间的起算点规定为"可以期待债权人行使权利时",将时效期间原则上规定为自该时点起 5 年,再并列设置自清偿期起 10 年的时效期间——一个先届满则时效完成。⑩

不管怎样,如果缩短一般的时效期间,仅此就构成对债权人权利的限制,因此需要防止限制过剩。作为对策,如下文所述,可以考虑使得时效中断、停止的认定更加简便,起算点的规定方法也有同样的意义。⑪ 实际上,如果债权人现实中明明不能行使权利,时效却在短时间内完成,就构成对债权人权利的过剩限制。在这个意义上应当说,若要将时效期间短期化,有关起算点将债权人的认识可能性以及现实的期待可能性作为基准,是不可或缺的前提。

然而,并非只要将起算点这般设定后,时效期间怎么缩短都可以。因为权利人拥有权利,不得过剩制约其权利这一点是不变的。问题是,在现代社会,将时效期间限定到何种程度对于保护接受权利行使之人的权利是不可或缺的?此外,在多大程度上承认权利人行使权利在时间上的暂缓,可以最低限度地保障行使权利的机会?顺应社会的变化,重新划定这种权利人的权利与接收权利行使之人的权利的界限,正是现在所要追求的目标。⑫

2. 条件、期限以及消灭时效的起算点

法律上障碍的有无特别成为问题的是伴随有条件、期限的情形。

> **事例 2**
> ① G 以 1 年为偿还期限借贷给 S 1000 万日元,年利 10%。
> ② G 托付 S 保管其所有的山林甲,但未特别约定保管到何时。
> ③ G 在 S 处放了 500 万日元,并约定,如果 G 请求返还则在 3 个月内附加年利 5% 的利息偿还。

(1) 附期限、附停止条件债权 像①那样附期限、停止条件的情形,在期限到来、条件成就之前,在法律上不能行使权利。因此,时效自期限到来、条件成就时起进行。⑬

---

⑨ 参照基本方针 198 页,详解 III 168 页以下。
⑩ 参照金山编·前注⑤301 页以下。
⑪ 此外,对于基于侵害生命、身体的损害赔偿债权,提案反过来将时效期间长期化(例如,依《基本方针》的【3.1.3.49】,提案将时效期间规定为自客观起算点起 30 年,自主观起算点起 5 年或者 10 年(参照基本方针 203 页))。
⑫ 参照金山直树"时效法の课题"金山编·前注⑤17 页以下。
⑬ 最判平成 20 年 2 月 28 日判时 2000 号 130 页。事件的概要如下:在自家用汽车综合保险契约中,有关保险金的支付时期(履行期)约定:自办理保险金请求手续之日起 30 日以内支付保险金,自请求保险金起经过 30 日时(履行前)的第二天起经过 2 年的情形,保险金请求权因时效而消灭。法院根据双方当事人的事后交涉认定履行期经合意延长至事故的调查结果出来之时,判定延期后的履行期的第二天为消灭时效的起算点。

566 **(2) 未定期限的债权**

(A) 原则 像②那样没有规定期限的情形,债权人随时可以请求履行(甲的返还)。因此在此情形,时效自债权发生之时(G 将甲托付给 S 的时刻)起进行。[14]

(B) 自请求、解约通知起经过一定期间后才能行使的债权 在③中,没有约定请求的期限,而是约定可以自请求起 3 个月后行使返还请求权。在此情形,时效自可以请求或通知解约之时(G 在 S 处放 500 万日元的时点)起经过了契约上约定的暂缓期间(3 个月)之时起进行。[15]

(3) 附丧失期限利益条款的债权

> **事例 3**
>
> G 银行以年利 10% 的利率贷给 S 1000 万日元,要求 S 每月偿还 100 万日元本金和利息。同时,在契约中加入了如下的条款。
>
> ① 在 S 发生以下任意一项事由的情形,即使没有 G 的通知催告等,S 对 G 的一切债务当然丧失期限利益,必须立刻清偿债务。
> (1) 发生支付停止或者破产……的申请时。
> ……
> ② 在 S 发生以下任意一项事由的情形,应 G 的请求,S 对 G 的一切债务丧失期限利益,必须立刻清偿债务。
> (1) 即使 S 对 G 债务出现履行部分迟延时。
> ……

像这样,在发生一定事由的情形,令债务人丧失——期限到来之前可以不履行这种——利益,债权人可以立刻请求履行的特约,称为丧失期限利益条款。[16]

(A) 当然丧失条款 ①约定:如果所定的事由发生,"即使没有 G 的通知催告等"也可以立刻行使权利。因此,时效自该所定事由发生之时起进行。

567 **(B) 因请求而丧失之条款** 而②约定:如果所定的事由发生,"应 G 的请求"而丧失期限利益。在此情形,围绕时效从何时进行,存在争议。

(a) 请求时说 判例认为,时效自债权人 G 实际请求之时起进行。[17]

这是出于如下的考虑:

1) 条款的宗旨 第一,依此条款,实际上是否令期限的利益丧失取决于债权人。

2) 当事人间的公平 第二,债权人关怀债务人而暂不请求,而时效却

---

[14] 大判大正 9 年 11 月 27 日民录 26 辑 1797 页。
[15] 大判大正 3 年 3 月 12 日民録 20 辑 152 页。
[16] 参照第 14 章 V③(341 页以下)。
[17] 大判昭和 15 年 3 月 13 日民集 19 卷 544 页,最判昭和 42 年 6 月 23 日民集 21 卷 6 号 1492 页。

开始进行,这不公平。

(b) 丧失事由发生时说　　而学说中有力的见解认为,因为在法律上若丧失事由发生便随时可以行使权利,因此时效自丧失事由发生之时起进行。[18] 该见解考虑到,因请求而丧失之条款仅仅规定了债权人 G 请求前债务人 S 不负担履行迟延的责任。

(4) 存款债权

> **事例4**
>
> ① G 与 S 银行缔结活期存款契约,存入 10 万日元。
> ② G 与 S 银行缔结支票存款契约,存入 100 万日元,拿到了支票本。
> ③ G 与 S 银行缔结为期 1 年的定期存款契约,存入 100 万日元,当时约定了自动转存特约(满期日存款契约自动更新,期间与上一次相同,存款人欲停止转存,需与满期日前提出)。

(A) 活期存款债权

(a) 存入时说　　像①那样的活期存款债权,属于没有约定期限的债权,一般认为债权发生时即存入时时效开始进行。

(b) 通知时说　　也有见解认为,活期存款债权人将钱存在银行就是在行使作为存款人的权利,存放期间存款债权因时效而消灭不合理,以长时间不存取为由银行通知存款人终止交易等时,时效开始进行。[19]

(B) 支票存款债权

(a) 契约终止时说　　像②那样支票存款的情形,存款用于冲抵支票的支付,契约终止前不允许现金的回付,因此判例认为时效于契约终止时开始进行。[20]

(b) 存入时说　　由于契约期间除了可以通过支票的支付处分存款外,还可以随时解约,因此主张时效于存入时开始进行的见解也颇有说服力。[21]

(C) 自动转存定期存款债权　　而定期存款债权是约定有期限的债权,在满期日以前不能请求回付,因此,自满期日起时效进行。问题是像③那样附带自动转存特约的情形。

(a) 初次满期日说　　在此情形,如果存款人在初次满期日以前提出停止转存,则可以在初次满期日请求存款的回付。由于初次满期日在法律上

---

[18] 我妻 487 页以下、川岛 519 页以下、几代 510 页、四宫·能见 379 页以下、内田 316 页、河上 589 页以下等。

[19] 参照四宫、能见 380 页。

[20] 大判昭和 10 年 2 月 19 日民集 14 卷 137 页。

[21] 川岛 513 页以下等。

才可能请求回付,因此认为时效于该时点进行也是可能的。

（b）自动转存终止满期日说　　可是,判例基于如下的考虑排斥了这种观点,认为时效自存款人提出解约等导致之后不能再作为自动转存对待的满期日届至时起进行。㉒

1）自动转存定期存款契约的宗旨　　首先,自动转存定期存款契约,是双方当事人认可满期日自动更新的意义而缔结的契约,存款人是否提出停止自动转存,在存款契约上是听凭存款人自由的行为。

2）初次满期日说存在的问题　　因此,以存款人于初次满期日前实施这样的行为——提出停止转存,并于初次满期日请求回付存款作为前提,关于消灭时效,使得自初次满期日起便可以行使存款回付请求权,等于要求存款人实际实施契约上听凭其自由的行为,不得不说它违反了自动转存定期存款契约的宗旨。

3. 损害赔偿请求权和消灭时效的起算点
此外,关于损害赔偿请求权,还需要作特别的考虑。

（1）因履行不能而发生的损害赔偿请求权

> **事例 5**
>
> S 将自己所有的土地甲以 3000 万日元卖给了 G,登记名义没有转移。这样经过了 10 年多。其后,S 利用登记还在自己名义下的状况,将甲卖给了 A,并移转了登记。为此,G 以债务不履行为由请求 S 作损害赔偿。

（A）损害赔偿请求权的发生　　在此情形,G 要求 S 转移甲之所有权的债权,因 S 把甲卖给 A 并且移转登记而陷入履行不能的状态。其结果,G 对 S 便拥有了损害赔偿请求权（民 415）。

（B）时效期间的起算点　　因履行不能而发生的损害赔偿请求权的消灭时效,自可以请求本来债务的履行之时——在该事例中原则上为缔结契约之时——起进行。㉓ 理由是:因履行不能而发生的损害赔偿请求权,不过是本来的履行请求权在维持着同一性的同时变换了形态而已。

㉒ 最判平成 19 年 4 月 24 日民集 61 卷 3 号 1073 页。也可参照最判平成 19 年 6 月 7 日判时 1979 号 61 页。潮见佳男"自动继续定期预金の消灭时效の起算点——これまでの判例·学说の检讨と本判决の评价""银行法务 21" 676 号 8 页(2007 年)认为,其中隐含了就契约债权的消灭时效将"基于当事人的自己决定行使权利成为可能的时点"作为起算点的法理,而不是法律上的可能性说。

㉓ 参照最判昭和 35 年 11 月 1 日民集 14 卷 13 号 2781 页(因契约的解除而发生的原状恢复义务履行不能时的损害赔偿请求权的消灭时效,自可以请求本来的债务——原状恢复义务的履行之时(契约解除之时)起进行),最判平成 10 年 4 月 24 日判时 1661 号 66 页(有关农地买卖的判例,在主张时效自缔结契约之时起进行的同时,认为存在这样的可能,即卖主援用消灭时效的行为违反诚信原则)。

（2）因违反安全关怀义务而发生的损害赔偿请求权

> **事例 6**
>
> G 在 S 公司经营的煤矿从事粉尘作业，患上了尘肺病。行政部门依尘肺法认定 G 属于病情管理区分中的 2 级。1 年后 G 从 S 公司退职，病情一直在加重。退职 5 年后又被行政部门认定为当属于管理区分的 3 级。又经过了 5 年，许多 S 公司的前职员集团提起损害赔偿的诉讼，G 也参加了该诉讼。

（A）**时效期间**　　雇佣人在雇佣契约上负有应当关怀从业人员 G 的安全这种基于诚信原则的义务。既然该义务是契约上的义务，一般认为，违反该义务所产生的损害赔偿请求权的时效期间为 10 年（民 167 Ⅰ）。㉔

（B）**时效期间的起算点**　　有关此情形的时效期间的起算点，判例作如下的考虑㉕：

（a）**基本观点**　　该损害赔偿请求权于损害发生之时成立，同时就可以行使该权利。因此，自损害赔偿发生之时起时效开始进行。

（b）**尘肺事件的特殊性**　　但在尘肺事件中，基于其特殊性有必要作如下的考虑。

1）**基于行政决定的损害发生**　　患尘肺病的事实，如果没有相关的行政决定通常不容易认定。因此可以认为，在接到这种行政决定之时，至少损害的一部分已经发生。

2）**对应于管理区分之损害的发生**　　鉴于尘肺这种疾病的特殊性质，可以认为，按照管理区分级别的不同，相应地发生有本质区别的损害。因此，与重症行政决定相当的病情所带来的损害，于接受到决定的时刻发生，从该时刻起时效进行。依此观点，在事例 6 中，由于自管理区分 3 级的行政决定作出起只经过了 5 年多一点，所以消灭时效还没有完成。

3）**基于死亡之损害的发生**　　进而，即使被害人有关管理区分接受了行政决定，其后因尘肺病而死亡的情形，可以认为发生了与基于管理区分相当之病状的各种损害有着本质差异的损害。因此，基于死亡之损害赔偿请求权于死亡时发生，其时效从该时点起进行。㉖

㉔ 最判昭和 50 年 2 月 25 日民集 29 卷 2 号 143 页。详见债权法的解说。
㉕ 最判平成 6 年 2 月 22 日民集 48 卷 2 号 441 页。此外，最判平成 16 年 4 月 27 日民集 58 卷 4 号 1032 页，在基于尘肺之国家赔偿成为问题的案件中，就基于侵权行为之损害赔偿请求权的长期期间限制（民 724 后）的起算点，判定"因该侵权行为发生的损害在性质上，自加害行为终了后经过相当期间后才发生的情形，该损害全部或者部分发生之时为除斥期间的起算点"。
㉖ 最判平成 16 年 4 月 27 日判时 1860 号 152 页。

Comment　尘肺事件的特征与时效的起算点

尘肺这种疾病，发展的有无、程度和速度因患者的不同而呈多样性，现在的医学难以预测。对于这种情形，1(2)(564页)提及的现实可能性说非常合适。因为该学说认为，在能够现实期待被害人察觉损害的发生、行使损害赔偿请求权之前，时效不进行。可是，判例以行政决定、死亡这种客观事实为基准，认为在该时刻损害发生，因此权利的行使在法律上成为可能。判例终究是在维持法律可能性说的同时，采取推迟损害发生时刻的办法来应对的。

③ 形成权的时效

所谓形成权，是指因权利人的单方意思表示可以使法律关系发生变动的权利。撤销权、解除权等便是其典型。关于形成权的时效，存在如下的问题：

1. 形成权的时效期间及其起算点

> **事例 7**
>
> G 将自己所有的住房甲租给 S。其后，由于 S 擅自将甲转租给 A，G 要求 S 停止这种行为，但 S 没有理睬，这样经过了 10 年多。正好发生了甲的重建问题，G 认为这是个好机会，就以擅自转租为理由解除了与 S 的租赁契约。

没有出租人的许可，承租人不能转租租赁物，如果违反则出租人可以解除契约（民612）。问题是，该解除权是否已经因时效而消灭了？

（1）时效期间　在对特定的相对人行使这一点上，形成权与债权没有区别。因此一般认为，在此情形比照债权，时效期间也是 10 年。[27]

（2）时效期间的起算点　形成权的时效也是自在法律上可以行使该权利的时点起进行。因此，在事例 7 中，既然承租人 S 擅自转租租赁物，转租人 A 基于转租开始使用收益租赁物时便可以行使解除权，那么从该时点起 10 年消灭时效完成。[28]

2. 基于撤销的返还请求权的时效

> **事例 8**
>
> G 被 S 蒙骗，花了 100 万日元购买赝品古董甲。很快 G 就察觉了，但考虑到如果将受骗上当之事公之于众太丢脸，就一直未追究。可是 4 年后，S 又来向 G 兜售古董，G 就撤销了甲的买卖契约，要求 S 返还 100 万日元。可是，S 并未理会。这样又过了 6 年多以后，G 提起了要求 S 返还 100 万日元的诉讼。

---

[27] 最判昭和 62 年 10 月 8 日民集 41 卷 7 号 1445 页。
[28] 前注[27]最判昭和 62 年 10 月 8 日。

如果自可以追认之时起 5 年内不行使，撤销权因时效而消灭（民 126 前）。问题是，撤销权的时效和基于撤销的不当得利返还请求权的时效是否应当分别考虑？

(1) 独立说——二段构成　　判例认为，不当得利返还请求权的时效应当独立于撤销权的时效加以考虑。㉙ 依此观点，如果撤销权在可以追认之时起 5 年的期间内行使，其后新的不当得利返还请求权的时效开始进行。它是出于如下的考虑：

（A）独立的债权　　首先，既然不当得利返还请求权本身也是债权，因此其时效为 10 年（民 167 Ⅰ）。

（B）权利行使可能之时　　其次，既然不当得利返还请求权自撤销之时起可以行使，因此时效从该时点起进行。

(2) 一体说——一段构成　　学说中，认为不当得利返还请求权的时效应当与撤销权作为一个整体来考虑的见解也颇有说服力。㉚ 依此观点，在可以行使撤销权之时起 5 年内，也需要行使不当得利返还请求权。它是出于如下的考虑：

（A）撤销的目的　　首先，既然是为了要求不当得利的返还才撤销的，所以不应当将两者割裂开来考虑。

（B）短期的期间限制的宗旨　　如果将不当得利返还请求权的时效与撤销权分别考虑，那么就丧失了 126 条规定短期的期间限制的意义。

Ⅲ　时效的中断

1　何谓时效的中断

1．中断的涵义　　所谓时效的中断，是指时效的进行过程中发生推翻时效的事情，使得已经经过的期间完全失去意义。由此，时效期间归零，又从头开始进行。时效的中断，包括以下两种类型：

(1) 取得时效的自然中断　　第一，如果失去了对占有物的占有，取得时效中断（民 164）。㉛

(2) 法定中断　　第二，作为取得时效和消灭时效共通的中断事由，民法规定了① 请求，② 扣押、临时扣押、临时处分，③ 承认（民 147）。

2．中断的根据　　其中，关于法定中断，围绕这些事由何以被规定为中断

㉙　大判大正 7 年 4 月 13 日民録 24 辑 669 页（有关解除的判例）。也可参照佐久间 228 页以下。

㉚　我妻 498 页以下，几代 524 页以下，四宫·能见 382 页以下，近江 328 页以下，加藤雅 416 页等。川岛 442 页、542 页认为，126 条是规定撤销权行使的结果所产生的返还请求权的消灭时效的条文。

㉛　参照第 22 章 Ⅲ ④ 1（558 页以下）。

事由,存在争议。这一点,与有关时效存在理由的议论有密切的关系。㉜

(1) 权利行使说——保护非权利人·实体法说

　　(A) 中断的根据　　有关时效存在理由的保护非权利人·实体法说,在真正的权利人行使了权利这一事实中寻找中断的根据。㉝ 如果与保护非权利人·实体法说的理由对应起来说明,内容如下:

　　　　(a) 应当受保护的生活关系的去除　　既然真正的权利人行使权利,那么就不能再允许以不行使权利为前提去构筑生活关系。

　　　　(b) 勤勉的权利行使　　既然真正的权利人行使权利,就不能说丧失权利也没有办法。

　　(B) 法定中断事由的定位　　依该学说,各项法定中断事由可以作如下的说明:

　　　　(a) 请求　　首先,权利人向相对人请求债务的履行,恰恰是权利的行使。

　　　　(b) 扣押、临时扣押、临时处分　　其次,扣押、临时扣押、临时处分,都是强制实现或者将来实现权利的手段,因此可以视为权利的行使。

　　　　(c) 承认　　虽然承认不是权利的行使,但可以基于如下的理由认定为中断事由:

　　　　　　1) 不存在应当受保护的生活关系　　既然作出承认的债务人是在承认权利人有权利的基础上生活,那么就不存在应当受保护的生活关系。

　　　　　　2) 权利行使的期待可能性　　如果有承认,那么权利人即使不行使权利也情有可原。

(2) 权利确定说——保护权利人·诉讼法说

　　(A) 中断的根据　　保护权利人·诉讼法说从真正的权利关系得到确定中寻找中断的根据。㉞ 这是因为,如果真正的权利关系得以确定,那么持续的事实状态反映真实的盖然性就被推翻。

　　(B) 法定中断事由的定位　　依该学说,各项法定中断事由可以作如下的说明:

　　　　(a) 请求　　首先,可以认为权利因请求被认可而确定。

　　　　(b) 扣押、临时扣押、临时处分　　其次,可以认为通过权利因扣押、临时扣押、临时处分被认可而在该限度内确定。

　　　　(c) 承认　　再者,既然自己承认没有权利,那么可以认为持续的事实状态反映真实的盖然性就被推翻了。

㉜ 参照松久三四彦"时效制度"民法讲座 I 583 页以下。
㉝ 我妻 457 页以下,川井 328 页以下,松久·前注㉜民法讲座 I 584 页以下等。
㉞ 川岛 473 页以下,注民 (5) 65 页以下[川岛武宜·冈本坦],星野 259 页以下,内田 320 页等。

（3）多元理解的必要性　　与时效制度的存在理由相同,中断事由也难以用一种学说说明全部的问题。在此,也有必要将两者都涵盖在内,作多元的考虑[35]:

（A）**权利行使说的局限**　　首先,权利行使说存在如下的局限:

（a）**对承认的说明**　　对请求、扣押、临时扣押、临时处分的说明比较容易,但对承认的说明有难度。

（b）**对请求的说明**　　对于请求来说不能说明如下内容:单纯要求履行还不够,还需要按照裁判等正式的程序来请求;如果请求得不到认可,则时效不中断。

（B）**权利确定说的局限**　　权利确定说可以说明以上各点,但却不能说明在请求的时点、在申请扣押、临时扣押、临时处分的时点时效已经中断。

Comment　　　　　　　　　　　　　　　　　　　　　时效中断的实践意义

这里介绍的时效中断,具有非常重要的实践意义。关于这一点,考虑一下自己对他人享有权利的情形立刻就会明白。因为如果放置不管,自己的权利就会因时效而消灭。因此,就必须认真思考要阻止时效的完成现在应该干些什么。法律是用来使用的制度。仅仅靠阅读教科书来学习,就很容易忘却。可是,如果不知道要维护自己的权利该怎么做,那么到底为什么学习法律就弄不清了。

实际上,在泡沫经济破裂后,时效的中断已经成为极其现实的问题。[36] 尽管拥有债权,但债务人不能支付。即使有担保,由于不动产的价格急剧下跌,所以实行担保也不能回收债权。在这种状况下,债权人除了花费时间努力回收,并无他法。为此,就需要严格地管理债权,采取适当的中断措施,以使珍贵的债权不至于因时效而消灭。

以下,将从债权人为了维护自己的债权而阻止时效的完成该如何行事这样的观点,看一看中断的问题。具体地,以以下这个事例为基础进行讲述。

事例 9

G 银行以 1 年为期借贷给 S 2000 万日元,年利 10%。可是过了 1 年,S 并没有打算偿还连本带利的 2200 万日元。

---

[35] 参照四宫、能见 390 页,佐久间 410 页以下。
[36] 例如,可以参照"特集・时效管理の理论と实务"金法 1398 号（1994 年）。此外,广泛涉及有关整个时效的实务问题的书籍,还可以参照酒井广幸《时效の管理》（新日本法规出版,新版,2007 年）,同《续时效の管理》（新日本法规出版,新版,2010 年）。

贷款返还请求的根据规范 （请求原因）	阻却规范 （抗辩）	再阻却规范 （再抗辩）
① 民 587　缔结消费借贷契约（借用人约定返还种类、品质和数量都相同之物而从出借方处取得金钱或其他物）后，当消费契约终止㊲时，出借方可以请求借用方返还种类、品质和数量都相同之物	ⓐ 民 166Ⅰ　消灭时效自权利可以行使时起进行㊳	甲 民 147　时效因①请求、②扣押・临时扣押・临时处分、③承认而中断（自起算点起到时效期间经过前，发生①②③任一事由时，时效不完成）
	ⓑ 商 522 正　因商行为所生债权，5 年内不行使时（自起算点起经过 5 年时），因时效而消灭㊴	
	ⓒ 民 145　时效非经当事人援用，法院不得依时效裁判	

② 相对人合作情形的中断手段——承认

首先，如果相对人 S 采取合作的态度，债权人 G 可以采取让相对人 S 承认这种最简单的方法（民 147③）。

1. 何谓承认　所谓承认，是指享受时效利益者（相对人 S）对因时效会丧失权利者（债权人 G），作内容为知道其权利存在的表示。㊵

（1）**方式**　承认不需要特别的方式。不过，为了预防纷争，要求对方作书面承认比较安全。㊶

（2）**判断基准**　即使没有明示的承认，如果有以债权的存在为前提的行为，就可以认为存在承认。

> **事例 9-2**
> 在事例 9 中，下列情形将如何？
> ① S 先向 G 支付了相当于利息的 200 万日元。
> ② S 先向 G 偿还了 500 万日元的本金。

（A）**利息的支付**　像①那样支付利息，是以本金的存在为前提的，因此本金债权的时效中断。

㊲　消费借贷契约除了于返还时期届至时——① 约定由返还时期的情形，该返还时期届至时；② 未约定返还时期的情形，自出借方向借入方返还催告之时期经过相当期间时（参照民 591）——终止外，还于契约因债务不履行被解除时终止。

㊳　在此情形，由于如果消费者契约终了则可以行使贷款返还请求权，因此"可以行使权利时"已经在请求原因中明确。

㊴　在事例 9 中，G 银行的债权是因商行为所生债权，时效期间为 5 年。

㊵　大判大正 5 年 10 月 13 日民录 22 辑 1886 页判定：银行即便将存款利息算入本金记载在账簿上，只要没有向存款人表示，就不构成承认。但对此立场存在强烈的批判（我妻 472 页，四宫・能见 397 页等）。

㊶　债务人 S 恳求暂缓偿还这种形式的暂缓清偿恳求书等的索取，便是其代表例子。

（B）部分偿还　　像②那样部分清偿本金，只要没有特别的事情，是以对本金全额的承认为前提的，因此全部本金债权的时效中断。㊷

2. 承认的能力、权限

（1）处分的能力、权限　　对于承认，不要求就相对人（与债权人 G 相当之人）的权利拥有处分能力或者处分权限（民156）。这是因为，承认的结果，即使时效没有完成也不过是照原样认同相对人现有的权利而已，并非处分自己的权利。

（2）管理的能力、权限　　一般认为，由于承认同时也属于财产管理行为，因此需要有实施管理行为的能力或者权限。依此观点，被保佐人、被辅助人可以单独承认，但是成年被监护人不能承认，未成年人也需要法定代理人的同意。㊸

③ 相对人不合作情形的中断手段——请求

在相对人 S 不合作的情形，G 只能行使权利。第一种方法是请求（民147①）。

1. 何谓请求

（1）请求　　这里所说的请求，不仅需要要求履行债务，而且还需要在有法院参与的正式程序中请求。通过这种程序确定权利的存在，是认定中断的根据。

（A）具体的例子　　具体地，以下的行为属于请求：

诉讼上的请求	诉讼的提起等㊹	
支付督促	对于以一定数量的金钱或其他的代替物、有价证券的给付为标的的请求，向法院书记官申请给付命令（民诉382以下）	如果债务人没有提出异议，就有与确定判决相同的效力（民诉396）
申请和解	向法院提出和解的申请（民诉275）	因成立诉讼上的和解以及和解调书的制作，发生与确定判决相同的效力（民诉267）
申请调解	向法院提出调解的申请（民调2、家审17以下）	在调解中当事人之间合意成立，并记载于调书时，具有与确定判决同样的效力（民调16、家审21）
参加破产程序	债务人陷入支付不能状态，因债务人或者债权人的申请法院宣告破产的情形，债权人申报债权（破111）	如果对申报没有异议，将被记载于破产债权人表中，具有与确定判决相同的效力（破124）

㊷　参照大判大正8年12月26日民录25辑2429页、最判昭和36年8月31日民集15卷7号2027页等。

㊸　大判昭和13年2月4日民集17卷87页（有关未成年人的事件）。

㊹　在此情形，提起诉讼之时发生时效中断的效力（民诉147）。

参加再生程序	在债务人有可能发生构成破产程序开始之事实的情形,以及在债务人不陷入难以为继其事业的境地便无法清偿已到清偿期债务的情形,依债务人(在前者的情形也包括债权人)的申请法院开始再生程序时,债权人申报债权(民再94)	如果对申报没有异议,将被记载于再生债权人表中,具有与确定判决相同的效力(民再104)
参加更生程序	在股份有限公司有可能发生构成破产程序开始之事实的情形,以及在债务人不陷入难以为继其事业的境地便无法清偿已到清偿期债务的情形,依股份有限公司或者一定之债权人、股东的申请法院开始更生程序时,债权人申报债权(会更138)	如果对申报没有异议,将被记载于更生债权人表、更生担保权人表中,具有与确定判决相同的效力(会更150)

（B）时效中断的范围　　在只请求部分债权的情形,时效在什么范围内中断就成为问题。

事例9-3

在事例9中,G贷给S 2000万日元,预计只能回收其中的500万日元。于是,为了节约诉讼费用,G先就500万日元提起了诉讼。在此情形将如何？

（a）请求宗旨基准说　　判例认为,应当根据是否明示部分请求的宗旨而区别对待。

1）部分请求的明示　　在明示部分请求之宗旨的情形,时效仅仅在请求的范围内中断,而其余部分不中断。这是因为,权利只在实际被诉部分的范围内得到了确定。[45]

2）部分请求的不明示　　在未明示部分请求之宗旨的情形,时效就全部债权中断。这是因为,既然没有明示是部分债权,就可以认为是以此金额作为全部债权而提起诉讼的。[46]

（b）全部中断说　　也有见解认为,总是可以认定时效就全部债权中断。它是出于如下的考虑：

1）权利的行使　　首先,无论哪一种情形,债权人行使自己的债权这一点是不变的。

2）权利的确定　　其次,尽管是一部分,但是债权的存在被法院确定。[47]

（2）催告　　债权人不通过以上的程序,在诉讼外要求债务人履行债务的

---

[45] 最判昭和34年2月20日民集13卷2号209页。
[46] 最判昭和45年7月24日民集24卷7号1177页。
[47] 川岛478页、内田324页等。

行为,称为催告。

（A）催告的效果　　在此情形,在6个月内如果不实施上述的程序或者扣押、临时扣押、临时处分,不发生时效中断的效力（民153）。就是说,如果在诉讼外请求,那么时效期间延长6个月。

（B）反复催告　　不过,反复催告不发生时效的持续中断。[48]

贷款返还请求的根据规范（请求原因）	阻却规范（抗辩）	再阻却规范（再抗辩）
① 民587　同上（575页）	ⓐ 民166I　同上 ⓑ 商522　正（575页） ⓒ 民145	乙 民153　自起算点起到时效经过前,在债权人催告债务人的情形,其后6个月以内债权人作诉讼上的请求、申请支付督促、申请基于民事调解法或者家事审判法的调解、参加破产程序、参加再生程序的、参加更生程序、扣押、临时扣押或者临时处分时,时效中断（时效不完成）

2．时效中断效力的失效事由　　即使采取了以上措施,如下表所列,如果权利没有确定程序就终了,则不发生中断的效力。

诉讼上的请求	起诉被驳回或者被撤回的情形	民149
支付督促	因债权人在法定的期间内不申请临时执行命令而丧失效力的情形	民150
申请和解、调解	相对人不出庭或者达不成和解、调解不成的情形,在1个月内不提起诉讼时	民151
参加破产、再生、更生产程序	债权人撤回申报或者申报不被受理的情形	民152

3．中断事由的扩张　　如果严格解释上述规定,就会出现即便权利人行使权利时效也不中断的情形。可是没有躺在权利上睡觉却丧失权利,不妥。于是,人们尝试着在民法规定的框架内,尽可能地认定时效的中断。

（1）**诉讼上的请求的扩张**　　首先,认为以下的情形也属于在诉讼上的请求。

事例 9-4

在事例9中,下列情形将如何？

① S告诉G已经清偿了2200万日元,向法院提起诉讼,要求确认对G的债务不存在。

② 由于S陷入了支付不能的状态,G向法院申请S的破产。这时,提交了记载有对S的2200万日元债权的文书。

---

[48] 大判大正8年6月30日民录25辑1200页。

(A) 应诉　　在①的情形,债权人 G 并没有亲自请求,可是只要在该程序中主张自己拥有债权,要求驳回相对人的诉求,就认为有了诉讼上的请求。[49]

　　(B) 破产申请　　像②那样提出的是破产申请,但是由于其中包括了向法院要求清偿自己债权的行为,因此,作为一种诉讼上的请求,判例承认时效中断的效力。[50]

　　(2) 诉讼上的催告　　此外,即使在不满足诉讼上的请求这个要件的情形,因为持续主张权利,有时也被认定为具有催告的效力。这称为诉讼上的催告。

> **事例 9-5**
>
> 　　在事例 9-4②中,其后,由于围绕 S 是否具备破产要件发生争议,申请破产后经过 5 年多,G 撤回了破产申请,向法院提起了要求 S 支付 2200 万日元和迟延利息的诉讼。

　　在此情形,由于破产申请被撤回,若比照诉讼上的请求来考虑,则不具有中断的效力(民 149)。但是,在撤回破产申请之前,可以认为债权人一直在催告债务人履行债务。因此,在此情形可以认为,如果比照催告,在破产申请撤回后 6 个月内采取了诉讼上的请求等手段,时效中断的效力将得到维持。[51]

4 相对人不合作情形的中断手段——扣押、临时扣押、临时处分

　　在相对人 S 不合作的情形,还有扣押、临时扣押、临时处分的方法(民 147②)。

1. 扣押

　　(1) 涵义　　③(577 页以下)中所介绍的请求与权利存在的确定有关,而扣押与权利的强制性实现、即强制执行有关。

> **事例 9-6**
>
> 　　在事例 9 中,G 在向 S 贷出 2000 万日元之时,制作了含有以下文字的公证书:"在不按照本契约履行时,即便受到强制执行也不提出异议。"因此,G 以此为依据,扣押了 S 所有的土地甲。

---

[49] 大判昭和 14 年 3 月 22 日民集 18 卷 238 页(在此情形,当债权人向法院提交请求驳回诉讼请求之判决的答辩状、准备文书时,或者不提交这样的文书,但在口头辩论中作同样主张时,发生时效中断的效力)。

[50] 最判昭和 35 年 12 月 27 日民集 14 卷 14 号 3253 页。与此相对,对于在由其他债权人申请的拍卖程序中抵押权人申报债权的行为(民执 50),判例认为,它不属于主张债权、要求确定债权、或者要求债务履行的行为,不属于时效中断事由(最判平成元年 10 月 13 日民集 43 卷 9 号 985 页,最判平成 8 年 3 月 28 日民集 50 卷 4 号 1172 页)。

[51] 最判昭和 45 年 9 月 10 日民集 24 卷 10 号 1389 页。此外,还可以参照最判昭和 38 年 10 月 30 日民集 17 卷 9 号 1252 页(有关留置权抗辩的事件)等。

实施扣押后，S便不能处分甲，G可以通过拍卖甲等方法换得价金，以此获得满足。可以认为，这恰恰是断然的权利行使，权利的存在由此得以确定。承认扣押的时效中断效力正是基于此。

（2）射程　　以下情形尽管不是扣押，但比照扣押承认其具有中断时效的效力。

> **事例 9-7**
>
> ① 在事例9中，G在贷给S 2000万日元时，在S所有的土地甲上设定了抵押权。由于返还期经过后S仍不偿还连本带利的2200万日元，1年后G向法院申请实行抵押权（拍卖）。
>
> ② 在事例9-6中，另外向S贷款2000万日元的K，因S不偿还而申请实行其在甲上拥有的抵押权。在该程序中，G要求就其对S的债权受偿分配。

（A）作为担保权实行的拍卖　　对于①那样的、为实行担保权而实施的拍卖，也作为时效的中断事由。[52] 这是出于如下的考虑。

　　（a）权利的行使　　担保权的实行，是为了行使由此所担保的债权。

　　（b）扣押的存在　　如果认可了申请，作为拍卖的前提，标的物将被扣押（民执188→45Ⅰ）。

（B）其他债权人申请的拍卖程序中的受偿分配要求　　像②那样，在由其他债权人K申请的拍卖程序中，持有具有执行力的债务名义[53]正本的债权人G所作的受偿分配要求，也比照扣押，承认其中断时效的效力。[54] 因为在基于债务名义来实现权利这一点上，这样的行为与强制执行的申请没有区别。

（3）时效中断效力的失效事由

> **事例 9-8**
>
> 在事例9-7①中，G申请拍卖甲后，得到S的父亲A的承诺：如果允许分期偿还的话，可以偿还。因此，G撤回了拍卖申请。经过了4年多以后，S和A以对G的债务已经因时效而消灭为由，拒绝作进一步的偿还。

民法规定，扣押、临时扣押、临时处分，因权利人的申请，或者因没有遵从法律规定的理由被撤销时，不发生时效中断的效力（民154）。因此，在该事例中，

---

[52] 参照大判大正9年6月29日民录26辑949页，最判昭和50年11月21日民集29卷10号1537页。

[53] 所谓债务名义，是指由公共机关承认的、通过强制执行实现的请求权的存在和内容的文书，构成强制执行的基础。属于债务名义的，除了确定判决外，还有如事例9-6那样的附接受执行之表述的公证书等（民执22）。

[54] 最判平成11年4月27日民集53卷4号840页。判决认为，在此情形，即使因申请拍卖的其他债权人的事情拍卖程序被撤销，因受偿分配要求而发生的时效中断的效力仍持续到在撤销决定确定时为止。

既然债权人 G 撤回了拍卖的申请,那么比照扣押的撤销,时效不中断。⑮

2．临时扣押、临时处分 临时扣押、临时处分,是在自己的权利有可能不能实现时,用于保全债务人财产的程序(民保 20 以下、23 以下)。这些也是用于实现权利的准备行为,除了可以理解为权利的行使外,还可以通过该程序在一定程度上确认权利的存在。认可临时扣押、临时处分具有中断时效的效力,是出于这个目的。

5 时效中断的效果

时效一旦中断,在这以前经过的期间失去意义,时效重新进行(民 157 Ⅰ)。

1．新时效的时效期间

(1) 原则　新时效的时效期间,原则上与以前的时效期间相同。

(2) 确定债权的特别规定　至于因生效判决而确定的权利,即使以前的时效期间短于 10 年,新的时效期间仍为 10 年(民 174 之 2 Ⅰ)。但对于确定时清偿期尚未届至的债权,不适用该特别规定(民 174 之 2 Ⅱ)。

2．新时效开始进行的时点　新时效开始进行的时点,为"其中断事由终了之时"(民 157 Ⅰ)。问题是,各项中断事由何时终了?

贷款返还请求的根据规范(请求原因)	阻却规范(抗辩)	再阻却规范(再抗辩)
① 民 587　同上(575 页)	Ⅰ 消灭时效的抗辩	时效的中断※
	a 民 166Ⅰ　同上(575 页)	甲 民 147　同上(575 页)
	b 商 522 正	
	c 民 145	
	Ⅱ (再进行后的)消灭时效的抗辩※	
	d 民 157Ⅰ　**时效中断**后,自该**中断事由终了时**起,重新开始进行	
	b 商 522 正　同上	
	c 民 145	

(1) 观点　线索在 157 条 2 款中。依此规定,因诉讼上的请求而中断的时效自裁判生效之时起重新进行。在其背后存在着这样一种观点:权利的存在被公共机关确定之时,为新时效开始之时。依此观点,具体的结果如下:

(2) 请求　首先,关于支付督促、和解·调解申请、破产·再生·更生程序的参加,都是在被认定有与生效判决相同效力的时点开始新的时效。

---

⑮ 大判昭和 17 年 6 月 23 日民集 21 卷 716 页。

（3）扣押 其次，在扣押的情形，扣押的最终目的得以实现的时点，即债权人通过强制执行得到满足的时点，可以视为中断事由终了之时。这是基于如下的理由：

（A）权利的行使 首先，依权利行使说，可以认为到该时点为止一直在行使权利。

（B）权利的确定 其次，依权利确定说，可以认为由此权利的实现得到了公共机关的确认。

（4）临时扣押 关于临时扣押，特别存在如下的问题。

> **事例9-9**
> 在事例9中，G临时扣押了S所有的土地甲和乙，并作了登记。3年后，G要求S支付2200万日元，提起本诉，胜诉判决生效。于是，G对甲实施了强制执行，得到了1200万日元的受偿。至于乙，由于其他债权人拥有抵押权，估计即使拍卖也不会有剩余，因此决定保留临时扣押登记，观察其后的动静。经过了十年多后，S提出，残存债务因时效已经消灭。

（A）临时扣押终了之时 首先，作为临时扣押的执行而作临时扣押登记的情形，在该时点临时扣押程序终了，是新的时效开始进行还是其后时效继续中断，就成了问题。

（a）持续说 判例认为，在临时扣押的执行保全效力存续期间——在不动产的情形为临时扣押登记存续期间，时效中断的效力持续。㊾

1）权利行使说 权利行使说作如下说明：

a）权利行使的持续 首先，在临时扣押的执行保全效力存续期间，债权人在持续行使权利。

b）债务人有对抗手段 债务人有撤销临时扣押命令的方法——因本案的起诉命令（民保37）以及因情势变更而撤销临时扣押命令（民保38），所以并不会被强制于时效一直中断的状态。

2）权利确定说 而权利确定说的解释是，只要有临时扣押登记，权利的存在就被公共机关确定了。

（b）非持续说 学说中有力的见解认为，临时扣押的执行行为终了之时——在不动产的情形，为进行临时登记的时刻，临时扣押程序终了，新的时效开始进行。㊿ 这是出于如下的考虑：

1）权利行使说 首先，依权利行使说，既然一般认为即使抵押权的登

㊾ 最判平成10年11月24日民集52卷8号1737页（判决理由依权利行使说）。

㊿ 参照松久三四彦"判批：最判昭和59年3月9日"判例评论309号（判时1126号）36页（1984年），金山直树"判批：东京高判平成4年10月28日"同《时效における理论と解释》（有斐阁，2009年，初出1993年）429页以下，能见善久"判批：最判平成10年11月24日"金法1556号28页（1999年）等。

记存在,被担保债权的消灭时效也不中断(参照民396),就不能将登记的存在视为权利行使的表征。因此,仅仅作临时登记,其后不再采取任何手段,被指责为躺在权利上睡觉也没有办法。

2)权利确定说 其次,依权利确定说,由于临时扣押不需要债务名义,所以权利的存在并没有得到公共机关的确定。

3)与生效判决之间的整合性 此外,人们还指出,即便是获得生效判决的情形,时效也是10年完成(民174之2),而在不过是暂定程序的临时扣押的情形时效却可以随时中断。这样的结果产生不均衡。

(B)临时扣押与本案诉讼的关系 其次,在以持续说为前提的情形,在临时扣押后本案诉讼确定时,前者的时效中断被后者吸收还是独立存续,又成为问题。

(a)吸收说 有见解主张,在此情形,基于临时扣押的时效中断的效力被本案诉讼的时效中断吸收。[58] 理由是,临时扣押程序不过是构成本案程序的前一阶段,从属于本案诉讼。

(b)独立说 而判例却认为,即使本案诉讼确定,基于扣押的时效中断的效力也独立存续。[59] 理由是,民法将临时扣押和诉讼上的请求作为两个不同的时效中断事由规定。

Comment 时效中断终了之时的实践意义

发生这类问题的,是债务人难以支付的情形。为此,即使采取某种手段使时效中断,实际上也不一定就能得到满足。债权人只有一边观察以后的事态,一边继续努力回收债权。此外,即使破产程序、扣押、临时扣押等程序开始,因为各种各样的理由,程序中途停顿、或者未达到目的便终了的情况也是有的。在此情形,如果已经经过了相当长的岁月,那么新时效可能已经完成。于是,中断事由持续到何时、什么时候新的时效开始,对于双方来说,便是至关重要的问题。

在这个意义上,时效中断的终了之时在实务上是极其重要的问题。不过,要理解这个问题,需要了解各种程序的内容。因此在此只能讲解到这个程度。不管怎样请记住,要实际利用民法,程序法的知识必不可缺。

3. 中断的范围

(1)148条的涵义 以上的时效中断,"中断事由仅在当事人及其承继人之间有效"(民148)。围绕该规定的涵义,存在争议。

---

[58] 参照宫崎孝治郎"判批:大判昭和3年7月21日"《判例民事法昭和3年度》(有斐阁,1930年)285页以下。此外,川岛499页、石田589页主张,基于临时扣押之时效中断的效力,在本执行终了之前持续存在。

[59] 前注㊶最判平成10年11月24日。

> **事例 9-10**
>
> 在事例 9 中，G 在贷给 S 2000 万日元之际，以 H 作为保证人。其后，由于 S 不能偿还连本带利的 2200 万日元，G 要求 H 代替 S 偿还。因为 H 不能一次偿还，只好每年偿还 200 万日元。这样的状态持续了 5 年多。可是到了这个时候，S 和 H 都以对 G 的债务因时效而消灭为由，拒绝进一步偿还。

（A）人的范围说——相对效力说　　就某一权利发生时效中断的效力由谁承受——发生的中断的效力及于谁？关于这个问题，第一种见解认为将其限定于"当事人及其承继人"是 148 条的涵义。以往的通说依从这种理解，将 148 条理解为规定中断的相对效力的条文。[60]

（a）保证债务的时效中断　　在事例 9-10 中，既然保证人 H 作了部分偿还，所以，其对债权人 G 的保证债务的时效因承认而中断。

（b）主债务的时效完成　　可是，依此见解，中断的效力只存在于作为当事人的保证人 H 和债权人 G 之间。因此，债务人 S 对债权人 G 所负之主债务不发生时效中断。

（B）物的范围说——中断对象说　　就当事人不同的多个权利关系时效进行的情形，谁与谁之间正在进行的时效发生时效中断的效力——哪个时效中断？第二种见解认为，关于这个问题规定仅参与中断行为的当事人之间进行的时效中断，才是 148 条的涵义。[61] 其背后的观点是，法律意义上的行为的效力仅及于当事人及其承继人。

（a）保证债务的时效中断　　在此情形，即便依此观点，在事例 9-10 中，因保证人 H 的承认，就保证人 H 对债权人 G 负担的保证债务发生时效中断。

（b）主债务的时效完成　　依此观点，148 条规定的不过是：因保证人 H 的承认发生时效中断的效力，仅仅是作为当事人之保证人 H 与债权人 G 之间的保证债务的时效——在某种意义上理所当然。因此，就债务人 S 对债权人 G 负担的主债务所进行的时效没有理由中断。

Comment　　　　　　　　　　　　　　保证人的承认与主债务时效的援用

下一章将会讲到，如果主债务的时效完成，保证人可以援用，以免除自己的保证债务。如此一来，在事例 9-10 中，只要贯彻 148 条的原则，那么，无论依哪种见解，即使保证人 H 承认自己的保证债务，仍然可以通过援用主债务的时效消灭，免于保证债务。

---

[60] 虽然未必明确，参照我妻 473 页，几代 594 页等。明确阐述这一宗旨的，参照近江 368 页。
[61] 松久三四彦"民法 148 条の意味"金泽法学 31 卷 2 号 41 页，特别是 71 页以下（1989 年）。也可参照石田 587 页以下，大村读解 499 页以下。

与此相对,另一种见解也很有说服力:一方面自己承认保证债务,另一方面在结果上又主张保证债务的时效消灭,这是危害债权人信赖的行为,违反诚信原则。⑫可是,在现在的诉讼实务中,重视 148 条的原则和主债务消灭则保证债务也因从属性而消灭的原则,允许保证人援用时效。⑬ 只要以此为前提,债权人就必须对主债务人也要采取中断时效的措施。

(2)例外

(A)例外规定 对于以上的相对性原则,民法设置如下的例外规定。⑭

主债务的时效中断	时效中断的效力也及于保证人	民 457 I
向连带保证人的请求	时效中断的效力也及于主债务人	民 458
向连带债务人中一人的请求	时效中断的效力也及于其他连带债务人	民 434

(B)主债务的中断与物上保证人

> **事例 9-11**
>
> 在事例 9 中,G 在贷给 S 2000 万日元之时,在 H 所有的土地甲上设定了抵押权。其后,由于 S 不能偿还连本带利的 2200 万日元,G 决定暂时观察一段,仅仅每年向 S 索要确认 S 对 G 负担偿还本金利息之债务的文书。这样经过了 5 年。到了这个时候,G 向法院申请实行设定在甲上的抵押权,H 提出异议,理由是就 S 对 G 的债务时效已经完成。

问题是在债务人 S 向债权人 G 承认债务的情形,中断的效力是否及于该债务的物上保证人 H? 答案取决于如何理解 148 条的涵义。

(a)中断否定说 首先,如果原封不动地贯彻有关上述 148 条涵义的人的范围说——认为 148 条是将认可中断效力的人的范围限定于"当事人及其承继人"的规定的见解,则债务人 S 与债权人 G 之间发生的时效中断不及于物上保证人 H。⑮

(b)中断肯定说 而现在一般认为,因债务人的承认就被担保债权发生的中断效力也及于物上保证人。不过,围绕其理由,存在争议。

1)判例 判例基于如下的考虑,不允许物上保证人否定因债务人的

---

⑫ 至少,在因保证人的承认债权人才没有采取其他中断手段的情形,可以这么说。除松久三四彦 "消灭时效制度的根据と中断の范围(2)"北大法学论集 31 卷 2 号 431 页以下(1980 年)外,还可参照前田达明《口述债权总论》(成文堂,第 3 版,1993 年)362 页。

⑬ 参照大判昭和 7 年 6 月 21 日民集 11 卷 1186 页,大判昭和 10 年 10 月 15 日新闻 3904 号 13 页,最判平成 7 年 9 月 8 日金法 1441 号 29 页等。此外,最判昭和 62 年 9 月 3 日判时 1316 号 91 页认为,即使物上保证人向债权人承认物上保证和被担保债权的存在,也不属于 147 条 3 项的承认,在对物上保证人的关系上不发生时效中断的效力。在这种情形,其后即使物上保证人援用消灭时效也不违反诚信原则。

⑭ 详见债权法的解说。

⑮ 铃木 334 页以下。

承认就被担保债权发生的中断效力⑥：

a）担保权的附随性　　首先，依担保权的附随性，尽管被担保债权的时效中断，被担保债权存续，但不允许物上保证人予以否定。

b）396条的宗旨　　其次，依396条，抵押权对于债务人及抵押权设定人（物上保证人），非与其担保的债权同时，不因时效而消灭。它意味着，只要被担保债权不消灭，为债务人及其债务的担保自己设定抵押权的物上保证人就不能主张抵押权的时效消灭。依照该宗旨，不允许物上保证人主张因债务人的承认而发生的时效中断的效力不及于自己。

2）人的范围说　　此外，就148条的涵义依从人的范围说的见解，也基于如下的考虑支持这个结论⑥：

a）援用权人的扩大　　详细内容如第24章Ⅱ ②2(2)（599页以下）所述，现在处于免于因时效而丧失权利立场的人也可以援用时效。从这种观点看，物上保证人就被担保债权的消灭时效享有援用权。

b）扩大中断效力所及人的范围的必要性　　这里，如果贯彻中断的相对效力，坚持就被担保债权的时效中断效力不及于物上保证人，则债权人对于拥有固有的援用权的物上保证人不具备中断时效的手段。因此，对于这种情形，需要承认148条的例外。

3）物的范围说　　而就148条的涵义采物的范围说——将148条的涵义理解为规定仅在当事人之间进行之时效中断的条文的见解——的情形，因债务人S承认债务，债权人G对债务人S的被担保债权发生时效中断。依此观点，物上保证人H不能主张被担保债权时效完成——从而抵押权消灭。⑥

（C）扣押、临时扣押、临时处分的特别规定　　此外，民法规定，扣押、临时扣押、临时处分，如果不对"时效受益人"实行，则在将上述处分通知该人以前不发生时效中断的效力（民155）。

事例 9-12

在事例9中，G在贷给S 2000万日元之时，在H所有的土地甲上设定了抵押权。其后，由于S不能偿还连本带利的2200万日元，G向法院申请实行在甲上设定的抵押权。

由于该实行抵押权（拍卖）的申请，是针对物上保证人H的，本来债务人S的时效不中断。可是，有了对物上保证人H的开始拍卖的决定，对甲的扣押生

---

⑥ 最判平成7年3月10日判时1525号59页。
⑥ 近江369页以下。也可参照佐久间417页。
⑥ 参照松久三四彦"判批：最判平成7年3月10日"判例评论477号（判时1649号）30页以下（1998年），山野目章夫"判批：最判平成7年3月10日"私法判例リマークス12号12页以下（1996年）等。

效后,在该决定正本送达债务人 S 的情形,视为有了 155 条的通知,时效对债务人 S 也中断。[69]

IV 时效的停止

1 涵义

所谓时效的停止,是指在时效完成之际,权利人实施中断行为存在障碍时,在该障碍消灭后一定期间经过之前,延迟时效的完成的制度。与中断不同,在此以前经过的期间并不丧失意义,仅仅是时效期间延长。

2 时效的停止事由

时效期间届满前 6 个月以内未成年人、成年被监护人没有法定代理人时	自成为行为能力人、或法定代理人就任之时起 6 个月	民 158 I
未成年人、成年被监护人对管理其财产的父母、监护人享有的权利	自成为行为能力人、或后任法定代理人就任之时起 6 个月	民 158 II
夫妇一方对另一方享有的权利	婚姻解消之时起 6 个月	民 159
有关继承财产的权利	继承人的确定、管理人的选任、作出破产程序开始之决定时起 6 个月	民 160
在时效期间届满时,因天灾及其他无法避免的事变,时效不能中断时	障碍消除之时起 2 周	民 161

贷款返还请求的依据规范(请求原因)	阻却规范(抗辩)	再阻却规范(再抗辩)	再再阻却规范(再再抗辩)
① 民 587 同上(575 页)	ⓐ 民 166 I 同上 ⓒ 民 145 (575 页) ―――――― ⓔ 民 167 I 10 年不行使时(自起算点起经过 10 年时)债权消灭	丙 民 158 I 时效期间届满前 6 个月以内未成年人或者成年被监护人没有法定代理人时,时效对该未成年人或者成年被监护人不消灭	α 民 158 I 在左列情形,该未成年人或者成年被监护人成为行为能力人时或者法定代理人就任之时起经过 6 个月时,时效完成

---

[69] 前注㊷最判昭和 50 年 11 月 21 日,最判平成 7 年 9 月 5 日民集 49 卷 8 号 2784 页。在此情形,于正本送达债务人时发生时效中断的效力(最判平成 8 年 7 月 12 日民集 50 卷 7 号 1901 页)。

Comment　　　　　　　　　　　　　　　　时效障碍的重构

如上，作为妨碍时效进行、完成的事由——时效障碍事由，民法规定了时效的中断和停止这两种类型。而现在关于这两种类型区分的框架，学界就各自的障碍事由的定位、内容指出存在如下的问题，作了各种各样的立法提案。

第一个问题，即便像现行法那样，与中断、停止相当的类型是必要的，但存在名称与内容不对应的问题。⑩

第二个问题，中断这个表述，具有进行停下来后重新继续的语感。为此，作为之前进行的时效期间丧失意义，新的时效期间开始进行这个制度的名称，未必恰当。此外，停止这个表述，具有进行暂时停下来的语感。为此，作为时效期间虽然进行，但本来时效该完成的时刻不让时效完成，延长到一定的时点的制度的名称，很难说是恰当的。

基于这样的考虑，学界提案将以往的中断改为"时效期间的更新"、"时效的重新进行"，将以往的停止改为"时效期间届满的延期"、"时效完成的延缓"、时效的"停止完成"。⑪

第三个问题，仅凭现行的中断和停止这样的类型有些僵硬，有必要设置新的具有比中断弱一些效力的新时效障碍类型。

例如，诉讼上的请求虽然被规定为时效的中断事由，但诉讼提起后不到确定判决、和解的结果程序就终止的情形，不承认时效的中断。可是，即使程序中途终止，其间债权人行使了权利，完全无视这一点是有问题的。

为此，学界提案，新设"时效期间进行的停止"这种类型：当申请构成提起诉讼等"请求"的程序时时效期间停止进行，自该程序中途终止的时点起剩余的时效期间在开始进行。⑫ 因为在债权人持续行使权利的期间若时效期间却一直进行，是不妥的。不过，依此提案，由于时效何时完成有不明确的危险，因此也有观点认为，只需要承认与现行法上的停止相当的"时效完成的延缓"乃至时效的"停止完成"便足够。⑬

第四个问题，是否有必要新设现行法未承认的时效障碍事由，尤其是在当事人之间发生交涉、协商的情形。

在当事人之间发生交涉、协商的情形，属于债权人持续行使权利的状态，没有理由令其丧失权利。债务人一方也因为一直被对方主张存在债务，所以对于时效期间的进行没有合理的期待。为此，学界提案将其作为上述"时效期间进行的停止"事由予以规定。⑭ 依此观点，如果当事人开始交涉、协商，则时效停止进行，自交涉、协

---

⑩ 参照基本方针 204 页以下，详解 III 203 页。

⑪ 基本方针 204 页以下提案的名称是"时效期间的更新"和"时效期间届满的延期"；民法改正研究会编·前注⑤133 页以下提案的名称是"时效的重新进行"和"时效完成的延缓"。而金山编·前注⑤294 页以下、299 页以下，还使用原来的名称"中断"和"停止"，但在"停止"中区分"停止进行"和"停止完成"（现行法上的停止相当于"停止完成"）。

⑫ 参照基本方针 204 页以下、207 页以下，详解 III202 页以下、218 页以下。

⑬ 参照民法改正研究会编·前注⑤133 页，金山编·前注⑤294 页以下（相对于以往的"权利难以行使型停止"，称其为"权利行使型停止"）。

⑭ 参照基本方针 210 页以下，详解 III 227 页以下。

商终止时起剩余的时效期间继续进行。

在此情形,成为问题的是,关于时效的进行自何时起至何时为止停止,以及剩余期间多长,有可能发生疑义。为此,此提案主张,时效期间自当事人有关协商之合意成立时时效期间停止进行;债务人拒绝协商的通知到达债权人时,或者自最后一次协商起经过3个月或者6个月时,自该时点起剩余的时效期间开始进行。但是,依此提案,有这样一种危险:当剩余的时效期间只有一点点时,由于时效顷刻就会完成,所以当事人想结束协商却不能。为此,一并提案规定:进行开始之时起经过6个月或者1年之前,无论怎样时效都不完成。也有观点认为,即便如此还有遗留时效何时完成不明确的危险,这里只需要承认与现行法上的停止相当的"时效完成的延缓"或者时效的"停止完成"。⑮

学界探讨如上的时效障碍的重构,与上述时效期间的短期化动向有关。如果时效期间实现短期化,仅仅这一项就会限制债权人的权利,因此有必要防止这种限制过剩。使得时效障碍更加简便地获得认可,被定位为实现这一目标的一种手段。不过无论怎样,关键在于,从整体上观察制度,其对债权人权利的限制能否得以正当化。包括时效期间该如何设定的问题在内,都需要从这种观点作慎重的研究。

---

⑮ 参照民法改正研究会编·前注⑤133页,金山编·前注⑤296页。

时效的援用、放弃

Ⅰ 序

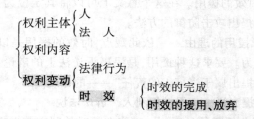

即使时效完成,是否享受权利的取得、义务的消灭这种利益,还要依赖于当事人的意思。表明享受这种利益的意思为时效的援用,而表明放弃的意思为时效利益的放弃。本章首先讲述上述两者,然后说明时效的效果,最后作为补论,介绍消灭时效的射程以及与其类似的制度。

Ⅱ 时效的援用

1 何谓时效的援用

民法在规定因时效的完成而取得权利或权利消灭(民162、167等)的同时,还规定:如果当事人不援用,则法院不得依时效裁判(民145)。于是就出现了以下的问题:如何理解这两者的关系?不仅要求时效的完成,还要求援用的理由何在?①

1. 援用＝诉讼法定位说 第一种见解将援用定位为诉讼法的问题。主张这种观点的,如在讲述时效制度存在理由的章节所看到的【第22章Ⅱ(539页以下)】,不仅有将时效制度整个定位为诉讼法问题的见解,还包括将其定位为实体法问题的见解。

(1) 确定效果说(攻击防御方法说)——保护非权利人·实体法说 首先,

---

① 相关的研究状况,参照松久三四彦"时效制度"民法讲座Ⅰ577页以下。

即使依有关时效制度存在理由的保护非权利人·实体法说,时效的完成虽然发生权利的取得或消灭的效果,但是如果没有援用,在裁判中不承认这种效果。由于认为在援用之前权利的取得或消灭的效果已经确定,因此被称为确定效果说。

(A) 完成与援用的关系　　依此观点,时效的完成与援用可作如下定位②:

(a) 完成　　这种见解从谋求社会法律关系的安定这种观点出发,探寻时效制度的存在理由。依此观点,如果一定的事实状态在规定的期间内持续,时效完成,那么就需要看做与事实状态一致的权利义务关系确定。

(b) 援用　　像这样,在诉讼的场所主张因时效的完成而发生的权利得丧,便是时效的援用。在这个意义上可以将其定位为:为给诉讼上的主张提供基础而提出攻击防御的方法。

(B) 要求援用的理由　　依此观点,时效的援用是以时效的完成为基础要求裁判的行为。要求这种援用,是民事诉讼法上的辩论主义——"构成裁判基础之事实的提出属于当事人的责任"——的体现。

(2) 法定证据提出说——保护权利人·诉讼法说

(A) 完成与援用的关系　　而依有关时效制度存在理由的保护权利人·诉讼法说,时效的完成与援用可作如下定位。③

(a) 完成　　这种见解将时效制度理解为保护本来是权利人但不能证明者的制度,因此,即使时效完成,也不发生权利的取得或消灭这种实体法上的效果。时效的完成,不过是认可如下的、时效的援用的要件。

(b) 援用　　所谓时效,是将一定事实的持续作为用以证明真正的权利关系的法定证据而被承认的制度。时效的援用,是在诉讼场所提出法定证据的行为。

(B) 要求援用的理由　　在这里,要求援用的理由,也存在于广义的辩论主义之中。

(3) 存在的问题　　针对以上那样将援用作为诉讼法问题来定位的见解,学界指出如下的问题:

(A) 用辩论主义说明的不妥之处　　首先,既然辩论主义是民事诉讼法的基本原则,那么即使没有 145 条也一样。特意规定这种理所当然的事项,其理由并不明确。

(B) 攻击防御方法说存在的问题　　其次,如果将援用理解为诉讼上的攻击防御方法,如果当事人辩论的整个宗旨中显现出了时效完成的事实,即使

---

② 除富井 554 页以下【富井政章《民法原论·第 1 卷》(有斐阁,合册版,1922 年)636 页以下,这种观点非常鲜明】外,还可参照石田等 241 页以下[金山直树]。

③ 川岛 447 页、450 页以下等。

没有当事人的主张也可以基于时效裁判。这一点，与将是否享受时效利益交由当事人决定的民法宗旨不符。

（C）法定证据提出说存在的问题　　此外不得不指出的是，认为时效的完成不过是认可提出法定证据的要件，从而不作为实体法问题的见解，完全无视了 162 条、167 条的文义。

2．援用＝实体法定位说——不确定效果说　　第二种见解将援用定位为实体法的问题。该观点以有关时效制度存在理由的保护非权利人·实体法说为前提，认为要认定权利的取得或消灭这种实体法上的效果，在时效完成的同时还需要时效的援用。由于认为仅仅凭时效的完成这种效果还未确定地发生，因此被称为不确定效果说。

（1）完成与援用的关系　　围绕如何把握时效的完成与时效的援用的关系，存在如下的争议：

（A）解除条件说　　当初的见解是，因时效的完成发生权利取得或消灭的效果，但只要没有被援用，就可以认为这样的权利取得或消灭的效果没有发生。④ 依此观点，没有援用被定位为一种解除条件。

（B）停止条件说　　而以往的通说认为，权利的取得或消灭的效果即使时效完成也不发生，如果被援用才自始发生。⑤ 依此观点，援用被定位为效果发生的停止条件。例如，时效完成后债务人清偿债务的，依解除条件说，不得不作复杂的说明：因为未援用时效，一度（因时效的完成而）消灭的债务复活，再因清偿而消灭。若依停止条件说，由于仅仅时效完成的话债务不消灭，可以简明地作出说明。这是此说的优点。

（C）要件说　　此外，还有见解认为，时效的完成与援用都作为要件，发生权利的取得或消灭的效果。⑥

（2）要求援用的理由　　此学说如下针对为发生权利取得或消灭这种实体法上的效果而要求援用的理由，作如下的说明：

（A）良心规定　　首先，非权利人因时效取得权利、义务人免于义务，是违反道德的。为此，将是否享受这种时效利益交由当事人的良心决定的，便是援用。

（B）禁止利益的强加　　即使对于当事人来说是利益，但实际是否获取由自己决定，这是来自自由主义的要求。对于时效要求援用，也是一个体现。

---

④ 鸠山秀夫《法律行为乃至时效》(严松堂书店，1912 年) 585 页以下。

⑤ 我妻 444 页以下，注民 (5) 42 页以下 [川井健]，几代 536 页，石田 544 页以下，川井 315 页以下，四宫·能见 403 页，加藤雅 390 页等。

⑥ 星野 284 页 (但是，就时效制度的存在理由，以保护权利人·诉讼法说为前提)，须永 305 页。四宫 323 页以下，松久·前出注①民法讲座 I 578 页、580 页也与此接近。

Comment 判例对有关时效援用之涵义的理解

判例以往采用确定效果说(攻击防御方法说),但后来出现了明确采用不确定效果说中之停止条件说的判例。⑦ 但这是相当特殊的案件,判例是否真的稳定于不确定效果说呢? 关于这一点,学界多持保留意见。可是,最高法院那样明确表明的意义也是不小的。

2 援用权人的范围

1. 问题之所在 依 145 条,如果"当事人"不援用,法院不能依时效裁判。

(1) **理解为援用权人的意义** 这里属于"当事人",被理解为援用权人之人,可以独立决定是否享受时效利益。其他的援用权人不援用的情形自不待言,即使在后者放弃时效利益的情形,前者也能够援用。这一点意义重大。

(2) **判例的一般基准** 关于这个意义上的"当事人"所涵盖的范围,判例以是否属于"因时效而直接受益者"作为基准。⑧ 问题是其具体的涵义。⑨

2. 消灭时效 关于消灭时效,判例认为,作为当事人可以援用消灭时效的,仅限于"因权利的消灭而直接受益者"。它又进一步分为以下两种类型:

(1) **免于履行债务之人** 第一,是因时效而免于履行债务的人。

> **事例 1**
>
> G 银行以 1 年为期贷给 S 2000 万日元,年利 10%,并以 H 作为保证人。1 年后,由于 S 不能偿还连本带利的 2200 万日元,所以 G 要求 H 代替 S 偿还。因为 H 不能一次偿还,只好每年偿还 200 万日元。这样的状态持续了 5 年多。可是,到了这个时候,S 和 H 都以对 G 的债务因时效而消灭为由,拒绝作进一步的偿还。

(A) **债务人** 因时效而消灭的债务的债务人 S,因时效而直接免于义务。这是当事人的典型。

(B) **保证人** 由于保证债务为担保主债务而存在,所以如果主债务消灭,那么保证债务也消灭。从而保证人也因主债务的时效完成免于债务的履

---

⑦ 最判昭和 61 年 3 月 17 日民集 40 卷 2 号 420 页。这是有关——就农地的买卖申请所必要的省长许可时,买主要求卖主协助的权利的——消灭时效的事件。最高法院的立场是:在此若采停止条件说,则即使协助许可申请的请求权经过了 10 年时效期间,在卖主援用之前不发生时效消灭的效果。因此,其间如果该农地变成了非农业用地,那么根本就不再需要许可,农地的所有权就当然地移转到买主那里,卖主便不再能援用时效。

⑧ 自大判明治 43 年 1 月 25 日民录 16 辑 22 页以来,这个一般基准一直被坚持至今。

⑨ 参照山本丰"民法 145 条(时效的援用的意味および援用权者的范围)"百年Ⅱ268 页以下,森田宏树"时效援用权者的画定基准について(1)(2)"法曹时报 54 卷 6 号 1 页、7 号 1 页(2002 年)。

行,所以允许援用。⑩

（C）连带债务人　　此外,如果时效对连带债务人中的一人完成,其他的连带债务人也就该债务人负担的部分免于债务(民439),所以同样允许援用。

(2) **免于丧失权利之人**　　第二,是因时效而免于丧失权利的人。

（A）物上保证人

> **事例1-2**
>
> 　　在事例1中,G银行在贷给S 2000万日元之际,接受了在S的父亲B所有的土地甲上之抵押权设定。1年后,S不能偿还连本带利的2200万日元,这样经过了5年多以后,G向法院申请实行(拍卖)在甲上设定的抵押权。对此,B以S的债务已经因时效消灭为由,提出了异议。

　　虽然B对G银行不负担债务,但是如果债务人S不履行债务的话,B所有的土地甲上的抵押权就会实行,其价金将被用来满足G银行的债权。对于这种物上保证人B是否允许其援用,判例的立场发生过变迁。

　　（a）援用否定说　　以往的判例认为,物上保证人B并非因债务人S的时效而直接免除义务,仅仅间接地免于负担,所以不属于"因时效而直接受益者"。⑪

　　（b）援用肯定说　　可是,因债务人由于S的债务不履行,债权人G银行实行担保权,结果物上保证人B就会失去权利(抵押不动产甲的所有权)。因此,现在的判例认为,既然物上保证人B处于因债务人S的时效而免于权利丧失的地位,那么可以允许其援用时效。⑫

（B）抵押不动产的第三取得人

> **事例1-3**
>
> 　　在事例1中,G银行在向S贷款2000万日元之际,接受了在S所有的土地乙上之抵押权设定。1年后,S不能偿还连本带利的2200万日元,G银行决定再观察一段时间。其间,S将附有抵押权的乙卖给了L,用价金偿还了另外的债务。结果,在经过了5年多以后,G向法院申请实现在乙上设定的抵押权。对此,L提出了异议:S的债务的时效已经完成。

---

⑩ 参照大判大正4年7月13日民录21辑1387页,大判大正4年12月11日民录21辑2051页,大判昭和8年10月13日民集12卷2520页等。同样地,大判昭和7年6月21日民集11卷1186页判定:连带保证人也属于援用权人。另外,有关即使保证债务的时效中断与此相独立的主债务的时效仍完成的叙述,参照第23章Ⅲ⑤3(586页以下)。但是,最判平成15年3月14日民集57卷3号286页认为,在主债务人(公司)的法人格因破产终结程序而消灭的情形,主债务也消灭,既然就已经不存在的债务无法想象因时效而消灭,因此保证人就不能主张主债务的消灭时效于公司的法人格消灭后完成,从而援用时效。

⑪ 参照前注⑧大判明治43年1月25日(但为傍论)。

⑫ 参照最判昭和42年10月27日民集21卷8号2110页(让与担保的事件),最判昭和43年9月26日民集22卷9号2002页(抵押权的事件)。

像 L 那样的受让设定有抵押权之不动产的人，称为抵押不动产的第三取得人。如果 S 履行了债务，则抵押权消灭，L 可以取得完全的所有权。但是，如果 S 不履行债务，那么抵押权将被实行，L 将丧失所有权。对于这样的第三取得人 L，是否允许其援用时效，判例的立场发生过变迁。

（a）援用否定说　　以往的判例认为，第三取得人 L 并非因债务人 S 的时效而直接免于义务，只是间接地免于负担，所以不属于"因时效而直接受益者"。⑬

（b）援用肯定说　　可是，因债务人 S 的债务不履行，债权人 G 银行实行抵押权时，导致第三取得人 L 丧失权利（抵押不动产乙的所有权）。因此，现在的判例认为，第三取得人 L 也处于因债务人 S 的时效而免于丧失权利的地位，允许其援用时效。⑭

（C）诈害行为的受益人

> **事例 1-4**
>
> 在事例 1 中，自 S 不能向 G 银行偿还连本带利的 2200 万日元起经过 5 年多以后，陷入支付不能状态的 S 为了逃避追究，将唯一的财产——土地乙赠给事实婚的妻子 W，并且转移了登记名义。在 G 银行以 S 的赠与行为构成诈害行为为由，要求撤销该赠与行为并涂销登记之际，W 主张：既然 S 的债务的时效已经完成，G 银行的诈害行为撤销权也消灭。

如果无资力的债务人 S 将唯一的财产乙赠与给 W，S 的债权人便不能回收债权。在此情形，债权人 G 银行可以请求法院撤销债务人明知有害于债权人而为之法律行为——称为诈害行为（民 424 Ⅰ）。有关是否允许诈害行为的受益人 W 援用时效，判例的立场有过变迁。

（a）援用否定说　　以往的判例认为，诈害行为的受益人 W 并非因债务人 S 的时效而直接免于义务，撤销权消灭的结果，他只是间接地获得了利益，所以不属于"因时效而直接受益者"。⑮

（b）援用肯定说　　可是，一旦债务人 S 的债权人 G 撤销诈害行为，则诈害行为的受益人 W 就会丧失因诈害行为而取得的权利（赠与标的物乙的所有权）。为此，现在的判例认为，在此情形如果债务人 S 的债务消灭，则诈

---

⑬ 参照前注⑧大判明治 43 年 1 月 25 日。

⑭ 参照最判昭和 48 年 12 月 14 日民集 27 卷 11 号 1586 页。此外，在有买卖预约之预告登记的不动产上设定抵押权者（最判平成 2 年 6 月 5 日民集 44 卷 4 号 599 页）、有买卖预约之预告登记的不动产的第三取得人（最判平成 4 年 3 月 19 日民集 46 卷 3 号 222 页）也出于同样的考虑认为，可以援用预约完结权的消灭时效。另外，判例还认为：在被担保债权的清偿期后从让与担保权人处取得让与担保标的物的第三人，也可以援用让与担保权人所负担之清偿金支付债务的消灭时效（最判平成 11 年 2 月 26 日判时 1671 号 67 页）。

⑮ 参照大判昭和 3 年 11 月 8 日民集 7 卷 980 页。

害行为撤销权就得不到认可。因此,诈害行为的受益人 W 处于因债务人 S 的时效而免于丧失权利的地位,允许其援用时效。⑯

(3)否定例　　判例认为以下人等不属于当事人,不允许其援用。

(A)一般债权人

> **事例1-5**
>
> 在事例 1 中,自 S 不能向 G 银行偿还连本带利的 2200 万日元起经过 5 年多以后,曾贷给 S 500 万日元的 K 查封了 S 所有的土地乙,并提出了拍卖申请。G 银行也要求参加受偿分配。对此,K 以 S 对 G 银行的债务已经因时效消灭为由,提出了异议。

该事例中的 K 只有与其他债权人平等地从债务人 S 的财产中回收债权的权利。因此,即便 S 对其他债权人 G 银行的债务消灭,K 的权利本身并没有发生变化。为此,判例认为,像这样的一般债权人不属于"因时效而直接受益者",不允许其援用。⑰

(B)后顺位抵押权人

> **事例1-6**
>
> 在事例 1 中,G 银行在向 S 贷款 2000 万日元之际,接受了在 S 所有的土地乙上之抵押权设定。1 年后,S 不能偿还连本带利的 2200 万日元。在 G 银行观察其动静期间,S 又从 T 处借了 1000 万日元,作为担保在乙上设定了第二顺位的抵押权。其后,自 S 对 G 银行的债务的偿还期起经过了 5 年多后,T 以 S 的债务已经因时效消灭为理由,要求涂销 G 银行的第一顺位抵押权登记。

抵押权可以在同一标的物上多次设定,在各个权利之间排列顺位。在此情形,一旦抵押权被实行,标的物转化为金钱,从在先顺位的抵押权人起按顺序获得满足。围绕在此情形是否允许后顺位抵押权人援用时效,存在争议。

(a)援用肯定说　　如果先顺位抵押权的被担保债权(G 银行的债权)消灭,则先顺位抵押权消灭,后顺位抵押权人享有顺位上升的利益。为此,认为后顺位抵押权人 T 享有基于债务人 S 时效完成的直接利益,从而允许其援用的见解也颇具说服力。⑱

(b)援用否定说　　然而,判例却基于如下的理由,不允许后顺位抵押权人援用。⑲

1)顺位上升的反射性利益　　本来,后顺位抵押权人 T 只有就从标的物的价格中扣除先顺位抵押权人的被担保债权额后的金额享受优先受偿的

---

⑯ 参照最判平成 10 年 6 月 22 日民集 52 卷 4 号 1195 页。
⑰ 大判大正 8 年 7 月 4 日民録 25 辑 1215 页。
⑱ 除川岛 454 页,几代 539 页外,还可参照金山直树"判批:最判平成 11 年 10 月 21 日"同《时效における理论と解释》(有斐阁,2009 年,初出 2000 年)320 页以下。
⑲ 最判平成 11 年 10 月 21 日民集 53 卷 7 号 1190 页。

地位。虽然如果先顺位抵押权的被担保债权消灭，受偿额有可能增加，但是，这只不过是因抵押权顺位上升而带来的反射性利益而已。

   2）**不存在权利丧失**　即使不允许后顺位抵押权人援用时效，也不会危害他按照原来的顺位从标的物的价格受偿的地位。

3. 取得时效

> **事例 2**
> 　　X 误以为是自己的土地甲中其实包含 Y 所有的土地。在占有了 20 多年后，Y 要求其退还。
> ① X 在甲上盖了房屋乙，并将乙租赁给了 K。
> ② X 将甲租赁给 M，M 在甲上盖了房屋乙并居住其中。

在此情形，就土地甲如果成立取得时效，那么 X 就取得了甲的所有权。理所当然，这样的土地甲的自主占有人 X 可以援用取得时效。问题是，其他人是否可以援用时效？

(1) 标的物上所建房屋的承租人　像①那样，在取得时效的标的物——土地甲上所建的房屋乙的承租人 K，可否援用 X 的取得时效呢？围绕这个问题，存在争议。

　　(A) 援用否定说　判例认为，因土地的取得时效而直接获得利益的，是土地的自主占有人 X。其上房屋乙的承租人 K，只不过是因取得时效而间接获得利益者，故不允许其援用。[20]

　　(B) 援用肯定说　也有见解认为，如果土地甲的自主占有人 X 因时效取得土地甲，甲上的房屋乙就可以不用撤去，那么乙的承租人 K 也就可以继续租赁乙了。在这个意义上，房屋乙的承租人 K 也因土地甲的自主占有人 X 的取得时效免于丧失租赁权，所以可以允许其援用。[21]

(2) 标的不动产的承租人　像②那样，取得时效的标的物——土地甲的承租人 M，能否援用 X 的取得时效呢？关于这一点，也存在争议。

　　(A) 援用否定说　首先，能够想到的是：因土地甲的取得时效而获得直接利益的，是土地甲的自主占有人 X。承租人 M 不过因取得时效而间接获得利益，因此不允许其援用。[22]

　　(B) 援用肯定说　也有观点认为，如果土地甲的自主占有人 X 因时效取得土地甲，土地甲的承租人 M 就可以继续租赁甲。在这个意义上，土地甲的承租人 M 也因土地甲的自主占有人 X 的取得时效而免于丧失租赁权，因此可以允许其援用。[23]

---

[20] 最判昭和 44 年 7 月 15 日民集 23 卷 8 号 1520 页。也可参照佐久间 425 页。
[21] 参照近江 348 页，河上 539 页等。
[22] 东京高判昭和 47 年 2 月 28 日判时 662 号 47 页。
[23] 东京地判昭和 45 年 12 月 19 日判时 630 号 72 页，东京地判平成元年 6 月 30 日判时 1343 号 49 页等。还可以参照几代 538 页、石田等编 245 页［金山］、松久三四彦"判批:东京地判平成元年 6 月 30 日"私法判例リマークス 2 号 18 页(1991 年)等。但在土地甲的自主占有人 X 不援用时效的情形，有可能产生复杂的问题。

Comment　　　　　　　　　　　　　　　　　　　　划定援用权人范围的基准

"因时效而直接受益者"这个判例的基准，本来是为了将物上保证人、抵押不动产的第三取得人等排除在援用权人之外而采用的基准。可是，该基准受到了批判——如此一来就不恰当地缩小了援用权人的范围。于是，判例在不改变基准定式的情况下，逐步将属于"因时效而直接受益者"的范围扩大了。为此，认为直接或者间接的区别已经没有意义的见解也很有说服力。㉔ 但是由于认为后顺位抵押权人不属于援用权人的判例出现，区别的意义得到了重新评价。

在此有人指出作如下解读的可能性：判例所说的"因时效而直接受益者"，是指作为援用时效的效果义务消灭或取得权利之人，因为如此解读可以整合地说明判例。㉕ 这种观点认为，时效的完成这个要件是否充足，在债权人与债务人之间判断，而所完成的时效能否援用，则通过是否因此义务消灭或取得权利来判断。

依此观点，要允许对时效的援用，需要一个前提：欲援用时效之人与其相对人之间存在因时效消灭义务或负担这种"直接的法律关系"。例如，对于保证人和物上保证人来说，分别存在保证债务因时效消灭，物上保证这种物的负担因时效而消灭这种"直接的法律关系"。而在一般债权人，即使其他债权人的债权因时效而消灭，自己的债权依旧存续，就不存在这种意义上的"直接的法律关系"。

不过，那里所说的"直接的法律关系"，必须是独立于其他援用权人的权利义务的法律关系——可以当作不变动其他援用权人的权利义务，仅该援用权人的权利义务消灭来处理的法律关系。例如，在保证、物上保证的情形，如果保证人援用则仅仅保证债务消灭，如果物上保证人援用则仅抵押权消灭。在第三取得人的情形也是一样。在这些情形，可以承认个人独立的援用权。而就第一顺位抵押权的被担保债权的时效完成的情形，第二顺位抵押权人不援用时效，仅第三顺位抵押权人援用时，仅在与第三顺位抵押权人的关系上当作第一顺位抵押权已经消灭来对待，至少在现行法上是不可能的。这是因为，尽管第二顺位抵押权人不援用时效，但也没有理由劣后于第三顺位抵押权人，因此不可避免地需要在与第二顺位抵押权人的关系也当第一顺位抵押权已经消灭来对待。因此，在先顺位抵押权人与后顺位抵押权人之间，不存在可以当作仅在相对的关系上已经消灭来对待的，独立于其他的"直接的法律关系"。判例不认可后顺位抵押权人的援用，正是出于这个原因。㉖

㉔ 有关的研究状况，参照山本丰前注⑨百年Ⅱ294页以下。

㉕ 参照森田·前注⑨(1)13页以下、39页以下，(2)17页以下、46页以下。所指出的内容与本书在第1版386—387页(这是中文第1版的页码——译者注)说明中的意图几乎重合。佐久间42页以下在此基础上认为，不仅仅是单纯因时效义务消灭、取得权利就可以的，① 既然因时效从权利人处剥夺权利，就还应当限于取得或者维持与权利人因时效而丧失之权利同等的权利的情形；② 在令援用之相对人以外之人的法律关系发生变动的情形，还应当要求使其正当化的理由——不如此便无法保全自己的法律地位。

㉖ 不过，即使由此被认为不属于援用权人之人，如果对援用权人拥有债权，那么只要援用权人无资力，依据423条的规定，允许其代位行使援用权(前注⑫最判昭和43年9月26日)。就事例1-6而言，债务人S无资力时，作为其债权人的后顺位抵押权人T可以代位行使S拥有的时效援用权，主张G银行的第一顺位的抵押权已经消灭。

3 援用的场所

1．研究状况 关于援用的场所，围绕是否只能法庭内援用时效，存在争议。

（1）法庭内限定说 首先，依将援用定位为诉讼法问题的见解，援用必须在法庭内进行。

（2）法庭外肯定说 而依将援用定位为实体法问题的见解，允许在法庭外援用。[27]

2．争论的意义 这样的争论，对于被认定为不属于援用权人的人来说，是有意义的。这是因为，如果在此情形认可法庭外的援用，由于援用权人在法庭外援用时效的效果肯定发生，其结果不属于援用权人的人也可以享受时效的利益。不过，如前文所述，由于现在援用权人的范围已经扩大，这种议论的意义有限。

4 援用效果所及之人的范围——援用的相对效力

若从是否享受时效的利益听凭个人的意思这种观点出发，就要求相对地考虑援用的效果。因此，即使援用权人中的一个人援用，其效果并不及于其他的援用权人。[28]

III 时效利益的放弃

1 何谓时效利益的放弃

> **事例3**
>
> G 给 S 贷了 200 万日元，到期 S 没有归还，这样经过了 10 年多。在此情形，如果在下列时点，S 向 G 提供了写有"就本债务放弃时效利益"的字据，会如何？
> ① G 给 S 贷 200 万日元的时点。
> ② 从当初的偿还日期起经过 3 年的时点。
> ③ 从当初的偿还日期起经过 10 年多的时点。

1．时效完成前的放弃

（1）放弃的禁止 146 条规定：时效利益不得事前放弃。由于债务人通常处于弱小的地位，所以如果允许作这样的特别约定，就有可能使债务人总是被迫放弃时效

---

[27] 参照大判昭和 10 年 12 月 24 日民集 14 卷 2096 页（但为傍论）。

[28] 我妻 452 页，四宫 326 页等。而内田 333 页认为，关于消灭时效，只要该援用权人享受时效利益所必要，援用的效果及于其他援用权人的情形就不在少数，援用会在多大范围发生怎样的效果，尚有研究的空间。

利益。㉙ 因此,这种事前的放弃无效,①中的 S 可以援用时效,拒绝债务的清偿。

(2) 与债务的承认的关系　像②那样,时效进行过程中所作的放弃,作为时效利益的放弃也无效。不过,这属于时效中断事由中的承认(民147③),所以从该时点起新的时效进行。在此情形,由于自承认起只经过了 7 年,所以时效还没有完成。

2. 时效完成后的放弃

(1) 放弃的可能性　依 146 条的反对解释,像③那样,如果是在时效完成后则可以放弃时效利益。这与即便时效完成,是否援用依赖于当事人的意思的规则是基于相同的宗旨。

(2) 放弃的方法

(A) 单方行为　时效利益的放弃是放弃人单方的意思表示,不需要相对人的同意。㉚

(B) 放弃人的能力、权限　由于时效利益的放弃会产生债务存续或权利丧失的效果,因此,要求就处分具有行为能力或权限。㉛

(3) 放弃的效果

(A) 放弃的相对效力　放弃的效果与援用的效果相同,都是相对的。因此,在享受时效利益的人有数名的情形,即使其中一人放弃,其他人仍然可以援用时效。㉜

(B) 放弃后的时效　即使时效利益被放弃,从该时点起新的时效进行。㉝

② 时效完成后的自认行为

相关的问题是,不知道时效已经完成而实施以债务的存在为前提的行为——称为自认行为——的情形。

> **事例 4**
> 木材商 S 从 G 处借款 200 万日元,约定半年后偿还。其后,由于 G 什么也没有说,S 没有偿还所借的 200 万日元,这样经过了 9 年多。这时,G 突然要求 S 支付 200 万日元的借款和迟延利息。S 回答说,如果能免除迟延利息,那么就可以分期偿还本金。可是,G 不理会该要求申请了强制执行,S 慌忙之中考虑对策时发现,5 年的时效已经完成了。于是,提出了异议。

1. 放弃推定的构成　以往的判例在此情形采用了债务人放弃时效利益的构成。㉞ 它是基于如下的考虑:

㉙ 基于同样的理由,是时效的完成变得困难的特别约定(时效期间的延长等)也得不到认可。
㉚ 页注⑰大判大正 8 年 7 月 4 日。
㉛ 大判大正 8 年 5 月 12 日民录 25 辑 851 页。
㉜ 例如,即使债务人放弃时效利益,其他的连带债务人、连带保证人(大判昭和 6 年 6 月 4 日民集 10 卷 401 页)、物上保证人(前注⑫最判昭和 42 年 10 月 27 日)、抵押不动产的第三取得人(大判大正 13 年 12 月 25 日民集 3 卷 576 页)援用时效不受妨碍。
㉝ 最判昭和 45 年 5 月 21 日民集 24 卷 5 号 393 页。
㉞ 大判大正 6 年 2 月 19 日民录 23 辑 311 页、最判昭和 35 年 6 月 23 日民集 14 卷 8 号 1498 页。

(1) 前提——认识到时效完成的必要性　　时效利益的放弃,需要明知时效完成而为。这是因为,如果不知道时效完成就不可能有放弃时效利益的意思。

(2) 认识到时效完成的推定　　因时效期间的经过债权消灭是众所周知的事情。因此,在时效完成后实施自认行为时,推定为明知时效已经完成。㉟

2. 援用权丧失的构成　　而现在判例所采用的见解,不是时效利益的放弃,而是根据诚信原则不认可援用权。㊱

(1) 推定构成存在的问题　　首先,通常如果知道时效已经完成便不会放弃时效利益。因此,在债务人实施自认行为时,推定为不知道时效的完成才比较自然。在这个意义上,以往的推定构成比较勉强。

(2) 依诚信原则而丧失援用权　　不过,在时效完成后债务人承认债务之时,依诚信原则,债务人已经不能援用该时效了。这是出于如下的考虑:

　　(A) 矛盾行为的禁止　　首先,时效完成后债务人一方面承认债务,另一方面又主张债务因时效而消灭,自相矛盾。

　　(B) 对相对人信赖的保护　　在此情形,以为债务人不会援用时效的相对人的信赖需要保护。㊲

贷款返还请求的根据规范(请求原因)	阻却规范 (抗辩)	再阻却规范 (再抗辩)
①民 587　缔结消费借贷契约(借用人约定返还种类、品质和数量都相同之物而从出借方处取得金钱或其他物)后,当消费借贷契约终止㊳时,出借方可以请求借用方返还类、品质和数量都相同之物	ⓐ民 166I　消灭时效自可以行使债权时进行㊴ ⓑ商 522 正　因商行为所生债权,5 年不行使时(自起算点起经过 5 年时),因时效而消灭 ⓒ民 145　非经当事人援用,法院不得依时效裁判	Ⅰ 时效利益的放弃 甲 民 146　时效完成后,当时效援用权人表示放弃时效利益的意思时,该援用权人不能援用时效 Ⅱ 时效完成后的自认行为 乙 民 1Ⅱ　时效完成后,当时效援用权人承认债务时,该援用权人不能援用时效

Ⅳ　时效的效力——溯及力

一旦认定了时效,其效力上溯至起算点(民 144)。这是因为,时效是照原样

㉟　实际上,由于往往不认可推翻该推定的反证,因此几乎在所有的情形判例都判定为放弃了时效利益。

㊱　最判昭和 41 年 4 月 20 日民集 20 卷 4 号 702 页。也可参照川岛 465 页以下,四宫·能见 412 页以下,川井 327 页以下等。

㊲　而佐久间 430 页认为,如果认为若知道时效已经完成则通常不会放弃时效利益的话,那么在时效完成后发生债务承认的情形,即使相对人以为债务人不会援用时效,也不能说该信赖是正当的。

㊳　参照第 23 章注㊲(576 页)。

㊴　参照第 23 章注㊳(576 页)。

保护一直持续的事实状态，或者将其作为与真实相符之状态来对待的制度。

1 取得时效

在取得时效的情形，视为自占有的开始时或权利行使的开始时起就拥有了权利。因此，时效期间发生的孳息、因标的物受侵害而产生的损害赔偿请求权等，也归属于时效取得人。

2 消灭时效

在消灭时效的情形，视为自权利人能够知道可以行使权利之时权利已经消灭。因此，债务也从该时点起消灭，以后的利益以及迟延损害金也没有必要支付。

V 补论——消灭时效的射程及其周边

最后，作为补论简单地介绍一下消灭时效的射程以及与消灭时效类似的制度。

1 消灭时效的射程——不因时效而消灭的权利

首先，有关消灭时效，存在根本不因消灭时效而消灭的权利。

1. 所有权 第一，是所有权。作为因时效而消灭的权利，167 条 1 款规定了"债权"，2 款规定了"债权或所有权以外之财产权"。由此可以看出，显然所有权不因时效而消灭。这是出于这样的考虑：既然所有权是对标的物可以做任何事的权利，那么什么也不做也是一种行使形态。

2. 抗辩权 尽管没有明文规定，抗辩权是否是不因时效而消灭的权利，也是一个问题。

事例 5

G 受 S 的欺骗，与 S 订立了契约，以 2000 万日元的极低价格出让自己所有的土地甲。由于亲属告知这是欺诈，所以在约定的价金交换与登记的那一天没有去登记机关。后来，因 S 没有来说什么，G 便安心下来。这样经过 5 年多后，S 来到 G 处，作为与 2000 万日元价金的交换，要求 G 移交甲。

（1）何谓抗辩权 这里成为问题的撤销权，与行使的场景相对应，具有如下两种机能：

（A）返还请求的前提 第一，在甲已经移交给 S 的情形，撤销作为请求相对人 S 返还的前提发挥机能。

（B）对履行请求的拒绝 第二，在甲尚未移交给 S 的情形，撤销用来拒绝 S 的履行请求。像这样，针对相对人的请求权行使，阻止其效力的发生、拒绝请求的权利,称为抗辩权。

(2) 抗辩权的永久性 撤销权自可以追认时起 5 年消灭(民 126 前)。但有力的见解认为,在作为抗辩权发挥机能的情形,不因时效消灭,一直可以行使。㊵ 这是出于如下的考虑:

(A) 现状的维持 首先,抗辩权是拒绝相对人的请求,维持现状的手段。因此,所规定的期间经过后也允许行使抗辩权,与在消灭时效制度背后的维持现状的要求相一致。

(B) 不存在行使权利的懈怠 由于相对人不来请求,行使抗辩权没有意义,因此,即使一直没有行使抗辩权也是不得已的。

2 与消灭时效类似的制度

此外,虽然不同于消灭时效,但发挥类似机能的,还有除斥期间和权利失效的原则。

1. 除斥期间

(1) 何谓除斥期间 一定的期间内不行使权利,因该期间的经过权利消灭。这个期间,称为除斥期间。㊶

(A) 与消灭时效的异同 一般认为,除斥期间与消灭时效的区别如下:

	消灭时效	除斥期间
中断	有	无
援用	必要	不要
起算点	可以行使权利时	权利发生时
溯及力	有	无

(B) 判断基准 民法规定的各种期间限制,是消灭时效还是除斥期间?关于其判断基准,存在争议。

(a) 表述基准说 如果明文规定"因时效消灭",则是时效;其余的全部属于除斥期间。㊷

㊵ 除川岛 580 页外,还可参照四宫 297 页以下、须永 285 页以下、291 页、内田 340 页等。但是,针对一般承认抗辩权的永久性的立场,迄今为止学界实际上一直持批判态度。关于以往的研究状况,参照山崎敏彦"抗辩权の永久性"民法讲座Ⅰ593 页。加藤雅 418 页在否定抗辩权的永久性的基础上认为,在有救济必要的情形,应当作为权利滥用或者违反诚信原则等的问题——以援用时效、适用除斥期间构成权利滥用或者违反诚信原则为由予以否定,将期间经过后行使物权请求权等作为权利滥用予以排斥——来处理。

㊶ 综合研究除斥期间的文献有:椿寿夫等"特集・除斥期间の基础"法律时报 72 卷 7 号 4 页(2000年),同"特集・除斥期间の展开"法律时报 72 卷 11 号 4 页(2000 年)。另外,也可参照吉村良一"消灭时效と除斥期间"池田真朗、吉村良一、松本恒雄、高桥真《マルチラテラル民法》(有斐阁,2002 年,初出 1996 年)38 页。

㊷ 梅 312 页等。

（b）实质判断说　　如果一律按照表述来划分，实际上有时会产生不当的结果。为此，一般认为应当根据各个权利的性质、规定的宗旨作实质性的判断。㊸

（2）形成权的期间限制　　关于诸如撤销权、解除权等形成权的期间限制的性质，存在争议。

（A）消灭时效说　　首先，有见解将形成权的期间限制理解为消灭时效期间。㊹

（a）撤销权　　例如，126条的期间限制，表述上也是"因时效消灭"。

（b）解除权　　此外，关于解除权的期间限制虽没有明文规定，但一般认为它也与债权一样，适用10年的消灭时效（参照第23章Ⅱ③1（1）（571页））。

（B）除斥期间说　　而通说则认为，从形成权这种权利的性质来看，该期间限制是除斥期间。㊺ 这是因为，形成权一旦行使目的便会达到，所以无法想象由权利人一方中断时效。

（3）关于请求权的短期期间限制

（A）具体的例子　　就请求权规定短期期间限制的情形如下：

失窃物、遗失物的回复请求权	自盗窃、遗失之时起2年	民193
动物的回复请求权	自脱离饲养人的占有起1个月	民195
占有保持之诉 占有回收之诉	妨碍结束之时起1年㊻ 占有被侵夺之时起1年	民201Ⅰ 民201Ⅲ
在权利的一部分属于他人的情形、数量不足、物的一部分灭失的情形，卖主的担保责任	买主善意的情形，自知道事实之时起1年 买主恶意的情形，自契约订立之时起1年	民564、565
在有诸如地上权那样的限制存在的情形，卖主的担保责任 卖主的瑕疵担保责任㊼	自买主知道事实之时起1年	民566Ⅲ 民570
使用借贷、租赁上的损害赔偿以及费用偿还请求权	出借方接受返还之时起1年	民600、621
承揽人的担保责任	自交付（不需要交付的情形则为工作终了）之时起1年	民637

㊸ 除了川岛武宜"时效および除斥期间に关する一考察"同《民法解释学の诸问题》（弘文堂，1949年，初出1940年）156页外，还可参照我妻438页，川岛573页以下，星野292页，四宫、能见388页等。

㊹ 石田537页（一方面认为既然形成权也存在基于承认的时效中断，那么终究应当理解为时效期间，另一方面又主张应理解为在性质不存在因行使而导致的时效中断）。

㊺ 我妻439页，几代602页、604页，四宫、能见388页，近江273页，内田338页以下，加藤雅414页（但认为，对于像424条那样只能在诉讼上行使的形成权，在观念上设想消灭时效是有益的）等。

㊻ 不过，在基于工事的占有妨碍，自工事着手之时起经过1年后，或者工事完成后，就不能再提起占有保持之诉（民201Ⅰ但）。

㊼ 最判平成4年10月20日民集46卷7号1129页在将其理解为除斥期间的基础上认为，在期间内在诉讼外明确告知追究卖主责任的意思便足够，没有必要作诉讼上的权利行使。

(B) 性质　　关于这些期间限制,围绕如何考虑其性质,也存在争议。

（a）消灭时效说　　首先,有见解认为这些期间限制也是请求权的消灭时效期间。[48] 不同于形成权,请求权期待他人的行为,他人履行后才有可能实现权利内容。对于这样的权利,将其理解为绝对固定的权利行使期间是不合适的。

（b）除斥期间说　　而有力的见解则出于如下的考虑,认为这些限制期间属于除斥期间。[49]

1）中断　　首先,这些短期期间限制是为了迅速确定权利义务的争端而规定的。允许中断,从而延长解决的期间,与这样的宗旨相违背。

2）援用　　其次,基于同样的宗旨,不论有无援用,需要通过期间的经过来确定法律关系。

(4) 长短两重期间

（A）具体的例子　　就一个权利规定有长期、短期的行使期间的情形,有以下几种。

撤销权	自追认可能之时起 5 年	自行为之时起 20 年	民 126
诈害行为撤销权	自债权人得知撤销原因之时起 2 年	自行为之时起 20 年	民 426
基于侵权行为的损害赔偿请求权	自被害人（法定代理人）知道损害、加害人之时起 3 年	自侵权行为之时起 20 年	民 724
继承回复请求权	继承人知道继承权被侵害事实之时起 5 年	自继承开始之时起 20 年	民 884

（B）长期期间限制的性质　　其中,关于长期期间限制是否为除斥期间,存在争议。在此,以 724 条的期间限制为例。

事例 6

战后不久,G 在处理美军哑弹之时被动员,按照县警察官 K 的指示从事处理作业。因哑弹爆炸,G 受了重伤。因为留下了重度后遗症,国家 S 在其后近 20 年间以慰问金、疗养费、残疾给付金等名目给予了若干补偿。但是到底不够填补 G 的损害。于是,G 多次到地方政府交涉。由于事故当时的受害调查书上的记录与事实不符,没有明确责任之所在,被办事人员来回推诿。为此,G 在事故发生之时起经过了 28 年后,提起诉讼,要求国家 S 赔偿损失。

（a）问题之所在　　724 条的长期期间限制是消灭时效还是除斥期间? 根据理解的不同会产生如下的差异：

---

[48] 参照几代 605 页以下等。
[49] 我妻 440 页（但该书 499 页以下主张:在期限内需要诉讼上的请求）等。

1) 理解为消灭时效的情形　　首先,如果将该期间限制理解为消灭时效,会有如下的结果:

a) 中断　　第一,可以中断。可是,因为在该事例中实施的补偿不是国家 S 自认侵权行为责任的结果,所以不能算作承认。因此,在该事例中时效已经完成。

b) 援用　　第二,需要援用。可是在该事例中,出于以下的考虑,可以认为国家 S 援用时效违反诚信原则构成权利滥用行为,所以 G 的损害赔偿责任将被认可。

甲) 责任的认识可能性　　国家 S 通过受雇人 K,处于能够知道自己负有损害赔偿责任的状态。

乙) 对行使权利的妨碍　　国家 S 的受雇人 K 通过制作违背事实的受害调查书,使得被害人 G 难以行使权利。

丙) 不存在权利的怠于行使　　被害人 G 多次向地方政府要求救济,不能说其躺在权利上睡觉。

2) 理解为除斥期间的情形　　如果将该期间限制看做除斥期间,结果如下:

a) 中断　　第一,中断不成为问题。自侵权行为之时起经过 20 年损害赔偿请求权消灭。

b) 援用　　第二,权利因期间的经过而消灭,不存在援用的问题。因此,援用是否违反诚信原则、构成权利滥用,在此不是问题。

(b) 消灭时效说　　有力的见解以上文为前提,将 724 条后段的长期期间限制理解为消灭时效期间。[50] 它是出于如下的考虑:

1) 规定的表述　　724 条在前段规定"因时效消灭",在后段对于自侵权行为之时起经过 20 年后使用了"亦同"。从这样的表述判断,将后段也理解为消灭时效更直截了当。

2) 起草过程　　在民法的起草过程中,当初,所有权以外的权利的消灭时效期间规定为 20 年,与 724 条相当的规定就长期期间限制也采用了准用该规定的形式。从这一点也可以明白,立法者是将 20 年的期间限制作为消灭时效期间规定的。[51]

---

[50] 参照内池庆四郎"损害赔偿请求权の消灭时效"同《不法行为责任の消灭时效》(成文堂,1993 年,初出 1976 年)128 页,同"判批:最判平成元年 12 月 21 日"私法判例リマークス 2 号 80 页以下(1991 年)(认为 724 条是以长期期间限制为原则,在整体上规定消灭时效期间的规定)。福冈高宫崎支判昭和 59 年 9 月 28 日民集 43 卷 12 号 2233 页(后引注㊼最判平成元年 12 月 21 日的原审判决)也依此为前提。也可参照河上 594 页等。

[51] 参照德本伸一"损害赔偿请求权の时效"星野英一编集代表《民法讲座·第 6 卷》(有斐阁,1985 年)705 页以下。广中俊雄编著《民法修正案(前三编)的理由书》(有斐阁,1987 年)685 页也明确指出,724 条是规定"特别时效"的条文。

（c）除斥期间说　　而判例却认为，724条后段的长期期间限制是除斥期间。㊾

1）724条的宗旨——早期整齐划一地确定的需要　　由于724条前段的3年时效自被害人知道损害和加害人之时起进行，因此，如果被害人不知道，那么时效就一直不进行。于是，为了"迅速确定有关侵权行为的法律关系"，规定自侵权行为时起20年整齐划一地确定法律关系，是724条的宗旨。

2）不需要援用　　从724条的这种宗旨出发，应当认为：不论有无援用，基于侵权行为的损害赔偿请求权，于20年经过之时消灭。

Comment　　除斥期间与援用、中断的可能性——判例存在的问题

不过，针对判例的立场，存在强烈的批判。㊿ 其要点可以概括为以下三点：

第一点，724条的宗旨果真是为了满足早期整齐划一地确定的需要吗？至少，规定20年这样长的期间，却说其宗旨是为了"迅速确定法律关系"，怎么说都没有道理。

第二点，难道没有必要承认中断的可能吗？的确，如果有中断事由存在，通常3年的时效也中断，所以不存在问题。但是，如果将20年的期间限制理解为除斥期间，其间3年的时效即使因承认等而中断，20年后权利却消灭了。这样恰当吗？

第三点，即使将它理解为除斥期间，诚信原则违反、权利滥用不也还是成为问题吗？即便援用真的无法想象，除斥期间已经经过这样的主张还是有可能成立的。另外，作为724条的解释，还有这样一种可能，即在此情形，根据诚信原则不认可基于除斥期间经过的权利消灭。既然早期整齐划一的确定这个需要本身就令人怀疑，那么就没有理由必须否定这种可能性。

（5）停止的可能性　　除此以外还存在一个问题，即对于除斥期间，难道不应该允许停止吗？

事例7

G出生5个月后接受国家S实施的预防接种，结果因副作用留下了重度的身心残疾。G在接种之时起经过了22年后，与其他被害人一道对S提起诉讼，要求损害赔偿。该诉讼是G的父亲A作为G的亲权人委托律师提起的。之后又经过了10年，G接受了监护开始的审判，A担任成年监护人，继续进行诉讼。

在消灭时效的情形，时效期间届满前的6个月内，未成年人、成年被监护人没有法定代理人时，自其成为行为能力人、或法定代理人就任之时起6个月内，时效不完成（民158Ⅰ）。问题是，对于除斥期间，是否也认可同样的停止？

㊾ 最判平成元年12月21日民集43卷12号2209页。

㊿ 参照半田吉信"判批：最判平成元年12月21日"民商法杂志103卷1号140页以下（1990年），大村敦志"判批：最判平成元年12月21日"法学协会杂志108卷12号217页以下（1991年）等。

（A）停止否定说　　既然除斥期间是整齐划一地限定权利行使期间的制度，那么就不应当允许停止。依此见解，在事例 7 中，自侵权行为之时起经过 20 年后才提起诉讼，因此依 724 条后段，G 的损害赔偿请求权已经消灭。

（B）停止肯定说　　可是判例却认为，对于除斥期间，也有可能允许停止。[54] 至少，像该事例那样，在自侵权行为之时起经过 20 年之前的 6 个月内，侵权行为的被害人因侵权行为而处于丧失辨识事理能力的常态，却没有法定代理人的情形，依 158 条 1 款的法意，如果在法定代理人就任后 6 个月内行使权利或者采取类似措施，则除斥期间的效果就不发生。像这样，之所以限制除斥期间的效果，是因为如果在这样的情形也认可除斥期间效果的话，如下所述，会严重违背正义、公平的理念。

（a）权利行使的不可能性　　首先，此情形的被害人基本上没有可能行使权利。仅仅因为经过了 20 年便不再允许所有的权利行使是有问题的。

（b）使引发原因之人免责的不当性　　此外，引发丧失事理辨识能力原因的加害人，因 20 年的经过便可以免于损害赔偿义务，是有问题的。

损害赔偿请求的根据规范（请求原因）	阻却规范（抗辩）	再阻却规范（再抗辩）	再再阻却规范（再再抗辩）
② 国赔 1 Ⅰ 行使国家或者公共团体之公权力的公务员就其职务的行使，因故意或者过失违法地给他人造成损害时，国家或者地方公共团体负担赔偿责任	d 国赔 4→民 724 后　基于侵权行为的损害赔偿请求权，自侵权行为时起经过 20 年时消灭	丙 类推民 158 Ⅰ 除斥期间届满前 6 个月以内未成年人或者成年被监护人没有法定代理人时，该未成年人或者成年被监护人的权利不消灭	α 类推民 158 Ⅰ 在左列情形，该未成年人或者成年被监护人成为行为能力人时或者法定代理人就任之时起经过 6 个月时，该未成年人或者成年被监护人的权利消灭

2. 权利失效原则　　权利人长期怠于行使权利，则不必等到适用消灭时效或除斥期间，就不再允许其行使权利的观点，称为权利失效原则。[55] 但是，围绕是否承认该原则，存在争议。

（1）肯定说　　通说认为，虽然没有明文规定，但基于诚信原则，应当承认权利失效原则。这是因为，当权利不行使的状态长期持续，以至于相对人相信权

---

[54]　最判平成 10 年 6 月 12 日民集 52 卷 4 号 1087 页。不过，如果要强调 158 条的宗旨，那么在期间届满之际只要被害人没有可能行使权利就应该足够了，不应该要求其原因存在于侵权行为【参照松本克美"判批：最判平成 10 年 6 月 12 日"同《时效与正义——消灭时效·除斥期间论的新たな胎动》（日本评论社，2002 年，初出 1998 年）403 页以下等】。

[55]　详细内容，参照成富信夫《权利的自坏による失效的原则》（有斐阁，1957 年）。

利已经不会被行使时,背弃这种信赖突然行使权利违反诚信原则。㊶

（2）否定说　然而,如果承认权利失效原则,法律特意规定消灭时效和除斥期间的宗旨就被埋没了。因此,认为不应当承认这种原则的见解也颇有说服力。㊷

㊶　我妻441页以下,须永283页以下等。最判昭和30年11月22日民集9卷12号1781页,作为一般论也承认该原则。

㊷　川岛435页以下,四宫、能见389页,河上533页、594页以下等。

民法的基本原则

Ⅰ　序

公共福祉	私权应当服从公共福祉	民1Ⅰ
诚实信义的原则	权利的行使以及义务的履行得遵从信义诚实为之	民1Ⅱ
权利滥用的禁止	不得滥用权利	民1Ⅲ
个人的尊严、男女平等	应当以个人的尊严和两性实质上的平等为旨解释本法	民2

　　民法的开篇规定了以上的四项基本原则。① 其中,诚实信义的原则——以下称为诚信原则、和权利滥用的禁止——以下称为权利滥用或权利滥用法理,战前已为判例和学说所承认,在第二次世界大战后修改民法之际,与其他的原则一道被明文化了。实际上常用的,几乎都集中于这两者。为此,本章也只讲述这两个原则。

　　两者都是没有明确特定要件和效果的一般条款。对于一般条款,应当论述的问题不少;另外,其适用的例子涉及面也很广。然而在此,仅讲述从法解释方法这个角度所看到的特征。②

Comment　　民法第 2 条的涵义——宪法与民法的关系

　　民法第 2 条也是第二次世界大战后修改时新规定的条文。依立法时的理解,该第 2 条(当时的第 1 条之 2)与第 1 条都是在民法中明文规定日本国宪法所规定之原则的条文,虽然原封不动地使用了宪法第 24 条第 2 款的表述——"个人的尊严"、"两性的实质平等",但它不仅是有关亲属法的指针,而是被定位为解释、运用包含财产法在内的整个民事法的指针。

　　这与当时修改的宗旨有关。依该宗旨,第二次世界大战后之所以立刻开始民法的大修改,是因为需要应对宪法的修改。这一点在民法第 4 编和第 5 编亲属关系上很显著,就第 1 编至第 3 编财产关系的部分而言,也存在若干从宪法的精神来看不稳妥的地方。即便因为时间的关系不得不倾力于前者的修改,但依宪法的精神也不

---

① 有关对民法开篇所规定之基本原则的意义的阐释以及对其未来的展望,大村敦志《"民法 0·1·2·3 条"(私)が生きるルール》(みすず书房,2007 年)意味深远。
② 强烈意识到该问题的体系书,有广中 139 页以下。此外,还可参照广中俊雄"民法第 1 条の机能"法学教室 109 号 6 页(1989 年),同《民法解释方法に関する十二讲》(有斐阁,1997 年,初出 1991～96 年),特别是 73 页以下。

容许对后者放任不管。考虑到在财产法领域至少也需要明文规定宪法修改的大原则,为此才设置了本条规定。③

从上述过程可知,民法第2条被定位为确认宪法也能指引民法内容的规定。本来,既然民法也具有国家制定法的侧面,那么宪法对国家所作的要求,即保护、支援基本权利的要求在民法也具有妥当性。④ 因此,民法的内容必须是实现这种宪法需求的。具体来说,即使民法有规定的情形,也有必要解释得适合宪法的要求;而在民法没有规定的情形,有必要按照宪法的要求补充欠缺。

民法第2条之所以规定应当合乎"个人尊严"和"两性的实质平等"地解释民法,正是顺应了这种宪法适合性解释、补充的需要。本条仅仅列出了"个人尊严"和"两性的实质平等",是因为立法者认为这两者构成了基本权利的主干。在这个意义上,本条是规定了根据上述宪法根本原理确定民法内容之方向的条文,被定位为表明有关宪法与民法关系的原则规范的条文。⑤

II 法解释的方法与一般条款的作用

1 法解释的基本框架

首先,确认法解释的基本框架。

1. 前提——权利的冲突及其调整　　首先作为前提,法解释是为了解决法律问题而进行的作业。

(1) 法律问题　　其中,成为民法对象的法律问题,通常在两当事人之间发生广义的权利冲突时发生。

事例1

A擅自将其父X用于证明身份的印鉴拿出,自称是X的代理人,将X所有的土地甲以3000万日元的价格卖给了Y。

(A) 本人一方的权利　　在该事例中,如果令A所为之无权代理行为有效(效果归属),那么本人X将失去甲的所有权。

(B) 相对人的权利　　相反,如果令A所为之无权代理行为无效(效果不归属),那么相对人Y不能取得作为与3000万日元交换的甲的所有权。另外,

---

③ 有关民法第2条的立法经过,参照新注民(1)225页以下[山本敬三]。
④ 参照第12章Ⅳ③1(268页)。详见山本敬三"基本法としての民法"ジュリスト1126号262页以下(1998年),同"宪法システムにおける私法の役割"法律时报76卷2号64页以下(2004年)等。有关宪法与民法关系的研究状况,参照山本敬三"民法と他領域(1)宪法"争点8頁,同"宪法・民法关系论の展开とその意义——民法学の視角から(1)(2)"法学セミナー646号17頁、647号44頁(2008年)。
⑤ 参照新注民(1)235页以下[山本]。

如果已经向 A 交付了 3000 万日元,还有可能得不到返还——失去 3000 万日元。

（2）**调整原理**　　至于如何调整这样的权利冲突,存在各种各样的观点。其中,确立一定的基本价值,作为要求其尽可能得以实现的规范而被广泛承认的,叫做原理。⑥ 就事例 1 而言,例如可以想到有以下原理:

（A）**意思原理**　　第一,是要求尊重意思的规范。依此规范,要求不能剥夺没有意思的 X 的权利。

（B）**信赖原理**　　第二,是要求尊重信赖的规范。依此规范,要求保护——相信 A 是 X 的代理人的——Y 的信赖。

2.制定法的作用　　问题是,以什么样的原理为基础来调整这样的权利冲突?

（1）**对立法者决定的尊重**　　在此,首要的决定性因素是立法者通过制定法所作出的决定。这主要是出于以下两点考虑:

（A）**防止判断人的肆意**　　第一,如果没有任何决定性的东西,彼时彼地的判断人就有可能自由地选择原理来决定权利的优先劣后。如此一来,不仅结果无法预测,而且一方的权利也有可能遭到不当的轻视。

（B）**民主制的需要**　　第二,在民主制的背景下,涉及市民间权利义务关系的事项也——在宪法的框架内——托付给作为其代表的立法机关来决定的。只要存在这样的决定,就要求法院尊重它。

（2）**有关无权代理的民法决定**　　对于事例 1,民法设置了如下的规定,因此就需要按照这些规定来解决问题。

（A）**无权代理的效果**　　只要本人没有追认,无权代理行为就不对本人生效（民 113 Ⅰ）。

（B）**对表见代理的限定**　　例外地对本人生效的,仅仅限于满足表见代理的 109 条、110 条和 112 条要件的情形。

Comment　　　　　　　　　　　　　　　　　　　　　　　来自制定法的拘束

初学者最容易犯的错误,就在这里。例如对于事例 1,会断言:因为 X 没有认真管理自己的用于证明身份的印鉴,所以应当保护相信 A 为代理人的 Y。当然,这样的想法作为一般论有可能成立。可是,至少作为现行法的解释论,这种想法是不能被接受的。无视制定法的规定展开议论,在法律专家之间是不被认可的。这一点,决不可忘记。

2　一般条款的作用和问题

如上所述,在制定法成为第一决定因素的情形,人们所设想的,是采用明示

---

⑥ 严格来讲,要求尊重权利本身——例如所有权——的规范也是原理。在这个意义上,权利的冲突本身可以理解为原理的冲突。

要件、效果之规则形式的判断基准。⑦ 但是，实际立法时，多以其为原则，再设置一般条款。诚信原则和权利滥用就是代表性的例子。

1. 一般条款的作用 立法之所以采用这种形式，就是因为期待一般条款能发挥以下的作用：

（1）规则的界限和对它的补充 第一是对规则的规定方式的局限性作补充的作用。

（A）规则的一般性和对它的补充 首先，由于是统一地对具有相同性质的多个情形进行规范，因此规则必然或多或少地带有一般性的性质。其结果，原封不动地适用规则就可能会产生不当的结果。一般条款作为矫正这种不当结果、使得应对具体情况的判断成为可能的手段，发挥着作用。

（B）规则的限定性和对它的补充 此外，就任何情形都无一缺漏地规定特定了要件和效果的规则，几乎是不可能的。勉强逐一规定的话，规则的数量会十分庞大，难以保证其不相互矛盾。为此，制定法所预备的规则实际上不得不受到限定。一般条款作为补充这种限定性的手段发挥着作用。

（2）用于吸收多种原理的据点 第二，在各个具体的事例中，依据制定法的解决有时会让人感到不当，多是因为该制定法与一般承认的其他原理发生了抵触。在此情形，就需要在可能的范围内将制定法没有充分考虑到的其他原理吸收到解释中来。一般条款作为这样的一个据点发挥着作用。

Comment 社会的变动与一般条款的作用

如果制定法的设想与现实的乖离不大，那么一般条款所发挥的作用将停留于微调的程度。但是，当社会发生激变导致乖离变大时，相应地活用一般条款的场合就会增多。第二次世界大战前到战后的过渡时期便是典型。另外，战后体系迎来巨大变化的现在，大概也可以算作这样的时期。实际上有研究指出，特别是自20世纪80年代以来，出现了频繁利用以诚信原则为首的一般条款的倾向。如何理解这种现象，是现在学术界最前沿研究的课题。⑧

---

2. 一般条款存在的问题 毫无疑问，一般条款具有上述的积极意义。不过，人们也指出一般条款存在如下的问题：

（1）无视制定法拘束力的危险性 第一，如果一般条款被滥用，那么就会

---

⑦ 就刚才的事例而言，只要没有本人的追认，无权代理行为不对本人发生效力这样的规范（民113Ⅰ），便属于此。可以把它看做是确定了原则性规则——满足"实施了无权代理行为"这个要件时，产生"对本人不生效"这样的效果；和例外规则——满足"本人追认"这个要件时，产生"对本人生效"这个效果——的规定。

⑧ 参照私法学会民法分会研讨会"现代契约法论"私法54号3页（1992年）。讨论的中心，是内田贵《契约的再生》（弘文堂，1990年）同《契约的时代》（岩波书店，2000年）。此外，还可参照同《制度的契约论——民营化と契约》（羽鸟书店，2010年）。

出现立法者制定的制定法的拘束力被无视的危险。具体来说,危险如下:

（A）制定法被轻易修正的危险性　　首先,如果轻易认可用一般条款对制定法规定的明确规则进行修正的话,预先规定制定法的意义就有可能丧失。

（B）不依据制定法裁判的危险性　　其次,本来可以通过对制定法的解释、类推解决问题的,轻易搬出一般条款的倾向一旦形成,依据制定法裁判的基本原则就会被侵蚀,最终崩溃。

（2）衡平裁判的危险性　　第二,如果利用一般条款,法官就有可能摆脱现有的已经确立的规则的制约,自由地判断。其结果就会出现这样的危险:没有经过充分的正当化过程,仅仅凭判断人所信赖的衡平作出决定。

Comment　　　　　　　　　　　　　　从一般条款的精致化走向判断的构造化

像这样,"向一般条款的逃避"是危险的,必须束缚恣意的判断,这是迄今为止学界占支配地位的倾向。⑨ 基于这种想法,认为有必要通过对裁判例的分类、整理来明确基准———一般条款的精致化。⑩

的确,这样的基准明确化如果可能,再好不过。然而,如果能够使针对所有问题的基准明确化、即规则化,那么根本就没有必要规定一般条款了。不要忘了,正是因为梳理不清才设置了一般条款的。问题其实应该是:在以此为前提的基础上,如何基于一般条款作判断才合理?对该问题的阐明,是今后的课题。⑪

Ⅲ　依制定法裁判与一般条款的作用

如上所述,一般条款是为补充制定法的局限而设置的。接下来看一看补充具体是怎样进行的。如果作粗分,可以整理为如下三种⑫:

---

⑨ 这种立场受到由 Justus Wilhelm Hedemann 的问题提起而引发的、在德国展开的探讨的影响。关于此间德国法的状况,参照广渡清吾《法律からの自由と逃避——ヴァイマル共和制下の私法学》(日本评论社,1986 年)。

⑩ 这种倾向的代表性想法,是从法官与制定法的关系这个角度对一般条款的机能进行分类。例如,可参照好美清光"信义则の机能について"一桥论丛 47 卷 2 号 73 页(1962 年),菅野耕毅"信义则および権利濫用の問題状况"同《信义则および権利濫用の研究》(信山社,1994 年,初出 1985 年)7 页以下,米仓 11 页以下,新注民(1)116 页以下[安永正昭]等。

⑪ 至于大致的方向,参照山本敬三"法的思考の構造と特質——自己理解の現況と課題"《岩波讲座现代の法 15》(岩波书店,1997 年)231 页、尤其是 246 页以下。

⑫ 按我国以往的研究,特别是诚信原则的机能,一般都是将其分类为四种——①法的具体化机能(职务性机能)、②正义衡平机能(衡平性机能)、③法的修正机能(社会性机能)、④法的创造机能(权能授予性机能)(参照注 10)所列的论稿)。然而,③和④都是对制定法的广义修正,在这一点上两者没有区别。因此,下文将诚信原则的机能整理为三点(这些见解所依据的德国的 Franz Wieacker 原来也分类为三种)。不过,在此仅列出各种机能的代表性例子。其他更多的适用例子,除广中 139 页以下外,可参照新注民(1)88 页以下、92 页[安永],注解判例 9 页以下[久保宏之]、26 页以下[安永正昭]等。

1 一般条款对制定法的具体化

第一种,是为使一般规定的制定法的内容具体化,利用一般条款的情形。

> **事例 2**
>
> X 以每月 16 万日元的租金(月末交纳)从 Y 处租得土地甲。由于会时不时地迟延交纳租金,所以与 Y 约定:"今后 X 三次以上迟交租金时,Y 可以不经催告立刻解除契约。"X 从第二年的 1 月起没有交纳租金,3 月末带着三个月的租金额 48 万日元来到 Y 处,可是 Y 却以差 2000 日元——迟延的两个月租金的法定——利息为由,拒绝受领,并解除了契约。

在此情形,是否允许解除契约,要看 X 是否迟延交纳了 3 个月以上的租金。

1. 作为前提的制定法 首先,就这个问题确认一下前提——制定法的内容。

(1) 基于清偿提供的免责 所谓迟延,是指在约定的时间没有履行债务。但民法规定:如果债务人在约定的时间作了清偿提供,那么即使债权人不受领,债务人也可以免于不履行的一切责任(民 492)。如果可以认为有清偿的提供存在,那么债务人 X 就没有迟延,债权人 Y 对契约的解除也就不会被认可。

(2) 提供清偿的方法 清偿的提供,"应遵从债务的本旨现实地为之"(民 493)。在此情形,债务人 X 的债务内容是:于三月末支付 3 个月的租金 48 万日元以及迟延的 2 个月的法定利息 2000 日元。所以,仅仅支付 48 万日元是不够的。问题是,其结果是否构成没有提供"遵从债务本旨"的清偿?

2. 基于诚信原则的具体化 判例的判断是:在债务人提供的金额仅略微不足时,债权人以不足为借口、以没有提供遵从债务本旨的清偿为理由而拒绝受领的行为,"根据诚信原则不能容许"。⑬ 依此立场,如果像该事例那样不足 2000 日元的程度,就当作已经提供了遵从债务本旨之清偿对待。这就可以看做是通过诚信原则将遵从债务本旨的清偿提供这个制定法内容具体化了。⑭

2 一般条款对制定法不完备的补充

第二种,是为补充制定法的不完备而利用一般条款的情形。与个别补充还是一般补充相对应,这种不完备的补充又可以分为以下两种⑮:

---

⑬ 最判昭和 41 年 3 月 29 日判时 446 号 43 页。关于这种问题的代表性判例是大判大正 9 年 12 月 18 日民録 26 辑 1947 页(关于行使买回权的事件)。

⑭ 此外,属于这种情况的还可以举出:对于作为解除的前提规定要求"相当的期间"的催告(民 541),那种认为已经处于债务不履行状态的人自接受催告之时起才开始着手作履行准备,从该时刻起必须约定与当初的履行期间相同期间的见解,违背了"信义公平的观念"(参照大判大正 13 年 7 月 15 日民集 3 卷 362 页)。

⑮ 这与广中 139 页以下所说的诚信原则、权利滥用的本来的机能和欠缺补充机能的区分大致对应。

1．对制定法的个别矫正　　首先能想到的，是在原封不动地将一般制定的制定法适用于具体的事件会产生不当后果时，根据诚信原则对其作个别矫正的情形。

（1）诚信原则的例子——劳动金库的非会员借贷

> **事例3**
>
> X以虚构的会员名义从劳动金库A处借得500万日元，作为担保在X所有的土地甲上设定了抵押权。其后，由于X不偿还这500万日元，A实行抵押权，Y竞买得甲。可是后来，X以A对非会员之X的贷款行为属于目的范围之外的行为为由，主张在甲上设定的抵押权也无效，要求Y返还甲。

（A）原则　　劳动金库的设立，其目的是为会员的"福利互助活动"谋求"金融上的便利"（劳金1），作为业务对会员的资金借贷是法定的（劳金58Ⅰ②）。因此，一般认为劳动金库对非会员的借贷属于目的范围之外的行为无效。如此一来，根据抵押权的附属性，以借贷的存在为前提而设定的抵押权原则上归于无效。

（B）基于诚信原则的矫正　　然而，该事例中的X自己利用虚构的名义接受了借贷。于是判例认为，认可X的无效主张"就等于容许、认可以自己的不当为理由否定善意第三人权利的结果，这样做违反了诚信原则"，从而驳回了X的请求。⑯ 该判例就可以理解为，在原封不动地适用制定法产生不公平的结果时通过诚信原则加以矫正的例子。⑰

（2）权利滥用法理的例子——宇奈月温泉事件

> **事例4**
>
> 富山县黑部溪谷的宇奈月温泉，用引水管从上游引来温泉营业。引水管是铁路公司Y投巨资建设的，全长7.5公里，其中有2坪通过A的土地甲。Y并没有获得A的许可。得知此事的X从A处购得甲，与邻接的荒地3000坪一道以数十倍于当时市价的价格要求Y买取。可是，由于Y没有理睬，X便基于对甲的所有权对Y提起诉讼，要求其撤去引水管。

---

⑯ 最判昭和44年7月4日民集23卷8号1347页。其背后有净手原则（clean hands）——不允许主张基于不诚实的行为所取得的权利。关于该事例，参照第20章Ⅲ②3（1）（B）（491页以下）。

⑰ 此外，例如判定援用消灭时效违反诚信原则而不予允许的最判平成19年2月6日民集61卷1号122页也属于此例（依原子弹爆炸被害人援护法等接受健康管理补贴的原子弹爆炸被害人短时间回到其移居的巴西，遵照在移居到超出日本领域的居住地的情形按失权处理的通知，省长停止支付补贴，其后判明这样的通知误读了原子弹爆炸被害人援护法，属于违法，从而被废止，又开始向该当事人支付补贴。依地方自治法236条，已经过的那5年的部分补贴没有支付。判决认为，普通地方公共团体主张消灭时效试图免于支付补贴一事，相当于从制定违法的通知造成受给付权人难以行使权利的国家那里接受事务的委任和事务的托付，自己依从该通知作了违法的事务处理的普通地方公共团体及其机关本身，以受给付之人不行使权利为由试图免于支付义务，只要没有特别的事情，属于违反诚信原则的行为，不能允许）。

（A）原则　　物权既然是支配物的权利，就可以排除他人，独占地享受该物的价值。因此，在这种对物的支配受到妨害时，当然可以请求排除妨害。在该事例中，由于Y侵害了X在土地甲上的所有权，所以应该认可X基于所有权的妨害排除请求。

（B）基于权利滥用法理的矫正　　但是判例认为，X的妨害排除请求构成权利滥用，不能允许。[18] 它是出于如下的考虑：

（a）客观要因　　第一，是对当事人的客观利益状况的考虑。

1）相对人的利益状况　　诚然，此情形的Y在擅自设置引水管这一点上应受到责难，但撤去引水管非常困难，即使可能也需要巨额的费用。

2）权利人的利益状况　　而权利人X一方的损失却只有区区2坪，不足挂齿。

（b）主观要因　　第二，是对当事人的主观的考虑。在该事例中，权利人X特意从A处买得甲，要求Y以不合理的价格与邻接地一块买取。这不过是披着行使权利的外衣，只想从Y处获得不当的利益。像这样，作为追求不当利益的手段而行使权利时，不得不说权利人没有值得保护的正当利益。

Comment　　　　　　　　　　　　　　　　　　　　　　权利滥用的判断要因

其中，如果重视客观要因，则一旦造成了既成事实，只要推翻该既成事实需要高额的费用，那么即使权利人的权利实际受到侵害，至少不能请求妨害排除。这种事态，尤其是在侵害人一方的公益性鲜明时有可能发生。[19]

可是在这样的情形，如果仅仅以利益的客观大小作为决定性因子，就会出现以下两种意义上的问题：

第一，在权利侵害重大、不认可妨害排除请求对权利人来说没有任何意义的情形，即使会使相对人遭受重大的不利益，也有必要认可妨害排除请求。考虑一下针对生命、身体、健康等的重大侵害的情形，便可以理解这一点。

第二，即使妨害的排除要花费再多的费用，但因为本来不侵权的话什么事也不会有，所以也可以认为，对侵害人课以这样的负担也是不得已的。在侵害人具有故意或害意的情形尤其如此。在此情形，如果还要否定权利人的妨害排除请求，那么就需要权利人一方有不得不被这么对待的理由。权利人为了追求不当的利益而要求排除妨害的情形等，便属于这种情形。认为不仅重视客观要因，还要重视主观要因的见解，可以从这个意义上来理解。[20]

2. 制定法的补充性续造　　此外，还存在这样的情形：对于制定法没有预

---

[18] 大判昭和10年10月5日民集14卷1965页。

[19] 例如，最判昭和40年3月9日民集19卷2号233页（板付基地事件），在美军基地的土地提供者于契约终止后要求国家返还土地的事件中判定：这样的请求"无视私权的本质——社会性、公共性，是过当的请求，难以认可"。

[20] 参照米仓17页、广中164页以下、近江24页以下、四宫、能见18页以下等。

见到的问题，以一般条款为媒介实现法的续造。不过，前文的个别矫正如果反复积累到能够达到一般化的程度，也可以理解为这个意义上的法续造。因此，两者之间的区别具有流动性。

（1）诚信原则的例子——无权代理与继承

事例 5

A 瞒着其父 X，自称是 X 的代理人，将 X 所有的土地甲以 5000 万日元的价格卖给了 Y。后来，X 死亡，A 单独继承了 X。

（A）**原则** 依有关无权代理和继承的规则，结果如下：

（a）本人的追认拒绝权 首先，本人 X 可以对无权代理行为予以拒绝（民 113）。

（b）该权利的继承 此外，继承人 A 通过继承，承继属于被继承人 X 的一切权利义务（民 896）。因此，也承继 X 拥有的拒绝追认权。

（B）**通过诚信原则实现法的续造** 可是在此情形，一般认为，A 拒绝追认自己实施的无权代理行为违反诚信原则，不能允许。[21] 可以这样来理解：就无权代理人继承本人这种制定法未必预见到的情形，以诚信原则为媒介，完成了不允许无权代理人以本人的资格拒绝追认这样的法的续造。[22]

（2）权利滥用法理的例子——所有权保留与转受让人的保护

事例 6

汽车总经销商 X 向零售商 S 销售汽车甲，在价金完全得到清偿前甲的所有权保留于 X 处，登记名义也依旧是 X。其后，S 将甲销售给用户 Y。Y 交付了价金后获得了汽车。此时，X 协助 S 履行契约，亲自替 S 完成了车检手续和纳税手续。可是后来，由于 S 没有向 X 支付价金就倒产了，X 便根据所保留的所有权要求 Y 交付甲。

（A）**原则** 通过与 S 的特约，X 在价金完全得到清偿前保留甲的所有权。既然登记名义也在 X 处，Y 就不能善意取得甲的所有权。因此，只要 S 没有支付价金，原则上 X 可以根据所保留的所有权，请求 Y 交付甲。

（B）**基于权利滥用法理的矫正** 但是判例认为：在此情形，X 为了自己的利益而使得已经清偿了价金的 Y 遭受预想不到的损害，其交付请求构成权利

---

[21] 在其背后，有"不允许对自己的行为采取矛盾的态度"这个禁止矛盾行为（禁反言）原则的存在。另外，如第 16 章 Ⅳ ② 1（388 页以下）所提到的，对于无权代理人继承型，判例采取的是资格融合说。但是，关于本人继承型的最判昭和 37 年 4 月 20 日民集 16 卷 4 号 955 页，在傍论中就无权代理人继承型认为：承认对无权代理人以本人的资格拒绝追认自己实施的无权代理行为的可能，就违反了诚信原则。

[22] 此外，第 24 章 Ⅲ ②（607 页以下）所列的、有关时效完成后的自认行为的最判昭和 41 年 4 月 20 日民集 20 卷 4 号 702 页等，也属于这种通过诚信原则实现补充性法续造的事例。

滥用,不被允许。㉓ 它是出于如下的考虑:

（a）转卖的容许、认可　　卖主 X 容忍、许可买主 S 将甲转卖给用户 Y,并协助其履行。

（b）应当自己负担之危险的转嫁　　尽管如此,卖主 X 保留甲的所有权,并基于该所有权要求用户 Y 交付的行为,是将本来应当由自己负担的——不能从买主 S 处回收价金的——危险转嫁给了没有任何过错的用户 Y。

（C）法续造的可能性　　这种基于权利滥用的构成,可以定位为——向如下的、有关所有权保留之新的法续造过渡的——中间物。㉔

（a）授权构成　　在这样的汽车交易体系中,买主 S 向用户转卖汽车是当然的前提。在这个意义上可以认为,此情形的卖主 X 容许、认可 S 向用户的转卖,并作了这样的授权。㉕

（b）归结　　在这样的体系下,即使在卖主 X 与买主 S 之间存在所有权保留,但是可以认为,至少在用户 Y 清偿了价金后,甲的所有权已经从卖主 X 处转移到了用户 Y 处。

③ 一般条款对制定法的修正

第三,是为修正制定法而利用一般条款的情形。

1. 租赁中的信赖关系遭破坏的法理

> **事例 7**
>
> Y 以获得房屋所有权的目的从 X 处租赁土地,拥有其上的甲、乙两座房屋的所有权。Y 将其中的甲出租给 M。甲和乙都因战争灾难而烧毁。M 根据罹灾都市借地借家临时处理法 3 条的规定,合法地从 Y 处受让了甲的住宅用地的借地权。M 误以为只要在甲的面积范围内就可以在任何地方盖房,在取得 Y 的同意后,跨越甲、乙两块住宅用地盖了房屋丙。这时,X 以 Y 擅自转租乙的住宅用地的使用为由,解除了与 Y 的借地契约,要求 Y 和 M 腾空并移交土地。

（1）原则　　依 612 条,承租人未经出租人的承诺不得转租租赁物,当承租

㉓ 最判昭和 50 年 2 月 28 日民集 29 卷 2 号 193 页。

㉔ 多数学说这样理解。例如,可参照柚木馨、高木多喜男编《新版注释民法（9）》（有斐阁,1998 年）920 页以下［安永正昭］。然而,详解Ⅰ329 页以下对这种理解持否定立场（指出:在此情形,① 如果用户 Y 向买主 S 清偿了全部买卖价金,汽车的所有权由卖主 X→买主 S→用户 Y 移转,并没有预定像处分授权那样直接从卖主 X 移转到用户 Y 那里;② 如果照字面理解所有权保留条款的涵义,在卖主 X 从买主 S 那里接受全部价金的清偿前,买主 S 应该没有处分权限,因此不能解释为用户 Y 清偿全部价金的情形买主 S 便拥有了处分标的物的权限——相当于处分授权的权限）;③ 这里的核心问题是,在用户 Y 清偿全部价金的情形,是否允许卖主 X 对用户 Y 主张其对买主 S 的所有权保留条款的效力,只要不限制这个主张,那么即使承认处分授权的可能性,也不能解决问题）。

㉕ 关于授权的涵义,参照第 15 章Ⅱ②2（3）（350 页以下）。

人违反时，出租人可以解除契约。

（2）诚信原则对制定法的修正　　然而，判例却认为：即使承租人 Y 未取得出租人 X 的承诺而让第三人 M 使用、收益租赁物（乙的住宅用地），"当存在不足以认定对出租人有背信行为的特殊情事时"，612 条的解除权不发生。㉖ "租赁契约的解除，只在当事人之间的信赖关系遭到破坏的情形才被认可"。在这个意义上，这种观点被称为信赖关系遭破坏的法理。

Comment　　　　　　　　　　　　　　　　　　　612 条与信赖关系遭破坏的法理

　　如果将 612 条照其文义理解为规定 "在承租人没有出租人的承诺转租租赁物时，出租人可以解除契约" 这个规则的条文，可以认为诚信原则修正了该规则。实际上，多数学者这么认为。㉗

　　不过，关于信赖关系遭破坏的判例，在多数情形没有明示诚信原则。㉘ 实际上，多数判例的论旨是：在 612 条的背后有 "租赁契约以当事人的信赖关系为基础" 这样一种见解存在，由此对 612 条作目的论式的限制。为此，不把它看做是对制定法的修正，而作为补充性法续造的问题来定位的见解也颇有说服力。㉙ 不过，如果认为其背后掺进了保护社会弱者——承租人——这样的政策性原理，那么还是可以把它定位为修正性的法续造。

2．情势变更原则

事例 8

　　X 与 Y 于 1939 年 4 月缔结契约，将自己所有的土地甲以 30 万日元的价格出售给 Y。当时预定所有权移转登记在同年 10 月完成，但其后根据双方的商议推迟到 1940 年 7 月。可是，1941 年 11 月住宅用地、房屋等价格统制令开始施行，买卖价格需要省长的批准。而且，由于甲位于预定于 1946 年完成的土地区划整理事业地区，难以作恰当的估价，导致无法预料批准什么时候会下来。于是，X 以情势变更为理由，提出解除契约。

（1）原则　　虽然民法没有明文规定，但既然订立了契约，当事人将受到契约的拘束，这是大原则。因此，既然 X 与 Y 订立了买卖契约，就不能允许 X 单方面的解除。

㉖　最判昭和 28 年 9 月 25 日民集 7 卷 9 号 979 页等。详细内容，参照山本Ⅳ₋₁462 页以下。

㉗　例如，可参照好美·前注⑩87 页，菅野·前注⑩8 页，米仓 11 页，新注民（1）89 页［安永］等。

㉘　不过，就 612 条以外的情形而言，也有判例认为：即使承租人有租金迟延等债务不履行的事实，只要没有达到破坏当事人之间信赖关系的程度，出租人行使解除权便 "违反诚信原则，不能允许"（最判昭和 39 年 7 月 28 日民集 18 卷 6 号 1220 页。此外，还可参照最判昭和 41 年 4 月 21 日民集 20 卷 4 号 720 页）。

㉙　例如，可参照广中 153 页。此外，石田穰 "信义诚实的原则在民法中果す机能について" 同《法解释学の方法》（青林书院，1976 年，初出 1974 年）116 页以下也将此情形定位为对——关于立法者没有预见到的情形的—— "预料之外形欠缺" 的补充。

（2）诚信原则对制定法的修正　　然而，判例却认为，在此情形仍然判定当事人长期不能从不安定的契约拘束中解脱出来，是"违反信义原则"的，从而认可了 X 的解除。㉚

（A）情势变更原则的承认　　该判例被定位为承认情势变更原则——即，"契约缔结后构成其基础的情势因当事人无法预见事实的发生而变更，导致令当事人拘束于当初的契约内容会十分苛刻时，允许解除或改订契约"㉛——的判例。

（B）情势变更原则的要件　　关于适用情势变更原则的要件，通常列出以下四项㉜：

（a）基础情势的变更　　第一，契约缔结当时构成其基础的情事发生了变更。

（b）不存在预见的可能性　　第二，缔结契约时当事人无法预见到情势的变更。

（c）不存在归责性　　第三，情势的变更因不可归责于当事人的事由发生。

（d）拘束的不当性　　第四，情势变更的结果，依照诚信原则来判断，将当事人拘束于当初的契约内容严重不当。

Comment　　　　　　　　　　　　　　　　　　　诚信原则与权利滥用的关系

迄今为止，围绕如何理解 1 条 2 款的诚信原则和 3 款的权利滥用法理的关系，争论激烈。有见解认为，作为调整权利人与相对人的利害关系的基准，两者同质。㉝但是视两者为不同的东西，区别其适用领域的见解更具有说服力。例如，在存在特别的权利义务关系的人之间适用诚信原则，在没有这种特别关系的人之间适用权利滥用的见解㉞、财产货物的移转问题适用诚信原则，财产货物的归属问题适用权利滥用的见解㉟等。㊱

㉚　大判昭和 19 年 12 月 6 日民集 23 卷 613 页。
㉛　谷口知平、五十岚清编《新版注释民法（13）》（有斐阁，1996 年）63 页[五十岚清]。
㉜　参照谷口、五十岚编·前注㉛ 69 页以下[五十岚]。不过，适用情势变更原则实际认可契约解除或改订的裁判例，在下级裁判中为数不少，但最高级裁判中仅注㉚所列的一个。最近，最判平成 9 年 7 月 1 日民集 51 卷 6 号 2452 页的事件是：在寄存金会员制高尔夫俱乐部的入会契约缔结后，高尔夫球场的斜坡坍塌，没有高额的追加寄存就不能维持高尔夫球场的营业。在该事件中，最高法院认为：对契约缔结时的高尔夫球场公司来说，该情势的变更并非不能预见，也并非没有归责事由，所以否定了情势变更原则的适用。详见山本Ⅳ₁101 页以下。
㉝　石田 43 页以下。还可参照内田 489 页等。
㉞　我妻 39 页以下，几代 15 页，米仓 36 页以下等。此外，还可参照四宫 36 页，星野 77 页。
㉟　广中 139 页以下、158 页（但主张这种区别仅仅适合于本来的机能）。
㊱　此外，大村读解 18 页以下暗示了作如下的区分：诚信原则为"衡平的原则"——应当在考虑诸般具体事情后决定效果的情形，权利滥用为"条理性的原则"——可以说"那里已经没有权利"的情形。

然而,看看诚信原则和权利滥用的实际用法就会发现,也有用上述区别难以归纳的用法,将两者并列的也不在少数。在这个意义上,把上述区别理解为大致的指针即可。[37]

---

[37] 参照铃木351页,川井12页等。

判例索引

大判明治32・5・2民録5-5-4 …… 267
大判明治33・5・7民録6-5-15 …… 243
大判明治33・6・22民録6-6-125 …… 215
大判明治38・5・11民録11-706 …… 3, 39
大判明治38・12・19民録11-1786 …… 217
大判明治38・12・26民録11-1877 …… 431
大判明治39・3・31民録12-492 …… 358
大判明治40・2・25民録13-167 …… 211
大判明治40・6・13民録13-648 …… 524
大判明治43・1・25民録16-22
　　　　　　　　　　…… 598, 599, 600
大判明治45・3・13民録18-193 …… 130
大判大正元・9・25民録18-810 …… 491
大判大正元・12・25民録18-1078 …… 488, 489
大判大正3・3・12民録20-152 …… 566
大判大正3・3・16民録20-210 …… 157
大判大正3・10・27民録20-818 …… 138
大判大正3・12・15民録20-1101 …… 188, 208
大判大正4・3・24民録21-439 …… 337
大判大正4・7・13民録21-1387 …… 599
大判大正4・10・2民録21-1560 …… 386
大判大正4・10・30民録21-1799 …… 356
大判大正4・12・11民録21-2051 …… 599
大判大正4・12・24民録21-2182 …… 298
大判大正5・6・29民録22-1294 …… 267
大判大正5・9・20民録22-1721 …… 332
大判大正5・10・13民録22-1886 …… 576
大判大正5・11・17民録22-2089 …… 157
大判大正5・11・22民録22-2295 …… 489
大判大正5・12・6民録22-2358 …… 90
大判大正5・12・28民録22-2529 …… 329
大判大正6・2・19民録23-311 …… 609
大判大正6・2・24民録23-284 …… 188, 214
大判大正6・5・30民録23-911 …… 217
大判大正6・9・6民録23-1319 …… 228
大判大正6・9・26民録23-1495 …… 90
大判大正6・11・8民録23-1758 …… 218, 219
大判大正7・3・8民録24-427 …… 498
大判大正7・3・27民録24-599 …… 212

大判大正7・4・13民録24-669 …… 572
大判大正7・7・3民録24-1338 …… 215
大判大正7・10・3民録24-1852 …… 208
大判大正7・12・3民録24-2284 …… 205
大判大正8・5・12民録25-851 …… 607
大判大正8・6・30民録25-1200 …… 579
大判大正8・7・4民録25-1215 …… 602, 607
大判大正8・9・15民録25-1633 …… 260
大判大正8・10・13民録25-1863 …… 557
大判大正8・11・19刑録25-1133 …… 267
大判大正8・11・19民録25-2172 …… 252
大判大正8・12・26民録25-2429 …… 367, 577
大判大正9・4・27民録26-606 …… 356
大判大正9・5・28民録26-773 …… 266
大判大正9・6・29民録26-949 …… 582
大判大正9・11・27民録26-1797 …… 566
大判大正9・12・18民録26-1947 …… 626
大判大正10・6・2民録27-1038 …… 137
大判大正10・12・15民録27-2160 …… 214
大判大正11・6・6民集1-295 …… 367
大判大正11・7・13新聞2032-19 …… 213
大判大正11・7・17民集1-402 …… 487
大判大正12・5・24民集2-323 …… 367
大判大正12・6・11民集2-396 …… 330
大判大正12・7・27民集2-572 …… 252
大判大正12・11・26民集2-634 …… 367
大判大正13・7・15民集3-362 …… 626
大判大正13・10・7民集3-509 …… 546
大判大正13・12・25民集3-576 …… 607
大判大正14・12・24民集4-765 …… 377
大判大正15・4・21民集5-271 …… 260
大判昭和2・3・15新聞2688-9 …… 213
大判昭和2・3・22民集6-106 …… 389
大判昭和2・12・24民集6-754 …… 447
大判昭和3・7・11民集7-559 …… 212
大判昭和3・11・8民集7-980 …… 601
大判昭和4・12・17新聞3090-11 …… 217
大判昭和5・2・12民集9-143 …… 420
大判昭和5・3・4民集9-299 …… 377

大判昭和6・6・4民集10-401……607
大判昭和6・10・24新聞3334-4……157
大判昭和6・12・17新聞3364-17……489
大判昭和7・5・27民集11-1069……509
大判昭和7・6・6民集11-1115……369
大判昭和7・6・21民集11-1186……588, 599
大判昭和7・10・6民集11-2023……35
大判昭和7・10・29民集11-1947……267
大判昭和8・7・19民集12-2229……491
大判昭和8・10・13民集12-2520……599
大判昭和8・11・22民集12-2756……430
大判昭和9・5・1民集13-875……267, 273
大判昭和9・5・4民集13-633……216, 435
大判昭和9・9・12民集13-1659……265
大判昭和9・10・5新聞3757-7……507
大判昭和9・10・23判決全集14-3……266
大判昭和9・10・24新聞3773-17……130
大判昭和9・12・26判決全集13-3
　（裁判例8巻民322頁）……213
大判昭和10・2・19民集14-137……568
大判昭和10・4・13民集14-523……489
大判昭和10・5・31民集14-1220……160
大判昭和10・9・10民集14-1717……351
大判昭和10・10・5民集14-1965……628
大判昭和10・10・15新聞3904-13……588
大判昭和10・12・11新聞3928-10……212
大判昭和10・12・24民集14-2096……605
大判昭和11・2・14民集15-158……130
大判昭和12・2・9判決全集4-4-4……158
大判昭和12・4・17判決全集4-8-3……215
大判昭和12・8・10判決全集4-16-9……159
大判昭和12・9・17民集16-1435……563
大判昭和13・2・4民集17-87……577
大判昭和13・2・7民集17-59……96
大判昭和13・2・21民集17-232……219
大判昭和13・3・18判決全集5-7-13……212
大判昭和13・3・30民集17-578……267
大判昭和13・4・7判決全集5-9-26……213
大判昭和13・6・8民集17-1219……489
大判昭和13・11・7判決全集5-22-4……212
大判昭和14・3・22民集18-238……580
大判昭和14・11・6民集18-1224……267
大判昭和15・2・27民集19-441……507
大判昭和15・3・13民集19-544……567
大判昭和15・6・19民集19-1023……498
大判昭和16・2・28民集20-264……504
大判昭和17・5・20民集21-571……442
大判昭和17・6・23民集21-716……582
大判昭和17・9・30民集21-911……242, 247
大判昭和17・11・28新聞4819-7……130
大判昭和18・3・19民集22-185……266
大判昭和19・2・4民集23-42……367
大判昭和19・3・14民集23-147……267
大判昭和19・5・18民集23-308……267
大判昭和19・12・6民集23-613……633, 634
大判昭和19・12・22民集23-626……433
最判昭和25・12・28民集4-13-701……326
最判昭和26・6・1民集5-7-367……367
最判昭和27・1・29民集6-1-49……422
最判昭和27・2・15民集6-2-77……488
東京高判昭和27・5・24判タ27-57……151
最判昭和27・11・20民集6-10-1015……267
最判昭和28・9・15民集7-9-942……261
最判昭和28・9・25民集7-9-979……632
最判昭和28・10・1民集7-10-1019……157
最判昭和29・2・12民集8-2-465……211
最判昭和29・8・20民集8-8-1505……168
最判昭和29・8・24裁判集民15-439……351
最判昭和29・10・20民集8-10-1907……92
最判昭和30・3・22判時56-17……489
最判昭和30・9・30民集9-10-1498……269
最判昭和30・10・7民集9-11-1616……325
最判昭和30・10・27民集9-11-1720……265
最判昭和30・10・28民集9-11-1748
　……488, 489
最判昭和30・11・22民集9-12-1781……618
最判昭和30・11・29民集9-12-1886……488
最判昭和31・5・22民集10-5-545……423
最判昭和32・11・14民集11-12-1943
　……513, 520, 521
最判昭和32・12・5新聞83=84-16……386
最判昭和32・12・19民集11-13-2299
　……217
最判昭和33・3・28民集12-4-648……489
最判昭和33・6・14民集12-9-1492
　……214, 226

最判昭和 33・6・17 民集 12-10-1532 …… 448
最判昭和 33・7・1 民集 12-11-1601 …… 237
最判昭和 33・9・18 民集 12-13-2027 …… 491
最判昭和 34・2・20 民集 13-2-209 …… 578
最判昭和 34・7・14 民集 13-7-960 …… 504
最判昭和 35・2・2 民集 14-1-36 …… 154
最判昭和 35・2・19 民集 14-2-250 …… 418
最判昭和 35・3・18 民集 14-4-483 …… 261
最判昭和 35・6・23 民集 14-8-1498 …… 609
最判昭和 35・7・27 民集 14-10-1871 …… 558
最判昭和 35・7・27 民集 14-10-1913 …… 491
最判昭和 35・10・18 民集 14-12-2764
　　　　　　　　　　　　　　　　 …… 422
最判昭和 35・10・21 民集 14-12-2661
　　　　　　　　　　　　　　　　 …… 407
最判昭和 35・11・1 民集 14-13-2781 …… 569
最判昭和 35・12・27 民集 14-14-3253
　　　　　　　　　　　　　　　　 …… 580
最判昭和 36・4・20 民集 15-4-774
　　　　　　　　　　　　　　 …… 129, 130
最判昭和 36・8・31 民集 15-7-2027 …… 577
最判昭和 36・12・12 民集 15-11-2756 …… 425
最判昭和 37・2・6 民集 16-2-195 …… 507
最判昭和 37・4・20 民集 16-4-955
　　　　　　　　　　　　　 …… 389, 396, 630
最判昭和 37・8・10 民集 16-8-1700 …… 351
福岡高判昭和 37・10・17 民集 17-5-749
　　　　　　　　　　　　　　　　 …… 270
最判昭和 37・11・27 判時 321-17 …… 181
最判昭和 37・12・18 民集 16-12-2422
　　　　　　　　　　　　　　　　 …… 532
最判昭和 37・12・25 訟月 9-1-38 …… 188
最判昭和 38・3・26 判時 331-21 …… 188
最判昭和 38・5・31 民集 17-4-600 …… 524
最判昭和 38・6・13 民集 17-5-744 …… 270
最判昭和 38・10・30 民集 17-9-1252 …… 581
最判昭和 38・12・13 民集 17-12-1696
　　　　　　　　　　　　　　　　 …… 546
最判昭和 39・1・23 民集 18-1-37 …… 260
最判昭和 39・1・23 民集 18-1-99 …… 340
最判昭和 39・1・28 民集 18-1-136 …… 481
最判昭和 39・4・2 民集 18-4-497 …… 420
東京地判昭和 39・4・21 判夕 161-151

　　　　　　　　　　　　　　　　 …… 216
最判昭和 39・5・23 民集 18-4-621 …… 414
千葉地判昭和 39・6・19 判時 392-62 …… 219
最判昭和 39・7・28 民集 18-6-1220 …… 632
最判昭和 39・10・15 民集 18-8-1671
　　　　　　　　　　　 …… 513, 514, 520, 532
最判昭和 39・10・29 民集 18-8-1823 …… 261
最判昭和 39・12・11 民集 18-10-2160
　　　　　　　　　　　　　　　　 …… 422
最判昭和 40・2・19 判時 405-38 …… 407
最判昭和 40・3・9 民集 19-2-233 …… 629
最判昭和 40・6・18 民集 19-4-986 …… 389
最判昭和 40・7・15 民集 19-5-1275 …… 561
最判昭和 40・9・10 民集 19-6-1512 …… 223
最判昭和 40・9・22 民集 19-6-1656 …… 502
最判昭和 40・10・8 民集 19-7-1731 …… 212
最判昭和 41・3・29 判時 446-43 …… 626
最判昭和 41・4・15 民集 20-4-676 …… 553
最判昭和 41・4・20 民集 20-4-702
　　　　　　　　　　　　　　 …… 609, 630
最判昭和 41・4・21 民集 20-4-720 …… 632
最判昭和 41・4・22 民集 20-4-752
　　　　　　　　　　　　　 …… 408, 413, 414
最判昭和 41・4・26 民集 20-4-849 …… 491
最判昭和 41・10・11 金法 460-7 …… 422, 423
最判昭和 41・11・22 民集 20-9-1901 …… 548
最判昭和 41・12・22 民集 20-10-2168
　　　　　　　　　　　　　　　　 …… 154
東京地判昭和 42・3・23 判時 489-64 …… 216
最判昭和 42・4・20 民集 21-3-697 …… 439
最判昭和 42・6・23 民集 21-6-1492 …… 567
最判昭和 42・6・29 判時 491-52 …… 154
東京高判昭和 42・6・30 判時 491-67 …… 406
最判昭和 42・7・21 民集 21-6-1643
　　　　　　　　　　　　　　 …… 546, 548
最判昭和 42・10・19 民集 21-8-2078 …… 513
最判昭和 42・10・27 民集 21-8-2110
　　　　　　　　　　　　　　 …… 600, 607
最判昭和 42・10・31 民集 21-8-2232 …… 162
最判昭和 42・11・10 民集 21-9-2417 …… 413
最判昭和 42・11・16 民集 21-9-2430 …… 267
最判昭和 42・11・30 民集 21-9-2497 …… 422
最判昭和 43・3・8 民集 22-3-540 …… 367

最判昭和 43・7・11 民集 22-7-1462 ……… 350
最判昭和 43・9・26 民集 22-9-2002
　　　　　　　　　　　　　　　　　 600, 605
最判昭和 43・10・8 民集 22-10-2145 ……… 545
最判昭和 43・10・17 民集 22-10-2188
　　　　　　　　　　　　　　　　　 173, 174
最判昭和 43・12・25 民集 22・13・3511
　　　　　　　　　　　　　　　　　　　 499
最判昭和 44・2・13 民集 23-2-291 ……… 90
最判昭和 44・5・27 民集 23-6-998 ……… 160
最判昭和 44・6・24 民集 23-7-1121 ……… 507
最判昭和 44・6・26 民集 23-7-1175 ……… 512
最判昭和 44・7・4 民集 23-8-1347
　　　　　　　　　　　　　　　　　 492, 627
最判昭和 44・7・8 民集 23-8-1374 ……… 545
最判昭和 44・7・15 民集 23-8-1520 ……… 603
最判昭和 44・7・25 判時 574-26 ……… 430
最判昭和 44・9・18 民集 23-9-1675 ……… 219
最判昭和 44・11・4 民集 23-11-1951 ……… 536
大阪高判昭和 44・11・25 判時 597-97 ……… 213
最判昭和 44・12・18 民集 23-12-2467
　　　　　　　　　　　　　　　　　 546, 547
最判昭和 44・12・18 民集 23-12-2476
　　　　　　　　　　　　　　　　　　　 445
最判昭和 45・3・26 民集 24-3-151 ……… 223
最判昭和 45・5・21 民集 24-5-393 ……… 607
最判昭和 45・6・18 判時 600-83 ……… 550
最判昭和 45・6・24 民集 24-6-625 ……… 489
最判昭和 45・7・15 民集 24-7-771 ……… 563
最判昭和 45・7・24 民集 24-7-1116
　　　　　　　　　　　　　　　 157, 165, 170
最判昭和 45・7・24 民集 24-7-1177 ……… 578
最判昭和 45・7・28 民集 24-7-1203
　　　　　　　　　　　　　　　　　 408, 413
最判昭和 45・9・10 民集 24-10-1389 ……… 581
最判昭和 45・9・22 民集 24-10-1424 ……… 171
最判昭和 45・10・29 判時 612-52 ……… 550
最判昭和 45・11・19 民集 24-12-1916
　　　　　　　　　　　　　　　　　 173, 174
最判昭和 45・12・15 民集 24-13-2051
　　　　　　　　　　　　　　　　　　　 545
最判昭和 45・12・15 民集 24-13-2081
　　　　　　　　　　　　　　　　　 422, 423

東京地判昭和 45・12・19 判時 630-72 ……… 604
東京地判昭和 46・5・20 判時 643-53 ……… 219
最判昭和 46・6・3 民集 25-4-455 ……… 420
最判昭和 46・6・10 民集 25-4-492 ……… 145
最判昭和 46・10・13 民集 25-7-900 ……… 499
最判昭和 46・11・11 判時 654-52 ……… 557
最判昭和 47・2・18 民集 26-1-46 ……… 399
東京高判昭和 47・2・28 判時 662-47 ……… 603
最判昭和 47・6・2 民集 26-5-957
　　　　　　　　　　　　　　　 513, 520, 529
最判昭和 48・6・28 民集 27-6-724
　　　　　　　　　　　　　　　　　 158, 172
最判昭和 48・7・3 民集 27-7-751 ……… 396
最判昭和 48・10・9 民集 27-9-1129
　　　　　　　　　　　　　　　 513, 532, 533
最判昭和 48・12・14 民集 27-11-1586
　　　　　　　　　　　　　　　　　　　 600
最判昭和 49・2・7 金判 412-2 ……… 329, 331
最判昭和 49・2・28 判時 735-97 ……… 509
最判昭和 49・3・22 民集 28-2-368 ……… 428
最判昭和 49・9・4 民集 28-6-1169 ……… 396
最判昭和 49・9・26 民集 28-6-1213 ……… 244
最判昭和 49・9・30 民集 28-6-1382
　　　　　　　　　　　　　　　 513, 520, 521
最判昭和 49・10・24 民集 28-7-1512 ……… 423
最判昭和 50・2・25 民集 29-2-143 ……… 570
最判昭和 50・2・28 民集 29-2-193 ……… 631
最判昭和 50・7・14 民集 29-6-1012 ……… 508
東京地判昭和 50・10・31 判夕 335-279
　　　　　　　　　　　　　　　　　　　 180
最判昭和 50・11・14 判時 804-31 ……… 219
最判昭和 50・11・21 民集 29-10-1537
　　　　　　　　　　　　　　　　　 582, 590
最判昭和 51・4・23 民集 30-3-306 ……… 333, 492
最判昭和 51・6・25 民集 30-6-665 ……… 423
最判昭和 51・12・24 民集 30-11-1104
　　　　　　　　　　　　　　　　　　　 549
最判昭和 52・6・20 民集 31-4-449 ……… 272
最判昭和 53・2・24 民集 32-1-110 ……… 326
札幌地判昭和 54・3・30 判時 941-111 ……… 298
最判昭和 54・7・31 判時 942-39 ……… 551
最判昭和 55・2・8 民集 34-2-138 ……… 513
最判昭和 55・9・11 民集 34-5-683 ……… 158

最判昭和 56・3・24 民集 35-2-300……272
最判昭和 56・6・16 民集 35-4-791……326
東京地判昭和 57・3・16 判時 1061-53……151
最判昭和 57・6・8 判時 1049-36……158
最判昭和 58・3・24 民集 37-2-131……551
大阪高判昭和 58・5・25 判時 1090-134
　…………………………………………236
東京地判昭和 58・6・10 判時 1114-64……406
東京地判昭和 58・7・19 判時 1100-87……91
東京地判昭和 59・1・19 判時 1125-129
　…………………………………………530
横浜地判昭和 59・6・20 判時 1150-210
　…………………………………………512
福岡高宮崎支判昭和 59・9・28 民集 43-12-
　2233 ……………………………………615
東京高決昭和 60・10・25 判時 1181-104
　…………………………………………180
最判昭和 60・11・29 民集 39-7-1760
　……………………………………496, 497
茨木簡判昭和 60・12・20 判時 1198-143
　……………………………………………91
名古屋高判昭和 61・1・30 判時 1191-90
　……………………………………………91
最判昭和 61・3・17 民集 40-2-420……598
最判昭和 61・9・4 判時 1215-47……267
最判昭和 61・9・11 判時 1215-125……333
最判昭和 61・11・20 民集 40-7-1167……266
最判昭和 62・2・20 民集 41-1-159……145
最判昭和 62・6・5 判時 1260-7……545
最判昭和 62・7・7 民集 41-5-1133
　………………………………380, 381, 383, 448
神戸地判昭和 62・7・7 判タ 665-172……235
最判昭和 62・9・3 判時 1316-91……588
東京地判昭和 62・9・22 判時 1284-79……487
最判昭和 62・10・8 民集 41-7-1445……571
最判昭和 63・3・1 判時 1312-92……397
東京地判平成元・6・30 判時 1343-49……604
横浜地判平成元・9・7 判時 1352-126……234
最判平成元・9・14 判時 1336-93……187, 188
最判平成元・10・13 民集 43-9-985……580
福岡高判平成元・11・9 判時 1347-55……152
最判平成元・12・21 民集 43-12-2209
　…………………………………………615

名古屋地判平成元・12・21 判タ 726-188
　…………………………………………182
東京高判平成 2・3・27 判時 1345-78……188
最判平成 2・6・5 民集 44-4-599……600
東京地判平成 2・7・31 判時 1386-108……428
東京地判平成 3・9・26 判時 1428-97……229
東京地決平成 4・2・6 労判 610-72……148
最判平成 4・3・19 民集 46-3-222……600
最判平成 4・10・20 民集 46-7-1129……612
最判平成 4・12・10 民集 46-9-2727……441
東京地判平成 4・12・21 労判 623-36……148
最判平成 5・1・21 民集 47-1-265……393
最判平成 5・1・21 判タ 815-121……391
仙台地判平成 5・12・16 判タ 864-225……49
最判平成 6・2・22 民集 48-2-441……570
最判平成 6・4・19 民集 48-3-922……428
最判平成 6・5・31 民集 48-4-1029……340
最判平成 6・5・31 民集 48-4-1065……513
最判平成 6・9・13 民集 48-6-1263
　…………………………………399, 400、
最判平成 7・3・10 判時 1525-59……589
東京地判平成 7・5・31 判時 1556-107……234
最判平成 7・7・7 金法 1436-31……152
最判平成 7・9・5 民集 49-8-2784……590
最判平成 7・9・8 金法 1441-29……588
東京地決平成 7・10・16 判時 1556-83……274
最判平成 7・12・15 民集 49-10-3088……552
最判平成 8・3・19 民集 50-3-615……493
最判平成 8・3・28 民集 50-4-1172……580
札幌地判平成 8・5・16 判タ 933-172……506
最判平成 8・7・12 民集 50-7-1901……590
最判平成 8・11・12 民集 50-10-2591……551
東京地判平成 9・2・28 判タ 947-228……506
最判平成 9・7・1 民集 51-6-2452……634
最判平成 9・9・4 民集 51-8-3619……270
大阪地判平成 10・2・27 判時 1659-70……275
最判平成 10・4・24 判時 1661-66……569
最判平成 10・6・11 民集 52-4-1034……130
最判平成 10・6・12 民集 52-4-1087……617
最判平成 10・6・22 民集 52-4-1195……601
最判平成 10・7・17 民集 52-5-1296
　……………………………………377, 394
最判平成 10・11・24 民集 52-8-1737

･･････････････････････････584, 586
東京地判平成 11・1・14 金判 1085 - 31 ･･････152
最判平成 11・2・23 民集 53 - 2 - 193 ･･････271
最判平成 11・2・26 判時 1671 - 67 ･･････600
最判平成 11・4・27 民集 53 - 4 - 840 ･･････582
最判平成 11・10・21 民集 53 - 7 - 1190 ･･････602
広島高岡山支判平成 12・9・14 金判 1113 - 26 ･･････152
最判平成 12・10・20 判時 1730 - 26
･･････････････････････････513, 518
東京地判平成 14・3・25 判タ 1117 - 289
･･････････････････････････303
最判平成 14・4・25 判時 1785 - 31 ･･････493
最判平成 14・7・11 判時 1805 - 56 ･･････216
大阪地判平成 14・7・19 金判 1162 - 32 ･･････302
福岡地判平成 14・9・11 判タ 1148 - 222
･･････････････････････････504
最判平成 15・2・28 判時 1829 - 151 ･･････145
最判平成 15・3・14 民集 57 - 3 - 286 ･･････599
最判平成 15・4・18 民集 57 - 4 - 366 ･･････277
最判平成 15・6・13 判時 1831 - 99 ･･････175
最判平成 15・7・18 民集 57 - 7 - 838 ･･････144
最判平成 15・12・11 民集 57 - 11 - 2196
･･････････････････････････563
最判平成 15・12・19 民集 57 - 11 - 2292
･･････････････････････････265
最判平成 16・4・20 民集 58 - 4 - 841 ･･････513
最判平成 16・4・23 民集 58 - 4 - 959 ･･････561
最判平成 16・4・27 民集 58 - 4 - 1032 ･･････570
最判平成 16・4・27 判時 1860 - 152 ･･････570
最判平成 16・7・8 判時 1873 - 131 ･･････188

最判平成 16・7・13 民集 58・5・1368 ･･････367
最判平成 16・11・5 民集 58 - 8 - 1997
･･････････････････････････272, 513
東京地判平成 17・3・25 金判 1223 - 29 ･･････152
最判平成 17・4・26 判時 1897 - 10 ･･････513, 518
最判平成 18・2・23 民集 60 - 2 - 546
･･････････････････････････176, 249
最判平成 18・3・17 民集 60 - 3 - 773 ･･････273
最判平成 18・3・28 民集 60 - 3 - 875 ･･････34
最判平成 18・11・27 民集 60 - 9 - 3437
･･････････････････303, 304, 305, 306, 308
最判平成 18・11・27 民集 60 - 9 - 3597
･･････････････････････････303, 305
最判平成 18・11・27 民集 60 - 9 - 3732
･･････････････････････････303, 307
最判平成 18・11・27 判時 1958 - 62 ･･････303
最判平成 18・12・22 判時 1958 - 69
･･････････････････････････303, 305
最判平成 19・4・24 民集 61 - 3 - 1073 ･･････568
最判平成 19・6・7 判時 1979 - 61 ･･････568
最判平成 19・2・2 民集 61 - 1 - 86 ･･････272
最判平成 19・2・6 民集 61 - 1 - 122 ･･････627
最判平成 20・2・28 判時 2000 - 130 ･･････565
最判平成 20・10・3 判時 2026 - 11 ･･････92
最判平成 21・4・17 民集 63 - 4 - 535 ･･････502
最判平成 21・6・2 民集 63 - 5 - 953 ･･････38
最判平成 21・6・2 判時 2050 - 151 ･･････38
最判平成 22・3・30 判時 2075 - 32 ･･････291
最判平成 22・3・30 判時 2077 - 44 ･･････303, 305
最判平成 22・6・29 判時 2082 - 65 ･･････533
最判平成 23・2・18 裁時 1526 - 2 ･･････92

事 项 索 引

（本索引页码为原书页码，即本书边码；按检索词
中文首字母拼音字母拼音顺序排列）

あ行

恶 意 238,408,431,439,441,498,499,
502
Appointment sales 82
安全关怀义务 569
遗 嘱 103
遗言自由的原则 107
意 思 120,124,151,180,181,182
——的通知 104
——的不存在 146,147,221
意思欠缺 146,147
意思原理 122,184,193,194,196,203,
210,621
意思主义 121
意思教条 39
意思能力 38,42,59,250,360,400
——与行为能力的关系 47
意思表示 21,119,**120**,409
——的涵义 120
——的解释→契约解释
——的构造 120
——的生效时期 127
——的效力否定 179,227
——受领能力 132
——的成立 124,154
——的撤回 128

——的到达 128,129
——的无效 154
——的撤销 238
基于公示的—— 29,133
部分无效 144,322,**324**
一般债权人 601
一般财团法人→法人
一般社团法人→法人
一般条款 265,309,**619**,624
——对制定法的具体化 625
——对制定法的修正 631
——对制定法欠缺的补充 626
——的精致化 624
——存在的问题 624
——的作用 622
向——的逃避 624
委 任 348,363
委任书 365,422
违约金条款 301,304
会员外借贷 627
印鉴证明书颁发申请的委任 420
宇奈月温泉事件 628
Ultra vires 理论 484
营利法人 **452**,453,**488**
NPO 453,462
亲子法 11
父母死后 74

か行

开业准备行为　282
会计监查人　466,469,472,473
设置会计检查人的一般社团法人　466
外形理论　507
解除条件说〔时效的援用〕　596
解除条件说〔胎儿与侵权行为〕　35
改良行为　365
学说继受　25
学说的作用　4
确定期限　335
确定效果说〔时效的援用〕　595
不返还学费的特约　303
有瑕疵的意思表示　227
瑕疵担保　225,234,300,357
瑕疵担保责任　110
瑕疵担保责任限制条款　300
过　失　159,160,172,174,238,243,380,
　　381,382,404,408,421,424,431,439,502
家族法　10,22
空信用　217
临时扣押〔时效中断〕　573,574,582,
　　584,590
临时住所　93
临时处分〔时效的中断〕　573,574,582,590
扣　留　294
监　事　466,469,471,473
设置监事的一般社团法人　470
习　惯　136,138
间接代理　350
观念的通知　104
劝　诱　285
管理行为　93,365,577
期　间　343
期间限制　225
　短期——　332,612
　长期——　333,613
企业责任　505

基　金　474
期　限　335,341,565
期限利益　341
　丧失——的格式条款　342
　——的丧失　342
　——的放弃　342
归责原理　123,125,148,153,160,165,167,
　　169,176,193,404
期待权　341
基本权利　108,268,539
　对——的支援　268
　对——的保护　268,273
基本权限　416,417,424
基本代理权　417
基本法　10
欺骗行为　229
客观起算点　564
94条2款的类推　167,248,425,530
狭义的心中保留　148,238,384,409,
　　440,501
竞业禁止　266,273
竞业交易　467,468,470
强行法规　253,255,259
行政规制　113
行政责任　9
共通错误　220
共同继承　389
共同体主义　114,204
胁　迫　20,112,147,234,328
　——行为　235
　基于——的意思表示　236
　基于——的撤销与第三人　239
　——涵义　235
　——的故意　235
　——的成立要件　235
　第三人的——　239
业务执行理事　468
共　有　519
许可主义　453

事项索引　517

虚伪表示　147, **152**
居　所　92
禁反言　630
合　伙　512, 519, 523, 527
　　——契约　524
　　——财产的归属　519, 529
　　——债务的归属　531
　　——代理　523
　　——成员的债务与团体的关系　523, **526**
　　——对外行为的效果归属　523
　　——的团体债务与成员的关系　523, **531**
　　——持分的扣押　527
　　——持分的退还　527
　　——的涵义　512
　　——的业务执行　524
　　——的业务执行人　523
　　——的财产关系　518
　　社团与——　513, **514**
合伙成员
　　——个人的责任　531
　　——的脱离　519
冷　却　82, 131, 295, 316
净手原则　492, 627
经济公序论[取缔法规论]　263
刑事责任　9
艺娼妓契约　266, **324**
形成权　545, 571
　　——的期间限制　611
　　——的时效期间　571
契　约　14, 16, **103**, 119
　　——的修正　144
　　——的补充　137
契约解释　135, 185, 194, 197
　　狭义的——　135
　　补充性——　**141**, 323
　　比较赋予涵义说　136, **196**
　　客观解释说　135, **185**, 194, 195
　　共通意思优先说　135, **194**
契约自由　107, 109, 112, 114, 268, 322

对——的介入　112
——的原则　107, 336
——的消极侧面　109
对——的侵害　274, 275
——的积极侧面　109
——存在的问题　109
契约条件的披露　297
契约正义　203, 210
契约正义论　114
契约内容的确定　297
决定决议事项　501
权　限
　　——的逾越　416, 420
　　110 条的——　416, 417
权　原　550
原始不能　252
恢复原状的赔偿　302
现存利益　**86**, 100, 319
宪　法　108, 115
　　——与民法的关系　620
显　名　349, 352, **353**, 405, 429
原　理　621, 623
权利外观法理　153
权利确定说[时效的中断]　**574**, 585
权利行使说[时效的中断]　573, **584**, 585
权利失效的原则　617
保护权利人说[时效制度的存在理由]
　　541, 547, 555, 574, 595
权利图式　22
权利丧失的抗辩　97, 155, 167
权利能力　**32**, 484
　　——的始期　33
　　——的终期　37
　　胎儿的——　33
　　法人的——　481, 484
　　　性质限制　481
　　　法令制限　481
　　　目的制限　484
无权利能力社团　**512**, 514, 525

——财产的归属　520,530
——债务的归属　532
——成员债务与团体的关系　526
——对外行为的效果归属　525
——团体债务与成员的关系　532
——中持份的扣押　527
——中持份的退还　528
有关——的类型论　515,521,527,528,
530,532,533
——的外部关系　522
——成员个人的责任　533
——代表人的责任　525
——的代表人的责任　535
权利能力平等的原则　32
权利不变更原则　97,155,178,240,246,
427,466,554
权利保护资格要件　161,245
权利滥用　614,**619**,628,630
诚信原则与——的关系　634
故　意　340
——不告知　289,292,316
故意责任原理　160,176
合意原因　202,209,214,215,**217**
合意原则　336
合意主义［错误论］　183,187,192,200
行为能力　42,**51**,**81**,106,347,360,443,
485,607
——的限制　81
意思能力与——的关系　47
公益性的认定　461
公益法人　452,453,455,456,461
效果意思　120,124,181,182
公共福祉　619
攻击防御方法　595,596
监　护　11,46,**54**,72
——开始的效果　57
——的审判　54,72
——的终了　61
监护监督人　60,62,67

监护登记　**56**,62,67,76
监护人　62,67
基于公示的意思表示→意思表示
后顺位抵押权人　602
交涉力的差距、不均衡　110,113,279
公序良俗　112,250,253,**265**,306
违反——的基准时　276
裁判型——　269
裁判型—保护基本权型——　269,**272**,275
法令型——　269
法令型—保护基本权型——　269,**271**
法令型—实现政策型——　**269**
更生程序的参加　578
公　然　553
合同行为　103
幸福追求权　108
衡平审判　624
公物的取得时效　549
抗辩权　610
——的永久性　610
公　法　9,258,419
公法、私法相互依存论　**259**,262,272
公法、私法二分论　**259**,261,262,272
公法法人　503
合　有　519
个人的尊严　619
误　认
引发——的行为　286,291
基于——的撤销　285
个别交涉条款　311
个别条款规制　299
基于婚姻的成年拟制　82
困　惑　293
引发——的行为　294
基于——的撤销　293

さ行

债　权　16
债权法改正的基本方针　**30**,40,50,131,

141,144,149,198,201,210,220,231,238,
276,295,298,313,319,324,325,351,361,
389,392,396,399,409,430,441,442,443,
501,562,564,591
催告 579
催告权
 限制能力人的相对人的—— 88
 无权代理行为的相对人的—— 378
财产法 12,22
再生程序的参加 578
财团法人 451
诉讼上的催告 580
诉讼上的请求 577,580
债务人 599
债务免除 21,379
诈害行为的受益人 601
欺　诈 112,147,**228**,274,328,357
 ——与瑕疵担保 234
 ——与错误 233
 基于——的撤销与第三人 239
 ——的涵义 228
 ——的故意 228,232
 ——的效果 229
 ——的成立要件 228
 第三人—— 238
 默示—— 230
错　误 125,147,**179**,207,218,222,245,
250,274,356,357,410,415,435
 ——与瑕疵担保 225
 ——与欺诈 233
 ——与没有合意 207
 ——的效果 222
 ——的引发 220,233
 ——的种类 179
 单方—— 196
 主体—— 211,214,216
 性质—— **181**,182,189
 前提事实的—— 215,216
 双方共通—— 193

非双方共通—— 195,197
 动　机—— **181**,182,184,**186**,189,**193**,
198,202
 内容的—— 221
 表示行为涵义的—— 180
 表　示—— **179**,184,189,193,435
 表示上的—— 179
 标的物 213,216
 要素的—— 182,185,202,**208**,221,435
 理由的—— 181
错误人的损害赔偿义务 224
错误无效的主张人 222
错误论 182,203
 一元论 183,188
 合意主义 183,187,192,200
 合意主义的错误理论 202
 错误外构成说 192,201,203
 有关错误事项重要性的认识可能性说
  191,194,195,199
 错误的认识可能性说 **190**,194,195,199
 新一元论 202
 新二元论 192
 信赖主义 183,187,188,200
 信赖主义的错误理论 **188**,194,195,199
 传统的错误理论 **184**,194,195
 动机错误 233
 动机表示构成 **186**,199,201,203,233
 二元论 183,184
扣　押 573,574,**581**,584,590
扣押债权人 158
停止侵害 280,314
剩余财产的归属 477
经营者 280
 ——的努力义务 283
时　效 537
时效完成后的自认行为 607,630
时效期间 555,560
 ——的起算点 558,562,564,571
 ——的短期化 564,593

——的统一 561
时效障碍 591
时效制度的存在理由 539
　保护权利人·诉讼法说 **541**, 547, 555, 574, 595
　多元说 543
　保护非权利人·实体法说 **539**, 543, 546, 555, 573, 595, 596
时效的援用 538, 587, **594**, 611, 614
　——权人 598
　——权人的范围 604
　——权的丧失 608
　——的相对效 605
　——的场所 605
时效的完成［时效完成］538, **544**, 549, **560**, 595
　——后的自认行为 607
　——与援用的关系 596
　取得—— 544
　消灭—— 560
时效的效力 609
时效的溯及效力 611
时效的中断 28, 538, **572**, 611, 614
　——事由 576
　——的效果 583
　——效果的失效事由 582
　——的根据 573
　——的终了时 583
　——的范围 578, 586
　权利确定说 **574**, 585
　权利行使说 **573**, 584, 585
时效的停止 590
时效利益的放弃 538, 606
自己契约 28, **366**, 500
自己决定 45, 73, **108**, 347, 443
自我决定权 **108**, 115
自己决定原理 122, 125, 203
自己执行义务 370
自己责任 111, 230, 284

自己物的取得时效 546
事实上的习惯 139
事实上的侵权行为 506
传达人 349, 436
自主占有 550, 551
情势变更原则 633
自然中断 558, 573
失踪宣告 38, **94**
　——的撤销 94
实体法说［时效制度的存在理由］**539**, 543, 546, 555, 573, 595, 596
私域自治 107, **108**, 112, 114, 204, 210, 268, 346
　对——的介入 112
　——存在的问题 109
支付督促 577
私　法 9, 255
死　亡 37
无因管理 17
事物处理契约 348, 363
社　员 464
社员大会 464, 470, 478
　——的决议 465, 494
　——的特别决议 470
社团法人 103, **451**, 511
自　由
　自然性—— 108
　制度性—— 108, 109
重过失 186, 218, 300, 322, 382, 439, 441
住　所 92
重要财产的处分 501
重要事项 111, **289**, 293
主观性的起算点 564
不返还学费的特约 304
授　权 **350**, 631
　设定义务的—— 351
　处分—— 351
授权责任原理 177
有关主体的错误→错误

发迹支付债务　337
取得时效　537,603,609
　　——与登记　548
　　——的完成　549
　　——的时效期间　555
　　——时效期间的起算点　558
　　——的射程　544
　　成为——对象的权利　544
　　成为——对象的物　546
　　——的要件　544
　　公物的——　549
　　自己物的——　546
　　短期——　555
　　长期——　555
准则主义［法人的设立］　453,454,**458**,
　　459,471,517
准法律行为　104
条　件　199,**334**,**338**,565
　　不适于附——的行为　338
　　解除——　**334**,335,339
　　既成——　341
　　纯粹随意——　339
　　停止——　**334**,335,565
　　不能——　339
　　不法——　339
条件成就　339
　　——的拟制　339,340
雇佣人责任　504
承认［时效的中断］　573,574,**576**
　　——的能力、权限　577
消费者　280
　　——的努力义务　232,284
消费者契约　221,258,280,310
消费者契约法　31,113,232,**278**,322
　　——的意义　113,279
　　与民法的关系　312
消费者团体诉讼　280,**314**
信息提供义务　230,232,284
努力提供信息的义务　232,**283**

信息的披露　474
信息力的差距、不均衡　111,113,279
证明责任　411,439
　　代理权消灭后的表见代理的——　431
　　逾越代理权的表见代理的——　421,424
　　超出平均损害的——　307
　　法律行为的附款的——　336
　　错　误　205
　　自主占有　551
　　占有的持续　558
　　源于代理权授予表示的表见代理　408
　　逾越代理权的表见代理　439
　　代理权的滥用　439
　　短期取得时效　557
　　平稳、公然的占有　553
　　法人的代表人的代理权的限制　495
　　法人的目的　486
　　无权代理人的责任　379
　　利益相反交易　501
消灭时效　538,598,609
　　——不因时效而消灭的权利　609
　　——的时效期间　560
　　——时效期间的起算点　562
除斥期间　611
　　——的停止　616
处分授权　351
署名代理　356
所有权　13,15,544,609,630
　　——以外的财产权　544
所有权丧失的抗辩　178,246,427,446,
　　554,557
所有权保留　630
所有的意思　550
　　——的表示　552
辨识事理的能力　54,61,66
诚信原则　230,258,310,312,333,389,390,
　　393,394,395,397,399,439,440,441,491,
　　608,618,**619**,626,627,629
　　——与权利滥用的关系　634

新权原 553
亲权人 11,36,75,77,**82**,362,441
身心监护 61
身心关怀义务 61,65,70,72,78
亲属法 10,360
信赖关系破坏的法理 632
信赖原理 **122**,148,153,165,168,184,195,196,621
信赖主义→错误论
信赖利益 386
心里保留 **147**,238,384,409,438,440,441
　狭义的—— **148**,238,384,409,440,501
推　定 551
图　式 8
请　求[时效的中断] 573,574,**577**,584
正权原 556
限制行为能力 **46**,48,**51**,71,**81**,88,319,328,360,380
限制行为能力人 11,**46**,48,57,64,70,86,88,106,131,319,329,332,347,360,364,441
　——的相对人的保护 88
　——的诈术 89
限制物权 15
制定法
　基于——的拘束 622
　——的拘束力 624
　——的补充性的法续造 629
　——的作用 621
正当理由 421,438,443
成年拟制 82
成年监护 43,**44**,**52**,**72**,347,360,443,446
成年监护监督人 56,72
成年监护登记 47
成年监护人 55,72,362
　——的义务 60
　——的权限 57,59
成年年龄 82
限制责任条款 299

绝对构成 166
绝对无效 41,222,**321**,327
设立登记 459,461,463
善　意 95,243,404,421,424,429,431,502
　虚伪表示与第三人的—— 158
　基于欺诈、胁迫的撤销与第三人的—— 243
　有关撤销失踪宣告的—— 95
　有关表见代理的—— 421,429
　有关法人代表人之代理权的限制的—— 495
善管注意义务 468,469
全部无效 323,324
专家责任 231
占　有 550
　——的承继 559
　——的性质 550
　——的样态 553
　有瑕疵的—— 559
占有回收之诉 558
占有权 15
综合判断说[取缔法规论] 259
继承法 12
继承的放弃 21
相对构成 166
相对无效 41,50,222,**321**,327
双方代理 28,366,500
总　有 **520**,527,528,530,532,533
溯及力 95,99,241,248,319,328,364,375,378,609,611
诉讼法说[时效制度的存在理由] **542**,547,555,574,595
损害赔偿 14,34,110,212,224,225,236,242,299,301,341,371,379,385,469,505,509,569,613,616
损失保证 270

た行

大规模一般财团法人 472

事项索引　523

大规模一般社团法人　466
对　抗　79,153,160,240,245,247,297,
　　　428,527
　　177 条的——　**160**,245,247,329,375
对抗不能　154,156,428
对抗要件　**160**,245,376
　　——的抗辩　163
第三人　157,425
　　——的欺诈、胁迫　237
　　虚伪表示的无效与——　153
　　基于欺诈、胁迫的撤销与——　239
　　110 条的——　425
保护第三人的规定　240
第三取得人　600
胎　儿　33
　　——与继承　34
　　——与侵权行为　34
　　——的权利能力　33
　　——的代理　35
代　表　482
代表人的代理权　493,526
　　章程等对——的限制　494
　　法人目的对——的限制　485,494
　　法令对——的限制　494,498
代表理事　467,468
代　理　59,65,116,296,**345**,482,522,523
　　——与代表　348
　　——的基本构造　348
　　——的基本要件　116,351
　　——的本质论　352
　　间接——　350
　　受动——　349,356,379
　　署名——　356
　　双方——　28,366,500
　　任意——　346,362,365,370,373,443
　　能动——　349,379
　　法定——　82,**346**,361,365,369,370,
　　　373,441,442
代理权　59,65,68,72,74,77,348,352,**361**,

　　　380,485,493
　　——的消灭　373,428,429
　　——的限制　59,65,366,493,494,498,
　　　502
　　——的发生原因　361
　　——的范围　65,362,365,437,438,493
　　——的逾越　**416**,420,437
　　赋予——的审判　65,68,72,443
代理权授予行为　362
基于代理权授予行为的表见代理　404,**405**
代理权消灭后的表见代理　404,**427**
逾越代理权的表见代理　404,**416**
代理权的滥用　437,490,494,501
代理行为　349,352,**353**,405,429
　　——的瑕疵　357
　　——的成立要件　353
代理人的能力　360
多元说[时效制度的存在理由]　543
他主占有　550,551
　　——向自主占有的转换　552
他主占有的权原　551
他主占有的事情　551
法律规避行为　263,312
他人之物的买卖　351
短期期间限制　332,612
短期取得时效　28,544,**555**
短期消灭时效　544,**560**
男女平等　619
团　体
　　——的外部关系　522
　　——的财产关系　518
断定性判断的提供　291
单方行为　**103**,119,338,362,364,378,607
担保契约　216
担保物权　15
地缘团体法人　458
中间法人　452,453,456
忠实义务　468,500
长期期间限制　333,613

长期取得时效　544,555
调查确认义务　421
调整原理　621
调解的申请[时效的中断]　577
租赁权　545
追　补　351
追　认　59,64,70,83,**328**,**375**,380
　　——的溯及力　375
　　可撤销行为的——　328
　　法定——　330
　　无权代理行为的——　**375**,378,387,448
　　无效行为的——　327
拒绝追认　375,387,393,630
　　无权代理行为的——　**375**,379,387
章　程　458,460,465,494
　　——的变更　476
缔约过程　279,283
停止条件　334,335,565
停止条件说[时效的援用]　597
停止条件说[胎儿与侵权行为]　35
适格的消费者团体　314
典型契约　217,336
电子承诺通知　131
电子消费者契约　220
转受让人　425,500
　　虚伪表示与——　164
　　所有权保留与——　630
　　逾越代理权的表见代理与——　425
赋予同意权的审判　68,72
同一性的错误　189
等价性　209,214,215
登　记　160,168,247,248,376,426,428,443,474,486,528,533
动　机　120,121,181
动机错误　181,182,184,**186**,189,193,**198**,202
登记事项证明书　56,443
登记申请行为的委任　420
动机表示构成　**186**,199,201,203,233

同时死亡的推定　37
当事人能力　532
当然主义　458
到达主义　128,131
独占禁止法　272
特定商交易法　113,256,257,289,292,315
特定非营利活动促进法　453
特定非营利活动法人　462
特定物教义　182,201
特许主义　458
赌　博　266,271
撤　销　57,63,69,83,239,**319**,**328**
　　——与登记　244,246
　　——的意思表示　57,64,83
　　——的溯及力　241,248,**319**,364
　　基于胁迫的——　21,**234**
　　基于误认的——　285
　　基于困惑的——　293
　　基于欺诈的——　**228**
　　基于限制行为能力的——　57,63,69,82,85
撤销权
　　——的行使期间　296,**332**,572,612
　　消费者的——　283
　　成年监护人的——　57
　　保佐人的——　63
　　辅助人的——　69
　　无权代理行为相对人的——　378,384,448
取缔法规　**258**,259
交易安全　**122**,184,190,209,210,297,381,403,418,442,486,555
交易性侵权行为　506

な行

内部限制　498,500,502
二重效果　49,234,320
二重转让　547
日常家事　58,444

对日常生活自立支援事业　79
不返还学费的特约　304
任意监护　46,52,72,**73**,347
任意监护契约　74
任意监护受托人　74,76,78
任意监护人　76
任意法规　138,**258**,309,323
认可主义[法人的设立]　458
认证主义[法人的设立]　458,463
认定死亡　38
negative option　256
正常化　**45**,57,347,360,443

は行

赔偿额预定条款　301,304
空白委托书　410
破产程序的参加[时效的中断]　578
发信主义　128,130
潘德克吞模式　**17**,19
判例的作用　4
非营利法人　**452**,454,486,490
保护非权利人·实体法说[时效制度的存在理由]　546,555,573,595,596
非真意表示　148,238
被保佐人　64
109条与110条的重叠适用　408
110条
　　——的权限　416,417
　　——的第三人　425
　　——的法意　174,176
　　——的类推　497,503
　　——的类推适用　176,177
　　法人之侵权行为责任与——　508
112条与110条的重叠适用　432
117条的对抗　160,245,247,375
表意人的重过失　218
评议员　471,472,**473**
评议员会　471,472,**473**,478
表见传达人　434

表见代理　364,388,**402**,404,429,434,438,486,495,508,622
　　——与代理权滥用　437
　　——与法定代理　442
　　——与无权代理　403,**447**
　　——的效果　447
　　源于代理权授予表示的——　404,**405**
　　代理权消灭后的——　404,**427**
　　逾越代理权的——　404,**416**
　　夫妇的日常家事与——　444
　　法人的侵权行为责任与——　508
表见法理　153,159,160,168,177,244,248,403,405,418,424,443
表示意思　120
表示意识　120,**125**,407
表示行为　120,124
表示错误　**175**,184,189,193,435
表示主义　121
不确定期限　335,337
不确定效果说[时效的援用]　596
再代理　369
　　禁止——的原则　370
没有合意　207
不在人的财产管理　93
不实告知　111,**286**,292,316
非应邀劝诱　295
不离去　294
复归性的物权变动　247
物　权　**14**,245,247,556,628
物权请求权　155,**240**
物权变动　245,247
物上保证人　588,599
不当劝诱　285
不当条款规制　279,299
不当得利　14,16,48,**85**,**87**,271,318,492
　　——的类型论　**87**,318,319
不当得利返还请求权的消灭时效　572
不法原因给付　271
侵权行为　17,28,34,224,300,386,482,

484,504,505,509,536,613
基于侵权行为之损害赔偿请求权的期间
　　限制　613
　　事实上的——　506
　　胎儿与——　34
　　交易性——　506
　　法人的——　504
　　无权代理人的责任与——责任　386
限制侵权行为责任的条款　300
不法条件　339
不利益事实的不告知　287
平　稳　553
平均损害　302,304
律师法　270
辩论主义　595,596
法解释　2,621
概括代理　493
报告义务　469
法　人　55,103,280,347,**449**
　　——与代表人的关系　482
　　——的解散　476
　　——的外部关系　480
　　——的管理运营　463
　　——的行为能力　485
　　——的公示　474
　　——的再编　479
　　——的种类　451
　　——的清算　477
　　——的设立　457
　　——的组织　463
　　——的代表　467
　　——的代表人　467,468,473
　　——的侵权行为　504
　　——的变动　476
　　——的本质论　483
　　——法制的变迁　452
　　营利——　452,453,**488**
　　一般财团——　454
　　——的解散　477

　　——的机关　471
　　——的清算　477
　　——的设立　460
　　——的组织　471
　　——的役员等的责任　473
　　向——的过渡　456
　　大规模——　472
　　设置理事会的——　501
　　一般社团——　454
　　——的解散　476
　　——的机关　464
　　——的基金　474
　　——的清算　477
　　——的设立　458
　　——的组织　464
　　——的役员等的责任　469
　　向——的过渡　456
　　设置会计监查人的——　466
　　大规模——　466
　　设置理事会的——　465,466,468,470,
　　　499,501
　　未设置理事会的——　467,499
　　公益——　452,453,455,456,461
　　财团——　451
　　社团——　103,**451**,511
　　地缘团体——　458
　　中间——　452,453,456
　　特定非营利活动——　462
　　非营利——　452,454,486,490
法人格　449
法人拟制说　482
法人实在说　482,505
法人的权利能力　481,484
　　基于性质的限制　481
　　基于法令的限制　484
　　基于目的的限制　484
法人目的
　　基于——的限制　483
　　——范围的判断基准　488

事项索引　**527**

法人法定主义　457
法定监护　46,52,**54**,347
法定债权关系　16
法定证据　**542**,595,596
法定继承　12
法定代理　82,**346**,361,365,369,370,373,
　　441,442
法定代理人　74,77,82,83,133,329,332,
　　347,**362**,369,370,441,442,577,591,
　　616,617
法定中断　573,574
法定追认　330
法典论战　24
开篇规定说　336
暴利行为　266
　　现代——　275
法律行为　**102**
　　——与意思表示　119
　　——的涵义　103
　　——的解释　115,**134**
　　——效力的阻却　116
　　——的生效　116,**334**
　　——的效力否定　116,**146**,251,317
　　——的种类　103
　　——的成立　115
　　——的成立要件　119
　　——的内容　134,251
　　——的确定性　251
　　——的实现可能性　252
　　——的内容规制　251
　　——的附款　336
法律上的推定　542
法　令　498
法令型公序良俗　269
法令对内容的规制　255,258
保　佐　46,**61**,72
　　——开始的效果　62
　　——开始的审判　61,72
　　——的终止　65

保佐监督人　55,**62**,67,**72**
保佐人　55,**62**,67,**72**,362
　　——的义务　65
　　——的权限　63
　　——的代理权　65
　　——的同意权　63,72
辅　助　46,**66**,72
　　——开始的效果　67
　　——开始的审判　66,69,72
　　——的终止　70
保　证　587
保证人　599
辅助监督人　55,62,**67**,**72**
辅助人　55,62,**67**,70,**72**,362
　　——的义务　70
　　——的权限　67
　　——的代理权　68,72
　　——的同意权　68,72
保存行为　36,365

ま 行

未成年　75,77
未成年监护人　82,362
未成年人　11,43,44,**81**,82,133,362,369,
　　577,591,616
　　——所为之法律行为的效力　82
身份行为　98,338
民事责任　9
民事立法　26
民法（债权关系）的修改　30
民法总则
　　——的涵义　19
　　——的基本构造　22
　　——的特征　21
民法的白话文化　27
民法的历史　24
无限责任　456,517,523,531
无权代理　116,366,**374**,404,437,485,495,
　　499,503,563,621,622

——与继承 **387**,629
双方继承型 397
本人继承型 394
无权代理人就任监护人型 398
无权代理人继承型 388
——与表见代理 403,**447**
契约的—— 375
单方行为的—— 378
无权代理行为
——的相对人的撤销权 378,384,448
——的追认 375,387,448
——的拒绝追认 375,387
无权代理人的责任 379,387,395,448
——与侵权行为责任 386
无权利的法理 248
无 效 39,148,251,**317**,321
——与撤销的二重效果 49,234,320
——的主张人 321
——的范围 321
部分—— 144,322,**324**
契约条款的—— 322
整个契约的—— 324
绝对—— 41,222,**321**,327
全部—— 323,324
相对—— 41,50,222,**321**,327
无效行为的追认 327
无效行为的转换 325
矛盾行为的禁止 608,630
无偿契约 210,215
无名契约 363
借用名义 151,260,270
持 分
——的扣押 527
——的退还 519,522

や行

格式条款 110,297
——的披露 298

——的订入 297
有限责任 **451**,517,523,534
有偿契约 209,211
用益物权 15
要件说[时效的援用] 597
要式行为 **119**,326
要素的错误 182,185,202,**208**,221,435
要物契约 120
存款债权 567

ら行

利益相反行为（交易） 60,366,368,422,
    467,468,470,498
履行责任 385
履行阶段论[取缔法规论] 261
履行不能 252,262,569
    基于——之损害赔偿请求权的消灭时
    效 569
履行利益 385
理 事 466,467,468,471,472,473
    ——的多数决定 498
理事会 465,466,468,471,473
设置理事会的一般财团法人 501
设置理事会的一般社团法人 465,466,
    468,470,499,501
不设置理事会的一般财团法人 467,499
得利消灭的抗辩 **87**,101,318,319
利用行为 365
良心规定 597
类型论[无权利能力社团] **515**,521,527,
    528,530,532,533
类 推 **169**,409,415,435,438,441,446
规 则 622
灵感商业方法 274
连带债务人 599

わ行

和解的申请[时效的中断] 577

译　后　记

最初萌生翻译本书的想法，始于本书日文版于2001年的首次出版。作为当今日本民法学中坚人物之一的山本敬三先生，不仅在学术上成果丰硕，而且对教学倾注了异乎寻常的精力与热情。本书就是在每次上课时分发给学生的讲义基础上稍作改动后成形的。当初在聆听山本先生授课时，就被讲义丰富的内容和新颖的形式所深深吸引。翻阅过本书的读者肯定会有这样的体会：它易懂，但决不浅显。因为它几乎囊括了相关领域的主要成果，同时又不失简洁、清新。

后来，在自己也走上讲台讲授民法总则时，便有意识地模仿这种形式，并且在内容上大量借鉴本书，事实证明，这种借鉴颇受学生的欢迎。

回国后，看到的是国内民法学界一片欣欣向荣的景象。这些年来，民法学的长足发展，毫无疑问，首先要归功于对外国法和我国台湾法的借鉴。学界诸多前贤和同仁的努力，极大地开阔了我们的眼界。眼界愈是开阔，就愈是想了解外国法的丰厚积淀与动态前沿。于是，形成一种加速的循环。

不过，同时也应该看到，目前的比较民法学，仍然集中于一些热门专题的研究，对外国法总论性的介绍少之又少。我们常常像一位盲人那样在摸索中想象着大象的样子，通过他人的比较研究了解外域法的某一个问题，却不知道它在民法乃至整个私法体系中的定位。国外某一位学者的观点可能很偶然地被奉为经典，而此学者的观点在彼国也许远非如此耀眼，甚至没有获得多少关注。还有更多的比较法研究，仍然停留在是对法律条文的简单比照这样一种低层次上。我们往往并不清楚制度的沿革、判例的变迁以及学说的发展。

译者以为，要克服上述欠缺，也许有一条捷径：直接引进外国法的经典教科书。这样做，可以为比较法研究向纵深的拓展提供一个基础平台。这，便是译者下决心翻译这本书的另一个理由。

翻译的最高境界是同时实现"信"、"达"、"雅"三大目标。由于译者浅薄的文字功力，所以根本不敢奢求什么"雅"字。而在"信"与"达"之间，译者着力追求前者，以至于学术翻译常犯的毛病——文笔艰涩，中文不像中文——比比皆是。相对于其他文字，日文有极其特殊的一面，即与汉语共用汉字。这种特点决定了它的两面性：一方面使翻译变得轻松，另一方面又会严重地束缚翻译者的思维，这种副作用在同一用语分别代表不同学术的涵义或者不同的制度时，危害更大。尽管小心翼翼，译者仍然不敢担保没有犯这样的错误。

中文版得以问世，首先当然要感谢恩师山本敬三教授对译者莫大的信任。另外，在翻译过程中，曾得到了同事加挚友叶金强的无私帮助。经他的指正而修改之处数不胜数。借此，表示由衷的谢意。贺维彤先生始终热诚地关注、支持着这项翻译，对此表示感谢。此外，还要感谢本书的责任编辑为本书作出的努力，以及最大限度地尊重日文版独特的编排体例，使得中国的读者也能够原汁原味地体会到原著作者的匠心。

解 亘

2004 年 1 月

于南京大学南园

补　记

转眼之间，自本书第一版的中译本面世至今已经过去了整整八年。如果要从原文第一版的出版时刻算起，已然经过了 11 年。其间，中日两国在民法领域的立法、理论研究、法学教育以及司法实践都发生了不小的变化。

在日本，最大的事件莫过于法科大学院制度的运行和财产法（债权法）修改的启动。这两大事件给民法学带来的冲击也许要等到很久以后才能看得清晰。但不管怎样，至少在法学教育现场的人们现在就已经感受到了切身的变化：在教学中大规模地引入了要件事实论，在教科书中出现了针对财产法（债权法）修改的最新研究成果。就我国而言，这十年间最大的事件莫过于《物权法》和《侵权责任法》的相继颁行。即将到来的民法典的编纂就处于这两大事件的延长线上。

本书的第三版不仅在全书中贯彻了要件事实论的教育理念，而且延续了作者一贯的风格，将相关的最新理论成果和判例悉数收入。更为难得的是，以 Comment 的形式对各种理论争论作高屋建瓴的整理、评价，使得读者可以轻松地领略学术最前沿的无限风光。第三版所包含的最新理念、信息，对于正在编纂民法典的我国来说，无疑是一笔非常宝贵的财富。能为这种借鉴搭建桥梁，作为译者我感到非常的荣幸。

由于本书独特的体例风格，给中译本的后期制作增添了相当的负担。北京大学出版社的编辑为此付出了极大的辛劳，由衷地感谢！

解 亘

2012 年 3 月于南京